P9-ARP-300

Louis Bussières
déc. 99

HITLER

DU MÊME AUTEUR

LE JOURNAL D'ANNA, roman, Phébus, 1990.
LES PAPIERS SECRETS DU GÉNÉRAL DOUMENC, Orban, 1992.
CHURCHILL ET LES FRANÇAIS, Plon, 1993.
MONTOIRE, Albin Michel, 1995.
LA RUSE NAZIE, France-Empire, 1997.
AUBRAC, LES FAITS ET LA CALOMNIE, Le Temps des Cerises, 1997.
LES NOUVEAUX MYSTÈRES DE PEARL HARBOR, inédit.

En collaboration :
LE LIVRE NOIR DU CAPITALISME, Le Temps des Cerises, 1998.
AVENIRS ET AVANT-GARDES/MÉLANGES MADELEINE REBÉRIOUX, La Découverte, 1999.

FRANÇOIS DELPLA

HITLER

Avant-propos
par
ALEXANDRE ADLER

BERNARD GRASSET
PARIS

Tous droits de traduction, de reproduction et d'adaptation
réservés pour tous pays.

© *Éditions Grasset & Fasquelle, 1999.*

à mes deux fils

Avant-propos

par Alexandre ADLER

Dans ce xxe siècle qui s'achève, bien des mystères ont été résolus. Si certains méfaits de Staline et de Mao conservent encore quelque obscurité, le sens général de leur action ne fait plus guère de doute. Si quelques décisions des gouvernements démocratiques ne sont pas encore pleinement éclairées par des documents encore inaccessibles, l'essentiel de leur œuvre est désormais connu et inséré dans une chaîne de raisons qui leur donne sens et dimension. Seul Hitler demeure à ce jour ce diamant noir, résistant à l'analyse, ce monstre insensé qui comme la Méduse des temps anciens ne peut être regardé en face, au risque de transformer en pierre l'imprudent spectateur. Or ce ne sont pas les archives qui manquent, bien moins lacunaires, et depuis fort longtemps, que celles du communisme avant 1989, ni non plus les témoignages, car les contemporains, à l'instar d'Albert Speer, se sont avérés fort diserts, et là encore assez tôt. Non, ce qui a manqué, de toute évidence, c'est une passion de savoir suffisamment forte pour dissiper les autres passions, violentes, qui se sont tout de suite déchaînées, en lieu et place d'une explication raisonnée, et pour des raisons le plus souvent fort estimables, en tout cas bien compréhensibles.

A l'Ouest, il fallait réparer, relever les ruines, et pour cela séparer le peuple allemand de son histoire immédiate, quitte à séparer d'abord son destin de celui du nazisme et de son chef, réputés irréductibles au devenir allemand ; à l'Est, le travail de deuil n'était pas moins important puisqu'il fallait remettre en selle un marxisme qui avait doublement failli, sur les plans théorique et pratique, à prévoir et analyser d'abord, à combattre ensuite, quand il le fallait — 1932 et 1939 —, ce mal radical. Le sacrifice des combattants et l'obstination des militants serviront alors, à un prix historiographique élevé, à rebâtir une sociologie du nazisme, sans portraits ni dates : l'historien britannique Ian Kershaw rappelle à juste titre qu'en quarante ans de labeur, les historiens d'Allemagne de l'Est n'ont pas produit un seul ouvrage biographique consacré à Hitler, pour ne pas parler de ses paladins.

François Delpla, dans l'ouvrage pionnier qu'il nous livre, part de ce constat qui n'a pas laissé de l'étonner au fur et à mesure qu'il entrait de plus en plus profondément dans l'épaisse forêt de l'historiographie de la seconde guerre mondiale : il y a une obscure contention qui consiste, bien souvent, à contourner le personnage hitlérien, tant son action provoque gêne et embarras. S'agit-il de l'enfance et de la jeunesse, on adhérera à des explications psychiatriques successives et contradictoires, qui feront en tout cas du personnage, parvenu au pouvoir, une sorte de marionnette actionnée par des chamans. S'agit-il de la prise du pouvoir, on constatera le triomphe d'une explication toute occasionnaliste où le Führer sera proclamé là encore le jouet des circonstances, de l'isolement de ses adversaires conservateurs fin 1932, à l'élimination de la gauche après l'incendie du Reichstag, à la destruction des oppositions internes après la nuit des Longs Couteaux de juin 1934. Quant à la guerre elle-même, elle met progressivement en scène des masses humaines, des compétences militaires, des processus économiques et technologiques d'une ampleur telle qu'on peut finir par y dissimuler la personnalité et la volonté des acteurs qui se trouvent pourtant à l'œuvre au cœur du système. Il restera tout de même la décision de procéder au génocide juif intégral et universel, dont la maturation au cours de l'été et de l'automne de 1941 demeure bel et bien une décision individuelle et personnelle d'Adolf Hitler, qu'aucune genèse culturaliste (l'antisémitisme allemand — thèse de Goldhagen) ni structuraliste (la nécessité d'une guerre d'extermination à l'Est dont il sera le modèle) ne peut réduire. Et l'irréductibilité historiographique du génocide est bel et bien l'un des points de départ de l'analyse que Delpla nous propose, en rappelant d'emblée sa dette intellectuelle envers l'historien genevois Philippe Burrin, qui, le premier, est parvenu à dater et à expliquer à peu près clairement la prise de décision de la Solution finale, vers la fin de l'été et le début de l'automne de 1941, à mesure que s'enraye la machine de guerre allemande à l'Est et que se précise le rapprochement anglo-américain avec la charte de l'Atlantique à l'Ouest.

Mais si cette décision a bel et bien été prise par le seul Hitler, et camouflée par ses propres soins, à l'opinion allemande et mondiale, pour diffuser ensuite à titre de gnose vers les exécutants, nous sommes alors en présence d'un processus de pensée et d'action de tout autre ampleur que celle qu'on nous présentait. Pour dire les choses simplement, nous avons en face de nous, non pas le pauvre bouffon brechtien, ou le monstre inexplicable sorti d'un film d'épouvante weimarien qui apporterait une touche satanique, mais en définitive irrationnelle, à une histoire qui aurait pu se passer de lui, mais, hélas, un grand stratège, calculateur, machiavélique, précis et... trompeur, qui poursuit depuis toujours un grand dessein, brutal, apocalyptique mais... cohérent, en tout cas suffisamment congruent avec les aspirations de la société allemande de ce temps pour qu'il y trouve sans cesse complicités et bonnes volontés qui l'aident dans ce projet.

Telle est la thèse scandaleuse de François Delpla qui donnera fort à faire aux historiens qui ne pourront plus la contourner, qui aidera aussi, j'en suis convaincu, les lecteurs et les chercheurs dans le difficile travail de reconstruction historique de notre siècle : Hitler existe, il n'est pas un vide ontologique, et il n'est pas inutile de considérer son existence, si on veut retracer le développement monstrueux mais logique de la révolution nazie qu'a connue l'Europe dans les douze ans qui vont du déclenchement de la crise de 1929 à l'invasion de la Russie stalinienne de 1941, puis dans les quarante-deux mois d'apocalypse où s'accomplissent le génocide juif, la destruction de 20 millions de Soviétiques et l'effondrement définitif du projet impérial allemand né du triomphe du système bismarckien entre 1866 et 1871.

Mais à l'évidence, une telle conclusion, satisfaisante sur le plan intellectuel, aboutit de proche en proche à une série de remaniements de nos perceptions communes de ce que fut le second conflit mondial, et nous oblige à bouger considérablement dans la conception de fond de son histoire. J'évoquerai essentiellement dans cette brève introduction deux questions essentielles, qui ne sortiront pas indemnes de cette lecture, celle du rôle de la personnalité dans l'histoire et celle du rapport de Hitler et du destin allemand. La première atteint de plein fouet la vulgate marxiste et l'historiographie de gauche, la seconde n'est pas moins sévère avec les préjugés libéraux et conservateurs d'une certaine historiographie germano-américaine de l'après-guerre. On ne pourra plus défendre ces deux thèses sans autre précaution.

Mais commençons par la première, ne serait-ce que parce qu'elle est au départ du travail de chercheur de François Delpla. Il faut, en effet, comprendre que l'historien a d'abord rencontré l'exceptionnelle personnalité de Churchill avant de découvrir l'individualité non moins exceptionnelle de Hitler. Pourtant tout avait bien commencé : formé aux deux exigeantes mamelles du travail de l'historien contemporain qu'étaient le marxisme français, mâtiné d'Ecole des Annales, et l'étude rigoureuse des documents primaires, François Delpla avait d'abord recherché dans les papiers inédits du général Doumenc la trace de l'effondrement politique et moral des classes dirigeantes françaises et britanniques dans le désastre de 1940, selon un schéma de reconstruction éthique qui nous avait été transmis par la génération de 1945, soucieuse de tourner la page, et qu'a admirablement résumé notre grand maître Jean-Baptiste Duroselle dans son ultime synthèse de l'histoire diplomatique française des années 30, où la *Décadence* conduit à l'*Abîme*.

Notre historien s'était embarqué avec le Marx du *18 Brumaire* pour viatique, il touchera terre avec le Tolstoï de la postface de *Guerre et Paix*, celui du rôle de la personnalité en histoire. Etonnant génie que celui du plus grand romancier européen du XIXe siècle : n'a-t-il pas fait exploser par les moyens de l'art les certitudes patiemment accumulées de son siècle positiviste qui s'était acharné à conjurer par tous ses moyens intellectuels les deux séismes qui lui avaient donné naissance, la Révolution française et le tempérament exceptionnel de Napoléon Bonaparte. Clausewitz avait décrit cette guerre totale, ce cheval au galop auquel plus aucun cavalier ne savait mettre le mors, pour, précisément, la canaliser, la rationaliser, la remettre aux mains du Grand Politique qui saurait la subordonner à nouveau aux exigences ratiocinantes du siècle précédent, à la géographie des peuples, à la résistance ou à l'élasticité des systèmes de production, à l'équilibre plus ou moins stable des conceptions diplomatiques. Bref, le XIXe siècle avait voulu exorciser la chevauchée napoléonienne, et il y était parvenu avec ce Bonaparte autolimité et pessimiste que fut Bismarck qui, bien mieux que le réactionnaire Metternich, sut un temps arrêter le cours du temps vers un espace d'équilibre, ainsi que le chantait le Wagner de *Parsifal*.

Eh bien, nous dit Tolstoï un demi-siècle avant Octobre, Lénine et Trotski, vous aurez encore des Bonaparte, et vous aurez encore des Révolutions françaises, en ce monde inquiet où la démiurgie prométhéenne a été proclamée, et chemine en des têtes émancipées de la religion. Et tous ces arts mécaniques hérités des Lumières que le XIXe siècle bourgeois sait mettre en œuvre — art de la guerre, art du commerce, art de la diplomatie, arts appliqués de la sociologie, de l'économie politique et de l'anthropologie descriptive — ne seront rien quand se lèvera à nouveau ce grand vent en bourrasque de l'Histoire, ce vent qui appelle les hommes et souvent les broie. C'est ce Tolstoï-là, critique du positivisme, qui nous permet seul de comprendre de Gaulle et Churchill, et pas seulement Chamberlain, Daladier ou Pétain pour lesquels des sociologies braudéliennes peuvent suffire : on lira avec profit l'évolution d'une dynastie de fabricants de Birmingham, les Chamberlain, du libre-échangisme de Gladstone au protectionnisme impérial des accords d'Ottawa, dans une bonne histoire économique du déclin de l'industrie britannique, et on en déduira à juste titre la politique d'*appeasement* qui conduisit à Munich en 1938 par obsession de la préservation de l'espace impérial ; on partira, avec Maurice Agulhon, de la république au village de 1848, pour suivre à travers les initiations républicaines, les ubéreuses représentations de Marianne, l'entropie croissante de la culture radicale-socialiste, fille de l'affaire Dreyfus et veuve de Verdun, et on aura l'essentiel de Daladier. On suivra Guy Pedroncini dans le dédale du pouvoir militaire bureaucratique sans précédent qui émerge de la tuerie de 1914, on croisera ces données avec une bonne sociologie comparative des organisations, et il ne nous manquera pas grand-chose pour situer Pétain sur la carte politique de la France de 1940 : le garant de toutes les hiérarchies, au moment où leur faillite simultanée leur permet de rejoindre celle du système militaire qui la précède de quinze ans — la ligne Maginot.

Mais avec cette méthode, vous n'aurez pas Churchill, ni de Gaulle. Ceux-là échappent à cette science du XIXe siècle. Ils sont du XXe siècle.

Que découvre en effet Delpla, en étudiant très minutieusement le drame de 1940 ? Que le pétainisme était porté par toute une classe politique tétanisée et pressée de s'accommoder du nazisme allemand — cette phé-

noménologie est le moins nouveau de son travail. Mais aussi que ce pétainisme était tout aussi bien représenté à Londres qu'à Paris au même
moment, et qu'enfin Hitler, loin d'ignorer ces données, a joué assez
magistralement des faiblesses de ses adversaires, allant jusqu'à retenir le
bras de ses troupes d'élite mécanisées avant Dunkerque, pour faciliter
l'émergence, à Londres, d'un « parti de la paix », symétrique de celui qui
émerge au même moment au sein même du cabinet Reynaud en route
pour Bordeaux. Et qu'est-ce qui opère ici la différence, de Paris et de
Londres, qui n'est pas mince dans ce nouveau *Tale of two cities* ? La
volonté d'un homme, Churchill (que Delpla ne peut s'empêcher, ici ou
là, d'appeler Winston tant il s'enthousiasme de sa découverte), tout aussi
aristocratique que ses rivaux Halifax et Hoare, tout aussi attaché à l'Empire que les Chamberlain (n'a-t-il pas traité, un jour, Gandhi de « fakir
nu »), tout aussi libéral que Lloyd George qui fut son collègue et associé
en 1914, tout aussi réactionnaire même que certains de ses critiques
anglais de droite, dès lors qu'il ne s'agit que de Franco ou de Mussolini.
Bref rien n'explique mieux Churchill que Churchill lui-même : des
convictions fortes et personnelles, où se mêlent confiance dans l'Amérique, foi dans la démocratie, intimité de cœur avec les Nelson et les Pitt
du passé, et peut-être plus que tout horreur personnelle, concentrée, artiste
pour tout ce qu'incarne le nazisme, au point de considérer — à juste titre
— ce combat-là comme celui même de l'Humanité tout entière. Cette
intuition rare et précieuse, on la retrouve chez un de Gaulle, identifié à
un mince « sentier de croissance » très français qui part de Péguy et de
Lyautey, en combinant dreyfusisme, patriotisme et républicanisme de raison. Encore fallait-il des hommes désireux de faire vivre de telles
conjonctions rares et originales. On prétend encore fréquemment que Hitler ne pouvait pas gagner la guerre, face à la réunion des efforts des Etats-
Unis et de la Russie soviétique. Sans doute est-ce vrai à partir de l'automne 1941 où s'amorce la Solution finale en réponse à la défaite désormais probable. Mais cela eût-il été vrai au même degré si l'Allemagne
avait pu se retourner contre Staline, dès mars-avril 1941, avec une Angleterre ayant signé l'armistice et Roosevelt sans allié européen qui lui donne
le prétexte tangible à une intervention mondiale dont l'opinion américaine
ne voulait pas ? Et si l'Amérique avait dû se frayer un passage en Europe
à coup de bombes atomiques vers 1946-47 tandis que le régime soviétique
triomphait seul, ou presque, de l'oppression nazie sur tout le continent, la
guerre froide eût-elle été celle que nous avons connue ?

Or il est certain que Churchill, et Churchill seul, qui pour cette raison
comprenait parfaitement de Gaulle, a pendant plusieurs mois décisifs —
juin 1940 à mai 1941 — retenu de ses bras et de sa voix incomparable le
parti de la capitulation, celui de Munich, et en France de Montoire, lieu
de naissance de la collaboration entre Pétain et Hitler. Que ses minces
mais tangibles succès dans le ciel de Londres et les déserts d'Afrique, les
coulisses de Belgrade et de Bagdad, dans le maintien de l'ordre aux Indes

contre Gandhi et Nehru, lui auront permis d'entraîner Roosevelt et l'Amérique vers la guerre, juste à temps.

De même de Gaulle aura évité par son geste sublime la logique d'une guerre civile qui, après avoir ravagé l'Espagne en 1936, foudroiera l'Italie du Nord pendant les deux hivers 1944 et 1945, avant que de ployer la Grèce jusqu'en 1949 et aurait, si elle avait affecté la France dans les mêmes proportions, après la Libération, entraîné l'Europe de l'Ouest dans un affrontement des classes dont Staline eût tiré un tout autre parti lorsque les étendards de ses armées flottaient déjà sur Berlin. Mais ce qui vaut pour Churchill, pour de Gaulle, pour Roosevelt, voire pour Hiro-Hito — qui ne voulait pas de l'alliance allemande et refusa, contre une partie de son armée, obstinément, d'attaquer l'Union soviétique en 1941, ce qui sauva plus tard son trône que Staline ne cherchait pas dès lors à lui supprimer —, ne vaut-il pas aussi pour Hitler ? Cette nouvelle physique quantique de la décision politique ne nous oblige-t-elle pas à considérer la part personnelle de décision, de volonté, de pensée qui se cache derrière le masque extatique du Führer ?

Que nous dit Delpla, fort de son expérience érudite de l'année 1940, qu'il étend dans ce livre puissamment original à la carrière de Hitler tout entière ? Que Hitler avait mûri une stratégie personnelle, fruit de son expérience et de sa culture, qu'il la poursuivait méthodiquement, rationnellement, parfois même patiemment. Qu'il changeait remarquablement peu de conceptions fondamentales. Qu'il savait en revanche ruser avec ses ennemis, camoufler ses intentions réelles sous des flots de paroles, feindre la folie, le désarroi ou l'aboulie (peut-être une ruse d'enfant battu, d'ancien faible qui retourne ses moyens contre les puissants) pour mieux confondre adversaires et partenaires. Mieux : contre l'idée d'un prophète « nihiliste », répandue dès 1936 par des écrits de Rauschning où la patte de la propagande communiste de Münzenberg n'était peut-être pas absente, Delpla nous démontre sans ciller qu'il y eut un élément « constructif » dans le projet hitlérien, qui ne se mesure pas à la destruction impitoyable de ceux qu'il tenait pour ses ennemis : elle explique un peu mieux l'ampleur des concours dont il put disposer, tout au long de sa carrière.

Bref, Delpla nous place devant une vision d'horreur véritable : celle d'un Hitler qui pouvait gagner encore, comme il le fit tant de fois ; celle d'un Hitler qui sut, tour à tour, mettre dans son jeu Ludendorff, Hindenburg, von Papen, les Krupp, Heidegger, Carl Schmitt et Ernst Jünger en Allemagne, Pilsudski, Mussolini, Hiro-Hito, Franco, Staline, Pétain, Horthy, Rezah Shah, Antonescu, et le tsar Boris de Bulgarie, les Dix Rois de l'Apocalypse — dans le monde. Pour le dire encore d'une autre manière, Delpla nous oblige à revisiter sans naïveté des épisodes encore obscurs comme l'incendie du Reichstag du printemps 1933, la nuit des Longs Couteaux, la décision d'envahir la Russie ou la déclaration de guerre unilatérale aux Etats-Unis de décembre 1941, ultime tentative pour entraîner le Japon dans l'offensive en Sibérie et soulager Guderian devant Moscou, que même un observateur aussi fin que le grand Sebastian Haffner n'avait pas comprise, imputant au Führer un coup de folie qui faisait l'affaire de Roosevelt, alors que Hitler savait bien que cette déclaration de guerre américaine à l'Allemagne n'était, après l'occupation de l'Islande et la Charte de l'Atlantique, qu'une question de jours et qu'il avait raison de hâter l'inévitable en essayant d'en retirer un profit à Tokyo.

Bref, et allons jusqu'au bout de cette polémique qui va nous ouvrir le champ d'une seconde : Delpla s'inscrit radicalement en faux contre la thèse malhonnête et venimeuse d'Hannah Arendt sur la prétendue « banalité du mal ». Ceux qui traitent les Hitler et les Eichmann de ce monde en pauvres hères, en clochards, assassins mais sans importance, ne cherchent qu'à exonérer la culture allemande d'avoir permis à ce genre de talents très particuliers, mais incontestables, d'y avoir fait souche. Ce « circulez, il n'y a rien à voir » où Pétain devient un pauvre gâteux, Mussolini un amuseur public, le grand Mufti de Jérusalem, un touriste arabe égaré à Berlin, liquéfie le mal comme s'il n'était rien. Sans tomber dans la métaphysique opposée, qui s'appelle le manichéisme, celle où le dieu mauvais possède autant de réalité ontologique que le Dieu créateur — ne serait-il pas plus décent envers les victimes, plus exigeant envers la vérité, de reconnaître que tant d'hommes, de femmes et d'enfants n'ont pas été engloutis dans une farce sinistre ? Il n'y a pas de banalité du mal. Le mal est rare, complexe, impressionnant. Heureusement le Bien, qui est aussi rare et complexe, est plus impressionnant encore. Mais arriver à ce point requiert que l'on dépasse une certaine surdité culturelle. On ne peut faire droit à la puissance civilisatrice du Bien telle qu'elle s'incarne dans la Résistance — en Allemagne comme ailleurs — que si l'on a préalablement bien pris la mesure du Mal à l'œuvre dans cette histoire. La thèse de la banalité du mal entraîne aussi comme une conséquence nécessaire la dévalorisation des héros au nom d'une morale de corps de garde qu'on a vue à l'œuvre dans les tentatives de diffamation de Jean Moulin, Raymond Aubrac ou Arthur London. Et c'est ici que la biographie de Delpla vient à son heure pour permettre de reconsidérer le problème allemand.

Il nous reste donc à considérer cette historiographie du problème allemand où, là aussi, notre historien permettra d'innover, de bouleverser, de subvertir. Epluchant la masse de légendes tératologiques sur l'impuissance supposée, la débilité mentale, les délires de Hitler, Delpla fait justice de tout ce monceau apologétique. Hitler n'était pas un peintre en bâtiment, clochard et mégalomane mais un étudiant architecte, pauvre et plutôt cultivé, même s'il était moyennement doué sur le plan plastique. Après Syberberg, il constate la solidité de ses connaissances musicales qui en faisait un authentique mélomane wagnérien, et de manière plus originale encore la cohérence de ses vues philosophiques où Kant et Schopenhauer jouent un rôle supérieur à Nietzsche et Spengler, célébrés par lui, à juste titre, davantage pour leur sens littéraire que pour leur rigueur.

15

Rassurez-vous, vous n'allez pas lire une version en prose des *Producteurs* de Mel Brooks, où l'on vous vante l'humanité et la largeur de vue du Führer, avant d'entonner le désormais célèbre « Springtime for Hitler and Germany, winter for Poland and France ». Non, là encore, cette « réhabilitation » de l'homme a pour seul but de nous remettre face à face avec la question centrale qu'un autre écrivain de génie, autrichien celui-là, Robert Musil avait posée dans l'*Homme sans qualités* à propos de ce clochard viennois Moosbrugger, assassin de prostituées dans le parc du Prater, et que tout Vienne, au printemps de 1914, trouvait fantastiquement poétique. Là encore, la question est de savoir pourquoi un caporal-chef de modeste extraction a pu ainsi maîtriser les mécanismes du pouvoir et la séduction morale dans l'Allemagne de Weimar, qui n'était pourtant pas une terre vierge d'hommes.

C'est ici que, paradoxalement, la thèse de la banalité de l'hitlérisme, de l'ontologie vide de Hitler, nous détourne assurément de la vérité allemande. Car faute d'un Hitler de chair et d'os, citant Schopenhauer et fredonnant *Parsifal* à bon escient, nous avons aussi une Allemagne désincarnée, où seule une anthropologie trop générale règne un peu trop facilement : car, que retient-on pour expliquer l'explosion du nazisme, dans la sociologie positive encore largement en usage ? Le traumatisme de la première guerre mondiale et la constitution d'une masse mobilisable d'anciens combattants, nostalgiques inguérissables de la guerre, le nationalisme exalté des années 20, chauffé à blanc par le paiement des réparations excessives, la violence locale de la crise de 1929 et la paralysie des élites démocratiques.

Tout est faux ou trop général dans ce cadre : pourquoi, dans ces conditions, n'assiste-t-on pas aux mêmes mouvements protestataires dans la France et l'Angleterre voisines ? « L'éducation devant Verdun », chère à Arnold Zweig, avait-elle bénéficié aux seuls Allemands et introduit chez eux seuls cette exaltation belliciste que l'on cherche vainement ailleurs ? Pourquoi, toutes choses étant égales, l'Allemagne de 1923, meurtrie par l'occupation de la Ruhr et l'hyperinflation, renvoie-t-elle de larges majorités parlementaires démocratiques et même « internationalistes » (sociaux-démocrates et catholiques ultramontains) jusqu'en 1928, alors que l'Allemagne de 1931 où le problème des réparations ne se pose virtuellement plus et où la politique étrangère a été modifiée en profondeur par l'émergence du couple Briand-Stresemann, précurseur de notre aprèsguerre franco-allemand réconcilié, va se donner sans réticence au parti national-socialiste de Hitler ? Pourquoi, enfin, la politique économique inventive et intelligente du gouvernement von Schleicher, qui bénéficiait de l'appui des syndicats sociaux-démocrates et de celui, tacite, du parti communiste, via un accord secret avec Moscou, ne provoque-t-elle aucun redressement, fin 1932, alors que le patatras économique sans appel du gouvernement travailliste britannique de Mac Donald, à la même époque, n'entraîne aucune remise en cause des institutions parlementaires à Londres ? On ne peut commencer à répondre à plusieurs de ces questions qu'en changeant quelque peu de terrain : tout d'abord il n'y a pas eu de tels ressentiments guerriers en Allemagne, ni de volonté d'en découdre avec l'Europe entière en 1931, pour la bonne raison que Hitler a bénéficié d'un vote d'ordre et de protestation, essentiellement intérieur et dirigé tout à la fois contre la passivité des partis démocratiques face à la crise et contre la montée effrayante pour beaucoup d'un parti communiste qui semblait en passe d'emporter le barrage social-démocrate. A ce moment-là, Hitler apparaît comme l'émule de Mussolini et, on le sait, en neuf ans de pouvoir, le dictateur italien n'avait encore guère donné de lui l'image d'un trublion belliciste. Le vote nazi est le vote d'une majorité encore pacifiste, comme le sont, pour les mêmes raisons, Français et Britanniques. Ajoutons que le pacifisme allemand demeura vivace, si l'on en croit les manifestations de joie à l'annonce des accords de Munich, ou encore après les victoires de 1940, à l'opposé de l'idéologie profonde du Führer — qui déplorait vivement en privé ces épanchements de ses compatriotes auxquels il réservait un tout autre destin, plus proche du « souci ontologique ».

Quant à l'échec de la politique manœuvrière et lucide du général von Schleicher, avec le socialiste Paul Levi et le libéral Gustav Stresemann, l'un des trois vrais grands hommes de Weimar, il est imputable aux conceptions réactionnaires de l'entourage de Hindenburg et aux idées géopolitiques de la droite catholique bavaroise inspirées par Haushofer qui conduisaient toutes deux tout à la fois à sortir du dialogue intérieur avec les syndicats sociaux-démocrates, et à remettre en cause les accords de Rapallo entre la Reichswehr et l'Armée rouge, au profit d'une alliance prônée par le Vatican, avec la Pologne de Pilsudski et l'Italie de Mussolini. Le génie de Hitler fut d'apparaître à ce moment-là plus rassurant pour les forces dirigeantes de la société allemande et européenne que ne l'était le brillant von Schleicher, flanqué du chef de la gauche nazie Gregor Strasser.

Un an et demi plus tard, von Schleicher est assassiné avec Gregor Strasser, Röhm, les chefs de la SA et le principal politicien catholique opposé au Concordat avec le Troisième Reich, tandis que Londres, Rome et Varsovie sont ardemment courtisées en politique étrangère, par le duo Göring-Hess qui rassure l'Europe conservatrice. Dans la même période, la politique économique d'inspiration keynésienne de Hjalmar Schacht, déjà mise en œuvre avec profit par von Schleicher dès 1932, porte ses fruits et permet au Troisième Reich de réaliser le rêve déjà national-socialiste de la république de Weimar, la réconciliation des deux « Allemagne de masse », nées l'une de l'industrie, l'autre du front, la social-démocratie et la Reichswehr. L'entente de ces deux forces en 1923 avait protégé le pays de la révolution et abouti à l'élection du maréchal Hindenburg à la présidence de la République par les voix sociales-démocrates. Elles préparaient ainsi la révolution allemande de 1933, celle qui, sans grande effusion de sang et après domestication des têtes chaudes de la SA, donnait naissance à un faux parti unique pour authentiques petits-bourgeois, le NSDAP, qui supprimait les libertés publiques et la présence culturelle et économique des Juifs pour mieux réaliser l'Etat-Providence, moraliser la jeunesse, obtenir le plein emploi et détecter à temps les cancers du sein chez les mères allemandes, tout en défendant la nature et en interdisant la vivisection et autres cruautés envers les animaux.

Le nazisme a été voulu par les Allemands, de plus en plus nombreux à l'approuver ou à le tolérer dans un mélange savant de méconnaissance de certains de ses effets et de reconnaissance de ses buts légitimes. Hitler a parfaitement su jouer de ces désirs allemands, mais a **aussi**, en politicien semi-démocratique qui n'eut jamais besoin des mesures d'intimidation mussoliniennes de 1922, cherché à les satisfaire.

Voilà pourquoi la prise de pouvoir par Hitler n'est ni le succès d'un complot militaro-patronal, ni le résultat d'un traumatisme allemand plus insurmontable que ne l'ont été les deuils et les chômeurs accumulés par tout l'Occident de Seattle à La Seyne, d'Adalen en Suède à Collioure en Roussillon.

Si tel n'est pas le cas, il faut alors courageusement se poser la question de l'adéquation d'un homme — bien doué au demeurant — et d'un projet plus cohérent qu'on ne l'a dit — et d'une société, l'Allemagne des années 20. En d'autres termes, pourquoi trouvait-on un Moosbrugger « si poétique » ? L'Allemagne des années 20, Churchill l'a bien vu dès cette époque tout comme le dernier Clemenceau, n'a nullement fait le deuil d'un projet de domination dont la base est continentale. Mieux, les frivolités du Kaiser Guillaume II une fois balayées par la tragique défaite de 1918, la pensée stratégique allemande entame, dans la Reichswehr et alentour, une régression vers Bismarck et les classiques du XVIIIe siècle. Hitler, qui se mit à ses ordres, au début de sa carrière politique, c'est d'abord l'homme qui reprend les plans de guerre de Ludendorff là où ce dernier fut contraint de les abandonner en 1918 : ne plus inutilement provoquer l'Angleterre, alliée naturelle des Grands Prussiens, de Frédéric II à Blücher, par des politiques navales et coloniales inutiles. Il y ajoute le retour à l'alliance italienne qui régna au temps de Bismarck et de Crispi, par une authentique admiration pour Mussolini, et aussi pour faire tenir tranquille un catholicisme allemand dont il est issu, toujours sensible aux mandements d'un Vatican solidement allié au fascisme. Il cherche enfin, contre Paris, à reconstituer une Autriche-Hongrie, mais sans les Allemands d'Autriche, fondée sur l'alliance des deux dictatures polonaise et hongroise, ouverte aux séparatismes croate et slovaque, un jour peut-être ukrainien que l'on finira bien par détacher de Moscou. Sur le plan intérieur, il entend combattre sans relâche les communistes allemands, mais ce qui est plus original — et contraire aux vues de l'état-major et de la haute diplomatie — la Russie soviétique elle-même que

Weimar courtise pour différer le spectre d'une révolution allemande et inquiéter les puissances occidentales.

Cette simplification de la stratégie de reconstruction de la puissance allemande séduira tout à la fois à l'intérieur et à l'extérieur. Elle met fin à l'ambiguïté gauchisante de la diplomatie allemande. Elle conjure définitivement toute possibilité de débordement révolutionnaire.

Mais au-delà, Hitler réalise deux rêves allemands avec une habileté consommée : celui d'une démiurgie semi-démocratique ; celui d'une révolution conservatrice. Démiurge semi-démocrate, Hitler n'est-il pas ce prince machiavélien, né au milieu du peuple, ainsi que Hölderlin déjà l'appelait de ses vœux ? Et ce mélange d'iconoclastie populaire et de promotion thermidorienne de boutiquiers fusillers, en faisant l'économie d'une révolution terroriste sanglante, n'était-ce pas le rêve absolu de ces parfaits contempteurs du libéralisme qu'étaient Nietzsche et Wagner, qui déjà, en artistes provocateurs, dénonçaient pêle-mêle la morale d'esclaves des socialistes et les mythologies juives émollientes du christianisme établi ? La démiurgie semi-démocratique, voilà bien une construction de Hitler que la culture allemande lui a bien volontiers transmise : les dessins d'architecture de Speer ne sont-ils pas le témoignage de ce délire, pas seulement architectonique, qu'exalte déjà un Fritz Lang dans *Metropolis*, qu'exalte Heidegger dans ses appels au tournant ontologique, la « Kehre » que le Führer accomplit, à sa manière certes, là encore simplificatrice mais efficace ?

La révolution conservatrice est l'autre polarité de ce désir de Hitler qui sourd de l'Allemagne profonde : il s'agit ici du rêve, qui fut déjà celui de Guillaume II, d'une réconciliation synthétique de Metternich le catholique réactionnaire et de Bismarck, le protestant bonapartiste, dans un ordre nouveau-chrétien-social chez le pasteur Adolf Stoecker, le mentor antisémite du Kaiser, national-socialiste chez Hitler, plus moderne et plus marqué par les doctrines social-démocrates parvenues de son temps à maturité. Il s'agit pour cela d'assurer la transcroissance de l'ordre ancien corporatiste-féodal dans l'ordre nouveau prolétaire-industriel en exaltant non plus le marché mais le plan, non plus la concurrence des entreprises mais la coopération des partenaires sociaux, non plus l'innovation culturelle mais la transmission de la tradition, non plus le conflit des deux Eglises allemandes mais leur conjonction dans un nouvel ordre national (et européen). Cette vision d'un nouveau Reich, qui dépasse les étroitesses de l'ancien, trop prussien encore et marqué par le libéralisme hanséatique-berlinois, Hitler ne l'a pas inventée, mais il a su s'en servir mieux que les philosophes catholiques proches de Brüning, tels que Guarini, qui l'exaltent dans les années 20.

C'est ce message d'une nouvelle révolution antirévolutionnaire, spiritualiste, autoritaire et corporatiste, qui passe, grâce à lui, dans un parti nazi en quête de doctrine, et que la gauche nationaliste des frères Strasser eût sans doute maintenu moins loin du socialisme traditionnel et des groupuscules intellectuels nationaux-bolcheviques tournés vers Moscou.

Ajoutons à cela que, passé la stupeur des premiers mois et de leurs immenses batailles clausewitziennes, la guerre des tranchées représenta l'effondrement de la pensée stratégique des états-majors, et le triomphe des officiers subalternes comme Jünger, des sous-officiers comme le fut Mussolini, des caporaux mêmes tel Hitler, qui par leur exemple, le choix de leurs mots, la mise en scène de leurs vies, devinrent en quelques mois les indispensables rouages de ce nouveau et morne culte aztèque qui réclamait chaque jour son contingent de sacrifices humains. Ce fut eux qui surent courageusement et simplement convaincre les plèbes enrégimentées de faire quotidiennement le sacrifice de leurs vies, comme ils étaient prêts, eux-mêmes, à le faire. Hitler n'était ni un lâche, ni un pleutre : il était sorti de la fournaise, à demi fou sans doute, mais aussi exalté par les possibilités quasi illimitées que la guerre moderne apportait en fait de plasticité aux sociétés industrielles. Et il n'avait de cesse, en rusant constamment, d'y précipiter à nouveau une Allemagne, qu'en Allemand souffrant et transi de l'ancienne Autriche-Hongrie, il voyait plus grande encore qu'elle n'était réellement.

D'Autriche-Hongrie, il importait aussi un virus puissant et efficace, l'antisémitisme politique. Sans doute les Juifs du Reich, parqués dans les professions libérales et le journalisme, ne jouaient-ils pas encore à Berlin le rôle politique essentiel qui avait été l'apanage des Juifs de Vienne et de Budapest, même après la chute de l'Empire qui leur ouvrit les portes de l'Etat et de l'Université. Mais il ne fallait pas les sous-estimer comme le faisaient, par snobisme arrogant, les aristocrates prussiens qui s'imaginaient pouvoir tout faire rentrer dans l'ordre avec deux coups de cravache : la révolution russe était là pour manifester la puissance et le savoir-faire des Juifs, une fois qu'on avait levé toutes les barrières légales qui les contenaient. Et à Berlin en 1918-19, à Munich même l'année suivante, à Vienne tout au long de la décennie, pour ne pas parler des Instituts de recherche avec Einstein, ou Haber, ou Hilbert, l'arrogance juive s'était donné libre cours. Hitler a donc voulu une grande action antisémite comme prélude nécessaire à l'établissement d'un empire continental fondé sur une stricte hiérarchie des races, ayant vu, à l'opposé, l'ironie délétère des journalistes juifs viennois miner l'autorité naturelle des Allemands sur les Tchèques ou les Hongrois. Sur ce point aussi, il a recueilli le ressentiment et l'assentiment d'une culture allemande qui se refusait obstinément à faire sienne l'apport du judaïsme, lors même qu'elle s'en nourrissait chaque jour davantage sur les plans scientifique, technologique, économique et artistique. Ce refus assertorique d'une quelconque symbiose germano-juive, ainsi que le rappelait Gershom Scholem, contraste violemment avec les situations anglaise, française, italienne et même russe. Là non plus Hitler n'a pas innové : il a seulement voulu jusqu'au bout, là où d'autres comme le Kronprinz en 1911 — qui écrivait déjà à son père Guillaume II qu'il eût aimé liquider tous les Juifs de son empire avec de la mort-aux-rats — n'en était qu'aux songes d'après-boire.

Mais Hitler a pu se sentir mandaté par toute une culture et une conception du monde à chasser les Juifs de tout pouvoir politique ou social, à organiser par l'écœurement l'émigration de la plupart, à refonder une modernité qui se passerait enfin d'eux, exauçant les souhaits explicites de Richard Wagner et de l'historien Treitschke, de Schopenhauer et de Spengler — parmi tant d'autres.

En un mot comme en cent, Hitler avait un programme et il l'avait développé par sa réflexion propre. Ce programme, il l'héritait d'un capital de conceptions du monde qui avaient leurs racines profondes en Allemagne et le consentement d'abord explicite et électoral, puis populaire et charismatique, de majorités qualifiées. Passée au crible de ce soleil méphitique, l'histoire de ce terrible épisode n'est pas embellie. Elle est seulement plus solide. Elle permet de mieux comprendre ce qu'il faut faire aujourd'hui pour ne plus jamais retomber si bas, ce qu'il aurait fallu prévoir à l'époque pour enrayer à temps le mécanisme de l'Apocalypse : peut-être, avant tout, savoir que le désir de se choisir un « roi dans le sein du peuple » (Hölderlin), d'exalter la guerre contre la Loi (Jünger et Nietzsche avant lui), l'incarnation d'un César-Christ contre le parlementarisme (Ernst Kantorowicz), de définir la politique comme la lutte et la séparation de l'ami et de l'ennemi (Carl Schmitt) et la morale comme l'acte héroïque décisif qui rompt avec la monotonie de la préoccupation ontique (Heidegger), que toute cette charge de dynamite antijuive — explicitement — et antichrétienne — implicitement — ne pouvait aboutir qu'à une explosion résolue de guerre et de pogroms jusqu'à Stalingrad et Auschwitz inclus.

De cela, Hitler fut le maître d'œuvre et l'artisan conscient, non le mannequin halluciné. Grâces soient rendues à François Delpla qui nous restitue l'horreur de ce moment.

Introduction

La présente biographie est née d'un besoin. Elle fait suite à divers travaux sur les années 30 et 40 qui ont fait comprendre à l'auteur, petit à petit, que le personnage de Hitler était plus complexe qu'il ne croyait. Il avait ajouté foi, comme beaucoup, à la « culture d'autodidacte glanée dans des brochures », au « peintre raté » ou « en bâtiment », à l'antisémitisme fondé sur la peur, voire la conscience, que le grand-père inconnu fût juif, ou sur l'appartenance à cette ethnie des examinateurs qui avaient écarté un gamin prétentieux de l'école des beaux-arts de Vienne. Il avait cru longtemps, et enseigné, que l'Allemagne avait été gouvernée pendant douze ans, et l'Europe asservie pendant quatre, non seulement par un fou – il le pense toujours, en un certain sens – mais par un médiocre, et il ne le pense plus du tout. L'édition, achevée en 1992, des papiers du général Doumenc a d'abord montré que sa victoire de 1940 n'était due ni à un heureux concours de circonstances, ni à l'absence d'une opposition résolue, mais à des manœuvres fort bien conduites, dans le domaine politique plus encore que sur le champ de bataille. Trois ouvrages s'ensuivirent, *Churchill et les Français*, *Montoire* et la *Ruse nazie*, incontestés à ce jour dans leurs conclusions, qui vérifièrent de mieux en mieux l'hypothèse que Hitler était, en 1940, un stratège fort inventif. Restait à étudier ses antécédents, pour essayer de comprendre comment il avait pu dominer un pays de soixante millions d'habitants et comment son génie se combinait avec des traits moins admirables.

En fait, l'image courante de Hitler ne se limite pas à la sottise, à la brouillonnerie et à la violence gratuite. Avec un moralisme aussi bien intentionné que peu rigoureux, on voit en lui un « démon surgi de l'enfer » ou une « incarnation du mal ». Il est donc, inextricablement, bête et ange déchu, idiot et « Malin ».

L'historien n'est pas un métaphysicien. Il se moque du ciel et de l'enfer, au moins à titre professionnel, et borne son horizon à l'humanité qui erre entre les deux. Dans ce domaine, il y a beaucoup à dire sur Hitler. Nombre de ses actes révèlent un malfaiteur ordinaire, un bourreau banal, un parjure prévisible, un tyran comme l'histoire en comporte des milliers. Nombre de ses succès s'expliquent par des ruses, des complicités et des

23

lâchetés qui plaisaient peut-être à Satan, mais dont l'explication se passe aisément d'un au-delà maléfique. Banals, quotidiens, son ambition, son absence de scrupules, ses haines, son fanatisme. L'antisémitisme même s'enracine dans le terreau des mentalités chrétiennes, mal guéries de l'opposition des premiers chrétiens au conservatisme sacerdotal juif, ainsi que Rome elle-même commence à le reconnaître.

Cependant, comment ne pas voir que les explications fondées sur le jeu des forces politiques, économiques, sociales et idéologiques sont dans ce cas terriblement limitées, et qu'on est en présence d'une exception radicale ?

Rien ne le montre mieux qu'une comparaison avec son contemporain le plus proche, Benito Mussolini. Voilà bien un tyran humain. Dévoré d'arrivisme, éclectique et flottant dans ses opinions, aimant les femmes et l'argent comme un signe de réussite, soucieux avant tout de parvenir puis de se maintenir au pouvoir, il manipulait pour ce faire un certain nombre de ressorts, bien repérés par lui et repérables par nous, de l'amour-propre italien.

Hitler, en regard, est un parangon de vertu. Sobre, incorruptible, il faisait corps avec le peuple qu'il dominait. Il faut encore le démontrer, et on le fera ici : car bien peu, parmi ses adversaires, ont résisté à la tentation d'en rajouter, et de lui prêter en plus de ses crimes réels des vices imaginaires.

Les historiens aussi sont des hommes. On est rigoureux, on n'utilise pendant de longues pages que des documents dûment soupesés, et tout d'un coup on s'oublie, on recopie sans examen tel préjugé des brochures antifascistes, telle affirmation gratuite des magistrats de Nuremberg, ou même telle assertion nazie, pourvu qu'elle permette de présenter le personnage sous un jour peu flatteur. Sans souci de la carrière qu'on ouvre aux négationnistes de toute espèce, qui ne font pas de l'histoire mais prospèrent sur les failles des travaux d'autrui.

Il ne s'agit pas de nier le délire du chef nazi mais précisément de le cerner, en montrant qu'il cohabite avec un sens aigu du réel, et en traçant au plus près la frontière entre les deux.

En délaissant le point de vue moralisateur, on appréhende mieux la nocivité du nazisme, car on le saisit dans sa cohérence et dans sa continuité. La plupart des biographies sont en fait des collages. L'auteur, dégoûté par son sujet, essaie certes de le connaître, mais renonce à le comprendre. Il ne trouve aucune ressemblance entre le putsch de 1923 et la prise du pouvoir dix ans plus tard, ne repère guère de constantes dans les rôles respectifs des lieutenants du Führer au fil des crises et traite à part sans songer à les articuler des événements simultanés ou très proches, comme le procès de l'incendie du Reichstag et la sortie de la SDN à l'automne de 1933, ou encore, en février-mars 1938, les brusques changements gouvernementaux et l'Anschluss. A cet égard, le livre de Joachim

Fest, en 1973, a constitué une heureuse rupture[1]. Pour la première fois un auteur osait se confronter avec le personnage, le regarder et le faire vivre. Il devait d'ailleurs beaucoup à la fréquentation d'une personne qui avait connu de près le Führer à partir de 1933, son architecte puis ministre Albert Speer, sorti en 1966 de la prison de Spandau à l'issue d'une peine de vingt ans prononcée à Nuremberg. Tout en étant revenu des illusions nazies, cet homme mena, pendant sa captivité d'abord, puis au cours des quinze années qui lui restaient à vivre, une méditation sur cette expérience, non exempte d'autojustifications abusives, mais qui avait au moins le mérite de ne pas nier la fascination qu'avait exercée sur lui le Führer, et de la placer au centre du débat. Il publia plusieurs livres et d'abord des mémoires, en 1969, pour lesquels Fest avait servi de conseiller historique.

Si à mon tour je prends la plume (on ne dit pas encore « le clavier »), ce n'est pas seulement parce que de nouveaux matériaux sont apparus depuis 1973, et d'abord de nouvelles confidences de Speer, que Gitta Sereny a exposées récemment dans un livre fondamental, mais non centré sur Hitler. C'est aussi parce que Fest, comme tout pionnier, ne pouvait se dégager d'un coup des scories de la période antérieure. Tout en mettant au jour la cohérence et la continuité des actes de son héros, il a de temps à autre d'étonnants repentirs, comme dans le paragraphe suivant, extrait du chapitre sur la prise du pouvoir :

> (...) Vue dans son ensemble, la tactique de Hitler, qui laissait toutes les portes ouvertes, traduisait non seulement un calcul précis et rigoureux, mais aussi une forme de caractère ; elle correspondait à son tempérament profondément indécis. Mais c'était également une attitude extrêmement audacieuse qui exigeait un sens élevé de l'équilibre, ce qui convenait à son goût du risque (...)[2].

Si on est un calculateur rigoureux doublé d'un joueur audacieux, il reste peu de place pour l'indécision... sinon celle du biographe.

Le préjugé le plus trompeur est sans doute celui du « peintre en bâtiment ». Hitler était un véritable artiste, voilà ce qu'il importe de comprendre. Il n'a certes pas connu la réussite professionnelle qu'il ambitionnait – celle d'architecte, et non de peintre – à cause d'une scolarité médiocre et du fait que, comme celles de beaucoup de ses contemporains, ses années de formation ont brusquement pris fin en août 1914. Mais il a réorienté vers l'action politique des dons éclatants de créateur. S'il avait existé dans sa *Realschule* un conseiller d'orientation et si celui-ci l'avait convaincu de pousser ses études secondaires jusqu'à l'examen terminal, il fût sans doute devenu architecte et le siècle eût été différent. Il n'y a, en tout cas, aucune raison de penser que le patriotisme allemand, faisant appel de la défaite de 1918, se serait donné pour cible une entité fourre-

---

1. *Hitler/Eine Biographie*, Berlin, Propyläen, 1973. On utilisera l'édition de poche, qui ne diffère de l'originale que par une préface : Berlin, Ullstein, 1998. Tr. fr. en deux volumes, *Hitler*, Paris, Gallimard, 1973.
2. J. Fest, *Hitler/Eine Biographie*, Berlin, Ullstein, 1973, édition de poche 1998, p. 427.

tout appelée « le Juif ». Dans ce rôle, l'acteur Hitler était unique et irremplaçable.

Autodidacte certes, mais doté d'un flair certain dans le choix de ses lectures, il a compris beaucoup de choses et s'est trompé sur beaucoup de points. S'apercevant de ses talents de manieur de foules et de l'efficacité d'un certain nombre de slogans, il en a tiré une confiance illimitée dans ses croyances les plus sottes et a refusé, jusqu'à la fin, d'en démordre.

Le nazisme, c'est donc l'art même, transposé comme jamais dans l'action politique. Hitler est, de tous les chefs d'Etat de l'histoire, le plus grand démiurge. Il ne se contente pas d'user de ses capacités intellectuelles et tactiques pour parvenir à la tête d'une grande puissance et s'y maintenir. Il la pétrit et en remodèle les règles. Puis il s'en prend aux autres pays et réécrit les codes de leurs relations. C'est l'Europe entière qu'il sculpte et la planète dont il entreprend de redéfinir les équilibres.

L'affaire se termine mal. On pense à Icare, qui s'était trop approché du soleil, ou mieux encore à Phaéton, foudroyé pour avoir voulu s'égaler à Zeus. Mais ici encore, on sous-estime l'homme... ou on surestime les dieux ! Réactionnaire et peu viable à long terme, son système fondé sur la division de l'humanité en races inégales et rivales a bien failli s'imposer pour un bon moment sur un bon morceau du Vieux Continent. L'exploit de Churchill, maintenant contre toute attente son pays dans la guerre, a donné à l'URSS et aux Etats-Unis le répit indispensable pour se remettre de leur surprise devant l'effondrement militaire de la France.

Sans aucune preuve on accuse Hitler de n'avoir « pas su s'arrêter », ou plus faussement encore d'avoir voulu conquérir le monde. En se fiant aux seules conversations rapportées par Hermann Rauschning, un amoureux déçu mais pas lucide pour autant, on prête des intentions uniquement destructrices à sa « révolution du nihilisme ». Des artistes comme Visconti ont donné créance à ce mythe de la violence pour la violence, exactement contraire à l'enseignement de Hitler et à son esthétique. On fait ainsi de la nuit « des Longs Couteaux » (30 juin 1934) un déchaînement de fureur aveugle, alors que chacun des meurtres a des effets soigneusement pesés et, dans la perspective d'un remodelage de la société allemande, terriblement pertinents.

Nous n'avons pas affaire à un démon venu de l'enfer, mais bien à un créateur faustien qui, pour une fin qu'il croit juste, s'affranchit allègrement du commandement qui fonde toutes les civilisations et que toutes transgressent, mais avec mesure ou au moins avec mauvaise conscience : « Tu ne tueras point. »

CHAPITRE PREMIER

Jeunesse d'un chef

(1889-1918)

L'enfant qui naît le 20 avril 1889 à Braunau-sur-Inn, aux confins de l'Autriche et de la Bavière, et qu'un prêtre catholique baptise quelques jours plus tard sous le nom d'Adolf, est le fils d'Aloïs Hitler et de Klara, son épouse. Lui fonctionnaire moyen des douanes, elle mère au foyer. Il a vingt-trois ans de plus qu'elle et meurt en 1903, dans le village de Leonding, proche de Linz, où la famille venait de s'installer. Gros travailleur parti du bas de l'échelle, maître de maison autoritaire, Aloïs n'admettait pas que son fils eût le projet de devenir artiste peintre. Mais sa mort mit fin opportunément au conflit et la mère céda, permettant au jeune Adolf, en octobre 1907, de passer le concours d'entrée à l'école des beaux-arts de Vienne, auquel il échoua. Elle-même, atteinte d'un cancer du sein, décéda le 21 décembre suivant. Son médecin, le docteur Bloch, était juif. Le jeune homme fut profondément affligé.

Ces informations sont à la fois présentées en 1925 dans *Mein Kampf* (à l'exception du médecin juif), et recoupées par les recherches les plus sérieuses. Y trouve-t-on quelque élément de nature à expliquer ce qui devait se passer trente ans plus tard ? C'est ce qu'on croit souvent. En conservant son projet professionnel malgré le veto paternel, l'enfant serait devenu « dissimulé ». Des châtiments corporels [1] l'auraient orienté vers la violence, et le fait d'obtenir l'appui de sa mère pour braver la volonté d'un père mort l'aurait plongé dans une culpabilité obsessionnelle. Quant aux origines ethniques du médecin qui échoua à la guérir, le lecteur aura deviné quelle conclusion on en tire : ayant soumis un corps adoré à un traitement douloureux sans le soustraire à la mort, il aurait suscité chez le

---

1. Dont rien ne dit qu'ils aient tranché sur la moyenne de l'époque. Ils sont attestés essentiellement par August Kubizek, qui a connu Hitler après la mort de son père (*Adolf Hitler mein Jugendfreund*, Graz, L. Stocker, 1953, tr. fr. *Hitler mon ami d'enfance*, Paris, Gallimard, 1954, p. 51), et par un « propos de table » rapporté par sa secrétaire Christa Schröder (*Douze ans auprès d'Hitler*, Paris, Julliard, 1949, p. 55) : la source est Hitler, dans les deux cas. Or, si on se fie à son témoignage, il faut aussi considérer ce qu'il dit des conséquences des coups reçus. Plutôt que de rancune et de culpabilité, il apparaît plein de fierté d'avoir tenu tête : il racontait à sa secrétaire qu'un jour il s'était forcé à ne pas crier sous le fouet et qu'ensuite son père ne l'avait « plus jamais touché ». Kubizek donne moins de détails mais indique que Hitler ne disait « jamais un mot inconvenant » sur son père.

rejeton une rancune paroxystique, expliquant qu'il ait plus tard entrepris l'éradication de la souche « raciale » du praticien.

Or cette enfance est impressionnante de banalité. Les projets artistiques sont légion chez les fils de fonctionnaires, les Juifs nombreux dans le corps médical autrichien d'alors, un temps où les maris sont souvent plus vieux que les épouses, et où les tumeurs mammaires ont rarement une issue heureuse. Pourtant, un seul enfant est devenu dictateur.

Une piste légèrement antérieure mérite peut-être davantage de considération. Aloïs, le père d'Adolf, était né en 1842 de père inconnu, cinq ans avant le mariage de sa mère. Il avait certes été reconnu par le mari... mais longtemps après la mort de celui-ci et sur la seule foi de quelques témoins. Quoi qu'il en soit, « l'absence du nom du père » est reconnue aujourd'hui, par un grand nombre de thérapeutes, comme une source importante de psychoses, et souvent à plusieurs générations de distance. En revanche, l'idée que ce géniteur ait pu être juif, ou son petit-fils le craindre, ne repose sur aucun fondement documentaire [1].

Si l'enfance est banale, c'est le terme de « normal » qui vient sous la plume lorsqu'on considère sans préjugé l'adolescence de Hitler.

August Kubizek passe dix-huit mois dans une geôle américaine, en 1945-46. Sa faute : il a connu de près le futur maître du Troisième Reich, pendant leur commune adolescence. Dans un livre paru en 1953, il relate en ces termes un fragment de ses interrogatoires :

— Plus tard il vous a revu ?
— Oui.
— Souvent ?
— Quelquefois.
— Comment pouviez-vous venir jusqu'à lui ?
— J'allais le voir.
— Et alors vous étiez avec lui, tout près de lui ?

---

1. La légitimation posthume d'Aloïs, obtenue en 1876 du curé de Döllersheim par son oncle Johann Nepomük Hüttler, avec l'appui de trois témoins, lui donna pour géniteur officiel le mari de sa mère, Johann Georg Hiedler, frère du précédent, et permit au fonctionnaire des douanes de s'appeler non plus Schicklgruber, mais Hitler – une transcription fautive de Hiedler, par une inattention alors fréquente dans la tenue des registres. Brodant sur ces indices, Werner Maser affirme avec une « quasi-certitude » que Johann Nepomük aurait été le père mais, déjà marié, aurait poussé Maria Anna à épouser son frère, pour pouvoir la fréquenter, et recevoir l'enfant sous son toit, sans que sa propre femme en prît ombrage. Quant à la date tardive de la reconnaissance, elle renverrait au décès de cette épouse, nécessaire pour que Johann Nepomük pût imposer sa solution. Le nom de Hitler lui-même procéderait d'un souci du déclarant d'affirmer sa paternité : Johann Nepomük aurait dicté « Hütt-ler », ce qui effectivement avait plus de chances de donner l'orthographe finalement retenue que s'il avait dit « Hiedler ». Joachim Fest objecte que tout cela est bien aléatoire : puisqu'on ne sait presque rien sur Maria Anna, surtout avant son tardif mariage, on ne peut rien affirmer. J'ajouterai pour ma part que Maser écarte avec légèreté le mobile probable de cette légitimation : la volonté d'Aloïs d'arranger, en bon parvenu, son arbre généalogique afin de ne plus être un « bâtard ». Il nous dit que, vu sa vie débridée, il ne devait pas attacher une grande importance à la légitimité de sa filiation. Or un homme soucieux de grimper dans l'échelle sociale tout autant que de séduire les femmes n'a-t-il pas au contraire intérêt à ménager, le plus possible, les conventions ?

Mais ces deux auteurs sont d'accord pour situer l'action dans le milieu des petits paysans des environs de Spital, et pour exclure les hypothèses exotiques que cette naissance a engendrées : sur ce point il me paraît sage de les rejoindre (cf. W. Maser, *Legende Mythos Wirklichkeit*, Munich, Bechtle, 1971, tr. fr. *Prénom : Adolf, Nom : Hitler*, Paris, Plon, 1973, p. 11-46, et J. Fest, *Hitler, op. cit.*, p. 43-44).

— Oui, tout près.
— Seul ?
— Seul.
— Sans surveillance ?
— Sans surveillance.
— Vous auriez pu le tuer ?
— Oui.
— Et pourquoi ne l'avez-vous pas fait ?
— Parce qu'il était mon ami [1].

Cette scène illustre bien la lourdeur qu'a parfois montrée l'Amérique lorsqu'elle a pris sa part tardive dans l'éradication du nazisme. Mais en l'occurrence, elle n'est pas seule en cause. On a décrié de toutes parts le témoignage de Kubizek, en le trouvant trop favorable au Führer [2], et on l'a traité comme une carrière, où on allait chercher des matériaux pour étayer des constructions déjà bien avancées. Il est temps de le prendre vraiment en considération, ce qui ne signifie pas qu'on le croie sur parole.

Tout d'abord, Hitler a aimé Kubizek. Non certes sexuellement. Ni sur un pied d'égalité. De leur association il était le « Führer » – profitons-en pour relever que ce mot, très courant, ne signifie rien d'autre que « celui qui mène ». Cette amitié adolescente bien classique évoque le lien entre don Quichotte et Sancho Pança : Hitler est celui qui rêve, qui échafaude, qui crée ; son ami « Gustl [3] » allie une patiente écoute et un souci supérieur des réalités matérielles. Lors de leur rencontre, vers la Toussaint de 1904, au promenoir de l'opéra de Linz, Gustl travaille comme apprenti chez son père, artisan tapissier. Venu dans ce lieu parce que l'atelier paternel collaborait aux décors, il y a pris le goût de l'opéra et affermi sa résolution de faire de la musique son métier : beau sujet de communion avec le fils incompris du fonctionnaire ! Mais il apprend méthodiquement le violon et sera engagé très jeune comme altiste et chef d'orchestre après des études au conservatoire de Vienne, où ne manquait pas la concurrence de jeunes gens mieux nés. Voilà qui plaide, de diverses manières, en faveur de la normalité de Hitler. Car il avait joué un rôle décisif pour convaincre la famille de son ami de ses talents musicaux, ce qui prouve à la fois qu'il en avait lui-même, au moins à titre d'auditeur, et qu'il n'apparaissait pas comme une « mauvaise fréquentation ». Enfin, loin d'être comme on le prétend un monstre d'égoïsme qui n'aurait vu en Kubizek qu'un remède à la solitude et un déversoir pour ses tirades, il lui avait rendu le plus signalé des services.

Cette normalité est également affective. L'affirmation de Kubizek que Hitler était « absolument normal sur le plan physique et sexuel » aurait dû trancher des querelles qui hélas n'ont fait que croître. Car, en se fiant à un livre soviétique de 1968, bien des auteurs, fussent-ils réfractaires à

---

1. *Adolf Hitler mein Jugendfreund, op. cit.,* p. 299.
2. Sous l'impulsion initiale d'un historien autrichien nommé Jetzinger : cf. *infra,* ch. 15.
3. Diminutif non d'August, mais de son second prénom, Gustav (*op. cit.,* p. 10).

tout autre écrit de cette provenance, l'ont fermement privé d'un testicule et ont engouffré dans ce vide une masse de conséquences. Nous retrouverons ce débat, qu'on peut suspendre ici en remarquant que les indices, peu nombreux et peu décisifs, de cette semi-castration s'accompagnent d'une absence totale de données sur son éventuel retentissement psychologique [1].

Quant à la normalité « sexuelle », Kubizek veut probablement dire que son ami n'était attiré que par les filles. C'est de lui, en effet, qu'il apprit l'existence de l'homosexualité, le jour où Adolf reçut un billet d'un admirateur masculin, et le détruisit prestement. Mais il ne donnait pas une suite plus favorable aux billets féminins, qu'il recevait en plus grand nombre. C'est qu'il cultivait un amour sans espoir, que Kubizek a révélé et dont l'objet, après s'être fait prier, a confirmé la réalité.

Elle s'appelait Stephanie. Son père, haut fonctionnaire, était alors décédé mais la famille disposait d'un revenu confortable. Le jeune Adolf l'épiait, avec son camarade, sans oser se déclarer. Dûment chaperonnée, elle lui avait donné des signes de connivence d'autant plus précieux qu'ils étaient rares : un sourire dans la rue, une fleur lors d'une fête... Il voulait l'épouser, et lui demanda par lettre de bien vouloir attendre, avant de se marier, qu'il fût devenu un peintre reconnu.

Dans les années 50, cette Dulcinée, devenue veuve d'un colonel nommé Rabatsch et installée dans la banlieue de Vienne, fut très sollicitée lorsqu'après les révélations de Kubizek son identité fut percée à jour. Elle finit par rédiger, pour la faire remettre aux visiteurs, une note plus éloquente peut-être qu'elle n'eût souhaité :

> Je ne me souviens pas d'Adolf Hitler. Ce qu'a dit M. Kubizek de l'amour qu'il m'aurait porté est possible ; les indications qu'il a données sur les lieux de mes promenades avec ma mère, sur ma famille, sur moi-même, sont exactes sauf sur un point : mes cheveux n'étaient pas coiffés en longues tresses. C'était interdit au collège : les aînées avaient pris l'habitude, en cas de querelles, de tremper dans l'encrier l'extrémité des tresses de leurs condisciples assises aux tables devant elles, et on n'avait plus le droit de se coiffer ainsi.
>
> Je me souviens d'avoir reçu, vers l'âge de vingt ans, une lettre d'un garçon inconnu. Il m'écrivait qu'il partait pour Vienne où il allait entrer à l'Académie des beaux-arts, mais qu'il reviendrait m'épouser. Je ne sais plus si c'était signé, ni de quel nom. Je montrai la lettre à ma mère. Elle me dit « C'est un fou » et me conseilla de la déchirer, ce que je fis. Jamais plus ce correspondant ne se manifesta. L'aurait-il fait que, s'il s'agissait d'Adolf Hitler, qui était de deux ans plus jeune que moi, cela n'aurait rien changé. A l'époque, les jeunes filles ne s'intéressaient jamais à des garçons plus jeunes qu'elles. Elles ne regardaient – et paupières à demi baissées – que ceux en âge de les emmener danser, patiner... ou de les épouser [2].

Ce texte offre une vue panoramique sur les horizons des Autrichiennes

---

1. Cf. *infra*, ch. 15, p. 479-483.
2. Cité par Marc Lambert, avec la photographie de la dame à sa fenêtre, en 1975, à l'âge de 88 ans, in *Un peintre nommé Hitler*, Paris, France-Empire, 1986, p. 41-42.

de bonne famille, à l'époque où la psychanalyse commençait à se pencher sur leur cas. Mais on lit aussi entre les lignes l'écho assourdi d'une rêverie romantique.

Toutes les notations de Kubizek sont exactes, puisqu'il n'a pas commis la seule erreur qu'on lui impute : il ne dit pas que Stephanie ait porté des tresses sur le chemin du collège, mais seulement sur une photo que lui-même connut beaucoup plus tard [1]. Il ne dit d'ailleurs pas qu'elle se rendait au collège mais, tout au contraire, qu'elle venait de réussir son baccalauréat. Cette mise au point oiseuse montre la veuve en flagrant délit de noyer le poisson. Le reste est à l'avenant : elle ne parle pas de ce qui s'est passé, mais de ce qui devait ou non logiquement se passer. Il est clair qu'elle assure son « repos », comme eût dit la princesse de Clèves, en reconnaissant ce qu'il serait imprudent de nier – une lettre dont une copie pourrait resurgir – et en niant ce qui ne laisse pas de traces : ses muettes répliques aux attentions du soupirant, et ses propres souvenirs.

En dehors de la critique interne de ce tract, il y a trois raisons de mettre en doute ses dénégations. Elle ne tient peut-être pas à ce qu'on sache qu'elle avait fait bon visage au tyran le plus antipathique de l'histoire. Elle peut vouloir cacher qu'elle avait donné des gages peu compromettants mais tout de même, s'agissant d'une jeune fille « honnête », réprouvés par la morale ambiante. Enfin elle a pu, pour le même motif, refouler ces scènes. Cependant, l'obstination des deux compères à se trouver sur son chemin, attestée par sa confirmation des itinéraires que lui prête Kubizek, plaide plus en faveur de la dissimulation que de l'oubli. Plus une jeune fille est surveillée, plus les attentions d'un soupirant inconnu, à la mise bien tenue, l'intéressent nécessairement, et moins elles doivent être faciles à oublier, surtout si elle s'est mariée en fonction des critères qu'elle indique.

On peut en déduire qu'elle avait bien encouragé les assiduités du jeune homme, mais qu'elle était effectivement engluée dans un univers de distractions superficielles et de destins stéréotypés, dont elle n'avait pas sérieusement songé à s'extraire en se laissant enlever par ce prince vraisemblablement charmant. On a donc tort quand on dit que Hitler vivait là un rêve diamétralement opposé à la réalité. Reste qu'il n'établissait pas entre les deux une limite très nette ou plus exactement, comme Kubizek lui-même l'analyse lumineusement, qu'il avait besoin de nourrir un rêve idéal – il prêtait à Stephanie toutes sortes de qualités intellectuelles et de préoccupations artistiques que le texte ci-dessus incite à mettre en doute – et ne se pressait guère de le confronter au réel, en engageant un commerce avec son objet. Là, sans doute, nous trouvons la préfiguration de certaines attitudes de l'adulte – si ce n'est qu'à l'inverse il fera preuve d'audace et de talent pour matérialiser ses chimères, et que le réel en subira de dures atteintes.

---

1. *Op. cit.*, p. 72.

Il est vrai aussi que lorsqu'à Vienne, plus tard, il fuyait tout contact féminin en expliquant qu'il restait fidèle à Stephanie, alors qu'elle ne lui avait plus témoigné le moindre intérêt depuis longtemps, nous pouvons diagnostiquer une certaine peur devant la femme, pour laquelle le jeune homme préfère soupirer à distance, sans grand espoir de combler celle-ci. Nous retrouverons le phénomène avec l'idéalisation du souvenir de Geli Raubal.

Si on cherche des étrangetés dans le comportement sexuel de notre homme, pour les nimber de causalités plus fantastiques encore, c'est en fonction des aspects réellement exceptionnels de sa personnalité. On projette de la monstruosité sur ses moindres gestes et, en l'occurrence, on manque une constatation simple, qui n'épuise peut-être pas la question, mais a certainement une valeur explicative supérieure à ses concurrentes : Hitler avait reçu une éducation catholique[1]. On sait qu'il avait été enfant de chœur[2] et avait pris là son goût pour les cérémonies. Il avait donc probablement fréquenté d'assez près le catéchisme. Or les prêtres enseignaient la « pureté » et prohibaient notamment les relations sexuelles avant le mariage, y compris pour les garçons, qui certes jetaient volontiers leur gourme avec des prostituées, mais alors prenaient leurs distances avec les sacristies, à l'affluence notoirement plus féminine[3]. Hitler, qui, nous dit encore Kubizek, « rejetait toutes les formes du flirt » (p. 76) et « n'admettait même pas la masturbation, si fréquente chez les jeunes gens » (p. 245), et qui tenait à se distinguer du vulgaire, a bien pu suivre à la lettre cet enseignement, et trouver valorisant de brider ses désirs, jusqu'à un mariage auquel, toujours d'après son compagnon, il aspirait pour transmettre « la flamme de la vie ». Quant au monde de la prostitution, ils l'effleurèrent tous deux une seule fois, arpentant « pour voir » le quartier spécialisé de Vienne en faisant des commentaires dégoûtés (p. 242-244). Mais comme leur cohabitation viennoise ne dura que quelques mois, on peut tenir pour vraisemblable que Hitler y est retourné et qu'il a franchi là, les tabous religieux s'affaiblissant, d'autres stades de son initiation. On s'expliquerait mal, dans l'hypothèse inverse, la place dans *Mein Kampf*, à propos de Vienne, de la prostitution et de la syphilis, la dénonciation angoissée de ces « fléaux » et leur corrélation étroite avec la « juiverie ».

Bref, on peut trouver à ce jeune homme bien des côtés antipathiques.

---

1. Une hypothèse que Kubizek ignore, peut-être parce qu'il est lui-même catholique et que, baignant dans cette idéologie, il décèle mal son influence.

2. On le sait par le seul *Mein Kampf* mais on peut s'en contenter : on voit mal Hitler, en 1925, s'exposer sur ce point à un cinglant démenti du clergé autrichien.

3. De ce point de vue, il ne faut sans doute pas prendre trop à la lettre ses « propos de table » des années 40, où il lui arrive de mentionner les chahuts qu'il organisait contre ses catéchistes. Il en nomme essentiellement un, l'abbé Schwarz, auquel il se serait amusé à poser des colles théologiques de type voltairien. Non seulement cela ne prouve pas qu'il n'était pas réceptif à l'aspect moral de l'enseignement, mais il a certainement eu d'autres enseignants, qui se faisaient mieux respecter et qu'il prenait sans doute davantage au sérieux. Lorsqu'il relate ces souvenirs, le nazisme a vocation à remplacer entièrement les religions et Hitler antidate volontiers ses conversions (Werner Jochmann [éd.], *Monologe im Führerhauptquartier*, Hambourg, Knaus, 1980, p. 186-87, propos de la nuit du 8 au 9 janvier 1942).

Mais on ne saurait nier qu'ils évoquent l'univers de l'adolescence plus que celui de la dictature sanguinaire.

Le témoignage de Kubizek, confident unique, sinon de tout, du moins de bien des pensées intimes, offre au biographe deux séries de données. D'une part, des indications propres aux âges tendres, montrant par quels chemins Hitler est devenu adulte. D'autre part, des invariants, des traits qu'on retrouve plus tard dans d'autres contextes, et dont ce texte aide à mesurer l'importance. Essentiellement deux. L'un se rapporte à la façon dont il avait besoin, conjointement, de la ville et de la nature, l'autre à la cohabitation, chez lui, d'un formidable égocentrisme et d'une grande attention aux autres :

> La nature exerçait sur lui une influence extraordinaire. « Dehors » il n'était plus du tout le même. Certains aspects de sa personne ne se manifestaient que dans la nature. Il se recueillait, se concentrait dans les chemins silencieux et les forêts de hêtres ou bien, la nuit, quand nous grimpions au Freinberg. Au rythme de la marche, ses pensées et ses inspirations affluaient avec beaucoup plus de facilité que partout ailleurs.
>
> (...)
>
> Au fur et à mesure que je connus Adolf de plus près, j'arrivai à comprendre cette contradiction de son être. Il avait besoin de la ville, de sa multitude d'impressions, d'expériences et d'événements divers. Tout l'intéressait. Il avait besoin des gens, avec leurs tendances contradictoires, leur efforts, leurs intentions, leurs projets, leurs désirs. Il ne se sentait à l'aise que dans cette atmosphère lourde de problèmes. Le village trop monotone, trop insignifiant, trop petit, ne répondait pas assez à son besoin effréné de s'occuper de tout. Une ville, en outre, l'intéressait par le seul fait qu'elle constituait une agglomération de constructions et de maisons. On comprend qu'il n'ait voulu vivre qu'en pleine ville.
>
> En revanche, il avait besoin de sortir de cette ville qui l'obsédait. Dans la nature où il ne trouvait rien à améliorer ou à changer, il se détendait, puisque les lois immuables auxquelles elle obéit échappent à la volonté humaine. Il se retrouvait lui-même, n'étant pas obligé, comme en ville, de prendre position à chaque instant. (p. 32)

Cette même dualité se retrouve lorsqu'il est question de l'intérêt qu'il portait aux individus :

> Je ne puis clore ce chapitre sans citer une qualité du jeune Hitler qui aujourd'hui paraîtra, j'en conviens, paradoxale. Hitler avait une nature intuitive et pleine d'intérêt pour autrui. Il prit en main ma destinée d'une manière touchante. Inutile de lui dire ce qui se passait en moi. Il ressentait toutes mes émotions comme s'il se fût agi de lui-même. Que de fois il m'a ainsi secouru dans des situations difficiles. Il savait toujours ce dont j'avais besoin et ce qui me manquait. Tout occupé qu'il était de sa propre personne, il s'occupait avec ardeur des gens qui l'intéressaient. C'est lui qui orienta ma vie vers la musique, en décidant mon père à me laisser faire des études au conservatoire. Tout ce qui me concernait le touchait, et il y prenait part le plus naturellement du monde. J'avais souvent l'impression qu'il vivait sa propre vie à côté de la mienne. (p. 38)

Kubizek a raison et tort à la fois, lorsqu'il dit que la grande attention de Hitler envers autrui peut sembler, dans les années 50, paradoxale. Vu l'image sinistre qu'on a alors du personnage dans tous les domaines, l'information éveille nécessairement la méfiance. Mais en disant « j'en conviens », il a bien l'air de donner raison aux sceptiques et, s'il défend courageusement, contre vents et marées, les souvenirs de son adolescence, il semble concéder qu'ensuite la vie a bien pu faire de Hitler un monstre indifférent aux sentiments de son entourage. Ce qu'il ne voit pas – parce qu'il n'est pas historien et a suivi d'assez loin, depuis cinquante ans, la vie politique –, c'est que Hitler a non seulement conservé, mais développé sa capacité de « vivre la vie des autres », et qu'elle explique une bonne part de ses réussites.

Vu les dimensions de ce livre, on se préoccupera surtout, en prenant connaissance des faits rapportés par Kubizek, de repérer si Hitler a déjà quelque chose de nazi. La réponse est largement négative. Il se présente comme un individu soigné, posé, soucieux de se distinguer de la masse. Le contraire d'un baroudeur et d'un querelleur, même s'il peut s'emporter quand on le contrarie. Il suit la vie politique, mais en spectateur, et non pas dans les meetings, mais au parlement de Vienne. Il n'a pas la moindre inclination pour la chose militaire, allant jusqu'à critiquer les frères Wright, concepteurs d'un des premiers avions, d'avoir monté dessus une arme à feu pour expérimenter les effets d'un tir aérien ! Son langage diffère peu de celui d'un pacifiste de RFA dans les années 80 : « A peine a-t-on fait une nouvelle découverte, disait-il, qu'on la met au service de la guerre [1]. » Il est révélateur que, des nombreux auteurs qui ont cité Kubizek, fort peu ont relevé ce passage, et que quand on l'a fait, c'était pour le mettre en doute. Sans doute jurait-il trop avec les préjugés ambiants.

Récemment encore il a échappé à la vigilance de Brigitte Hamann, auteur d'une dépoussiérante étude sur les jeunes années du dictateur. Elle lui attribue un amour de la guerre sans solution de continuité, depuis la cour de l'école jusqu'à ses débuts de chef politique, au moyen d'un argument peu convaincant [2]. Dans *Mein Kampf* il dit avoir beaucoup joué à la guerre avec ses petits camarades. Vers 1900, les combats mettaient aux prises les « Anglais » et les « Boers », deux nations qui alors s'affrontaient en Afrique du Sud, donnant le coup d'envoi d'un siècle agité. Tout le monde voulait être boer et le camp anglais avait des difficultés de recrutement. Voilà qui est d'un maigre secours pour l'auteur d'une biographie individuelle. Lorsqu'ils n'étaient pas réprimés par des adultes antimilitaristes, l'immense majorité des écoliers européens jouaient alors à la guerre, et préféraient être enrôlés dans un camp correspondant à leur pays ou servant les intérêts supposés de celui-ci. Dans un monde germanique frustré d'expansion coloniale, comment s'étonner que les ennuis du

---

1. *Op. cit.*, p. 255.
2. *Hitlers Wien*, Munich, Piper, 1996, p. 19.

concurrent britannique aient soulevé l'enthousiasme dans les cours de récréation ? Brigitte Hamann rapproche ce souvenir d'enfance d'un éloge des Boers fait incidemment par Hitler dans un discours, le 13 avril 1923 à Munich : il dit que les Boers étaient mus par « l'amour de la liberté » et les Anglais par l'« appât de l'argent et des diamants ». Mais c'est pour donner raison aux Anglais [1] ! L'exemple sert à démontrer, dans une Allemagne où les Français viennent d'occuper la Ruhr, qu'une cause juste n'est rien sans la force des armes. Voilà une belle illustration de l'écart entre l'enfant idéaliste et l'adulte cynique, et du danger, pour la justesse historique, d'attribuer au culte hitlérien de la guerre une trop grande précocité.

Kubizek lui-même n'est pas entièrement fidèle à sa résolution de ne tenir, dans la rédaction de ses souvenirs, aucun compte de la carrière ultérieure de son ami. Il pense que Hitler nourrissait déjà secrètement, à l'époque de leur fréquentation, une vocation de dictateur. Il le déduit en particulier du fait qu'il ne gagnait pas sa vie et n'avait pas l'air de vouloir la gagner, mais cultivait cependant de gigantesques projets architecturaux en paraissant sûr de trouver un jour le moyen de les réaliser. C'est oublier ce que lui-même nous a révélé, à quelques pages de là, sur le désir d'Adolf d'offrir une situation stable à Stephanie, et les espoirs qu'il plaçait à cet effet dans une admission à l'école des beaux-arts. Autre indice de l'ambition d'un rôle politique majeur : la représentation de *Rienzi*, opéra de Wagner montrant un chef politique parti de rien et s'appuyant sur les masses [2], l'avait enthousiasmé et il s'était identifié à lui pendant la nuit suivante, entraînant son compagnon dans une longue promenade autour de Linz, puis le congédiant brusquement en disant qu'il voulait être seul.

Kubizek oublie, lorsqu'il lui prête une ambition politique secrète, que son ami avait entre quinze et dix-neuf ans. L'âge où les rêves se donnent libre cours, sans être nécessairement accompagnés d'une ferme résolution de les réaliser, ni d'une réflexion aboutie sur les moyens d'y parvenir.

Hitler s'installe durablement à Vienne au début de 1908, après la mort de sa mère. Pour un garçon de dix-huit ans dévoré d'ambitions artistiques, c'est à la fois un temps de formation et une épreuve de vérité. A lui les chefs-d'œuvre picturaux, architecturaux et musicaux qu'un vieil empire, dirigé par une dynastie inamovible, a accumulés au long d'une histoire souvent brillante, dans une capitale que la guerre n'a jamais dévastée. Mais il doit aussi chercher à s'y faire un nom.

Puisque c'est là, également, qu'il commence à suivre la vie politique, un lien a pu se faire dans son esprit entre l'évolution artistique et l'évolution politique de la capitale autrichienne. La notion de décadence a été

---

1. E. Jäckel, *Hitler/Sämtliche Aufzeichnungen 1905-1924*, Stuttgart, Deutsche Verlags-Anhalt, 1980, p. 885.
2. Le héros wagnérien est inspiré d'un personnage réel, qui avait vécu, à Rome essentiellement, entre 1313 (?) et 1354.

appliquée aux deux. C'est encore aujourd'hui un lieu commun, s'agissant du domaine politique. Dure aux vaincus, l'histoire ne peut parler sans condescendance de cette dynastie Habsbourg qui essayait de retarder l'inéluctable éclatement d'un empire multinational, où dix millions d'Allemands s'épuisaient à dominer vingt millions de Slaves, avec l'assistance, depuis 1867, de dix millions de Magyars qu'on avait flattés par l'artificielle métamorphose de l'empire autrichien en une « double monarchie » austro-hongroise : on avait fédéré sous le sceptre de François-Joseph deux Etats baptisés, du nom d'un cours d'eau jusque-là obscur, Cisleithanie et Transleithanie.

Pour caractériser la vie intellectuelle et artistique, l'idée d'une décadence est à la fois moins commune et plus souvent nuancée. C'est plutôt l'image d'un bouillonnement inventif qui l'emporte. La peinture, le théâtre, la musique s'ouvrent à Vienne des voies nouvelles, symbolisées par les noms de Klimt, Schnitzler et Schönberg, cependant que Freud jette les bases de ses découvertes.

Les noms d'artistes sont étrangement rares dans *Mein Kampf*, étant donné la vocation proclamée de l'auteur. Si Richard Wagner est révéré, pas un peintre, pas un compositeur et pas un architecte en activité n'illustrent le récit de la période viennoise. Hitler se contente, lorsqu'il évoque les années d'après-guerre, vécues par lui à Munich, d'une condamnation très générale de l'art moderne, judéo-bolchevique comme il se doit. Cependant, puisque d'après lui il est apparu à la fin du XIXᵉ siècle, il aurait dû impressionner défavorablement l'étudiant viennois et, s'il n'en a rien été, c'est sans doute qu'à Vienne il n'était pas si dégoûté :

> Déjà à la fin du siècle dernier commençait à s'introduire dans notre art un élément que l'on pouvait jusqu'alors considérer comme tout à fait étranger et inconnu. Sans doute y avait-il eu, dans des temps antérieurs, maintes fautes de goût, mais il s'agissait plutôt, dans de tels cas, de déraillements artistiques auxquels la postérité a pu reconnaître une certaine valeur historique, non de produits d'une déformation n'ayant plus aucun caractère artistique et provenant plutôt d'une dépravation intellectuelle poussée jusqu'au manque total d'esprit. Par ces manifestations commença à apparaître déjà, au point de vue culturel, l'effondrement politique qui devint plus tard visible.
>
> Le bolchevisme dans l'art est d'ailleurs la seule forme culturelle vivante possible du bolchevisme et sa seule manifestation d'ordre intellectuel.
>
> Que celui qui trouve étrange cette manière de voir examine seulement l'art des Etats qui ont eu le bonheur d'être bolchevisés et il pourra contempler avec effroi, comme art officiellement reconnu, comme art d'Etat, les extravagances de fous ou de décadents que nous avons appris à connaître depuis la fin du siècle sous les concepts du cubisme et du dadaïsme. (p. 257)

Peut-être les choses ont-elles été progressives. A propos de son fameux échec au concours d'entrée des beaux-arts de Vienne, sur lequel on a tant glosé, il nous dit lui-même que depuis quelque temps il se sentait attiré, plus que par la peinture, par le dessin, notamment le dessin d'architecture, et que le directeur de l'école, rencontré après l'affichage des résultats, avait diagnostiqué « un manque de dispositions pour la peinture » et « des possibilités dans le domaine de l'architecture ». Les archives confirment et complètent ce récit en faisant apparaître le reproche, dans les dessins présentés, d'un « manque de portraits [1] ». « En quelques jours, conclut-il dans son livre, je me vis architecte. » Effectivement, parmi ses œuvres conservées, les représentations d'édifices sont très majoritaires [2].

Nous pouvons en déduire, avec la prudence qu'impose un manque aigu de documents, que peut-être il a lutté très tôt, dans sa vie artistique, contre l'excès d'imagination. Il a préféré ne pas trop s'affranchir du réel, et il a fini par être pris d'une véritable panique devant les trouvailles plastiques du siècle débutant, qui faisaient vaciller les limites des objets comme celles de l'art même. Progressivement il s'est rallié à la conception d'un art politique et même civique, pure exaltation de la race supérieure et de ses triomphes, dont la plus haute expression ne pouvait être que monumentale. Son attirance jamais démentie pour Wagner peut procéder du même souci : il aurait supporté ses audaces harmoniques en considération de tout ce qu'il y avait, dans l'univers wagnérien, de cohérence, de maîtrise et de lisibilité. L'artiste Hitler serait angoissé par les pouvoirs d'évasion du réel que donne le génie et il aurait décidé de n'agir sur la matière que pour la mettre en forme, répudiant toute destructuration.

Comme pour les autres aspects essentiels de sa pensée, l'évolution ne se serait achevée qu'après la guerre. De même qu'on ne trouve pas avant 1919 de textes antisémites (cf. *infra*), de même c'est peut-être bien au contact de quelque publiciste munichois d'extrême droite qu'il a définitivement répudié la peinture de son siècle et décidé, comme tant de philistins contemporains, qu'elle était faite avec la queue d'un âne [3]. Sauf que chez lui, le diagnostic, plutôt que moqueur, est rageur : il voit soudain dans ces productions la marque d'une offensive juive contre toutes les valeurs. Lui, au moins, ne les sous-estime pas et, en quelque sorte, rend hommage à leur puissance.

Curieusement, Kubizek n'est ici d'aucun secours. Intarissable sur les projets architecturaux de Hitler et sur son rapport à la musique, il est muet sur ses goûts picturaux. Ce qui peut vouloir dire que Hitler s'est vraiment, à Vienne, détourné de la peinture, mais aussi qu'il a visité les expositions novatrices en cachette de son ami, et ne savait trop qu'en penser : il lui arrivait fréquemment, en effet, de ne pas dire à Kubizek ce qu'il ruminait et de ne lui livrer l'état de ses cogitations sur un sujet que

---

1. Cf. W. Maser, *Legende...*, *op. cit.*, p. 70.

2. Cf. Marc Lambert, *op. cit.*

3. L'expression fait allusion à un canular célèbre de Roland Dorgelès : peu avant la première guerre mondiale, il avait voulu protester contre la mode cubiste en faisant exposer un tableau peint par l'appendice terminal d'un baudet, signé du « maître italien Boronali » (anagramme d'Aliboron). Sans être unanimement favorable, la critique n'avait pas flairé la supercherie. En 1935, l'ambassadeur François-Poncet contera l'anecdote à Hitler, le faisant beaucoup rire (cf. Micheline Dupray, *Roland Dorgelès/Un siècle de vie littéraire française*, Paris, Renaissance, 1986, p. 69-75).

lorsqu'elles avaient atteint un stade avancé d'élaboration. Sur la peinture d'avant-garde, n'aurait-il pas suspendu son jugement ?

Sur la musique, en tout cas, les confidences de Kubizek sont nettement plus explicites que celles de *Mein Kampf* et permettent d'avancer une explication du silence de la bible nazie : admirateur de Mendelssohn et de Mahler [1], dont plus tard il devait bannir la musique, pour des raisons « raciales », de tout le territoire du Reich, l'adolescent Hitler ne faisait aucune différence entre les artistes juifs et les autres. Pire encore, au regard des valeurs adoptées plus tard : comme il privilégiait la musique allemande, il intégrait sans vergogne les compositeurs juifs dans la nation chérie !

Kubizek est pourtant catégorique : « Hitler était antisémite dès le temps de Linz. » Mais, vu qu'il se définit lui-même comme un analphabète politique, ce jugement appelle la méfiance. Il ne l'étaye que d'une anecdote et d'une supposition. Alors qu'ils passaient devant la synagogue, Hitler lui aurait dit : « Cela ne fait pas partie de Linz. » Il s'étend d'autre part sur l'influence du corps professoral, dont de nombreux membres méprisaient la dynastie Habsbourg et souhaitaient voir l'Autriche intégrée à un Reich allemand. C'était là une théorie prêchée par un mouvement, le pangermanisme, qui prônait aussi l'antisémitisme. L'un des professeurs pangermanistes de Hitler s'appelait Leopold Pötsch, et c'est le seul enseignant dont il cite le nom dans son livre : il lui aurait donné le goût de l'histoire. Mais Kubizek, dans ce cas comme dans quelques autres, cite *Mein Kampf* et le démarque plus que ne le souhaiterait l'historien avide de témoignages directs. Car, ayant connu Hitler lors de sa dernière année de scolarisation, qu'il ne passait pas à Linz, il ne saurait témoigner de l'influence d'un professeur de cette ville, à moins que Hitler ne lui ait parlé rétrospectivement, ce qu'il ne dit pas. Au total, cela fait bien peu pour démontrer l'existence de l'antisémitisme dans l'esprit de Hitler dès cette époque. Mais surtout : si on voit cette idéologie comme une sorte de graine qui, une fois installée, n'a pu que croître, on tombe dans l'explication du passé par le futur et dans la détermination des pensées de l'adolescent par les victimes de l'adulte. Si au contraire on lui accorde le droit à une adolescence véritable, on doit considérer que l'antisémitisme, en lui, a pu connaître des hauts et des bas, avant de prendre sa forme et sa force définitives au lendemain de la première guerre.

Le point n'est pas anecdotique. Car Kubizek est prolixe sur la passion wagnérienne qui avait été l'occasion, non seulement de leur rencontre, mais de l'approfondissement de leur amitié, surtout dans la période de Linz. Hitler, nous dit-il, avait d'autant plus cultivé cette passion qu'il identifiait Stephanie avec une héroïne de Wagner : il compensait ainsi sa frustration de contacts réels. Il s'était mis à lire les écrits du maître. Kubi-

---

1. Qui, en tant que chef d'orchestre, avait fait beaucoup pour acclimater Wagner à Vienne. L'admiration de Hitler pour Mendelssohn est confirmée par le témoignage de R. Hanisch, cité par B. Hamann, *op. cit.*, p. 240.

zek cite *L'œuvre d'art de l'avenir* et *L'art et la révolution* ainsi que le journal du compositeur et sa correspondance, mais non un article célèbre, *Le judaïsme dans la musique*, publié sous pseudonyme en 1850, puis repris, signé et agrémenté d'une postface en 1867. On y trouve non pas un racisme biologique, mais une théorie qu'un peu plus tard on eût dite « culturaliste » : pour Wagner la musique est très liée au folklore, donc à la langue, et par suite les Juifs cultivés, parlant des langues d'emprunt, ne peuvent produire qu'une musique imitative. Hitler reprendra l'idée de manière caricaturale dans un discours de 1920 qu'on lira plus loin, en disant que les Juifs sont inaptes à la création artistique. Par ailleurs, Wagner profère de sommaires anathèmes contre l'esprit de lucre, base du capitalisme corrupteur, dont il attribue aux Juifs une dose bien supérieure à celle des peuples qui les hébergent et là aussi Hitler trouvera son miel, en caricaturant à peine. Cependant, s'il avait vraiment été antisémite « dès le temps de Linz », il n'eût pas manqué d'abreuver son ami de gloses sur la judéophobie de Wagner en général, et sur ce texte en particulier. On peut conclure avec une grande probabilité, et du manque d'illustrations, sous la plume de Kubizek, d'un antisémitisme aussi précoce, et du fait qu'il ne mentionne pas la passion antisémite de Wagner, que Hitler, comme beaucoup d'autres admirateurs du maître de Bayreuth, n'en avait pas pris conscience ou l'avait tenue pour un caprice sans grande portée.

Beaucoup plus attesté que l'antisémitisme apparaît le pangermanisme, ou plutôt : le germanisme. En effet, ce qu'on appelle pangermanisme en Autriche à cette époque, c'est non pas une idéologie mais un parti bien défini, antisémite et anticlérical, fondé dans les années 1880 par Georg Schönerer. Hitler, qui n'a jamais, d'après personne, été un anticlérical déclaré, le critique sévèrement, dans *Mein Kampf*, sur ce chapitre. Avant 1919, il n'apparaît pas lié à un mouvement précis, que ce soit par l'adhésion ou la simple sympathie. En revanche, et là-dessus sans doute on peut croire à l'influence de Pötsch, encore vivant lors de la parution de *Mein Kampf*[1], il est probablement devenu dès la période de Linz un patriote allemand.

On relèvera tout de même que c'était sans sectarisme, puisque son ami August était probablement d'origine tchèque, à en juger par le nom de son père comme par celui celui de sa mère (Blaha). Le point mérite attention puisque, à la lumière d'un faisceau de preuves rassemblé par Brigitte Hamann, on sait aujourd'hui qu'il y avait dans la région de Linz non point une question juive mais une « question tchèque ». Il y eut ainsi en mars 1904 (p. 30) un chahut orchestré par de jeunes germanophones lors d'un concert donné par le violoniste Jan Kubelik, ce qui amena la police à protéger des bâtiments appartenant à des organisations tchèques : les agitateurs en profitèrent pour dénoncer la politique proslave du gouverne-

---

1. Sans doute gêné, dans son conformisme de fonctionnaire et de citoyen, par les dithyrambes du jeune agitateur, il garda ses distances, mais ne démentit rien (cf. B. Hamann, *op. cit.*, p. 27).

ment de Vienne. Cependant, comme les Tchèques de Linz exerçaient pour la plupart des métiers manuels, leurs rejetons étaient peu nombreux à la Realschule. Que, depuis la Toussaint de cette année-là, le jeune Adolf se soit affiché avec le fils d'un tapissier au nom bohémien est la preuve d'un beau non-conformisme, du fait qu'il plaçait l'art très au-dessus de toute autre considération, mais aussi, probablement, du caractère bon enfant de ses sentiments germanistes d'alors. De même, l'absence, dans *Mein Kampf,* de toute allusion à ce conflit ethnique lorsqu'il narre les années de Linz, et de toute mention directe ou indirecte de Kubizek, s'explique fort bien par le fait qu'il est devenu, depuis, d'un antislavisme virulent, peut-être sous l'effet des joutes parlementaires viennoises, ce sentiment atteignant son paroxysme lorsqu'il eut arrêté, peu avant 1924, le projet d'étendre le Reich aux dépens de l'Ukraine et de la Russie [1].

Il faut aussi considérer, et cela convergerait avec la critique mentionnée plus haut des frères Wright, que son patriotisme allemand peut n'avoir nourri aucun élan guerrier. Car pour arriver à ses fins il disposait d'une monnaie d'échange : si elle voulait se rattacher à l'Allemagne, l'Autriche devait renoncer à son autorité politique sur les Slaves. Beaucoup de pangermanistes estimaient que cela pouvait se régler sans guerre. On trouve même dans *Mein Kampf* l'esquisse d'un tel scénario :

> (...) je saluais avec joie chaque mouvement susceptible d'amener l'écroulement de cet Etat inacceptable, qui condamnait à mort le germanisme en dix millions d'êtres humains. Et plus le tohu-bohu des langues rongerait et dissoudrait jusqu'au parlement, plus tôt sonnerait l'heure fatale de l'écroulement de cet empire babylonien. Elle serait aussi l'heure de la liberté pour mon peuple de l'Autriche allemande. Ensuite, rien ne s'opposerait plus à sa réunion à la mère-patrie. (p. 46)

Pour la période viennoise, Kubizek relate un peu plus d'anecdotes qui montrent chez Hitler une véritable hostilité envers les Juifs. Ainsi, son ami lui ayant obtenu un rendez-vous avec un journaliste qui voulait bien publier des textes de lui, Hitler ne donna pas suite parce qu'il s'agissait d'un Juif. Commentant ensuite un passage célèbre de *Mein Kampf,* sur la rencontre par Hitler, dans les rues de Vienne, d'un Juif oriental habillé d'un caftan, dont la vue aurait été décisive dans la formation de son antisémitisme (cf. *infra*), Kubizek croit se souvenir qu'il s'agissait d'un faux mendiant, contre lequel Hitler avait accepté de témoigner devant la police. Mais alors, à qui doit-on se fier ? A celui qui essaye de retrouver des souvenirs bruts sur un ami adolescent en faisant abstraction de sa destinée, ou au politicien de trente-cinq ans qui a fait de l'antisémitisme un thème majeur de son programme, et qui a intérêt à le faire remonter le plus loin possible dans sa biographie ? Si on se contente du témoignage de Kubizek, l'anecdote se ramène à la dénonciation d'un imposteur qui abusait de la charité des gens : elle paraît renvoyer davantage au rigorisme

---

1. Cf. *infra*, ch. 2.

moral dont Hitler faisait preuve à cette époque qu'à des préoccupations raciales alors bien mal attestées.

On a aussi glosé bien à tort, pour expliquer sa fureur antisémite, sur l'échec à l'examen des beaux-arts : le mépris du jury pour son talent y aurait fortement contribué, en raison de l'appartenance ethnique des examinateurs. Brigitte Hamann vient de faire table rase du préjugé, en établissant qu'*aucun* des enseignants de cette école n'était juif[1].

Admettons donc qu'il ait pu, à l'occasion, faire preuve d'antisémitisme, ce qui pourrait s'expliquer par l'ambiance viennoise et par son patriotisme allemand. Il s'agit encore d'une tendance tout à fait secondaire, aux conséquences pratiques bien ténues[2]. Ce qui prime, c'est le dégoût que lui inspire le pot-pourri de nationalités auquel sont en train de consentir des Habsbourg inquiets pour leur trône, et qui fait de Vienne une « ville sans patrie ». Il n'est pour s'en convaincre que de lire les pages que Kubizek consacre au parlement. Hitler fréquentait assidûment ses tribunes et en imposait la fréquentation à son ami, pour pouvoir tester sur lui les réflexions que les séances lui inspiraient. Pas un mot, ici, contre les Juifs, mais une critique acerbe de tous les partis. Au spectacle de l'assemblée viennoise, Hitler se forme. Il prend goût à la politique et en étudie avec passion tous les aspects, depuis l'ordinaire de la vie parlementaire jusqu'à la stratégie des coalitions. Ainsi le nazisme peut être considéré, au moins en partie, comme une synthèse des idées portées par deux leaders autrichiens : le pangermaniste Schönerer, déjà cité, et Karl Lueger, fondateur du parti chrétien-social, qui était maire de Vienne lorsque Hitler s'y installa et jusqu'à sa mort, survenue en 1910. C'était un démagogue antisémite, éloquent et sans scrupules, et il a sans doute le premier enseigné à Hitler le maniement des foules.

Mais l'intérêt montré par ce jeune homme, en 1908, pour les jeux parlementaires cisleithaniens est-il suffisant pour conclure que dès ce moment il se destine à la carrière politique ? Hitler lui-même, s'il a, dans *Mein Kampf*, largement antidaté son antisémitisme, ne prétend pas avoir voulu faire de la politique un métier avant 1918, et affirme s'être, jusquelà, destiné exclusivement à l'architecture :

> (...) ma croyance se fortifiait que mon beau rêve d'avenir se réaliserait, quand je devrais attendre de longues années. J'étais fermement convaincu de me faire un nom comme architecte.
>
> A côté de cela, le grand intérêt que je portais à la politique ne me paraissait pas signifier grand-chose. Au contraire : je ne croyais que satisfaire à une obligation

---

1. *Op. cit.*, p. 53.
2. Pour la période 1909-13, soit les années viennoises après la rupture avec Kubizek, le fait qu'il s'entendait bien avec les Juifs, voire faisait leur éloge, est attesté par tous les témoins à l'exception d'un seul, Josef Greiner, qu'on a de bonnes raisons d'estimer le moins fiable de tous (cf. Ian Kershaw, *Hitler1889-1936*, Londres, Penguin, 1998., p. 63-64). Dans son livre *Das Ende des Hitler-Mythos*, paru à Zurich en 1947, Greiner, qui affirme avoir côtoyé de près Hitler à Vienne et à Munich, ne donne pas une preuve convaincante qu'il l'ait seulement connu. C'est en se fiant à lui qu'on a parfois affirmé qu'il lisait goulûment le magazine antisémite *Ostara*.

élémentaire de tout être pensant. Quiconque ne possédait pas de lumières à ce sujet en perdait tout droit à la critique, ou à l'exercice d'une charge quelconque. (p. 43)

Ce que nous apprend Kubizek sur cette adolescence, c'est qu'elle montrait chez Hitler le désir et la prescience d'un destin exceptionnel. C'était là une attitude banalement romantique, certes poussée chez lui à un degré rare. Il se rendait solitaire à force de refuser toute concession, au point de sacrifier finalement, en déménageant pendant son absence sans laisser d'adresse, l'ami sur lequel il s'était appuyé pendant quatre ans. Ce destin rêvé était-il, en cet automne de 1908, plutôt politique ou plutôt artistique ? On peut retenir avec une quasi-certitude la seconde solution. Hitler se documentait sur l'univers politique, de manière approfondie, mais ne créait que sur le plan artistique. En dehors de ses efforts pour écrire un opéra, que nous allons évoquer ci-après, il persévérait dans l'habitude prise à Linz de coucher sur le papier des projets architecturaux, qui à Vienne s'étaient teintés de préoccupations urbanistiques et sociales. Pour devenir homme politique ou croire seulement qu'il le pouvait, il lui manquait une insertion sociale. Il y faudra une guerre et une révolution.

Kubizek décrit ainsi l'engouement de Hitler, vers l'âge de seize ans, pour Wagner :

J'ai suivi de près les débuts de ce culte qui devait remplir toute sa vie. Hitler s'empara de la vie et de l'œuvre du maître, il cherchait en lui bien plus qu'un modèle et un exemple. Il s'appropria littéralement la personnalité de Wagner, comme pour en faire une partie intégrante de son individu. (p. 91)

De cette communion il donne un exemple éloquent : Hitler avait passé des mois à tenter d'écrire un opéra, en reprenant le projet inabouti de Wagner *Wieland le forgeron*. Gustl l'informe un jour qu'on a trouvé après sa mort ce projet dans les manuscrits du maître, il se renseigne sur le contenu de la légende et se met aussitôt... au piano, dont il ne jouait que d'un doigt. Le lendemain, il a « écrit » l'ouverture et la « joue » à son ami, lui demandant de la transcrire. Le récit ne manque pas de sel. Comme Kubizek objecte timidement qu'il ne peut guère noter ce qui ne présente aucune unité de ton ni de mesure, il s'entend répondre : « Est-ce moi le compositeur, ou toi ? » Kubizek comprend seulement en écrivant son livre que Hitler avait un projet cohérent en tête, comme dans le cas des plans d'architecture, mais qu'il était incapable de l'exprimer faute de technique musicale, et que le recours aux connaissances scolaires de son ami compliquait les choses plus qu'il ne les simplifiait. Cependant, après quelques jours de disputes, Hitler tente une échappatoire archéologique : il se renseigne sur les instruments des Germains primitifs et essaie de composer pour eux. Puis il revient aux instruments modernes et le travail se met à avancer. Hitler songe alors au livret, aux décors et à la machinerie, car il veut faire voler trois Walkyries et même le héros, à la fin. Il se prive de sommeil et de repos, se contentant d'un verre de lait de temps en temps. L'action se passe en Islande, dans une nature glacée et volcanique à la fois. Puis Hitler se consacre à « d'autres problèmes » dont son ami ne dit pas la nature et parle moins de son œuvre, puis plus du tout. Néanmoins il a fait grande impression sur son unique spectateur, qui s'était mis à rêver de Wieland et se souvient, cinquante ans plus tard :

> (...) ces passions sauvages, débridées, ces événements tumultueux exprimés en vers qui vous prenaient le cœur, soutenus par une musique grave, primitive, impitoyable, restèrent gravés dans ma mémoire. (p. 216)

On a eu grand tort de mépriser ces lignes, que personne n'avait jusqu'ici reproduites. Elles en disent long sur la puissance et le style de travail du futur maître provisoire de l'Europe. Elles ont même peut-être un rapport avec le décor élu plus tard, et à coup sûr important, des montagnes de Berchtesgaden, l'un des plus « islandais » qu'on pût trouver en Allemagne.

Hitler quitte brutalement Kubizek à l'automne de 1908. Ils ne se sont pas vus depuis juillet, car les vacances et une période militaire ont éloigné le musicien de Vienne. Mais il a reçu plusieurs lettres de Hitler. Or, revenu en novembre, il constate le départ de son colocataire, qui n'a laissé ni explication ni adresse. Ils ne renoueront qu'en 1933. Dans son livre, Kubizek se demande, avec une amertume intacte, ce qui a bien pu pousser son compagnon à le quitter et la cause la plus probable lui semble être l'épuisement de ses ressources, qui lui aurait interdit de payer sa part de loyer tout en blessant sa vanité. Il n'envisage pas une autre hypothèse, en honneur chez certains biographes anglo-saxons : la cause de ce départ pourrait être la honte d'un nouvel échec à l'examen des beaux-arts, subi un an après le premier, à l'automne de 1908. Kubizek ne semble même pas se souvenir que Hitler ait, au cours de leurs quatre mois de cohabitation viennoise, préparé cette épreuve. L'aurait-il fait peu studieusement, ou en cachette de son ami [1] ? Cependant, ce deuxième échec, sur lequel l'auteur de *Mein Kampf* est muet alors qu'il traite longuement du premier, s'est produit dans des conditions psychologiques fort mal éclaircies.

La légende d'un nouvel échec douloureusement ressenti et honteusement dissimulé, présente dans tous les livres de quelque longueur parus depuis la guerre [2], semble avoir pris naissance en 1937 dans la traduction française de la biographie du Führer, parue pour la première fois en 1936, du journaliste antinazi Konrad Heiden, lequel ne faisait aucune allusion à ce deuxième échec dans ses ouvrages précédents et ne cite pas ses sources. Cependant, après Werner Maser, j'ai pu obtenir quelques éclair-

---

1. Cf. Alan Bullock, *Hitler*, Londres, Odhams, 1952, 2e éd. 1962, tr. fr. Verviers, Marabout, 1963, t. 1, p. 19, et Ian Kershaw, *Hitler 1889-1936*, *op. cit.*, p. 48.
2. Certains ouvrages synthétiques parlent d'« échec au concours » sans plus de précision.

cissements de l'*Akademie der Bildenden Künste* de Vienne [1]. Il en ressort que les registres portent bien la trace d'une inscription et d'une absence de réussite en 1908, mais qu'aucune donnée ne subsiste sur la prestation du candidat et le degré de conviction avec lequel il se serait présenté. Les auteurs qui font état d'une cuisante déception, supérieure ou égale à celle de 1907, s'avancent donc beaucoup, et plus encore ceux qui transfèrent sans façon en 1908 la visite que Hitler dit avoir faite en 1907, peu avant la mort de sa mère, au directeur de l'école, qui l'aurait converti à l'idée qu'il était plus fait pour l'architecture que pour la peinture.

L'hypothèse de Kubizek reste donc sans rivale sérieuse : Hitler aurait été dans la gêne, et n'aurait pas osé le lui avouer. L'absence quasi totale de témoignages et de documents sur les douze mois suivants indique en effet, avec une grande probabilité, qu'il a sombré dans le découragement et survécu sans rencontrer grand monde.

Ses ressources financières ont longtemps été estimées à l'aune de *Mein Kampf* et de ses pages intéressées sur la « faim » qu'aurait connue l'auteur, qui cherchait au moment de cette rédaction à séduire les couches populaires. L'historien autrichien Jetzinger, dont nous verrons à quel point il a été injuste envers Kubizek, a été mieux inspiré lorsqu'il a contesté ces pages [2]. Werner Maser a suivi la piste et amassé force documents. Mais ses conclusions sont parfois discutables : il estime que Hitler n'a jamais été pauvre : c'est probablement l'excès inverse du préjugé courant, même si au passage une erreur est heureusement redressée, concernant la fameuse « culture d'autodidacte ». Sous la double influence d'une lecture non critique de *Mein Kampf* et d'un rejet viscéral de son signataire, on a souvent écrit qu'avec ses maigres deniers il n'avait jamais pu se procurer que « des brochures ». Maser affirme qu'il a toujours eu de quoi s'acheter des livres et, même si pour certaines périodes il a tort, il n'en est pas moins évident que Hitler savait faire la différence et que, fût-ce en les empruntant dans des bibliothèques, il satisfaisait volontiers sa boulimie de savoir avec d'épais ouvrages. Une étude plus récente [3] évite le mot « brochure » mais tombe de Charybde en Scylla, lorsqu'elle

---

1. La première édition du Hitler de K. Heiden est parue à Zurich, en deux tomes, en 1936, la traduction française chez Grasset l'année suivante, avec une préface datée d'août 1936. Cette édition est la première qui cite l'extrait concernant Hitler du procès-verbal de l'examen de 1907, dont Maser obtiendra en 1969 une copie exacte. Cependant, comme le texte parle de « l'année scolaire 1907-1908 », Heiden en déduit que Hitler a passé cette année, à Vienne, à se préparer, et a échoué au terme de celle-ci. Il situe alors un second échec lors de la « session d'automne » de la même année : cette fois, au lieu d'être reçu à l'épreuve imposée puis recalé lors de l'examen des travaux personnels, Hitler a été recalé dès l'épreuve imposée. Il porte, sur la liste des candidats, le n° 24. Puis Heiden écrit qu'il va veiller sa mère mourante et il la fait mourir le 21 décembre 1908 (au lieu de 1907 !). Il accuse donc Hitler d'avoir, dans *Mein Kampf*, dissimulé non le second échec, mais le premier. Seul Werner Maser semble avoir tenté de débrouiller cet écheveau. Il a écrit à l'école, et s'est vu répondre, le 6 septembre 1969, que Hitler « n'a pas été admis à concourir » en 1908, ce qui recoupe l'information de Heiden mais est, curieusement, moins précis (W. Maser, *Legende...*, op. cit., p. 77).
J'ai pour ma part obtenu par lettre, le 22 juillet 1999, les détails suivants : les deux examens ont eu lieu en octobre ; les bordereaux, conformes aux citations de Heiden, figurent dans le volume 20, portant sur les années 1905-1911, d'un registre qui est la seule trace conservée des examens.
2. Franz Jetzinger, *Hitlers Jugend*, Vienne, Europa-Verlag, 1956, ch. 5.
3. Anton Joachimsthaler, *Korrektur einer Biographie*, Munich, Herbig, 1989.

rejette absolument le récit de *Mein Kampf* sur la culture politique que Hitler aurait acquise à Vienne, et la date entièrement de l'après-guerre, « à partir de février 1919 ». C'est bien tard pour parvenir au degré d'assurance et de maîtrise qu'il montrera, comme nous le verrons, dès l'année suivante. L'existence ordinairement apathique qui lui est ici prêtée suppose des périodes de rattrapage surnaturellement efficaces.

Cela dit, Maser veut trop prouver et, dans ses estimations des ressources du jeune Hitler, confond volontiers le capital et le revenu. Il ajoute à la pension d'orphelin, touchée jusqu'en 1911 et plutôt mince, le produit de l'héritage maternel, en le supposant placé et productif d'intérêts. Cependant, s'il a pour le poste « recettes » des éléments documentaires, il ne semble pas s'aviser que pour reconstituer un budget il en faudrait au moins autant sur les dépenses, et qu'il n'en a guère, sinon parfois sur le logement. Ces fameux livres, et aussi les places de concert et d'opéra, les vêtements, la nourriture, les stations dans les cafés, voire les prostituées, cela fait beaucoup de dépenses potentielles qui, faute de documents comptables et de témoignages, ne sont pas chiffrables même à beaucoup près, mais qui étaient autant d'occasions d'assécher rapidement le revenu et, probablement, d'écorner le capital. Outre ma tendance à penser que dans *Mein Kampf* on trouve plus de stylisation que d'invention totale, je conclurai des rares éléments objectifs, et de leur rareté même, qu'il a bien dû se produire une sorte de descente aux enfers, d'environ un an, entre l'automne de 1908 et celui de 1909.

Si un peu de lumière nous est donnée sur la suite, on le doit à un témoin beaucoup plus douteux que Kubizek, Reinhold Hanisch. Ce petit escroc, rencontré sans doute à l'asile pour sans-abri de Meidling où Hitler avait trouvé refuge peu avant la fin de 1909[1], a peut-être sauvé le jeune homme du désespoir, et à tout le moins lui a montré la voie pour s'extraire de la misère. Il le convainquit en effet de faire des tableaux représentant les monuments de Vienne, et se chargea de les vendre. On devine ce qu'il avait fallu de déchéance et de privations pour que l'artiste consentît à gaspiller ainsi ses dons et son temps. C'est en tout cas l'un des mérites de Maser, d'avoir là-dessus retrouvé des pièces, et démontré que Hitler avait, entre 1910 et son départ pour la guerre de 1914, vécu de sa peinture, confirmant sur ce point le récit de *Mein Kampf*. Il en a d'autant mieux vécu qu'il s'est vite passé de son impresario.

Leur association semble avoir débuté dans les premiers mois de 1910 : les nouvelles ressources de Hitler expliquent peut-être son déménagement le 8 février[2] du dortoir de Meidling vers la « Maison pour hommes » (Wiener Männerheim), un édifice caritatif récent de la Meldemannstrasse, dans le nord de Vienne, où chacun disposait d'un box. Trop rares sont

---

1. Cf. Ian Kershaw, *Hitler 1889-1936*, *op. cit.*, p. 52. Konrad Heiden fait preuve envers la malhonnêteté de Hanisch, au fil de ses divers ouvrages, d'une surprenante mansuétude... ce qui ne rend pas plus légitime la liquidation probable du personnage par la Gestapo en 1938 (cf. W. Maser, *op. cit.*, p. 81).
2. Cf. Anton Joachimsthaler, *op. cit.*, p. 51.

les auteurs qui soulignent la différence entre ces deux hébergements et, lorsqu'on les confond, c'est toujours au profit du premier : on écrit que Hitler a passé le plus clair de ses années viennoises dans des « asiles pour sans-abri ». On fait ainsi de lui un vagabond alors qu'il l'a été quelques semaines, au plus quelques mois, à la fin de 1909 et au tout début de 1910, trouvant ensuite un hébergement certes collectif mais stable, propre, moderne, payant et présentant des possibilités d'intimité, au moins pour la nuit.

Assez vite, il se disputa avec Hanisch sur la répartition des gains, comme sur le rythme du travail, l'intermédiaire souhaitant évidemment avoir beaucoup à vendre, et le peintre répugnant à tirer de cette besogne plus que le minimum vital. L'aventure finit, au début d'août, devant le tribunal [1].

Voilà qui nous permet de tordre le cou à la légende du « peintre en bâtiment », tout en dévoilant sa genèse. D'une part, la période où Hitler aurait pu l'être est d'environ un an : de la rupture avec Kubizek à la rencontre de Hanisch. D'autre part, il dit lui-même qu'il a, au cours des cinq années suivant la mort de sa mère, vécu à Vienne « comme manœuvre d'abord, comme petit peintre ensuite » (p. 32). Nous sommes sûrs que c'est faux pour les premiers mois, ceux dont témoigne Kubizek : Hitler se serait fait couper en morceaux plutôt que d'accepter un travail vulgaire. Il a bien dû passer, après qu'il eut quitté leur commune chambre, des mois dans une misère noire, avant que peut-être il s'y résigne, sans doute occasionnellement.

Rien ici n'est bien palpable, sinon que ce titre de « manœuvre », répété p. 35 et 42, permet à l'auteur de parler de la classe ouvrière comme s'il l'avait connue. N'oublions pas que son livre est publié en 1925, à une époque où le parti nazi se donne pour fonction essentielle de disputer « les masses » au « marxisme ». Ce sont ses ennemis qui, à partir de son propre texte, ont malignement déduit que Hitler était un peintre « raté » – alors qu'il dit avoir aussitôt accepté le verdict de 1907, qui l'avait déclaré inapte en peinture et apte en architecture. Il avait donc 18 ans et demi lorsqu'il a renoncé à devenir peintre : quel autre homme s'est jamais fait traiter de raté pendant le reste de son existence pour avoir non pas même abandonné, mais infléchi un rêve d'enfance à un âge aussi précoce ? D'autre part, sa condition de « manœuvre » n'est jamais explicitée, sinon lorsque, p. 46-48, il narre des discussions avec des ouvriers sociaux-démocrates en les situant sur un « chantier ». Il n'a jamais dit ce qu'il y faisait, et nul n'en a jamais témoigné. Qu'importe : de « chantier » il n'y a qu'un pas vers « bâtiment », et lorsqu'on cherche à discréditer quelqu'un qui, enfant, s'est voulu peintre, la tentation est forte de lier les deux concepts.

Voilà pour la naissance du mythe. Cependant, en 1952, est apparu un

---

1. Cf. W. Maser, *Frühgeschichte des NSDAP*, Francfort/Main, Athenäum, 1965, p. 69.

document où Hitler précise qu'il a bien travaillé dans le bâtiment (auf dem Bau). Il s'agit de ses fameux « propos de table », recueillis pendant la deuxième guerre sur l'ordre de Martin Bormann. Mais là encore, un souci politique immédiat se greffe sur l'autobiographie. Hitler entreprend, le soir du 31 janvier 1942, de raconter les débuts contemporains du nazisme et du fascisme, et se plaît à souligner que les deux mouvements s'ignoraient, ce qui lui permet, en cette époque de dures épreuves sur le front russe, de remonter son moral et celui des siens en suggérant que le mouvement est guidé par la Providence. Il ajoute :

> A la même époque, nous travaillions, le Duce et moi, dans le bâtiment. Ce qui explique qu'il y ait également un lien, purement humain, entre nous. J'ai une profonde amitié pour cet homme extraordinaire [1].

Hitler se montre décidément plus enclin à poser en ouvrier que précis sur le genre, l'époque et la durée de ses activités manuelles. Tout montre qu'elles ont duré, au maximum, quelques mois, et rien n'indique que parmi ses outils ait jamais figuré un pinceau.

Il n'existe pas d'étude systématique sur l'image de Hitler dans la presse, avant la prise du pouvoir. On ne peut donc dater avec certitude sa réputation d'ancien peintre en bâtiment. Toujours est-il qu'elle est présente dans le premier livre historique qui lui fut consacré, celui de Konrad Heiden sur l'*Histoire du national-socialisme*, en 1932, sans la moindre référence à un texte ou à un témoignage [2], ce qui tend à confirmer mon hypothèse qu'il s'agit d'une condensation pure et simple des deux notions, elles-mêmes fondées sur une lecture fautive de *Mein Kampf*, de « peintre raté » et de « travailleur du bâtiment ».

Pour la suite, on dispose du récit d'un Karl Honisch, qui connut Hitler brièvement en 1913, peu avant son départ définitif du Männerheim et de Vienne. Il en fait une sorte de sage, que tout le monde dans l'institution respectait pour ses qualités de sociabilité, d'économie et d'érudition. Il aurait été le seul pensionnaire du foyer à poursuivre un but bien défini, économisant sur le produit de l'aquarelle quotidienne de quoi partir pour Munich afin d'y étudier la peinture. Ce témoignage rédigé en 1939 à l'usage de la Gestapo sent son histoire sainte. Raison de plus pour y relever l'absence de toute activité militante et de tout antisémitisme [3].

Ce qui est sûr en tout cas, c'est que Hitler partit effectivement pour Munich en mai 1913 et y mena une vie régulière, sans lier d'étroites amitiés mais sans s'isoler non plus, puisqu'il causait volontiers avec le ménage Popp, qui le logeait [4]. Il ne revint en Autriche que pour un épisode

---

1. W. Jochmann, *op. cit.*, p. 246.
2. *Geschichte des Nationalsozialismus*, Berlin, Rowohlt, 1932, tr. fr. Paris, Stock, 1934, p. 13.
3. Cf. Anton Joachimsthaler, *op. cit.*, p. 51-58. Le témoignage est daté du 31 mai 1939.
4. Cf. W. Maser, *Legende...*, *op. cit.*, p. 107.

souvent commenté en mauvaise part, le passage du conseil de révision. Il avait cherché à s'y dérober. Lâcheté ? Souci de ne pas interrompre une formation autodidacte d'architecte ? Ou, comme il le dit lui-même pour justifier son exil, que d'ailleurs il antidate (il le place au printemps de 1912), refus de servir dans l'armée multinationale des Habsbourg ? La suite permet d'exclure, en tout cas, la lâcheté. Il réussit à se faire réformer, ce qui ne l'empêche pas, la guerre venue, de s'y engager, au sens le plus fort du terme.

Faute d'un Kubizek ou même d'un Hanisch, il faut reconnaître que nous ne savons pas grand-chose sur ce séjour à Munich, et notamment sur les activités intellectuelles et artistiques auxquelles notre héros s'adonna. Lui-même, dans *Mein Kampf*, se contente de dire que son « gain restait tout à fait dérisoire » (p. 138). Cependant, un « propos de table » du 29 octobre 1941 lève un coin du voile. Après avoir rappelé son échec à l'examen des beaux-arts, il précise :

> Je me résignai donc à poursuivre mes efforts en autodidacte et décidai d'aller m'établir en Allemagne. C'est donc plein d'enthousiasme que j'arrivai à Munich. Je voulais étudier pendant trois ans encore. Mon désir était d'entrer à vingt-huit ans comme dessinateur chez Heilmann et Littmann. Je participerais au premier concours, et je me disais qu'à cette occasion on verrait de quoi j'étais capable ! En attendant je faisais, pour moi-même, des projets en vue de chaque concours. C'est ainsi, lorsqu'on publia les plans retenus pour le premier Opéra de Berlin, que je m'aperçus, le cœur battant, que mon propre projet était moins mauvais que ceux qui avaient été primés. Je m'étais spécialisé dans ce genre d'architecture. Ce que je sais encore aujourd'hui n'est qu'un faible reflet de ce que je savais à l'époque [1].

La faible notoriété de ces lignes est d'autant plus curieuse qu'elles voisinent avec d'autres souvent citées, narrant la visite du conquérant à Paris l'année précédente. Puisque ses 28 ans devaient survenir en 1917, c'est donc entre 1913 et 1916 qu'il comptait parfaire sa formation d'autodidacte. Ce qui, au passage, confirme qu'il est venu à Munich en 1913 et non en 1912, comme il l'écrit dans son livre. La tirade contient, en filigrane, une explication de ce léger mensonge. Il raccourcit la durée du séjour viennois, soit près de six ans, après l'échec aux beaux-arts. On peut en effet difficilement soutenir qu'on a réagi courageusement à un échec en poursuivant un projet précis, lorsqu'on a mis tant de temps à tenter de le réaliser. Or nous savons que Hitler en a parlé dans son « foyer pour hommes », puisque Honisch, qui l'a connu à Vienne en 1913, s'en fait l'écho, avec une déformation mineure (il aurait voulu aller étudier la peinture).

Quant au cabinet Heilmann et Littmann, c'était non seulement l'un des plus prestigieux de Munich, mais ses patrons étaient, comme Hitler, soucieux à la fois d'architecture et d'urbanisme : Jakob Heilmann et son

---

1. In Werner Jochmann, *op. cit.*, p. 115.

gendre Max Littmann avaient pris parti dans des débats sur la modernisation de Munich, en faveur de la préservation des espaces verts et du paysage [1].

Il semble donc qu'on puisse se fier à l'information essentielle de ce passage, et en corriger ainsi les approximations : Hitler, lorsque l'épuisement de ses ressources l'a amené à quitter Kubizek et à délaisser les grandioses projets qu'il lui exposait, a connu une période de découragement d'environ un an. Il s'est mis ensuite à vendre des toiles, représentant des édifices. Peut-être s'est-il un peu encroûté dans cette vie, mais sans doute a-t-il fini par comprendre que ses besognes alimentaires le rapprochaient de cette condition d'architecte pour laquelle on lui avait trouvé des dispositions. Il s'est mis alors à économiser pour pouvoir se payer, à Munich, une chambre particulière, afin de parfaire son entraînement au dessin et de pouvoir postuler un emploi de commis d'architecte. Il n'y a en tout cas aucune raison de penser qu'il était toujours, à Munich, le traîne-misère sans but bien défini qu'il avait été un moment à Vienne.

Ces considérations fournissent aussi une réponse, certes hypothétique, à une question, posée par Konrad Heiden dès son premier livre, et à laquelle personne ne s'est sérieusement attaqué : « Nous ne savons pas ce qui l'avait dégoûté de Vienne [2]. » A part l'hypothèse qu'il avait quitté l'Autriche pour échapper au service militaire, fragilisée par le fait qu'il repasse docilement la frontière pour le conseil de révision, nous n'avons rien, ni dans *Mein Kampf* ni ailleurs. Or, si l'autobiographie est muette, c'est peut-être tout bonnement pour ne pas avouer qu'à Vienne Hitler avait tourné en rond un bon moment et que sa venue à Munich correspondait, moyennant le délai nécessaire pour amasser un viatique, à l'émergence d'une stratégie professionnelle cohérente. A Munich, Hitler espérait bien, enfin, commencer à bâtir. Et dans le même temps, surtout après la mort de Lueger, il avait conçu une haine croissante pour l'empire « babylonien » d'Autriche-Hongrie et sa capitale en particulier : il n'entendait pas bâtir quoi que ce fût à Vienne. Deux indices, insuffisants pour fonder une certitude, vont dans ce sens : après l'Anschluss, il ne s'occupera ni ne se préoccupera guère, sur le plan architectural, de Vienne, réservant toute sa sollicitude à Linz ; dans *Mein Kampf*, le récit du séjour à Munich commence par une longue déclaration d'amour architectural à la ville.

L'ennemi des Habsbourg, l'admirateur du Reich allemand, dit avoir été transporté d'enthousiasme lors de la déclaration de guerre du 2 août 1914 et nous n'aurions aucune raison d'en douter, même si une photo de foule prise par Heinrich Hoffmann, son futur photographe personnel, n'était là par miracle pour en témoigner [3]. Il se porte volontaire et passe toute la

---

1. Cf. *München und seine Bauten nach 1912*, Munich, Bruckmann, 1984, p. 17 et 24.
2. *Histoire...*, *op. cit.*, p. 13.
3. Bonne reproduction dans *Hitler*, Paris, Chronique, 1997, p. 15.

guerre au front, en première ligne, sans chercher d'échappatoire. Il accepte toutes les servitudes et tous les risques de cet état. Certes il ne porte guère le fusil, ayant été bientôt affecté comme estafette à l'état-major du régiment, poste qu'il conservera jusqu'au bout. Ainsi échappe-t-il aux risques des vagues d'assaut, qui déciment ses camarades, mais il en prend d'autres, portant des courriers sous la mitraille pendant que les autres sont à l'abri. Il faut peut-être voir dans ce poste solitaire, ne prédisposant pas aux tâches de commandement, l'explication de son absence étonnante de promotion, sinon, le 1er novembre 1914, au grade de caporal. En tout cas, il est abondamment décoré : il reçoit notamment deux fois la très estimée Croix de fer, de seconde classe le 2 décembre 1914, et de première classe le 4 août 1918[1]. Dans ce cas comme dans celui de la musique « juive », le seul reproche qu'on puisse lui faire est de s'être plus tard renié. Il a en effet colporté tant et plus la légende du « Juif planqué », c'est-à-dire des mille ruses que déployaient les citoyens juifs pour éviter l'armée, ou au moins le danger, alors que sur le front il avait non seulement côtoyé des Juifs courageux, mais frayé avec eux. Il devait en particulier sa croix de première classe, dont il était très fier, à la recommandation d'un lieutenant juif nommé Hugo Gutmann[2].

Une lettre nous raconte ses débuts sous l'uniforme et, surtout, les réflexions politiques qu'il en tire. Elle est adressée au juriste munichois Ernst Hepp, en février 1915. Après avoir conté par le menu les trajets et les combats, il conclut :

> (...) nous avons tous ici le même désir de voir liquider le plus rapidement possible cette bande, de la déloger coûte que coûte ; nous souhaitons que ceux qui auront la chance de retourner un jour au pays natal le retrouvent plus pur et débarrassé de son amour de l'étranger, que les sacrifices et souffrances de milliers de combattants, qui versent **jour** après jour des torrents de sang dans leur lutte contre un monde international **d'ennemis**, ne viennent pas seulement à bout des ennemis extérieurs de l'Allemagne, mais brisent aussi l'internationalisme qui sévit à l'intérieur. Cela vaudrait mieux que tous les gains territoriaux[3]. (...)

L'objet de cette vindicte est visiblement le puissant SPD, le parti social-démocrate qui certes pratique ce qu'on appelle au même moment en France l'« union sacrée » et soutient l'effort de guerre, mais au prix d'un reniement, puisque avant le conflit il dénonçait la course aux armements et tenait congrès avec les partis correspondants de France et d'ailleurs sur les meilleurs moyens d'éviter la conflagration[4]. Dans *Mein Kampf*, Hitler reprochera à Guillaume II de n'avoir pas dès août 1914 interdit ce parti. On voit ici, depuis les tranchées, poindre ce reproche. Il

---

1. Cf. la chronologie de Maser sur son activité militaire, *Legende...*, *op. cit.*, p. 121-122.
2. *Ibid.*, p. 127.
3. Bundesarchiv, NS, 26/4. Texte intégral dans W. Maser, *Legende...*, *op. cit.*, p. 115-120.
4. Sur les nuances et les évolutions de sa position, cf. Jacques-Pierre Gougeon, *La social-démocratie allemande*, Paris, Aubier, 1996, p. 179-188.

est d'autant plus remarquable que l'idéologie soit seule en cause, et nullement la race. Le soldat boueux, comme une pléthore d'intellectuels raffinés – on verra plus loin le cas de Thomas Mann –, juge que la guerre est une bonne occasion, pour un pays plein de faiblesses envers les modes étrangères, de retrouver ses valeurs. On aura remarqué qu'à ses yeux cela « vaut mieux » que les conquêtes : c'est donc encore un touchant idéaliste ! Si la rudesse du ton, comme celle des méthodes suggérées, préfigure certains aspects du discours nazi, il faut se souvenir que la camaraderie des tranchées inspire et inspirera, dans tous les pays qui en feront l'expérience, des propos sans complaisance et des demandes de mesures radicales contre telle ou telle catégorie jugée « planquée » ou « défaitiste », et contre « l'arrière » en général, pendant et après la guerre.

Ce qu'on voit ici, c'est l'amorce d'un processus encore réversible : Hitler est un chauvin borné, mais rationnel. Il est loin encore de sombrer dans la haine obsessionnelle d'une catégorie qui n'a rien fait, que de naître.

Pour comprendre la métamorphose qui va se produire, il faut d'abord considérer ce qu'il dit de sa propre évolution, depuis l'enthousiasme des débuts jusqu'à la froide et fataliste résolution dont il situe l'émergence vers le début de 1916. C'est certes un texte postérieur, mais il porte tous les stigmates d'un vécu intense :

> Ainsi se suivirent les années ; mais le romantisme de combat fit place à l'épouvante. L'enthousiasme se refroidit peu à peu et les jubilations exaltées furent étouffées par la crainte de la mort. Il arriva un temps où chacun eut à lutter entre son instinct de conservation et son devoir. Et à moi-même cette lutte ne fut point épargnée. Toujours, quand la mort rôdait, quelque chose d'indéfini poussait à la révolte, tentait de se présenter comme la voix de la raison au corps défaillant, mais c'était simplement la lâcheté qui, sous de tels déguisements, essayait de s'emparer de chacun. Mais plus cette voix, qui engageait à la prudence, se dépensait en efforts, plus son appel était perceptible et persuasif, plus vigoureuse était la résistance, jusqu'à ce qu'enfin, après une lutte intérieure prolongée, le sentiment du devoir remportât la victoire. Déjà l'hiver 1915-1916, cette lutte avait trouvé chez moi son terme. La volonté avait fini par devenir le maître incontesté[1]. (...)

Plus tard, en un moment difficile de la guerre suivante, celui des premiers échecs sur le front russe, les « propos de table » voient affluer par courts éclairs des souvenirs et des leçons des tranchées de 1914-18. Citons tout d'abord un exemple extrême de la solitude du soldat :

> Le sentiment d'aversion que les humains éprouvent pour le serpent, la chauve-souris et le ver de terre a peut-être son origine dans un souvenir ancestral. Il remonterait à l'époque où des animaux de ce genre, aux dimensions monstrueuses, effrayaient l'homme préhistorique.
>
> Les rats, j'ai appris à les haïr au front. Le blessé abandonné entre les lignes savait qu'il serait dévoré vivant par ces ignobles bêtes. (30 octobre 1941)

---

1. *Mein Kampf*, Munich, Zentralverlag des NSDAP, 1940, p. 181.

Trois jours plus tard, un lien direct, où le mot de « nature » ne figure pas par hasard, est établi entre l'expérience du fantassin et les débuts du mouvement nazi :

> Mes troupes de choc, en 1923, comprenaient des éléments extraordinaires (...). Cinquante bourgeois n'auraient pu remplacer un seul d'entre eux. Avec quelle confiance aveugle ils me suivaient ! (...) Leur prétendue brutalité ? Ils étaient simplement un peu proches de la nature.
>
> Durant la guerre, ils avaient lutté à la baïonnette et lancé des grenades à main. C'étaient des êtres simples, tout d'une pièce. Ils ne pouvaient admettre que la patrie fût livrée à la racaille issue de la défaite. (2 novembre 1941)

Nous avons ici une explication du nazisme à la fois par la camaraderie des tranchées et *par la défaite*, ou plus précisément par ses conditions politiques. Reste à savoir comment les deux choses se sont articulées, chez le caporal Hitler. Ici encore, le texte de *Mein Kampf* est à prendre en considération, mais doit être complété.

La guerre s'achève pour lui le 14 octobre 1918, lorsqu'il est aveuglé, près d'Ypres, par un bombardement anglais d'obus à gaz. Il est acheminé par train sanitaire jusqu'en Poméranie, à l'hôpital militaire de Pasewalk, où comme tous les blessés de son espèce il recouvre peu à peu la vue, lorsque l'annonce de la défaite produit d'autres effets. Il redevient brusquement aveugle et, lors de cette nouvelle crise, décide de faire de la politique pour coopérer à une revanche allemande. C'est du moins ce qu'il dit dans son livre. Mais il n'y donne aucune indication sur la manière dont il a recouvré l'usage de ses yeux.

L'histoire commence par un roman. Ernst Weiss, écrivain allemand en exil à Paris, écrit en 1939 *Le témoin oculaire*. C'est l'histoire du soldat A.H., en traitement à l'hôpital de P. en novembre 1918. Le médecin qui le soigne pour cécité lui rend la vue en lui suggérant, sous hypnose, qu'il a une mission patriotique à remplir. « Croyez en vous aveuglément, lui dit-il, et alors vous cesserez d'être aveugle (...) L'Allemagne a maintenant besoin d'hommes comme vous (...) Pour vous, tout est possible. Dieu vous aidera si vous vous aidez vous-même. » C'est alors que le patient retrouve la vue. L'œuvre est finalement publiée en 1963.

Le « psycho-historien » américain Rudolph Binion, cherchant à expliquer la mutation de la personnalité de Hitler au lendemain de la guerre, avait posé en 1970 la question à un biographe allemand du Führer, Ernst Deuerlein, qui pour toute réponse lui avait mis le roman entre les mains. Mais son auteur s'était suicidé lors de l'arrivée des Allemands à Paris et on ne pouvait lui demander où il avait puisé cette anecdote, qui complétait sans les contredire les brèves indications de *Mein Kampf* sur le séjour de son auteur à l'hôpital militaire.

Grâce à John Toland qui avait consulté l'interrogatoire, par l'armée américaine, d'un autre médecin, Binion apprit en 1972 l'identité du praticien de Pasewalk, Edmund Forster[1]. Son confrère avait dit aux officiers américains que Forster s'était suicidé en 1933 ou plus probablement avait été « suicidé » par la Gestapo, soucieuse d'effacer toute trace d'un dossier où il était question de l'« hystérie psychopathologique » du nouveau maître du Reich. Binion lit alors les travaux de Forster sur l'hystérie et exhume un article de 1922 sur le système nerveux, contenant quelques pages relatives aux « hystériques de guerre », qui confirment que Forster voyait en eux des « tire-au-flanc » simulateurs.

Binion rencontre ensuite la dactylo qui avait tapé le roman de Weiss et celle-ci attire son attention sur un passage des mémoires de Walther Mehring, un autre émigré. On y lit que l'ancien psychiatre de Hitler était venu à Paris dans l'été de 1933, pour porter un dossier aux rédacteurs de l'hebdomadaire antinazi *Das neue Tagebuch*. Binion en consulte la collection et trouve un article de septembre 1933, faisant état du voyage de Forster et annonçant son décès suspect. Binion rencontre alors en Allemagne le fils de Forster et apprend que sa mère lui avait révélé, au lendemain du décès, que le médecin « avait autrefois diagnostiqué que Hitler était hystérique ». Enfin Binion s'entretient avec Mehring, qui lui donne des détails supplémentaires sur le rôle de Weiss : il avait été chargé par la rédaction du journal d'être le « témoin » que demandait Forster, ce qui semble impliquer qu'on lui ait remis l'une des deux copies du dossier médical apportées par le voyageur, et qu'il l'ait suivie de près pour écrire son roman. Lequel est aujourd'hui la seule trace connue de ce dossier.

Binion ajoute foi au récit de la cure que contient le roman, et explique de cette manière la transformation de Hitler en homme politique. Voilà une hypothèse des plus intéressantes, fondée sur une recherche sérieuse, et cependant négligée. Certes Weiss ne dédaigne pas les clichés d'un antinazisme primaire, qui l'amènent par exemple à faire transiter son héros, avant Pasewalk, par le lit d'une Juive, où il ne se montre guère efficace : c'est cette défaillance qu'il aurait voulu faire payer aux coreligionnaires de sa séductrice. Mais Binion a l'honnêteté de citer ce passage, et d'indiquer que Weiss est parfois fantaisiste. Cela n'enlève rien au fait que, sur l'épisode de Pasewalk, il a disposé d'une documentation de première main. On peut estimer raisonnablement que, pour conter le traitement lui-même et la séance décisive de la cure, il l'a suivie de près.

Que peut-on en déduire de sûr ? Que la modification radicale du comportement de Hitler au lendemain de la guerre n'a pas d'explication plus satisfaisante. Elle n'a même pas, à y regarder de près, d'autre explication du tout. Beaucoup d'auteurs n'ont même pas vu cette transformation. D'autres voient le principal basculement de sa personnalité avant, et une petite minorité le situe plus tard.

A part Binion, ceux qui le placent en novembre 1918 l'expliquent, sans

---

1. Cf. Rudolph Binion, *Hitler among the Germans*, New York, Elsevier, 1976, tr. fr. *Hitler et l'Allemagne*, Paris, Points Hors-ligne, 1994.

plus de précisions, par le choc de la défaite et de la révolution républicaine concomitante. C'est rendre compte de l'individuel par le collectif et renoncer à savoir pourquoi les mêmes conditions, subies par des millions d'hommes, n'ont produit que chez celui-là un certain nombre d'effets.

Le traitement du docteur Forster illumine ce texte terrible, qui figurerait dans les anthologies de « paroles de soldats » s'il était signé d'un autre :

> Ainsi, vains étaient tous les sacrifices et toutes les privations ; vaines la faim et la soif supportées pendant d'interminables mois, vaines les heures pendant lesquelles, serrés par l'angoisse de la mort, nous accomplissions néanmoins notre devoir ; inutile le trépas de deux millions d'hommes qui trouvèrent la mort.
>
> Les tombes n'allaient-elles pas s'ouvrir, de ces centaines de milliers d'hommes qui sortirent un jour sans retour des tranchées ? Ne devaient-elles pas s'ouvrir et envoyer, comme des fantômes vengeurs, les héros muets, couverts de boue et de sang, vers la patrie qui, dans une suprême dérision, les frustrait du plus grand sacrifice que l'homme peut faire à son peuple dans ce monde[1] ?

Binion corrobore sa découverte par une moisson impressionnante (p. 251-255) de témoignages attestant que Hitler, entre 1919 et 1923, faisait volontiers confidence d'une « vision » qu'il avait eue à l'hôpital. Or son récit, dans *Mein Kampf*, en fait l'économie, et sa décision de « faire de la politique » semble découler rationnellement de la défaite et de l'explication de celle-ci par les méfaits juifs. Ensuite, plus aucun témoin ne rapporte la mention, par Hitler, d'une vision. Sans doute la halte méditative de la prison au cours de laquelle, en 1924, il écrit le premier tome de son manifeste, lui fait-elle mesurer que cette confidence n'est pas, politiquement, des plus rentables – car c'est d'abord à la raison de ses compatriotes qu'il s'adresse, pour les embarquer vers des illusions mystiques. Le livre n'est publié qu'en 1925, mais ce que son auteur dit en février 1924, au procès qui suit le putsch manqué de Munich, semble être la première apparition de cette version édulcorée et rationalisante :

> [Ma] décision surgit. La grande hésitation de ma vie, entrer en politique ou rester architecte, prit fin. Cette nuit-là, je résolus que si je recouvrais la vue, j'entrerais en politique[2].

Cette cure hypnotique est sans rivale pour expliquer comment la seconde guerre mondiale est sortie de la première. Hitler doit avant tout être compté parmi les victimes de la folie des dirigeants européens de 1914. Certaines sont devenues des « gueules cassées ». Pour lui, la brisure est à l'intérieur du crâne. Guillaume II, Poincaré, François-Joseph, Nicolas II et Asquith ont ruiné ses ambitions professionnelles, fait tomber autour de lui des centaines de camarades en un sacrifice dont il ne se résigna pas à reconnaître la vanité et fait de la vengeance son unique

---

1. *Mein Kampf, op. cit.*, p. 223-224.
2. Cité par R. Binion, *op. cit.*, p. 255.

raison de vivre. Dans le chaos de novembre 1918, un psychiatre féru d'expérimentation doublé d'un cocardier à vue basse parachève la besogne. Ainsi se combinent les techniques les plus modernes de manipulation et les mythes les plus archaïques, où des héros solitaires mènent vers le salut des peuples entiers.

Reste à mettre en place un bouc émissaire.

CHAPITRE 2

La genèse de l'antisémitisme

Nous abordons l'un des points les plus obscurs de la vie de Hitler, et l'un des plus importants : la manière dont il est devenu antisémite. Il est indispensable de connaître le récit très circonstancié qu'il en fait dans *Mein Kampf*, et impossible de s'en contenter.

Dans ce livre, il avoue plus d'une fois et suggère plus souvent encore la séduction que la social-démocratie a exercée sur lui. Elle ne cessa que le jour où il eut fait la relation entre ce parti et l'action délétère du peuple juif. Il fut dès lors en possession d'un système à la fois complet et simple, lui permettant, tel Ulysse, de résister aux sirènes et, mieux que lui, de soustraire les autres hommes à leur charme. Comme, à quelques lignes de là (p. 71), il déclare que l'homme se forme jusqu'à trente ans et qu'on ne doit jamais confier des fonctions de chef à quelqu'un qui a changé d'avis sur des points essentiels après cet âge, voilà une clé intéressante : si Hitler n'apparaît pas sur la scène politique avant le printemps de 1919, c'est qu'il s'agit de son trentième, et qu'il était jusqu'à une date immédiatement antérieure poussé vers la gauche par l'insensibilité sociale de la bourgeoisie, quoiqu'il nourrît de nombreux griefs envers les partis socialistes, trop peu nationaux, et se gardât de toute adhésion. Enfin, l'antisémitisme vint donner une boussole à sa vie, et l'orienter définitivement vers un populisme d'extrême droite[1].

Les pages où cette évolution est contée ne brillent pas par la précision chronologique. C'est que l'auteur est, en cinq années, devenu un leader politique en vue, même si lorsqu'il écrit sa carrière marque le pas, puisqu'il est en prison après son putsch manqué de novembre 1923. Il place dans le livre qui présente « son combat » une bonne part de ses espoirs de résurrection politique. La manière dont il raconte ses débuts procède moins d'un souci d'exactitude que du désir de se présenter comme un chef prédestiné.

Il se dépeint comme un miraculé qui, solitaire, à force de travail intel-

---

1. La « théorie des trente ans » a été remarquée pour la première fois par Max Domarus, dans les pages introductives de sa monumentale édition des discours de Hitler. Il mentionne sa reprise et son développement dans un discours du 10 novembre 1938 (*Hitler/Reden und Proklamationen*, Munich, Süddeutscher Verlag, t. 1, 1962, p. 23-24).

lectuel, a découvert le mécanisme secret de la politique mondiale. Mais il masque le caractère récent de cette révélation, qui nuirait à sa crédibilité. Il n'est donc pas étonnant que le plus grand éclectisme règne, chez les biographes, sur la date de la conversion de Hitler aux idées fondamentales de son système. Certains le décrivent jouissant, enfant, de la souffrance des animaux, dans une préfiguration parfaite des misères qu'il ferait plus tard endurer aux humains [1]. La plupart insistent sur les années viennoises : l'existence, dans cette capitale, de nombreux Juifs aux postes clés de la vie intellectuelle et d'un antisémitisme, par voie de conséquence, assez commun chez les jaloux, suffit à ces auteurs pour démontrer que, dans la pensée de Hitler, la composante antisémite était présente en 1910, au plus tard. Mais alors, que faire des phrases suivantes ?

> Le ton de la presse antisémite de Vienne me paraissait indigne des traditions d'un grand pays civilisé. J'étais obsédé par le souvenir de certains événements remontant au Moyen Age et que je n'aurais pas voulu voir se répéter. (p. 56)

Hitler dégoûté par la vulgarité de la presse antisémite ! Tenaillé par la honte des pogroms médiévaux, y voyant une tache sur l'histoire de l'Allemagne ! Claironnant tout cela dans un livre-manifeste, plus tard répandu par ses soins dans tous les foyers de son pays ! On se frotte les yeux, et pourtant c'est écrit. C'est donc fort logiquement que l'auteur note, un peu plus loin, que le ralliement à l'antisémitisme fut « sa conversion la plus difficile ».

Il évoque alors sa rencontre, dans une rue de Vienne, avec un Juif de l'Est, à l'allure bien différente des intellectuels viennois en voie d'assimilation, « un personnage en long caftan avec des boucles de cheveux noirs ». Il se posa successivement deux questions : « est-ce là aussi un Juif ? » puis « est-ce là aussi un Allemand ? ». Beaucoup datent de cet épisode mal situé, mais présenté comme suivant d'assez près son arrivée à Vienne, la fatale conversion. C'est ignorer le paragraphe suivant, où l'auteur écrit qu'il a cherché les réponses dans des brochures antisémites, les premières qu'il ait lues, et que, les ayant trouvées bien sommaires, il est « retombé dans ses anciens préjugés ».

Le récit de la période où il s'en est extrait fourmille d'incohérences. Ainsi, c'est après avoir pris conscience de la malpropreté physique et morale des Juifs (p. 61-62) qu'il aurait découvert que « le Juif était le chef de la social-démocratie » et que « les écailles [lui] tombèrent des yeux » (p. 64). Néanmoins, il aurait encore cherché à discuter avec les Juifs pour les « délivrer » de leur « façon de voir » (p. 66). C'est seule-

---

1. A partir d'un élément unique : une confidence faite à sa secrétaire Christa Schröder sur le plaisir qu'il avait pris à tuer des rats avec une carabine, âgé d'environ dix ans, dans le cimetière de Leonding (*Douze ans auprès d'Hitler*, Paris, Julliard, 1949, p. 56, repris dans C. Schröder, *Er war mein Chef*, Munich, Joachimsthaler, 1985, p. 64). Pour des broderies autour de cet épisode, cf. Ronald Hayman, *Hitler & Geli*, Londres, Bloomsbury, 1997, tr. fr. Paris, Plon, 1998, ch. 1, « Le garçon qui tuait les rats ».

ment après l'échec de telles tentatives qu'il « finit par les haïr ». Alors il se serait lancé dans l'étude des classiques du marxisme, pour résoudre une grave question : les fondateurs de la doctrine s'étaient-ils trompés, ou avaient-ils voulu tromper ? Et ce n'est que lorsqu'il eut tranché définitivement en faveur de la dernière solution qu'il cessa d'être un « cosmopolite sans énergie », à la faveur de la « révolution la plus profonde » qu'il ait « jamais eu à mener à son terme » (p. 69).

Il avait en effet compris que, face à une entreprise de destruction systématique menée de main de maître, tous les coups étaient permis :

> Dans ce cas, la seule ressource était la lutte, la lutte avec toutes les armes que peuvent fournir l'esprit humain, l'intelligence et la volonté, quel que dût être d'ailleurs celui des deux adversaires en faveur duquel le sort ferait pencher la balance. (...)
> J'avais appris ce que parler veut dire chez le Juif : ce n'est jamais que pour dissimuler ou voiler sa pensée. Et il ne faut pas chercher à découvrir son véritable dessein dans le texte, mais entre les lignes où il est soigneusement caché. (p. 68-69)

Enfin, *last but not least*, on trouve cent cinquante pages plus loin encore un autre point de départ de sa haine des Juifs : ses méditations de novembre 1918 sur la défaite allemande :

> Dans ces nuits naquit en moi la haine, la haine contre les auteurs de cet événement. (p. 225)

A ce livre si révélateur et si suspect de brouiller les pistes, on opposera un document : le premier texte antisémite connu de Hitler. Il est daté du 16 septembre 1919. Alors employé par l'armée à des tâches de propagande, il rédige un rapport sur la question juive, où se trouvent quelques-unes des idées essentielles de *Mein Kampf* – mais non toutes, comme on le verra. Celui qui a mis ce texte en avant dans les années 60, Werner Maser, a aussi retrouvé et publié beaucoup d'écrits de jeunesse de Hitler, en particulier des lettres. Pas un mot contre les Juifs n'y figure.

Une conclusion s'impose : la « révolution la plus profonde » s'est déroulée au lendemain de la première guerre mondiale. Les lectures et les expériences de l'écolier, du jeune homme et du soldat ont certes beaucoup compté. Mais elles n'avaient pas débouché sur un antisémitisme systématique avant cet immédiat après-guerre.

L'historien est donc ici devant un défi : il doit tenter de repérer, dans les dix mois qui séparent la « vision » de Pasewalk et le premier écrit antisémite conservé, les évolutions qui ont pu se produire, alors que les documents et les témoignages font largement défaut. Peut-être l'examen de ce texte offre-t-il quelque clé[1] ?

---

1. Cf. E. Jäckel, *Hitler/Sämtliche Aufzeichnungen 1905-1924*, Stuttgart, Deutsche Verlags-Anhalt, 1980, p. 88-90. Sur les circonstances de la rédaction de ce texte, cf. A. Joachimsthaler, *op. cit.*, p. 243-249.

Hitler reproche aux Juifs d'être inassimilables et de ne songer qu'à l'argent, en sorte qu'ils n'ont aucun idéal, et ne sauraient en particulier être patriotes. Tout au long du texte, « le Juif » est au singulier. C'est un être sans scrupules qui, pour miner dans « la masse » l'énergie nationale, ne recule pas devant « l'incitation impudique au vice ». Il ronge les peuples « comme la tuberculose ronge les organismes ».

De redoutables composantes de l'idéologie nazie sont d'ores et déjà en place. Outre les accusations de lubricité et les comparaisons organiques, qui les unes et les autres semblent appeler une éradication brutale, on trouve dès ce texte la condamnation, mentionnée plus haut, des pogroms : les violences spontanées des foules contre les Juifs ne sont que manifestations d'un antisémitisme « sentimental », et il s'agit de passer à une phase « rationnelle ». Il est urgent d'exclure les Juifs de toute fonction publique, après quoi il faudra, dans un avenir mal défini, procéder à leur expulsion (appelée ici « éloignement définitif »).

Pour déterminer ce qui, en quelques mois, a pu ainsi fournir au soldat revanchard un commode bouc émissaire et un ennemi plus immédiatement vulnérable que les vainqueurs de 1918, quatre pistes s'offrent : l'évolution politique dans le monde et en Bavière ; l'activité d'une société ésotérique munichoise ; l'influence de Schopenhauer ; enfin, celle de Wagner.

Au sortir de l'hôpital, Hitler ne se lance pas tout de suite dans l'action politique. Toujours soldat, il s'adonne d'abord dans la région de Munich à d'obscures tâches militaires, telles que la liquidation d'un camp de prisonniers. On ne sait au juste comment il se comporte durant les mois de la révolution bavaroise – démocratique d'abord avec Kurt Eisner, puis communisante, un bref moment, au printemps de 1919, avant que des corps francs n'y mettent bon ordre le 4 mai, moyennant une répression beaucoup plus sanglante que n'avait été la révolution.

Hitler a-t-il été un simple figurant, ou un acteur, dans cet écho médiocre de la Commune de Paris, et de quel côté ? La question reste ouverte. Mais s'il s'était franchement engagé d'un côté ou de l'autre, le serait-elle ? Il y aurait un flot de témoignages sur son zèle, quel qu'il ait été. Ce qui est probable, c'est qu'il observe et hésite. Lorsque les communistes ont imposé un brassard rouge aux militaires, sans doute Hitler l'a-t-il porté[1]. Mais les conséquences qu'on en tire habituellement sont excessives. Cela n'implique pas qu'il ait été séduit par le communisme ou guidé par la

---

1. C'est son ancien partisan Otto Strasser qui l'affirme, en prétendant qu'il a agi par couardise. Mais il l'a dit pour la première fois en 1952, à Werner Maser (*Legende Mythos Wirklichkeit*, Munich, Bechtle Verlag, 1971, tr. fr. Paris, Plon, 1973, p. 142). Or ce même Strasser n'a rencontré Hitler qu'en décembre 1920, suivant son livre *Hitler et moi* (Paris, Grasset, mars 1940). D'autre part, on ne voit pas pourquoi, dans ce livre très hostile, publié en France pendant la drôle de guerre, il n'aurait pas déjà utilisé cette anecdote du brassard s'il en avait eu vent – d'autant plus qu'elle aurait illustré la « collusion naturelle » entre nazisme et bolchevisme dont semblait témoigner, aux yeux de beaucoup, le pacte qui les liait à l'époque. Voilà qui montre, avec une quasi-certitude, qu'il l'a forgée ou recueillie plus tard, à un moment où on pouvait dire à peu près n'importe quoi sur Hitler.

peur : c'est seulement si le port du brassard avait été volontaire qu'on devrait choisir entre ces deux hypothèses. Puisqu'il ne l'était pas, il en reste une troisième : c'était peut-être simplement, comme au cours des cinq années précédentes, un soldat discipliné.

Sa véritable entrée en politique a lieu juste après : il est chargé de rééduquer les militaires intoxiqués par la propagande rouge. Il s'est peut-être posé beaucoup de questions pendant les événements, à présent il a choisi : le rétablissement de l'« ordre » est une bénédiction, peut-être même un signe du destin. Si les aspects sociaux de la politique rouge avaient peut-être sa sympathie, son caractère pacifiste le rebutait à coup sûr, et sans doute aussi la dépendance des communistes allemands vis-à-vis des mots d'ordre édictés par Lénine. Les Rouges sont des « cosmopolites », leur écrasement était un préalable au redressement et, pour commencer, il faut nettoyer les esprits de leur influence, surtout dans l'armée. Par ailleurs, pour un homme qui a jusqu'ici suivi la politique en spectateur et n'a sans doute pas encore beaucoup de solutions à proposer pour sortir l'Allemagne de son abîme, il est tout indiqué de commencer par une tâche purement nationale, consistant à réapprendre la grandeur de la patrie à des gens influencés par la propagande internationaliste. Il est possible, mais nous n'en savons rien, que la grande densité des Juifs parmi les dirigeants de la révolution bavaroise lui ait donné à réfléchir.

Dans *Mein Kampf*, Hitler avoue assez candidement qu'il a vécu ces événements révolutionnaires en observateur, mais éprouve tout de même le besoin d'ajouter qu'il avait manifesté une humeur assez maussade pour être menacé d'arrestation par les Rouges. Sur la suite il donne deux indications, l'une vraisemblable, l'autre confirmée par des recoupements : il aurait d'abord participé à une commission d'enquête sur les menées des révolutionnaires dans son régiment. Ce rôle de mouchard est pompeusement caractérisé comme sa « première fonction politique active » (p. 207). Puis il aurait été désigné pour suivre des cours. Là-dessus on a retrouvé des documents et des témoignages, permettant d'estimer avec une forte probabilité que Hitler a suivi un premier cycle de conférences du 5 au 12 juin, puis un second du 26 juin au 3 juillet[1]. L'organisateur de cette formation nationale accélérée dispensée aux soldats était le capitaine Karl Mayr, qui remarqua Hitler et lui confia des fonctions d'éducateur. L'un des conférenciers était l'historien Alexander von Müller, qui nous a laissé le témoignage le plus ancien (mais publié très postérieurement) sur l'éloquence de Hitler. Il le remarque après un cours, fascinant un petit auditoire, et le signale, écrit-il, à Mayr comme « doté d'un talent rhétorique naturel[2] ».

Mais un événement, qui va tenir une certaine place dans les pensées et les propos de Hitler en politique extérieure, a peut-être aussi compté dans

---

1. Cf. A. Joachimsthaler, *op. cit.*, p. 235-40.
2. Karl-Alexander von Müller, *Mars und Venus/Erinnerungen 1914-1919*, Stuttgart, Kilpper, 1954, p. 338-339.

la formation de ses idées. Signé le 28 juin, le traité de Versailles marque en tout cas la fin d'une hésitation pour un grand nombre de patriotes qui, sensibles aux erreurs de Guillaume II et soucieux de voir cesser l'anarchie engendrée par la défaite, acceptaient la République sous bénéfice d'inventaire et ne vouaient aucune hostilité à ses leaders sociaux-démocrates, si pondérés, si responsables et si peu critiques envers les officiers qui, ayant enrôlé dans des corps francs un certain nombre de soldats de la Grande Guerre, brisaient impitoyablement les velléités révolutionnaires.

Non seulement le traité réduit drastiquement les dimensions, les moyens et le champ d'action de l'armée allemande mais, surtout, il déclare l'Allemagne responsable du déclenchement de la guerre – un axiome dont découle l'imposition de lourdes réparations[1]. Si le fond est humiliant, la forme est à l'avenant. Non seulement il s'agit d'un *Diktat*, imposé sous la menace d'une reprise des combats alors qu'entre-temps on a soigneusement détruit les armes allemandes, mais la conférence de la paix s'est ouverte le 18 janvier, jour anniversaire de la proclamation de l'Empire allemand dans la galerie des Glaces à Versailles, et le traité est signé dans cette même galerie, cinq ans jour pour jour après l'assassinat de l'archiduc François-Ferdinand à Sarajevo : les vainqueurs ont l'air d'insinuer que le monde germanique aurait dû accepter passivement le meurtre du prince héritier d'Autriche[2]. Le traité de Versailles donne à Hitler l'exemple des cérémonials vengeurs et du jeu sur le symbolisme des dates.

La signature d'un tel texte, par un gouvernement associant les socialistes à des forces libérales, est bien de nature à produire dans son esprit, si ce n'était déjà fait, une répulsion envers les « criminels de novembre » : ceux qui ont, avant le traité de Versailles, signé le honteux armistice du 11 novembre précédent, à la faveur d'une révolution en forme de « coup de poignard dans le dos d'une armée invaincue ». Les rênes du gouvernement resteront jusqu'en 1932, en dépit des alternances, dans les mains de partis qui ont accepté cette politique et l'avènement du pouvoir nazi les fera rentrer dans un néant d'où, d'après lui, ils n'auraient jamais dû sortir.

Mais les criminels de novembre 1918 sont-ils déjà, à la fin de juin 1919, des Juifs ? Rien ne l'indique.

Les biographies de Hitler comportent un passage quasiment obligé sur la société de Thulé (Thule-Gesellschaft). Cette antenne munichoise d'une confrérie fondée à Leipzig en 1912, elle-même apparue pendant la guerre

---

1. Rappelons quelques clauses du traité qui vont jouer un certain rôle dans ce récit : l'armée allemande est réduite à 100 000 hommes recrutés pour des engagements de longue durée, donc le service militaire est interdit ; elle ne doit pas s'approcher à moins de 50 kilomètres du Rhin, sur sa rive droite (clause dite de « démilitarisation de la Rhénanie ») ; l'Allemagne ne doit ni fabriquer ni posséder de chars ou d'avions de combat ; sa marine doit être adaptée à une simple mission de garde côtière ; des régions voisines de peuplement allemand sont séparées du Reich avec interdiction explicite de se réunir à lui : l'Autriche, les Sudètes, Dantzig et son « corridor » ; la Sarre est détachée pour au moins quinze ans, au titre des « réparations » ; un certain nombre de régions occidentales sont militairement occupées par les Alliés.

2. Ces coïncidences ont été mises en lumière par Joachim Fest, *op. cit.*, t1, p. 87.

et dirigée par Rudolf Grauer, dit von Sebottendorf (1875-1945), a fait enfin l'objet d'une étude rigoureuse en 1994[1]. La ville mythique qui lui donne son nom est une Atlantide nordique, où les hommes auraient vécu dans l'harmonie et la sagesse. A la suite d'un cataclysme, ils auraient d'après certains récits trouvé refuge en Asie centrale, notamment dans un royaume dit « d'Agarttha » qui aurait à sa tête un « roi du monde ». La société de Thulé propageait ce mythe au lendemain de la première guerre, pour remonter le moral des Allemands. L'idée d'une « pureté nordique » était un lieu commun de la littérature antisémite allemande, avant et pendant la guerre, et les séances initiatiques de la société alimentaient vraisemblablement l'agressivité des adeptes contre le « ferment de dégradation » que la présence de nombreux Juifs dans les professions intellectuelles et les carrières politiques était censée constituer.

Elle n'était pas très discrète, d'où le retentissement de l'assassinat de huit de ses membres, pris en otages, par les révolutionnaires de 1919, peu avant leur déroute[2]. Deux futurs membres de l'entourage de Hitler en étaient membres, l'écrivain Dietrich Eckart et Rudolf Hess, un étudiant de famille bourgeoise, pilote courageux pendant la guerre. Parmi les futures notabilités nazies, on cite encore les noms de Gottfried Feder, de Hans Frank et d'Alfred Rosenberg, mais la participation de Hitler lui-même à ses activités n'est pas attestée. Elle a dû être, au plus, bien éphémère, si l'on en juge par le traitement peu privilégié de sa personne et de son parti par le *Völkischer Beobachter*, un journal qu'inspirait le mouvement[3].

Hitler cite Schopenhauer (1788-1860) avec révérence dans *Mein Kampf*, mais une seule fois, et uniquement sous l'angle de l'antisémitisme[4]. Or il a répliqué un jour à Leni Riefenstahl, qui voyait en lui un disciple de Nietzsche : « Schopenhauer a toujours été mon maître. » Et d'expliquer :

> Nietzsche ne mène pas loin et ne m'apporte pas grand-chose. Il est plus un artiste qu'un philosophe, il ne possède pas cette clarté de cristal des raisonnements de Schopenhauer, cette limpidité d'intelligence. (...) Naturellement, j'apprécie en Nietzsche un génie, qui écrit peut-être la plus belle langue de la littérature allemande. Mais il n'est pas mon modèle[5].

Cette confidence n'est attestée que par les mémoires, très postérieurs, de la cinéaste et l'historien répugne à utiliser sans recoupement cette catégorie de documents. Or un matériau de qualité très supérieure, même s'il n'est pas au-dessus de toute critique, va dans le même sens et contient

1. Detlev Rose, *Die Thule-Gesellschaft*, Tübingen, Grabert, 1994. Cf. Reginald Phelps, « "Before Hitler came" : Thule Society and Germanen Orden », *Journal of Modern History*, 35 (1963), p. 245-261.
2. Cf. Ian Kershaw, *Hitler, op. cit.*, t. 1, p. 113.
3. Cf. *infra*, p. 75.
4. *Op. cit.*, p. 335.
5. *Mémoiren*, Munich, Knaus, 1987, tr. fr. *Mémoires*, Paris, Grasset, 1997, p. 239.

de surcroît une précision chronologique intéressante. C'est Hitler qui parle :

> Dans la grande salle intérieure de la bibliothèque de Linz se tiendront plus tard un jour Kant, Schopenhauer et Nietzsche, nos plus grands penseurs, à côté desquels les Anglais, Français et Américains ne peuvent rien, mais alors rien, aligner de comparable. Kant a l'immense mérite d'avoir définitivement surmonté la scolastique enracinée dans le Moyen Age et dans le dogme chrétien. C'est sur les fondements de sa théorie de la connaissance que bâtit Schopenhauer, envers lequel notre dette est immense (dem wir ausserordentlich viel verdanken). C'est lui qui surmonta la philosophie purement finaliste d'un Hegel, au point qu'il n'en resta rien debout. Pendant toute la guerre mondiale j'ai trimbalé les cinq volumes de ses œuvres avec moi dans mon sac. J'ai beaucoup appris de lui. Le pessimisme schopenhauérien, qui pour lui peut-être ne [découlait] [1] pas seulement de son enseignement et de son système, mais aussi de ses sensations subjectives, fut ensuite surmonté par Nietzsche d'une manière extraordinaire [2].

Il s'agit de ce qu'on appelle communément un « propos de table » du Führer de l'Allemagne. Diverses publications en ont rapporté. Les plus sérieusement établis ont été notés, à partir de juillet 1941, sans doute avec le consentement du locuteur [3], par des secrétaires. Leur authenticité ne fait aucun doute. Seule leur sincérité peut être sujette à caution. En l'occurrence, cette déclaration de mai 1944 ne pouvait guère servir une manœuvre politique. Tout au plus peut-on la soupçonner de camper, à l'usage de la postérité, une image du nazisme et de son chef plus éclairée et rigoureuse que ne l'était la réalité. Mais dans ce cas, il eût mieux convenu de dire qu'il avait beaucoup lu Schopenhauer, sans s'étendre sur les circonstances, puisque précisément elles étaient publiques, et qu'un mensonge pouvait se heurter au démenti de bien des camarades de tranchée. Il est donc fort probable qu'il ait réellement transporté Schopenhauer dans son havresac et en ait fait sa lecture principale pendant ces années de guerre qui ont tant compté pour lui. Un recoupement d'ailleurs existe, avec les mémoires de Hans Frank, qui l'a connu peu après la guerre. Il fait état, non d'un « propos de table », mais d'une conversation particulière au cours de laquelle Hitler lui avait dit avoir lu pendant la guerre, outre Schopenhauer, Homère et l'Evangile. Cependant, le philosophe tenait de plus en plus de place, au détriment du prophète, pour une raison de fond : Jésus était certes « un vrai combattant », mais « l'histoire avec les deux joues tendues, quand on reçoit un coup, n'est pas une bonne recette pour le front [4] ». Le propos confirme que son auteur cherchait dans Schopenhauer des justifications philosophiques de la guerre.

Pour en revenir à la citation de 1944, la manière dont Hitler résume l'œuvre de Schopenhauer et l'insère dans un panthéon philosophique est

---

1. L'éditeur, Werner Jochmann, complète un « sich » resté en l'air par le mot « ergab ».
2. Adolf Hitler, *Monologe im Führer-Hauptquartier*, Hambourg, Knaus, 1980, p. 411.
3. Cf. *infra*, ch. 13, p. 353-354.
4. *Op. cit.*, p. 46.

pleine d'intérêt. Bien des affirmations de ce passage seraient favorablement reçues par un examinateur de philosophie au baccalauréat. Une seule le ferait sursauter : que le pessimisme soit chez Schopenhauer une humeur marginale, explicable par les déceptions de son existence. Il avait certes manqué sa carrière universitaire et végété à Francfort, vénéré par de rares disciples, pour connaître brusquement la gloire après la soixantaine. Mais retirer le pessimisme à son système, c'est un peu comme priver Racine de la passion ou Dante de l'Enfer. Il n'en reste rien debout... sauf dans l'esprit de Hitler, et il nous explique lumineusement par quel tour de passe-passe. Monsieur est progressiste. Il pense qu'on peut et qu'on doit améliorer l'homme. C'est à Nietzsche qu'il va en demander la recette – vraisemblablement, car là-dessus il sera peu explicite, à la théorie du surhomme et à celle d'une race supérieure à créer, bien que ces deux thèmes soient chez Nietzsche, comme nous le verrons, assez différents de ce que Hitler en fera. Chez l'un et l'autre penseur, il puise ce qui l'arrange et se l'approprie en le déformant. Il demeure qu'effectivement Nietzsche, nourri de Schopenhauer comme la plupart des intellectuels allemands de la seconde moitié du siècle précédent, s'en distingue sur la question du pessimisme, mais moins radicalement que Hitler.

Pour Schopenhauer, le monde est un spectacle, sur lequel l'homme n'a pas de prise et ne doit pas souhaiter en avoir. Il est régi par un principe universel, inconscient et indémontrable, la « volonté ». Celle-ci n'est, moralement, ni bonne ni mauvaise. Mais pour l'homme elle est plutôt un danger, car elle risque de lui faire prendre des chimères pour des buts désirables. Il s'ensuit que le philosophe, qui est l'un des premiers introducteurs du bouddhisme en Occident, estime souhaitable, pour l'homme, la « négation de la volonté ». Il place aussi au cœur de sa morale la « compassion » (dite aussi « pitié »), pour les hommes comme pour les animaux, avant même d'avoir découvert le bouddhisme [1].

Si Hitler s'affranchit allègrement, dès ses premiers pas politiques, de la compassion pour les hommes, en éprouvant pour ceux qu'il considère comme juifs un sentiment assez différent, il ne faudrait pas croire qu'il limite sa pitié aux animaux. La manière dont il communie avec les souffrances des soldats est probablement confortée par la lecture contemporaine du solitaire de Francfort. Mais la raison pour laquelle il déclare que les nazis « lui doivent énormément » réside sans doute essentiellement dans la théorie de la volonté. Il en fait, lui, une valeur éminemment positive. C'est elle qui fondera sa confiance en sa « mission » et son inébranlable ténacité. Au prix, on le voit, d'une déformation radicale, puisque chez le philosophe la volonté est non seulement mauvaise conseillère, mais inconsciente : Hitler entend le concept dans son sens vulgaire. Il estime qu'en étant obstinément fixé à son objectif on va dans le sens de

---

1. Cf. Edouard Sans, *Schopenhauer*, Paris, PUF, 1990, p. 78.

la nature, et qu'il est moral d'écraser les faibles puisqu'ils manquent de volonté.

En Schopenhauer, Hitler a pu trouver aussi un professeur d'antisémitisme, car il reproche au judaïsme son dieu transcendant et la relation personnelle que chaque conscience est censée nouer avec lui : cette religion prône donc une morale « égoïste » fort éloignée de la pitié et, à cet égard, le christianisme a heureusement innové en introduisant la notion de « charité », proche de la « compassion » asiatique. On peut voir là le germe d'une idée très à la mode au XIXe et dans la première moitié du XXe siècle, que « Jésus n'était pas juif ». Hitler va la faire sienne[1], et il est plus que vraisemblable que sa bibliothèque de campagne l'y a aidé. La révérence du philosophe envers les sagesses asiatiques a d'autre part pu provoquer ou stimuler son intérêt pour les civilisations « aryennes ». Nous n'allons pas tarder à rencontrer dans sa bouche de sommaires raccourcis géo-ethniques dont on trouve un moule parfait dans la formule shopenhauérienne qui fait du christianisme « un reflet d'une lumière dont le foyer est en Inde mais qui, s'étant réfléchie sur les ruines de l'Egypte, par malheur est venue tomber sur le sol juif[2]. ». Tout au plus peut-on relever, pour atténuer la peu philosophique allure de cette phrase, qu'elle est au conditionnel, et que Hitler n'aura pas de ces délicatesses.

Mais ce qui a sans doute joué plus encore, c'est le jugement de Schopenhauer sur les Juifs européens de son temps. Il leur attribue collectivement des défauts rédhibitoires, en admettant certes qu'ils puissent s'expliquer par « l'oppression ». Il souhaite qu'on leur accorde les mêmes droits civils qu'à tout un chacun mais non les droits politiques, car il s'agit d'un « peuple étranger[3] ».

Cependant, il est un trait que Hitler n'a pu puiser chez Schopenhauer, ni chez Nietzsche d'ailleurs : le nationalisme allemand. Mais ici, outre le climat pangermaniste de ses années de formation, Wagner offrait une ample matière. S'il ne s'était guère commis avec son contemporain Bismarck, il avait du moins salué avec transport la victoire sur la France de 1871 – et par voie de conséquence, au moins implicitement, l'unité allemande dont elle était l'instrument. Il nourrissait par ailleurs des griefs intellectuels et esthétiques envers la France et souhaitait que l'Allemagne s'affranchît de ses leçons. Il représentait donc, pour faire appel d'une défaite dans la guerre suivante, la référence intellectuelle idéale. Mais la familiarité déjà longue de Hitler avec son œuvre comme avec sa personne explique, mieux que tout autre facteur, la rapidité de son insertion dans le monde politique.

Les opéras préférés de Hitler n'étaient pas les grandes fresques pouvant

---

1. Cf. par exemple un « propos de table » du 21 octobre 1941 : W. Jochmann, *op. cit.*, p. 96.
2. A. Schopenhauer, *Le fondement de la morale*, III, 6, traduction Burdeau, présentation d'Alain Roger, Paris, Livre de Poche, 1991, p. 198.
3. *Parerga et Paralipomena* (1851), cité par Alain Roger, *ibid.*, p. 247.

préfigurer certaines parades organisées plus tard à Nuremberg, comme *Parsifal*, mais la comédie des *Maîtres Chanteurs* et surtout l'intimiste *Tristan*[1]. Son wagnérisme n'est donc pas aussi vulgaire et utilitaire qu'on le croit d'ordinaire. Il procède d'une admiration cultivée depuis l'adolescence et du sentiment d'une communion intime entre l'ambition wagnérienne de « l'œuvre d'art totale » et l'édification d'un Reich harmonieux, dans une polyphonie d'actes censés concourir, sur les registres les plus divers, à retrouver la vérité de l'être humain – du moins dans l'esprit de leur auteur.

Mais pour l'instant nous examinons le surgissement politique de Hitler en 1919 et dans ce domaine l'apport le plus important, sans doute, de Wagner n'est pas son œuvre mais sa vie. Joachim Fest a le premier relevé des similitudes entre le maître et son admirateur : une filiation en partie obscure, un rejet de la formation scolaire et de l'académisme, une grande part d'autodidactisme, des montagnes d'adversité vaincues au moyen de la volonté et de la croyance en soi-même, enfin, dans l'art, outre la manipulation des spectateurs par la musique et par les mythes, un même goût du gigantisme orchestral[2].

Il faut donc peut-être prendre au sérieux les déclarations de Hitler sur la longue lutte intérieure qui l'a amené à l'antisémitisme. En ne partageant pas cette passion de Wagner, en la regardant sans doute comme une coquetterie peu essentielle à son œuvre ou peut-être, à l'instar du pessimisme de Schopenhauer, comme un fruit des frustrations de sa vie, il gardait envers le maître une distance salubre. A un moment quelconque du premier semestre de 1919, dans l'urgence de trouver un chemin pour entrer en politique et sortir l'Allemagne de sa détresse, un voile se déchire soudain : Wagner a raison sur la nocivité des Juifs ! Il a raison *avant tout* sur ce point ! Et tout le reste en découle : Hitler est le héros solitaire qui surgit tel Lohengrin, le rédempteur pur comme Parsifal. C'est alors qu'il devient Rienzi. Qu'il réinterprète, et intègre à une vision radicalement nouvelle de son destin, le saisissement qu'il avait éprouvé à la première vision de cet opéra.

Cependant, cette résurgence d'une identification à Wagner qui s'était produite lors du compagnonnage avec Kubizek et avait peut-être, entre-temps, baissé d'intensité, ne signifie pas, comme à l'époque, une imitation servile, poussée jusqu'au besoin de composer soi-même des opéras. Il s'agit d'une libre transposition. Hitler a bien conscience que Wagner n'entendait pas grand-chose à l'action politique. Elle va être pour lui ce

---

1. Cf. le choix du premier pour clôturer la journée historique du 21 mars 1933 (cf. *infra*, ch. 7) et la désignation du second comme le chef-d'œuvre de son auteur dans un « propos de table » du 21 octobre 1941 : W. Jochmann, *op. cit.*, p. 108.

2. *Hitler*, *op. cit.*, p. 88-89. Parmi les biographes postérieurs à Fest, seule Marlis Steinert suit cette piste : *op. cit.*, p. 31-34. Signalons aussi les remarques pionnières et méconnues de Lionel Richard sur la présentation de la politique hitlérienne comme une œuvre d'art inspirée de Wagner dans la propagande même des nazis : cf. *Le nazisme et la culture*, Paris, Maspero, 1978.

qu'était l'opéra pour celui qu'il appellera son « unique précurseur[1] ». Il va y transposer le goût wagnérien de la totalité et de la communion, sans se laisser guider par les messages politiques ambigus des livrets. Dans ce domaine il va être absolument et solitairement créateur. Et d'abord, en matière d'antisémitisme.

La haine de Wagner contre les Juifs avait, on l'a vu, un fondement essentiellement « culturaliste », le compositeur n'arrivant pas à comprendre comment un peuple sans attache nationale pouvait faire de la musique – et détestant la culture ou plutôt l'inculture juive, ce présumé peuple étant estimé trop occupé par le gain financier pour se consacrer à des créations désintéressées. Le raisonnement théorique se doublait d'invectives d'un goût douteux contre tel ou tel artiste, comme le compositeur Meyerbeer ou le violoniste Joachim. Mais jamais Wagner ne sombra dans la persécution indifférenciée et ne mit par exemple, pour ses représentations, d'interdit sur les interprètes juifs. Ainsi, à la fin de sa vie, son plus proche collaborateur s'appelait Hermann Levi, et il avait dirigé la première de *Parsifal*. Hitler, devenu antisémite, devra avaler à Bayreuth de semblables couleuvres jusqu'en 1934. Esthétique fumeuse d'un côté, insultes personnalisées de l'autre, on était loin chez Wagner de l'exclusion, et bien plus encore de l'assassinat. On était tout aussi loin d'une opposition entre le Juif mauvais et le bon Allemand. Non seulement le Juif était intégrable « s'il cessait d'être juif », ce qui sans être au zénith de la pensée reste loin des abîmes du racisme biologique, mais l'Allemand lui-même devait, pour l'intégrer, changer. Wagner a en effet découvert Schopenhauer, comme toute une génération, au début des années 1850 et s'est enflammé pour lui avant de prendre quelques distances, *notamment sur le pessimisme*, mais dès son article de 1850 sur le « judaïsme dans la musique » il est déjà un adepte de la « négation de la volonté » et il conclut à l'adresse des Juifs que leur « rédemption (...) coûte, comme à nous, sueur, misère, angoisse, peine et douleur. Prenez part sans réserve à cette œuvre de rédemption, où la destruction de soi régénère, et alors nous serons unis et indistincts ». Il s'ensuit notamment que Wagner n'est ni impérialiste, ni militariste. Si en 1869 il prénomme Siegfried son fils, qui va bientôt apparaître dans ce récit, ce n'est pas pour en faire un guerrier et il écrit de manière émouvante peu avant sa mort à son mécène Louis II de Bavière, dans une lettre que Hitler a pu lire[2] :

Je veux empêcher de toutes mes dernières forces vitales que mon petit Siegfried

---

1. Hitler l'aurait dit à Hermann Rauschning vers 1934 (*Hitler m'a dit*, tr. fr. Paris, Coopération, 1939, p. 255) et Speer l'a confirmé par lettre à Joachim Fest le 13 septembre 1969 (Fest, *op. cit.*, p. 1086, n. 71).

2. Du moins avant la deuxième guerre mondiale, puisque la correspondance de Wagner avec Louis II est parue entre 1936 et 1939 (cf. Richard Wagner, *Sämtliche Briefe*, Leipzig, Deutscher Verlag für Musik, t1, 1967, p. 10).

soit un jour soldat et que, dans une de ces misérables guerres que la Prusse ne manquera pas de nous imposer, il soit abattu d'une stupide balle[1].

Or le texte hitlérien du 16 septembre 1919, qui réclame l'exclusion de tous les Juifs, quels que soient leur conduite et leurs mérites, de la communauté allemande, présente déjà un racisme absolu et, quoi qu'il prétende, totalement irrationnel : si son admiration pour Wagner a favorisé le surgissement de son antisémitisme, il a d'emblée poussé cette tendance beaucoup plus loin que son maître. La notion de race humaine peut, correctement définie, recouvrir une réalité, mais celle-ci fait mauvais ménage avec les frontières, héritées d'une histoire où les considérations raciales sont loin d'avoir déterminé seules les appétits de conquête. Désigner, dans un pays quelconque, *un* élément impur et faire de son élimination une panacée, voilà une démarche magique. C'est tout au plus un rite de purification, et non une action réelle d'élimination de ce qui serait indésirable pour retrouver une intégrité originelle. Les phrases mêmes de Hitler dévoilent l'absurdité de son système : les Juifs sont au fond *la seule* race, tout le reste est métissage. Mais là, on viole allègrement la logique, comme la réalité historique, par un tour de prestidigitation qui fait disparaître le ciment de la communauté juive : la religion, propice à la fusion des convertis dans l'ensemble, à moins qu'ils ne forment des fractions juives en Chine ou en Afrique, avec les couleurs de peau correspondantes. Hitler, postulant que la race est première et que la religion n'est qu'un trompe-l'œil, prête donc aux Juifs un souci de « préservation de la race » qui n'a rien d'évident :

> (...) le judaïsme est une race, non une communauté religieuse. (...) Grâce à la pratique millénaire de la consanguinité – limitée souvent à une communauté très étroite – le Juif a en général mieux conservé sa race et ses particularités que les peuples nombreux au milieu desquels il vit.

Cependant, s'agissant de l'Allemagne, tous les griefs de Hitler contre les Juifs portent sur la vie intérieure du pays, où l'élément juif est censé entraver la mobilisation patriotique nécessaire à la revanche. Il n'y a pas la plus petite trace d'un complot international, mettant les Juifs allemands en relation avec les ennemis de leur pays, et encore moins d'une conspiration juive pour la domination mondiale. Les outils de cette domination, qu'il s'agisse du capitalisme cosmopolite, de la franc-maçonnerie ou des internationales marxistes, sont encore absents de l'analyse. Le socialisme est même une noble cause que les mauvais bergers embrassent pour tromper les foules... et il partage ce sort, de manière quelque peu inattendue, avec la démocratie et la religion :

---

1. Lettre du 19 septembre 1881, citée par Eric Eugène, *Les idées politiques de Richard Wagner*, Paris, Publications universitaires, 1978, p. 283. Cet ouvrage présente une analyse nuancée de l'antisémitisme wagnérien, dont je me suis beaucoup inspiré – mais il contient en revanche des aperçus peu novateurs sur la relation Hitler-Wagner (cf. *infra*, ch. 15). Pour les rapports Wagner-Schopenhauer, cf. E. Sans, *Richard Wagner et la pensée schopenhauérienne*, Paris, Klincksieck, 1969.

> Toutes les aspirations supérieures de l'homme, la religion, le socialisme, la démo-
> cratie, ne sont pour lui [le Juif] que des moyens pour s'assurer la richesse et la
> puissance.

Hitler cherche-t-il déjà à dissimuler, n'expose-t-il dans ce document, destiné à la hiérarchie militaire, qu'une partie de sa doctrine, en émoussant sa pointe extrême ? Ce serait bien du calcul chez un néophyte, et bien de la précocité manœuvrière de la part du futur auteur de *Mein Kampf* qui, cinq ans plus tard, étalera sans fard toutes ses intentions, pour tenter ensuite de les faire oublier lorsque se précisera la perspective de son arrivée au pouvoir. Non décidément, si l'on suppose, avec toute la prudence que requiert l'utilisation d'un document isolé, que ce dernier contient, sur la nocivité des Juifs, le fond de la pensée de Hitler à la date de sa rédaction, c'est une autre hypothèse qui apparaît, tellement simple qu'elle n'a pas été vue : dans la tête de Hitler, la métamorphose du Juif, parasite local, en un comploteur planétaire, est due à l'influence d'un texte d'origine russe, appelé à un succès mondial et publié pour la première fois en Allemagne à la fin de 1919, les *Protocoles des Sages de Sion*.

Dans *Mein Kampf*, on trouve une seule allusion à ce texte :

> Les « Protocoles des Sages de Sion », que les Juifs renient officiellement avec
> une telle violence, ont montré d'une façon incomparable combien toute l'existence
> de ce peuple repose sur un mensonge permanent. « Ce sont des faux », répète en
> gémissant la *Gazette de Francfort* et elle cherche à en persuader l'univers. C'est la
> meilleure preuve qu'ils sont authentiques. Ils exposent clairement et en connais-
> sance de cause ce que beaucoup de Juifs peuvent exécuter inconsciemment. C'est
> là l'important. Il est indifférent de savoir quel cerveau juif a conçu ces révélations ;
> ce qui est décisif, c'est qu'elles mettent au jour, avec une précision qui fait frisson-
> ner, le caractère et l'activité du peuple juif et, avec toutes leurs ramifications, les
> buts derniers auxquels il tend. Le meilleur moyen de juger ces révélations est de
> les confronter avec les faits. Si l'on passe en revue les faits historiques des cent
> dernières années à la lumière de ce livre, on comprend immédiatement pourquoi la
> presse juive pousse de tels cris. Car, le jour où il sera devenu le livre de chevet
> d'un peuple, le péril juif pourra être considéré comme conjuré. (p. 307)

La carrière de ces *Protocoles* est étonnante. Plus encore que les hécatombes fascistes, staliniennes, coloniales ou intégristes, ils pourraient bien un jour symboliser les tares du XXe siècle, car toutes ont partie liée avec eux. Il s'agit d'une pièce à conviction fabriquée contre les Juifs par des fonctionnaires d'un des Etats les plus enclins à leur nuire, la Russie tsariste. Comme pour mieux montrer que la sottise n'a pas de patrie, ils sont nés en France, en pleine affaire Dreyfus. Des policiers de l'Okhrana, attachés à l'ambassade russe de Paris, informèrent leur gouvernement de la « découverte » de ce texte « hautement secret » : un plan de conquête du monde adopté quelque temps plus tôt à Bâle par une mystérieuse assemblée de notables juifs. Sa fausseté ressort, en particulier, du fait que de longs passages étaient déjà parus en 1864 dans une brochure totalement étrangère à la question juive, *Dialogue aux enfers entre Machiavel et Montesquieu*, publiée à Bruxelles par Maurice Joly : le penseur politique italien jouait ici le rôle de Napoléon III, dévoilant cyniquement ses méthodes de gouvernement. Loin d'être le compte rendu d'une réunion récente, les *Protocoles* étaient un tissu de lieux communs.

Entre autres records, ils vont battre celui de l'écart entre le succès d'un texte et les attentes de son auteur. Si les argousins avaient bâclé la besogne, c'est qu'elle était purement conjoncturelle : il s'agissait de répandre à la cour de Saint-Pétersbourg l'idée que le capitalisme était partie intégrante d'un complot étranger contre la Sainte Russie, pour miner la position du ministre Witte, partisan de l'industrialisation. La chose fit long feu et le texte resta peu connu, même en Russie... jusqu'à la révolution d'Octobre, au lendemain de laquelle il fut redécouvert et massivement utilisé par la propagande des Blancs, pour présenter la révolution comme le simple produit d'une subversion télécommandée.

Si Hitler, en 1924, éprouve le besoin de démontrer l'authenticité des *Protocoles*, c'est que déjà à l'époque leur fausseté ne fait plus de doute. Les classes dominantes, à la recherche de flèches contre le bolchevisme, ont d'abord été peu regardantes : le *Times* de Londres présente les *Protocoles*, en mai 1920, comme une « hypothèse de travail » et, aux Etats-Unis, Henry Ford en fait ses choux gras. Le constructeur automobile publie même un livre qui les démarque. Cependant, la vérité se fait jour assez vite et la parenté du texte avec le *Dialogue aux enfers* est révélée. Le *Times* fait machine arrière le 18 août 1921[1].

Mais le libelle va poursuivre imperturbablement sa carrière. Le vœu de Hitler d'en faire un « livre de chevet » sera bien entendu exaucé partout où il en aura les moyens. Bien vite aussi il pénétrera le monde arabe et sous-tendra, jusqu'à nos jours, une bonne part de la propagande antisioniste. Dans le débat sur l'URSS elle-même, il reprendra du service après la chute du Troisième Reich, soit pour rendre crédible le désir de conquête universelle prêté à la seconde superpuissance, jusqu'à la veille de son effondrement, par une littérature d'extrême droite trouvant écho parfois fort loin de ses bastions, soit pour légitimer le combat des communistes soviétiques contre un complot capitaliste dont le sionisme serait l'un des visages. Bref, en ce siècle, partout où la propagande caricature une tendance politique en lui prêtant des visées de domination mondiale, les *Protocoles* ne sont pas loin.

Il en va de même pour les objectifs de conquête planétaire qu'on a prêtés à Hitler : les rares preuves documentaires avancées sont des phrases

---

1. Sur tout ceci, cf. Pierre-André Taguieff, *Les Protocoles des Sages de Sion*, t. 1, Paris, Berg, 1992. Par ailleurs, curieusement, la première mention connue des *Protocoles* dans un discours de Hitler date du 19 août 1921. Il félicite le *Times*, alors qu'il vient de faire machine arrière la veille (mais Hitler peut ne pas le savoir), d'avoir « éclairé les choses de plus près en publiant un document encore plus explicite » (Jäckel, *Sämtliche Aufzeichnungen*, op. cit., p. 458).

prononcées par lui de temps à autre, telles que « cette lutte est mondiale ». Or il s'agit d'échos des *Protocoles* : puisque le complot est planétaire, il faudra bien que la victoire contre lui le soit. Ce qui ne veut nullement dire qu'elle consistera dans l'extension du Reich aux limites du monde.

Il est possible d'entrevoir l'époque et le vecteur de la contamination de Hitler. Le 12 septembre 1919[1] – soit quelques jours avant le rapport sur la question juive – Hitler assiste, sur l'ordre de ses supérieurs, à une réunion d'une organisation minuscule, le « parti des travailleurs allemands », fondé quelques mois plus tôt par l'ouvrier Anton Drexler. On connaît surtout cette affaire par *Mein Kampf* – aussi bien n'a-t-elle pas une importance démesurée, puisque ce n'est pas son parti qui a fait Hitler mais bien, constamment, l'inverse. Parmi les reproches légers qui lui sont faits figure celui d'avoir évincé Drexler et de s'être arrogé tout le mérite de la création d'une organisation promise à un si grand avenir. Ce qui est sûr, c'est qu'avant de compter Hitler parmi ses quelques membres, le DAP (initiales allemandes pour Deutsche Arbeiter Partei) n'était qu'un club de discussion et que c'est grâce aux talents oratoires de ce nouvel adhérent qu'il trouve en 1920 une audience de masse. Il faut relever également que son différend avec Drexler, relégué en juillet 1921 au rang de président d'honneur, tient moins au désir dérisoire de régner sur quelques milliers de personnes qu'à la conviction croissante qu'il avait une mission nationale à remplir et que celle-ci était incompatible avec un partage d'autorité à la direction de son parti. Enfin et surtout, Drexler est un idéologue féru de débats, alors que Hitler, dès le début de son action publique, prend en grippe les bavards et montre le souci de donner constamment le pas à l'action.

Une page de *Mein Kampf* intrigue : celle où il dit que l'adhésion au parti fut pour lui l'occasion d'un grand débat de conscience. S'il voulait agir collectivement, il fallait bien commencer quelque part et, si cette organisation se révélait inefficace, il serait toujours temps d'en changer ou d'en créer une autre. Mais c'est probablement le fait même d'*agir collectivement* qui pose problème au rêveur qui, depuis sa sortie de l'école en 1905, assumait une marginalité volontaire, tempérée seulement par la conscience d'appartenir au peuple allemand et à la fraternité d'armes de 1914-18. Il va bien falloir soudain qu'il se mêle au vulgaire et se mette, au moins pour un temps, sur le même plan que lui, en consentant à n'être qu'un numéro.

C'est le 16 octobre 1919 que le DAP commence à faire parler de lui : une réunion annoncée dans la presse, à la Hofbräuhaus, attire 70 personnes. C'est là, d'après son livre, que l'orateur Hitler prit conscience qu'il « savait parler ». Voilà encore un sujet d'étonnement : il avait déjà fait maints discours, depuis le temps où Kubizek était son auditeur unique,

---

1. La date est seulement probable : cf. Detlev Rose, *op. cit.*, p. 235, n. 328.

et ce n'est probablement pas par écrit qu'il endoctrinait les soldats confiés depuis des mois à sa pédagogie. Ce qu'il veut dire, sans doute, c'est que pour la première fois il éprouvait son éloquence sur un public non trié, sur le peuple, libre de siffler ou de quitter la salle. Moment, certes, de vérité.

A raison d'une conférence toutes les deux semaines environ, le public augmente peu à peu, irrégulièrement. Fin décembre, Hitler rédige avec Drexler un programme en vingt-cinq points, qui deviendra célèbre car plus tard, pour couper court aux palabres idéologiques, Hitler le décrétera intangible [1]. Sur la question juive, on en reste, comme dans le rapport de septembre, à la privation des droits civiques et à l'expulsion – ici limitée aux Juifs entrés dans le pays après le 2 août 1914. Pas une allusion n'est faite, dans les articles traitant de politique extérieure, à la « juiverie mondiale » qui, quelque temps plus tard, sera omniprésente dans les énoncés nazis sur ce sujet. Relevons encore que, sur le plan économique, le programme se propose de « briser l'esclavage du prêt à intérêt ». Cette curieuse réminiscence de saint Thomas d'Aquin est due à l'influence de Gottfried Feder, un professeur dont les leçons, entendues par Hitler avec enthousiasme lors de son cycle de cours de l'été 1919, furent une composante fondamentale du nazisme originel [2].

Le programme est présenté en public le 24 février, lors d'une réunion assez nombreuse : la grande salle de la Hofbräuhaus (d'une capacité de 2 000 personnes) est à peu près pleine. Une semaine plus tard, le DAP devient le NSDAP, par adjonction du mot « national-socialiste ». L'expression était dans l'air de ce temps où les vieilles aristocraties étaient en perte de vitesse : une pléthore d'idéologues s'efforçaient de réconcilier les couches populaires avec la patrie, à la fois pour les enrôler sous la bannière de la revanche et pour faire pièce à la contagion du bolchevisme russe. Pour Hitler, l'un des grands avantages de cette étiquette était qu'elle permettait d'exclure les Juifs, en tant qu'étrangers à la nation. Il existait déjà deux partis nationaux-socialistes, l'un en Autriche, l'autre dans les Sudètes. Ils avaient pour emblème la croix gammée, et celle-ci est adoptée par le parti de Drexler. Il faudra cependant attendre l'été pour qu'elle s'impose comme l'emblème central, à la fois sur les drapeaux et sur les brassards.

A cette époque, les deux hommes les plus proches de Hitler sont le capitaine Röhm, un officier d'état-major de la Reichswehr en Bavière qu'on présentera plus loin, et l'écrivain Dietrich Eckart, un antisémite truculent. Hitler reconnaîtra hautement sa dette envers lui dans *Mein Kampf*. Il semble qu'Eckart l'ait pris en main et longuement éduqué. Alfred Rosenberg, arrivé à Munich à la fin de 1918 après avoir vécu ses

---

1. Le 22 mai 1926 (cf. *infra*).
2. Cf. *Mein Kampf*, *op. cit.*, p. 207-216. D'après *Mein Kampf*, Feder vint faire une conférence devant une vingtaine de membres du DAP le 3 octobre (point confirmé par Hitler dans un compte rendu au capitaine Mayr retrouvé par Jäckel et Kuhn, *op. cit.*, p. 90, document 62).

vingt-cinq premières années en Russie, s'était rapidement lié avec lui. Le portrait qu'il en donne dans ses mémoires reste précieux – car l'histoire ne s'est guère intéressée à Eckart. Après avoir raconté ses débuts faméliques et signalé qu'il avait été correspondant de presse au festival de Bayreuth, puis avait été tiré d'affaire financièrement par le succès de sa traduction de *Peer Gynt*, il ajoute :

> Eckart était entré dans la vie publique comme poète. Formé par Goethe et Schopenhauer, son esprit n'embrassait pas avec certitude tous les problèmes, mais pénétrait en revanche avec une acuité d'autant plus grande les tâches internes et définies. Il avait longtemps observé l'évolution qui s'était opérée au cours de la première guerre mondiale et avant tout le crédit usuraire qui rongeait la vie et qu'aucune puissance n'avait pu vaincre ou endiguer. Puis le monde des partis qui, à force de discours, se séparaient toujours davantage au lieu de se rassembler, tandis que le destin devenait de plus en plus lourd[1]. (...)

Eckart avait alors fondé la revue *Auf gut deutsch*, qui se proposait de regrouper, en dehors des partis, les « hommes aux sentiments honnêtes », comme le disait son premier éditorial. C'est ainsi qu'il était entré sur le tard en politique, avec des préoccupations rejoignant celles de Hitler : souci de la patrie allemande, haine conjointe de la lutte des classes et des profiteurs de guerre, antisémitisme. Rosenberg nous apprend encore qu'Eckart et lui firent avec enthousiasme la connaissance de Feder et de ses idées : Eckart en fit un tract « à tous les travailleurs », dès le début de 1919, avant l'assassinat d'Eisner (le 21 février). Ainsi, Hitler s'était vu précéder de quelques mois dans un rôle d'agitateur munichois disputant les masses aux marxistes, par le biais d'une théorie économique aguicheuse. Ce n'est qu'après avoir adhéré au DAP, donc sans doute à la fin de 1919, qu'il commença à rendre, toujours d'après Rosenberg, des visites à Eckart. Ce dernier, quelque peu inconstant dans son ardeur militante, fut sans doute soulagé de passer le témoin à cet ascète illuminé... mais une déclaration qu'on lui met souvent dans la bouche et qu'il aurait faite peu avant sa mort (survenue en décembre 1923) n'est pas sérieusement attestée : « Hitler dansera, mais c'est moi qui ai écrit la musique[2]. »

C'est avec lui, et avec l'assentiment de Röhm comme des chefs militaires bavarois, que Hitler gagne Berlin par avion en mars 1920, pour tenter de participer au putsch dit « de Kapp », en fait une tentative de coup d'Etat dirigée par le général von Lüttwitz, qui échoue devant la résistance du gouvernement républicain, soutenu par les travailleurs qui font une grève générale. De ce voyage manqué date la première rencontre entre Hitler et le général Ludendorff, qui de 1916 à la fin de la guerre avait été le vrai patron de l'armée allemande, en lieu et place du chef

---

1. Serge Lang et Ernst von Schenk, *Testament nazi/Mémoires d'Alfred Rosenberg*, tr. fr. Paris, Trois Collines, 1948, p. 48.
2. Cité sans référence par André Brissaud, *Hitler et l'Ordre noir, op. cit.*, p. 62.

nominal, Hindenburg, et qui dans la paix est devenu un activiste d'extrême droite, fasciné par les *Protocoles*.

Le journal munichois le plus proche des convictions de Hitler était alors un hebdomadaire nationaliste et antisémite, le *Völkischer Beobachter*, lancé en 1918 par la société de Thulé sous le nom de *Münchener Beobachter*. Tout en commentant les activités du DAP, il donnait la parole à d'autres tendances, et notamment à des groupes d'émigrés de l'empire tsariste, souvent originaires des pays baltes. Ceux-ci dénonçaient sans relâche la révolution russe, en lui prêtant une direction juive. Rosenberg était l'un d'eux. C'est dans une revue de Russes blancs, faiblement diffusée, qu'était justement parue, en décembre 1919, la première traduction allemande des *Protocoles*. Le *Beobachter* publia l'une des suivantes, le 25 février, sans doute sous l'influence de Rosenberg[1]. Il fallut probablement encore, dans l'esprit de Hitler, quelques mois de fermentation. Enfin, le 13 août 1920, il fit, dans une Hofbräuhaus archicomble, une conférence intitulée « Pourquoi nous sommes contre les Juifs », où pour la première fois il les accusait de conspiration internationale. A présent, la coupe des reproches est pleine et, chaque fois qu'il abordera la question, les mêmes seront invariablement reproduits.

Ce discours marque l'arrivée à maturité d'une grande partie de l'idéologie nazie. En même temps, il recèle des maladresses et des caricatures qui seront rapidement éliminées et ne trouveront plus place dans *Mein Kampf*. Son étude détaillée s'impose donc, comme celle d'un jalon essentiel dans le parcours de Hitler et de son mouvement. En temps ordinaire, les documents un peu longs sont reportés en fin d'ouvrage, mais celui-ci, malgré ses maladresses et peut-être aussi à cause d'elles, mérite d'être présenté plus tôt. On le trouvera donc en annexe de ce chapitre, après le résumé assorti de commentaires qui à présent va le clore. Le lecteur pressé pourra donc le sauter mais on se permet de le lui déconseiller. La mention, dans de fréquentes parenthèses, des réactions du public, nous aide à nous représenter l'atmosphère des premiers meetings nazis. Mieux qu'une docte analyse, ce document nous montre, encore près de sa source, le torrent qui va submerger une partie du monde. Avec un peu de persévérance, cette lecture à la fois irritante et impressionnante, affligeante et désopilante, mais rarement ennuyeuse, permettra d'embrasser d'un regard le panorama de ce livre.

---

1. L'un des plus fins observateurs de Hitler et du nazisme, Saül Friedländer, a repéré le rôle de Rosenberg dans la transmission des *Protocoles* : « C'est très probablement, écrit-il, grâce à eux [Rosenberg et Scheubner-Richter] que Hitler prit connaissance des *Protocoles des Sages de Sion* et en vint à considérer le bolchevisme comme l'incarnation la plus dangereuse du péril juif » (*L'antisémitisme nazi*, Paris, Seuil, 1971, p. 131). C'est frôler la vérité sans la pénétrer. L'auteur ne voit pas que ce n'est pas seulement la haine du bolchevisme et l'attribution de sa paternité aux Juifs, mais l'idée d'un *complot juif mondial* qui surgit dans la vision hitlérienne du monde par le biais du faux forgé par les sbires du tsar. Même démarche chez Ian Kershaw, *Hitler 1889-1936*, Londres, Penguin, 1998, p. 153. (Scheubner-Richter, un aventurier d'origine lettone, a joué, après son arrivée à Munich au lendemain de l'échec du putsch de Kapp, un rôle important dans le parti nazi, avant de mourir lors du putsch de 1923.)

Le premier paragraphe est le plus incohérent, celui où les phrases s'enchaînent le moins bien. Le phénomène n'a rien d'exceptionnel : de nombreux contemporains ont dit que Hitler avait besoin d'un petit moment de rodage, avant de trouver son rythme en s'appuyant sur les réactions de la salle. Le propos se développe ensuite en six grandes parties :

— la caractérisation de la race aryenne et de la race juive par leur attitude diamétralement opposée face au travail ;

— l'aptitude de la seule race aryenne à fonder des civilisations, en raison de son talent exclusif de créer des Etats ;

— l'inaptitude foncière des Juifs à la civilisation, leur incurable parasitisme et le danger qu'ils ont fait peser à travers toute l'histoire sur les peuples qui les accueillaient ;

— leur nocivité particulière dans le domaine du capitalisme, où ils ne sont qu'usuriers rapaces alors que les bons capitalistes œuvrent dans le sens de l'intérêt des travailleurs ;

— leur travail de sape contre la santé intellectuelle, physique, esthétique, sexuelle et religieuse des peuples ;

— la nécessité d'un parti politique pour engager la résistance et régénérer l'Allemagne.

Ensuite, d'une manière fort inattendue pour qui pense que le nazisme fonctionne déjà de manière « totalitaire[1] », se déroule un petit débat, où prennent la parole, après Drexler, un communiste et un socialiste. Puis Hitler, en une conclusion inspirée, sans la moindre allusion aux propos de Drexler, met en pièces les arguments des orateurs de gauche... et dissout le rassemblement sans leur redonner la parole.

Eberhardt Jäckel a établi ce texte à partir d'un brouillon dactylographié, d'articles de journaux et de rapports de police – ce sont eux qui nous renseignent sur les réactions de la foule. Il faut croire que les autorités, au moins bavaroises, s'intéressent de près au phénomène Hitler, moins d'un an après ses premières manifestations publiques. La première question que pose ce discours est donc celle-ci : comment peut-on, alors qu'il a été repéré si tôt, ne pas avoir pris Hitler plus au sérieux ? La réponse est double : d'une part, il était difficile de concevoir que ses raisonnements à l'emporte-pièce pourraient, en un peu plus de dix ans, devenir les principes de gouvernement d'un grand pays. Hitler est apparu comme un magicien de la parole et l'idée qu'en sus il avait un cerveau n'a guère visité celui de ses adversaires. D'autre part, en Bavière comme en Allemagne, les forces de droite, disputant le pouvoir à la social-démocratie, ont dès ce moment cru devoir utiliser ce genre de démagogue, sans craindre qu'il puisse échapper à leur contrôle. En l'occurrence, la Bavière est alors gouvernée antidémocratiquement par Gustav von Kahr, qui a

---

1. Ils ont pu, il est vrai, être induits en erreur par *Mein Kampf*, où Hitler prétend que dès le mois d'octobre 1919 les « rouges » ne venaient dans ses meetings que pour les perturber, et qu'il les faisait rosser par son service d'ordre (p. 357).

76

profité du putsch de Kapp pour évincer un gouvernement à dominante socialiste. Le chef de la police s'appelle Pöhner et c'est, d'ores et déjà, un nazi convaincu dont l'adjoint, Frick, sera plus tard le ministre de l'Intérieur du Troisième Reich[1]. Si, à l'inverse de ces deux subordonnés, Kahr ne donne pas et ne donnera jamais dans l'idéologie nazie, il est le premier d'une longue liste de politiciens, en Allemagne et dans le monde, qui voient dans ce mouvement un puissant et maniable bélier contre la gauche.

Bref, si, à nos yeux rétrospectifs, l'orateur de 1920, avec ses références à Wagner et sa culture étendue sinon infaillible, apparaît comme un pur-sang de la politique et non comme l'« agitateur de brasserie » encore trop souvent décrit, il ne faudrait pas croire que tous les contemporains s'y soient mépris. Beaucoup l'ont senti et sont devenus ses disciples. D'autres ont cherché à l'utiliser. A ceux-ci les évidentes faiblesses de son idéologie et de ses raisonnements fournissaient un alibi de choix : on pouvait sans scrupule se faire un marchepied des masses rassemblées et détournées du marxisme par cet original, qui avait l'étoffe d'un tribun plus que d'un homme politique. Lui-même ne se dit-il pas, à cette période, le « tambour » (Trommler) de la révolution allemande[2] ? Dès ce moment, la dynamique du nazisme est enclenchée : c'est l'improbabilité même de son succès qui en est le meilleur adjuvant, plus que la séduction de ses slogans primaires, c'est le caractère branlant de son meccano idéologique qui, la volonté et l'intelligence du chef aidant, va en faire l'une des forces les plus attractives du siècle.

On ne sait ce qui est le plus frappant, de l'incohérence entre nombre d'affirmations et la réalité, ou de leur cohérence entre elles, lors même qu'elles se rattachent à des domaines fort disparates. Ainsi, l'antisémite Hitler a fondu comme l'aigle sur la distinction faite par Gottfried Feder (après bien des idéologues du XIXᵉ siècle) entre le capital productif, ami des travailleurs, et le capital usuraire, leur implacable ennemi. L'ascendant du marxisme à la fin du XIXᵉ siècle reposait pour une bonne part sur la défaite des théories de cette sorte, auxquelles Marx opposait l'extraction de la plus-value par tout capitaliste sur toute journée de travail. Mais Hitler, d'emblée, fait tout autre chose que Feder, dont la notoriété n'aurait pas franchi sans lui un petit cercle munichois : il identifie sans ambages le capital usuraire et le capital juif. Par là déjà il trace le chemin qui lui permettra de se concilier les poids lourds du capitalisme « aryen » (et les nombreux patrons juifs qui feront passer l'intérêt de classe avant le souci de leur communauté), comme Thyssen, Schacht et plus tard Krupp lui-même. Même si son discours est, en apparence, encore bien ouvriériste.

C'est en effet un point très frappant : d'un bout à l'autre il n'est ques-

---

1. Pöhner étant décédé dans un accident de voiture en 1925.

2. Devenue un lieu commun dans les livres d'histoire à propos des années 1920-23, l'expression ne semble pas être apparue publiquement dans la bouche de Hitler avant le procès des putschistes, le 24 mars 1924. Elle figure cependant dans un compte rendu de sa conversation de 1922 avec Moeller van den Bruck (cf. Ian Kershaw, *op. cit.*, p. 167, et *infra*, p. 128).

tion que des « travailleurs », sans en exclure, il est vrai, les intellectuels, mais en donnant une priorité constante au travail manuel – de même que la principale accusation portée contre les Juifs, c'est d'en être incapables et de reculer devant tout effort productif. L'ouvriérisme culmine lorsqu'il est dit que le salut viendra des usines et non de « Bonbonnières ».

Ce ton, qui sera bientôt tempéré et déjà dans *Mein Kampf*, s'explique sans doute par la proximité temporelle et géographique des bouleversements révolutionnaires de l'après-guerre. Il ne faut donc pas s'y tromper : en faisant les yeux doux au prolétariat, c'est à la bourgeoisie que Hitler, indirectement, les fait. Il offre ses services, tout en les accablant d'un certain mépris, à ces nantis qui tremblent et ne voient d'autre remède que la répression pour sauver leurs propriétés. Il leur propose de calmer l'ardeur ouvrière à moindres frais, par quelques miettes sociales – il n'est question ici que de l'assurance-vieillesse, un des points du programme de janvier. Hitler se dit volontiers socialiste[1], sans éprouver le besoin de coiffer à chaque fois le sulfureux vocable du rassurant « national- » – une habitude qu'il perdra vite et dont rien ne subsistera dans son gros livre. Mais le lieu même de la réunion invite à ne pas prendre trop au sérieux ce socialisme-là. Hitler a beau dire qu'il veut aller d'abord vers les usines, il s'en tient prudemment éloigné et, dès ce moment, laisse les ouvriers venir à lui plus qu'il ne va les débaucher. Voilà qui explique que les organisations socialistes et communistes seront à peine écornées par la montée du nazisme : non que celui-ci soit un mouvement bourgeois ou, comme on le dit encore communément, petit-bourgeois. Mais sa composante ouvrière, dès le début importante, comprend surtout les ouvriers inorganisés et votant volontiers à droite – les hommes d'ordre, assoiffés d'intégration sociale et peu soucieux de s'associer avec leurs frères de misère.

Pour équilibrer cette citation-fleuve, on se permettra de rapporter une anecdote lapidaire, relevée en 1968 par Ernst Deuerlein et peu reprise par les spécialistes. Elle figure dans un livre de mémoires paru en 1966 mais n'en est pas moins intéressante et crédible, car elle évoque bien les sentiments que pouvait susciter Hitler chez ceux qu'il ne séduisait pas. Le politicien s'étant imposé un jour comme accompagnateur, dans la rue, d'un artiste qui le méprisait en raison de sa réputation de mouchard, et l'ayant accablé d'un monologue sur « la fonction de l'artiste allemand », l'autre s'était débarrassé de lui en répliquant brusquement : « Si je comprends bien, on t'a chié dans le cerveau et on a oublié de tirer la chasse ! » Décontenancé, Hitler s'était éloigné sans mot dire[2].

---

1. Ce qui rend douteuse l'assertion sans preuve, mais souvent reprise, de Konrad Heiden suivant laquelle l'adjonction de « national-socialiste » au nom du Parti ouvrier allemand se serait faite contre son avis (cf. *Histoire du national-socialisme*, *op. cit.*, tr. fr., Paris, Stock, 1934, p. 27-28).

2. Mémoires d'Oskar Maria Graf (*Gelächter von aussen aus meinem Leben 1918-1933*, Munich, 1966, p. 114 sq., cité par E. Deuerlein, *Der Aufstieg des NSDAP in Augenzeugenberichten*, Düsseldorf, Rauch, 1968, rééd. Munich, Deutscher Taschenbuch Verlag, 1974, p. 102-103).

Discours de Hitler à Munich (13 août 1920)

Allemands et Allemandes, mes chers compatriotes ! Nous sommes déjà habitués à être décrits comme des objets d'horreur et à ce que soit particulièrement considéré comme horrible le fait que nous soyons également en pointe sur la question qui porte le plus sur les nerfs de certains messieurs en Allemagne aujourd'hui, celle de l'antisémitisme. On comprend tant de choses de notre part, mais cela on ne veut pas le comprendre, et avant tout parce que le travailleur dit : quelle relation y a-t-il donc entre le travailleur et la question juive, parce que la majorité de notre peuple aujourd'hui n'a encore aucune idée sur la manière exacte dont se pose cette question. La grande majorité connaît cette question peut-être seulement à partir d'un facteur émotionnel et juge aussitôt : oui, j'ai vu des bons et des méchants hommes à la fois de l'autre côté et du nôtre. Peu ont appris à juger d'un point de vue rationnel. Alors je vais commencer par faire référence au mot « travail ».

Qu'est-ce au juste que le travail ? Le travail est une tâche que je n'assume pas pour mon seul profit, mais aussi en faveur de mon prochain. Si quelque chose distingue l'homme de l'animal, c'est précisément son travail, qui ne dépend pas seulement de l'instinct etc., mais repose sur la pure reconnaissance d'une certaine nécessité. Peu de révolutions ont fait autant d'effet à la surface de la terre que celle-ci, qui lentement a transformé l'homme paresseux des origines, peu à peu, en homme travailleur. Nous pouvons ici admettre que cette action a suivi trois grandes étapes.

Tout d'abord la tendance à l'autoconservation, purement instinctive. On ne la trouve pas seulement chez l'homme, mais aussi chez l'animal, et d'abord cette instinctive tendance à l'autoconservation s'est transformée en une forme de travail purement égoïste. A son tour cette deuxième étape du travail a été peu à peu dépassée et une troisième est arrivée : le travail découlant d'un sentiment moral du devoir, que l'individu n'accomplit peut-être pas seulement parce qu'il y est contraint, mais que nous pouvons suivre aujourd'hui pas à pas, que des millions d'hommes assurent, peut-être sans y être poussés continuellement, qui attache des milliers de penseurs jour après jour, et au long des nuits, à leur table de travail, peut-être sans qu'un besoin matériel les pousse à effectuer ce travail, qui entraîne des centaines de milliers de travailleurs allemands, une fois leur journée terminée, dans leur jardin domestique, et nous pouvons constater qu'aujourd'hui des millions d'hommes, aujourd'hui surtout, ne peuvent rester désœuvrés. Et si je disais plus haut qu'il s'agit d'une révolution sans doute lente, mais peut-être la plus grande faite jusqu'ici par les hommes, alors cette révolution doit aussi avoir en fin de compte eu une cause précise, et cette cause est aussi, ici encore, la plus grande déesse sur cette Terre, la plus capable de pousser aux extrémités les hommes : la déesse de la Nécessité.

Nous pouvons suivre cette Nécessité sur cette Terre dans les âges sombres, en premier lieu dans la partie nord de ce monde, dans ces déserts de glace inouïs, dans ces lieux qui n'offrent que l'existence la plus fruste. Là l'homme était mis pour la première fois en demeure de combattre pratiquement pour sa vie, ce que le sud riant lui offre surabondamment sans travail il devait dans le nord l'obtenir avec peine, et c'est ainsi peut-être que pour la première fois émergea l'invention qui frayait des voies nouvelles : dans ces froides étendues l'homme était obligé de chercher une alternative au simple présent du ciel qui rend la vie possible, le soleil, et l'homme qui pour la première fois produisit artificiellement une étincelle apparut ensuite à l'humanité comme un dieu : Prométhée, le pourvoyeur de feu. Ce Nordique obligea les hommes à pousser plus loin, à s'habiller, à aménager leurs propres habitations, leurs cavernes et plus tard leurs maisons, en un mot il a engendré un principe, celui du travail. Sans ce dernier, l'existence à ces latitudes n'aurait pas été possible.

Si le travail était encore très modeste, c'était pourtant déjà une activité qui devait être planifiée précisément à l'avance, dont l'individu savait que, s'il ne la pratiquait pas, il devrait mourir de faim sans recours dans le dur hiver suivant. Et il s'en est suivi aussitôt une deuxième évolution : la nécessité inouïe et les redoutables privations ont agi comme un moyen de *purification raciale*. Tout ce qui était faible et malade ne pouvait franchir cette période effrayante mais sombrait prématurément dans la tombe et ce qui restait c'était une race de géants, du point de vue de la force et de la santé. Une qualité supplémentaire apparut chez cette race. Là où l'homme est entravé extérieurement, là où son rayon d'action est extérieurement limité, là commence son développement intérieur... extérieurement limité, intérieurement illimité[1]... plus l'homme est réduit par une contrainte extérieure à ses propres ressources, plus profonde devient sa vie intérieure, plus il se tourne vers les choses de l'intérieur.

Ces trois acquisitions : la reconnaissance du principe du *travail comme devoir*, la[2] nécessité, non seulement pour l'individu et par égoïsme, mais pour l'existence de la totalité de ce groupe humain, même très restreint, de ces petites familles, deuxièmement la *santé* corporelle absolue, et par là la santé psychique normale et troisièmement la vie de l'âme profondément *intérieure*, ont donné à ces races nordiques la possibilité de s'étendre sur le reste du monde en formant des Etats.

Même si dans ces hautes latitudes nordiques cette force ne pouvait s'exprimer, elle était capable de devenir instantanément agissante, quand les chaînes de glace tombaient et que l'homme descendait vers le sud dans une nature favorable, joyeuse et libre. Nous savons que tous ces hommes conservaient un signe commun : celui du soleil. Ils fondent tous leurs cultes sur la *lumière*, et on rencontre le signe, l'outil de la production du feu, le fouet, la croix. On rencontre cette croix comme une croix gammée, et pas seulement ici, mais tout autant en Inde et au Japon, ciselée sur les colonnes des temples. C'est la croix gammée des communautés de civilisation aryenne fondées autrefois.

Ces races actuelles que nous nommons aryennes étaient en réalité les éveilleuses

---

1. Je remplace ici les virgules de l'original (résultant vraisemblablement de la transcription d'une sténographie) par des points de suspension, plus évocateurs des silences et des mimiques de l'orateur.

2. Pour le sens, « sa » conviendrait mieux, mais sans doute l'orateur avait-il l'intention d'ajouter « du travail » et a-t-il changé d'idée.

de toutes les grandes civilisations postérieures, dont nous pouvons encore aujourd'hui suivre l'histoire. Nous savons que l'Egypte fut amenée au sommet de sa civilisation par des immigrants aryens ; de même, la Perse et la Grèce. Les immigrants étaient des Aryens blonds aux yeux bleus et nous savons qu'en dehors de ces Etats absolument aucun Etat civilisé ne fut fondé sur la Terre. Il y eut bien des races mélangées, intermédiaires entre la race noire du sud, aux yeux et à la peau sombre, et les races venues du nord, mais il n'y eut aucun grand Etat civilisé créateur indépendant.

Pourquoi l'Aryen a-t-il donc possédé cette force de *créer un Etat* ? Elle réside presque exclusivement dans sa conception de la notion de travail. Les races qui n'y voyaient pas d'abord une contrainte mais une nécessité née du besoin (notgeborene Notwendigkeit) à travers des dizaines de milliers d'années, devaient de prime abord dominer les autres et à la fin c'est le travail lui-même qui obligea les hommes à se grouper, la division du travail. Nous savons que dès l'instant où cessa l'activité individuelle pour nourrir les individus, un groupe était forcé d'attribuer une tâche précise à quelqu'un de particulièrement capable et que, là où se produit la division du travail, la réunion de groupes d'hommes plus nombreux devenait une nécessité. Ainsi c'est dans le travail qu'il faut chercher en fin de compte la force qui liait ensemble les lignées d'abord, puis les tribus et qui plus tard, enfin, fondait les Etats.

Si nous devons considérer comme condition nécessaire de la formation des Etats la conception du travail comme *devoir social*, alors la deuxième condition nécessaire est le préalable de la première : la *santé raciale* et la *pureté raciale* et rien ne profita mieux à ces conquérants nordiques que leur force sublimée face aux paresseuses races pourries du sud.

Si maintenant des Etats doivent se former, ils restent une image vide, s'ils ne sont pas en fin de compte encore embellis par ce que nous désignons en général comme civilisation. Si nous laissons tomber tout cela et ne considérons que les chemins de fer, bateaux, etc., si nous écartons tout ce que signifient l'art, la science, etc., alors en vérité un tel Etat est intérieurement creux, et ici aussi nous voyons la force féconde de ces lignées nordiques. Dès l'instant où elles pouvaient déployer leur grande imagination intérieure sur de grands espaces, elles créèrent également partout des œuvres immortelles. Nous voyons ce processus répété sans interruption à l'échelle microscopique. Nous savons que de la masse profonde des esprits sont nés qui ne peuvent se développer dans la masse mais, dès l'instant où ils sont en liberté, commencent à régner et deviennent dominants, en art, en science et aussi en politique. Nous savons aujourd'hui qu'entre l'Etat, la nation, l'art, la civilisation et le travail des relations d'échange existent et que c'est une folie de penser que l'un pourrait subsister indépendamment des autres. Nous savons aujourd'hui que – pour nous en tenir au terrain qu'on considère toujours comme international, l'art – qu'il est justement absolument dépendant de l'Etat. L'art s'épanouissait toujours en premier lieu là où un grand développement politique lui en offrait les possibilités. Nous savons que l'art en Grèce a atteint son plus haut degré quand triomphait un jeune Etat, victorieux de l'armée perse. Il commença alors par la construction de l'Acropole. Rome ne devint une ville d'art qu'après les guerres puniques, et l'Allemagne bâtit seulement quand l'empire allemand eut remporté d'éclatants succès sous les Saliens ses puissantes cathédrales de Worms, Speyer, Limbourg/Lahn, etc.

Nous pouvons suivre cela jusqu'à l'époque la plus récente. Nous savons que l'art, disons par exemple la beauté de nos villes allemandes, était toujours dépendant du développement politique de ces villes, que des considérations politiques furent jadis déterminantes pour que Paris fût ce qu'il était, que des considérations politiques conduisirent Napoléon III à ordonner la régularisation des boulevards, ou poussèrent Frédéric le Grand à faire « Unter den Linden » ; de même à Munich ce fut en fin de compte la constatation politique que cette ville ne pouvait devenir importante par l'industrie et qu'à la place l'art devait être choisi, pour l'élever au rang d'une ville que chacun se devait de voir s'il visitait l'Allemagne. C'était aussi le cas pour Vienne, c'était toujours le cas et cela le restera.

Il en est ainsi aussi pour les autres arts. C'est seulement au moment où, dans l'Allemagne émiettée et impuissante, un Etat commença à émerger, que recommença également un art allemand, qui était fier de pouvoir se désigner ainsi. Richard Wagner surgit justement dans la période où l'Allemagne sortait de la honte de l'impuissance pour former un grand empire unitaire.

Ainsi ce n'est pas seulement l'art en lui-même qui est dépendant de la *politique* de l'Etat, mais aussi le *travail*, dans la mesure où seul un Etat bien-portant est en position de créer des possibilités de travail et d'exploiter avec profit les forces de ses citoyens. Nous savons bien, inversement, que la *race* également est en relation avec tout le reste. Un Etat avec une race malade, pourrie, débile, ne peut produire une grande œuvre d'art, ni mener une grande politique, ni même non plus vivre dans l'abondance. Tous ces facteurs sont interdépendants.

Voilà ce qui donne son harmonie à l'Etat tel que nous, Allemands, voulons nous le représenter.

Alors nous devons maintenant nous demander : comment se situe donc le Juif vis-à-vis de la formation de l'Etat ? Le Juif a-t-il la force lui aussi de créer des Etats ? Là nous devons d'abord absolument examiner sa *position* par rapport au travail, comment lui le conçoit, et vous voudrez bien me pardonner si je prends d'abord le livre appelé la Bible, dont je ne veux pas dire que tout ce qui est dedans soit absolument vrai ; car nous savons que la juiverie y a travaillé très librement, mais dont on peut dire au moins une chose sûre, c'est qu'elle n'a pas été écrite par un antisémite (*rires*). C'est important, car aucun antisémite n'aurait pu écrire un pamphlet plus effrayant contre la race juive que la Bible, l'Ancien Testament. Nous devons en extraire une phrase : « Tu gagneras ton pain à la sueur de ton front. » Voilà qui veut dire que ce fut infligé comme une *punition* pour la chute dans le péché.

Mes chers auditeurs ! C'est là déjà qu'un monde entier nous sépare ; car nous ne pouvons pas nous représenter le travail comme une punition, parce que sinon nous serions tous des condamnés. Mais nous ne voulons pas non plus nous le représenter comme une punition. Je dois l'avouer : je ne pourrais pas rester sans travail, et des centaines de milliers, et des millions, pourraient peut-être supporter trois, cinq ou dix jours, mais ne pourraient vivre 90 ou 100 jours sans activité. Si ce paradis existait vraiment, ce pays dit de cocagne, notre peuple n'y serait pas heureux (*cris : très juste*). Nous cherchons fondamentalement une possibilité d'occupation et si des Allemands n'ont pas d'autre possibilité, au moins ils se défoncent de temps en temps réciproquement le crâne (*rires*). Nous ne pourrions pas supporter un repos absolu.

Là nous voyons déjà une grosse différence. Car c'est un Juif qui a signé cela, et que tout cela soit vrai ou non, indifféremment, cela correspond à la conception que la juiverie se faisait elle-même du travail ; le travail n'est pas pour elle le devoir moral qui va de soi, mais tout au plus un simple moyen d'autoconservation. Voilà qui à nos yeux n'est pas du travail ; car du moment qu'on explique ainsi ce mot, il est clair que toute activité au moyen de laquelle je pourrais peut-être me nourrir sans considération de mes semblables pourrait être nommée un travail. Et nous savons que ce travail consistait autrefois dans le pillage des caravanes en chemin, et qu'il consiste aujourd'hui dans le pillage méthodique de paysans, industriels, locataires, etc., couverts de dettes. Et si la forme a bien changé, le principe est resté le même. Nous ne nommons pas cela du travail, mais du vol (*très juste !*). Si déjà ce premier concept fondamental nous sépare, de même aussitôt nous sépare un second. Je vous expliquais plus haut que cette grande période dans le Nord a purifié les races. Il faut ainsi comprendre que tout ce qui était de moindre valeur et faible s'est peu à peu éteint dans ces races, et que seuls les corps les plus sains sont demeurés. Ici encore le Juif se distingue ; car il n'est pas purifié, mais il a pratiqué l'union consanguine, il s'est multiplié de manière vraiment inégalée mais seulement dans son cercle et ici sans la moindre sélection, et ainsi nous voyons grandir une engeance qui à cause de cette consanguinité porte tous les défauts qui lui sont propres.

Enfin il manque au Juif le troisième élément : une vie profonde de l'âme. Je n'ai pas besoin de décrire comment le Juif en général s'est cultivé. Vous le connaissez tous (*rires*). Cette agitation ininterrompue, qui ne lui donne jamais la possibilité de se concentrer intérieurement, de se plonger dans une atmosphère de recueillement ! Dans les moments les plus solennels son regard brille et on voit comment l'homme lui-même devant le plus bel opéra calcule des dividendes (*rires*). Jamais le Juif n'a possédé un art propre (*très juste*). Il a fait construire ses temples par des architectes étrangers, assyriens d'abord, puis, lors de la deuxième reconstruction, par des artistes romains. Il n'a laissé derrière lui personnellement aucune sorte d'art comme civilisation, pas le moindre tableau ancien, aucun bâtiment, absolument rien. Et aussi en musique nous ne connaissons rien d'autre que sa capacité de bien copier la musique des autres, cependant que je ne veux pas cacher que nous avons aujourd'hui beaucoup de chefs renommés issus de leurs rangs, qui doivent leur renommée à une presse juive organisée jusque dans le moindre détail (*rires*).

Si ces trois propriétés manquent à un peuple, il ne peut pas former un Etat, et cela aussi est exact. Car le Juif fut à travers de longs siècles toujours nomade, même si c'était dans le plus grand style. Il n'a jamais eu ce que nous appelons un Etat. C'est la grande erreur, encore répandue chez nous aujourd'hui, de penser que Jérusalem était la capitale d'un Etat juif de nationalité juive. D'abord en ce temps l'abîme entre les Juifs de Juda et de Caleb et les lignées juives israélites du nord était resté en pratique immense, et c'est seulement David qui réussit à surmonter cet abîme et peu à peu, dans le culte commun du dieu Yahwé, à créer une unité. Nous savons fort bien que ce culte s'est choisi très tard Jérusalem comme site unique et que c'est seulement à partir de ce moment que le peuple juif a possédé un centre, mais exactement comme aujourd'hui, je l'accorde, New York, Berlin, Varsovie, etc. (*très juste*). C'était une ville dans laquelle, grâce à leur capacité et leurs caractéristiques d'alors, ils obtinrent précisément peu à peu la prépondérance, en partie grâce à la force militaire, en partie grâce à la force des trompettes. Au reste, le Juif a vécu là aussi à cette époque avant tout comme un parasite sur le corps d'autres peuples, et il ne pouvait en être autrement. Car un peuple qui ne veut pas se soumettre lui-même au travail – à un travail qui parfois aussi est ingrat, pour former et conserver un Etat – travailler dans les mines, les fabriques, la construction, etc., tout ce travail si désagréable pour un Hébreu, un tel peuple ne se fondera jamais lui-même un Etat, mais préférera toujours vivre en tiers dans l'Etat d'un autre, dans lequel ces tâches seront remplies par d'autres et il n'est que l'intermédiaire des affaires, le marchand dans le cas le plus favorable ou, traduit aujourd'hui en allemand : le voleur, le nomade, qui entreprend les mêmes razzias qu'il a entreprises autrefois (*vigoureux bravos et applaudissements*).

Ainsi nous pouvons saisir aussi tout de suite pourquoi l'Etat sioniste et sa fondation ne sont que comédie. Monsieur le grand rabbin a maintenant assuré à Jérusalem : le plus important en soi ne serait pas la formation de cet Etat, car il serait très douteux que cette chose puisse se réaliser, mais elle ne serait pas non plus nécessaire, puisque la juiverie a besoin tout au plus de cette ville pour posséder un centre spirituel et intellectuel, « matériellement et pratiquement nous sommes aujourd'hui déjà devenus tout à fait les maîtres d'un grand nombre d'Etats, nous les dominons financièrement, économiquement **et** aussi politiquement ». Ainsi cet Etat sioniste également ne veut que jeter de la poudre aux yeux. On s'efforce d'expliquer qu'il y a tant et tant de Juifs qui veulent y partir comme paysans, ouvriers ou même soldats (*rires*). Et s'ils avaient réellement ce penchant, l'Etat allemand aurait aujourd'hui un si grand besoin de ces gens idéaux pour couper la tourbe, dans les mines de charbon, ils pourraient prendre part à nos grands travaux de construction de centrales sur nos chutes d'eau, nos lacs etc., mais cela ne leur vient pas à l'esprit. Tout l'Etat sioniste ne sera rien d'autre que l'école supérieure de leur canaillerie internationale, et tout sera dirigé de là, et chaque Juif recevra encore, en quelque sorte, une immunité, en tant que citoyen de l'Etat palestinien (*rires*), et naturellement il conservera aussi notre nationalité ; mais il obtient ainsi ce qu'il veut : si vous prenez un jour un Juif véritablement en flagrant délit, ce n'est plus un Juif allemand, c'est un citoyen de Palestine (*hilarité*) !

On peut dire tout d'abord que le Juif n'y peut rien, que tout réside dans sa race : il n'a pas d'échappatoire, et par suite c'est égal, que l'individu soit bon ou mauvais, il doit agir selon la loi de sa race, comme d'ailleurs aussi les membres de notre peuple, il ne peut s'en délivrer, de même que, chez tous ceux qui jouent les féroces sparta-kistes, en vérité la bonté d'âme actuelle du peuple allemand saute aux yeux, car il tourne sa colère seulement d'un autre côté que celui où il devrait la tourner et il est trop bienveillant et ne remarque pas ceux qui le mènent par le bout du nez. Ainsi le Juif est partout le Juif qui résolument, qu'il en soit ou non conscient, défend les intérêts de sa race.

Nous voyons qu'ici déjà deux principales différences résident dans la race : l'aryanité signifie une conception morale du travail et par là ce que nous avons souvent aujour-d'hui à la bouche : le socialisme, le sens du collectif, l'intérêt général avant l'intérêt particulier – la juiverie signifie la conception égoïste du travail et par là le mammonisme et le matérialisme, l'exact opposé du socialisme (*très exact !*). Et dans cette propriété à laquelle il ne peut échapper, qui réside dans son sang, lui-même le reconnaît, dans cette propriété seulement réside déjà la nécessité pour le Juif de se présenter absolument comme un destructeur d'Etat. Il ne peut faire autrement, qu'il le veuille ou non. Par là il n'est plus capable de former son propre Etat, car cela suppose plus ou moins toujours un fort sens social. Par là il n'est plus capable que de vivre en parasite dans les autres Etats, il vit comme race dans d'autres races, comme Etat dans d'autres Etats et nous voyons ici très exactement que la race en elle-même n'est pas formatrice d'Etats quand elle ne possède point à fond certains caractères précis, qui doivent résider dans la race, qui doivent être innés de par son sang, et qu'inversement une race qui ne possède pas ces propriétés agit comme un dissolvant des races et des Etats, que l'individu soit bon ou mauvais.

Nous pouvons suivre ce destin de la juiverie depuis la nuit des temps. Pas besoin que tout soit vrai mot pour mot dans ce que dit la Bible, mais en gros elle donne un condensé pour le moins de la conception de l'histoire de la juiverie que les Juifs se sont faite eux-mêmes et là nous voyons que le Juif décrit ce processus en toute innocence. Cela ne lui paraît pas monstrueux de décrire comment, par la ruse et la tromperie, il a pénétré et contaminé race sur race, à chaque fois rejeté mais, sans s'offenser, se mettant en quête d'une autre. Comme il maquereautait et trafiquait, prêt, quand il s'agissait de ses idéaux, à sacrifier même sa propre famille. Nous savons qu'il y a un sire qui a séjourné ici récemment, Sigmund Fränkel, qui a écrit dans les *Dernières [nouvelles de Munich]* qu'il serait injuste de reprocher aux Juifs leur esprit matérialiste et qu'il n'y avait qu'à voir la vie de famille radieuse et fervente des Juifs. Cette vie de famille fervente n'a pas empêché une seconde leur propre patriarche Abraham d'accoupler immédiatement sa femme au pharaon d'Egypte, rien que pour faire des affaires (*hilarité*). Et cela est le patriarche, l'ancêtre, tel était le papa tels sont devenus les fils et ils n'ont pas dédaigné ces affaires et qui veut s'en convaincre peut voir qu'ils ne les dédaignent toujours pas aujourd'hui. Qui était soldat se souviendra qu'en Galicie ou en Pologne il pouvait voir ces Abraham postés debout à chaque gare (*applaudissements et hilarité*). Cette pénétration et cette compression à l'intérieur d'autres races, le Juif les a pratiquées pendant des millénaires et nous savons bien que déjà alors, quand il demeurait quelque part un certain temps, la trace d'un effondrement devenait sensible et qu'il ne restait plus aux peuples finalement d'autre choix que de se libérer des hôtes indésirables ou de disparaître eux-mêmes. Nous savons que de durs fléaux se sont abattus sur les peuples. Il y en eut dix en Egypte – nous faisons, nous, l'expérience directe et les Egyptiens à la fin perdirent patience. Quand le chroniqueur écrit que d'une certaine manière c'était le Juif qui était patient et à la fin s'en alla, cela ne peut s'être passé ainsi ; car ils étaient à peine dehors que déjà ils avaient la nostalgie des marmites de viande (*hilarité*). En réalité pour eux il apparaît que cela n'avait pas été si mal. Mais si on admet aussi qu'il est exact que les Egyptiens furent forcés de les occuper peu à peu à construire leurs pyramides, alors c'est tout à fait la même chose que si aujourd'hui nous faisions la proposition d'offrir à cette race un emploi salarié dans nos mines, nos carrières de pierre etc, et de même que vous ne pourriez constater aujourd'hui que cette race y va volontairement, de même en Egypte on n'a probablement guère constaté qu'ils construisaient volontairement les pyramides et il n'y a plus eu qu'à les y forcer. Ce que des centaines de milliers d'autres font comme allant de soi est pour le Juif déjà un chapitre de l'incitation à la haine et de la persécution à son encontre.

Le Juif apprit plus tard à bien s'immiscer dans un Etat, lors de l'ascension de Rome. Nous pouvons suivre sa trace en Italie du Sud. Là il est déjà installé partout deux siècles et demi avant J-C et on commence à le craindre. Il hausse déjà le ton, il est le marchand et on nous explique dans beaucoup d'écrits romains qu'il faisait là-bas commerce de tout, comme aujourd'hui, depuis les courroies de chaussures jusqu'aux jeunes filles (*très juste !*), et nous savons que le danger grandit encore et encore, et que les soulèvements après l'assassinat de Jules César furent avant tout l'œuvre des Juifs. Le Juif excellait déjà à l'époque à se tenir près des puissants de la terre. Ce n'est que quand le pouvoir commençait à chanceler qu'il commençait à devenir le Juif du peuple et dévoilait soudain son cœur largement ouvert aux besoins des larges masses. Or nous observons pour Rome aussi le même processus. Nous savons que le Juif utilisa précisément le christianisme non par amour pour les chrétiens mais en partie seulement parce qu'il avait compris que cette nouvelle religion refusait aux yeux de tous la puissance terrestre et la force de l'Etat et ne reconnaissait qu'un Seigneur plus élevé, supra-terrestre, que cette religion devait porter la hache à la racine de l'Etat romain, fondé sur l'autorité des magistrats, et il devint le porteur de cette religion nouvelle, son plus grand propagandiste, et il l'a utilisée non pour se faire chrétien lui-même, ça il ne le pouvait pas, il restait toujours le Juif, exactement comme aujourd'hui notre socialiste de race juive ne se transforme jamais en travailleur mais reste toujours seulement le patron et joue au socialiste (*bravos et applaudissements*). Il agissait ainsi déjà il y a 2 000 ans et nous savons que la nouvelle doctrine qui n'était rien d'autre que la renaissance de l'évidence que dans un Etat les hommes ne doivent pas être sans droits, qu'avant tout dans l'Etat aux mêmes devoirs doivent correspondre les mêmes droits, que cette doctrine qui va de soi avait forcé peu à peu à faire soi-même contre les Juifs un front, comme aujourd'hui la doctrine qui va de soi du socialisme a obligé à faire un front contre ceux, de race juive, qui la déforment et la pervertissent. Nous savons qu'à la fin le Juif, pendant tout le Moyen Age, s'est faufilé au travers, nous le trouvons dans tous les pays européens et partout nous voyons qu'il n'est qu'un parasite, nous le voyons agir avec ses nouveaux principes et ses mesures, avec lesquels les peuples d'alors n'étaient pas encore familiers et qui lui apportèrent le succès et peu à peu de nomade il devint le voleur rapace et sanguinaire des temps modernes et poussa cela tant et si bien qu'à la fin les peuples l'un après l'autre se cabraient et cherchaient à se débarrasser de cette peste.

Nous savons bien que c'est une contrevérité lorsqu'aujourd'hui on dit : le Juif était contraint d'agir ainsi car il ne pouvait posséder des biens fonciers. Le Juif en avait partout eu le droit mais il n'utilise pas ces biens pour travailler, mais, comme aujourd'hui, pour en faire commerce. Nos ancêtres avaient alors plus de santé que nous, ils avaient conscience que les biens fonciers sont une chose sacrée, qu'il s'agit d'une possession sacrée du peuple et non d'un objet de trafic, et ils en exclurent les Juifs (*vive approbation et applaudissements*). Et pour peu qu'alors le Juif ait eu l'intention de se cultiver la terre et de fonder son propre Etat dans le temps où peu à peu des voiles se levaient sur de nombreuses nouvelles parties et contrées de cette terre, quand des parties entières du monde furent rendues accessibles, le Juif aurait eu la possibilité de s'y rendre, de s'accaparer une surface, de la mettre en culture et de se fonder un chez-soi (*très juste !*) pour peu qu'il y ait voué une fraction de sa force, de son astuce, de sa ruse, de sa brutalité et de son sans-gêne, et dirigé une partie des moyens financiers qui étaient à sa disposition. Car si cette force suffisait pour assujettir des peuples entiers, combien plus facilement aurait-elle suffi pour ériger un Etat à soi, si seulement avait existé tout simplement la condition nécessaire, à savoir la volonté de travailler, non seulement pour empocher comme Mammon, pour le commerce usuraire, mais au sens des milliers qui doivent s'activer pour rendre simplement la vie possible à un Etat et dans cet Etat à un peuple. Au lieu de quoi nous le voyons encore en ce temps se présenter comme un destructeur ; jusqu'à ce que dans les temps récents nous voyions ici aussi la grande mutation par laquelle le Juif n'était autrefois qu'un Juif de cour, et constatait avec une intuition rusée qu'il suffit de se montrer souple devant le prince et de le faire fléchir pour pouvoir aussi dominer les peuples, qu'il n'y avait besoin que d'une chose, de flatter les envies de ces grands seigneurs, de leur faire miroiter des choses irréalisables, puis d'avancer l'argent, pour peu à peu les attirer dans la spirale des dettes et par là obtenir encore du pouvoir sur les peuples. Et ce jeu fut mené avec une cruauté égale par ces mêmes Juifs, qui quelques années plus tard devinrent les Juifs tolérants, humanistes, les Juifs philanthropes et ils ont en effet avec leur sens de l'humanité et du sacrifice à l'égard de notre population si bien calculé que leur propre fortune n'y passa pas entièrement (*grande hilarité*). Je disais, il se sont changés de Juifs de cour en Juifs du peuple et pourquoi ? Parce que le Juif sentait peu à peu le sol se dérober sous ses pieds. Lui aussi avait peu à peu un combat pour l'existence à mener contre les peuples toujours plus éveillés et irrités. Cela le porta, déjà tôt, à la nécessité de dominer aussi pratiquement les peuples dans lesquels il voulait vivre et cela le place de nouveau devant la nécessité de détruire d'abord la structure interne de ces Etats.

Nous voyons cette destruction dans trois domaines, plus exactement dans les trois domaines qui concourent le plus à la préservation et à la construction d'un Etat.

Le premier domaine fut d'abord le combat contre le principe du devoir moral du travail. Le Juif avait inventé un autre travail, il pouvait gagner soudain de l'argent sans avoir pratiquement levé le petit doigt, il avait su imaginer un principe qui pendant des millénaires le mit en position d'acquérir des richesses sans prendre sur soi la sueur et la peine qui accompagnent toujours les autres mortels et avant tout sans prendre aucun risque. Car qu'entendons-nous exactement par le mot « capital industriel » ?

Mes chers auditeurs ! On nous fait le reproche, avant tout dans les usines : vous ne combattez pas le capital industriel mais seulement le capital de Bourse et d'usure et seule une minorité tient compte du fait que le capital industriel ne doit pas être combattu. Qu'est-ce que le capital industriel ? C'est un facteur qui se modifie quantitativement peu à peu, ce n'est qu'un concept relatif. Il se présentait ainsi autrefois : l'aiguille, le fil, les ateliers et peut-être quelque menue monnaie que le maître tailleur possédait à Nuremberg au XIIIᵉ siècle. C'était la somme de ce dont il avait besoin pour travailler, c'est-à-dire un outil, un atelier et une certaine somme, avant tout destinée à lui rendre la vie possible un certain temps.

Peu à peu le petit atelier a donné naissance à la grosse fabrique, et nous voyons pratiquement la même chose. Car à partir du petit cadre à tisser d'autrefois il y eut plus tard le métier à tisser puis le métier mécanique, mais le dernier outil est comme d'abord le métier de la conception la plus primitive et les ateliers, autrefois une petite pièce, une chambre, sont devenus une grande usine. Mais ateliers et outils, usines et machines n'ont pas une valeur en soi, produisant par soi-même de la valeur, mais ne sont qu'un moyen pour un but et ne produisent de valeur qu'autant qu'on travaille avec. Ce qui produit la valeur c'est le travail, et le plus petit sou (Groschen) que possédait peut-être autrefois le plus petit maître artisan, pour traverser des époques troublées, pour pouvoir s'acheter la matière première, s'est multiplié par dix et par cent et il est toujours là devant nous, sauf que nous l'appelons maintenant : le capital pour la poursuite de l'exploitation dans les temps mauvais, c'est-à-dire le capital d'exploitation.

Là je voudrais souligner quelque chose ! Outil, atelier, machine ou usine et capital d'exploitation, c'est-à-dire capital industriel, vous ne pouvez pas le combattre. Vous pouvez peut-être faire en sorte qu'il ne soit pas employé à mauvais escient, mais le combattre non. C'est la première grande tromperie qu'on inflige à notre peuple et on le fait pour le détourner du vrai combat, pour l'éloigner du capital qu'il faut, qu'on est obligé de combattre : le capital usuraire et boursier (*tempête de bravos et d'applaudissements*).

Ce capital apparaît de façon essentiellement différente. Alors que le plus petit maître artisan est dépendant du destin qui peut le frapper d'un jour à l'autre, de la situation générale, au Moyen Age peut-être de la grandeur de sa ville et de sa prospérité, de la sécurité qui y règne, aujourd'hui encore ce capital, c'est-à-dire le capital industriel, est lié à l'Etat, au peuple, dépendant de sa volonté de travailler, dépendant aussi des possibilités de procurer des matières premières et de pouvoir offrir du travail, trouver des clients qui achètent réellement le travail et nous savons qu'un effondrement de l'Etat, le cas échéant, rend sans valeur les plus grandes valeurs, les démonétise, à la différence de l'autre capital, le capital boursier et usuraire, qui rapporte exactement autant d'intérêts sans considérer si celui qui le possède, sur la propriété duquel par exemple 10 000 marks sont gagés, est ruiné ou non. Les dettes restent attachées à la propriété. Nous pouvons constater qu'un Etat a des dettes, par exemple pour l'Etat allemand les emprunts des chemins de fer d'Alsace-Lorraine, les emprunts doivent être rémunérés même si les chemins de fer ne sont plus en notre possession. Nous savons qu'aujourd'hui par chance le chemin de fer a 20 milliards de déficit, mais les titres d'emprunts doivent être honorés et bien qu'une partie ait été souscrite il y a 60 ans, et ait déjà, peut-on dire, été payée quatre fois, la dette demeure, les intérêts courent toujours. Et tandis qu'un grand peuple ne gagne plus rien à cette entreprise mais est toujours contraint de se saigner, le capital usuraire continue de croître, imperturbable, indépendant de tout trouble extérieur. Ici nous voyons déjà cette première possibilité, c'est-à-dire que cette façon de gagner de l'argent, nécessairement indépendante de tous les événements et incidents de la vie courante, parce qu'aucun obstacle n'y est jamais mis et qu'elle progresse toujours régulièrement, peut conduire peu à peu à des accumulations géantes qui deviennent si puissantes qu'à la fin elles n'ont qu'une maladie, la difficulté de trouver à se placer.

Pour placer ces capitaux on doit en venir à détruire des Etats entiers, à anéantir des cultures entières, à éradiquer des industries nationales, non pour socialiser, mais pour tout jeter dans la gueule de ce capital international ; car ce capital est *international*, comme la seule chose qui sur cette terre est avant tout internationale, il est international du fait que ses porteurs, les Juifs, sont internationalement répandus sur toute la terre (*approbation*), c'est donc une folie de penser qu'il puisse être combattu internationalement par les membres de cette race (*très juste*), que l'on n'éteint pas le feu avec le feu[1], mais avec de l'eau, et que le capital international, qui appartient aux Juifs, ne sera brisé que par la force nationale (*bravo et applaudissements*).

Ainsi ce capital s'est accru et domine aujourd'hui pratiquement toute la terre, incommensurable dans ses richesses, inépuisable dans ses grandes ressources, croissant de manière inquiétante et – le pire ! – corrompant absolument tout travail honnête car là réside l'horreur : l'homme ordinaire, qui porte aujourd'hui la charge de la rémunération de ces capitaux, doit se rendre compte que, malgré tout son zèle, son application, son esprit d'économie, malgré son travail véritable il lui reste à peine de quoi se nourrir et moins encore pour se vêtir, dans le même temps où ce capital international engloutit des milliards rien qu'en intérêts qu'il doit lui fournir, dans le même temps où une clique raciale se pavane dans l'Etat sans faire d'autre travail que de toucher des intérêts pour elle-même et de détacher ses coupons.

C'est cela, la dégradation de tout travail honorable ; car tout homme honorable exerçant une activité doit aujourd'hui se demander : est-ce que cela a un sens, quand je crée ? Je n'arrive jamais à rien, et là-bas il y a des hommes qui sans aucune activité – pratique – non seulement peuvent vivre mais pratiquement même nous dominent, et au vrai c'est là le but.

C'est un des fondements de notre force qui se trouve là détruit, à savoir la conception morale du travail, et ce fut aussi l'idée géniale de Karl Marx, de falsifier la pensée morale du travail, d'organiser la grande masse des hommes, qui gémissait sous le capital, pour la destruction de l'économie nationale et la protection du capital international de Bourse et d'usure (*tempête d'applaudissements*). Nous savons que ces capitaux se montent aujourd'hui d'un côté à 15 milliards environ pour le capital industriel contre 300 pour le capital usuraire. Ces 15 milliards de capital industriel sont investis dans des valeurs créatrices, tandis que les 300 milliards de capital usuraire, que nous recevons toujours au compte-gouttes par versements de 6 à 7 milliards et que nous utilisons en l'espace d'un à deux mois, pour améliorer un tout petit peu nos rations, ces 6 ou 7 milliards qui nous sont aujourd'hui comptés en bouts de papier sans valeur, plus tard un jour, quand nous commencerons à retrouver des forces, nous devrons les rembourser en monnaie forte, c'est-à-dire en une monnaie qui correspond à un travail effectif. Ce n'est pas seulement la destruction d'un Etat, mais déjà le passage dans les fers, le licou pour les temps futurs.

Le deuxième point auquel le Juif comme parasite s'attaque et doit s'attaquer, est la pureté nationale comme source de la force d'un peuple. Le Juif, qui est lui-même national comme aucun peuple, qui au cours des millénaires ne s'est mélangé à aucune autre race, utilise uniquement les mélanges pour dégénérer les autres dans les cas favorables, ce même Juif prêche jour après jour dans des milliers de langues, dans 19 000 journaux rien qu'en Allemagne, que tous les peuples sur la terre sont égaux, qu'une solidarité internationale doit lier ces peuples, qu'aucun peuple ne devrait reven-

---

1. *Sic.* Erreur manifeste de l'orateur, qui croit parler affirmativement en oubliant que les mots précédant les bravos contenaient une négation.

diquer une place particulière, etc. et avant tout qu'également aucun peuple n'aurait de fondement à se vanter de quoi que ce soit de ce qui s'appelle ou est national, de ce que peut signifier la nation, lui qui lui-même ne songerait pas à venir se 'mêler à ceux auxquels il prêche l'internationalisme, et il sait pourquoi.

Tout d'abord une race doit être dénationalisée. Tout d'abord elle doit désapprendre que sa force réside dans son sang et quand elle en est là, qu'elle n'a plus aucune fierté, alors survient le résultat, une race qui est inférieure à la précédente et il a besoin de celle-là, car ce qu'il faut au Juif pour organiser, bâtir et asseoir définitivement sa domination mondiale, c'est la chute du niveau racial du reste des peuples, pour qu'il soit capable de régner en fin de compte en tant que seule race pure sur toutes les autres, c'est la chute des races dont les effets nous sont encore aujourd'hui perceptibles chez un ensemble de peuples de cette terre. Nous savons que les Hindous en Inde sont un peuple mélangé, à partir des envahisseurs aryens hauts de taille et des populations d'origine, à la peau foncée, et que ce peuple en subit aujourd'hui les conséquences ; car il est aussi l'esclave d'une race qui peut nous apparaître à bien des égards comme proche d'une nouvelle juiverie.

Un autre problème est celui de la dévalorisation physique de toutes les races, c'est-à-dire que le Juif s'efforce d'éliminer tout ce dont il sait que cela peut valoir pour développer la force, endurcir les muscles, et avant tout d'éliminer tout ce dont il sait que cela rend le cas échéant un peuple si bien-portant qu'il se décide à ne plus supporter en son sein les ennemis du peuple, c'est-à-dire la vermine de la communauté nationale, mais le cas échéant à la punir de mort, et c'est sa grande angoisse et son grand souci ; car même les verrous les plus solides dans la prison la plus sûre ne sont pas si solides ni la prison si sûre que quelques milliers ne puissent à la fin les ouvrir. Seul *un* verrou ne peut être ouvert, celui de la mort, et devant elle il a la plus grande crainte et aspire à ce que ce châtiment barbare soit partout aboli, là où il vit encore en peuple parasite et soit au contraire appliqué sans ménagement là où il règne déjà en maître (*vive approbation*).

Et pour affaiblir la force corporelle il a d'excellents moyens en main. D'abord il a le commerce, et le commerce, qui ne doit rien être d'autre que l'échange des moyens de subsistance et des articles habituellement nécessaires aux besoins de la vie quotidienne, il l'organise et l'utilise pour soustraire quand il le faut ces articles à la vie quotidienne, d'une part pour faire monter les prix, d'autre part pour mettre en œuvre le moyen d'affaiblissement des forces corporelles qui s'est toujours avéré le meilleur : la faim. Nous les voyons ainsi procéder à grande échelle aussi bien en Egypte avec un Joseph qu'aujourd'hui avec un Rathenau. Partout nous voyons derrière ces organisations non pas le souci de faciliter brillamment l'approvisionnement en moyens de subsistance, mais de faire naître peu à peu la faim grâce à elles. Nous savons aussi qu'en tant que politicien également il n'avait pas de fondement et de motif de craindre cette faim mais qu'au contraire, partout où le Juif entrait dans des partis politiques, la faim et la misère sont le sol nourricier sur lequel il peut d'abord prospérer. Il veut celui-ci, et en conséquence ne songe pas à soulager la détresse sociale. Elle est le terreau sur lequel il prospère.

Conjointement avec ce processus, un combat se mène contre la santé du peuple. Il s'entend à démolir toutes les coutumes saines et normales, toutes les règles élémentaires d'hygiène d'une race ; de la nuit il fait le jour, il met en scène la vie nocturne dépravée, et il sait bien que cela marche lentement mais sûrement, pour détruire peu à peu la force saine d'une race, pour la faire pourrir, de détruire chez l'un la force physique, chez l'autre la force de l'esprit, et de mettre au cœur du troisième la haine, quand il doit constater que les autres s'empiffrent.

Et enfin, comme dernier moyen, la destruction de la force de production et du même coup si besoin est également des moyens de production du peuple. C'est la grande énigme en Russie. On a détruit les usines, non parce qu'on savait qu'on n'en aurait plus besoin, mais parce qu'on savait qu'on en a besoin, parce qu'on savait que le peuple est forcé de restaurer au prix d'un effort démesuré ce qui a été détruit. Ainsi on réussit à mettre le peuple au travail 12 heures au lieu des 9 ou 10 antérieures. Car du moment où le Juif est le maître, il ne connaît pas la journée de 8 heures, il reconnaît bien le sabbat pour son bétail, mais non pour le Golem, l'Akum.

Il en vient enfin au dernier moyen : la destruction de toute la civilisation, de tout ce que nous regardons simplement absolument comme conditions d'un Etat qui se veut un Etat civilisé. C'est peut-être là que son œuvre est le plus difficile à reconnaître, mais c'est aussi là qu'elle est en fait la plus redoutable. Nous connaissons son activité dans l'art, comme la peinture actuelle devient la caricature de tout ce que nous appelons des sensations intimes véritables (*vive approbation*). On explique toujours, vous ne comprenez pas, c'est cela la vie intime de l'artiste. Vous croyez donc qu'un Moritz Schwind ou un Ludwig Richter ne vivaient pas eux aussi intérieurement ce qu'ils créaient (*tempête de bravos et applaudissements*) ? Croit-on à la fin que même le Beethoven d'un Klinger n'est pas aussi de la vie et de la sensation intérieures et qu'une symphonie de Beethoven n'est pas aussi de la vie intérieure ? C'est de la vraie vie intérieure contrairement à l'autre, qui n'est qu'une duperie extérieure (*applaudissements*), mise au monde dans l'intention de détruire peu à peu toute cette saine conception, de peu à peu fouetter un peuple jusqu'à une situation dont on ne sait plus si ce sont ces situations qui sont folles, ou si on l'est soi-même (*grande hilarité et applaudissements*).

De même qu'il œuvre ici en peinture, en dessin et en musique, ainsi procède-t-il en poésie et avant tout en littérature. Là il dispose vraiment d'un puissant moyen d'action. Il est éditeur et surtout responsable de la publication de plus de 95 % de tous les journaux qui paraissent. Il utilise cette puissance, et celui qui est comme moi devenu un horrible antisémite (*hilarité*), flaire déjà, quand il prend le journal en main, où le Juif commence (*hilarité*), sait déjà bien dès la page de titre qu'une fois de plus on n'a plus affaire à l'un des nôtres, mais à l'une de ces canailles (*hilarité*). On sait bien que tous ces jeux de mots, contorsions, ne cachent que le vide de son cœur, ne font que tromper sur le fait que l'homme ne connaît aucune sensation et aucune vie profondes, et ce qui lui manque d'âme véritable il le compense par une boursouflure de formules, de pirouettes verbales et de tournures qui apparaissent déraisonnables, et on a d'abord prudemment expliqué que celui qui ne les comprend pas n'a pas une formation intellectuelle suffisante (*hilarité*).

Si nous parlons de littérature, nous pouvons passer aussitôt à l'autre chapitre, dans lequel nous pouvons admirer une flopée de Moritz et Salomon Wolf et Bär : nos théâtres, ces lieux qu'un Richard Wagner autrefois avait voulu assombrir, pour produire le plus haut degré possible de sacré et de sérieux, dans lesquels il voulait produire des œuvres qu'il avait honte d'appeler spectacles et qu'il nommait célébrations, le lieu qui ne doit rien être d'autre que la dernière élévation, la délivrance de l'individu de la détresse et de la misère, mais aussi de toute la pourriture qui habituellement dans la vie nous échoit hélas, et qui doit emporter l'individu vers un air plus pur, qu'est-il devenu ? Un lieu dans lequel on doit maintenant avoir honte de se rendre à l'idée qu'on pourrait se faire remarquer quand on s'y rend (*très juste*). Nous constatons qu'un Schiller pour une *Marie Stuart* a touché 346 thalers mais qu'aujourd'hui pour une *Veuve joyeuse* on touche 3,5 millions, que pour le plus grand kitsch aujourd'hui on gagne des millions, alors qu'en vérité son auteur en Grèce aurait été probablement banni par un jugement d'ostracisme (*vifs applaudissements*). Si le théâtre est ainsi devenu le lieu d'incubation du vice et de l'impudeur, c'est mille fois plus vrai de cette nouvelle invention qui provient peut-être d'un éclair de génie et que le Juif a aussitôt su transformer en le plus sale commerce qu'on puisse seulement imaginer : le cinéma (*approbation en tempête et claquements de mains*). On pouvait d'abord placer les plus grandes espérances dans cette géniale invention : le médiateur facile d'un savoir profond en direction de tout un peuple, tout un monde à sa portée. Et qu'en est-il advenu ? Le médiateur de la plus grande camelote et de la plus grande impudeur. Et ainsi le Juif continue son action. Pour lui il n'y a pas de sentiment profond, et comme son patriarche Abraham avait déjà vendu sa femme, ainsi il ne trouve rien d'anormal à vendre encore aujourd'hui des jeunes filles et nous pouvons le rencontrer partout, en Amérique du Nord comme en Allemagne, en Autriche-Hongrie ou dans tout l'Orient au cours des siècles comme pourvoyeur de marchandise humaine, et cela ne peut être dissimulé, et le plus grand ami des Juifs ne peut dissimuler que ces marchands de jeunes filles sont *uniquement* des Hébreux. On peut ici présenter une matière qui fait horreur. Pour la sensibilité allemande, il n'y aurait ici qu'un châtiment : le châtiment serait la mort. Pour des hommes qui font des saloperies et considèrent comme un commerce ou une marchandise ce qui pour des millions d'autres signifie le plus grand bonheur ou le plus grand malheur. Pour ceux-là cependant l'amour n'est rien qu'un commerce avec lequel ils gagnent de l'argent. Ils sont constamment prêts à détruire le bonheur de n'importe quel couple quant il y a fût-ce trente deniers d'argent à gagner (*bravos en tempête et applaudissements*).

Nous savons qu'aujourd'hui on explique que tout cela qu'on appelle la vie de famille est une conception d'autrefois, complètement dépassée, et qui verrait seulement une pièce, « Schloss Wetterstein », pourrait constater là comme ce qu'un peuple conserve en définitive de plus sacré se trouve désigné avec impudeur comme un simple « bordel ». Alors nous ne devons pas nous étonner si par une audacieuse agression il s'en prend aussi à la dernière chose qui aujourd'hui encore n'est pas indifférente à un grand nombre d'hommes, ce qui au moins peut redonner à beaucoup la paix intérieure : la religion.

Ici aussi nous constatons : le même Juif, qui pour lui-même a sa ration de pratiques religieuses, dont peut-être d'autres pourraient se moquer, mais dont personne ne se moque, parce qu'à la base nous ne nous moquons jamais de la religion, parce qu'elle reste pour nous sacrée... Mais lui-même ne s'en prive pas, attaque tous azimuts, détruit partout et ne peut en aucun cas fournir d'alternative. Celui qui aujourd'hui, à cette époque de mensonge et d'escroquerie les plus vils, est détaché de cela, n'a plus que deux possibilités : soit il désespère et se pend, soit il devient une canaille.

Si le Juif détruit l'Etat dans ces trois grands domaines, de telle sorte qu'il mine la force qui forme et soutient l'Etat, la conception morale du travail, la pureté nationale d'un peuple et sa vie intérieure de l'âme (comme troisième point), de même il commence aussi à agir de l'extérieur et porte le fer contre l'autorité de la raison dans l'Etat, mettant à la place de l'autorité de la raison la prétendue autorité de la majorité des masses, et il sait bien que cette majorité fait ses quatre volontés, car il possède le moyen de la diriger : il a la presse, peut-être pas pour enregistrer l'opinion publique, mais pour la falsifier et il sait par le biais de la presse rendre l'opinion publique utile à ses intérêts, et s'en servir pour dominer l'Etat. A la place de l'autorité de la raison de l'esprit arrive l'autorité de la grande éponge majoritaire menée par le Juif. Car nous savons très bien que le Juif passe toujours par trois périodes : d'abord partisan de l'autocratie et prêt à servir le prince puis se mêlant au peuple, luttant pour une démocratie, dont il sait qu'elle est à sa main et devient sa chose ; quand il la maîtrise, alors il devient dictateur (*très juste !*) et nous le constatons aujourd'hui en Russie, où un Lénine assurait à la fois que les soviets avaient fait leur temps et qu'il n'est absolument pas nécessaire qu'un Etat de classe prolétarien soit dirigé par un conseil ou un parlement, mais que cela suffit quand deux ou trois hommes de sensibilité prolétarienne le gouvernent. Ces hommes de sensibilité prolétarienne sont une poignée de milliardaires juifs et nous savons très bien qu'au-dessus de ces deux ou trois prolétaires en dernier ressort une autre organisation se tient qui n'est pas dans l'Etat mais en dehors : l'Alliance israélite et sa grandiose organisation de propagande et de racolage, l'organisation spéciale de la franc-maçonnerie (*vive approbation et applaudissements*).

Et dans tout cela nous devons voir qu'il n'y a pas de bons et de mauvais Juifs, chacun agit ici absolument en fonction de sa race, car la race ou plutôt nous voulons dire la nation et ce qui va de pair comme le caractère etc., comme le Juif lui-même le dit, dans le sang, et ce sang oblige chaque individu à agir suivant ces principes, qu'il soit maintenant la tête dirigeante d'un parti qui se dit démocratique, s'appelle socialiste, ou une tête de la science, de la littérature, ou un très ordinaire camelot. Il est Juif, il travaille seulement en se passionnant pour une idée : comment élever mon peuple au rang de peuple de maîtres et quand nous voyons par exemple dans ces écrits juifs comme il est affirmé que chaque Juif a le devoir, absolument et partout, d'entrer dans le combat contre les antisémites, quels qu'ils soient et où qu'ils soient, alors il s'ensuit comme conséquence que chaque Allemand, qui et où qu'il soit, devient un antisémite (*tempête de bravos et applaudissements*). Car si déjà le Juif a une détermination raciale, alors nous en avons une aussi et avons le devoir d'être conséquents avec elle. Car elle nous apparaît inséparable du concept de société et nous ne croyons pas que nulle part sur la terre un Etat puisse exister avec une durable santé interne s'il n'est pas fondé sur une justice sociale interne, et ainsi nous nous sommes associés autour de cette prise de conscience, et quand nous nous sommes enfin unis il n'y avait qu'une grande question : comment devons-nous nous baptiser ? Parti ? Un nom mauvais ! Décrié, discrédité dans la bouche de chacun, et des centaines de gens nous dirent : il n'est absolument pas nécessaire de nous organiser plus avant, cela suffit si la connaissance du danger juif va s'approfondissant peu à peu et si l'individu, fort de cette connaissance, commence à extirper le Juif en lui-même, et je crains fort que tout ce beau cheminement de pensée n'ait pas été esquissé par quelqu'un d'autre que par un Juif (*rires*). Alors on nous expliquait aussi : il n'est pas non plus nécessaire qu'on s'organise politiquement, cela suffit si l'on enlève au Juif sa force économique. S'organiser seulement économiquement, là serait le salut et l'avenir. Mais là je fais la même supposition, qu'un Juif a émis cet avis le premier ; car une chose est devenue claire : pour libérer notre économie de ces freins, il faut le combat contre le microbe, ce combat politique organisé des masses contre leurs oppresseurs (*tempête d'approbations*). Alors nous fûmes conscients que la connaissance scientifique est sans valeur aussi longtemps et que cet approfondissement ne peut atteindre aucun but tant que cette connaissance ne devient pas le fondement d'une organisation des masses pour l'accomplissement de ce que nous estimons nécessaire sur la base de notre connaissance et alors il fut aussi clair à nos yeux que pour cette organisation seule peut entrer en ligne de compte la grande masse de notre peuple ; car nous nous distinguons de tous ceux qui sont aujourd'hui encore sauveurs de l'Allemagne, les Bothmann, les Ballerstedt et compagnie, en ce que nous sommes d'avis que la force d'avenir de notre peuple n'est pas à rechercher à l'Odéon-bar ou à Bonbonnières, mais dans les ateliers sans nombre où l'on afflue jour après jour, midi et soir, et que c'est dans ces millions de producteurs actifs et sains que réside l'unique espoir de notre peuple pour le futur (*vigoureuse approbation*).

Nous étions aussi conscients que si ce mouvement ne pénètre pas les larges masses, ne les organise pas, alors tout est vain, rien ne réussira à libérer notre peuple et nous ne pourrons jamais penser à rebâtir notre patrie. Jamais la délivrance ne peut venir ici d'en haut, elle peut venir et viendra seulement de la large masse, du bas vers le haut (*approbation*). Et lorsque nous sommes parvenus à cette prise de conscience et avons décidé de former un parti, un parti politique qui veut entrer résolument dans le combat politique du futur, alors résonna encore à nos oreilles un propos : croyez-vous vraiment que votre petit nombre va mener cela à bien, croyez-vous vraiment que votre poignée d'hommes peut réussir cela ? Alors nous avons pris conscience que certes nous allions au-devant d'un combat démesuré, mais aussi que sur la terre rien n'avait encore été fait par des hommes que d'autres hommes ne pouvaient détruire et une autre conviction s'est formée intimement : qu'il ne pouvait s'agir de savoir si nous croyions pouvoir le faire, mais uniquement de la question : croyons-nous que c'est juste et que c'est nécessaire, alors il ne s'agit plus savoir si nous voulons, mais c'est notre devoir de faire ce que nous considérons comme nécessaire (*tempête de bravos*). Alors nous ne nous interrogions pas sur l'argent et les adhérents mais nous décidions de nous mettre en route et d'autres sont capables pendant toute une vie d'hommes peut-être de s'activer pour obtenir une maisonnette ou s'assurer une vieillesse sans souci, alors nous tenons vraiment pour digne d'être vécu d'avoir entrepris ce combat des plus difficiles. Si nous devons vaincre, et nous en sommes convaincus, alors nous pouvons sombrer dans la misère – nous aurons pourtant contribué au plus grand mouvement qui maintenant va submerger l'Europe et le monde entier (*tempête d'approbations*).

Alors trois principes furent clairs pour nous, qui sont inséparables les uns des autres : le socialisme comme conception dernière du devoir, du devoir moral du travail non pour soi-même mais aussi au service de ses semblables avant tout conformément au principe : l'intérêt général avant l'intérêt particulier, le combat contre tout parasitisme et avant tout contre l'existence sans peine et sans travail. Et nous savions que dans ce combat nous ne pouvions nous appuyer sur personne sinon sur notre propre peuple. Nous étions convaincus que le socialisme au meilleur sens du terme ne pourra se trouver et ne peut être que chez des nations et des races aryennes et là en particulier nous espérons en notre propre peuple et sommes convaincus qu'à cause de cela le socialisme aussi est inséparable du nationalisme (*vive approbation*). Car être national, cela ne veut pas dire chez nous appartenir à tel ou tel parti, mais peser chaque action pour savoir si elle sert à tout mon peuple, amour de tout le peuple sans exception. A partir de cette conception nous saisirons qu'il est nécessaire que le plus précieux qu'un peuple possède, la somme de toutes les forces productives de ses travailleurs, que ce soit dans les poings ou dans le front, soit maintenu en bonne santé physique et spiri-tuelle (*bravo !*). Et cette conception du national nous oblige aussitôt à faire un front contre le contraire, la conception sémitique de la notion de peuple, et avant tout la conception sémitique de la notion de travail.

Si nous sommes socialistes, alors nous devons absolument être antisémites, alors c'est le contraire constitué par le matérialisme et le mammonisme que nous voulons combattre (*vifs bravos*). Et si le Juif encore aujourd'hui nous assure sans cesse et court encore dans nos usines pour nous dire : comment peux-tu, en tant que socialiste, être antisémite ? N'as-tu pas honte ? Le temps vient où *nous* allons dire un jour : comment peux-tu, en tant que socialiste, *ne pas* être antisémite (*très juste !*) ? Le temps vient, où il ira de soi que le socialisme ne peut être mené à bien qu'en compagnie du nationa-lisme et de l'antisémitisme.

Les trois concepts sont inséparablement liés.

Ils sont les fondements de notre programme et alors nous pouvons nous dire : nationaux, socialistes, nationaux-socialistes (*bravo !*) !

Enfin nous savons, tant est grande l'ampleur des réformes sociales qui sont à mener à bien, que l'Allemagne peut-être ne sera pas guérie avec des réformettes, mais qu'on devra tailler profond dans le vif, on ne va pas pouvoir tourner autour du problème national, ni du problème de la réforme foncière, ni du problème de la subsistance dans leurs vieux jours de tous ceux qui jour après jour travaillent pour la communauté du peuple, que cette subsistance n'est pas une aumône, mais qu'ils ont le droit de passer ces vieux jours encore d'une manière décente.

Si nous voulons mener à bien cette réforme sociale, il faut mener parallèlement le combat contre l'adversaire de toute institution sociale : la juiverie. Là aussi, nous savons bien que la connaissance scientifique ne peut être que le travail préalable, que derrière cette connaissance doit venir l'organisation qui passera un jour à l'action et l'action pour nous demeure fermement toujours la même chose : l'éloignement des Juifs de notre patrie (*approbation en tempête persistante et applaudissements*), non parce que nous ne leur accorderions pas le droit à l'existence, nous féliciterions pleine-ment le reste du monde de les accueillir (*grande hilarité*) mais parce que pour nous l'existence de notre peuple est mille fois plus précieuse que celle d'une race étrangère (*bravo !*). Et là nous sommes convaincus que cet antisémitisme scientifique, qui recon-naît clairement le danger redoutable de cette race pour chaque peuple, peut seul être le guide (Führer), mais que la masse jugera toujours aussi avec ses sentiments, qu'elle apprend à connaître le Juif en premier lieu comme l'homme de la vie quotidienne, qui toujours et partout se démarque – notre souci doit être d'éveiller l'instinct contre la juiverie dans notre peuple et de le fouetter et de l'encourager jusqu'à ce qu'il en vienne à la résolution de se joindre au mouvement qui est prêt à en tirer les conséquences (*bravos et applaudissements*).

Quand alors on nous assure : oui, si vous gagnez, cela dépendra en fin de compte du fait que vous aurez assez d'argent, etc., alors je crois pouvoir répondre : même le pouvoir de l'argent trouve quelque part ses limites, il y a une certaine limite au-delà de laquelle à la fin l'argent ne règne pas, mais la vérité, et tous nous sommes conscients que, quand des millions de travailleurs auront reconnu qui sont les meneurs qui leur promettent aujourd'hui de les emmener dans un royaume béni du futur, et constateront alors que c'est l'argent qui combat là comme partout, alors ils leur lanceront leur or au visage et déclareront : gardez votre or et ne croyez pas que nous sommes à vendre (*Bravo !*).

Et nous sommes bien loin du découragement même si aujourd'hui encore peut-être nous nous tenons isolés. Quand où que nous allions nous voyons bien des partisans mais nulle part le courage pour une organisation – cela ne doit pas nous troubler, nous avons osé le combat et devons aussi le gagner. Je vous ai assurés avant l'élection que celle-ci n'allait pas décider du sort de l'Allemagne, qu'après elle ne viendrait aucune guérison et aujourd'hui, je crois, la plupart seront déjà d'accord avec moi. J'ai assuré alors, parce que je le savais bien, que partout manquent le courage et la volonté d'action et comme programme électoral je vous ai dit une seule chose : que les autres aillent aujourd'hui aux urnes, au Reichstag, dans les parlements et se prélassent sur les chaises de leurs clubs, nous voulons monter sur les tables des brasseries et entraîner les masses avec nous. Cette promesse nous l'avons tenue et la tiendrons dans l'avenir. Sans répit, sans interruption, aussi longtemps qu'une parcelle de force sera en nous et un souffle dans nos poumons, nous voulons nous mettre en route et appeler tout notre peuple et toujours de nouveau dire la vérité, jusqu'à ce qu'enfin nous puissions espérer que cette vérité soit victorieuse, qu'enfin le jour vienne où nous nous tairons et où l'action débutera (*tempête de bravos et longs applaudissements soutenus*).

(...) (Note de l'éditeur : Pause et discussion. Dans le rapport de police il est dit : « Ensuite Hitler annonce encore qu'une ronéo doit être achetée, au moyen de laquelle on puisse imprimer les discours, mais que celle-ci coûterait 3 500 marks [en un clin d'œil 1 000 furent collectés] [*approbation longuement soutenue*]. » Dans la discussion parlèrent, d'après le rapport de police, Drexler, Römer [KPD] et Mann. Puis la conclusion de Hitler.)

Honorés auditeurs ! Nous ne sommes pas aussi effrayants que notre premier adversaire, qui détruit d'emblée les Juifs, et nous avons du mal à l'imaginer. Mais nous avons décidé que nous ne venions pas non plus avec des si et des mais, et que, si un jour l'affaire vient à sa conclusion, ce sera fait aussi de manière radicale.

Quand le Monsieur dit : cela lui est complètement égal, si quelqu'un est un homme il est un homme, pour moi aussi cela m'est complètement égal aussi longtemps, aussi longtemps que cet autre homme ne se met pas en travers de mon chemin. Mais si une grande race détruit systématiquement les moyens d'existence de ma race, alors je ne dis pas que cela m'est égal, où il a sa place. Dans ce cas je dis que j'appartiens à ceux qui, lorsqu'ils reçoivent un coup sur la joue gauche, en rendent deux ou trois (*bravo !*).

Ensuite le Monsieur estimait que notre mouvement supposait un combat, dans lequel le monde du travail doit être entraîné. Oui, que nous promettions aux nôtres Dieu sait quel royaume des cieux, comme l'ont fait pendant quarante ans ces messieurs, et aujourd'hui en guise de royaume des cieux nous n'avons plus rien qu'un tas de ruines, un tas de saloperies de misère, de ceux-là nous n'en sommes pas (*bravo !*). Nous ne promettons aucun royaume des cieux, seulement que, si vous voulez mener à bien cette réforme en Allemagne, peut-être un jour de nouveau le temps viendra où l'individu pourra vivre. Si vous menez à bien la glorieuse réforme que ces messieurs-ci souhaitent, vous vous trouverez encore plus vite devant la nécessité d'embellir cette vie par les mêmes décrets que votre chef Trotski, Lénine etc. édicte aujourd'hui : celui qui n'est pas prêt à combattre pour les bénédictions de cet État, celui-là meurt.

Il a dit qu'enfin ils se battaient contre tout capitalisme. Mes honorés auditeurs ! Les communistes ont combattu jusqu'ici seulement le capitalisme industriel et peut-être pendu uniquement des capitalistes industriels. Mais citez-moi un seul capitaliste juif qu'ils aient pendu (*très juste !*). Pratiquement 300 000 Russes ont été tués. C'est ce que le gouvernement soviétique reconnaît lui-même. Parmi ces 300 000, pas un seul Juif ! Mais dans la direction il y a plus de 90 % de Juifs. Est-ce là de la persécution de Juifs ou n'est-ce pas au vrai sens du mot de la persécution de chrétiens (*très juste !*) ?

Puis vous avez dit que vous combattriez autant le capitalisme usuraire que le capitalisme industriel. Mais vous n'avez combattu jusqu'ici ni l'un ni l'autre. Le capital industriel vous ne pouvez le combattre, tout au plus le détruire, ensuite vous pouvez avec la journée de travail de 12 heures recommencer à le construire (*très juste !*). Et l'autre vous ne l'avez encore jamais combattu ! C'est par lui que vous êtes payés (*approbation en tempête et applaudissements*).

Le deuxième orateur a alors expliqué que la cause de la révolution n'était à chercher que dans la misère. Nous préférons formuler cela ainsi : la misère a rendu l'Allemagne mûre pour ceux qui voulaient la révolution ; lisez le texte de son seigneur et maître, Rathenau, qui disait en propres termes que le but vrai et conscient, véritablement pratique, de la révolution, était le refoulement du pouvoir féodal et son remplacement par la ploutocratie. Ces messieurs ont été les financiers de ce glorieux mouvement. Si votre révolution avait représenté seulement le plus petit danger pour le capital, alors le 9 novembre [1918] le *Frankfurter Zeitung* n'aurait pas annoncé triomphalement : « Le peuple allemand a fait une révolution. » Si *nous* faisons un jour notre révolution, alors le *Frankfurter Zeitung* chantera une autre chanson (*applaudissements en tempête*).

Alors vous expliquez encore : avant la guerre on ne parlait pas du Juif. C'est justement cela qui est triste, qu'on en ait si peu parlé. Mais cela ne veut pas dire qu'il n'était pas là. Mais avant tout cela n'est pas vrai ; car ce mouvement on ne l'a pas seulement depuis la guerre, il existe exactement depuis qu'il y a des Juifs. Si vous reprenez l'histoire juive et lisez que les Juifs ont peu à peu extirpé par l'épée en Palestine les tribus primitives, vous pouvez alors penser qu'il y a eu un antisémitisme comme réaction logique, et celui-ci existe continûment jusqu'à aujourd'hui et les pharaons d'Egypte étaient probablement aussi antisémites que nous aujourd'hui. Si avant la guerre vous n'aviez pas lu uniquement leurs gloires littéraires comme Moritz, Salomon, etc. – sans parler des journaux qui de prime abord portent en en-tête la griffe de l'Alliance israélite –, alors vous auriez appris qu'en Autriche il y avait déjà un mouvement antisémite gigantesque, mais aussi qu'en Russie sans interruption le peuple cherchait à réagir contre les Juifs suceurs de sang, qu'en Galicie les Polonais gémissaient et ne travaillaient plus et parfois se révoltaient de manière désespérée contre ces idéalistes du schnaps qui conduisaient méthodiquement le peuple à sa perte. Hélas, on a chez nous compris cela trop tard, mais vous dites : avant la guerre on n'entendait rien de cela. Quelle tristesse d'abord que ceux qui l'entendent aujourd'hui mais n'ont pas le courage d'aller avec nous (*tempête de bravos et d'applaudissements*).

Alors vous expliquez encore que Lénine a fait sans doute des erreurs. Nous vous remercions de reconnaître au moins que votre pape a fait aussi des erreurs (*hilarité*) et alors vous nous expliquez que ce n'est pas vous qui avez fait ces erreurs. D'abord si en Allemagne 300 000 personnes sont pendues, si toute l'économie est ainsi ruinée, suivant votre modèle, votre explication que vous ne commettez pas ces fautes ne veut pas dire grand-chose. Ensuite vous avez une mauvaise perception de tout le système bolchevik. Il ne veut pas améliorer la situation mais il est là pour détruire les races avec de telles erreurs (*très juste !*). Si vous expliquez aujourd'hui qu'on faisait cela en Russie jusqu'à maintenant c'est une triste excuse, si on commence par extirper une race, par bouleverser une économie jusqu'au comble de la ruine, pour enfin ramener cet Etat, qui pour l'instant ne vit plus que par la grâce d'officiers tsaristes, de force dans les eaux de l'impérialisme, et pour lui faire faire des conquêtes, alors je dis que c'est une singulière politique (*très juste !*). Je sais une chose, si nous n'avons pas la volonté de fer de stopper la folie guerrière et le déchirement mutuel, nous courons à notre perte.

Enfin vous expliquez que, justement parce que le capitalisme usuraire est international, nous ne pouvons le combattre nationalement, parce que sinon le monde international nous privera de tout. Ce sont-là les conséquences du fait qu'on s'est reposé sur la solidarité internationale (*approbation en tempête*). Si vous ne nous aviez pas rendus aussi impuissants, alors nous pourrions nous soucier comme d'une guigne de savoir si cet autre monde est content ou pas. Mais si vous-mêmes nous accordez que cette internationale, pratiquement dominée par la Grande-Bretagne, la France et les Etats-Unis, est en position de nous isoler, croyez-vous alors que le combat mené là-bas le sera contre le capital ? Depuis que le monde est monde, les peuples ne se sont encore jamais libérés par la volonté et l'action d'autres peuples, mais soit ils se sont libérés par leurs propres forces, soit ils sont demeurés esclaves (*bravo !*).

Et enfin vous aussi vous tournez vers la Bible et c'est tout de même pour un communiste un bon signe (*rires*). Et vous m'expliquez que sur la base d'une singulière convergence entre la Bible et notre programme, je suis un communiste. Ce que vous m'assurez là, par exemple M. le Dr Gerlich me l'a aussi assuré et M. Hohmann m'a interpellé : si vous prenez fait et cause pour ce qui est dans votre programme, vous êtes un communiste. Expliquez-moi pourquoi, inversement, le *Münchener Post* persiste à écrire que je suis un archi-réactionnaire, un passéiste militariste complètement pourri. (*Réponse : c'est le* Post *lui-même qui est réactionnaire.*)

Voulez-vous vous expliquer avec le rédacteur en chef et permettre que j'écoute (*grande hilarité et applaudissements*) ? Le *Kampf* également souligne toujours de nouveau que nous sommes le bastion de la contre-réaction. Donc je vous recommande, allez d'abord au *Post*, au *Kampf* et expliquez-leur que nous sommes, soit, communistes, cela peut m'être égal, comment on me désigne, que ce soit réactionnaire, pangermaniste, un Junker, un cochon d'industriel ou un communiste – je suis et je reste un socialiste national-allemand et j'ai mon programme devant moi et je le suivrai, comme je le disais tout à l'heure, jusqu'à la dernière parcelle de mes forces et jusqu'au dernier souffle de mes poumons (*tempête longuement soutenue de bravos et d'applaudissements*).

CHAPITRE 3

L'enfance du mouvement

(1920-1923)

S'il était nécessaire d'en présenter les présupposés idéologiques, élaborés entre le milieu de 1919 et celui de 1920, il faut maintenant en venir à la raison d'être du nazisme, à savoir l'action.

Lorsque, le 29 juillet 1921, Hitler se fait accorder par l'assemblée générale du parti national-socialiste des « pouvoirs dictatoriaux » (*sic*[1]), et saluer par le président de séance, Hermann Esser, comme le « Führer », le parti n'est déjà plus un simple organe de propagande et les meetings ont cessé d'être son unique activité. *Mein Kampf* indique que sa vocation première était de disputer les masses aux partis de gauche, y compris par l'affrontement physique, et il n'y a aucune raison d'en douter. A ceci près que, comme nous l'avons vu, ses meetings étaient encore fréquentés, en août 1920, par des adversaires à qui on se faisait un plaisir de laisser un temps de parole, y compris des communistes.

C'est en tout cas dans ce même été de 1920 qu'est créé un service d'ordre, camouflé en société de gymnastique. Il prendra en octobre 1921 le nom de *Sturmabteilung* : l'abréviation allemande SA a induit la traduction française de « sections d'assaut », au pluriel, alors qu'en allemand le mot, lorsqu'il désigne l'organisation dans sa globalité, est généralement au singulier.

Cela nous amène à une question complexe, mais capitale, celle des rapports de la SA avec la Reichswehr. On se souvient que Hitler avait fréquenté le DAP, au début, en service commandé. Il s'affranchit vite de cette tutelle et quitte l'armée, ainsi que la chambre qu'il occupait dans une caserne, le 1er avril 1920. Il n'en est pas moins vrai que la SA est à bien des égards, et pour longtemps, une annexe de l'armée. C'est le 1er janvier 1921 que celle-ci, en application du traité de Versailles, doit être ramenée à 100 000 hommes, et le réflexe naturel de ses chefs est d'utiliser tous les camouflages possibles pour garder à leur disposition les soldats et les officiers qu'ils sont obligés de licencier. Inversement, Hitler

---

1. Après une crise interne dont on trouvera un bon résumé dans Marlis Steinert, *Hitler*, Paris, Fayard, 1991, p. 124-127.

ne se lance pas dans l'action politique avec l'idée de devenir chancelier en 1933. Il veut se rendre utile immédiatement et cherche d'urgence des leviers efficaces pour faire appel de la défaite allemande. Il est logique qu'il garde des liens étroits avec l'armée.

L'homme clé de ces rapports, jusqu'en 1923, est le capitaine Ernst Röhm. Sous-chef d'état-major de la 7ᵉ division, c'est-à-dire de la Reichswehr stationnée en Bavière, commandée par les généraux von Epp puis von Lossow, il rejoint très tôt le parti nazi. Il est chargé, dans l'armée, de toutes les activités clandestines : c'est l'une de ses tâches *militaires* de s'assurer que la SA ne manque de rien et d'y caser, par exemple, des membres de ces corps francs qui ont rétabli l'ordre intérieur et tenu le bolchevisme en lisière sur les marches orientales, en 1919-20, et dont les Alliés ont exigé la dissolution. L'un des mieux représentés en Bavière était la « brigade » du capitaine Ehrhardt, naguère fer de lance, à Berlin, du putsch de Kapp, qui s'incorpore massivement dans la SA. Or Ehrhardt, alors infiniment plus connu que Hitler et lui-même, dirigeait un groupe clandestin, l'« organisation Consul ». On devine les conflits d'intérêts qu'engendraient ces frontières mal définies. Mais Hitler devait faire patte de velours, tant son lien avec Röhm était utile, y compris politiquement : c'est lui qui remet à Dietrich Eckart la somme qui lui permet d'acheter le *Völkischer Beobachter*, lequel devient l'organe officiel du parti le 17 décembre 1920[1]. Cette zone de confusion ne disparaîtra qu'avec le putsch manqué de 1923, qui, brouillant définitivement Hitler et Lossow, conduira à une refonte de la SA sur des bases indépendantes.

En attendant, Hitler chemine, en saisissant toute occasion de faire connaître son mouvement et de le présenter comme le levain du renouveau allemand. Le discours du 13 août nous a montré qu'il comprenait la force des symboles. Il y parlait de la croix gammée comme d'un signe aryen universel, représentant le soleil. Il met bientôt au point les emblèmes de son parti. Là encore, on conteste sa paternité. Hitler écrit dans *Mein Kampf* qu'il a eu l'idée de marier le rouge, couleur de l'action, qu'il importait de ne pas laisser aux marxistes, avec le blanc et le noir, de manière à évoquer l'ancien drapeau impérial (noir-blanc-rouge) et à se démarquer de l'emblème (noir-rouge-or) adopté par la République : le résultat fut l'inscription, au milieu du fond rouge, d'un cercle blanc frappé d'une croix gammée noire[2]. Il calcula lui-même les proportions et l'objet fut inauguré à la fin de l'été 1920. Il ajoute (p. 556) qu'un dentiste de Starnberg lui avait auparavant soumis un projet voisin et quelques auteurs

---

1. Cf. Hans Volz, *Daten der Geschichte des NSDAP*, Berlin, Ploetz, 1939, p. 7. Cette chronologie officielle précise le montant de la transaction (120 000 marks-papier) et le fait que le journal, fondé en 1887 sous le nom de *Münchener Beobachter*, avait changé son titre le 7 septembre 1918, peu après son acquisition (le 15 août) par Rudolf von Sebottendorf, pour le compte de l'ordre germanique et de la société de Thulé ». La feuille est hebdomadaire pendant le premier semestre de 1919, bihebdomadaire à partir de juillet.

2. La date à laquelle la croix gammée apparaît dans le rituel nazi n'est mentionnée ni dans *Mein Kampf*, ni dans aucune étude.

en profitent pour le taxer de captation abusive, sans apporter la preuve que le projet du dentiste n'avait pas été remanié significativement, comme il l'affirme, par Hitler[1]. Serions-nous, à notre tour, mesquins de nourrir cette querelle ? Non, car ce qui importe n'est pas de départager le menteur Hitler et un obscur arracheur de dents, mais d'appeler la méfiance sur les études qui obscurcissent les raisons de sa réussite en dénigrant ses talents les moins contestables, comme celui de manier les symboles mobilisateurs, et la « patte » graphique que toute sa jeunesse l'avait préparé à mettre au service dudit talent.

Comment était-il alors perçu par l'opinion bavaroise ? Nous manquons encore, aussi surprenant que cela puisse paraître, d'études sur ce sujet, ne serait-ce qu'à partir de la presse. On se contentera de reproduire et d'analyser un texte de juillet 1921. Il émane d'un proche de Drexler, Ehrensperger[2], et prend place dans la lutte pour le contrôle du parti nazi qui alors faisait rage. Ce qui ne l'empêche pas d'être reproduit par le socialiste *Münchener Post*, le 17 du mois. Il est vrai qu'il circulait alors en tract – non signé, ainsi que sa reproduction dans le journal. Cette publication révèle une convergence entre les socialistes et les nazis anti-hitlériens de l'époque, au moins sur la perception du futur dictateur, et on peut penser qu'elle reflète un consensus assez général parmi ses adversaires, des racistes aux marxistes, du moins sur les défauts du personnage :

> La soif du pouvoir et l'ambition personnelle ont fait revenir M. Adolf Hitler après un séjour de six semaines à Berlin sur le but duquel il ne s'est pas encore expliqué[3]. Il croit le moment venu de semer la zizanie et la division dans nos rangs, pour obéir aux personnages obscurs qui se tiennent derrière lui et servir les intérêts de la juiverie et de ses protecteurs. (...)
>
> Il y a encore la question de sa profession et de ses ressources financières. Chaque fois que des camarades lui ont demandé de quoi il vivait au juste, et quelle fut son ancienne profession, il est entré en fureur...
>
> Et comment mène-t-il la lutte ? En vrai juif. Il dénature tous les faits (...)
>
> Hitler a trouvé un compagnon pour le seconder dans ses intrigues : M. Esser. Cet homme dont Hitler lui-même a souvent dit qu'il était nuisible au parti, qui a souvent exigé de Drexler la chute de Hitler, cet homme, Hitler se l'est soudain attaché pour mener à bien ses plans ténébreux. Le plus remarquable, c'est que Hitler lui-même a souvent déclaré devant des témoins, qui le certifieraient au besoin : « Je sais qu'Esser est un gredin ; mais je le garde aussi longtemps qu'il peut m'être utile. » Nationaux-socialistes, jugez vous-mêmes de tels caractères ! Ne vous laissez pas égarer ; Hitler est un démagogue, et il ne compte que sur ses dons d'orateur ; il espère ainsi tromper le peuple allemand et vous-mêmes, avec des boniments.

Cette collusion entre des nazis qui se voudraient honnêtes et un journal socialiste en dit long. On aimerait rester entre soi et mener tranquillement une lutte à visage découvert. Du côté des partisans de Drexler, on prend

---

1. Ainsi Fest, *op. cit.*, p. 204.
2. D'après Marlis Steinert, *op. cit.*, p. 126.
3. Ni personne à ce jour.

au sérieux le mythe du Juif retors et menteur, on ne veut surtout pas lui ressembler. Et si quelqu'un lui ressemble, c'est forcément un suppôt des Juifs, c'est-à-dire de ces forces occultes, berlinoises de préférence, vers lesquelles Hitler, mû par l'arrivisme, réoriente subrepticement les énergies du parti.

On présente volontiers ce texte comme une menace grave pour Hitler. C'est méconnaître la part qu'il a prise dans son succès, en lui permettant de poser la question de confiance, de démontrer la nécessité de sa dictature sur le parti et d'en écarter les indésirables. Mais déjà, l'impuissance de l'adversaire se reflète dans l'imprégnation de sa prose par une logique hitlérienne qu'il maîtrise nettement moins que son créateur. Certes l'idée du Juif menteur et conspirateur, avivée par les *Protocoles*, était alors un lieu commun. Mais cette façon d'accuser l'adversaire de combines louches et de désinformation en disant qu'il dirige la lutte « en vrai Juif » porte la griffe du Führer. Cependant l'auteur refuse le corollaire de la définition hitlérienne du Juif, que l'intrigue et les coups bas sont un mal nécessaire face à l'ennemi qui y a recouru le premier. D'où le pouvoir absolu du chef, qui seul peut décider quels accommodements doivent être consentis, tant avec la morale qu'avec le programme, afin qu'il puisse s'appliquer un jour. En prenant cela pour de l'arrivisme, et du plus vulgaire, on se refuse à voir combien Hitler est, au contraire, habité par sa « mission » et obsédé par le destin de son pays. Dans cet aveuglement, que partagent évidemment les socialistes qui hébergent cette prose, sans paraître se douter qu'ils contribuent à la discréditer dans le NSDAP, gît une cause essentielle du succès des nazis. D'autant que Hitler n'a sans doute pas manqué de méditer sur les fautes de ses adversaires, et d'en conclure qu'une certaine dose de mauvaise réputation, une certaine aura de chef de bande égoïste, n'étaient pas pour son ascension des handicaps.

L'action immédiate contre les « ennemis de l'Allemagne » est, avec l'antisémitisme radical qui en est le soubassement idéologique, le signe distinctif dont les nazis sont fiers et que Hitler veut, à tous risques, mettre en avant. Ainsi provoque-t-il le parti fédéraliste du docteur Ballerstedt, qui prône l'autonomie de la Bavière, en faisant intervenir les SA pour saboter un de ses meetings, le 14 septembre 1921. L'orateur est passé à tabac, son discours empêché, et Hitler traduit devant un tribunal. Entre-temps, le 4 novembre, une bataille rangée éclate à la Hofbräuhaus avec des militants socialistes. Ici c'est Hitler qui est attaqué car c'est lui qui devait parler. Il y réussit, la bataille n'ayant fait que séparer en deux parties son discours et les SA, inférieurs en nombre, ayant tenu la tribune moyennant de nombreux blessés.

Tout cela met à rude épreuve les pouvoirs publics, tenus de faire respecter l'ordre mais hésitant à faire le jeu des vainqueurs de 1918, en réprimant des gens qui clament leur patriotisme. Hitler a déjà trouvé l'art d'enfermer ses adversaires, surtout ceux de droite, dans un douloureux dilemme, en les provoquant par ses brutalités.

Condamné à trois mois de prison dont deux avec sursis, il fait connaissance avec sa cellule le 4 juin 1922. Les journaux ont d'autant moins de raisons de s'étendre sur cette information que le même jour voit l'assassinat du ministre des Affaires étrangères, Walther Rathenau. C'était un patriote orienté politiquement fort à droite. Son meurtre, commis par des extrémistes sans lien avec Hitler, était motivé par des considérations communes aux nazis et à bien d'autres groupes : on lui reprochait d'être juif, d'être un riche homme d'affaires et d'avoir récemment signé avec l'URSS le traité de Rapallo... qui allait favoriser grandement les activités clandestines de la Reichswehr, en lui permettant d'essayer ses prototypes loin des contrôles interalliés. Ce meurtre imbécile provoque donc une césure importante. Loin de rester passive comme après l'assassinat, en 1921, d'Erzberger, autre ministre, signataire, lui, de l'armistice, une partie de la droite allemande non extrême se coalise avec la social-démocratie pour soutenir un décret « sur la protection de la République », réprimant durement les violences. Il importe de le noter, car on décrit trop souvent la république de Weimar comme une antichambre du nazisme, où bien des crimes étaient déjà impunis et où les ministres juifs tombaient comme des mouches. Tout au contraire, après l'assassinat de Rathenau, les juges eurent souvent la main lourde contre l'extrême droite[1], la violence régressa et des Juifs firent de tranquilles carrières ministérielles. Mais, en face, un démagogue de plus en plus écouté présentait la répression comme une insupportable agression envers les forces saines du pays. Il prenait d'autant plus d'importance que, par ce que les sociologues appelèrent plus tard un effet pervers, la répression était à la fois plus sévère et plus efficace dans la plupart des Länder allemands qu'en Bavière. Le parti nazi, qui avait commencé d'essaimer, fut presque partout interdit, ce qui renforça le poids, l'autorité et les moyens de contrôle de Hitler, ainsi que l'aura du grand Etat du Sud auprès des forces de droite, qui commencèrent à souhaiter ouvertement une « régénération de l'Allemagne par la Bavière ». Le phénomène fut amplifié par la fameuse dépréciation du mark et par l'impression de chaos qu'elle créait. Cet effondrement monétaire sans précédent, du moins dans les pays développés, avait commencé avant le meurtre de Rathenau mais c'est dans les jours suivants qu'il prit une ampleur cataclysmique.

Hitler réussit, les 14 et 15 octobre, son premier grand rassemblement hors de Munich, une « fête de l'Allemagne » organisée près de la frontière nord de la Bavière, à Cobourg, où la gauche était puissante. Il se peut qu'il se soit inspiré de l'exemple contemporain des « faisceaux » qui étaient en train d'occuper une à une les grandes villes italiennes en détrui-

---

1. Ce qui n'enlève rien au fait qu'elle l'était plus systématiquement contre les militants de gauche traduits devant les tribunaux pour quelque atteinte à « l'ordre ».

sant les organisations ouvrières, avec la bénédiction passive, voire le concours, des autorités. En tout cas, il venait d'envoyer en Italie un émissaire, Kurt Lüdecke, qui avait appris à Mussolini son existence et lui avait fait au retour un rapport enthousiaste, soulignant les similitudes entre les deux hommes et entre leurs mouvements. Seule ombre : Mussolini était resté « évasif quant aux mesures à prendre contre les Juifs[1] ».

A Cobourg, il s'agit essentiellement de tenir le pavé, sous les cris hostiles, avec quelques centaines de SA armés de gourdins et de couteaux. Une contre-manifestation, convoquée pour le lendemain, n'attire que quelques centaines de militants contre des SA dont le nombre se monte à 1 500. Il n'y a même pas de bagarre, et la population se comporte comme si les nazis l'avaient délivrée de la « terreur rouge ». Du moins d'après *Mein Kampf*. Faute d'une contre-enquête qui à ma connaissance n'existe pas encore, on conclura prudemment qu'en quelques heures Hitler n'a pu avoir qu'une vague impression, et que ceux qui sont venus le féliciter n'étaient certes pas les électeurs les plus à gauche. Il a peut-être simplement rencontré des cafetiers ou des marchands de journaux, fatigués de devoir faire bon visage aux cris et aux écrits révolutionnaires. Reste qu'il avait réussi à tenir le terrain, et même à faire le voyage aller et retour en train, conjurant par l'intimidation (toujours d'après lui) une menace de grève des cheminots.

Deux semaines plus tard, Mussolini réussit sa « marche sur Rome » et les nazis fêtent l'événement le 1er novembre à la Hofbräuhaus, où Esser annonce : « Le Mussolini de l'Allemagne s'appelle Hitler[2] ! »

Il nous faut maintenant présenter un personnage remarquable, tant par son rôle dans l'entourage de Hitler que par la manière dont il s'en est, dans ses mémoires, auto-absous[3].

Ernst Hanfstaengl est, parmi les recrues de Hitler, le premier grand bourgeois. Ses ascendants étaient à la fois conseillers des rois de Bavière et éditeurs d'art. Lui-même avait passé de nombreuses années aux Etats-Unis, où il avait représenté la firme paternelle de 1911 à 1921, après des études faites, en prévision de cette affectation, en partie à Harvard.

Il avait été reçu par Theodore Roosevelt et conservait de nombreux amis outre-Atlantique dont l'un, diplomate, prit contact avec lui avant d'envoyer à Munich un capitaine de l'ambassade américaine de Berlin pour étudier la situation bavaroise, à la mi-novembre 1922. Ce dernier rencontre Hitler le 20 novembre[4] et entend un langage entièrement anticommuniste, sans un mot sur les Juifs. De même, Scheubner-Richter, rencontré peu avant, lui dit que l'antisémitisme du parti « n'est que de la

---

1. Cf. John Toland, *Adolf Hitler*, New York, Doubleday, 1976, tr. fr. *Hitler*, Paris, Laffont, 1977, p. 114-115.
2. *Ibid.*, p. 117.
3. *The Missing Years*, Londres, Eyre & Spottiswood, 1957, tr. fr. *Hitler : les années obscures*, Paris, Trévise, 1967.
4. Et non le 22 comme l'écrit Hanfstaengle (p. 27). Date figurant sur le compte rendu conservé à l'université de Yale et reproduit dans Jäckel, *Aufzeichnungen, op. cit.*, p. 733.

propagande ». Voilà un indice fort intéressant : dès ce moment, le fanatique Hitler a appris à moduler ses propos en fonction des interlocuteurs, et à obtenir de ses proches qu'ils en fassent autant. Dans la même veine, il déclare vouloir éviter une « guerre de revanche » avec la France et fait patte de velours sur les réparations : celles-ci doivent être ramenées à un montant « possible » et financées... par un service national de deux ans ! Pour cela il faut un gouvernement d'hommes neufs qui ne seraient compromis ni dans la guerre ni dans la défaite, sans parlement mais sans monarchie non plus. Curieusement, un diplomate italien qui avait entendu Hitler discourir en petit comité le 17 novembre, fait un compte rendu analogue et tout aussi muet sur l'antisémitisme [1]. Les deux fois, Hitler dit carrément qu'il faut augmenter la durée du travail. Quel écart avec ses propos publics ! Cet automne-là en effet il évite les sujets de politique extérieure pour se concentrer sur la gravité de la situation économique, dont il rend les Juifs et la social-démocratie responsables. A l'Italie comme aux Etats-Unis, il se présente donc froidement comme un opportuniste qui, une fois parvenu au pouvoir à grand renfort de démagogie antisémite, aura pour seul souci de mater la classe ouvrière et de dresser un rempart contre l'URSS.

L'officier américain s'était avisé trop tard de l'importance de Hitler pour prendre part à un de ses meetings et avait prié Hanfstaengl d'assister, pour lui en rendre compte, à celui du 21 novembre. Le néophyte fut captivé. Il alla féliciter l'orateur et lui transmettre les excuses de l'Américain. Ce fut le début d'une fréquentation assidue. Hanfstaengl est notre Kubizek pour les années 1923-33, après quoi les rapports se distendront et il finira par s'exiler, en 1937, non sans avoir conservé jusqu'au bout les fonctions d'attaché de presse du parti auprès des journaux étrangers.

Sur la vie personnelle du Führer, son apport est double. D'une part il avait un fils, Egon, né en 1921, et il nous renseigne comme personne sur le rapport de Hitler avec les enfants : il les attirait et était très à l'aise avec eux. D'autre part, Hanfstaengl était pianiste. Il connaissait par cœur beaucoup de pièces classiques, et Hitler recourait volontiers dans ce domaine à ses services. Il lui demandait fréquemment, dans les périodes agitées, le prélude de *Tristan et Isolde*. Il écoutait avec une concentration absolue, et ces moments lui permettaient d'effacer toute tension.

Hanfstaengl se veut aussi le grand spécialiste de la vie sexuelle du Führer, mais là il est permis de penser qu'il nous renseigne plutôt sur lui-même. Il s'était mis en tête, nous dit-il, d'améliorer cet homme, qu'il trouvait génial mais fruste, et en proie à un entourage qui n'améliorait pas son niveau – Hess et Rosenberg étant ses cibles favorites. Il pensait en particulier qu'il lui manquait un lien amoureux, ou même plus précisément une activité sexuelle, et que cette carence expliquait à elle seule ce qu'il y avait de mauvais dans sa politique. Il avait donc entrepris de

---

1. *Documenti diplomatici italiani*, série 7, vol. 1, 1953, p. 80.

mettre sur son chemin des dames, obtenu à plusieurs reprises que l'une d'elles finît la soirée avec lui, et, s'enquérant discrètement des suites, recueilli seulement des moues désabusées. La chose se serait notamment produite avec Leni Riefenstahl. Hitler aurait par ailleurs fait à Hélène, la femme de Hanfstaengl, une cour ridicule, dont le but suprême aurait été un simple contact des corps habillés, et elle disait de lui : « C'est un castrat ! »

Ces passages des mémoires de Hanfstaengl reposent sur deux présupposés : d'une part, que quelques exemples, observés d'assez loin, suffisent à tirer une règle générale, alors que de son récit même il ressort qu'il restait parfois longtemps sans savoir ce que faisait Hitler, et ignorait plus souvent encore avec qui il terminait ses soirées, sans parler des journées ! D'autre part, l'idée, qui sous-tend également l'œuvre de son contemporain Wilhelm Reich, que la vie sexuelle se confondrait étroitement avec la vie génitale, son but étant une « détente orgasmique » dont l'absence engendrerait tous les maux.

Du comportement de Hitler avec Hélène, en particulier, il est imprudent de faire une généralité. En elle il a l'air de chercher une mère, ce qui ne veut pas dire qu'en d'autres il ne pouvait désirer, et contenter, une femme. Le récit de Hanfstaengl n'exclut d'ailleurs pas qu'il ait tout bonnement respecté son ménage, en recherchant, pour le sentiment qu'il portait à l'épouse, un chaste débouché. De même, la moue désabusée peut certes évoquer une tentative de coït terminée en fiasco, mais aussi une absence pure et simple de tentative, Hitler s'étant, et c'était tout de même son droit, abstenu de tout encouragement aux manœuvres d'approche dont il était l'objet.

Nous disposons aussi du témoignage d'Emil Maurice, qui avait été pendant les années 20 le chauffeur de Hitler. Il nous dit qu'ensemble ils fréquentaient les écoles de peinture, pour observer des modèles nus, allaient voir les ballets pour contempler les danseuses et faisaient des incursions dans des lieux malfamés, où Maurice abordait des femmes et jouait souvent les intermédiaires au profit de Hitler, qui parfois les amenait dans sa chambre [1]. Son désir était-il dédoublé entre « la maman et la putain », comme celui de bien des mâles ? C'est possible. C'est même, on le verra, la ligne de partage qui semble avoir distingué une Geli Raubal d'une Eva Braun. Il est risqué, en tout cas, d'affirmer qu'il ignorait toute « détente ».

Gitta Sereny nous a récemment livré, sur la vie érotique d'Albert Speer, une information riche et, s'agissant de ses partenaires, une liste vraisemblablement exhaustive. Elles n'auraient été que deux : son épouse, connue depuis l'adolescence, mais tardivement et froidement honorée, puis, dans ses toutes dernières années, une femme beaucoup plus jeune : il aurait

---

1. Propos recueillis par Nerin Gun, *Eva Braun-Hitler : Leben und Schicksal*, New York, 1968, tr. fr. *L'amour maudit d'Hitler et d'Eva Braun*, Paris, Laffont, 1968, p. 22.

attendu d'être septuagénaire pour connaître le désir. Même si on tient compte du fait qu'un enfermement de vingt ans a favorisé cette chasteté, il semble avoir été infiniment plus inhibé que son idole de Führer, et infiniment moins cruel. Décidément, Hanfstaengl faisait fausse route en rapportant la noirceur de Hitler à une frustration de cette sorte.

L'Etat allemand avait, depuis sa fondation par Bismarck, une structure fédérale. Le gouvernement central et ceux des Länder entretenaient, pour se coordonner, des sortes d'ambassades. Ainsi, Berlin disposait à Munich d'un représentant, assez effacé mais bon observateur, Haniel von Haimhausen, dont le jugement sur Hitler, émis au seuil de la terrible année 1923, nous renseigne précieusement sur l'image qu'on avait à Berlin du jeune agitateur, au moment de traiter pour la première fois avec lui :

> (...) D'une part la radicalisation des masses à l'intérieur, d'autre part l'oppression de l'Allemagne par le traité de Versailles, provoquèrent une réaction qui trouva son propagandiste dans M. Hitler, venu d'Autriche. Les qualités de ce chef tiennent en premier lieu à un talent démagogique marqué et à une éloquence avec laquelle il fascine les masses, bien qu'il ne possède pas de programme cohérent et précis. Selon l'opinion générale, M. Hitler ne possède pas de qualités d'homme d'Etat d'un ordre élevé et c'est là précisément qu'il faut voir une source de danger ; car il ne serait guère capable de conduire dans des chemins définis un mouvement une fois déclenché. (...)
>
> Pendant les années 1919 à 1921, le nouveau parti est resté presque sans aucune importance. La détresse économique toujours croissante a provoqué un changement qui s'est développé à un rythme toujours plus rapide au cours de l'année 1922. La force d'attraction des partis socialistes allant en diminuant, il se produisit une armée de suiveurs aux rangs toujours grossis, qui en nombre grandissant furent les victimes de la démagogie de Hitler. Des éléments mécontents de la classe ouvrière et de la petite bourgeoisie, qui jadis étaient de fermes partisans de la république des Soviets, se groupèrent autour de la croix gammée des nationaux-socialistes. Les étudiants et les officiers de tendance nationale-bolchevique firent de même. Le nationalisme particulariste bavarois dont le mot d'ordre était « guérir le Reich par la Bavière » (même si cela devait entraîner une séparation temporaire) fut utilisé habilement par Hitler sur le plan de la propagande. Ainsi s'explique le fait que séparatistes et fédéralistes, les ennemis à vrai dire du national-socialisme unitaire, jurent par Hitler. Hitler n'est en vérité ni un unitaire ni un séparatiste, mais un homme de pouvoir, qui essaie de faire en sorte que chaque mouvement apporte de l'eau à son moulin[1].

Voilà une belle illustration de la difficulté, pour les observateurs contemporains, de prendre la mesure du personnage. Son éloquence est certes reconnue, mais on raisonne comme si l'habileté à exposer des idées était incompatible avec le talent de les concevoir. Haniel a certes compris que les ménagements de Hitler envers le séparatisme bavarois étaient peu sincères, mais au lieu d'en conclure, comme une lecture attentive de ses discours le permettrait, qu'il est un partisan farouche de la centralisation,

---

1. BA, R 43/1, 2681, pièce 18. Cité par Georges Bonnin, *op. cit.*, p. 24.

il commet la lourde erreur de voir en lui un opportuniste sans principes. Il n'est pas le premier, et ses successeurs ont encore pignon sur rue.

C'est l'occasion de renouveler une remarque déjà faite dans l'étude sur *Montoire* : les légendes les plus durables, celles dont les historiens eux-mêmes ont du mal à se détacher, sont contemporaines des faits qu'elles déforment, ou les suivent de peu. En voici un autre exemple : beaucoup d'observateurs voient Hitler comme un fainéant, ou du moins comme un « dilettante » incapable de s'astreindre à un travail régulier. Il suffit de considérer ses discours, dont Eberhardt Jäckel a publié de nombreux brouillons, et la minutieuse perfection de son travail d'orateur, pour se convaincre du contraire. Il bâtit son succès précisément à force, comme on dit aujourd'hui, de professionnalisme. Il n'empêche qu'en réponse, justement, à l'une de ces performances oratoires, dès le 20 avril 1920, on trouve dans le journal socialiste munichois *Der Kampf* les lignes suivantes, au sein d'un article mordant et combatif :

> (...) L'orateur dit que nous protégeons le capital, parce que nous sommes dépendants de lui. L'orateur « s'éleva » enfin jusqu'à dire que nous étions nous-mêmes des capitalistes juifs. Il voulait redonner au peuple le sentiment national et racial. Mais pour cela il ne suffisait pas de crier Hourra, mais de prêter assistance au peuple dans son malheur, en sorte qu'il s'élève vers les « hauteurs divines » de l'ancienne puissance et de l'ancienne majesté. Mais cela ne pouvait advenir que par du travail, du travail et encore du travail. (Est-ce que Monsieur Hitler lui-même a donc déjà travaillé ?[1])

Alors qu'il est presque inconnu, Hitler a donc déjà de farouches adversaires, capables de trouver des défauts à sa cuirasse mais aussi de l'accuser à tort, inaugurant une sous-estimation qui sera la raison première de ses triomphes, et dont on peut encore contempler de nombreux vestiges. Dernièrement, dans un livre au demeurant excellent sur l'image de Hitler, le journaliste américain Ron Rosenbaum a, tout en les redécouvrant, rendu un hommage excessif aux journalistes socialistes du *Münchener Post* et au combat qu'ils menèrent contre Hitler, de 1921 à 1933[2]. Si leur vision du personnage est du plus haut intérêt historique, et son oubli par la recherche un symptôme de légèreté, pourquoi faut-il donc que Rosenbaum dépouille en l'exposant tout esprit critique et, lui qui cerne finement les limites des autres points de vue, pense ici toucher, enfin, à *la* vérité ? Tout au contraire, en faisant de Hitler un simple chef mafieux, en insistant sur sa violence et les plus vulgaires de ses tricheries, ces journalistes, dont le courage méritait bien cette tardive reconnaissance, ont aussi fait preuve, au sujet de son habileté stratégique, d'un aveuglement qui a favorisé sa réussite.

---

1. Cité par E. Jäckel, *op. cit.*, p. 124-125.
2. Ron Rosenbaum, *Explaining Hitler*, New York, Random House, 1998, tr. fr. *Pourquoi Hitler ?*, Paris, Lattès, 1998, ch. 3.

Il y a deux manières de raconter l'année 1923. On peut mettre l'accent sur les erreurs de Hitler, le taxer de brouillonnerie impatiente et s'étendre sur la fin tragi-comique de sa tentative de putsch, conclue par un plongeon dans la boue d'une rue munichoise, le 9 novembre, et par la piteuse arrestation, trois jours plus tard, dans la villa de Hanfstaengl, d'un velléitaire qui n'avait su ni se suicider ni se cacher. Ou bien on peut situer l'action des nazis dans l'ensemble des rapports de force en Allemagne et en Bavière. La première, Marlis Steinert a perçu la nature à la fois prophétique et formatrice de leur premier assaut contre le régime de Weimar. Ils expérimentent, pour les valider ou les rejeter, non seulement des techniques de prise du pouvoir, mais des manières d'agir vis-à-vis de la droite non nazie.

La tentative de renversement violent des gouvernements bavarois et berlinois, qui occupe la soirée du 8 et la matinée du 9 novembre, met en scène un triumvirat formé de Kahr, Lossow et Seisser, respectivement chef de l'exécutif, commandant des troupes et chef de la police en Bavière. Mais ce n'est qu'une des dernières péripéties d'une partie très compliquée, sur fond d'occupation française dans la Ruhr. Ici, les hommes importants sont le chancelier Cuno, puis son successeur, à partir de la mi-août, Stresemann, et le chef de l'armée allemande de 1920 jusqu'à sa retraite en 1926, le général von Seeckt.

Le parti nazi ne montre guère d'empressement revanchard lorsque, dans un état de grave isolement diplomatique, la France de Poincaré occupe militairement la Ruhr le 11 janvier 1923, pour prélever de force, sous forme de charbon et d'acier, les réparations de guerre décidées à Versailles qui, en argent, rentraient mal. Le gouvernement Cuno décrète la résistance passive, c'est-à-dire la grève de la production et du transport des produits convoités par l'occupant, cependant que les salaires sont tout de même payés – ce qui, conjugué à la perte d'immenses recettes fiscales et à la nécessité d'importer du charbon pour remplacer celui qu'on tirait de la Ruhr, va réduire à néant la valeur du mark, déjà victime d'une dépréciation galopante. La situation est très tendue jusqu'en septembre – lorsque Stresemann proclame la fin de la résistance passive, le 26.

Connaissant Hitler comme nous le connaissons, nous serions prêts à jurer qu'il a dénoncé une politique « juive » de demi-mesures, fatale à la monnaie comme au bien-être de la nation, et prêché la résistance active pour bouter le Français au-dehors.

Eh bien non. Si effectivement il dénonce la résistance passive, c'est parce qu'à son avis il ne faudrait pas résister du tout ! Alors certains auteurs le taxent de lâcheté, d'incohérence, voire de vénalité. Toujours ce réflexe de dénigrement, cette manière de prêter aux riches, cette habitude grégaire d'attribuer aux pécheurs notoires toutes les tares, même les plus incompatibles.

En fait, ce qui chagrine Hitler dans la résistance passive, approuvée par tous les autres partis, c'est qu'elle réalise une union nationale prématurée, *avant* le châtiment de ceux par qui on en est arrivé là, les « criminels de novembre ». Prisonnier de son programme, le parti nazi ne peut en découdre avec la France tant qu'il n'a pas, au préalable, vaincu certains Allemands. En résistant vertueusement à la tentation, Hitler fait preuve d'une certaine maturité politique. Et aussi d'habileté : il se fait désirer.

Il y a quelque injustice à ce que le nom de Cuno ne soit connu que des spécialistes, alors que le général Boulanger occupe une place de choix dans les livres d'histoire. Cet officier politicien au physique avantageux et au nom si français, poussant son pays dans les années 1880 à une revanche militaire irréfléchie contre l'Allemagne bismarckienne, victo-rieuse en 1871, a certes plus de relief apparent que le pâle chancelier de 1923, délaissant brièvement le bureau directorial de la Hamburg-Amerika Linie pour s'égarer dans la politique, et dont le patronyme latinisant annonçait mal un patriote allemand jusqu'au-boutiste. Il faut dire aussi qu'en face, la politique téméraire de Poincaré retient plus le regard que le sang-froid avec lequel Bismarck avait circonscrit l'abcès boulangiste. Mais c'est bien Cuno qui, au départ, a déclenché l'affrontement, en rem-plaçant par un refus pur et simple de paiement les demandes de moratoire de son prédécesseur Wirth, ce qui obligeait à réagir un Poincaré qui jouait tout son crédit politique sur la « fermeté » à l'égard de l'Allemagne. Cuno, très hostile à la social-démocratie, vise à une révision immédiate du traité de Versailles et pratique une stratégie de la tension, qui n'exclut pas un affrontement militaire obligeant l'Angleterre à choisir son camp.

Son remplacement par Stresemann entraîne à la fois la réintégration des socialistes dans la majorité politique et la recherche d'un compromis international, en attendant des Anglo-Saxons non plus un appui militaire mais un rôle de modérateurs diplomatiques, et de leurs banquiers, améri-cains surtout, une fonction de garants pour une solution négociée.

Il y a donc, derrière la façade du désaccord entre Hitler et le gouverne-ment sur la résistance passive, tout un arrière-plan de négociation et de collusion, encore bien mal exploré. A cet égard, il est étrange que le contenu de la conversation du 11 mars entre Hitler et Seeckt, la première du genre et, que l'on sache, la dernière, soit seulement connu, aujourd'hui encore, par des témoignages indirects. Ce sont choses dont on garde des traces, des deux côtés. Dans la clémence du verdict prononcé contre Hitler (cinq ans de forteresse) et celle de sa libération anticipée (au bout d'un an), il ne serait pas étonnant que des données compromettantes glanées par lui lors de cet entretien, sur l'aventurisme du commandement en matière politique et militaire, aient joué un certain rôle. Et on a du mal à croire qu'en 1945, dans leur razzia d'archives confidentielles, les Alliés n'aient pas trouvé de quoi faire avancer la question ; la « restitution des archives » à la RFA, vers 1960, ne comportait en tout cas rien de tel, ni l'émergence désordonnée des fonds saisis par les Russes à partir des années 80.

Alors lisons les témoignages. Le plus précis émane de Hanfstaengl, qui le tient du général von Selchow, adjoint de Seeckt. Les deux hommes avaient fait en Bavière une tournée d'inspection. Hitler, introduit auprès d'eux par le général von Lossow, avait parlé une heure et demie de la décomposition qui menaçait l'Allemagne, demandé le renforcement de la Reichswehr et sa collaboration avec les SA, et conclu en offrant au chef de l'armée « la direction du mouvement des travailleurs d'Allemagne ». Seeckt ayant invoqué son devoir de loyauté envers le gouvernement, Hitler avait rétorqué que les nazis pendraient préalablement les politiciens « marxistes », et incendieraient le Reichstag, avant de lui offrir le pouvoir. Le général avait alors mis fin à l'entretien sur les mots : « Dans ce cas, Monsieur Hitler, je crois que nous n'avons plus rien à nous dire[1]. »

En voilà un honnête homme, qui sait se garder de la canaille ! De qui se moque-t-on ? Hanfstaengl est, on l'a vu, un bourgeois cultivé, dont les mémoires témoignent d'un souci obsessionnel de démontrer qu'il est sorti vierge de son long flirt avec les nazis. Pour mieux le faire admettre, il a tout intérêt à prétendre que d'autres y ont également réussi et il rend visiblement à la mémoire de Seeckt un service de ce genre. Car enfin, qu'allait donc faire, dans le Land le plus nationaliste, le chef de toutes les forces armées du Reich, deux mois après l'entrée des Français dans la Ruhr ? Imagine-t-on l'héritier de Moltke et de Schlieffen supporter pendant une heure et demie les divagations d'un civil pour le simple plaisir de lui faire sèchement la morale ? Mais nous n'avons même pas besoin de mettre en doute l'exactitude du récit, dont on nous dit qu'elle est garantie par des notes que Selchow avait prises le soir même. Il suffit de le compléter par une réflexion de Seeckt adressée, d'après la même source, à son adjoint, dans le train qui les ramenait à Berlin, en conclusion d'une longue conversation nocturne sur Hitler[2] : « Le général von Lossow m'a assuré que Hitler ne peut pas faire de putsch sans l'appui de la Reichswehr. Cela me suffit pour l'instant. » Ce qui nous suffit à nous, c'est l'existence de l'entretien, sa durée, l'absence de toute sanction ou mise en garde envers Lossow au sujet de ses fréquentations militairement peu académiques, enfin l'aveu que Seeckt, pendant le voyage de retour, n'a guère parlé que de Hitler : voilà qui démontre qu'il s'est lourdement compromis. Ses réactions glaciales et ses commentaires désobligeants, même s'ils sont exacts et même si on ne nous a pas caché d'autres propos plus aimables, prouvent seulement qu'il était conscient de faire des choses qui ne se font pas. Sa réaction préfigure celle de Hindenburg en 1931, traitant Hitler, ce « caporal bohémien », avec d'autant plus de mépris qu'il se sent obligé de compter avec lui.

Le rôle prépondérant joué par Ludendorff aux côtés de Hitler étaye cette interprétation. Le général avait certes quitté l'armée mais, l'ayant

---

1. Ernst Hanfstaengl, *op. cit.*, p. 88. Cf. Edouard Calic, *Le Reichstag brûle !*, Paris, Stock, 1969, p. 65.
2. Ce dernier point n'est pas dans Hanfstaengl, mais dans un compte rendu fait de mémoire par Selchow en 1964 et cité par Georges Bonnin, *Le putsch de Hitler, op. cit.*, p. 161.

commandée pendant la guerre et restant son capitaine le plus prestigieux, il compromettait la Reichswehr en affichant un engagement politique d'extrême droite, à moins qu'elle ne prît publiquement ses distances, ce qu'elle ne faisait guère. Ce n'est qu'après le putsch manqué qu'il jeta son uniforme, en disant qu'il lui faisait désormais horreur [1]. Il en va de même dans l'autre sens.

Cependant, les Français gagnent la bataille de la Ruhr, au moins militairement et économiquement. Ils arrivent à faire produire les mines et les usines et se permettent de fusiller le 26 mai, sans trop de remous internationaux, un saboteur ferroviaire, Leo Schlageter. Le fait qu'un détachement français provoqué par des civils, cinq jours plus tard, en couche treize sur le pavé, ne suscite pas davantage la réprobation d'une opinion mondiale qui condamne l'occupation, mais n'apparaît pas prête à cautionner n'importe quelle réplique allemande. C'est parce que la reprise du travail s'amorce, que l'inflation bat son plein et que les dissidences d'extrême droite ou d'extrême gauche, dans plusieurs régions, semblent menacer l'unité du pays, que Cuno se retire sans gloire, le 12 août, la nécessité s'imposant d'un cabinet dit d'« union nationale » et les socialistes ayant mis un veto sur son nom.

Voilà tout d'un coup les nationalistes orphelins d'un gouvernement qui les favorisait et en butte à un autre, qui les provoque : Stresemann s'allie avec ces socialistes que Seeckt et Cuno tenaient à distance. On se croirait revenu à la fin de la guerre : les « criminels de novembre » font derechef front commun, pour trouver un terrain d'entente avec l'étranger comme pour écraser les Rouges. La différence, c'est que la droite antirépublicaine s'est renforcée, tant parce que s'éloigne la défaite et s'estompe la responsabilité des familles régnantes, que parce que des partis se sont organisés et que des chefs sont apparus, le nazisme et Hitler n'étant pas encore au premier plan, mais n'étant déjà plus un facteur négligeable.

Stresemann savait, ne serait-ce que parce que le secrétaire d'Etat Hamm le lui avait écrit dès le 16 août [2], qu'il devrait affronter une épreuve de force avec la Bavière.

Celle-ci est travaillée depuis 1918 par deux forces en partie contradictoires : le séparatisme et la réaction. Il n'y a pas grand-chose de commun entre un Hitler, fanatique de l'unité allemande, admirateur de la Prusse en majorité protestante, et tel politicien comme son ennemi juré, le ministre de l'Intérieur Franz Schweyer, catholique pratiquant et nostalgique des Wittelsbach. Cependant, tant que la Prusse est « marxiste » et la République présidée par le socialiste Ebert, les deux forces trouvent un terrain d'entente, en cette Bavière qui, surtout depuis l'échec du putsch de Kapp, est devenue le réceptacle des agitateurs nationalistes de tout

---

1. Cf. J. Benoist-Méchin, *Histoire de l'armée allemande*, Paris, Laffont, 1964, t. 1, p. 524.
2. Georges Bonnin, *op. cit.*, p. 35.

acabit. Désobéir au gouvernement central c'est, pour les uns, le prélude de l'indépendance, voire de la fusion avec l'Autriche, et pour les autres le début d'une « régénération de l'Allemagne par le Sud ».

Lorsque Stresemann succède à Cuno et fait rentrer les « marxistes » les plus roses dans la majorité, Hitler n'est pas à même d'en profiter car il a, le 1ᵉʳ mai précédent, subi son premier grand échec. Le parti nazi, dans la logique de sa sortie à Cobourg et de son imitation des faisceaux italiens, avait annoncé qu'il empêcherait le déroulement des traditionnelles manifestations ouvrières. Le ministre Schweyer, appuyé par le général von Lossow, avait relevé le défi et imposé aux SA, dirigées depuis peu par un ancien as de l'aviation de chasse, le capitaine Göring, un désarmement humiliant. Pressé par certains de ses lieutenants qui souhaitaient en découdre, Hitler s'était refusé à entrer en conflit avec la Reichswehr, et il y avait gagné une réputation d'indécision qui allait s'avérer durable. Pendant l'été, qu'il passa en grande partie à Berchtesgaden en donnant l'impression de se désintéresser des affaires munichoises, son crédit avait sérieusement baissé.

Il n'est donc pas le leader le plus en vue lorsque les associations patriotiques bavaroises rassemblent à Nuremberg environ 100 000 personnes le 2 septembre, pour commémorer la victoire de Sedan. Cette « journée allemande » voit plutôt le triomphe de Ludendorff, qui semble mettre au défi ses anciens collègues de la Reichswehr d'agir enfin et, pour commencer, de se débarrasser de Stresemann. Prenant le train en marche, Hitler, qui jusque-là tenait à la liberté d'action des SA, noue dans les jours suivants une alliance avec deux autres groupes nationalistes, la « Reichsflagge » du capitaine Heiss et le « Bund Oberland » de Friedrich Weber, pour former le « Deutscher Kampfbund », que les nazis ne dirigent pas. Mais cette abnégation unitaire cachait un piège : le lendemain de l'abandon par Stresemann de la résistance passive, en un émouvant discours de deux heures et demie, il convainc Heiss et Weber de lui confier la « direction politique » du Kampfbund[1].

Il faut dire que le 26 septembre, juste après l'annonce par Stresemann de l'annulation du mot d'ordre de résistance, le premier ministre bavarois Eugen von Knilling proclame l'état d'urgence et la transmission du pouvoir exécutif à Gustav von Kahr, nommé « commissaire ». On se souvient que ce dernier avait déjà joué un rôle de dictateur préposé au rétablissement de l'ordre, et critique envers le gouvernement berlinois jugé trop à gauche, en 1920-21. En réplique, Berlin proclame aussitôt lui-même l'état d'urgence sur tout le territoire du Reich, confiant le pouvoir au ministre de la Reichswehr Gessler, c'est-à-dire, en fait, à Seeckt.

Les nazis sont d'emblée au cœur de l'épreuve de force, puisque l'une des premières choses que Seeckt demande à son subordonné Lossow, c'est de suspendre le *Völkischer Beobachter*, qui vient d'alléguer le

---

1. Cf. J. Fest, *op. cit.*, p. 264.

27 septembre, faussement d'ailleurs, que Frau von Seeckt était une juive convertie. Lossow passe outre, ou plutôt transmet la demande à Kahr, ce qui revient à donner la priorité à l'état d'urgence bavarois sur celui qu'a édicté Berlin. Mais avant de conter la réaction du gouvernement central à cette insubordination, il convient de faire, avec Hitler, une escapade hautement symbolique.

Une nouvelle « journée allemande », dont, cette fois, le chef nazi tient la vedette, a lieu le 30 septembre, à Bayreuth. Un défilé de 4 000 SA[1] est d'abord organisé puis, le soir, a lieu la première rencontre de Hitler avec le penseur raciste Houston Stewart Chamberlain, gendre de Wagner. Le lendemain, Hitler visite la villa Wahnfried, où le musicien habitait pendant ses dernières années et où vivent sa veuve Cosima, âgée de 86 ans, son fils Siegfried et l'épouse anglaise de celui-ci, Winifred.

Ces visites privées auront des suites publiques. Ainsi Winifred, au lendemain du putsch manqué et de l'arrestation de Hitler, adresse aux journaux une « lettre ouverte » à la gloire du contrevenant[2] : sa signature solitaire montre bien que Siegfried se tient sur la réserve et Hitler attendra sa mort, en 1930, pour parader au festival de Bayreuth. Quant à Chamberlain, il donnera quelques articles au *Beobachter*, son principal ouvrage, *Les fondements du XIXᵉ siècle* (1899), y sera présenté en 1925 comme l'« Evangile » du parti et ses obsèques, en 1927, seront encadrées par ce même parti, en présence de son chef[3]. Mais une conséquence plus immédiate, révélée en 1926, est sans doute encore plus fondamentale : Chamberlain a fort apprécié le visiteur et l'a en quelque sorte adoubé, par une lettre du 7 octobre 1923. Si on se souvient que le vieil écrivain avait eu avec Guillaume II des liens étroits et non dissimulés, on conçoit qu'un tel soutien n'a sans doute pas peu contribué à lui donner confiance en sa destinée pour le reste de ses jours et, dans un premier temps, l'a peut-être encouragé à risquer l'aventure du putsch :

> En vérité vous n'êtes pas un fanatique comme vous m'aviez été décrit ; je voudrais plutôt vous définir comme le contraire du fanatique. Le fanatique excite les esprits ; vous échauffez les cœurs. Le fanatique veut persuader ; vous voulez convaincre, seulement convaincre – et c'est pourquoi vous réussirez (...) Une tâche énorme vous attend mais, malgré votre force de volonté je ne vous prends pas pour un homme de violence (...). Il y a une violence qui vient du chaos et qui y mène, et une autre dont l'essence est de former le cosmos (...). C'est en ce sens cosmique que je vous range parmi les hommes qui construisent et non parmi les violents (...).

---

1. Information glanée, comme les suivantes, dans la chronologie nazie officielle (Hans Volz, *Daten des Geschichte des NSDAP*, Berlin, Ploetz, 1938). La plupart des autres ouvrages inversent, sans raison, les visites à Chamberlain et à la famille Wagner. Dieter-David Scholz, qui fait exception, explique (mais sans citer de source) que le rendez-vous à la villa Wahnfried avait été pris par l'entremise de Chamberlain (*Richard Wagners Antisemitismus*, Würzburg, Königshausen & Neumann, 1993, p. 184).
2. Cf. Dieter-David Scholz, *op. cit.*, 1993, p. 185.
3. Cf. Eric Eugène, *Wagner et Gobineau*, Paris, Cherche-Midi, 1998, p. 211.

L'Allemagne, en donnant naissance à un Hitler au moment de sa plus grande détresse, prouve sa vitalité[1].

La visite du lendemain à la famille Wagner est surtout connue par les mémoires d'un témoin alors âgé de six ans, Friedelind, fille de Siegfried et de Winifred, le premier membre de la famille qui ait plus tard critiqué le nazisme. Elle et son frère Wolfgang étaient fort excités par la perspective de cette visite :

> Nous avons attendu longtemps. Mère s'emportait contre Père, lui disant à quel point le jeune homme était merveilleux. Wolfgang et moi, de plus en plus impatients, allions sur le seuil guetter l'arrivée d'une voiture roulant entre les rangées de noisetiers. Enfin il en vint une, depuis la rue Richard Wagner. Nous appelâmes nos parents et allâmes tous saluer le visiteur sur le seuil. Un homme jeune sauta de la voiture et vint vers nous.
> (...) Ses pommettes aiguës saillaient au-dessus de ses joues creuses, terreuses, elles-mêmes surmontées d'yeux bleus extraordinairement brillants. On l'eût pris pour un affamé. Mais il y avait encore autre chose : une lueur de fanatisme.

On fait voir au politicien la salle de musique et la bibliothèque, puis on se rend au jardin, où se trouve la tombe du maître. Il se met alors à parler et, là encore, il faut nous contenter des impressions de sa jeune admiratrice :

> (...) Sa voix prit du timbre et de la couleur, se fit plus profonde, au point que nous restions là assis comme un cercle de petits oiseaux charmés, à écouter la musique, sans prêter la moindre attention aux mots mêmes qu'il prononçait[2].

Après ce pèlerinage, Hitler se replonge dans la mêlée munichoise. Le rebelle Lossow se voit prié par Seeckt de démissionner, le 6 octobre, puis destitué, le 19. Mais Kahr, qui tenait la bride courte aux nazis et avait fini lui-même par suspendre le *Beobachter* pour dix jours à compter du 4 octobre, décrète alors que les troupes stationnées en Bavière passent sous un commandement bavarois, qu'il confie... à Lossow, lequel a préalablement consulté ses officiers : ils ont opté unanimement pour la désobéissance aux ordres de Berlin[3].

Peu après cependant survient une volte-face, qui va déterminer Hitler à agir. Les derniers jours d'octobre sont consacrés à la répression, dans la meilleure tradition des lendemains de la guerre, des gouvernements locaux estimés trop à gauche et notamment de celui de Saxe, qui a osé se doter le 13 octobre de deux ministres communistes – une répression que tolèrent les excellences socialistes du Reich, lors même qu'elle frappe

---

1. Lettre reproduite dans le n° 2 de l'*Illustrierter Beobachter*, 1926. Cf. Jean Matter, *Wagner et Hitler*, Lausanne, L'Age d'homme, 1977, p. 53-54. Toutefois, un biographe de Chamberlain, Geoffrey Field, indique sans référence qu'il a publié sa lettre une semaine après l'avoir envoyée (*Evangelist of Race*, New York, 1981, p. 436).
2. *The Royal Family of Bayreuth*, Londres, Eyre & Spottiswood, 1948, p. 8-9.
3. Mémoire Endres de 1934. Archives militaires, Munich. Cité par Georges Bonnin, *op. cit.*, p. 62-65.

aussi les ministres membres de leur parti. L'état d'urgence a ses raisons, qui ignorent les sentiments de camaraderie. Mais soudain ces ministres, peut-être sous l'effet des protestations des députés de leur groupe, s'avisent que Stresemann fait deux poids et deux mesures en étant beaucoup plus patient avec la subversion de droite : aussi exigent-ils que l'on mette également de l'ordre en Bavière. Refusant de le faire, lors de plusieurs dramatiques conseils de cabinet, les 1er et 2 novembre, le chancelier les pousse à la démission. Il se prive ainsi de majorité parlementaire, ses propres jours semblent comptés et l'heure de Seeckt paraît sonner : le bruit court qu'il va prendre la tête d'un « directoire ». C'est plus qu'un bruit : les archives portent trace de nombreux contacts noués dans ce sens. A tel point que Lossow lui-même, après les avoir boudés, prend langue le 22 octobre, successivement, avec Hitler et Ludendorff[1] puis, le 24, reçoit les organisations « patriotiques » de Bavière et les informe que trois scénarios sont en balance : soit l'instauration d'un directoire « national », qui s'appuierait sur la Bavière pour imposer son autorité, soit une guerre civile entre le Sud « national » et le Nord « marxiste », soit un maintien pour quelque temps du cabinet Stresemann, avant l'instauration du directoire. Dans les trois cas, il importait de renforcer la Reichswehr en Bavière, par l'incorporation d'éléments des milices. C'était là une voie pour surmonter sa propre querelle avec Berlin : la rupture entre les socialistes et Stresemann, celui-ci ayant choisi l'armée contre ceux-là, était grosse d'une réconciliation entre Seeckt et Lossow. Dès le conseil de cabinet du 1er novembre, Gessler déclare curieusement qu'en Bavière la « voie de la conciliation » passe par la sortie des socialistes du gouvernement berlinois, et que la démission de Lossow en serait la conséquence immédiate : il demande aux socialistes de lâcher la proie de leur participation gouvernementale pour l'ombre, bien hypothétique, d'une mise au pas de la Bavière qui s'ensuivrait comme naturellement et serait symbolisée par le départ du général rebelle.

On évoque aussi beaucoup, en ces journées d'extrême tension, l'éventualité d'une guerre civile sur la frontière entre la Bavière et la Thuringe, qui s'est récemment dotée d'un gouvernement révolutionnaire de gauche. Gessler va jusqu'à dire, au conseil du 2 novembre, qu'il est certain que cette bataille va éclater « le 6 ou le 9 », si les socialistes ne quittent pas le gouvernement. On entend dire que la mise en mouvement des groupes « patriotiques » bavarois vers la Thuringe pourrait être le prélude d'une marche sur Berlin. Deux exemples contemporains hantent les esprits : la « marche sur Rome » des fascistes italiens, un an plus tôt, et la régénération de la Turquie sous l'impulsion de Kemal à partir d'une ville de province, Ankara, promue capitale au détriment d'Istanbul lorsque la République turque succède au vieil empire ottoman, en ce même automne

---

1. D'après un rapport de police non signé, conservé dans les archives (BA/R 43 1/2264), cité par Georges Bonnin, *op. cit.*, p. 71.

de 1923 (le 29 octobre). On demande donc aux socialistes de se faire hara-kiri en prétendant que cela seul permettra aux « ministres bourgeois » (ils s'appellent eux-mêmes ainsi) de lutter contre l'extrême droite.

Cependant, sitôt qu'ils se sont effacés, Seeckt entreprend de renouveler l'opération avec Stresemann en lui conseillant discrètement, le 5 novembre, de partir : il était peut-être encore temps de « stopper le radicalisme de droite, sans effusion de sang, si le cabinet était formé sur d'autres bases. A cet égard, il ne pensait pas aux partis », note pudiquement, le 6, ce chancelier en sursis[1]. Il s'agit donc encore du projet de directoire, qui paraît avoir toutes chances de se matérialiser. A tel point qu'on ignore toujours pourquoi il ne l'a pas fait.

Il est clair qu'en cas de « directoire » Hitler aurait couché dans quelque palais, plutôt qu'en prison. L'événement lui aurait donné raison, et assuré le soutien d'une bonne part de l'opinion publique. N'avait-il pas déclaré lui-même le 5 septembre :

> Ou bien Berlin se met en marche et finit à Munich, ou bien Munich se met en marche et finit à Berlin ! Une Allemagne du Nord bolcheviste ne peut coexister avec une Bavière nationale[2].

Un directoire présidé par Seeckt serait apparu comme une victoire de « Munich » sur « Berlin ». Son avortement s'explique peut-être, tout simplement, par l'immensité des tâches, et par le fait que Stresemann, qui les avait prises à bras-le-corps, était volontaire pour continuer. La situation économique, notamment, était si désastreuse qu'il est plausible que les militaires aient, en dernière analyse, été heureux de laisser aux civils le soin d'y remédier. Plaide en faveur de cette thèse le fait que la réforme monétaire, instituant le « Rentenmark » à la place du mark, entre en vigueur le 15 novembre et que le gouvernement, contraint de démissionner le 23, est remplacé par un nouveau cabinet civil où Stresemann conserve le portefeuille des Affaires étrangères[3]. Entre-temps Hitler a jeté ses dés.

Le chef nazi déclenche son putsch le 8 novembre vers 20 h 45, en intervenant, revolver au poing, dans la salle des fêtes de la Bürgerbräukeller. Le public n'était pas venu pour lui : c'est Gustav von Kahr qui était en train d'imposer un discours ennuyeux aux élites bavaroises sirotant leur bière dans un brouhaha de conversations, à seule fin de montrer à Berlin qu'elles étaient derrière lui. Notons tout de suite que la préparation était parfaite au moins d'un point de vue, celui du secret. Aux SA que

---

1. Cité par G. Bonnin, *op. cit.*, p. 85.
2. Cf. J. Fest, *op. cit.*, p. 206.
3. Il le conservera jusqu'à sa mort, le 3 octobre 1929. Peu après, en 1924, Aristide Briand accède au Quai d'Orsay, qu'il occupera jusqu'en 1931. Ils formeront un couple célèbre de pacifistes (alors qu'ils ont tous deux un passé cocardier) et, revitalisant pour un temps la Société des Nations, feront triompher pendant la deuxième moitié des années 20 « l'esprit de Genève ».

Göring avait concentrés, il n'avait pas expliqué pourquoi et Hanfstaengl savait seulement que « ce soir on agissait[1] ».

Pour obtenir le silence, Hitler tire un coup de feu vers le plafond. Il annonce que la « révolution nationale » a commencé, qu'il dispose de six cents hommes pour maîtriser la salle et que personne ne doit sortir. Puis il entraîne Kahr, Lossow et Seisser dans une petite pièce, pendant que Göring harangue la foule désorientée. Hitler demande au triumvirat d'avaliser les dispositions suivantes : Kahr est nommé régent de Bavière, Pöhner (ce policier qui au cours des années précédentes s'était montré favorable aux nazis) est son premier ministre, et les insurgés se portent candidats à la direction du Reich, avec Hitler au poste de chancelier, Ludendorff à la tête de l'armée, Lossow au ministère de la Reichswehr et Seisser à celui de la police. Il ajoute, d'après le rapport fait quelques semaines plus tard par Lossow :

> Je sais que ce pas est difficile à franchir pour ces messieurs, mais il doit être fait. On aidera ces messieurs à sauter. Chacun doit occuper la place à laquelle il est mis. S'il ne le fait pas, il n'a pas de raison d'être. Vous devez lutter avec moi, avec moi vaincre ou mourir. Si l'affaire rate, j'ai quatre balles dans mon pistolet : trois pour mes collaborateurs s'ils m'abandonnent, et la dernière pour moi.

Ce rapport est suspect. Il s'efforce de démontrer que le triumvirat n'a accepté que sous la menace de s'associer au putsch, pour se dédire dès qu'il eut retrouvé sa liberté de mouvements, alors qu'en fait les trois hommes ont seulement demandé à rencontrer Ludendorff. Dès qu'on leur eut amené le général aussi surpris qu'eux, mais acceptant le fait accompli, ils ont eux-mêmes donné leur accord. Cependant, si leur comportement est ici dénaturé, il n'y a aucune raison que les tirades de Hitler le soient, et notamment celle-ci. Lossow était probablement incapable d'inventer ce style et de manier ces concepts typiquement nazis. D'autre part, lorsque Hitler eut à répondre, au procès, de ces allégations, il s'en tira de manière peu convaincante, en disant qu'il ne pouvait avoir proféré de tels propos parce que son revolver contenait encore sept balles !

En attendant Ludendorff, il était lui-même revenu dans la grande salle, pour une performance oratoire qui lui gagna l'assistance et quand on annonça l'accord des triumvirs, la « révolution » semblait fort bien partie, tout au moins en Bavière. Ce qui la fit capoter, c'est sans doute la réunion urgente, vers minuit, du cabinet Stresemann, qui confia à Seeckt les pleins pouvoirs pour rétablir l'autorité du Reich sur la région dissidente. Lossow, qui s'était installé peu après 11 heures à la caserne d'infanterie, dont le téléphone fonctionnait, ne se désolidarisa du putsch, conjointement avec Kahr et Seisser, qu'à 2 h 30 du matin, par un message aux stations de radio annoncé depuis 11 h 20 et plusieurs fois repoussé : tout se passe

---

1. *Op. cit.*, p. 95.

comme s'il avait différé son choix en attendant le résultat de la réunion du cabinet, et avait conféré par téléphone avec Seeckt, juste après celle-ci. Rien n'atteste cette conversation, sinon qu'elle était dans l'ordre des choses et qu'il n'y a pas d'explication concurrente pour rendre compte de l'heure du revirement de Lossow. Dès lors, le matin, les conjurés nazis connaissent un moment de flottement et hésitent à maintenir le défilé prévu. Ludendorff emporte la décision et, en essayant de gagner le centre de Munich interdit par la police de Seisser, le cortège finit par se faire tirer dessus (après avoir lui-même, à un barrage précédent, tué quatre policiers[1]). Quinze personnes sont mortellement atteintes, dont Scheubner-Richter, qui était le voisin de Hitler et l'avait vraisemblablement entraîné dans sa chute, ce qui lui valut une luxation de l'épaule. Un plongeon de son garde du corps Graf l'a protégé des balles, dont deux, en revanche, se sont logées dans le bas-ventre de Göring, au-dessus d'une cuisse.

Reste une question capitale : l'inaction de la direction nazie dans la nuit du 8 au 9 novembre. Comment se fait-il qu'ayant laissé partir Kahr, Lossow et Seisser, parce que Ludendorff avait confiance en la « parole d'officier » de Lossow de ne pas tourner casaque, les nazis ne les aient pas mis sous surveillance ? Pourquoi, surtout, n'ont-ils pas redoublé d'activité pour prendre, au moyen du Kampfbund, le contrôle des casernes ?

A cela deux réponses : l'une classique, l'irrésolution. Désemparés par le succès, Hitler et ses proches auraient perdu du temps et remis au lendemain des décisions urgentes. Leur activité aurait connu un passage à vide. Ces conspirateurs d'opérette n'avaient même pas occupé la gare ! Même pas coupé le téléphone !

Une autre explication réside dans l'excès de confiance. Puisqu'ils avaient arraché aux trois hommes, eux-mêmes piètres démocrates et peu hostiles à l'idée d'une « marche sur Berlin », leur consentement à ce coup de force, en harmonie avec Ludendorff, il importait de les laisser agir et assumer leur choix. Il était plus économique, et infiniment plus politique, de laisser les officiers et les soldats manifester librement leur allégeance au nouveau pouvoir, que de leur forcer la main en faisant irruption autour des casernes avec des milices. A cet égard l'inaction n'avait d'ailleurs pas été totale : Röhm avait entrepris de faire basculer en douceur, par son action personnelle, certains sièges d'institutions militaires. Et la journée du 9 devait révéler toute la force des conjurés, par des manifestations dans Munich qui auraient démontré qu'il ne s'agissait pas d'une aventure. Etant donné qu'après l'échec du putsch il y eut dans la ville plusieurs jours de manifestations spontanées contre la « traîtrise » de Kahr, le calcul n'avait rien de déraisonnable.

Si Hitler apparaît comme un conspirateur d'opérette, c'est avant tout

---

1. Point mis en relief par le magistrat Otto Gritschneder dans *Bewährungsfrist für den Terroristen Adolf H.*, Munich, Beck, 1990.

parce qu'il s'est efforcé de conspirer le moins possible. Son but est de cristalliser l'énergie patriotique de l'Allemagne. Il juge urgent de battre le fer : la défaite est encore proche, ses effets sur le niveau de vie des masses à leur zénith, et il importe d'empocher les dividendes des erreurs de Poincaré avant que la France ne reprenne langue avec ses alliés. Une expression résume à merveille sa démarche : il voulait « déclencher l'avalanche », et jugeait que les entrechats de Stresemann et les atermoiements de Seeckt étaient en train de faire manquer une superbe occasion. Il s'en explique tout au long du procès, décrivant sa vision de la « marche sur Berlin » :

> (...) J'ai aujourd'hui la conviction et il m'est particulièrement clair que le soulèvement se serait imposé dans tout le reste du Reich, si Son Excellence von Lossow n'avait pas tourné casaque, si Kahr n'avait pas tourné casaque, si le colonel von Seisser n'avait pas tourné casaque, mais si au contraire ces messieurs étaient allés à travers Munich le lendemain et avaient planté le drapeau du soulèvement. A Munich, à Nuremberg, à Bayreuth, une immense allégresse se serait déchaînée et un énorme enthousiasme se serait déchaîné dans le Reich allemand et si la 1re division de l'Armée nationale avait quitté le dernier mètre carré de sol bavarois et était passée pour la première fois sur le sol de la Thuringe, nous aurions vu le peuple là-bas pousser des cris d'allégresse [1].

Une autre tirade, lors de la même audience, résume bien les leçons qu'il tire de l'aventure. Il ne regrette rien, et espère encore tout, pour l'Allemagne sinon pour lui-même, car il est certain de l'avoir retenue sur la pente du renoncement. Il retourne avec force, contre les signataires de l'armistice et du traité de Versailles, l'accusation de « haute trahison » et montre non sans logique que son geste a remis à cet égard les choses à l'endroit :

> J'ai la conviction qu'en ces journées le destin de l'Allemagne se serait mis en marche. Il a échoué sur une ridicule bagatelle. Cela ne prouve qu'une chose, c'est que le destin intervient maintes fois et l'on ne sait pas ce qui est bon et ce qui est mauvais. (...) Si je considère l'évolution présente, j'en arrive à la conviction qu'en définitive c'est peut-être une bonne chose qu'une période s'écoule, car ne croyez pas que le présent procès nous détruira. Nos prisons s'ouvriront et viendra un temps où les accusés d'aujourd'hui deviendront les accusateurs. Un temps viendra, peut-être dans des siècles seulement mais il viendra et l'on feuillettera cette histoire de honte et d'ignominie, de misère et d'infamie et l'on s'étonnera que cela ait été de la haute trahison. Alors nous recevrons notre justification. Nous ne serons pas les accusés mais les accusateurs et la postérité nous acquittera et dira : ils étaient les seuls qui ont eu le courage de s'insurger contre cette haute trahison continuelle.

On ne niera pas que l'aventure révèle une certaine immaturité. Mais au lieu de s'en tenir à une attitude moqueuse, qui ne fait ni chaud ni froid aux cadavres de Hitler et de Göring et ne renseigne guère sur la conduite

---

1. Cité par G. Bonnin, *op. cit.*, p. 154. Audience du 28 février 1924.

à tenir devant leurs émules d'aujourd'hui, il serait bon de prendre conscience que le Führer, momentanément hors jeu a, le premier, médité sur cet échec, et en a tiré des leçons décisives pour que la fois suivante fût la bonne. Essentiellement celle-ci : il s'efforcera à l'avenir de maîtriser d'un bout à l'autre les processus qu'il met en branle. Car le point faible ici, c'est qu'avant son hypothétique nomination comme chancelier, il n'était rien alors que, par ses propres soins, Kahr, Lossow et Seisser détenaient le pouvoir, ce qui leur laissait la possibilité de trouver un terrain d'entente avec Berlin. Il évitera cet écueil en 1932-33, en refusant toute combinaison qui ne lui assurerait pas la chancellerie du Reich. Et s'il s'oblige à tolérer, ce qu'il fera jusqu'au bout, des non-nazis à des postes importants, il veillera toujours à mettre en des mains très sûres les fonctions coercitives, à commencer par la police.

Marlis Steinert a raison de souligner le côté prémonitoire des événements de 1923. On y trouve déjà l'esprit de décision de Hitler et sa rapidité d'exécution, son génie pour nouer des alliances temporaires avec d'autres forces de droite en exploitant les contradictions de celles-ci, sa propension à ne mettre que quelques personnes au courant de ce qu'il manigance (Göring, déjà...), son sens profond des masses allemandes et de leurs attentes patriotiques. La principale qualité qui lui manque, et qu'il acquerra, est la patience, la capacité d'attendre le meilleur moment, tout en le faisant mûrir lui-même.

On voit aussi à l'œuvre ses adversaires, tels qu'ils resteront sans tirer, eux, beaucoup de leçons. Ils montrent notamment une impuissance totale à prendre la mesure de l'homme, comme de la spécificité et de la radicalité de son système. Dans les conciliabules berlinois, son nom apparaît peu, ses idées moins encore. Lui et son parti restent noyés dans une nébuleuse « nationaliste » où leur nocivité particulière n'est pas souvent repérée, et, lorsqu'elle l'est, n'est perçue que comme un surcroît de brutalité. C'est ainsi que, dans la discussion suprême du 2 novembre, le ministre de l'Intérieur socialiste Sollmann assène à son collègue de la Reichswehr, Gessler, que la social-démocratie, si elle était restée au gouvernement, aurait exigé qu'en Bavière on cesse de « pourchasser les Juifs comme au Moyen Age[1] ». C'est mieux que rien. Mais quelle incompréhension du problème ! La SA a peut-être bousculé un peu plus de Juifs que de non-Juifs, mais on n'en est pas au stade de la persécution et, surtout, celle-ci s'annonce fort différente de celle du Moyen Age, et autrement systématique. Mais sans doute peu de gens, à Berlin, lisent les textes nazis et en perçoivent la cohérence.

Ses mois d'emprisonnement vont justement permettre au fondateur du système de parfaire cette cohérence. Il s'enfonce alors plus avant dans son délire mais lui donne une redoutable efficacité pratique, servie par un usage accru de la ruse et de la dissimulation.

---

1. Cité par Georges Bonnin, *op. cit.*, p. 81.

CHAPITRE 4

La maturation

(1924-1930)

Les années 1919-24 font figure de laboratoire. Des expériences sont tentées, la leçon en est tirée lors du studieux emprisonnement. A partir de 1925, on passe à l'application. C'est la période où le parti nazi a peu d'électeurs, mais beaucoup de militants. C'est qu'un charme opère sur ceux qui connaissent son leader, lequel a encore relativement peu de moyens de se faire connaître. D'autre part, le parti garde une image de trublion extrémiste, secouant la timidité antimarxiste de la droite traditionnelle par l'action directe de ses milices – lesquelles ont encore du mal à tenir le haut du pavé. Sur le plan gouvernemental, l'élection de Hindenburg à la présidence, acquise de justesse en 1925, dope les espoirs d'une restauration monarchique. Enfin, la prospérité économique éloigne la revendication d'un changement violent.

Mais il ne faut pas s'y méprendre : le parti qui se consolide alors est un redoutable instrument de conquête du pouvoir. Pour l'excellente raison qu'il flatte les aspirations des masses tout en lançant des clins d'œil complices aux élites.

Avant d'aborder la rédaction de *Mein Kampf*, il importe de tirer au clair les relations entre l'hitlérisme et le principal courant qui, à cette époque, propose une critique de droite de la république de Weimar, celui dit de la « révolution conservatrice ».

L'expression recouvre une somme de paradoxes. C'est après la seconde guerre mondiale que surgit ce concept, censé rendre compte des idées d'extrême droite proférées en Allemagne après la fin de la première, à l'exclusion du « racisme biologique », hitlérien ou non. Il s'agit d'une révolution sans chefs, sans événements sinon des livres et des revues, sans limites précises de temps, de lieu ou d'acteurs. Le concept est si vague qu'il a pu resservir, dans un tout autre contexte, pour désigner un événement mieux circonscrit mais à bien des égards opposé, la réaction contre l'Etat-Providence impulsée par Ronald Reagan et Margaret Thatcher dans les années 80. Dans ce dernier cas il s'agit de renouer avec les idées libérales du XIXe siècle. En Allemagne il s'agissait de les pourfendre, après un désastre national imputé, par une grande partie de l'opinion, à l'influence néfaste d'une civilisation « occidentale » qui aurait privé le pays de son génie propre.

La *Révolution conservatrice allemande* est avant tout une thèse, celle que lui consacra, tout en la baptisant, un historien suisse, Armin Mohler, en 1949. Son héros principal est Moeller van den Bruck, qui met fin à ses jours en 1925. C'était certes un penseur célèbre en son temps, mais on peut douter qu'il aurait la même place rétrospective si son maître ouvrage de 1923 ne s'était appelé... *Le Troisième Reich*. Les deux autres grandes figures sont plus fameuses encore, notamment en raison d'une carrière plus longue, qui s'est poursuivie après 1945 : il s'agit de Carl Schmitt et d'Ernst Jünger.

Où donc Mohler a-t-il pris l'expression ? Chez un poète, Hofmannsthal, qui l'emploie en 1927. A l'époque, les intellectuels plus tard regroupés sous l'étiquette de la « révolution conservatrice » se désignaient tout bonnement comme des révolutionnaires et répugnaient pour la plupart à se dire conservateurs, utilisant de préférence l'adjectif « nationale » lorsqu'ils voulaient distinguer la révolution qu'ils appelaient de leurs vœux de ses concurrentes de gauche.

Paradoxes des paradoxes : la réflexion allemande actuelle sur ce phénomène reste assez confuse et après l'Helvète cité c'est un Français, Louis Dupeux, qui a fait faire à la recherche, dans les années 70-80, de remarquables progrès, permettant aujourd'hui de distinguer beaucoup plus clairement la révolution conservatrice (concept que Dupeux ne prise guère et n'emploie qu'en raison de son succès) de ce qui l'a précédée (le romantisme politique et le « pessimisme culturel ») et du nazisme qui l'a étranglée après s'en être, on va le voir, partiellement nourri.

Au commencement étaient les Lumières. Phénomène français d'abord, européen ensuite – et allemand, sous le nom d'*Aufklärung*. Il s'agissait, contre la société féodale encore puissante au XVIIIe siècle et les Églises chrétiennes qui s'obstinaient à la défendre, d'affirmer la valeur de la raison. Puis vint la Révolution française, qui frappa brutalement l'Allemagne, par le truchement des armées napoléoniennes. Elle suscita dans l'Europe entière des adhésions enthousiastes et des oppositions viscérales. Dès 1789 l'Anglais Burke donna le ton à la littérature contre-révolutionnaire. Il reprochait surtout aux Français d'avoir proclamé les droits de l'homme, qui faisaient éclater la société en une poussière d'individus, au détriment des « communautés naturelles ». Dans les années 1820, le romantisme politique, dont la terre d'élection était l'Allemagne, se mit à exalter les forts et les héros, par opposition aux masses abruties, tout en voulant réinsérer celles-ci dans des corporations humanisantes et en faisant de l'amour le maître mot des rapports sociaux, comme des relations entre les peuples. Mais le siècle de l'industrialisation fut cruel pour ces rêveries. Les « villes tentaculaires », à mesure qu'elles dévoraient leur périphérie villageoise ou forestière, semblaient tuer les elfes et les chevaliers. Le romantisme vira au passéisme et au pessimisme. Wagner lui-même semblait plus récapituler un héroïsme suranné qu'annoncer les temps futurs. Nietzsche et son surhomme se targuaient de leur « non-contemporanéité » et semblaient n'avoir rien à dire en politique.

Tout change en août 1914. De même qu'en France des intellectuels raffinés trouvent soudain aux Allemands toutes sortes de tares physiques et mentales, de même en Allemagne l'intelligence s'enrôle sous la bannière dite des « idées de 1914 », dont le principal représentant est Thomas Mann. Il synthétise les leçons qu'il tire de la guerre dans un essai paru à la fin de celle-ci, *Considérations d'un apolitique*, où il professe que l'Allemagne doit rejeter l'influence délétère de ses voisines occidentales et vivre selon ses valeurs propres, fondées sur l'irrationnel, la mystique... et le pessimisme. Cependant, l'idée même que la guerre peut résoudre quelque chose prépare un terrible renversement, qui va marquer l'après-guerre : la conception de l'Allemagne comme un « peuple jeune » qui, contrairement aux puissances fatiguées du voisinage, a un grand avenir devant lui.

Le pessimisme marque encore la pensée d'un érudit célèbre, souvent mélangé avec les tenants de la « révolution conservatrice » – à tort, nous dit Dupeux –, Oswald Spengler, un Munichois qui connaît Hitler et ne l'aime guère. Il publie en 1918 et 1922 les deux tomes de son *Déclin de l'Occident*. Non seulement il nie qu'il puisse exister un progrès, mais il voit dans chaque culture une entité vivante, vouée sans remède à la décadence après sa « floraison ». La culture occidentale, dans laquelle il intègre l'Allemagne, lui paraît fort avancée dans le dépérissement. Cependant, il annonce pour l'avenir proche l'avènement du « césarisme », c'est-à-dire le surgissement de chefs qui sauront asservir les masses, et il pense que l'Allemagne a un grand rôle à jouer dans cette nouvelle phase de l'inéluctable dégénérescence. Elle sera la « Rome » de cet âge décadent et ses Césars liquideront l'affreuse civilisation urbaine : « Le césarisme croît sur le sol de la démocratie mais ses racines descendent jusqu'aux fondements mêmes du sang et de la tradition[1]. » On en arrive ainsi à prôner l'action pour l'action, en dehors de tout critère moral. Il est aisé de subodorer ce qu'un Hitler a pu moissonner dans ce genre de prose.

Spengler cependant n'est qu'un passeur, certes très important, entre le pessimisme (celui de Nietzsche principalement) et la notion ravageusement optimiste des « peuples jeunes », que vont mettre à l'ordre du jour Moeller et quelques autres. Faisant une sorte de synthèse entre les « idées de 1914 » et les appels de Spengler à la destruction de la civilisation urbaine, ils vont penser l'Allemagne en opposition avec l'Occident démocratique, et assigner à son peuple la mission de fonder une nouvelle civilisation, à l'instar des Italiens dirigés par Mussolini... beaucoup d'entre eux

---

1. Cité par G. Merlio, in « *La révolution conservatrice* » *dans l'Allemagne de Weimar*, Paris, Kimé, 1992, p. 168.

étant également fascinés par la Russie de Lénine – ceux qui privilégient cette référence se qualifient de « nationaux-bolcheviques ».

Moeller van den Bruck est, parmi les « révolutionnaires conservateurs » décrits par Armin Mohler, l'un des rares qui ne répugnent pas à se dire conservateurs. Il converge avec les nazis sur bien des points : les masses doivent entrer en action, tout en obéissant à un Führer, pour régénérer l'Allemagne ; celle-ci doit se détourner d'un Occident où l'Angleterre ne prône la liberté qu'autant qu'elle lui profite, tandis qu'en France, où elle est davantage prise au sérieux, elle ne sert que les vanités individuelles. Moeller a aussi des pages vengeresses contre la franc-maçonnerie, dont Hitler fait, on l'a vu, l'un des vecteurs de l'influence délétère juive. Mais Moeller, justement, ne la judaïse pas, n'y voyant qu'un « jésuitisme laïque ». Il ne prône donc pas une régénération sur la base de la race, mais seulement de la nation, et ses masses doivent servir de force d'appoint, puisque le Führer devra être obligatoirement originaire des couches supérieures. Moeller est un patricien qui hait la foule. Il reproche à la démocratie de n'être, comme le capitalisme, que le « règne du chiffre ». Finalement, il réclame pour l'Allemagne une place élargie, sans plus, dans le concert des nations, par la domination de l'Europe centrale : un destin sage, à mi-chemin du capitalisme et du bolchevisme, avec des prolétaires bien encadrés dans des corporations. On ne trouve chez lui aucune exaltation de la force et de la guerre.

Il n'est pas indifférent de savoir qu'il a rencontré Hitler, une fois, et que la rencontre s'est mal passée : « Ce type n'y comprendra jamais rien » fut le jugement qu'il porta devant Rudolf Pechel, un journaliste qui avait assisté à la rencontre, au printemps de 1922 [1].

Les fines analyses de Dupeux et de son école débouchent cependant sur une distinction un peu artificielle. Tout le mal, selon elles, vient d'un autre courant d'extrême droite, qui contrairement à la « révolution conservatrice » a pris conscience de lui-même et s'est donné un nom, le courant « völkisch ». Il regroupe des nationalistes convaincus de la supériorité des Allemands, dont la « race » serait à préserver et à bonifier. Ils ont subi l'influence de Darwin, ou plutôt de certains de ses épigones, qui ont étendu à l'espèce humaine la théorie du zoologue anglais, fondant l'évolution des espèces animales sur la « lutte pour la vie » et la « sélection naturelle ». Ce « darwinisme social » a influencé au début du siècle un courant né vers 1880 et déjà baptisé « völkisch », mais, au départ, infiniment plus pacifique. Il s'agissait de romantiques attardés qui, réagissant à la modernité en lecteurs de Rousseau, bâtissaient loin des villes des communautés et des écoles. Le naturisme et les pédagogies anti-autoritaires faisaient là leurs premiers pas. Certains membres de ces groupes restent non violents et citoyens du monde mais d'autres, à l'approche de la guerre, se convertissent à un hygiénisme raciste, adepte de toutes les

---

1. Cf. la communication de Gérard Imhoff sur R. Pechel, *ibid.*, p. 246.

exclusions, y compris par les méthodes les plus barbares, et débouchant sur l'exaltation du sang et du sol. Deux penseurs en chambre les inspirent, Paul Bötticher dit de Lagarde (1827-1891), et Houston Stewart Chamberlain, déjà présenté. Tous deux sont de farouches antisémites et Lagarde est l'inventeur des formules qui vont faire mouche sous le Troisième Reich, concernant la toxicité et l'infection juives.

Il y aurait donc une extrême droite saine, celle de la « révolution conservatrice », dont le prophète serait Nietzsche avec son « aristocratisme cosmopolite », engendrant un fascisme essentiellement interne, peu ou pas agressif envers les pays étrangers, et une autre malsaine, raciste, grosse de toutes les folies et de toutes les aventures, et qui seule aurait engendré l'hitlérisme.

La trajectoire même de Nietzsche, telle qu'elle est lumineusement retracée dans ce livre par Yves Guéneau, s'inscrit en faux contre ce schéma. A partir de son dégoût de la démocratie, qui déjà lui avait fait diviser le monde en maîtres et esclaves, les premiers pouvant tout se permettre « par-delà le bien et le mal » au nom d'une conception esthétique de l'existence, le philosophe avait fait bon accueil au darwinisme social et certains passages de ses dernières œuvres étaient ouvertement racistes. Il ne s'agissait certes pas d'une idéologie nationaliste et meurtrière, puisqu'elle ne privilégiait aucune ethnie existante, mais parlait d'une race à construire à partir des meilleurs « sangs », y compris le « sang juif », vanté comme l'un des plus remarquables [1]. Cependant, isoler ce dernier trait pour en faire la preuve d'une incompatibilité fondamentale avec le nazisme, comme le fait Guéneau, semble léger. Nietzsche ayant interrompu son travail peu après ces premières considérations racistes, le 3 janvier 1889 – trois mois avant la naissance de Hitler... –, pour sombrer dans la folie, et étant mort en 1900, à l'âge de cinquante-six ans, sans avoir repris la plume, nul ne devrait se hasarder à supputer comment il aurait pu réagir vers 1920, non encore octogénaire, à la révolution russe et à la diffusion consécutive des *Protocoles*. Mais surtout, il avait ouvert des brèches, par où d'autres pouvaient s'engouffrer. Ainsi il est peu démonstratif, comme le fait encore Yves Guéneau, de relever que dans *Mein Kampf* son nom ne figure pas, pour en inférer une grande distance entre les deux auteurs. Il y a très peu de noms de penseurs dans *Mein Kampf*, et il est plus que probable que Hitler, grand lecteur, avait lu Nietzsche, écrivain très diffusé dans le monde germanique à la veille de la première guerre [2]. Il ne faut pas non plus sous-estimer son influence indirecte, puisque tous les penseurs de la « révolution conservatrice » en étaient nourris et aussi très probablement, comme Dupeux et Guéneau

---

1. Cf. Yves Guéneau, *ibid.*, p. 284-285.
2. Kubizek, qui présente Hitler comme un boulimique de lecture, ne cite que deux noms de philosophes lus par lui : Schopenhauer et Nietzsche (*op. cit.*, p. 196).

oublient de le remarquer, une bonne part des « völkisch ». Qu'elle résulte d'une influence directe, d'une contamination indirecte ou d'une coïncidence, la parenté d'un grand nombre de pages de Nietzsche avec un grand nombre de pages de *Mein Kampf* est flagrante et Hitler a été pour le moins encouragé par ce glorieux exemple dans son rejet de tout frein moral. Ce qui ne permet pas plus de faire porter à Nietzsche le poids des crimes nazis qu'à Jésus de Nazareth celui de l'Inquisition. Il est certes probable que s'il venait aujourd'hui faire un bilan du siècle, Nietzsche serait plus flatté d'avoir inspiré un Churchill, un de Gaulle ou même son grand admirateur Mussolini, que Hitler. Mais nierait-il pour autant avoir influencé celui-ci ? Ce serait une lâcheté peu digne d'un penseur qui ne bornait pas la liberté d'expression de l'aristocrate en fonction du risque d'être mal compris du vulgaire. Il faudrait cesser une bonne fois de protéger les réputations jusqu'au négationnisme, et de nous présenter un Hitler né de génération spontanée, ou tout au plus engendré par la lignée des marginaux, des maudits et des loufoques qui court de Gobineau à Le Bon[1] en passant par Lagarde, Chamberlain et Vacher de Lapouge[2].

Soyons donc fidèles à l'idéal de liberté qui a, malgré tout, été légué par le xxᵉ siècle au suivant : Hitler a beaucoup puisé dans la foisonnante critique de la modernité, dont l'Allemagne était l'épicentre et Nietzsche le prophète le plus radical, et il porte, de l'usage qu'il en a fait, la responsabilité entière.

Et puis, quel mal y a-t-il à supposer que Hitler est un enfant de Nietzsche ? Creuser cette piste, au contraire, c'est enrichir notre connaissance de l'un et de l'autre. Le silence de Hitler à son sujet, loin d'être une preuve d'indifférence, cache peut-être au contraire un intérêt des plus vifs. Mais il nous faut à présent laisser cette question qui sera reprise au dernier chapitre.

Pendant tout le xixᵉ siècle, l'Allemagne proteste contre le progrès. Cette protestation ne produit ni n'empêche rien. Elle semble au contraire souligner la majesté d'une inexorable transformation. Si elle crie plus fort que l'Angleterre ou la France, c'est tout bonnement que l'Allemagne se transforme plus vite. Loin d'être uniment malsain, le phénomène pourrait aussi bien être considéré comme salubre. Que seraient des couches moyennes qui se laisseraient prolétariser sans une plainte ? Quelle explosion ne serait pas à redouter d'une rage longtemps contenue ? L'Allemagne wilhelminienne, loin d'être une attardée de la démocratie, ne pourrait-elle être considérée à cet égard comme le phare du siècle commençant, comme un pays ouvert, où le débat politique débouche en toute liberté sur un consensus, la droite et la gauche contenant leurs

---

1. Sociologue français dont les études critiques sur le maniement des foules, parues dans les années 1890, ont inspiré plus d'un dictateur (1841-1931).

2. Cet anthropologue français est le principal théoricien de la race « nordique » et de sa supériorité (1854-1936).

extrêmes sans leur fermer la bouche, et les différentes couches sociales trouvant des satisfactions qui compensent leurs frustrations ? Les nobles gardent le décorum impérial et un quasi-monopole sur les commandements militaires, la grande bourgeoisie se lance impétueusement sur les traces de sa concurrente anglaise, les petits-bourgeois déclassés se reclassent dans l'élan de la croissance économique et culturelle, les ouvriers préfèrent la proie du réformisme à l'ombre du grand soir.

La guerre mondiale dérange, on l'a vu, tout cela. Elle est au principe de la transformation de la personnalité de Hitler et de son destin. Mais là encore, point de fatalité. Le chaos de l'immédiat après-guerre – conditionné par l'agression versaillaise, grosse d'une rage impuissante que la proximité soviétique colore d'une touche d'angoisse – est, tout bien pesé, assez maîtrisé voire, à quelques paroxysmes près, bon enfant. La subversion donne infiniment plus dans le défoulement, verbal ou artistique, que dans le massacre, et les combats de rue, passé le printemps 1919, font plus de bleus que de morts. Une authentique stabilisation, entre 1924 et 1930, suivra cette ère troublée. Elle a certes mis en branle les potentialités de Hitler, mais n'aurait pas mené vers un déchaînement de l'*hybris* si cette personnalité n'avait justement été propre à faire surgir l'improbable.

En 1924, Hitler subit une véritable métamorphose. Obsédé par l'idée d'une revanche contre la France, tout heureux de trouver dans le rôle des Juifs à la fois l'explication de la défaite et le moyen, en les attaquant, de la contester, il s'était lancé en 1919 dans un combat assez peu subtil, à base d'agressivité verbale et physique, cherchant fébrilement, de Kapp à Ludendorff, un nom qui ralliât les forces nationalistes, pour mener une revanche considérée comme urgente et imminente. Le matin du 9 novembre, il n'a peut-être plus d'autre ambition que d'être un martyr qui, ayant préféré une mort glorieuse à une vie d'esclave, inspirera plus tard des émules. Sa survie même le stimule. Si les balles l'ont épargné, c'est que sa « mission » était un peu plus large. En se laissant arrêter, il expose une deuxième fois son corps : la Reichswehr qu'il a défiée, et le gouvernement des « criminels », auraient bien des raisons, et tous les prétextes légaux, pour le faire exécuter après un procès rapide. S'ils ne le font pas et si le procès, tenu à loisir, lui fournit une extraordinaire tribune, il ne peut qu'en conclure que ces gens sont des lâches et des inconséquents. D'où la phrase citée plus haut : « Il est peut-être bon qu'une période s'écoule. » L'affirmation suivante, qu'il faudra peut-être des siècles avant qu'on lui rende justice, n'est peut-être pas aussi sincère. N'est-il pas déjà en train d'essayer d'endormir la méfiance ?

Non moins éclairant est le bilan qu'il tire onze ans plus tard, à la Bürgerbräukeller. Le discours commémoratif du 8 novembre est devenu l'un des grands rites nazis et en 1935, après trois années de pouvoir, le Führer met en perspective le rôle du putsch manqué dans une phrase lourde de sens :

Le destin a voulu notre bien. Il n'a pas permis le succès d'une action qui, si elle avait réussi, aurait nécessairement fini par sombrer en raison de l'immaturité du mouvement et de ses bases organisationnelles et spirituelles insuffisantes. Nous le savons aujourd'hui. Nous agissions alors avec courage et virilité. Mais la Providence a agi avec sagesse.

La maturation va, on le sait, être rapide, mais il importe d'en distinguer soigneusement les deux temps. Avant de conter les années 1925-30, où le parti renaît de ses cendres et conquiert une audience nationale, il faut scruter attentivement les mois de prison. Hitler appelait Landsberg son « stage à l'université aux frais de l'Etat[1] ». Les changements considérables de son langage et de son comportement invitent à prendre la boutade au sérieux. La stratégie s'élabore et l'idéologie se précise, à la fois dans sa formulation et dans sa fonction.

Jusque-là, sur la plan de la politique extérieure, Hitler reprochait surtout à Guillaume II de s'être mis sur les bras trop d'ennemis. Si on décidait, comme lui, de défier l'Angleterre sur les mers, il fallait s'assurer l'alliance russe. Inversement, si on voulait agrandir l'Allemagne sur le continent européen, il fallait ménager l'Angleterre en renonçant clairement à toute ambition maritime ou coloniale. La présentation de ces deux possibilités sur le même plan va faire place, en 1924, à une option définitive.

C'est alors que la notion d'« espace vital » est mise au point, avec la collaboration de Rudolf Hess et de son professeur de géopolitique, Karl Haushofer – un ancien général. Hitler opte définitivement pour une expansion vers l'est, aux dépens de la Russie, le corollaire étant la recherche d'une entente avec l'Angleterre et, du côté de la France, la perspective d'une « explication définitive » qui ruine la force militaire du pays sans déboucher sur une extension territoriale à son détriment.

Combinée à la notion d'« espace vital », la leçon des *Protocoles* entre en réaction, dans son cerveau passionné, avec la préoccupation qui avait déjà fait monter l'antisémitisme à un degré élevé : le souci de relever l'Allemagne de sa défaite. Hitler lie le tout et dégage une cohérence, cette fois définitive : l'Allemagne mise à terre par les Juifs se tournera vers la Russie pour y détruire l'œuvre maléfique, mais *pour son propre compte* et non pour celui des Slaves, ces sous-hommes. Il y a donc, à Landsberg, une véritable radicalisation, une nouvelle révolution, aussi forte et lourde de conséquences que celle qu'avaient apportée les *Protocoles*. Nous reviendrons sur les débats soulevés par cette question (cf. *infra*, ch. 15).

Cette irruption de « l'espace vital » est grosse elle-même, si l'on ose dire, d'un affinement de l'idéologie raciste. On passe d'un racisme essentiellement antisémite, exaltant la race aryenne, définie surtout comme

---

1. Cf. H. Frank, *op. cit.*, p. 140.

« nordique » et « à peau claire », à une savante hiérarchie de l'ensemble des races. Aux dépens, principalement, des Slaves.

Ce racisme universel, avant d'autoriser toutes sortes d'exactions contre les personnes, fait d'abord violence à la réalité objective. Rien ne le montre mieux qu'une page de *Mein Kampf* consacrée au Japon. La rapidité avec laquelle il a, depuis 1868, assimilé les techniques occidentales est l'irréfutable preuve... d'une vieille influence aryenne :

> Si, à partir d'aujourd'hui, l'influence aryenne cessait de s'exercer sur le Japon, en supposant que l'Europe et l'Amérique s'effondrent, les progrès que fait le Japon dans les sciences et la technique pourraient continuer pendant quelque temps ; mais, au bout de peu d'années, la source tarirait, les caractères spécifiques japonais reprendraient le dessus et sa civilisation actuelle se pétrifierait, retomberait dans le sommeil d'où l'a tirée, il y a soixante-dix ans, la vague de civilisation aryenne. On peut en conclure que, de même que le développement actuel du Japon est dû à l'influence aryenne, de même, dans les temps très anciens, une influence étrangère et un esprit étranger ont éveillé la civilisation japonaise de cette époque reculée. La meilleure preuve à l'appui de cette opinion est qu'ensuite elle s'est ankylosée et s'est complètement pétrifiée. Ce phénomène ne peut se produire chez un peuple que lorsque la cellule créatrice originelle a disparu ou bien quand a fini par faire défaut l'influence extérieure qui avait donné l'élan et fourni les matériaux nécessaires au premier développement de la civilisation. S'il est prouvé qu'un peuple a reçu de races étrangères les éléments essentiels de sa civilisation, se les est assimilés et les a mis en œuvre, mais s'est ensuite engourdi quand l'influence étrangère a cessé de s'exercer sur lui, on peut dire que cette race a été *dépositaire de la civilisation* mais non qu'elle a *créé la civilisation*. (p. 318)

Ainsi la civilisation est une véritable entité métaphysique, une grâce accordée par un dieu injuste à une « race » et rigoureusement intransmissible. Hitler n'en dit pas plus. Il suppose que la civilisation est venue aux Japonais par une « très ancienne » influence ; il n'ose même pas écrire : une influence aryenne, mais le sous-entend clairement. Quelque mystérieux échange avec l'Inde du Nord, vers 1500 avant J-C, ferait l'affaire, mais nous n'en saurons pas davantage. Ce qui est clair, c'est que l'idée commune suivant laquelle le Japon a reçu de la Chine l'essentiel de ses techniques, et quelques traits fondamentaux de sa culture, par une influence diffuse de plus d'un millénaire, n'a pas l'aval de l'auteur, et qu'il n'ose s'y attaquer de front. Il « prouve » l'influence aryenne par son exact contraire : l'excellence atteinte au cours de l'histoire par les peuples les plus divers sous les cieux les plus éloignés. Puisqu'excellence il y a, c'est bien la preuve que des Aryens sont passés par là !

Cet exemple montre une fois de plus combien Hitler est à la fois conditionné par les préjugés de son temps, et original dans sa manière de les combiner en système. Il reprend un lieu commun qui aura la vie dure, celui du « Japonais imitateur », et le pousse à des conséquences caricaturales, que nul n'avait imaginées avant lui.

Sur l'origine de la supériorité aryenne, on chercherait vainement dans *Mein Kampf* une explication rationnelle, comme celle que le discours d'août 1920 s'était longuement efforcé d'élaborer, à la manière de Darwin et suivant des présupposés matérialistes. La lutte pour la survie dans des étendues glacées, rendant les peuples à la fois plus forts et plus capables de « vie intérieure », n'est pas mentionnée. L'origine nordique des Aryens fait place à une ubiquité qui ne privilégie plus aucun point cardinal. Toute discussion historique à cet égard serait « une vaine entreprise » et « il est plus simple de poser la question en ce qui concerne le présent » (p. 289). Certes ! Mais on aurait tort de se borner à en rire. Hitler, ici, n'est pas seulement un charlatan de la pensée qui dissout par le verbe une difficulté théorique. Il est aussi trois autres choses : un chef de parti épris d'action, qui écarte de son chemin les discutailleurs ; un manipulateur hors pair, qui va encourager toutes sortes d'écoles rivales en ne prenant jamais nettement parti entre elles et en favorisant l'une ou l'autre au gré des besoins de sa tactique – ainsi Rosenberg, qui s'accroche à la théorie « nordique » et en fera, en 1930, la base de son *Mythe du XXᵉ siècle*, sera un homme important de l'appareil, mais contrôlable et désavouable à volonté ; enfin, en privilégiant, dans l'étude de l'histoire, l'observation du présent pour en déduire le passé, Hitler manifeste une option philosophique précise, suivant laquelle l'esprit gouverne la matière. Il s'est définitivement dégagé du matérialisme.

Son idée d'une intangible prédestination des races invite à méditer sur le parallèle, souvent esquissé, entre Hitler et Calvin, car le Français réfugié à Genève avait, au sujet du salut individuel, produit un schéma identique. Quoi qu'il en soit d'une possible influence, le plus important, pour comprendre comment fonctionne l'esprit du Führer, est de remarquer l'existence et l'importance de sa croyance en une « providence ». On le présente trop souvent comme un cynique voyant dans les Eglises un simple instrument de contrôle et de moralisation des masses et dépourvu lui-même de toute foi, ou encore comme un païen dont l'objectif final aurait été de ressusciter le vieux panthéon germanique. Ce dernier servait surtout pour le décorum, de même que dans les opéras du chrétien Wagner. Hitler était infiniment plus marqué par le christianisme que par toute autre idéologie religieuse. Ce qui ne veut pas dire qu'il fût très catholique. Si sa théorie de la prédestination des races évoque le calvinisme, le conflit entre Juifs et Aryens emprunte au manichéisme.

Le plus curieux est assurément la révérence de l'auteur de *Mein Kampf* devant Jésus-Christ. On la trouve le plus souvent négativement, lorsqu'il refuse tout combat contre les Eglises, mais aussi, à un endroit, positivement (p. 336) :

> La doctrine religieuse des Juifs est avant tout une instruction tendant à maintenir la pureté du sang juif et un code réglant les rapports des Juifs entre eux, et surtout ceux qu'ils doivent avoir avec le reste du monde (...). La vie [du Juif] n'est que de ce monde et son esprit est aussi profondément étranger au vrai christianisme que son caractère l'était, il y a deux mille ans, au grand fondateur de la nouvelle doctrine. Il faut admettre que celui-ci n'a jamais fait mystère de l'opinion qu'il avait du peuple

juif, qu'il a usé, lorsqu'il le fallut, même du fouet pour chasser du temple du Seigneur cet adversaire de toute humanité, qui alors, comme il le fit toujours, ne voyait dans la religion qu'un moyen de faire des affaires. Mais aussi le Christ fut pour cela mis en croix, tandis qu'on voit aujourd'hui le parti politique chrétien se déshonorer en mendiant pour les élections les voix des Juifs (...).

En disant du bien du Nouveau Testament par rapport à l'Ancien, Hitler montre un reste de tendresse pour le catéchisme de son enfance, pour la religion de sa mère. Il engrange au passage un bénéfice politique, celui de ménager les masses chrétiennes d'Allemagne. Mais il ne lit pas mieux ce livre que les autres, il y prend ce qui l'intéresse et l'accommode à sa sauce, quitte à le rendre méconnaissable. Tout en s'affirmant chrétien à sa manière, il donne des leçons à Dieu, estimant sa création imparfaite et s'offrant à y mettre la touche finale : subrepticement la fidélité à la « nature », qui fait mourir les faibles, se mue en une volonté d'accélérer le processus. On retrouve là le côté christique de Hitler : du christianisme il retient aussi l'idée messianique, et s'il a cherché jusque-là un autre Messie dont il n'aurait été que le Jean-Baptiste, il est clair qu'après l'ordalie du putsch il pense désormais incarner lui-même l'envoyé du Ciel.

Le meurtre des handicapés est d'ailleurs, lui aussi, une nouveauté, car un tel projet n'apparaissait pas dans les discours d'avant le putsch, alors qu'il affleure fréquemment dans le premier tome de *Mein Kampf*. Dès la page 29, à propos des misérables familles ouvrières observées à Vienne pendant sa jeunesse, il pose en principe qu'il ne faut pas s'acharner à amender leurs rejetons dégénérés :

> (...) j'étais gardé de capituler en quelque pitoyable sentimentalité à la vue des produits, résultat final de ce processus de dégradation. Et il m'apparaissait que seul un double chemin pouvait conduire à l'amélioration de cet état :
> *Etablir des bases meilleures de notre développement en s'inspirant d'un profond sentiment de responsabilité sociale.*
> *Anéantir avec une décision brutale les rejetons non améliorables.* (Souligné par Hitler)

Ailleurs, il se plaint qu'on se sente, dans l'Allemagne de son temps, obligé de « conserver tous les êtres, même les plus misérables » (p. 274). Cela lui paraît un fâcheux « correctif à la volonté divine » (p. 147). On peut relever cependant qu'à cet égard le tome 1, paru en 1925, est plus clair et menaçant que le second, deux ans plus tard, qui revient longuement sur les handicapés mais ne parle que de les stériliser, moyennant quoi la régénération de la race pourrait prendre « six cents ans » (p. 448). Il se pourrait donc que ses studieuses veilles de prisonnier l'aient amené à radicaliser sa pensée, en envisageant froidement le meurtre de ses compatriotes handicapés, dans lequel il devait se lancer effectivement au début de la guerre, puis que ses premières années de liberté l'aient rendu plus prudent et l'aient amené à édulcorer ses déclarations publiques.

C'est aussi pourquoi, sans doute, son « second livre », rédigé en 1928, découvert et exploité dans les années 60 par les historiens « programmo-logues » qui y voient l'aboutissement et la formulation définitive de ses plans, ne sera pas publié.

Outre la systématisation du racisme et une certaine clarification de ses présupposés religieux, *Mein Kampf* contient une vision de l'histoire récente fondant une déclaration de candidature à la direction de l'Alle-magne, par une critique au moins indirecte, et souvent explicite, de celui qui l'a orientée après Bismarck. Lu sous cet angle, et confronté avec l'histoire du règne de Guillaume II, le livre offre des clartés nouvelles sur les procédés de gouvernement du Troisième Reich.

On a déjà mentionné la critique de l'hésitation wilhelminienne entre l'alliance anglaise et l'alliance russe. Dans cette matière comme dans les autres, il est frappant que le futur dictateur approuve les impulsions de l'empereur déchu, et l'accuse plus d'avoir manqué de suite dans les idées que de n'en avoir pas eu ou d'en avoir eu de mauvaises.

Commençons par une question classique, la comparaison entre Hitler et Bismarck. Un livre non moins classique, du Suisse Henry Vallotton, par ailleurs biographe de Bismarck et non de Hitler, a fixé en 1954 les principaux canons : Bismarck, joueur d'échecs, savait s'arrêter ; Hitler, joueur de poker, ne le savait pas [1]. J'ai montré ailleurs que le chancelier Hitler calculait ses coups avec au moins autant d'avance que son devan-cier, connaissait les limites qu'il était dangereux de franchir et excellait à s'arrêter pile devant elles [2]. A présent, commentant *Mein Kampf*, je relève que son admiration pour Bismarck, et sa propension à mettre ses pas dans les siens, connaissaient de sévères limites.

Sans le dire aussi nettement, il admire plus, dans le « Chancelier de Fer », le père de l'unité allemande, couronnant l'œuvre du roi Frédéric II qui avait fait de la Prusse une puissance (p. 104), que celui qui a bourgeoi-sement géré les résultats obtenus, entre 1871 et 1890. Il le laisse entendre par exemple lorsqu'il brocarde longuement l'une de ses réussites diploma-tiques les plus célèbres, la Triple Alliance nouée en 1882 avec l'Autriche-Hongrie et l'Italie. Lorsqu'il l'appelle un « chef-d'œuvre de diplomatie » (p. 140), c'est ironiquement. Elle était justifiable à la rigueur par l'habileté de Bismarck, et aussi par le fait qu'à son époque l'Autriche était moins « slavisée » que sous Guillaume II :

> (...) Un Bismarck pouvait se permettre de recourir à ce pis-aller, mais aucun de ses successeurs malhabiles ne le pouvait plus et encore moins à une époque où les bases essentielles de l'alliance voulue par Bismarck n'existaient plus : car Bismarck pouvait encore voir dans l'Autriche un Etat allemand. Mais l'introduction graduelle du suffrage universel avait abaissé ce pays régi suivant les règles parlementaires à un état chaotique n'ayant plus rien d'allemand. (p. 160)

---

1. *Bismarck et Hitler*, Paris, La Table Ronde, 1954.
2. Cf. F. Delpla, *La ruse nazie*, Paris, France-Empire, 1997, ch. 12.

Bismarck fait l'objet d'une seule critique directe, mais de grande portée : il avait mené en dépit du bon sens la lutte contre le socialisme, ne se fiant qu'à la bureaucratie d'Etat. « Il manquait la plate-forme d'une nouvelle conception philosophique pour le triomphe de laquelle il eût fallu mener le combat » (p. 189).

A partir de 1890, donc, alors que la population allemande s'accroissait de « 900 000 âmes » par an (p. 142), quatre solutions s'offraient : la limitation des naissances et la colonisation intérieure, que Hitler dénonce comme contraires aux « intérêts de la race » et que Guillaume II n'adopta pas – la première pour des raisons morales que l'auteur ne juge pas, la deuxième pour ne pas paraître attenter à la grande propriété, ce qu'il juge futile ; restaient la « conquête économique » et la « conquête territoriale », entre lesquelles l'empereur oscilla, pour pencher finalement vers la première, non point peut-être de son plein gré, mais avant tout parce qu'il n'avait su prendre des mesures énergiques contre les ennemis intérieurs.

Curieusement, ici, point d'hydre juive multiforme qui sape méthodiquement le moral de la nation, mais un assemblage de causes variées et peu reliées entre elles. On s'était laissé amollir dans les affaires économiques. On était d'une insondable naïveté, en parlant sincèrement de paix alors que l'étranger ne le faisait que tactiquement. Le « marxisme » (et non, on le notera, « le Juif ») propageait des idées pacifistes. On manquait surtout de poigne et de lucidité. Bref, d'un chef.

On se trompe quand on fait de Hitler un idéologue politique, adversaire par principe de la démocratie et ne jurant que par la dictature, ou encore ennemi des Lumières et soucieux de prendre une revanche, à l'échelle européenne, sur la Révolution de 1789. Avant certains historiens, des hommes politiques sont tombés dans cette erreur, tels les Français Pétain et Laval qui, n'ayant pas eux-mêmes de convictions politiques bien solides, se sont mis à jouer les contre-révolutionnaires sitôt après l'armistice de 1940, en pensant obliger Hitler à les aimer et à les ménager. C'était méconnaître non seulement sa volonté d'écraser la France, mais aussi son pragmatisme et son éclectisme. Loin d'être un traité du bon gouvernement, *Mein Kampf* est un volcan qui, pour concourir à ce qui est présenté comme l'intérêt allemand, crache des laves fort disparates. Ainsi le parlement de Vienne au temps des Habsbourg, entre autres sarcasmes, fait l'objet d'une comparaison désavantageuse avec celui de Londres, présenté, lui, en termes élogieux (p. 74). On ne distingue pas toujours très bien s'il lui reproche d'être un parlement, ou un article d'importation.

De même, dans le paragraphe où Hitler expose le plus nettement sa conception du pouvoir et sa candidature à celui-ci, on rencontre de manière quelque peu inattendue le mot de démocratie :

A cette conception [le parlementarisme] s'oppose celle de la véritable démocratie allemande, dont le chef librement choisi doit prendre sur lui la responsabilité entière de tous ses faits et gestes. Une telle démocratie n'admet pas que les différents problèmes soient tranchés par le vote d'une majorité ; un seul décide, qui répond ensuite de sa décision sur ses biens et sur sa vie.

Si on objecte à cela que, dans de pareilles conditions, il serait difficile de trouver un homme prêt à se consacrer à une tâche comportant de tels risques, il n'y a qu'une seule réponse à lui faire : (...) la crainte de la responsabilité qu'on doit assumer écartera les incapables et les faibles.

Si néanmoins il arrive qu'un pareil individu cherche à se faufiler au pouvoir, on peut le démasquer facilement et lui crier sans ménagement : arrière, lâche voyou ! Retire ton pied, tu souilles les marches ; car seuls entrent au panthéon de l'histoire les héros et non les intrigants. (p. 99-100)

Le passage suivant, extrait de la narration de son apprentissage politique dans les tribunes du parlement de Vienne, est l'un des rares où Guillaume II soit nommé, et on constatera que Hitler répugne à le juger, concentrant le tir sur ses adversaires. Le blâme est néanmoins apparent, et implicite l'annonce qu'il fera, lui, autrement :

Comme je l'avais toujours fait, je suivais aussi à Vienne, et avec la plus grande passion, tout ce qui se passait en Allemagne (...) Je n'approuvais pas, à cette époque, la lutte menée contre Guillaume II. Je voyais en lui non seulement l'empereur d'Allemagne, mais surtout le créateur de la flotte allemande. L'interdiction que le Reichstag avait signifiée à l'empereur de prononcer des discours politiques me révoltait au dernier degré (...) En une seule session, ces oies mâles caquetaient dans leur parlement plus d'absurdités que n'aurait pu le faire, pendant des siècles, toute une dynastie d'empereurs, y compris les numéros les plus faibles d'esprit de la série. (p. 57)

Un peu plus loin, il prend des distances encore plus nettes. Si le parlement d'avant 1914 était mal placé pour le critiquer, l'empereur était critiquable, essentiellement parce qu'il refusait de vivre avec son temps. C'est bien le dictateur moderne, appuyé sur les masses, qui s'annonce ici :

Je suis très reconnaissant au destin de m'avoir fait étudier cette question pendant que j'étais encore à Vienne, car il est probable qu'en Allemagne à la même époque je l'aurais tranchée trop aisément. Si j'avais senti tout le ridicule de cette institution que l'on nomme « parlement » à Berlin d'abord, je serais sans doute tombé dans l'excès inverse et me serais rangé, pour des raisons excellentes en apparence, du côté de ceux qui ne voyaient le salut du peuple et du Reich que dans un renforcement de la puissance et de l'idée impériales, et qui ainsi restaient étrangers à leur époque et aux hommes. (p. 85)

Guillaume II était un empereur absolutiste égaré dans l'univers libéral de la fin du XIXe siècle. Ainsi se vantait-il de n'avoir jamais lu la constitution[1]. On a raillé à juste titre son goût des uniformes et des parades militaires. Hitler n'est sans doute pas loin de partager ce point de vue... non par haine des uniformes et encore moins des parades, mais parce

---

1. Cf. Marc Blancpain, *Guillaume II*, Paris, Perrin, 1998, p. 192.

qu'à ses yeux il eût fallu cultiver moins superficiellement et plus intelligemment les vertus militaires.

L'armée fut, comme on sait, sa famille d'élection et il voit en elle le creuset par excellence de la nation. Le parti socialiste en est l'antithèse. Or Guillaume II s'est beaucoup répandu, en paroles, contre ce dernier, qui a fini par jouer un grand rôle dans son abdication. C'est qu'il avait manqué au début de la guerre, écrit Hitler, une occasion merveilleuse de s'en débarrasser, puisque l'enthousiasme guerrier des masses donnait radicalement tort à leur propagande internationaliste de naguère. Il commence par reprocher au gouvernement d'avoir pris d'absurdes mesures pour tempérer l'enthousiasme que soulevaient les premières victoires, puis il enchaîne sur la répression immédiate qu'il eût fallu déclencher :

> Je connaissais trop bien la psychologie des grandes masses pour ne pas savoir qu'en pareil cas, ce n'était pas avec un état d'âme « esthétiquement » très élevé que l'on pouvait attiser le feu qui maintiendrait chaud ce fer. A mes yeux, c'était une folie de ne point faire tout ce qui était possible pour augmenter le bouillonnement des passions : mais il m'était tout simplement incompréhensible que l'on enrayât celui qui, par bonheur, était créé.
>
> Ce qui m'irritait en second lieu, c'était la façon dont on estimait convenable de prendre position à l'égard du marxisme. A mon avis, on démontrait seulement ainsi que l'on n'avait pas la moindre notion de ce qu'était cette pestilence. On s'imaginait très sérieusement qu'en prétendant supposer l'union des partis, on pouvait amener le marxisme à la raison et à la réserve.
>
> (...)
>
> C'eût été le moment de prendre des mesures contre toute la fourbe association de ces Juifs empoisonneurs du peuple. (...) Tandis que les meilleurs tombaient sur le front, on aurait pu tout au moins s'occuper, à l'arrière, de détruire la vermine.
>
> Mais au lieu de cela, Sa Majesté l'empereur tendit la main aux anciens criminels et accorda son indulgence aux plus perfides assassins de la nation, qui purent ainsi reprendre leurs esprits. (p. 185-86)

Ces lignes sont, sur le plan historique, très discutables, qu'il s'agisse des possibilités et des opportunités d'août 1914 ou de la précocité, tant des idées de Hitler sur ce sujet que de son intérêt pour les lois de la psychologie collective. Mais pour ce qui est du futur, le programme implicitement présenté ici sera respecté à la lettre. Hitler propose un remède de cheval contre la défaite, consistant à fermer brutalement la bouche de ceux qui ne veulent pas une revanche, ou qui pourraient entraver la délicate besogne des propagandistes chargés de fabriquer et d'entretenir l'enthousiasme.

Un autre passage, qui dit au fond la même chose, a acquis une célébrité bien plus grande après 1945, en raison de la méthode préconisée pour « détruire la vermine » :

> Si l'on avait, au début et au cours de la guerre, tenu une seule fois douze ou quinze mille de ces Hébreux corrupteurs du peuple sous les gaz empoisonnés que

des centaines de milliers de nos meilleurs travailleurs allemands de toutes origines et de toutes professions ont dû endurer sur le front, le sacrifice de millions d'hommes n'eût pas été vain. Au contraire, si l'on s'était débarrassé à temps de ces douze mille coquins, on eût peut-être sauvé l'existence d'un million de bons et braves Allemands pleins d'avenir. (p. 775)

Considéré dans son contexte, ce passage (dont il faut signaler qu'il fait partie du second tome, et des pages ultimes de l'œuvre) n'a rien d'un programme de gazage de la totalité des Juifs européens accessibles, lors de la guerre de revanche, aux filets de la police et de l'armée allemandes. Le massacre dont l'idée est ici caressée est incomparablement plus restreint, dans son étendue comme dans sa durée. Il ne concerne que des Allemands adultes et instruits. Il est plus prémonitoire par l'état d'esprit qu'il révèle que par la technique qu'il préconise. La mort des Juifs, et son moyen, évoquent et équilibrent le sort des Allemands victimes de la guerre. C'est aussi, pour Hitler, une affaire personnelle, puisqu'il a subi dans sa chair l'effet des gaz et l'indique dans son livre, en ajoutant que la guérison de sa blessure a coïncidé avec sa décision de faire de la politique pour préparer la revanche. Il n'y a donc pas ici une prophétie dévoilant le projet d'utiliser le Zyklon B, mais un jalon dans la lente gestation de cette idée.

Enfin, la présentation du règne de Guillaume II comme un gâchis monumental, jointe à tout ce qui est dit des méthodes juives de dissolution du moral des peuples, eût permis à un esprit attentif de prévoir un aspect essentiel des méthodes gouvernementales nazies : l'art de discréditer ceux qu'on voulait perdre au moyen de dossiers de basse police opportunément exhumés.

Les passages sur la sexualité abondent dans *Mein Kampf*. Ils présentent, par rapport au discours d'août 1920 et même au premier texte antisémite de septembre 1919, une continuité remarquable : le Juif est un affairiste du sexe, qui lui sert non seulement de source de revenu, fût-ce en exploitant sa propre famille, mais d'arme pour tuer l'esprit national, abâtardir la race et ruiner la santé des pays qu'il parasite. C'est ainsi que sa presse est passée maîtresse dans l'art de salir les gens qui lui déplaisent :

(...) Il faut étudier spécialement chez les Juifs l'infamie qui consiste à déverser d'un seul coup et de cent poubelles à la fois, comme à l'appel d'une baguette magique, les plus basses et les plus honteuses calomnies sur le vêtement immaculé d'un homme d'honneur : alors on pourra révérer comme ils le méritent ces dangereux voyous des journaux.

Il n'est rien dont ne soient capables ces chevaliers d'industrie de la pensée, pour en venir à leurs fins odieuses.

Ils vont jusqu'à s'introduire dans les affaires de famille les plus secrètes ; ils fouinent jusqu'à ce que leur instinct de chercheurs de truffes leur ait fait trouver quelque pitoyable événement, capable de porter le coup de grâce à leur malheureuse victime. S'ils ne trouvent absolument rien, malgré tout leur flair, ni dans la vie publique ni dans la vie privée, les gaillards ont simplement recours à la calomnie (...). (p. 93)

Si nous rapprochons cette page de celle, déjà citée, professant qu'il faut, à l'exemple du Juif, faire taire tout scrupule dans la « lutte à mort » qui doit être livrée contre lui, nous y trouvons l'annonce des méthodes que la Gestapo emploiera contre Röhm en 1934 ou contre les généraux von Blomberg et von Fritsch en janvier 1938, plus sûrement que, dans le fantasme d'une asphyxie préventive de quelques milliers de notables juifs en 1914, la préfiguration des chambres à gaz. Mais il y a plus encore, si l'on se souvient du plus grand scandale qui avait marqué le règne de Guillaume II : en 1904-1905, il avait dû se séparer d'un de ses familiers, Eulenburg, en raison de son homosexualité, brutalement révélée. Mais on ne pouvait ici mettre en cause les Juifs et « leur » presse, car les journaux n'avaient servi que de truchement pour les manœuvres d'un autre clan de la cour. Là encore, donc, Hitler prend ses distances avec le précédent maître de l'Allemagne : il ne se laissera pas dicter sa conduite et les noms de ses collaborateurs, il prendra plutôt les devants, en jouant sur le moralisme des couches dirigeantes.

Enfin, ce florilège des passages importants de *Mein Kampf* ne saurait omettre un bref et célèbre paragraphe où l'auteur exprime la radicalisation de son antisémitisme :

> Si le Juif vient à l'emporter, avec l'aide de sa foi marxiste, contre les peuples de l'univers, alors son triomphe sera la danse mortuaire de l'humanité, alors cette planète évoluera de nouveau sans hommes dans l'éther, comme il y a des millions d'années. (p. 70)

Après sa sortie de prison, puisque, délivré par force de ses liens avec les officiers, il travaille pour son propre compte, Hitler va plus que jamais consacrer ses soins à se distinguer des forces de droite non nazies. Pendant sa captivité, les autres dirigeants n'avaient pas été capables de maintenir ce cap. Ils avaient, en particulier, dangereusement flirté avec le « parti raciste pour la liberté [1] », surtout implanté en Allemagne du Nord, et avec son leader Albrecht Graefe. Comme tous n'étaient pas d'accord, il s'était ensuivi d'âpres querelles de chefs et de clans et Hitler, qui en principe avait désigné Rosenberg pour assurer son intérim, finit par déclarer, en mai 1924 [2] qu'il renonçait, le temps de son incarcération, à tout rôle politique. Cet effacement facilita sa libération et aussi, puisque aucun dirigeant n'avait su s'imposer en son absence, la restauration rapide de son autorité. Le seul acquis durable datant de cette période est la chemise brune, nouvel uniforme SA institué le 17 mai 1924 sur l'ordre de Röhm, devenu chef des SA en l'absence de Göring le 1er avril [3].

---

1. « Raciste » traduit ici « völkisch », faute de mieux. Il s'agit de l'exaltation du « sang allemand » en une vision confuse, bien éloignée du systématisme qui conduit Hitler à postuler l'infériorité des « sangs » du voisinage, surtout oriental, et le caractère infectieux du « sang juif ».

2. Cf. J. Fest, *op. cit.*, p. 332.

3. Cf. H. Volz, *Daten...*, *op. cit.*, p. 95.

Lors de sa sortie, le 20 décembre 1924, Hitler retrouve en guise de parti un champ de ruines. Il est vrai qu'en un an le contexte politique a cessé de favoriser les extrémistes. Ce n'est pas une république faible qui consent à la libération anticipée de Hitler, mais un Etat consolidé, qui entend prouver sa force en pardonnant aux exaltés de la période précédente, non sans leur imposer de sévères limites. Une première passe d'armes avec les autorités en témoigne : reçu peu après sa sortie par le ministre-président Held, nouveau chef de l'exécutif bavarois, Hitler lui promet de respecter désormais la légalité, moyennant quoi l'interdiction du parti et celle de son journal sont levées ; mais, dès son premier discours, il se voit reprocher d'avoir appelé à la violence et, en conséquence, interdire de parler en public sur tout le territoire bavarois. Dans le reste de l'Allemagne, c'est l'interdiction même du parti nazi, prononcée à l'époque du putsch ou même auparavant, qui souvent persiste et ne sera levée qu'au bout de plusieurs années[1].

Alors, faut-il voir dans ce premier discours l'une de ces innombrables maladresses qu'on reproche à Hitler, au risque de rendre opaques les raisons de son ascension ? Il le prononce le 27 février 1925, au cours d'une réunion à la Bürgerbräukeller que le *Völkischer Beobachter* de la veille – jour de sa reparution – présente comme la « refondation » du parti. L'orateur réaffirme son hostilité aux Juifs et laisse entendre qu'en politique extérieure ses ambitions se sont élargies. Une éventuelle annulation du traité de Versailles n'empêcherait pas, dit-il, la « pollution du sang allemand » et on doit opposer au marxisme non seulement une doctrine supérieure, mais des « mesures brutales ». S'en prenant alors à Ludendorff qui s'est lancé dans une campagne anticatholique, Hitler lâche la formule qui va être invoquée pour le priver de tribune : « Dans certains cas il faut désigner un adversaire en en ayant un autre en vue[2]. »

Il n'est point sot, de la part du ministre-président, d'avoir vu là le passage le plus important du discours, et d'en avoir déduit que les protestations de loyalisme de Hitler à l'endroit de son gouvernement étaient peu sincères. On peut cependant se demander si, en l'absence de cette phrase, il n'aurait pas incriminé un autre passage, et surtout si Hitler pouvait se permettre, pour sa rentrée politique, un langage entièrement légaliste, qui aurait donné crédit à l'idée, déjà émise çà et là[3], qu'il avait trahi sa cause en échange de sa libération. En regard, il faut mesurer le bénéfice considérable de cette soirée : sans sortir de la légalité, il a récupéré d'un coup le terrain perdu le 9 novembre, en reprenant au cœur de Munich sa place de tribun charismatique, et en réaffirmant son autorité sur un parti dont les chefs, naguère à couteaux tirés, s'embrassent autour de lui après

---

1. En Prusse, une interdiction totale de prise de parole aura cours entre le 25 septembre 1925 et le 28 septembre 1928, et Hitler ne fera que le 16 novembre de cette année-là son premier discours au *Sportpalast* de Berlin (cf. H. Volz, *op. cit.*, p. 21-25).

2. Cf. J. Fest, *op. cit.*, p. 338.

3. Ce reproche lui est fait par les députés nazis du Landtag de Bavière en janvier (cf. J. Fest, *op. cit.*, p. 335).

son triomphe oratoire. La répression elle-même est relative, et dénote chez ses auteurs une persistante erreur : on croit que toute la force de Hitler réside dans son verbe et qu'en le privant de la parole, sans interdire son journal ni son parti, on le réduit à l'impuissance... alors qu'on lui offre l'occasion de renforcer sa stature politique en déployant d'autres facettes de son talent.

Gregor Strasser et Josef Goebbels sont les deux noms nouveaux qui apparaissent en ces années dans la direction du parti nazi. Commune au départ, leur position vis-à-vis de Hitler va diverger et conditionner leurs destins respectifs.

Strasser est un pharmacien de Landshut, en Basse-Bavière. Issu d'un milieu catholique petit-bourgeois, il a, dès 1920, rejoint le parti nazi en y faisant entrer sa section d'anciens combattants. Etant le premier à faire rayonner le parti hors de Munich, il est en quelque sorte, pour la région de Landshut, son premier *Gauleiter* (chef de région). A la tête d'une section de SA recrutée sur place, il a participé aux actions nazies à Munich en 1923, que ce soit le 1er mai ou les 8 et 9 novembre.

S'il faut en croire son frère Otto, de cinq ans son cadet et moins long-temps nazi que lui, Hitler le considérait assez pour déjeuner chez lui un dimanche d'octobre 1920 en compagnie de Ludendorff, et dut déjà ce jour-là supporter quelques divergences de vues. Tandis qu'il se répandait en tirades antisémites (qui paraîtront vraisemblables aux lecteurs de son grand discours d'août précédent), Gregor pour sa part insistait (mais moins qu'Otto) sur la composante socialiste du mouvement et niait que son « nationalisme » visât une politique de revanche et de conquête. Le « socialisme-national » devait au contraire devenir « l'âme d'une nouvelle Allemagne et d'une nouvelle Europe[1] ».

Au printemps de 1925, Hitler charge Strasser de diriger le parti « en Allemagne du Nord », avec de larges pouvoirs de décision. Un cadeau royal en apparence et, toujours en apparence, très dangereux pour le dona-teur. Le territoire de Strasser couvre la Prusse et les régions les plus peuplées d'Allemagne, l'autorité directe de Hitler ne s'exerçant que sur la Bavière et quelques Länder environnants. S'il réussissait dans sa tâche, l'apothicaire pourrait se rendre maître du parti lors d'un congrès. C'est bien ainsi, d'ailleurs, qu'il l'entend. Avec son frère, il fonde une revue théorique, puis une maison d'édition et il élabore, comme s'il n'y avait pas celui de 1920, un programme, visant à « l'harmonie dans tous les domaines[2] ». Pour les aider à diffuser leurs idées, ils engagent un journa-liste qui végétait dans la Ruhr au service d'un parlementaire du parti raciste, Joseph Goebbels : il se révèle vite un brillant orateur, doublé d'un grand technicien de la propagande.

1. Otto Strasser, *Hitler et moi, op. cit.*, p. 16.
2. *Ibid.*, p. 99.

Strasser réunit le 24 janvier 1925 à Hanovre ses chefs régionaux[1]. La direction du parti n'est représentée que par Gottfried Feder, et le nom de Hitler est copieusement chahuté, seul Robert Ley, Gauleiter de Cologne, prenant sa défense. Une question passionne alors l'opinion, celle de l'indemnisation des princes dépossédés de leurs biens en 1918. Elle vient d'être votée par le Reichstag et les partis de gauche tentent d'organiser un référendum pour s'y opposer. Strasser ce jour-là les rejoint, en dépit du fait que Hitler a dénoncé la manœuvre de la gauche comme une escroquerie de la « juiverie ». Pour faire bonne mesure, l'assemblée entérine une proposition de Strasser, d'après laquelle le parti renonce à viser le pouvoir par les voies légales et adopte une « politique de catastrophe ». Goebbels, qui tient un journal, y note alors sans déplaisir : « Il n'y a plus personne pour croire en Munich[2]. »

En réplique, Hitler convoque un congrès national dans le Sud, à Bamberg, pour le 14 février. Il écrase les contradicteurs[3] sous son éloquence et sa générosité. Strasser recule piteusement sur toute la ligne, bien content de garder ses journaux et sa maison d'édition. Plus tard, Goebbels se vantera d'avoir compris la grandeur de Hitler et de s'être rallié à lui dès ce jour-là ; ses adversaires ne le lui feront pas dire deux fois et le surnommeront « le traître du Bamberg[4] ». Devant une telle unanimité, les historiens ont tendance à suivre, jusqu'à ce que l'un d'eux vérifie l'information. C'est William Shirer qui, le premier, lut de près le journal de Goebbels et constata que son virage vers Hitler avait pris plusieurs semaines. Au début il reste partisan de Strasser et se montre dégoûté de l'humiliation que Hitler a infligée à cet homme « bon et honnête ». C'est une soirée à la Bürgerbräukeller, le 8 avril, qui semble avoir produit l'effet décisif. Hitler a invité personnellement Goebbels à y discourir avant lui, par une lettre reçue le 29 mars. C'est seulement à partir de cette date que les critiques contre le chef du parti cessent dans son journal. Il décrit avec des accents émus la soirée du 8, et tous les égards que Hitler a pour lui « malgré l'incident de Bamberg ». Le 13 enfin, après un nouveau discours de Hitler, il écrit tout simplement : « Je l'aime. »

Le 22 mai, sur la lancée de ces victoires et de ces débauchages, Hitler réunit à Munich une « assemblée générale » pour adopter de nouveaux statuts, sans doute uniques dans l'histoire mondiale des associations : le chef est certes élu, mais seulement par les adhérents de Munich, après quoi il dispose d'un pouvoir absolu de nomination des Gauleiters. C'est

---

1. Cf. I. Kershaw, *Hitler*, *op. cit.*, t. 11, p. 274.
2. Cf. J. Fest, *op. cit.*, p. 349.
3. Otto Strasser (*op. cit.*, p. 104) a induit en erreur un certain nombre d'historiens en prétendant que Hitler avait choisi un jour de semaine pour assurer une majorité à ses partisans, salariés par le parti, aux dépens des pauvres Gauleiters du Nord, à tel point que seuls Gregor Strasser et Goebbels auraient pu faire le déplacement. En fait tous les Gauleiters du Nord étaient là... et le 14 février était un dimanche (mise au point dans Fest, *op. cit.*, p. 356).
4. Ici encore, Heiden est le pionnier d'une déformation : *Naissance...*, *op. cit.*, p. 217. Parmi ses continuateurs, citons Otto Strasser, *Hitler et moi*, *op. cit.*, p. 104, et Ernst Nolte, *Der Faschismus in seiner Epoche*, Munich, Piper, 1963, tr. fr. Paris, Julliard, 1970, t. 3, p. 161.

alors que le programme de 1920 est déclaré « intangible ». Enfin, pour arbitrer les conflits, on crée une toute-puissante commission de discipline, l'« Uschla », où s'illustrera notamment l'un des premiers juristes ralliés à Hitler, l'avocat Hans Frank. De ce jour date la fin de la lutte des fractions à l'intérieur du NSDAP, même si des soubresauts agitent encore sa milice (cf. *infra*, p. 155).

Fort de ces nouvelles armes, Hitler passe à l'offensive. Ainsi, en octobre, Goebbels emménage à Berlin, un titre de Gauleiter en poche. Dans cette capitale dominée par la gauche, le parti n'a guère pu encore s'implanter, et les SA encore moins. Cette mission de haute confiance est, bien évidemment, une pierre dans le jardin de Strasser.

Le renforcement de son contrôle sur l'organisation, en cette année 1926, permet également à Hitler de préparer concrètement la prise du pouvoir, en instaurant une sorte de cabinet fantôme : l'appareil central, dans des locaux munichois qui vont s'agrandir plusieurs fois, se dote de sections correspondant aux différents ministères, et elles élaborent des projets dans tous les domaines. Joachim Fest a raison d'insister[1] sur ce travail souvent ignoré ou raillé, qui fait du parti nazi une organisation « mieux préparée et plus convaincante que tout autre parti totalitaire pour réclamer le pouvoir ». Dans le même ordre d'idées, Hitler met à profit l'interdiction qui lui est faite de parler en public, et brave une nouvelle fois le reproche de négliger la direction de son parti, en passant une bonne partie de l'année 1926 à Berchtesgaden pour écrire le second tome de *Mein Kampf*, qui complète le premier essentiellement dans deux domaines : la conception de l'Etat et le programme de politique extérieure.

Mais la performance principale du chef de parti Hitler en 1926 est de conserver le « socialiste » Strasser, ainsi que son remuant cadet, non seulement dans l'organisation, mais dans les fonctions qu'ils exerçaient avant la crise. Gregor continue théoriquement de régner sur les nazis d'Allemagne du Nord et d'apparaître comme un des principaux dirigeants du parti, ce qui permet à Hitler de capitaliser le fruit de son travail et de bénéficier, dans certains milieux, de la popularité que lui valent les aspects anticapitalistes du programme nazi, défendus par cet apôtre passionné et volontiers violent. Il rode ainsi une de ses techniques favorites : la manipulation des dirigeants nazis, avec ou sans leur complicité, pour présenter simultanément des images opposées et séduire des clientèles diverses. Le 2 janvier 1928[2], il laissera même Strasser devenir le numéro deux du parti en le chargeant de « l'organisation », tout en le privant de pouvoir réel. Il n'aura plus qu'à orchestrer une rupture progressive, conclue par le meurtre de Strasser lors de la nuit des Longs Couteaux

---

1. *Op. cit.*, p. 299-300.
2. Cf. Ian Kershaw, *Hitler*, *op. cit.*, t. 1, p. 300.

(juin 1934), pour rassurer les industriels, avant comme après la prise du pouvoir.

La nuit des Longs Couteaux prendra prétexte d'une révolte qui aurait couvé chez les SA. Le procédé consistant à laisser prospérer des dissidences, quitte à passer pour un mauvais chef, un « dilettante », se remarque notamment dans la manière dont Hitler reconstitue cette organisation.

C'est le 4 juillet 1926, à Weimar, qu'est fêtée la résurrection de la SA. Röhm s'est alors éloigné de Hitler[1], et le nouveau chef s'appelle Franz Pfeffer von Salomon. De ce jour date aussi l'adoption du salut nazi, imité de l'Italie mussolinienne, ainsi que la fondation de la Jeunesse hitlérienne[2]. Quant aux SS (*Schutzstaffeln* – échelons de protection), c'est une garde personnelle du Führer fondée au début de 1925, à partir d'un embryon d'avant le putsch qui s'appelait le « Stosstrupp Hitler » et portait déjà des signes distinctifs noirs, ainsi qu'un couvre-chef à tête de mort. Ils forment une branche de la SA et leurs premiers chefs ne feront pas de grandes carrières. Ce n'est que le 6 janvier 1929 que le jeune Heinrich Himmler (il est né en 1900), un ancien collaborateur de Strasser, en devient l'inamovible chef.

La ligue paramilitaire, reconstituée à part du Kampfbund, est soigneusement distinguée de l'armée : Hitler affirme ce jour-là et répétera à plusieurs reprises qu'elle ne forme pas une armée clandestine, contrairement à ce que pensent beaucoup de ses membres, heureux de ruser avec le traité de Versailles[3]. Le chef a une raison évidente d'agir ainsi : il ne veut aider en rien les « criminels de novembre », selon lui toujours au pouvoir, et surtout pas à avoir l'air de lutter contre le traité. De tout progrès national leur chute est, dit-il, le préalable.

Mais une raison plus cachée est sans doute déjà à l'œuvre : Hitler a redéfini ses rapports avec l'armée. Avant le putsch, il la concevait comme un instrument indispensable dans la conquête du pouvoir. A présent, il n'a besoin que de sa neutralité. Tout en souhaitant publiquement qu'elle ne reste pas neutre dans le conflit entre nationalistes et marxistes (ainsi en mars 1929), il aspire à ce qu'elle redevienne un corps technique, totalement apolitique, c'est-à-dire soumis au pouvoir, y compris et surtout quand ce pouvoir sera le sien. Voilà qui implique que les SA soient réduits à un rôle politique, celui de disputer le pavé aux Rouges et de protéger les réunions. On le voit même, interrogé comme témoin lors d'un procès fait à quelques SA, prétendre que le sigle ne signifie plus *Sturmabteilungen* (divisions d'assaut), mais *Schutzabteilungen* (divisions de protection[4]) : ce curieux télescopage avec les SS (*Schutzstaffeln* – échelons de protection) est resté inaperçu des historiens, qui ont été trop

1. Le 16 avril 1925, car il désapprouvait à la fois la voie légale et la subordination des SA au parti (*ibid.*, p. 265).
2. Cf. Hans Volz, *Daten der Geschichte des NSDAP*, Berlin, Ploetz, 1939, p. 96.
3. Cf. Hitler, *Reden, Schriften, Anordnungen/februar 1925 bis januar 1933*, Munich, Saur, 1992, II/1, p. 17-25.
4. Konrad Heiden, *Histoire du national-socialisme, op. cit.*, tr. fr., p. 258.

sensibles à la violence anti-étatique déployée par les SA, et à leur apparent conflit de 1934 avec les généraux, pour saisir à quel point Hitler leur tenait la bride courte. Il est vrai aussi que le Führer n'a point bataillé pour imposer ce changement de nom : lui-même, pourvu qu'il eût les troupes bien en main, n'était pas mécontent que d'autres les croient menaçantes, et filent doux devant la menace. Dans ce rôle aussi il manipule Gregor Strasser, qui est le chef, non seulement du parti en Allemagne du Nord, mais, après les élections de mai 1928, du groupe national-socialiste au Reichstag : à ce titre il déclare en mars 1929 qu'il faudra instaurer une haute cour pour juger les chefs de la Reichswehr, et les condamner à la pendaison. Ce langage, tout autant que ses diatribes anticapitalistes, se retournera tragiquement contre lui, et son sang, lors de la nuit également fatale à certains chefs SA, scellera un nouveau pacte entre les nazis et l'armée.

Il est aisé de comprendre que ce jeu vise aussi à séduire le patronat, à qui les SA offrent leurs services pour disputer le pavé aux milices communistes, et qui seul peut les rétribuer, mais qui n'a certainement pas envie que les désordres deviennent incontrôlables.

L'étude des années antérieures au putsch nous a montré que Hitler n'avait jamais été un véritable ennemi du capitalisme. Même les idées de Feder, faisant passer une frontière morale entre le capital industriel, utile, et le capital financier, parasitaire, avaient vite été dénaturées, par l'assimilation du capital financier à la « juiverie », dès le grand discours antisémite d'août 1920 : tout patron non juif pouvait se sentir rassuré, d'autant plus que, dans ce même discours, les transformations sociales envisagées se limitaient à une réforme agraire et à l'instauration d'une assurance-vieillesse.

Là aussi, cependant, le candidat chancelier joue des divergences entre ses lieutenants. Feder et Strasser sont tenus en laisse comme des dogues dangereux, qu'on menace de lâcher, mais la politique réelle du parti, exprimée notamment par son leader, ainsi que par Göring quand il rentre d'exil en 1927, est nettement plus conciliante. En 1926 et 1927, Hitler fait de grands appels du pied au patronat[1]. Il en attend surtout, à court terme, des effets financiers, qui tardent à venir. Parmi les magnats de la Ruhr, seul le vieil Emil Kirdorf est un nazi précoce, dont les subsides sont attestés depuis 1927[2]. Fritz Thyssen, dont les subventions allaient, avant le putsch, à Ludendorff[3], sera la seconde grosse prise, mais pas avant 1929. La séduction du patronat est, pour ce mouvement à l'origine

---

1. Ainsi fait-il des tournées de propagande dans les cercles patronaux de la Ruhr en 1926 et 1927 : cf. K. Heiden, *ibid.*, p. 224.
2. D'après une entrée de 1936 du journal de Goebbels (cf. Ian Kershaw, *Hitler, op. cit.*, p. 299) et une lettre citée par Konrad Heiden, *Der Führer*, Londres, 1944, p. 340-341.
3. Cf. Fritz Thyssen, *I paid Hitler*, New York, Farrar, 1941, p. 82-87 (pour une critique de ce livre dont beaucoup de passages, mais non celui-ci, sont contestés, cf. H.A. Turner, VjfZ, 1971/3) et Ian Kershaw, *Hitler, op. cit.*, t. 1, p. 190.

très populaire, un travail de longue haleine, qui cependant est poursuivi sans relâche et portera ses fruits dans les heures décisives précédant la prise du pouvoir.

C'est en 1928 que Hitler installe pour la première fois ses pénates à Berchtestgaden, où il avait pris dès le début des années 20 l'habitude de venir se reposer ou méditer, logeant alors à l'hôtel. Il commence par louer une maison dans le hameau d'Obersalzberg, niché au-dessus de la ville sur les pentes de la montagne du même nom, puis il l'achète, la baptise « Berghof », l'agrandit et fait construire deux annexes, dont le célèbre « nid d'aigle » – seule partie encore debout –, un pavillon isolé sur un sommet, auquel on accède par un ascenseur. Ce sera, jusqu'à la fin, sa résidence préférée, y compris pour le travail[1].

Voilà une de ces habitudes hitlériennes qu'on tourne facilement en mauvaise part : cette évasion fréquente loin des bureaux munichois du parti puis, à partir de 1933, de la chancellerie berlinoise, serait une preuve, à la fois, de misanthropie, de paresse et de lâcheté. Hitler aurait mieux aimé ordonner de loin ses crimes que d'y prêter la main.

Le procès est léger. Hitler n'a certes pas peur de mettre la main à la pâte. Ses tournées en avion, soit électorales, soit destinées à nouer des machinations comme celle de la nuit des Longs Couteaux, témoignent qu'il sait apparaître à point nommé, et ne délègue guère ce qui lui semble capital. Plus encore, lorsque la situation exigera, à partir de 1941, sa présence aux armées, il fera le sacrifice de ses « chères montagnes[2] », n'y faisant plus que des apparitions assez brèves, en général pour recevoir des dirigeants étrangers, et c'est à son poste, à la chancellerie de Berlin, qu'il assumera les conséquences finales de sa politique, alors que les Alliés pensaient bien le cueillir en Bavière.

Une autre donnée est à prendre en compte, et non la moindre. L'Allemagne est un pays aux deux tiers protestant et Hitler en a conscience. En y exerçant le pouvoir, depuis Berlin et depuis la Prusse, il donnera des gages permanents à la communauté la plus nombreuse. Il importe de les équilibrer, pour ne pas marginaliser les catholiques, par un rappel constant de ses propres origines, et sa prédilection immobilière pour la Bavière y pourvoira. C'est ainsi que, le 5 février 1933, une semaine après la prise du pouvoir, il annonce dans un communiqué de presse qu'il conserve son logement de Munich, une ville à laquelle il est « personnellement très attaché[3] ». Les montagnes de Berchtesgaden auront, entre autres vertus, celle de le placer au-dessus des mêlées religieuses de l'histoire allemande.

Mais il y a mieux et plus. En se promenant dans la région, en lisant

---

1. Cf. Florian Beierl, *Geschichte des Kehlsteins*, Berchtesgaden, Plenk, 1998, p. 7 ; cf. Ulrich Chaussy et Christoph Püschner, *Nachbar Hitler*, Berlin, Links, 1995.
2. Propos rapporté par Christa Schröder, *Douze ans...*, *op. cit.*, p. 72.
3. Cité par J. Fest, *op. cit.*, tr. fr., t. 2, p. 14.

divers écrits sur elle, en consultant des cartes à grande et à petite échelle, on va de surprise en surprise.

Avant la prise du pouvoir, les visiteurs qui n'étaient pas logés au Berghof descendaient volontiers à l'hôtel « Zum Türken », situé juste au-dessus. Racheté pour héberger la garde rapprochée du chancelier, le bâtiment retrouvera sa fonction hôtelière après la guerre, et deviendra un lieu d'étape prisé des Américains. Aujourd'hui encore, la plupart de ses chambres ont la même vue et la même orientation – plein nord – que la fameuse baie vitrée géante du salon du Führer. Deux choses frappent le regard : une grande montagne crénelée et, à sa droite, une trouée au fond de laquelle on aperçoit une grande ville. Il s'agit de Salzbourg. On est en Allemagne, et pourtant l'Autriche est au nord. Sur la carte, l'actuel parc naturel de Berchtesgaden dessine une sorte d'ergot, comme s'il avait pour fonction d'arrimer l'Autriche à l'Allemagne. Salzbourg, la patrie de Mozart – le musicien sans doute le plus prisé du maître des lieux, après Wagner –, est sur le même méridien que la maison, mais aussi Braunau, sa ville natale ! Et également, à peu près, Berlin. Quant à la montagne crénelée, appelée l'Untersberg, elle passe pour abriter le tombeau de Charlemagne[1].

Le choix de ce site résulterait, dit-on, de causes fortuites : la famille Bechstein, l'une des premières de la bonne société munichoise où Hitler ait été introduit, avait dans la contrée un chalet, et y recevait Dietrich Eckart. C'est tout au plus une explication de la manière dont Hitler a eu connaissance de l'endroit, mais non de l'attachement qu'il lui a porté – sinon que le souvenir d'Eckart et de ses leçons pouvait effectivement jouer un rôle non négligeable dans l'accouchement, en ces lieux, des projets d'un conquérant.

L'idée de parvenir légalement au pouvoir reçoit un désaveu cinglant le 20 mai 1928, lors des élections législatives. Le parti nazi obtient 2,6 % des voix et douze députés. Cette même année, les ventes de *Mein Kampf* tombent de 5 607 à 3 015 exemplaires. Il y a de quoi désespérer, pour un parti qui prétend à la fois renverser cette république en voie de consolidation, et le faire par la voie électorale. Il est bien possible, d'ailleurs, que Hitler ait désespéré : on le voit à nouveau dire que la victoire de « l'idée » demandera peut-être vingt, peut-être cent ans[2]. Nous sommes ici dans une région peu propice à la certitude historique. Voulait-il consolider sa propre foi et celle de ses partisans en l'utilité, fût-elle posthume, de leur combat, afin de traverser une mauvaise passe qu'il espérait éphémère, ou était-il réellement découragé par la réussite des politiciens de Weimar, par cet amalgame entre Hindenburg et Stresemann qui entretenait à la fois, chez les électeurs de droite, l'espoir de voir restaurer les princes ou

1. Cf. Albert Speer, *Erinnerungen*, Berlin Propyläen, 1969, tr. fr. *Au cœur du Troisième Reich*, Paris, Fayard, 1971, p. 124.
2. Cité par Joachim Fest, *op. cit.*, p. 368.

au moins les vieilles valeurs, et des aspirations nationalistes revues à la baisse ? Ce qui est certain, c'est qu'il s'abandonnait à la Providence, sans délaisser pour autant son sempiternel volontarisme : qu'une occasion se présentât, et il serait toujours prêt à la saisir. En attendant, il n'y a pas d'autre leçon à tirer, devant les masses, de la déroute électorale, que de dire qu'on méprise le Reichstag et qu'on n'a que faire d'un fort groupe parlementaire : de ces élections on attendait seulement l'immunité et les voyages gratuits pour quelques dirigeants. C'est ce qu'écrit Goebbels dans son journal berlinois *Der Angriff*, en concluant : « Attendez donc que la pièce commence [1]. »

Car il restait une échéance, au tournant de laquelle Hitler guettait le gouvernement. L'accord transitoire sur les réparations signé en 1925 sous le nom de « plan Dawes » venait à expiration en 1930. L'année 1929 devait donc être consacrée à la mise au point d'un arrangement définitif. En juillet, il fallut rendre public le résultat des tractations de Stresemann, dont le célèbre « plan Young » n'était, on l'ignore souvent, qu'un volet. Ce financier américain, présentant le 7 juin à Paris les travaux d'un comité qu'il avait dirigé, proposait de réduire la dette globale et d'étaler son règlement jusqu'en 1988 (avec des annuités inférieures d'environ 20 %, dans un premier temps, à celles du plan précédent). Mais si ses propositions étaient agréées en juillet par le ministre allemand, c'était en échange d'une évacuation anticipée des régions rhénanes par les Alliés. Il présentait donc un bilan équilibré, qui n'avait rien d'une trahison fla-grante de l'intérêt national. Cependant, le simple fait que le gouvernement agrée, une fois de plus, la thèse de la responsabilité allemande dans le déclenchement de la guerre mondiale remettait immédiatement Hitler en selle.

Ici, un phénomène, qui s'est déjà produit en 1923, le favorise : la faiblesse des nazis, qui semblent assommés par les élections de 1928 comme naguère par le fiasco du 1er mai, lève les scrupules d'autres forces de droite, pressées de récupérer les actifs de ce concurrent en faillite. Le rôle de Kahr va être ici tenu par un homme de soixante-trois ans, cousu d'or et dévoré d'ambition.

Le 20 octobre 1928, Alfred Hugenberg accède à la présidence du DNVP (Deutschnationale Volkspartei), qui vient lui aussi de subir une déroute électorale. Il s'agit d'un grand patron, qui a fait une partie de sa carrière à la direction de la firme Krupp, avant de se tourner vers la presse. Outre plusieurs journaux de grande diffusion, il possède la firme cinématographique UFA. Il donne aussitôt à la politique de son parti national-allemand, qui avait participé à plusieurs reprises au gouverne-ment de la République, une coloration extrémiste, avec des accents natio-nalistes et racistes proches de ceux des nazis. Dès le 9 juillet 1929, il

---

1. *Ibid.*, p. 379.

prend la direction d'un comité d'action contre le plan Young. Hitler, sollicité, diffère son acceptation. Il finit par la donner au bout de quelques
semaines, en ayant fait monter les enchères : le NSDAP participera à la
lutte contre le plan et pour l'abolition des réparations, mais suivant ses
propres mots d'ordre. Bref, il prend l'argent de Hugenberg, mais non ses
consignes. Ici encore, Hitler met à profit les contradictions internes de
son parti. Son délégué au comité présidé par le magnat n'est autre que le
virulent anticapitaliste Gregor Strasser : une manière, tout à la fois, de
prendre ses distances avec Hugenberg, de compromettre Strasser et de le
neutraliser.

Ce premier flirt va durer quelques mois : le temps pour le plan Young
d'être adopté par le gouvernement, pour ses opposants de réunir les signa-
tures nécessaires à un référendum d'initiative populaire et pour l'électorat
allemand de le repousser, le 22 décembre – non point par un vote négatif,
mais par une abstention massive : les opposants obtiennent 6 millions de
voix au lieu des 21 nécessaires. Mais alors, Hitler rompt l'alliance avec
éclat, en mettant l'échec sur le compte de Hugenberg, non sans une certaine vraisemblance. Il laisse entendre que le front contre le plan Young
avait deux torts, qui d'ailleurs n'en font qu'un : d'être trop bourgeois et
de ne pas être dirigé par les nazis. Reste à faire fructifier ces six millions
de voix, qui ne sont tout de même pas un point de départ négligeable et
peuvent s'interpréter comme la première percée des nazis dans un scrutin
national. Entre-temps le sort a servi le Führer en éliminant le seul homme
d'Etat qu'aient vu surgir les années 20 : Stresemann s'est éteint brusquement, le 3 octobre.

Cependant, dans cette Allemagne où les événements recommencent à
se précipiter, un autre facteur de discorde s'est fait jour : le « jeudi noir »
de Wall Street, le 24 octobre[1], a donné le coup d'envoi d'une crise assez
improprement dite « de 1929 », car ses effets principaux se feront sentir
au début des années 30, avec un sommet en 1932. L'Allemagne, dont
l'économie était tributaire des banques américaines, était, de loin, le pays
d'Europe le plus exposé aux répercussions du krach. Mais des recherches
récentes ont mis en évidence le fait qu'un certain tassement avait précédé
et, dans une certaine mesure, causé le krach boursier, et qu'il touchait à
la fois les Etats-Unis et l'Allemagne[2]. Dans ce pays, les faillites et les
licenciements avaient commencé à se multiplier dans l'été de 1929,
ouvrant aussitôt une discussion serrée, sur le financement de l'assurance-
chômage, entre les partis qui composaient depuis les élections du 1928 le
gouvernement de « grande coalition », dirigé par le socialiste Hermann
Müller et considéré jusque-là comme l'un des plus stables du régime.

---

1. Curieusement appelé « vendredi noir » en Allemagne, et daté du 25 octobre ; il est vrai qu'avec le décalage horaire, lors
de la clôture de Wall Street, on était déjà le 25 en Europe, mais on peut se demander si le transfert n'est pas dû surtout au
caractère maléfique que la superstition attache au vendredi (cf. Volker Hentschel, « Inflation et dépression », in *Weimar ou
de la démocratie en Allemagne*, Asnières, PIA, 1994, p. 246).

2. *Ibid.*

Ce gouvernement met un point final à la discussion sur les réparations, en faisant avaliser le plan Young par le Reichstag le 12 mars 1930, et, comme épuisé par cet effort, disparaît le 27. Avant et après cette péripétie, les nazis quadrillent le pays en vue des prochaines échéances. Leur chef apparaît de plus en plus confiant et sûr de lui.

Hitler déteste changer de collaborateurs. Il aime les têtes connues, qui constituent autour de lui un univers familier. Ce principe vaut aussi pour ses relations avec la presse étrangère : il va prendre l'habitude de confier ses opinions, ou du moins ce qu'il veut qu'on prenne pour tel, aux mêmes interviewers. Pour les Etats-Unis, le favori sera un journaliste d'origine allemande, Karl von Wiegand. La première interview, marquant un regain d'intérêt des milieux dirigeants d'outre-Atlantique pour sa personne après le référendum, est publiée dans le *New York American* le 5 janvier 1930. Hitler ose déclarer : « Je ne suis pas partisan de réduire les droits des Juifs en Allemagne. » Le journaliste ayant respectueusement observé que cela jurait avec le programme du parti déclaré intangible le 22 mai 1926, il s'en dédit en affirmant : « Le peuple n'aurait pas compris que je fasse autrement[1]. » Ainsi, au seuil d'une année qui va voir sa première grande progression, Hitler se révèle, du moins à nous, dans toute sa duplicité. Car on peut à la lumière de ce premier exemple critiquer les historiens qui, sur la question juive comme sur beaucoup d'autres, donnent le pas aux humeurs et aux rapports de forces dans l'entourage de Hitler, par rapport à ses propres inclinations. Il est bien évident que le passage au second plan de l'antisémitisme dans le discours hitlérien, qui durera jusqu'aux lois de Nuremberg de septembre 1935, précisément conformes au point du programme rappelé par Wiegand, est une mesure tactique, mise en œuvre en ce début de 1930 où les nazis prennent leur élan vers le pouvoir. De nombreuses conversations particulières en portent témoignage, alors que rien ne vient étayer l'idée que Hitler aurait envisagé d'épargner les Juifs et aurait finalement été amené à les frapper par l'évolution de la situation ou les pressions de son entourage.

L'antisémitisme est, par exemple, au cœur de la conversation de sept heures qui aboutit à sa rupture avec Otto Strasser, dans la nuit du 21 au 22 mai.

Hitler avait interdit aux membres du parti de soutenir une grève ouvrière en Saxe, et les journaux dirigés par Otto étaient passés outre. Le Führer surgit brusquement à Berlin et convoque le contrevenant dans son hôtel. L'épisode est connu dans le détail par les notes d'Otto, publiées dans une brochure quelques semaines plus tard[2]. Si ses propos sont peut-être un peu amendés pour suggérer qu'il a répliqué du tac au tac avec

---

1. Cf. Werner Maser, *Naissance du parti national-socialiste, op. cit.*, p. 146.
2. Cf. *Hitler et moi, op. cit.*, p. 112-130. Brochure intitulée *Fauteuil de ministre ou révolution ?*, citée par J. Fest, *op. cit.*, p 337.

une belle insolence, ceux qu'il prête au Führer sont fort vraisemblables. Il est question, bien sûr, du socialisme – et c'est la première fois que nous surprenons Hitler à critiquer ce concept (ici, le témoignage est d'autant plus fiable que cette partie de la conversation se déroule le lendemain devant plusieurs témoins) : « Quel mot mal venu que ce mot de socialisme[1] ! » Il est question aussi de la démocratie et Strasser reproche à Hitler de prétendre incarner à lui seul « l'idée ». Le Führer affirme alors son autorité absolue, en tant que créateur du mouvement. Le fait qu'il se prend désormais pour une sorte de Christ, et même un Christ amélioré, ressort d'une passe d'armes sur la notion de progrès. Strasser déclare, en disciple de Spengler, que « les stades de l'évolution humaine ressemblent à ceux de la vie d'un homme ». Son interlocuteur rétorque : « L'humanité est en progrès et ce progrès n'est obtenu que par l'action des personnalités éminentes. » On peut rapprocher cette partie de leur discussion d'une scène stupéfiante survenue le mois suivant : Hitler convoque des journalistes nazis dans la salle du Sénat de la Maison Brune, le nouveau siège munichois du parti, et se compare au pape, sur le plan de l'infaillibilité ! Il dit textuellement d'après l'un des présents, Albert Krebs :

> (...) Je ne veux pas disputer au Saint-Père de Rome son droit à l'infaillibilité spirituelle (...) sur les questions de foi. Je n'y comprends pas grand-chose. Mais je crois à plus forte raison m'y entendre en politique. J'espère donc que le Saint-Père ne discutera pas non plus mes prétentions. Et je proclame ainsi pour moi et mes successeurs à la direction du NSDAP le droit à l'infaillibilité politique. J'espère que le monde s'y habituera aussi vite et aussi résolument qu'il s'est habitué à la revendication du Saint-Père[2].

Contrairement à ce que s'efforce de montrer Otto Strasser, les propos de Hitler ne témoignent d'aucun reniement, et la continuité de ses positions n'apparaît nulle part mieux que lorsqu'il est question du patronat. C'est Strasser qui n'avait qu'à mieux lire *Mein Kampf*, et déjà le discours du 13 août 1920. Les patrons, dit Hitler en ce 21 mai 1930, sont des êtres d'élite ; l'Etat n'interviendra dans les entreprises que si leur gestion compromet l'intérêt national : voilà qui est cohérent avec la distinction de 1920 entre « capital industriel » et « capital usuraire », comme avec le futur « plan quadriennal » de 1936, qui verra Göring prendre personnellement le contrôle, et de certaines entreprises vitales pour la défense nationale, et de la politique industrielle afin d'accélérer le réarmement. On peut seulement parler d'infléchissements tactiques : suivant la conjoncture, Hitler met l'accent sur un point ou un autre de son idéologie protéiforme. Dans ce domaine, en 1930, il continue d'exploiter la famille Strasser, pour compenser aux yeux du prolétariat les concessions qu'il

---

1. Mais ce reniement n'est pas définitif : il se réclamera encore à l'occasion du socialisme, ainsi par exemple aux obsèques de son ministre Fritz Todt, en 1942 (cf. *infra*, p. 382).
2. Cf. Albert Krebs, *Tendenzen und Gestalte der NSDAP*, Stuttgart, Deutsche Verlags-Anstalt, 1959, p. 138-139.

fait aux capitalistes. Le matin du 22 mai, il réussit la triste performance de faire paraître Gregor, aux côtés de Rudolf Hess, dans l'espèce de jury qu'Otto trouve à l'hôtel pour constater la rupture, alors qu'il croyait venir poursuivre la conversation particulière interrompue dans la nuit. Mais l'exclusion alors annoncée ne se produit pas et c'est Goebbels qui est chargé de finir le travail, dans son *Gau* berlinois : au début de juillet il exclut de proches collaborateurs d'Otto, qui finit par quitter le parti avec éclat le 4 juillet. Il garde ses journaux, où il écrit à la une : « Les socialistes sortent du parti. » Mais puisque Gregor y reste, avec son titre ronflant de responsable de « l'organisation politique » – qui rappelle les partis communistes, où le « secrétaire à l'organisation » est souvent le personnage le plus important après le secrétaire général –, l'ambiguïté est à son comble : Hitler a réussi une démonstration d'autorité qui ne peut que plaire au patronat, sans lui coûter beaucoup de voix ouvrières (seule une poignée de militants s'en va à la suite d'Otto[1]), cependant que son parti apparaît en proie à des dissensions et acculé à un choix déchirant entre droite et gauche, toutes choses qui servent d'excuse aux gens de droite tentés de se servir de lui, comme au chancelier Brüning et au président Hindenburg qui font bon marché d'une prévisible progression nazie lorsqu'en ce mois de juillet ils décident de dissoudre le Reichstag.

Ce premier semestre 1930 ne voit donc pas seulement s'affirmer la foi de Hitler en sa mission mais comme toujours il met cette foi en actes, et perfectionne l'instrument de la prise du pouvoir. Ainsi c'est en mars 1930 que le jeune agronome Walter Darré, chargé par lui des questions agraires, met au point un programme qui va se révéler l'un des instruments les plus efficaces de l'ascension des nazis. Il promet des subventions facilitant l'achat des terres et d'autres mesures empêchant leur aliénation, le tout assorti de grands éloges de la paysannerie, partie la plus « saine » et « intelligente » du peuple. A elle seule, la politique agraire est un microcosme de la tactique nazie, car elle ne dédaigne pas d'exciter la colère des petits paysans contre les grandes propriétés, sans pour autant proposer de les démembrer. Ainsi, Hitler mènera un jeu complexe, difficile à résumer ici, sur la question de l'Osthilfe : cette compagnie, touchant de fortes subventions publiques pour assurer le peuplement et la prospérité des régions orientales, sera au cœur de divers scandales, pour avoir surtout renfloué les caisses privées des Junkers – sans en excepter le chef de l'Etat : Hindenburg, qui avant sa présidence avait reçu son domaine de Neudeck de l'Etat, en reconnaissance des services rendus à la patrie, était profondément agacé chaque fois qu'on évoquait l'Osthilfe. Les mouvements de foule suscités par cette affaire n'étaient officiellement ni organisés, ni découragés, par les nazis, mais peuvent être regardés comme un instrument dans la main de Hitler pour déstabiliser les gouvernements

---

1. Il fonde un parti, le Front noir, qui restera marginal (cf. Otto Strasser et Viktor Alexandrov, *Le Front noir contre Hitler*, Paris, Marabout, 1966).

précédant immédiatement le sien, car ils étaient, vu la crise, à court d'argent, et tentèrent plusieurs fois de rogner ce poste budgétaire aussi impopulaire dans les masses que bien vu du chef de l'Etat.

Cette riche période voit aussi les débuts ministériels des nazis, dans les Länder. C'est ainsi que Wilhelm Frick, devenu le 23 janvier ministre en Thuringe, provoque un conflit avec le pouvoir central lorsqu'il prétend imposer des « prières nazies » dans les écoles [1].

Hitler s'offre enfin le luxe de dissensions publiques avec Pfeffer, le chef des SA. Elles culminent dans l'été de 1930, avec une véritable révolte des SA berlinoises, réclamant des augmentations de solde. Hitler vient mater les rebelles en personne, par un mélange de sanctions et de concessions. Pour n'avoir pas su tenir ses troupes, Pfeffer sera brusquement chassé, le 29 août [2], puis remplacé, en octobre, par son prédécesseur Röhm, devenu entre-temps instructeur dans l'armée bolivienne. Mais Röhm n'aura que le titre de chef d'état-major (*Stabchef*), Hitler s'étant adjugé celui de « SA Führer ».

Hanfstaengl accuse Goebbels d'avoir joué un double jeu, en encourageant les mutins puis en participant à la répression. Il y voit un défaut de courage et de franchise chez un Gauleiter-girouette. Il est permis d'estimer que Hitler a, d'un bout à l'autre, piloté les choses – sans nécessairement expliquer à son lieutenant tous les détours de sa pensée. En tout cas, son intérêt politique est évident : avec ses SA il fait peur, tout en n'assumant pas pleinement leurs débordements, et en se montrant capable, le cas échéant, de les mater.

En conclusion de ce chapitre sur la maturation du mouvement nazi, on peut s'interroger sur l'idée traditionnelle que son succès est l'enfant de la crise économique.

L'influence de celle-ci n'est pas niable. Non seulement elle fait resurgir, dans les couches populaires et moyennes, l'aspiration au changement, non seulement elle crée, avec les chômeurs de longue durée, une catégorie de desperados que la SA polarisera en partie et qui lui permettra de damer enfin le pion aux manifestants de gauche, mais surtout elle brise l'ordre international laborieusement mis au point dans les années 20. L'idée hitlérienne que l'Allemagne doit prendre elle-même en charge ses intérêts, dans tous les domaines, va recevoir là un soutien décisif.

Cependant, sans verser dans l'histoire-fiction, je voudrais faire brièvement observer que le maintien de la prospérité eût rendu les choses, pour Hitler, moins faciles et probablement plus longues, mais ne lui eût pas nécessairement barré le chemin du pouvoir.

Sur le plan intérieur, il disposait d'un ample clavier. Les dégâts et

---

1. Cf. J. Fest, *op. cit.*, p. 392.
2. Cf. Ian Kershaw, *Hitler*, *op. cit.*, t. 1, p. 347. Une autre sédition de SA berlinoises aura lieu début de 1931 (*ibid.*, p. 348-350).

dégoûts de la modernité lui assuraient quoi qu'il arrive, pour peu qu'il étendît son audience au plan national, un grand nombre de voix rurales et une clientèle parmi les petits entrepreneurs menacés par les gros. La croissance de la classe ouvrière avivait chez nombre de nantis le désir de méthodes musclées pour contenir la puissance des syndicats. Mais c'est surtout en politique extérieure qu'une Allemagne prospère aurait pu être tentée de faire appel à ses services. Elle eût supporté de plus en plus mal les réparations, l'inégalité des armements, les abcès de l'Autriche, des Sudètes et de Dantzig. De ce point de vue, la crise dessert plutôt le candidat dictateur, car elle rend plus vraisemblable la résignation des vainqueurs de 1918 à la révision des traités. Ainsi, Brüning va obtenir dès avril 1931 la suspension des réparations : c'est là un coup très dur pour le parti qui avait fondé sa récente ascension sur la lutte contre le plan Young.

La crise n'a donc pas que des effets positifs sur la capacité de mobilisation des nazis. Ce qui prime, décidément, c'est la volonté tendue d'un chef qui croit en son étoile et exploite toutes les occasions d'accroître son influence.

CHAPITRE 5

La prise du pouvoir

Le chancelier Brüning, membre du parti du Centre, est lui-même au centre d'une bataille d'historiens. Pendant un temps, après la guerre, l'opinion dominante a vu en lui un brave homme un peu limité, qui essayait courageusement et maladroitement de sauver la démocratie, en affrontant la crise économique et en tenant en lisière les partis extrémistes. Cependant, une certaine tradition marxiste, attachée à présenter le nazisme comme la pointe extrême d'une stratégie patronale de mise au pas de la classe ouvrière, s'attachait à dégager des continuités entre Brüning et Hitler. Les socialistes de RFA, frappés d'ostracisme dans les années 50 par un chancelier démocrate-chrétien qui avait été l'un des rivaux de Brüning à la tête du Centre, Konrad Adenauer, jadis maire de Cologne et président du Landsrat prussien, confortaient la première tendance en exaltant le souvenir d'un Brüning accommodant avec la social-démocratie.

Une réaction s'est dessinée dans les années 70 à la faveur de recherches plus approfondies, éclairées par la publication des mémoires de Brüning[1]. Il est aujourd'hui volontiers considéré comme celui qui a ouvert la boîte de Pandore, en amorçant une évolution vers un régime autoritaire qui ne s'arrêta que lorsque le plus autoritaire eut évincé tous les autres. Et il l'aurait fait consciemment : il n'aurait eu de cesse d'étrangler la République à la faveur de la crise. C'est la thèse de Detlev Peukert, dont le livre sur Weimar est actuellement l'un des plus cités[2]. Cette dévalorisation de Brüning a peut-être un rapport avec le nouveau défi que posait à la gauche allemande, dans les années 80-90, l'inamovibilité du chancelier Kohl, lequel pratiquait face à la crise de son temps une politique monétariste qui n'était pas sans rappeler celle du chancelier de 1930.

On a longtemps admis que le Reichstag était devenu « ingouvernable » dès le début des années 30, du fait de la « montée des extrêmes ». Ce

1. *Memoiren (1918-1934)*, Stuttgart, Deutsche Verlags-Anstalt, 1970, tr. fr. Paris, Gallimard, 1974. Si les livres de mémoires sont souvent sujets à caution, celui-là mérite des égards particuliers car, appuyé sur des agendas très précis, il expose le détail des démarches entreprises par le chancelier, sans dissimuler des entretiens avec les dirigeants nazis qui n'étaient pas connus jusque-là et n'ajoutent rien à sa gloire.

2. *Die Weimarer Republik*, Francfort/Main, Suhrkamp, 1987, tr. fr. Paris, Aubier, 1995, p. 260-264.

n'est vrai qu'à partir du 31 juillet 1932, lorsque le total des sièges nazis et communistes dépasse 50 %[1]. Une majorité « républicaine », comprenant le Centre et ce qui est à sa gauche jusqu'aux communistes exclus, est possible aussi bien dans la chambre élue le 20 mai 1928 que dans celle du 14 septembre 1930. Reste à savoir qui n'en veut pas, du Centre ou des sociaux-démocrates. Avant d'y venir, il faut préciser que, faute de majorité, tous les chanceliers jusqu'à Hitler inclus seront amenés à gouverner par décrets-lois, avec la bénédiction du président, en détournant l'article 48 de la constitution qui, analogue à l'article 16 de la constitution française actuelle, n'aurait dû servir qu'en cas de péril national :

> Le président peut, si la sécurité publique et l'ordre sont considérablement troublés ou menacés, prendre les mesures nécessaires pour les rétablir. A cette fin, il peut suspendre dans leur totalité ou en partie des droits fondamentaux (...).

C'est ainsi qu'on entre dans la période dite des « cabinets présidentiels », succédant à celle des « cabinets parlementaires ». Toutefois, les décrets-lois (ou ordonnances) que le président peut autoriser le chancelier à utiliser en vertu de cet article doivent être soumis ultérieurement au Reichstag, ce qui rend assez inconfortable la position du chancelier : s'il ne veut pas avoir de mauvaises surprises du côté du parlement, il doit jouir en permanence de la confiance présidentielle, pour pouvoir menacer de dissolution un Reichstag récalcitrant. En effet, la constitution donne au président le droit de dissoudre absolument quand il lui plaît.

Il y aura donc deux catégories bien distinctes de cabinets présidentiels, suivant que le chef dispose ou non d'avance de l'accord présidentiel en vue d'une dissolution, si le parlement lui fait des difficultés. Dans le cas contraire, Hindenburg et son entourage se réservent le droit d'examiner et d'arbitrer les conflits.

Brüning semble ne rien avoir à redouter du maréchal-président. En tant qu'ancien officier, il lui voue un respect auquel le vieil homme est sensible. Et puis Hindenburg a montré, entre 1925 et 1930, qu'il était peu enclin à se mêler du jeu politique. Il laissait gouverner le chancelier, fût-il socialiste. Alors, pourquoi pas un monarchiste ? Car Brüning avait, tout comme Hindenburg, la nostalgie des Hohenzollern.

Mis bout à bout, ces éléments font peser de lourdes présomptions sur sa mémoire : ce piètre démocrate aurait été le premier à vouloir profiter de la crise pour liquider une constitution qu'il aurait continûment détestée depuis la défaite, et rétablir la monarchie. Le reproche se cristallise sur la dissolution du Reichstag, décidée le 18 juillet, en une période où les nazis, réduits, rappelons-le, à 12 dans l'assemblée sortante, avaient le vent

---

1. Remarque faite pour la première fois par Alfred Grosser dans son introduction aux mémoires de Brüning, *op. cit.*, p. 16.

en poupe lors des élections locales. Mais il lui aurait importé, avant tout, de faire pencher le pendule vers la droite, quel que fût en elle le poids des nazis.

Il faut tout de même se souvenir que Brüning était au pouvoir depuis mars. Pour un chancelier pressé de dissoudre le Reichstag afin d'augmenter l'influence de la droite autoritaire, le délai est un peu long. En fait, plus qu'un souci de transformer les institutions, on observe pendant ces trois mois et demi de pouvoir, qui mènent à l'impasse et à la dissolution, une tentative de faire passer des mesures économiques draconiennes, que le cabinet estime seules aptes à faire reculer la crise. C'est le langage de l'austérité, des « sacrifices partagés »... c'est-à-dire reposant essentiellement sur les salaires et les budgets sociaux. Certes, les socialistes et les communistes ne peuvent y souscrire, mais leurs deux partis ne forment pas une majorité, même négative. Le débat est dans la droite, et dans cette nuée d'élus groupusculaires qu'engendre le scrutin porportionnel intégral alors en vigueur. Au terme d'une grande campagne d'explication, le vote décisif sur les mesures économiques n'est perdant que de sept voix.

Il est clair que Brüning a choisi de gouverner à droite, en défiant la social-démocratie et les syndicats. Y voir un complot contre la démocratie revient à délivrer un brevet de dictature à ses émules récents, comme Ronald Reagan et Margaret Thatcher. Ce qui est sûr, c'est qu'il ne mesure pas à sa juste valeur le danger nazi, mais peu de gens alors lui en font grief. Plutôt qu'une tentative opportuniste pour renverser les institutions, on constate dans cette Allemagne de 1930 une continuation des jeux politiciens, au bord du volcan.

Les nazis sont montés d'un coup de 12 députés à 107, et de 2 à 18 % des voix. Leur progression est acquise principalement dans les campagnes, qu'a enflammées la propagande de Darré. Quant aux victimes de cette progression, elles se situent presque exclusivement à droite : le Zentrum lui-même est épargné et on constate un glissement des réactionnaires vers les nazis. Brüning va alors se révéler, non pas comme un conspirateur rêvant d'étrangler la constitution, mais comme un opportuniste qui suit le corps électoral.

La politique extérieure allemande à la fin de la république de Weimar fait encore l'objet d'une controverse animée. Il est sûr qu'elle est devenue plus agressive quelques années avant Hitler. Certains situent la coupure à l'apparition du cabinet Brüning, d'autres encore plus tôt, lors de la mort de Stresemann. On a remarqué en effet que son successeur Julius Curtius, membre comme lui du parti « populiste » DVP, était en train d'évoluer vers la droite, vers le DNVP de Hugenberg, tandis que Stresemann se rapprochait insensiblement de la social-démocratie[1]. Outre Curtius, on invoque l'action de Bernhardt von Bülow, neveu du chancelier de Guillaume II, qui devient secrétaire d'Etat aux Affaires étrangères en juin 1930 et le restera sous Hitler.

Tout cela est intéressant. Et juste, sauf un petit mot. Au lieu de « avant Hitler », il conviendrait de dire « avant le Troisième Reich ». Car cet infléchissement se produit déjà *avec Hitler* : il se dessine lors de la lutte contre le plan Young et s'affirme après les élections de 1930. Jusqu'ici, l'agressivité en politique extérieure ne faisait guère, électoralement, recette. Soudain un démagogue trouve le moyen de s'en faire un cheval de bataille et des politiciens qui s'accommodaient de la démocratie et de la SDN explorent des pistes nouvelles, pour essayer de conserver leur électorat.

Ce n'est certes pas le charme seul de Hitler qui produit ces changements, c'est aussi la crise, la désunion de la gauche, l'incapacité des gouvernements à direction socialiste, nationaux ou régionaux, face à la misère, et la surenchère impuissante des communistes. Mais il faut mettre enfin à sa juste place l'aptitude de Hitler à tirer parti de tout, pour aggraver l'incapacité de ses adversaires et pour les amener, en désespoir de cause, à tenter de le copier dans certains domaines. Pour achever de s'en convaincre, il n'est que d'observer l'effet de sa progression électorale de 1930.

C'est alors qu'on voit apparaître, dans le projet de Brüning, un volet important de politique extérieure, manifestement destiné à couper l'herbe sous le pied des nazis, et peut-être à représenter le salaire de leur assagissement, s'ils acceptaient l'ensemble du programme gouvernemental et les postes ministériels qu'alors on leur offrirait. Le chancelier entend obtenir l'annulation des réparations et engager l'Allemagne dans une négociation sur le désarmement, où elle obtiendrait une « égalité des droits » avec la France. Ainsi, au lieu de chercher purement et simplement des solutions à la crise, le trop subtil homme du Centre s'en fait un cheval de bataille pour obtenir, enfin, la révision du traité de Versailles.

Déjà, pendant la campagne électorale, il avait tâté de la gesticulation nationaliste pour tenter de contenir la poussée nazie. Un passage de ses mémoires l'avoue sans trop de détours. Le 11 août 1930, six jours après un grand succès oratoire de Hitler à Francfort, le ministre Treviranus (un dissident du parti de Hugenberg) avait maladroitement tenté de le suivre sur son terrain :

> (...) Treviranus prononça un discours relatif aux frontières de l'Est qui, à la vérité, ne suscita guère d'enthousiasme à droite, mais engendra en revanche une tension

---

1. Cf. Jacques Bariéty, « La politique extérieure allemande au début des années trente : continuité ou rupture ? », in *Weimar ou de la démocratie en Allemagne*, Paris, Sorbonne nouvelle, PIA, 1994. Mais récemment Andreas Röder a remis en honneur l'idée d'une continuité entre Stresemann et Curtius : *Stresemanns Erbe : Julius Curtius und die Aussenpolitik 1929-1931*, Paderborn, Schöningh, 1996.

d'autant plus vive en France et en Angleterre. Il y eut un démenti mitigé à la radio, une annulation du démenti, enfin une déclaration apaisante de Curtius, contre lequel la fureur des nazis se déchaîna dans de telles proportions qu'épuisé moralement et physiquement par la campagne électorale, il tomba en syncope à Baden-Baden. Tous ces événements me contraignirent à faire au cours d'une réunion à Trèves une déclaration destinée à l'opinion étrangère, qui n'était guère apte à accroître les chances des partis gouvernementaux auprès des électeurs de droite[1].

Ce jeu de massacre, où trébuche Treviranus, où tombe Curtius, où titube le chancelier en personne, va croître et embellir après les élections. Le 1er octobre, Brüning publie un programme de gouvernement, et entame à son sujet des négociations avec toutes les forces politiques, à l'exception des communistes. Le programme public est consacré surtout à la politique économique et financière, et les questions internationales sont abordées plus discrètement, lors des négociations. Ainsi, le 6 octobre, Brüning dévoile à Hitler, venu en compagnie de Frick et de Gregor Strasser, son plan consistant à « ébranler en dix-huit mois à deux ans toute la structure du traité de Versailles », par la fin des réparations et la reconnaissance de l'égalité des droits. Quant au lecteur de ses mémoires, il ne sait quand il l'a conçu, et en prend connaissance en même temps que Hitler !

Entre autres bénéfices, celui-ci en tire une honorabilité qui rend moins invraisemblable sa venue au pouvoir. Il va faire fructifier cet avantage, sans pour autant s'y enfermer.

« Le pouvoir sera pris légalement. Ensuite... » : ainsi peut se résumer la position nazie, définie par Hitler et répercutée par tous les canaux de sa propagande, au lendemain de la spectaculaire percée électorale. Elle est affirmée notamment lors d'un procès, fin septembre, à Leipzig. On juge trois jeunes officiers qui, malgré l'interdiction expresse du ministre de la Reichswehr, le général Groener, ont fait de la propagande nazie dans l'armée. Hans Frank les défend et cite comme témoin Hitler, qui déclare à la barre le 25 septembre, en soulignant lui-même qu'il le fait sous la foi du serment :

> Encore deux ou trois élections générales et le mouvement national-socialiste aura la majorité au Reichstag ; il pourra alors préparer la révolution nationale-socialiste. (...) Je pose en fait que nous remporterons la victoire politique. A ce moment-là, nous combattrons contre les traités par tous les moyens, y compris ceux qui, aux yeux du monde, apparaissent comme illégaux. (...) La constitution ne prescrit que le terrain sur lequel doit se livrer le combat, mais non pas le but. Nous nous introduirons dans le corps législatif de façon à y donner à notre parti une influence prépondérante. Une fois en possession des pouvoirs constitutionnels, nous coulerons l'Etat dans le moule que nous considérons comme le bon[2].

---

1. H. Brüning, *op. cit.*, p. 135.
2. Cité par K. Heiden, *Histoire...*, *op. cit.*, tr. fr., p. 288.

C'est le langage tenu au sommet du parti, à propos du sommet de l'Etat. Dans les villages et les quartiers, le fétichisme de la légalité est moins fervent et les SA ne dédaignent pas les violences : il faut bien entretenir le moral des impatients. Dans un autre registre, au Reichstag, les 107 députés nazis ont un comportement peu protocolaire et organisent des chahuts. Dès la première séance, en signe de protestation contre l'interdiction de la chemise brune par le gouvernement prussien, ils se changent à l'intérieur de l'enceinte et siègent en uniforme de SA. Puis ils prennent l'habitude de quitter l'hémicycle dès qu'un « marxiste » prend la parole [1].

Cependant, point trop n'en faut, et l'incident qui se produit le 14 octobre est sans doute l'un des plus révélateurs de la politique nazie du moment et de la façon dont Hitler dose ses menaces pour amener ses adversaires à composition. Ce jour-là, le groupe nazi dépose un projet de loi prévoyant un plafonnement drastique des taux d'intérêt, une expropriation sans indemnité des « Juifs orientaux » et des « magnats de la banque et de la Bourse », ainsi que la nationalisation des grandes banques. Ce texte semble largement inspiré par les idées de Gottfried Feder, qui est alors député. Mais Hitler fait aussitôt retirer le projet, qui est repris par les communistes : alors il oblige les députés nazis à voter contre [2]. Il semble exclu qu'un pareil texte n'ait pas été approuvé, au moins, par Göring : toute cette affaire sent la manipulation pédagogique. Hitler a voulu donner un avertissement aux forces de droite non nazies en montrant à la fois quelle foudre il pourrait déchaîner si on le contrariait et avec quelle autorité, inversement, il pouvait maîtriser cette foudre.

Son discours légaliste est propre à séduire, entre autres, Hugenberg. Après deux ans de présidence du DNVP soldés par la perte de la moitié de ses voix et de ses sièges, le magnat de la presse est à nouveau tenté par une alliance. Sans doute se berce-t-il de l'espoir que le succès nazi, obtenu pour une bonne part à ses dépens, est trop brutal pour être durable et qu'il vaut mieux, en attendant que les électeurs lui reviennent, ne pas trop s'éloigner d'eux. Mais Hitler, lorsqu'on le sollicite de la sorte, est homme à se faire prier.

Les premiers contacts ont lieu, à ce qu'on sait, en juillet 1931. Hitler rencontre non seulement Hugenberg, mais Seldte et Düsterberg, les chefs du Stahlhelm, une milice d'anciens combattants alors étroitement liée au DNVP. Dans la même période, il a des entretiens avec les dirigeants de l'Etat, civils et militaires. Il rencontre Groener et son adjoint au ministère de la Reichswehr, le général von Schleicher. Il voit aussi Brüning et, pour finir, Hindenburg en personne, le 10 octobre. Il est accompagné de Göring, qu'il a fait revenir de Suède alors que sa femme Karin y est mourante. Hitler soliloque environ une heure, pour expliquer que son parti ne cherche pas des portefeuilles ministériels mais se met « au service de

---

1. Cf. J. Fest, *op. cit.*, p. 431.
2. Cf. A. Bullock, *op. cit.*, p. 141-142.

l'Allemagne ». C'est à cette occasion que l'entourage du chef de l'Etat laisse filtrer le jugement fameux, par lequel Hindenburg prédit que le « caporal bohémien » sera peut-être ministre des Postes, mais certainement pas chancelier. Cependant, on peut remarquer qu'un président ne s'abaisse pas en général à sélectionner lui-même les préposés à la circulation du courrier. Ces conciliabules avec Hitler dans les palais nationaux ont donc un autre objectif, révélé par Groener dans une lettre du 1er novembre : il s'agit de « le lier doublement et triplement au poteau de la légalité [1] ».

Ce qu'on appelle le « front de Harzburg » est une démonstration parfaitement éphémère, réunissant le 11 octobre 1931, dans cette ville d'eaux du Harz, le NSDAP avec ses SA, le DNVP flanqué du Stahlhelm, et d'autres partis, groupes et personnages orientés à droite, pour réclamer une politique plus énergique contre la gauche, l'annulation définitive des réparations et la démission de Brüning. L'apparition de Hitler et de son parti est ostensiblement marginale. La malveillance, à l'époque et depuis, parle d'un « échec », Hugenberg ayant polarisé les acclamations et le Stahlhelm présenté des cohortes plus nombreuses que la SA. C'est donc l'un de ces nombreux échecs qui jalonnent l'ascension de notre homme.

En fait, à cette époque, la vie politique allemande s'organise en fonction d'une échéance, celle du mandat de Hindenburg, élu pour sept ans le 26 avril 1925. Mais avant d'indiquer comment Hitler entreprend d'en tirer le meilleur parti, il faut relater un épisode saillant de sa vie privée.

Le 18 septembre 1931, le suicide à l'âge de vingt-trois ans de sa nièce Angela Maria Raubal, dite Geli, qu'il hébergeait, attire brusquement l'attention sur cette vie privée, qu'il détestait montrer. La presse de gauche évoque l'hypothèse d'un assassinat et insinue qu'il fut précédé de relations incestueuses. Les biographes ne sont pas en reste. L'un se laisse aller à écrire, sans aucun appui documentaire, que Hitler passait « ses nuits » avec Geli [2]. D'autres, plus imaginatifs, parlent d'une relation sadomasochiste (où Hitler aurait été la victime consentante), avec une assurance inversement proportionnelle à la solidité des sources. La géligraphie est une branche prolifique et quelque peu vermoulue de l'hitlérologie.

Considérée avec sang-froid, la documentation fait plutôt penser à un sentiment paternel et à un amour sublimé. L'étude récente d'Anna Maria Sigmund le confirme et permet de renouveler sensiblement la question.

Tout d'abord, la préhistoire. A partir du préjugé que Hitler a boudé, après la guerre, sa patrie autrichienne et sa famille, on situe généralement le début de ses relations avec Geli lors de son installation à Berchtesgaden, en 1928, puisque c'est alors qu'il se serait souvenu de l'existence de sa demi-sœur Angela, pour lui demander de tenir son ménage. Or A. M.

---

1. Cf. J. Fest, *op. cit.*, p. 438.
2. Il s'agit de Werner Maser, *Legende... op. cit.*, p. 313.

Sigmund nous apprend, en s'appuyant tout simplement sur les archives de la prison, qu'Angela, accompagnée de ses enfants Leo et Geli, lui a rendu visite à Landsberg, le 17 juillet 1924 [1]. Ensuite, grâce aux mémoires d'un condisciple de Geli devenu un homme politique autrichien, le chrétien-social Alfred Maleta, parus il y a une vingtaine d'années à l'insu des géligraphes, elle fait quelques découvertes intéressantes. Les deux jeunes gens se rendaient ensemble au lycée et le garçon, déjà passionné de politique, essayait d'engager la discussion sur ce sujet, en tirant parti de la célébrité naissante de l'oncle de sa camarade, mais en vain : « Il était pour elle seulement le cher oncle et par hasard un homme politique [2]. » Cependant, elle accepta de s'entremettre lorsque leur professeur d'histoire, ancien député pangermaniste et partisan de l'Anschluss, ne trouva rien de plus distrayant ni de plus pédagogique que d'organiser pour les lauréats du baccalauréat de 1927 une excursion d'une semaine à Munich, comportant des rencontres avec les dirigeants nazis. Maleta relate un thé pris avec un Hitler en chemise brune qui passa d'abord en revue la classe impeccablement alignée en regardant chaque élève dans les yeux, puis, à la fin du séjour, une rencontre plus intime entre lui-même, Geli et Hitler. Ainsi, la venue de la nouvelle bachelière à Munich dès l'automne suivant, pour s'inscrire en faculté de médecine, devait probablement plus à sa fréquentation directe de l'oncle Adolf qu'aux talents ménagers de sa mère [3].

Il ne semble pas qu'elle ait été une étudiante très assidue. Témoin le seul texte de sa main qui subsiste, une lettre du 24 décembre 1927, qui a refait surface en 1993 [4]. Elle est adressée à Emil Maurice, l'un des plus anciens compagnons de Hitler et, à cette date, son chauffeur attitré. La jeune fille fait état de son amour pour le destinataire, du projet de mariage qu'ils ont formé et du fait qu'« Oncle Adolf » lui ordonne d'attendre deux ans. D'ici là, écrit-elle, ils pourront s'aimer à la sauvette (zwei volle Jahre, in denen wir uns nur hie und da küssen dürfen) et toujours sous la protection (Obhut) de l'oncle Adolf. Cependant, ce début protestataire fait vite place à une attitude plus déférente. Elle dit sagement à son fiancé qu'il doit « travailler pour leur assurer une position indépendante », puis passe (la lettre aurait-elle été écrite en deux temps, séparés par une conversation avec Hitler ?) à un véritable éloge de son oncle, « terriblement gentil », qui s'est engagé à leur permettre de se voir « souvent et même souvent seuls » : il est « vraiment en or » ! (ja goldig.) Elle lui donne également raison de la pousser à « poursuivre ses études ». Mais il exige, écrit-elle, que son lien avec Maurice reste secret. Pour finir, elle

---

1. Cf. Anna Maria Sigmund, *Die Frauen der Nazis*, Vienne, Ueberreuter, 1998, p. 136.

2. Alfred Maleta, *Bewältige Vergangenheit*, Graz, 1981. Cité par Anna Maria Sigmund, *op. cit.*, p. 136-137.

3. Aux prises avec cette contradiction, puisqu'il a repéré que Geli était étudiante à Munich dès l'automne de 1927, l'auteur d'une autre étude récente, mais beaucoup moins sérieuse, antidate à « 1926 ou 1927 » la location par Hitler de la maison d'Obersalzberg (Ronald Hayman, *Hitler and Geli*, Londres, Bloomsbury, 1997, tr. fr. *Hitler et Geli*, Paris, Plon, 1998, p. 98).

4. Lettre publiée pour la première fois dans le catalogue de la maison Hermann Historica, Munich, 1993.

attribue à Ilse Hess, la femme de Rudolf, le rôle du bon génie qui a plaidé sa cause et celle de son amour.

Voilà bien l'indice que les sentiments de Hitler à son endroit étaient de type paternel, sans être exempts d'un désir satisfait par procuration. Un tel dispositif évoque la manière dont le chef nazi contrôle l'un par l'autre, à la même époque, un Goebbels et un Strasser. Cependant, le jeu va durer beaucoup moins de deux ans. Ce qu'on sait là-dessus de plus sûr vient du témoignage de Maurice recueilli dans les années 60 par Nerin Gun, malheureusement de manière rapide et imprécise (il est vrai que son livre portait non sur Geli, mais sur Eva Braun) :

> (...) Hitler et lui étaient réellement inséparables, et ils formaient avec Geli un trio de roman d'aventures populaire, ce qui fut à l'origine d'un quiproquo à la fois comique et significatif. Car Hitler, toute sa vie, resta un incorrigible « marieur » (...) Il s'était mis en tête de persuader Maurice de prendre femme. « Je viendrai dîner chez vous chaque soir, disait-il, dès que tu seras marié. »
>
> « Je suivis son conseil, poursuit Maurice, et décidai de me fiancer avec Geli. J'étais follement amoureux d'elle, comme tout le monde d'ailleurs, et elle accepta joyeusement mon offre. »
>
> Et Maurice annonça la nouvelle à son patron. Stupéfaction : ce fut un vrai cataclysme. Hitler, hors de lui, accabla Maurice de reproches et le renvoya sur-le-champ[1]. (...)

Il est difficile de dater le départ de Maurice de ses fonctions de chauffeur, sur les modalités duquel des bruits divers circulent, et son remplacement par Julius Schreck. C'est sans doute le journal de Goebbels qui fournit la meilleure approximation. Ayant lui-même connu – et apprécié – Geli lors d'un voyage à Munich en mars 1928, le Gauleiter de Berlin note le 19 octobre qu'un de ses collègues

> raconte des choses absurdes sur le chef (Chef.) Lui, sa nièce Geli et Maurice. La tragédie qu'est la femme. Faut-il donc désespérer ? Pourquoi devons-nous tous souffrir tellement par la femme ? Je crois fermement à Hitler. Je comprends tout. Le vrai, et ce qui ne l'est pas.

On peut penser que les bavardages ici relatés suivent de près le dénouement, et que la cohabitation, auprès de Geli, du chauffeur et de l'oncle a duré, en gros, de décembre 1927 à octobre 1928[2].

Tous les témoignages la présentent comme une fille simple, gaie, peu inhibée et aimant plaire. Et la plupart lui prêtent une beauté hors du commun. Ron Rosenbaum a trouvé, là-dessus, un indice intéressant. Alors que sur les photos elle apparaît comme une brune un peu pâteuse et assez quelconque (et non une blonde, comme on l'écrit souvent), le journaliste américain a déniché une sienne cousine âgée d'une quarantaine d'années

---

1. Nerin E. Gun, *L'amour maudit d'Hitler et d'Eva Braun*, Paris, Laffont, 1968, p. 22.
2. Je diverge sur ce seul point d'Anna Maria Sigmund, qui situe le renvoi de Maurice immédiatement après la lettre de Geli.

qui, tout en ayant avec elle une parfaite ressemblance photographique, avait dans le regard une « irrésistible lueur d'espièglerie » que le nitrate était impuissant à capter [1].

Après le renvoi de Maurice (ou peut-être même avant), Hitler avait pris l'habitude de s'afficher avec Geli. Là encore, peu de précisions chronologiques, mais plutôt un tableau diffus. Lors d'une réception de Noël organisée par les étudiants nazis en 1928, leur chef Baldur von Schirach est tout surpris de voir arriver Hitler avec Geli. Il est très détendu et c'est à peine s'il se souvient de son rôle de Führer : il prend très brièvement la parole. Mais il quitte la séance à 11 heures du soir, avec sa protégée qui, d'après les mémoires de Schirach, « serait volontiers restée plus longtemps [2] ».

Geli est la seule femme avec laquelle Hitler se soit montré en public. Mais il ne la présentait jamais que comme sa nièce – ainsi, dans l'occasion racontée par Schirach. Cela laissait une place pour des soupirants. Précisément, en cette même année 1928, Geli avait manifesté l'intention d'épouser quelqu'un dont nous ignorons l'identité et le lieu de résidence. Nous connaissons essentiellement de lui un fragment de lettre, révélé par Christa Schröder [3] : l'oncle Adolf ordonne, cette fois, une attente d'un an, par l'intermédiaire de sa demi-sœur sur laquelle il exerce une « influence » en exploitant sa « faiblesse » – mais l'auteur de la lettre, plus méfiant que bien des hommes politiques, n'est pas sûr qu'il tienne parole. Voilà qui confirme qu'il s'arrogeait un rôle de père. C'était autant de temps gagné, non seulement, comme aurait pu le faire un vrai père, pour garder la jeune fille près de lui avant de se résigner à l'inéluctable, mais aussi pour retarder le moment d'une décision sur son propre statut.

L'idée de l'épouser lui-même a pu, en effet, naître et grandir pendant ces diverses fiançailles. Et rien ne prouve que l'intéressée y ait été hostile. Il est même assez probable que Geli n'aurait pas demandé mieux. La manière dont elle s'affichait avec lui en est un indice et le témoignage, recueilli après la guerre, de son professeur de chant [4], une preuve.

Toujours est-il qu'après avoir logé dans des chambres d'étudiante elle n'a pas l'air de se faire beaucoup prier lorsque Hitler, qui quitte lui-même la pièce unique qu'il occupait depuis 1920, emménage dans un grand appartement de la Prinzregentenplatz, au début de septembre 1929 et l'invite à le partager [5].

---

1. R. Rosenbaum, *Explaining Hitler*, New York, Random House, 1998, tr. fr. *Pourquoi Hitler ?*, Paris, Lattès, 1998, p. 233.

2. Cité par R. Hayman, *op. cit.*, p. 112.

3. *Douze ans auprès d'Hitler*, *op. cit.*, p. 97. Dans *Er war mein Chef*, Munich, Langen Müller, 1985, p. 154, la citation est plus courte mais C. Schröder a indiqué à son « éditeur » Anton Joachimsthaler que le capitaine Zoller avait gardé l'original et l'avait cité exactement. La lettre n'est datée dans aucun des deux livres mais l'échéance d'un an étant, d'après le texte, liée à la majorité de Geli, échue en juin 1929, on peut supposer qu'elle date du milieu de 1928. Il est possible que cet épistolier soit le violoniste de Linz que d'après sa mère elle voulait épouser en 1931 (cf. *infra*).

4. Si ce n'est que la relation que fait R. Rosenbaum de ses « souvenirs inédits » est bien sommaire et imprécise (*op. cit.*, p. 238).

5. D'après une note d'A. Joachimsthaler dans le livre signé de Christa Schröder *Er war mein Chef*, Munich, Langen Müller, 1985, p. 296, il emménage le 10 septembre et elle le 5 novembre.

Leur cohabitation dure donc environ deux ans. C'est beaucoup, pour nouer un drame. Cependant, une césure, au beau milieu, peut expliquer qu'il ait fallu tout ce temps : celle des élections de 1930.

Reprenons : voilà une jeune fille à marier, qui semble ne nourrir aucune autre ambition, par exemple professionnelle, puisque ses études de médecine sont de moins en moins attestées et que ses professeurs de chant la trouvent peu travailleuse. Elle semble avoir attendu sa majorité avec impatience, pour pouvoir s'émanciper de son oncle. Or ce jour est arrivé le 4 juin 1929 et, si elle se met effectivement en ménage quelques semaines plus tard, c'est avec ce même oncle. Celui-ci était un homme politique brillant, mais marginal.

Jusqu'en septembre 1930, Adolf devait apparaître à Geli comme un original séduisant, un artiste drôle et un peu perdu qu'elle pouvait, par son amour, stabiliser et aider à réussir dans quelque carrière. Elle pouvait tirer orgueil d'en avoir, déjà, fait un autre homme, aux petits soins pour une femme et n'hésitant pas à se produire avec elle : elle le traînait même dans les boutiques, dira-t-il à Christa Schröder, pour d'interminables essayages. Il est donc possible que le coup de tonnerre du scrutin de septembre l'ait foudroyée plus que quiconque : la « mission » proclamée cessait d'être un fantasme et la nièce était aux premières loges pour voir l'oncle se prendre de plus en plus au sérieux. La déception devait être cruelle, et d'autant plus perturbante que chacun entretenait aussi, vraisemblablement, des relations de son côté. Le mystérieux soupirant de Geli semble avoir encore existé, à moins qu'il ne s'agisse d'un autre ; quant à Hitler, il n'était pas en reste.

On a beaucoup parlé d'une lettre enflammée d'Eva Braun, retrouvée déchirée près du cadavre de Geli. La chose est bien mal attestée et la faible place d'Eva, alors, évidente. Plus sérieusement, une Geli amoureuse, ou se demandant si elle l'était, pouvait prendre ombrage d'une relation de Hitler tardivement révélée et toujours peu connue, car elle prête moins aux broderies que les histoires de Geli et d'Eva. Il s'agit de Maria Reiter, dite « Mimi », connue par Hitler à seize ans à Berchtesgaden, en 1925. Signalée à un journaliste par Paula, la sœur de Hitler, comme « la seule femme qu'il ait sans doute jamais aimée », elle fut confessée par les magazines en 1959. De son récit, authentifié par quelques lettres, il ressort qu'il a fait avec elle des promenades ponctuées d'une progression très lente du contact physique et de déclarations suivant lesquelles il voulait l'épouser mais ne se sentait « pas prêt », eu égard surtout, semble-t-il, à sa mission politique. Soudain il se met à l'éviter et elle fait une tentative de suicide par pendaison, en 1928. Puis elle épouse un hôtelier de la région, divorce au bout de deux ans et fait signe à Hitler, en 1931, sans autre précision, ce qui est fâcheux pour notre enquête sur la mort de Geli. Il la reçoit chez lui et c'est alors que, suivant une formule inspirée par la pudeur qui avait encore cours à la fin des années 50, elle laisse « la chose arriver ». Elle en est plus « heureuse » que jamais.

167

Cependant, ce qu'il lui propose, d'être une maîtresse de l'ombre, et entretenue, ne lui agrée pas. Elle veut le mariage et trouve la force de partir. Une dernière nuit aura lieu en 1934. Chacun reste sur ses positions et le ton monte. Hitler n'a décidément « pas le temps de s'occuper d'une épouse[1] ». Si ce récit, unique de la part d'une de ses amantes, confirme la « normalité » qu'avait constatée Kubizek, et infirme les malveillances de Hanfstaengl et de beaucoup d'autres, il montre aussi un combat intérieur qui n'est sans doute pas sans analogie avec celui qui s'est livré dans son esprit, en partie dans les mêmes années, au sujet de Geli. Hitler était littéralement dévoré par le sentiment de sa mission.

Alors, Hitler assassin de Geli ? Gardons-nous de l'exclure *a priori*. Puisqu'il place sa « mission » au-dessus de tout, que les sentiments qu'il porte à sa nièce ont tendance à l'en détourner et que l'homicide est, dans l'accomplissement de ladite mission, un expédient banal, il serait plausible qu'elle soit, au sens fort du terme, sacrifiée. Il y aurait au moins un pendant littéraire, enfanté par un poète qui répercute les passions du premier demi-siècle, Nikos Kazantzaki, surtout célèbre pour son *Zorba*. A peine moins connu en son temps fut *Le Capétan Michalis*, paru en 1953 mais commencé beaucoup plus tôt[2]. Le personnage qui donne son titre au roman, chef imaginaire d'une insurrection crétoise contre les Turcs, est envoûté par une amante sublime et prend quelques heures, avant une attaque, pour aller la poignarder consciencieusement, comme il ferait d'une sentinelle ottomane. Le geste pourrait invoquer, pour sa défense, toute la diabolisation de la femme accumulée depuis la Genèse. Chez Hitler, il serait en harmonie avec l'esprit de sacrifice qui le pousse à satisfaire, finalement, une sexualité exigeante avec la fille sans doute passionnée, mais peu passionnante, qu'est Eva Braun. L'amour est, et doit rester, *accessoire*, et il a trop entrevu, avec Geli, à quel point il pouvait parasiter ses pensées, pour ne pas en écarter définitivement, et peut-être expéditivement, la tentation.

Mais la « mission » pèse aussi sur l'autre plateau, et de manière semble-t-il plus lourde. La Bavière est alors loin d'être une chasse gardée nazie. Le ministre-président Held est toujours au pouvoir, et sera l'un de ceux que les SS devront pousser le plus vigoureusement vers la sortie, en mars 1933. Même si son ministre de la Justice, Gürtner, fait partie des gens de droite qui se résignent à placer leurs espoirs dans les nazis, les policiers et les magistrats sont loin de marcher au pas de l'oie. Le *Münchener Post* est là, qui passe son temps à traiter les nazis de criminels de droit commun et ne laisserait pas facilement échapper sa proie si quelque affaire de sang éclaboussait le chef en personne. Otto Strasser également, si tout n'est pas inventé dans les pages pleines de bile qu'il consacre à l'affaire. Il prétend avoir fait lui aussi la cour à Geli en 1928 et avoir

---

1. Cf. Ron Rosenbaum, *op. cit.*, p. 215-224.
2. Cf. Colette Janiaud-Lust, *Nikos Kakantzaki*, Paris, Maspero, 1970, p. 456.

recueilli ses confidences[1]. Bref, le sentiment de sa responsabilité historique devait pousser Hitler à la discrétion et à la prudence plutôt qu'à un dénouement sanglant.

Le drame néanmoins se produit. La jeune femme est trouvée par les domestiques dans sa chambre, face contre terre, un pistolet appartenant à Hitler non loin d'elle, un samedi matin. L'oncle a quitté l'appartement la veille dans l'après-midi, pour une longue tournée dans le nord. La nouvelle le rattrape sur la route, près de Nuremberg. C'est Hess, prévenu par les domestiques, qui avertit la police. Un communiqué bientôt adressé à la presse attribue le décès à un suicide.

La controverse qui s'engage tourne essentiellement autour d'un projet qu'avait Geli de se rendre à Vienne. C'est, dans un océan d'incertitudes, l'un des rocs auxquels on peut s'accrocher. Hitler lui-même en parle dans un communiqué de presse, pour démentir les bruits suivant lesquels il lui avait interdit ce voyage. Le texte mérite une citation intégrale, car il permet d'éliminer un certain nombre d'hypothèses :

> 1) Il est faux de dire que j'ai eu de « violentes disputes » ou une « violente querelle » avec ma nièce Angelika Raubal, le 18 septembre ou précédemment.
>
> 2) Il est faux de dire que j'étais « fermement opposé » au voyage de ma nièce à Vienne. La vérité est que je n'ai jamais été hostile au séjour à Vienne que ma nièce avait projeté.
>
> 3) Il est faux de dire que ma nièce voulait se fiancer à Vienne ou que je m'opposais aux fiançailles de ma nièce. La vérité est que ma nièce, torturée d'angoisse par la question de savoir si elle avait le talent nécessaire pour se produire en public, voulait aller à Vienne afin d'obtenir un nouvel avis sur sa voix, émanant d'un spécialiste qualifié.
>
> 4) Il est faux de dire que j'ai quitté mon appartement le 18 septembre 1931 « après une violente querelle ». La vérité est qu'il n'y eut ni querelle, sous quelque forme que ce soit, ni agitation d'aucune sorte lorsque j'ai quitté mon appartement ce jour-là[2].

Hitler a l'air sûr de son fait lorsqu'il dément toute dispute avec Geli. En la matière, on n'est jamais à l'abri d'un témoin et, lorsqu'on est soupçonné ou soupçonnable d'assassinat, la moindre déclaration reconnue fausse est une catastrophe. De même, si Geli allait voir un amoureux à Vienne, il était bien risqué de le démentir ainsi. Cependant, nous avons la preuve d'un mensonge par omission, sur l'aval donné à ce voyage, car lors de son interrogatoire, quelques heures après la découverte du corps, Hitler avait déclaré qu'à son avis sa sœur Angela devait accompagner Geli à Vienne et que,

> comme elle ne le souhaitait pas, il s'était déclaré hostile à son projet. Peut-être avait-elle été ennuyée, mais elle n'avait pas manifesté de contrariété particulière, et elle l'avait quitté plutôt calmement le vendredi après-midi, lorsqu'il était parti.

---

1. *Hitler et moi*, *op. cit.*, p. 84-86.
2. Cité par R. Hayman, *op. cit.*, p. 164, d'après le *Volksbote* du 23 septembre 1931.

Après avoir participé un jour à une séance de spiritisme, elle lui avait déclaré qu'elle ne mourrait certainement pas de mort naturelle. Elle pouvait facilement avoir pris le pistolet car elle savait où étaient rangées ses affaires. Sa mort l'affectait profondément, car elle était le seul membre de sa famille qui lui était proche, et voilà qu'une telle chose lui arrivait [1].

On peut trouver antipathique la dernière phrase : non seulement parce qu'il présente la mort de Geli comme un malheur qui le frappe, lui, mais parce qu'il n'hésite pas à laisser entendre que sa demi-sœur, la mère de Geli, qui tient son ménage, n'est pas grand-chose pour lui. Mais n'y a-t-il pas là précisément un indice de sincérité ? D'autre part, l'émotion n'enlève pas ses moyens au politicien calculateur : il glisse en passant aux enquêteurs, avec l'information sur la séance de spiritisme, un élément qui peut les aider à classer l'affaire. Quel chef d'un parti en pleine ascension lui jettera la première pierre ?

Une chose peut retenir les policiers de conclure au suicide : le manque de mobile. D'autant que Hitler, pris à son propre jeu, s'ingénie, dès son premier interrogatoire, à minorer son différend avec Geli au sujet du voyage à Vienne. Il est clair qu'en accordant, sans autopsie, ni étude balistique, ni analyse d'empreintes, un permis d'inhumer grâce auquel le corps va bientôt franchir une frontière, la justice fait preuve d'une complaisance qui doit beaucoup à la position politique de l'oncle. Cependant, pour nous qui disposons d'un peu plus d'éléments, un mobile de suicide apparaît.

Il était sans doute rare, même en cette époque guindée, qu'un oncle obligeât une nièce de 23 ans à voyager en compagnie de sa mère pour aller passer une audition. Une telle exigence de chaperonnage s'explique mieux si on redoute quelque frasque amoureuse. On peut juger vraisemblable, à la fois que Geli ait rêvé d'épouser son oncle et que, deux ans avant l'âge fatidique où l'on coiffait Sainte-Catherine, elle se soit impatientée devant une demande qui ne venait pas, et ait sérieusement songé à convoler autre part. L'heureux élu, s'il n'était pas viennois, habitait peut-être à Linz, où la famille Raubal avait longtemps résidé. C'est d'ailleurs ce que dit Christa Schröder [2]. Hitler, là aussi, jouerait sur les mots et mentirait par omission. En tout cas, il semble avoir craint de perdre, en la laissant partir pour l'Autriche, tout pouvoir sur la destinée de Geli. Lorsqu'il a retiré son autorisation, elle a pu, sur un coup de tête (car elle ne semblait suicidaire à personne), décider d'en finir, ou de défier le destin par une tentative de suicide (car la blessure n'était pas nécessairement mortelle : le décès résulta d'un lent étouffement, du fait de l'arrêt

---

1. Cf. R. Hayman, *op. cit.*, p. 163.
2. Dans *Douze ans auprès d'Hitler*, *op. cit.*, p. 97. Elle parle d'un « artiste-peintre ». Cf. *Er war mein Chef*, Munich, Langen Müller, 1985, p. 154. Joachimsthaler cite à l'appui une déclaration de la mère de Geli à un interrogateur américain, à Berchtesgaden, le 17 mai 1945. L'homme, un violoniste, aurait eu 16 ans de plus qu'elle (*ibid.*, p. 297).

d'un poumon) en prenant conscience que son oncle ne pouvait ni renoncer à elle, ni se résoudre à demander sa main.

Dans le cadre de la présente recherche on ne saurait discuter en détail la conviction de Ronald Hayman, le seul auteur qui ait consacré un livre entier aux rapports de Geli avec Hitler, que son trépas résulte d'un meurtre intentionnel ou accidentel, commis par le Führer en personne (curieusement, alors qu'il adhère à l'idée commune que Hitler était trop lâche pour tuer lui-même, Hayman fait ici une exception et n'envisage pas une seconde qu'il ait chargé quelqu'un de la besogne). On renverra le lecteur à son livre : la manière même dont il argumente participe de cette volonté de rendre Hitler odieux dans tous les aspects de sa vie, que l'on critique au long du présent ouvrage. Il nous campe un personnage à la fois impuissant, incapable d'aimer, indifférent à ce qui l'entoure, et fixé à des femmes précises pour des satisfactions bien définies. Il aurait aimé qu'on lui urinât sur le visage et l'aurait couramment obtenu de Geli. Ici, la source principale est Otto Strasser, l'homme qui voulait à toute force mettre un brassard rouge à Hitler après la première guerre mondiale, tout en n'y ayant pensé qu'après la seconde, bref, le type même du mauvais joueur ivre de rancune, à la mesure de la manière dérisoire et longtemps complaisante avec laquelle il avait « combattu » le nazisme. Présentant quasiment comme un fait acquis l'existence de ces relations sado-masochistes, Hayman y voit un secret explosif, dont la divulgation pouvait à tout moment interrompre la marche des nazis vers le pouvoir. Il va jusqu'à suggérer que ses camarades avaient demandé à Hitler de choisir entre Geli et sa carrière, tout en ne lui laissant guère le choix. Il n'a pas l'air de songer que de telles délibérations n'auraient guère pu manquer de refaire surface après 1945 [1].

La démonstration du meurtre est à l'avenant. Elle consiste simplement à dire que l'heure du décès n'est pas sûre, que l'emploi du temps de Hitler pouvait, dans certaines hypothèses, lui permettre d'être sur place et que le ministre Gürtner a usé d'autorité pour faire boucler l'enquête en dépit d'indices accablants. C'est présumer que les nazis sont déjà très puissants. Il est au contraire probable que, dans cette période de liberté de la presse et de concurrence exacerbée pour le pouvoir, Hitler n'ait pas été en mesure d'étouffer un soupçon quelque peu étayé. Même s'il a, d'une manière là encore hélas on ne peut plus « normale », orienté ses déclarations et joué de ses relations pour hâter le classement de l'affaire.

Le nazisme n'est pas infernal. Il fraye son chemin sur terre, là où il y a la vie, l'amour et les aspirations simples indifférentes aux missions historiques. Ainsi, dans les tout derniers jours, l'atmosphère du fameux

---

1. Hayman n'innove guère, il est simplement un peu plus affirmatif, systématique et léger que ses devanciers dans la collecte des bruits infamants. On peut ajouter à Hanfstaengl et Strasser, déjà cités, Konrad Heiden, qui s'en donne à cœur joie. Il fait état dès 1936, sans citer la moindre source, d'une lettre où Hitler aurait décrit à Geli son goût de l'ondinisme et qui, tombée en des mains étrangères, aurait été récupérée à grands frais (*Hitler, op. cit.*, p. 352).

Bunker, sous la chancellerie de Berlin, sera gaie alors qu'elle aurait eu toutes raisons d'être lugubre, grâce aux rires et aux jeux des six enfants Goebbels, qui seront assassinés par leurs parents peu après la mort du Führer.

La gaieté de Geli, c'est la dernière tentation de Hitler, devant laquelle il dresse lui-même des obstacles, en la fiançant, en l'investissant comme un père. Le dénouement semble l'avoir plongé lui-même dans une crise suicidaire, c'est du moins ce qu'indique l'ensemble des témoignages[1]. Il n'est pas sûr qu'on les ait examinés avec assez de circonspection. Lorsqu'ils émanent d'amis, ils sont peut-être destinés à combattre les soupçons d'assassinat ; quant aux ennemis, ils ne sont peut-être pas mécontents de dévaloriser l'idole et de l'assimiler, par exemple, au général Boulanger qui, après avoir fait trembler la classe politique, avait suscité ses ricanements en s'immolant sur la tombe de sa compagne. Cependant, qu'il ait eu ou non à surmonter une telle tentation, il devient sans doute plus cynique et sanguinaire que jamais. Une « mission » à laquelle on a sacrifié une telle perspective d'épanouissement ne peut être menée qu'avec la plus froide résolution. En quittant le cimetière il aurait dit : « Allons. Et maintenant que la lutte commence. Une lutte qu'il faut gagner et que nous gagnerons[2]. »

Il va exiger qu'on laisse en l'état la chambre de Geli, et en fera un lieu de culte privé, qui probablement lui procurera une vie affective de substitution. Ce que révèle cet épisode, après celui de Stephanie, c'est précisément qu'il se distingue peu du mâle moyen de son temps : intéressé par l'autre sexe mais plutôt timide, et redoutant que ses ambitions sociales ne soient vampirisées par une servitude amoureuse, il traite les femmes avec une galanterie dans laquelle la réflexion féministe aide à discerner beaucoup de peur et de mépris.

La chambre du souvenir subit, quelques mois plus tard, une étrange profanation. C'était en mars 1932, le soir du mariage de Baldur von Schirach, chef des Jeunesses hitlériennes, avec Henriette Hoffmann, la fille du photographe de Hitler. Ce dernier avait pour la mariée, âgée de dix-huit ans, un tendre sentiment, qu'il ne dissimulait guère. Son union avec Schirach ressemble à ce qu'eût été un mariage entre Geli et Maurice. De même, un peu plus tard, lorsque Goebbels épousa Magda, celle-ci était, parmi ses nombreuses conquêtes, celle qui plaisait le plus à Hitler. Le soir du mariage Schirach, donc, une réception eut lieu dans l'appartement de la Prinzregentenstrasse et, Henriette souhaitant se débarrasser de sa robe de mariée, Hitler lui avait confié la clé de la chambre de Geli[3]. Il n'essaya pas de la rejoindre. Sans doute la pensée lui suffisait-elle de ce

---

1. J. Toland (*op. cit.*, p. 249) en enregistre un bon nombre.
2. Cf. J. Toland, *ibid.*, p. 272.
3. Cf. Henriette von Schirach, *op. cit.*, p. 74.

dévoilement d'un corps interdit, dépouillant le costume nuptial au milieu des reliques de la nièce aimée.

Il montra à l'évidence moins de respect et moins d'imagination cérémonielle envers Eva Braun, une jeune employée de Hoffmann, née en 1912 et rencontrée en octobre 1929[1]. Leur relation semble avoir débuté environ un an plus tard. Ce qu'on en sait de plus solide vient d'un court journal intime, écrit au premier semestre de 1935. Le lien sexuel ne fait guère de doute, ni l'ambition de la jeune fille de se faire épouser. Si Hitler s'attacha à elle, c'est sans doute à cause de sa discrétion et de son abnégation. Après deux tentatives de suicide, le 1er novembre 1932 et le 28 mai 1935, elle rentra définitivement dans le rang et ne causa plus aucun ennui connu à son puissant protecteur. Il est vrai qu'il l'avait, peu après la seconde tentative, installée dans une maison et mise à l'abri du besoin[2].

Parmi les ragots collectés par Hayman, s'il est prudent d'écarter les pratiques sado-masochistes attestées, outre Strasser, par une seule femme, et indirectement (l'actrice Renate Müller, suicidée en 1936, aurait confié au metteur en scène Adolf Zeissler des faits survenus à partir de l'automne 1932), plus sérieuse semble une affaire de dessins exécutés par Hitler, montrant Geli nue avec un luxe de précisions anatomiques. Ils seraient tombés en des mains indiscrètes et Hitler aurait payé une somme coquette pour les récupérer[3]. C'est Hanfstaengl qui a mis au jour cette affaire, qu'on relate toujours comme une preuve de l'intimité de leurs relations, alors qu'il y a une autre possibilité, des plus vraisemblables : que seules les parties du corps ordinairement visibles ait été représentées d'après le modèle et que l'exercice ait fait partie d'une vie secrète, où l'oncle donnait libre cours à son fantasme amoureux tout en essayant de le dominer. C'était, en tout cas, une raison aussi puissante de vouloir récupérer les dessins que s'ils eussent été faits d'après nature.

Cependant, là encore, le livre d'A. M. Sigmund apporte beaucoup. Il reproduit deux dessins de nus récemment découverts et dûment expertisés. Datés (de 1929), identifiés (comme représentant Geli Raubal) et signés (d'Adolf Hitler), ils représentent l'un un buste, bras levés et seins en valeur, l'autre un portrait en pied qui s'arrête en haut des cuisses jointes ; là commence un voile retenu par une main. Le sexe est à découvert, mais sa représentation fort estompée.

Il s'agit de nus académiques, et non de dessins pornographiques. Est-ce à leur propos qu'on a fait tant de battage, ou y avait-il encore autre chose ? Cela ressemblerait assez à Hanfstaengl d'avoir corsé la sauce. En ·tout état de cause, Hitler semble avoir fait poser Geli – s'il avait travaillé d'imagination il n'aurait probablement pas signé, ni écrit le nom du

---

1. D'après Nerin Gun, *op. cit.*, p. 63.
2. Sur tout ceci, cf. une note d'A. Joachimsthaler dans *Er war mein Chef, op. cit.*, p. 285.
3. Cf. H. Hanfstaengl, *op. cit.*, p. 177.

modèle. Il est plausible qu'il ait payé pour récupérer de telles images qui, si peu inconvenantes fussent-elles, pouvaient néanmoins faire jaser. Qu'il ait fait poser sa nièce révèle en tout cas, chez l'un et l'autre, une certaine propension à jouer avec le feu... et donne un point de départ aux extrapolations ultérieures.

Ainsi, l'aventure avec Geli et son dénouement jettent, en dépit des incertitudes, une vive lumière sur le fonctionnement affectif du Führer. Il répudie définitivement l'idée du mariage, comme celle du grand amour – et il faudra se demander quelle mouche le pique d'épouser Eva *in extremis*. En revanche, il ne renonce pas à vivre entouré de femmes – qu'il choisit et qu'il marie. Ses secrétaires seront du nombre. Ce sont, autant qu'Eva, des femmes-objets. Il dira volontiers que cette compagnie lui procure « une détente ». Il n'est pas difficile de comprendre que l'effet suppose, outre une attirance physique délicieusement suspendue, une absence quasi totale de pensée politique chez les élues. Le comportement privé du Führer est cohérent avec les idées des nazis, et de beaucoup d'autres, sur la femme, vouée au service de l'homme.

De tous les calculs tactiques qui peuvent avoir poussé Hitler à se rendre à Bad Harzburg, le principal semble avoir été le souci de se présenter à l'élection présidentielle, contre Hindenburg, sans que cela apparaisse comme un défi aux forces de droite et à leurs électeurs[1].

Il faut en effet prendre la mesure du piège devant lequel il se trouvait. L'élection, en 1925, de ce maréchal de soixante-dix-huit ans, pour succéder à l'ouvrier Ebert, avait représenté une belle revanche et un grand espoir pour les « antimarxistes » de toute obédience. A présent il aspire à une retraite bien gagnée mais on a encore besoin de lui. Du moins Brüning, le dernier chancelier allemand qui cherche à maintenir un semblant de cohésion nationale et à éviter les affrontements qui menacent. S'il est tendancieux de prétendre que dès le début de son ministère il n'avait en tête qu'une restauration monarchique, ses mémoires montrent qu'assez vite il a conçu un plan, à partir d'un pronostic. Pendant les quatre à cinq ans que devait durer la crise économique, le pays serait difficile à mener. Sa cohésion devrait être sauvegardée par une prolongation du mandat de Hindenburg suivie, lors de sa disparition, d'une restauration monarchique maintenant un certain nombre de principes démocratiques. Moyennant une telle garantie, il espérait rallier les socialistes à son plan, mais il est bien évident qu'il fallait d'abord le faire accepter à droite, et en premier lieu par l'intéressé. La manœuvre était censée écarter toute possibilité de prise du pouvoir par les seuls nazis. Il sollicite d'ailleurs aussi leur accord et des négociations s'engagent à la fin de 1931. Hitler tient bon : il écrit

---

1. Il doit pour cela accomplir une formalité essentielle, l'acquisition de la nationalité allemande ; il y parvient en février 1932 grâce à un ministre nazi du Brunswick qui le fait nommer représentant de ce Land à Berlin (cf. J. Fest, *op. cit.*, p. 459). Il avait préalablement renoncé à sa nationalité autrichienne, le 7 avril 1925, probablement pour éviter d'être expulsable (cf. W. Shirer, *op. cit.*, t. 1, p. 147).

à Hindenburg, par-dessus la tête de son premier ministre, qu'il veut bien d'une prolongation de son mandat s'il renvoie Brüning et forme un gouvernement « national », appuyé sur un nouveau Reichstag. C'est là un camouflet, d'autant plus puissant que, rassemblement de Harzburg oblige, Hugenberg ne peut pas faire meilleur accueil aux propositions de Brüning.

Ce nouveau bout de chemin commun avec la droite nationaliste est propice à un rapprochement avec le patronat, ou du moins certains de ses membres. Parmi les gloires du capitalisme allemand qui affichent des sympathies nazies, Schacht a rejoint, à présent, Thyssen. Sa première rencontre avec Hitler, lors d'un dîner chez Göring, le 5 janvier 1931, lui a fait grosse impression. Ce président de la Reichsbank, auréolé du titre de « sauveur du mark » depuis l'automne de 1923, avait démissionné en 1930 pour protester contre le plan Young. Avec Thyssen, il s'entremet pour offrir à Hitler l'une de ses tribunes les plus importantes, même si elle n'est pas immédiatement décisive. Le 27 janvier 1932, il parle devant 650 patrons rassemblés à Düsseldorf par le club de l'Industrie. S'il n'entraîne pas leur adhésion immédiate, il rompt la glace et se donne, à leur yeux, une image d'homme d'Etat respectueux de leurs personnes et de leurs propriétés. Il flatte leur nationalisme et leur anticommunisme, mais aussi leur fierté d'entrepreneurs en disant qu'ils sont les meilleurs et que le nazisme ne veut rien d'autre que placer les meilleurs au commandement, que ce soit en politique ou dans la vie internationale. Au total, s'il adapte ses thèmes à son public, on ne peut pas dire qu'il les dénature. Et s'il est fort discret sur son antisémitisme, s'il n'exalte ni les Aryens ni les Nordiques, il fait miroiter le danger d'une victoire du communisme dans des termes tels qu'un enfant comprendrait qu'il n'a en rien émoussé la violence potentielle de son idéologie, ni répudié aucune de ses haines [1].

Son principal attaché de presse est alors Otto Dietrich, qui publiera après la guerre des souvenirs fort critiques, mais assez peu envers luimême. Le talent qu'il y montre, il en a hélas déjà fait preuve quand il s'agissait de populariser l'image d'un Führer en communion avec les foules. Ainsi lorsque, dans un ouvrage de 1934, il s'étend sur les réactions du public de Düsseldorf :

> L'impression faite sur ce parterre d'auditeurs pondérés est étonnante. Déjà, au bout d'une heure, fond la froide réserve au profit d'un intérêt vivant et passionné. (...)
>
> Les têtes commencent à se colorer, les yeux se rivent aux lèvres du Führer, on sent comme les cœurs se réchauffent. Ils suivent intimement, ils sont pris en profondeur. Les mains battent d'abord timidement, puis les applaudissements crépitent [2]. (...)

---

1. Texte publié en extraits dans le *Völkischer Beobachter*, en brochure au mois d'avril et repris dans M. Domarus, *op. cit.*, t. l, p. 68 sq.
2. Otto Dietrich, *Mit Hitler in die Macht*, Munich, Eher, 1934, p. 48. Cf. *Zwölf Jahre mit Hitler*, Munich, Isar, 1955, tr. fr. *Hitler démasqué*, Paris, Grasset, 1955.

Dietrich ne va pas s'arrêter, si on ose dire, en si bon chemin, et il va se faire le chantre des voyages du Führer au cours de sa campagne électorale. Le service de propagande en tirera, notamment, un album illustré, *Hitler über Deutschland*, immortalisant sa performance d'orateur ubiquiste et la synergie du talent de son pilote, Hans Baur, et de son photographe, Heinrich Hoffmann [1].

Tout le monde sait que Hitler ne va pas être élu président du Reich et attendra la mort naturelle de son heureux rival pour s'emparer de sa fonction tout en supprimant son titre. Voilà donc un nouvel « échec » ! Il va réunir « seulement » 37 % des voix au deuxième tour le 10 avril 1932, contre 53 % à Hindenburg et 10 % au communiste Thälmann, qui s'est maintenu. Mais ces chiffres montrent qu'il a réussi, d'une part à priver Hindenburg d'une large majorité, d'autre part à lester celle-ci d'un grand nombre de voix « marxistes ». Les socialistes, dociles à la manœuvre de Brüning, ont en effet renoncé à présenter un candidat et appelé à voter dès le premier tour pour leur vieil adversaire « de classe » ; quant à Thälmann, il a perdu, entre les deux tours, près du quart de ses électeurs, qui, sourds au mot d'ordre stalinien de la lutte « classe contre classe », se sont résignés à voter « utile » contre le « péril brun »... ou peut-être aussi, dans ce déboussolage général, contre la droite classique [2]. On assiste donc à un chassé-croisé unique dans l'histoire électorale, les voix nazies étant, pour une bonne part, celles qui s'étaient portées sur Hindenburg en 1925, et le sortant étant élu grâce aux suffrages de ses adversaires d'alors : Goebbels s'empresse de le proclamer « l'élu des mutins et des déserteurs [3] ». A qui doit-on attribuer cet exploit ? Au froid technocrate Brüning, dont l'aptitude à sentir l'électorat n'était pas la qualité dominante, et pour lequel ce résultat n'a rien d'une bonne nouvelle ? Soyons sérieux : c'est Hitler qui déjoue brillamment un piège ingénieux, en se faisant tout petit à Harzburg, mettant dans son tort un Brüning qui dans ces conditions n'aurait pas dû rechercher l'entente avec les socialistes.

Pour finir, c'est Hindenburg lui-même qui, sans doute écœuré d'être réélu dans de telles conditions, lui qui ne souhaitait pas prolonger sa présidence, refait un pas vers Hitler. Brüning voulait en effet profiter de la victoire pour se lancer dans une vigoureuse répression contre les nazis et il fait adopter, le 14 avril, un décret interdisant les SA et les SS. Mais le général von Schleicher, adjoint de Groener au ministère de la Reichswehr et interlocuteur militaire privilégié du maréchal-président, marque son désaccord, pousse Groener à la démission de concert avec le chef de

---

1. Notre cahier hors-texte reproduit quelques photos de cet album : Munich, Eher, 1932.

2. Il est certes probable que le « vote utile » de certains électeurs communistes a aussi profité à Hitler. Peut-être pas dans les proportions indiquées par le politologue Georges Goriely : « au moins 700 000 » sur 1,2 million (cf. *Hitler prend le pouvoir*, Bruxelles, Complexe, 1985, p. 93).

3. Cf. Pierre Soisson, *Allemagne, réveille-toi !*, Paris, Productions de Paris, 1969, p. 413.

l'armée, Hammerstein, et finit, le 30 mai, par décider Hindenburg à sacrifier le chancelier[1].

La chute de Brüning ouvre de toute évidence une carrière aux ambitions de Hitler. Un verrou a sauté, celui même de la république. Car s'il
a penché à droite, c'est à gauche que tombe l'homme du Centre. Dans la
passe difficile que traversait l'Allemagne, il tentait sincèrement de sauvegarder, sinon la constitution, du moins un régime constitutionnel, et de
sortir de la crise en restant dans la légalité. Chancelier présidentiel, il
aspirait de plus en plus nettement à trouver une majorité parlementaire,
en convainquant les sociaux-démocrates de le soutenir positivement –
alors qu'ils le faisaient négativement, en ne bloquant pas ses ordonnances.
Sa révocation stimule les partisans d'une réforme autoritaire des institutions – et ils se pressent au portillon. Ils ont nom Schleicher, Papen,
Hugenberg et Hitler. En huit mois, trois d'entre eux vont tenir les rênes.

Le paradoxe de la situation est que le plus hostile à la démocratie
dispose de la force électorale et parlementaire la plus importante : Hitler,
avec ses cent sept députés, domine de haut la droite et, avec ses 37 % de
voix aux présidentielles, laisse planer, en cas de dissolution, la menace
d'une supériorité bien plus écrasante encore. En revanche, avec son extrémisme, il fait peur, y compris à Hindenburg, à qui la situation donne un
grand pouvoir d'arbitrage. Les autres chefs de la droite antirépublicaine
sont condamnés à jouer les funambules : d'un côté ils se présentent chacun comme le meilleur rempart contre Hitler, de l'autre ils ont besoin de
ses députés et de ses électeurs. Ils ont le choix entre trois formules :
soit tenir les nazis à distance et présenter leur prise du pouvoir comme
improbable, en jouant sur le veto du maréchal, afin de provoquer la défec-
tion de leurs électeurs et de faire main basse sur eux ; soit diviser le parti
et associer au pouvoir ses éléments considérés comme les plus fréquen-
tables, en isolant le chef et ses partisans les plus fanatiques ; soit faire
entrer les nazis au gouvernement en position seconde, pour les contrôler
et, là encore, faire tomber le nombre de leurs admirateurs, en les compromettant dans la gestion de la crise. Dans la confusion la plus grande, les
dirigeants de la droite non nazie vont mettre en œuvre successivement,
voire simultanément, les trois recettes. Non sans marquer, çà et là, des
points. Mais à ce jeu, c'est celui qu'on veut plumer qui est le plus fort.
Tant pour diviser ses rivaux, tout en recrutant parmi eux des alliés temporaires, que pour rassurer les inquiets en se présentant lui-même comme
un rempart contre le communisme.

Pour commencer, l'irruption de Papen surprend tout le monde. Cet
ancien attaché militaire, déconsidéré à l'étranger pour avoir tenté, pendant
la Grande Guerre, de dresser le Mexique contre les Etats-Unis, était un
député conservateur dilettante et sans histoire – non point même au

---

1. Cf. H. Brüning, *op. cit.*, p. 376-425.

Reichstag, mais au Landtag de Prusse. Il faisait partie du Centre, dans lequel il se situait à l'aile droite. C'est sans doute Schleicher, l'homme fort du moment, qui, souhaitant occuper le ministère de la Reichswehr, avait suggéré cette solution à Hindenburg, ravi d'avoir affaire à un aristocrate doublé d'un officier de carrière... et d'un ami personnel[1].

Mais n'anticipons pas. Pour l'instant, Papen, en parfait accord avec Schleicher, se lance dans une besogne de liquidation : celle du fragile compromis républicain mis au point par son prédécesseur.

Il commence par dissoudre le Reichstag. Un tel geste, disent certains, était insensé, moins de deux mois après l'élection présidentielle qui avait vu la formidable poussée nazie. C'est oublier son souci premier de porter des coups aux partis républicains : si la démagogie nazie peut y contribuer, elle est la bienvenue.

Les SA et les SS avaient été interdits par Brüning juste après l'élection présidentielle, au grand déplaisir, on l'a vu, de Schleicher. Dès le 15 juin, Papen lève l'interdiction... et les milices, c'est le cas de le dire, déchaînées, répandent une terreur sans précédent. Les communistes rendant coup pour coup, c'est une véritable guerre civile urbaine qui éclate, faisant près de deux cents morts en juin et juillet.

Il y avait en Prusse un gouvernement social-démocrate, dirigé par Braun et Severing. Le gouvernement central lui reprochait son indulgence envers les communistes. La constitution n'offrait pas de moyen de le destituer mais nous avons vu qu'en 1923 Stresemann avait dissous des exécutifs régionaux jugés trop à gauche, créant un précédent. D'autant plus que ses ministres socialistes, s'ils l'avaient désapprouvé, avaient récusé moins le principe que le fait qu'on ne frappât pas avec la même rigueur la Bavière, trop à droite. Ces précédents fragilisaient d'autant plus la position de Braun que des élections, le 24 avril, l'avaient privé de la majorité absolue, en raison de la poussée nazie et communiste. Cependant, Papen avait promis de le laisser en place jusqu'aux élections législatives, fixées au 31 juillet. Or, le 20, Papen s'étant fait nommer par Hindenburg « commissaire du Reich pour la Prusse », les ministres et leurs principaux collaborateurs sont chassés de leurs bureaux par une poignée de militaires, sans faire intervenir la police qui était sous leurs ordres et n'aurait fait qu'une bouchée des intrus.

Cette période, juin-juillet 1932, appelle un double rapprochement : d'une part, avec ce qui se passe huit mois plus tard, pendant les premières semaines du régime hitlérien – il y aura à nouveau une dissolution, et une campagne électorale fertile en coups de force. D'autre part, avec les premiers temps du régime de Vichy : des mesures antirépublicaines, longtemps rêvées par des gens de droite, sont soudain appliquées à la

---

1. Ils se connaissaient depuis 1917. Des contacts de service auraient débouché alors sur une « amitié personnelle qui, au cours des années à venir, devait se développer jusqu'à dépasser tout ce que j'aurais imaginé à l'époque » (cf. Franz von Papen, *Mémoires*, tr. fr. Paris, Flammarion, 1953, p. 48).

hussarde. Dans le cas allemand, les forces de gauche ou simplement républicaines sont tétanisées par la crise, dans le cas français par la défaite.

Le résultat est une victoire écrasante des nazis, qui passent, par rapport aux élections de 1930, de 6 millions de voix à 13, et de 107 à 230 sièges – ce qui vaut à Göring un fauteuil de président qu'il conservera jusqu'à la fin du Troisième Reich[1]. Mais leur progression se fait aux dépens d'autres formations de droite. Les pertes modérées du parti socialiste (SPD) sont compensées par des gains communistes et le Centre ne recule pas – un échec cinglant pour son ancien adhérent, Papen, que le parti avait désavoué sitôt qu'il avait formé son gouvernement antirépublicain.

Pire encore, pour le chancelier : Hitler, qui avait promis à Hindenburg de ne pas attaquer le gouvernement Papen, réclama dès le lendemain des élections la chancellerie pour lui-même. Il s'ensuivit une brève entrevue entre le chef nazi et le maréchal, le 13 août. On fit savoir à la presse qu'elle avait duré dix minutes, que Hitler n'avait pas été invité à s'asseoir et que Hindenburg lui avait proposé seulement la vice-chancellerie et quelques postes ministériels.

Mais déjà Papen a pris les devants. Une ordonnance qu'il a fait signer le 9 août par Hindenburg institue la peine de mort pour les crimes politiques, et un décret subséquent met en place des tribunaux spéciaux, statuant immédiatement. C'est donc le retour du pendule, la tentative de passer une muselière à ces SA qu'on a lâchés quelques semaines plus tôt dans l'espoir d'affaiblir la gauche. Justement, quelques-uns d'entre eux, pris de boisson, ont frappé à mort un ouvrier polonais dans son domicile de Potempa, en Haute-Silésie, le 11 août. Cinq peines capitales sont bientôt prononcées. Hitler télégraphie son soutien aux assassins et s'en prend publiquement à Papen.

Sans désemparer, celui-ci annonce fin août qu'il a obtenu de Hindenburg un décret de dissolution du Reichstag, et le fera valoir quand bon lui semblera. Justement, la popularité de Hitler paraît reculer. Son télégramme de soutien aux tueurs a fait mauvais effet. Plus encore, son affirmation plusieurs fois répétée que Hindenburg va bientôt mourir, qu'il sera candidat à sa succession et qu'il sera élu. De nouveau, celui avec lequel les classes dominantes avaient observé une trêve en juin-juillet apparaît mal élevé, peu fréquentable. C'est à croire qu'il le fait exprès. Plus bizarrement encore, le 12 septembre, alors que les perspectives électorales sont moins souriantes, Göring provoque lui-même la dissolution du Reichstag par une incroyable maladresse : il essaie de faire tomber Papen en faisant voter par le groupe nazi, à l'improviste, une motion de défiance déposée par les communistes, mais il accorde avant le vote une suspension de séance d'une heure, pendant laquelle Papen publie le décret de dissolution, évitant ainsi la censure et l'obligation de démissionner. Pour couron-

---

1. A quelques jours près, car il perd toutes ses fonctions deux semaines avant la capitulation du 8 mai 1945 (cf. *infra*, ch. 14).

ner le tout, juste avant les élections qui s'ensuivent, les nazis soutiennent une grève des transports berlinois, que désapprouve le SPD et que soutiennent aussi les communistes. Une résurgence des aspects « socialistes » du programme, de nature à faire réfléchir les gens des beaux quartiers ou des classes moyennes, que le nazisme avait séduits.

Les élections du 6 novembre sont donc mauvaises. Mais il ne faut rien exagérer. Le nombre des députés nationaux-socialistes tombe de 230 à 197, et les voix de 13 à 11 millions. Cependant, Hitler va tirer le plus grand parti d'une progression, celle des communistes, qui passent de 89 à 100 députés. Par un étonnant hasard, ils atteignent la centaine alors que les nazis régressent en dessous de 200, et leur montée s'en trouve plus impressionnante.

Alors se produit le plus curieux coup de théâtre d'une époque qui n'en manque pas : Papen, vainqueur des élections, se retire. Il y est poussé par Schleicher, auquel il ne peut rien refuser. Celui-ci veut tout bonnement que le prochain chancelier s'appelle Adolf Hitler, à condition qu'il s'appuie sur une majorité au parlement, c'est-à-dire que Hindenburg lui refuse la faculté de gouverner par décrets, qu'il avait accordée à Brüning et à Papen. Voilà qui supposerait une entente avec le Centre – donc, suppute Schleicher, un assagissement radical des nazis.

Le paradoxe est fort. Au moment où la vague hitlérienne connaît un reflux sérieux, souligné par tous les journaux non nazis en Allemagne et à l'étranger, et où une accentuation de la répression contre les nazis, initiée en août par Papen, serait dans l'ordre des choses, voilà qu'on remercie ce dernier et que le même Hindenburg qui avait éconduit Hitler comme un malpropre en août se met en frais pour lui faire accepter le pouvoir.

C'est qu'un petit malin est à l'œuvre. Schleicher, un général qui n'a jamais manœuvré que dans les couloirs des ministères, croit le moment venu d'une offensive-éclair. Soit Hitler accepte, et il est ligoté, notamment par la présence de Schleicher au ministère de la Reichswehr, car celui-ci dispose à la fois de la confiance de Hindenburg et de celle de l'armée. Soit Hitler refuse la chancellerie, et son parti risque de se disloquer. Il est notoire que ses succès ont attiré à lui bien des opportunistes, tandis que les trois campagnes électorales de l'année ont mis à mal ses finances. Un nouveau recul – et une dissolution reste possible à tout moment – pourrait prendre des allures de débandade. Schleicher, promu chancelier, n'attend d'ailleurs pas comme un spectateur passif. Sitôt que Hitler, en déclarant à Hindenburg son refus de coopérer avec le Centre, a refusé la chancellerie, il cherche à séduire l'aile « sociale » du parti nazi et à débaucher Gregor Strasser. Il découvre tout d'un coup des défauts à la politique déflationniste initiée par Brüning et poursuivie par Papen, qui avait amputé le pouvoir d'achat des salariés comme celui des chômeurs, et annonce l'ouverture de discussions avec les syndicats.

On peut constater sans donner dans un marxisme primaire que la balle est à présent dans le camp du patronat. Va-t-il, considérant comme prioritaire le danger nazi, accepter la ruse de guerre d'un Schleicher aussi peu sensible que lui, en temps ordinaire, à la misère des masses, et concéder pendant quelques semaines des miettes aux travailleurs, le temps d'écraser le parti nazi sous le poids de ses dettes et de ses querelles de chefs ? Va-t-il au contraire prendre au sérieux le danger communiste, et renflouer les caisses de Hitler ?

Pour se sortir de cette passe, celui-ci va montrer, plus peut-être qu'à aucun autre moment de sa carrière, sa capacité de retourner les difficultés en sa faveur. La crise de son parti est notoire ? Il en rajoute et la donne en spectacle. Les SA se mettent à quêter dans la rue, plus qu'ils ne le faisaient auparavant. Des petites annonces, vite relevées par les journaux qui les hébergent, étalent la gêne financière du parti, dont les entreprises font faillite en cascade. Strasser critique publiquement le maximalisme du chef et son refus de l'occasion, peut-être unique, d'accéder au pouvoir : pour sauver ce qui peut l'être, il se déclare prêt à entrer au gouvernement. Hitler parvient à l'isoler et à le faire démissionner (le 8 décembre) de toutes ses fonctions au sein du parti, mais au prix d'un gros investissement personnel : il se déplace dans toute l'Allemagne pour obtenir des réaffirmations de fidélité qui apparaissent bien forcées.

Le manque d'argent est réel, les querelles internes aussi. Mais la manière dont Hitler étale la crise, au lieu d'appeler à la réserve et au maintien d'une bonne humeur de façade, ce que ferait en l'espèce tout autre politicien, requiert une explication. Faute de documents – puisqu'il s'agit d'une ruse –, il faut la rechercher dans les buts du chef nazi, tels que les révèle son comportement des semaines suivantes. Ce qu'il veut, c'est la chancellerie, sans la dépendance d'une majorité au Reichstag (c'est-à-dire avec la faculté de dissoudre celui-ci), et des portefeuilles ministériels permettant d'agir – essentiellement ceux de l'Intérieur, en Prusse comme en Allemagne. Montrer son parti en état de faiblesse, c'est le rendre moins redoutable aux gens bien élevés, qui continueront d'avoir des hommes de leur monde aux ministères de la Justice, des Affaires étrangères, des Finances, de la Défense, etc. D'un autre côté, ces mêmes personnes ont tout à craindre d'un effondrement du parti nazi et plus encore de ses milices, car alors qui disputerait le pavé aux communistes ? Quant au patronat, il doit choisir : soit il paye les nazis (ou au moins tolère leur venue au pouvoir), soit il risque de payer beaucoup plus cher le rétablissement de l'ordre, après une période de troubles sérieux. Encore faut-il que Hitler se montre lui-même un bon patron, capable de tenir son monde. L'évitement d'un schisme lors de la dissidence de Strasser en offre la démonstration, en même temps qu'il donne à penser que Hitler a définitivement choisi, en matière économique et sociale, de satisfaire les vœux de la bourgeoisie.

Alors que les journaux, notamment à l'occasion du Nouvel An, prédisent couramment la prochaine disparition du parti national-socialiste, voire l'absence du nom de son chef dans les livres d'histoire, les choses sérieuses se passent à l'ombre des aciéries de la Ruhr. Le 4 janvier, à Cologne, le banquier Schröder, sympathisant nazi, reçoit discrètement chez lui Hitler et Papen. Les deux hommes s'entendent sur la formation d'un cabinet présidentiel, pour lequel Papen se fait fort d'obtenir l'aval de Hindenburg. Ils divergent encore sur le nom du chancelier, chacun voulant l'être, et conviennent de se revoir. Mais curieusement, un photographe de presse les immortalise ensemble, à leur sortie de la villa, et les journaux, dès le lendemain, titrent « Hitler et Papen contre Schleicher ». La presse de gauche, tant socialiste que communiste, analyse évidemment la rencontre comme une manœuvre patronale de grande envergure. Mais personne ne sonne vraiment le tocsin : les deux conspirateurs sont plutôt présentés comme de « mauvais perdants » menant un combat d'arrière-garde contre leur vainqueur commun, Schleicher.

Pendant la première quinzaine de janvier, une campagne électorale a lieu dans l'un des plus petits Länder, celui de Lippe. Les nazis y déploient, pour enrayer leur dégringolade, une énergie disproportionnée, et finalement payante, obtenant un pourcentage intermédiaire entre le record de juillet et le recul de novembre.

Le 22 janvier, la rencontre décisive entre Hitler et Papen a lieu à Berlin, au domicile d'un négociant en vins, membre du parti nazi, Joachim von Ribbentrop. L'accord se fait sur la répartition des portefeuilles. Hitler sera chancelier, ses camarades Frick et Göring ministres de l'Intérieur, respectivement en Allemagne et en Prusse, cependant que Papen sera vice-chancelier d'Allemagne et chef du gouvernement prussien. Des élections auront lieu aussitôt. Restent à convaincre Hugenberg (car le soutien des nationaux-allemands est indispensable pour faire un apparent contrepoids aux nazis) et surtout Hindenburg. La camarilla de celui-ci, formée de Meissner, secrétaire d'Etat à la présidence, et d'Oskar von Hindenburg (le fils du chef de l'Etat), est circonvenue par Papen et convainc à son tour le président, à la fois rassuré sur le fait que Hitler sera bien encadré, et déçu par les propositions (état d'urgence, dissolution des partis nazi et communiste) que Schleicher lui fait le 23 janvier. Quant à Hugenberg, craignant à juste titre un effondrement de son parti en cas d'élections, il reçoit de Hitler le 30 janvier, juste avant la prestation de serment devant Hindenburg, l'assurance que, quel que soit le résultat du scrutin, les ministres resteront les mêmes, après quoi Meissner, invoquant le retard d'un quart d'heure qu'a déjà causé cette discussion, y met fin et introduit chez le président les membres du gouvernement, y compris Hugenberg, qui rengaine ses objections. Le barbon trois fois cocu a régalé la galerie d'une dernière bouffonnerie.

Cette partie a été menée de main de maître. Hitler, qui au début de

1932 pariait qu'il serait au pouvoir avant un an[1], a eu raison à un mois près. Il ne faut pas croire pour autant qu'il avait tout calculé. Par exemple, il semble qu'il ait pris au sérieux la résolution manifestée contre lui en août par Papen, au point de demander aux dirigeants nazis de Dantzig, venus le visiter ce mois-là à Berchtesgaden, si leur ville était un refuge sûr, en cas d'interdiction du parti, pour sa direction[2]. De même, on peut se poser bien des questions sur ses motivations lorsqu'en septembre la « maladresse » de Göring amène une dissolution bien peu opportune. La suspension de séance ne peut guère avoir d'autre explication que le désir de pousser Papen à dissoudre. Hitler joue-t-il donc à qui perd gagne, veut-il soumettre son parti à une cure d'amaigrissement pour en chasser les opportunistes ? Ou bien tente-t-il, en choisissant le moment, de limiter les pertes ? Ou encore, spécule-t-il sur des gains communistes pour effrayer le bourgeois ? Tout de même, la crise de décembre est sérieuse et on voit mal un chef de parti, même très calculateur, la provoquer sciemment. Mais il faut se souvenir que Schleicher l'a considérablement aggravée, en poussant Papen à démissionner de manière inattendue et Hindenburg à proposer, comme un cadeau empoisonné, la chancellerie à Hitler. Ce dernier pouvait difficilement prévoir un tel coup, propre à amplifier les reproches de maximalisme stérile qu'il subissait déjà à l'intérieur comme à l'extérieur de son parti, depuis son refus de participation gouvernementale du mois d'août. Reste qu'il y résiste, en désavouant les convoitises ministérielles de Strasser – sans doute cette manœuvre-là était-elle tenue en réserve depuis longtemps – et en jouant le va-tout électoral du parti sur les élections de Lippe. La réussite de la marche finale vers le pouvoir résulte d'une combinaison d'initiatives qui déroutent l'adversaire et d'heureux réflexes pour parer les siennes. Les intrigues des conservateurs, et notamment du quintette Papen-Hugenberg-Meissner-Hindenburg père et fils, doivent être ramenées à de justes proportions : leur inconscience porte moins sur les capacités destructrices du nazisme que sur le fait qu'ils en sont les jouets, en attendant d'être promptement mis de côté.

Deux publications récentes[3] montrent les faiblesses qui subsistent, à notre époque, dans l'analyse de la prise du pouvoir par Hitler. L'une, très synthétique, présente en 250 pages la dictature nazie, origines comprises : elle est due à Ian Kershaw. L'autre, consacrée aux trente jours qui précédèrent l'installation de Hitler à la chancellerie, est l'œuvre d'Henry Ashby Turner Jr, connu auparavant pour ses travaux sur les rapports entre les nazis et le patronat.

---

1. En conclusion d'un « appel pour la nouvelle année » publié dans le *Völkischer Beobachter* du 1er janvier : « Camarades ! Nous voulons traverser cette année en combattants pour la quitter en vainqueurs. »

2. H. Rauschning, *Hitler m'a dit*, Paris, Livre de poche, 1979, p. 65-68. Pour une discussion sur la validité de cette source, cf. Detlev Rose, *op. cit.*

3. Ian Kershaw, *Hitler : A Profile in Power*, Londres, 1991, tr. fr. *Hitler/Essai sur le charisme en politique*, Paris, Gallimard, 1995. Henry Ashby Turner Jr, *Hitler janvier 1933*, Addison-Wesley, Reading, Massachusetts, 1996, tr. fr. Paris, Calmann-Lévy, 1997.

Lorsque Kershaw écrit (p. 52) que « l'accession au pouvoir de Hitler tint davantage à des circonstances fortuites et aux erreurs des conservateurs qu'à son action personnelle », il oppose des réalités qui, en fait, se conjuguent et sous-estime l'habileté de Hitler, non seulement à tirer le meilleur parti des circonstances, mais à provoquer les erreurs des conservateurs – et de bien d'autres.

Turner et Kershaw saisissent chacun un côté du réel. Kershaw ne voit que les forces profondes, et insiste (p. 72) sur les entreprises de séduction de Hitler en direction des milieux conservateurs en général. Il parle très peu des querelles de personnes au sommet de l'Etat[1]. Turner en revanche les privilégie et raconte un drame à sept personnages : outre l'heureux élu, il met en scène Hindenburg père et fils, Meissner, Schleicher, Papen et Hugenberg. Il n'analyse guère les rapports, même interindividuels, de Hindenburg avec les Junkers, de Hugenberg avec le patronat, de Schleicher avec les généraux... Comme Kershaw, il s'intéresse assez peu aux manœuvres des nazis et se concentre sur celles de la droite classique, allant jusqu'à écrire que Schleicher se prend dans une toile d'araignée tissée... par Papen.

Son point de vue est résolument moralisateur. On se croirait à Nuremberg. La responsabilité de chacun est analysée dans un vocabulaire judiciaire, on se demande si elle était « délictueuse » ou non, on pèse gravement les circonstances atténuantes. On croyait lire de l'histoire et on se retrouve, à l'approche de la conclusion, dans un exposé implicite de la politique des Etats-Unis après la deuxième guerre, de l'Espagne franquiste à la Serbie nationaliste en passant par le Chili, le Vietnam et l'Iran. La démocratie doit être préservée contre le « totalitarisme », fût-ce en étant mise en conserve sous un régime autoritaire et de préférence militaire. Un tel régime était parfaitement possible, en lieu et place du nazisme – et nous avons droit soudain à un numéro acrobatique d'histoire-fiction. Une dictature de Schleicher, « détestable mais non démoniaque », se serait contentée d'une mini-guerre contre la Pologne et le concert des puissances aurait agréé sans trop de mal une diminution de cet Etat – y compris au profit, limité, de l'URSS. On eût, voyez-vous, évité même la guerre froide. En somme, le traité de Versailles était presque parfait et en corrigeant son unique malfaçon, le corridor de Dantzig, on eût bien instauré la paix perpétuelle que Wilson était venu prêcher à la querelleuse Europe. Les méchants qui ont ouvert la porte au démon, ce sont Schleicher, péchant surtout par incompétence et manque de caractère, et Papen, bouffi d'ambition et de prétention.

Une fois de plus, la personnalité de Hitler est tenue pour négligeable :

---

1. Dans sa toute récente biographie dont seul le tome 1 est paru à ce jour, Ian Kershaw est évidemment plus prolixe sur les querelles de personnes, mais il réitère son affirmation essentielle : l'arrivée au pouvoir des nazis résulte des « miscalculations » des conservateurs (*Hitler*, *op. cit.*, t. 1, p. 424).

c'est son programme qu'on reproche aux autres dirigeants de n'avoir pas pris en compte, non son génie manœuvrier.

Il a alors, dans les milieux de la « révolution conservatrice », un adversaire coriace, qui tente désespérément de regrouper des forces pour empêcher son triomphe. Il s'appelle Ernst Niekisch. Ancien instituteur socialiste, ayant joué un grand rôle dans la révolution de 1919 en Bavière, il avait complété sa culture politique en prison. Les années 20 le voient se rapprocher des nationalistes et aussi de l'URSS, mais sans aucune inféodation : il voit simplement dans Lénine et Staline, qu'il distingue peu, d'indispensables alliés de l'Allemagne dans sa lutte contre le capitalisme occidental... dont il a une définition très large : selon lui c'est un coup, non des Juifs, mais des Romains ! Il reprend le flambeau de la Prusse austère et protestante contre le sud allemand catholique, qui a toujours été une marche avancée de Rome. Hitler est un catholique inavoué. Son impatience brouillonne d'une revanche allemande tourne le dos à l'effort méthodique qui serait indispensable, et passerait par une alliance à tout risque avec la Russie soviétique. Elle procède entièrement d'une « croyance au miracle », étayée par le culte du Führer messianique et les rassemblements de foules copiés sur la messe.

Cette argumentation est développée dans une brochure de cinquante pages, qui connaît cinq éditions en 1932, pour atteindre un tirage de 40 000 exemplaires : *Hitler – ein deutsches Verhängnis*[1]. On ne peut guère traduire ce titre que par *Hitler – une fatalité allemande*, mais il est fâcheux de perdre ainsi le mélange de « fatalité » et de « calamité » que contient l'allemand *Verhängnis*. Niekisch n'est pas fataliste. Il pense, lorsqu'il écrit ce texte flamboyant à la fin de 1931 ou au début de 1932, qu'on peut encore éviter le pire, et il entreprend de réveiller ses compatriotes de leur hypnose. Cependant, s'il donne l'une des premières analyses fouillées de la séduction nazie et de ses méthodes, il s'abuse totalement, et creuse la tombe de son mouvement baptisé *Résistance* (Widerstand), lorsqu'il prend au sérieux le ralliement de Hitler à la légalité. Niekisch voit dans les serments de sagesse faits par Hitler au gouvernement bavarois lors de sa sortie de prison, non pas une mesure tactique indispensable pour faire redémarrer le parti, encore moins une ruse inspirée par l'adoption d'une stratégie beaucoup plus subtile que celle qui a conduit au putsch, mais une génuflexion définitive devant les curés, un pur et simple « Canossa ». Il est convaincu que par là il s'est mis pour toujours à la remorque de la bourgeoisie pusillanime, qui tient plus à ses dividendes qu'à l'Allemagne et s'apprête, sous couvert de lutte antibolchevique, à entreprendre une « croisade » (notion catholique !) contre l'URSS, au service de l'Occident. Celui-ci ne saurait la payer qu'en monnaie de singe. De même, sur le plan intérieur, le nazisme a d'ores et déjà

---

1. Rééditée en 1991 avec d'autres textes et une présentation d'Alain de Benoist, Puiseaux, Pardès, p. 219-255.

trahi ses idéaux révolutionnaires pour n'être qu'une force d'appoint du patronat. Niekisch, mû par sa passion antivaticane, est de ceux qui voient en Brüning le premier fossoyeur de la république de Weimar, et il lâche cette perle : « La politique des décrets-lois de Brüning ressemblait à de l'hitlérisme plus adroit[1]. »

L'antinazisme primaire se gargarise des formules, effectivement bien venues, par lesquelles Niekisch prédit à l'Allemagne, si elle se donne à Hitler, le chaos et les ruines. Quelle lucidité, en effet ! Seulement il faut beaucoup d'imagination pour supposer que l'auteur voit survenir cette catastrophe *en 1945*. Ce qu'il voit encore moins venir, c'est la fin de juin 1940, le moment où le programme sera sur le point de se réaliser, au terme d'un « sans-faute » diplomatique et militaire. Tout au contraire, assimilant le nazisme à la spéculation boursière qui vient d'engendrer la crise, il le traite d'« établissement d'escroquerie au crédit la plus audacieuse qui ait jamais été érigé sur le terrain politique » et dépeint le tenancier de cette officine comme un fantôme attardé de l'époque wilhelminienne, perdu dans ses rêves. Sa prise de pouvoir serait le signal d'un réveil brutal, car Hitler n'est qu'

> un homme mou, sans caractère et sans ligne de conduite qui, par des gestes césariens, cherche à cacher combien il est le jouet des événements. Un *optimisme* superficiel danse au bord d'un terrible abîme et ne se rend pas compte de ce qu'il fait. Le *dilettante* se mêle de tout, inconscient de ce qu'il détruit. On ne sait pas ce que l'on veut et, partant, on remplit les lacunes de *tactique*. En général, quand il y a trop de tactique, il n'y a plus rien au fond. On est *parvenu*, on joue les messieurs. Tout le monde doit savoir qui on est. Il n'y a plus de place pour les pessimistes et les esprits critiques. Celui qui réfléchit fait douter de l'authenticité de son patriotisme. On croit que l'ivresse et l'amour de la patrie sont la même chose. Est considéré comme un mauvais patriote celui qui tient à rester lucide et à garder les pieds sur terre. Dès qu'une difficulté politique se présente, l'appel à une concentration des forces armées doit la résoudre immédiatement[2]. (...)

Comme Carl Schmitt, comme Jünger, Niekisch survivra, et continuera d'écrire après la guerre, de plus en plus solitaire car, après avoir adhéré au parti unique de la RDA communiste, il s'est vite brouillé avec ses dirigeants sans séduire ceux de la RFA, qu'il habite de 1953 jusqu'à sa mort, en 1967. Cependant, cas unique, il avait mené pendant quatre ans un combat public contre le nazisme, sur le sol allemand, publiant sa revue *Widerstand* jusqu'à son interdiction à la fin de 1934, pour être finalement arrêté en 1937 et condamné, autre cas unique pour un adversaire de ce calibre, seulement à la prison à vie, ne passant pas une minute en camp de concentration. C'était peut-être l'effet d'un calcul, Niekisch pouvant être tenu en réserve en vue de quelque marché avec l'URSS. On peut cependant aussi retenir l'hypothèse d'un certain intérêt de Hitler pour

---

1. *Op. cit.*, p. 250.
2. *Ibid.*, p. 254.

celui qui l'avait percé à jour, mais seulement sous l'angle de ses talents d'illusionniste, en s'aveuglant totalement sur la cohérence de sa stratégie, au point de fournir à sa victoire une contribution majeure, lorsque dans un effort suprême pour le discréditer il le dépeignait comme le valet des Brüning et des Papen : cela n'avait sans doute pas peu contribué à donner au dernier nommé, et à ses supporters huppés, l'espoir qu'il resterait le maître du jeu.

La suite allait vite montrer à quel point le nazisme avait gardé les mains libres vis-à-vis de ces gens.

CHAPITRE 6

Par la ruse et par le feu

Peu avant 21 heures, le 27 février 1933, les habitants du centre de Berlin assistent à une illumination d'un genre particulier. Le bâtiment du Reichstag, dont on s'apprête à renouveler les hôtes, s'embrase en quelques minutes et les flammes, après avoir crevé le dôme de verre, se remarquent de loin.

Le gouvernement, toutes tendances confondues, retient aussitôt, sur des indices pourtant faibles, l'hypothèse d'un début de révolution communiste et adopte, contre le parti en cause, des mesures draconiennes, qui ruinent toutes les libertés et constituent, dans la confiscation du pouvoir par les nazis, une étape majeure. Tant et si bien que l'opinion publique, dans les pays où elle peut s'exprimer, attribue d'instinct le crime à ceux qui en profitent sur l'heure et prête une oreille favorable à une théorie tôt répandue, suivant laquelle c'est le président de l'assemblée en personne qui a saboté son outil de travail. Hermann Göring en avait d'autres, il est vrai, et ne passait pas pour préférer celui-ci. On a arrêté sur place un jeune Hollandais, Marinus van der Lubbe, trouvé porteur, d'après un communiqué, d'une carte du parti communiste de son pays. Il n'a fait aucune difficulté pour avouer l'acte et se prêter à sa reconstitution. Mais on apprend bientôt que le palais du président, dont Göring avait fait sa résidence principale, était relié au Reichstag par un souterrain et le bruit court qu'un commando de SA, introduit par cette voie, s'est chargé du gros de la besogne, que le Hollandais y ait ou non prêté la main.

Un dirigeant communiste allemand, Willy Münzenberg, est justement rendu disponible par l'événement, ayant pu de justesse échapper à l'arrestation et franchir la frontière. Pour le compte du Komintern, il va organiser une propagande habile, enrôlant de par le monde un grand nombre d'intellectuels et de militants, bien au-delà des rangs communistes, pour organiser à Londres un contre-procès en même temps qu'on juge à Leipzig, à l'automne, van der Lubbe et quatre de ses présumés commanditaires : le chef du groupe communiste au Reichstag, Ernst Torgler, et trois Bulgares, agents clandestins du Komintern en Allemagne, Dimitrov, Popov et Tanev. Deux « livres bruns de la terreur nazie », rédigés sous la direction de Münzenberg, l'un avant et l'autre après le procès, répandent à des millions d'exemplaires la thèse du commando venu par le tunnel en apportant des bidons de matériaux inflammables, et le verdict de condamnation de Göring sur lequel elle débouche.

Après l'effondrement du nazisme, cette thèse fait quasiment l'unanimité, même si les juges de Nuremberg, estimant insuffisants les témoignages de quelques personnes qui ont entendu Göring se vanter de cet exploit, ne l'ont pas retenu pour fonder sa condamnation, il est vrai déjà maximale en vertu des charges abondamment prouvées.

Un trouble-fête apparaît vers 1960. Il s'appelle Fritz Tobias, a été officier de renseignements et fait de l'histoire en amateur. Mais il impressionne les professionnels, d'abord par des articles parus dans le *Spiegel* puis par un gros ouvrage sur l'incendie, en 1962[1]. C'est un travail critique apparemment solide, appelant l'attention sur les motivations politiques qui ont fait bâcler les enquêtes, tant dans les *Livres bruns* que dans les mémoires d'antinazis fort peu à gauche, tel Hans-Bernd Gisevius, un membre tôt repenti de la Gestapo, qui avait en 1946 fourni de nombreux indices étayant la thèse de la culpabilité nazie[2]. Même si les motivations politiques de Tobias, qui font de son ouvrage, en cette période d'érection du mur de Berlin, un brûlot contre l'URSS et la RDA, affleurent en de nombreux endroits, le sérieux de sa recherche, fondée avant tout sur les constatations faites dans les premiers jours, impressionne. On retient aussi en sa faveur le fait que son anticommunisme ne l'empêche pas de pourfendre la thèse nazie de la culpabilité du Komintern. Il conclut que que van der Lubbe, incendiaire unique, était un idéaliste isolé, soucieux de réveiller brusquement le peuple allemand de la torpeur qui le faisait assister sans réagir à son propre asservissement.

Un jeune universitaire, Hans Mommsen, va reprendre et condenser le propos dans un long article de 1964, qui prend avec Tobias quelques savantes distances et affiche moins crûment des préoccupations politiques identiques[3]. Cela suffit pour faire basculer la quasi-totalité de l'université ouest-allemande et, à sa suite, des pans entiers de l'historiographie mondiale[4].

Une réaction se dessine cependant dès la fin des années 60, qui prend curieusement l'allure d'un encerclement de l'Allemagne : le Suisse Walter Hofer et l'ancien résistant croate, rescapé de Sachsenhausen, Edouard Calic, clament leur conviction que les nazis ont mis le feu et Calic, surtout, fait un gros travail d'enquête, d'abord publié en France, sur les tenants et les aboutissants de l'affaire, éclairant notamment d'un jour nouveau (en contradiction flagrante avec les *Livres bruns*) la personnalité de van der Lubbe. Ils fondent, en 1968, un « comité de Luxembourg » censé

---

1. *Der Reichstagsbrand*, Rastatt, Grote, 1962.

2. *Bis zum bitteren Ende*, Zurich, tr. fr. *Jusqu'à la lie*, Lausanne, Payot, 1947.

3. Article repris récemment dans un recueil, *Der NS und die deutsche Gesellschaft*, Hambourg, Reinbek, 1991, tr. fr *Le national-socialisme et la société allemande*, Paris, Maison des Sciences de l'homme, 1997, p. 101-178.

4. On trouvera quelques détails au chapitre 15, p. 457-460.

travailler sur le nazisme et la deuxième guerre mondiale dans leur ensemble mais spécialisé, en fait, dans l'incendie du Reichstag : ses membres, qu'a rejoints Golo Mann, un fils de Thomas, se font vite traiter de sous-marins communistes – en dépit de la présence, dans le comité de parrainage, de Pierre Grégoire, d'Edmond Michelet et d'André Malraux, ministres dans des gouvernements de droite au Luxembourg et en France comme Hofer l'a été en Suisse. Eux-mêmes ne se privent pas d'accuser leurs adversaires de « sauver la mise aux nazis ». Le débat, comme on voit, ne va pas en s'élevant et la fin de la guerre froide est suivie, à cet égard comme à d'autres, de lendemains qui déchantent. Ainsi, en 1992, dans une réédition de son ouvrage fondamental, le comité tire argument du récent attentat de Rostock contre la minorité turque pour écrire :

> Tandis que, dans l'intervalle, les pogroms planifiés, à Rostock et ailleurs, reviennent à l'ordre du jour et que la terreur se déchaîne aussi à nouveau contre les Juifs, on voit en même temps s'avancer Goebbels comme témoin majeur de l'« innocence » nazie dans l'incendie du Reichstag et par là comme témoin historique « objectif », bien que dans ses carnets journaliers le chef de la propagande nationale-socialiste ait si souvent tordu la vérité dans le sens de la version officielle nazie (ainsi pour la « nuit de Cristal » de 1938 ou pour le faux assaut contre l'émetteur de Gleiwitz, au moyen duquel fut déclenchée la deuxième guerre mondiale [1]).

De fait, la mention dans le journal de Goebbels de la surprise totale de l'intéressé lorsque Hanfstaengl lui annonce le sinistre a, dans les années 80, été d'un providentiel renfort pour les supporters de l'*Alleintäter*. Mais la critique, ainsi formulée, est-elle pertinente ? Si ses vertus militantes échappent à notre jugement, il n'en va pas de même de sa valeur scientifique. Ne faudrait-il pas sonder plus avant le comportement d'un chef de la propagande qui s'intoxique lui-même de ses mensonges, en les couchant dans ses journaux intimes ? Serait-ce qu'il est défaitiste et, prévoyant la chute du pouvoir nazi tant dans son premier mois d'existence qu'après des années de consolidation [2], se dit qu'il vaut mieux ne rien confier au papier de ses manœuvres troubles ? C'est à la rigueur concevable, mais le fait de ne pas s'interroger sur l'étrangeté d'une telle auto-mystification suffit à démontrer la partialité d'un auteur, pressé d'écarter un document qui le gêne en récusant la personne qui l'écrit.

Faut-il pour autant rendre les armes à l'« acteur unique » ? Un parallèle gênant a de quoi nous faire hésiter. L'assassinat du président Kennedy à Dallas en 1963, entre la parution du travail de Tobias et de celui de

---

1. *Der Reichstagsbrand* (Walter Hofer, Edouard Calic, Christopher Graf, Friedrich Zipfel, éd.), Berlin, Arani, 2 vol., 1972-1978 ; rééd. Fribourg, Ahriman, 1992, p. XI.

2. Car Goebbels revient sur la question en 1941, se demandant toujours qui a mis le feu et notant que Hitler pense que c'est Torgler (*Die Tagebücher von Joseph Goebbels*, Munich, Saur, 15 vol., 1987-1995, vol. 9, p. 237, entrée du 9 avril 1941, conversation de la veille).

Mommsen [1], a lui-même donné lieu à une théorie de l'acteur unique, défendue contre toute vraisemblance par les autorités du pays concerné. Oswald, marginal plutôt minable, manquant singulièrement de moyens et de mobiles, sauf à supposer précisément qu'il ait été membre d'une équipe, en porte toujours officiellement tout le poids, alors que, comme van der Lubbe, il est mort sans avoir pu s'expliquer devant une instance indépendante. Cependant, sa culpabilité solitaire a été affirmée dès le début, tandis que van der Lubbe a été longtemps regardé comme un instrument, aux mains des communistes ou des nazis : son image de justicier isolé résulte de trente années de décantation.

L'œuvre de Tobias aurait pu, comme bien des spéculations d'amateur, n'être même pas lue par les spécialistes. Mais elle venait à son heure. Dans une RFA consolidée, l'antinazisme cherchait des voies nouvelles et n'était pas mécontent de rompre des lances avec le dogmatisme de la RDA, où l'on rééditait pieusement les *Livres bruns*. En prenant leur contre-pied, on pouvait se croire à la pointe d'une science désintéressée, qui ne se laissait pas guider par la passion partisane, exigeait des preuves et révisait courageusement certains verdicts, que les documents ne confirmaient pas.

Le point le plus faible de cette théorie réside dans le peu d'efforts qu'elle fait pour rendre plausibles les actes de son héros. Mommsen n'en montre nul souci et Tobias, s'il s'étend sur les antécédents de van der Lubbe, s'efforce, non d'expliquer précisément sa conduite, mais de le présenter comme un solitaire rancunier, déséquilibré et marqué par les slogans grossiers de son éducation communiste. L'ambition des deux auteurs se borne à démontrer qu'il pouvait, avec le temps et le matériel dont il disposait, provoquer l'incendie, et que personne n'aurait pu l'assister sans se faire prendre.

Or Edouard Calic, dans son livre très fouillé de 1969 [2], fait état de nombreux témoignages qu'il vient, au cours d'une longue enquête, de recueillir auprès des survivants – négligés par Tobias et boycottés par Mommsen qui tranche expéditivement : « pratiquement aucun des témoins survivants n'a pu résister au flot des rumeurs et au poids des clichés » (p. 104). Il s'est intéressé notamment aux relations de van der Lubbe, sur lesquelles ne s'étaient penchés ni le tribunal, ni les journaux de l'époque, ni les historiens précédents. Ce maçon, âgé de vingt-quatre ans au moment des faits, avait été un jeune communiste actif, avant de virer au gauchisme. Il avait quitté le parti communiste hollandais en 1931 pour un groupuscule partisan de l'action immédiate, en relations avec un groupe analogue en Allemagne. Cependant, en proie à des ennuis ocu-

---

1. Qui lui-même rapproche les deux épisodes sans prendre clairement position sur le plus récent mais en écrivant que l'attentat de Dallas a « suscité les suppositions les plus diverses », ce qui ne constitue pas un désaveu très net de la thèse d'« Oswald, acteur unique » (p. 102).
2. Edouard Calic, *Le Reichstag brûle !*, Paris, Stock, 1969.

laires, il était devenu assez solitaire, et avait en 1932 parcouru à pied une partie de l'Europe centrale, séjournant quelque temps en Allemagne. Un certain Fritz, au patronyme inconnu, était venu de Berlin à plusieurs reprises pour le rencontrer à Leyde. Et brusquement, alors qu'il informait sa famille de tous ses déplacements, il avait mystérieusement disparu, en janvier 1933. Arrivé on ne sait trop quand en Allemagne, il est repéré par la police et commet néanmoins trois menus incendies de bâtiments publics, le 25. Le groupe gauchiste berlinois avec lequel il était en relations ne pouvait guère manquer d'être, comme tous ses congénères, infiltré par les policiers (dirigés en Prusse par Göring depuis le 30 janvier) ; il avait cependant le souci, en février 1933, d'éviter tout acte violent, pour ne pas faire le jeu des nazis [1]. Autre pièce du puzzle, un incident très grave, largement répercuté dans la presse, avait marqué l'actualité début février : la mutinerie d'un navire de guerre hollandais dans le Pacifique s'était terminée par un bombardement qui avait causé plusieurs dizaines de morts. Les nazis s'étaient emparés de l'affaire pour faire croire à une subversion mondiale, tendant partout à la prise du pouvoir par la violence : ainsi en aurait depuis peu, selon eux, décidé l'Internationale communiste.

Si on admet que Hitler cherchait une occasion de dramatiser la campagne électorale, il est logique qu'il ait songé très tôt à compromettre les communistes par l'intermédiaire des groupes qui les combattaient sur leur gauche et que, sitôt en possession des ministères de l'Intérieur allemand et prussien, il ait fait exploiter les renseignements rassemblés par leurs fonctionnaires sur ces groupes. Sans doute aussi le Sicherheitsdienst (SD), service secret du parti nazi, dirigé par Himmler et son adjoint Heydrich, glanait-il de son côté depuis longtemps, à toutes fins utiles, les renseignements de ce type.

La curiosité sélective des enquêteurs nous a privés d'une connaissance détaillée de l'emploi du temps de van der Lubbe les 26 et 27 février. On le retrouve donc en plein Reichstag, le 27 vers 21 heures, au moment de son arrestation. Torse nu, il explique que sa chemise vient de lui servir de mèche, et passe des aveux complets au sujet de l'incendie. Cela, ce sont des policiers qui le disent : il n'y a sur son arrestation, comme sur ses activités immédiatement précédentes, aucun témoignage indépendant. Jusqu'à son exécution, on ne le laissera rencontrer personne et, au procès, il frappera par son hébétude, répondant aux rares questions par des monosyllabes. « Une chose est sûre, van der Lubbe a mis le feu » : cette antienne des zélateurs de la théorie de l'« acteur unique » n'est garantie que par les déclarations des subalternes de Göring sur les « aveux immédiats ».

La taille du brasier et la multiplicité des foyers d'incendie font douter qu'il ait agi seul. Il existe d'ailleurs à ce sujet un témoignage éloquent,

---

1. Déclaration d'Alfred Wieland à Edouard Calic en 1967 : *Le Reichstag brûle !, op. cit.*, p. 259.

celui du chef des pompiers, Gempp, donné sur le moment à une chaîne de radio : il fait état de matériaux inflammables apportés de l'extérieur en grande quantité. La mauvaise vue de van der Lubbe, en cette heure nocturne, et sa méconnaissance totale du Reichstag supposent de surcroît qu'on l'ait guidé.

La thèse du pyromane isolé, on le voit, est audacieuse, si on considère la disproportion entre l'objet à brûler et le pauvre étranger mal voyant. Mais la contre-enquête de Calic confirme que van der Lubbe ne connaissait aucun des communistes, allemands ou non, que l'accusation lui associera. Comme les groupes d'ultra-gauche n'avaient, par définition, aucune entrée au parlement, il faut bien que ses complices aient été des nazis, soit se présentant à visage découvert, soit, bien plus vraisemblablement, grimés en gauchistes car ils infiltraient l'organisation berlinoise qu'il fréquentait lui-même. L'argument invoqué contre l'existence de complices est à la fois logique et puéril : aucun de ces complices n'a jamais été nommé – du moins à l'époque. Van der Lubbe est bien réel, il a allumé d'autres feux, il baignait dans un milieu favorable à des actions violentes. Que voulez-vous de plus ? Il occupe forcément l'horizon... du moins celui des enfants qui, oublieux qu'ils sont au théâtre, croient à la réalité de ce qui se passe sur la scène.

Disons-le ici une fois pour toutes : l'histoire ne consiste pas à mettre bout à bout des « éléments sûrs ». Si c'était le cas, les livres seraient truffés de phrases cocasses comme : « Aucun témoin indépendant ne déclarant l'avoir examinée de près, on peut seulement supposer qu'Eva Braun était une femme. La seule certitude, c'est qu'elle est enregistrée comme telle à l'état civil. » Après le recensement des faits dûment consignés dans des documents dignes de foi, le travail historique ne fait que commencer : il exige qu'on remplisse au mieux les intervalles entre eux. C'est le réel qu'il s'agit de reconstituer, le moins mal possible, et non une maison des courants d'air : on a toutes chances de le déformer si on fait des vestiges les plus apparents l'alpha et l'oméga de ce qui a été. Les archéologues le savent bien, qui se gardent de déduire, de l'existence des murs dégagés, l'inexistence d'autres murs, soit détruits, soit dormant sous les terres qui restent à fouiller. Il serait temps que les historiens du XXᵉ siècle fassent montre d'une semblable prudence. Surtout s'ils travaillent sur un pays où le trucage était à la base de l'action gouvernementale.

Les pages les plus convaincantes de Calic et consorts sont sans doute celles où ils font état des raisons symboliques et esthétiques qu'avaient les nazis de mettre eux-mêmes le feu au Reichstag.

Brûler ce hideux vestige d'une époque révolue et d'une idéologie abhorrée est à l'évidence une chose qui tient à cœur au Führer, un acte qu'il n'aurait laissé à personne le soin de décider à sa place. Ce serait son plus beau chef-d'œuvre, sa plus grande mise en scène. Elle ne peut être perçue par ceux qui voient en lui une brute brouillonne et lui dénient tout sens artistique. Quant aux auteurs qui, comme Joseph Peter Stern ou Peter Reichel, ont commencé à s'affranchir de ces préjugés, ils sont de ceux qui passent l'épisode sous silence, préférant asseoir leur démonstration sur des terrains moins fréquentés. Cependant, pour illustrer leurs découvertes, ils n'auraient pu rêver d'un exemple plus pertinent (cf. *infra*, ch. 15).

Présagé par une kyrielle de propos péjoratifs de Hitler sur le bâtiment, qui ne plaisait pas plus à l'architecte qu'au politicien [1], l'incendie occupe une fonction précise dans la mainmise des nazis sur le pouvoir. Il éclaire le ciel, au centre de Berlin, quatre semaines exactement après que les torches des SA ont salué l'accession de Hitler à la chancellerie.

On se souvient qu'en septembre 1930, un autre procès s'était tenu à Leipzig, juste après le premier triomphe électoral des nazis. Trois jeunes officiers, accusés de propagande nazie dans l'armée, avaient été défendus par Hitler en personne. Cité comme témoin, il avait pour la première fois détaillé sa théorie de la prise légale du pouvoir. Ses formules méritent d'être rappelées et méditées, à la lumière, si l'on ose dire, de l'incendie :

(...) Nous nous introduirons dans le corps législatif de façon à y donner à notre parti une influence prépondérante. Une fois en possession des pouvoirs constitutionnels, nous coulerons l'Etat dans le moule que nous considérons comme le bon [2].

Ceux qui tiennent van der Lubbe pour un isolé ne sont pas seulement tenus de démontrer que la chose était techniquement possible, mais aussi que Hitler avait choisi d'autres méthodes, pour « couler l'Etat » dans son moule, que le choc opératoire d'un attentat contre le Reichstag attribué aux Rouges – et ils ne s'y risquent jamais. Les chefs nazis attendaient-ils loyalement le résultat des élections ? En cas d'absence de majorité absolue, envisageaient-ils de rendre démocratiquement leur tablier ? Il suffit de formuler ces hypothèses pour les discréditer. Les nazis avaient un besoin urgent d'élargir leur assise, en ce moment intermédiaire où ils étaient déjà en possession de leviers importants, mais non de la totalité du pouvoir.

Alors, voyons de plus près la chronologie.

Le 30 janvier, 25 000 SA défilent sur la Wilhelmstrasse, passant successivement sous la fenêtre de Hindenburg, figé dans sa dignité, et de Hitler, qui ne cesse de se pencher pour saluer. Le 31, le fait saillant est l'échec des négociations avec le parti du Centre. L'accord entre le président et le chancelier stipulait en effet que le gouvernement devrait s'ap-

---

1. Cf. Ernst Hanfstaengl, *The Missing Years*, Londres, Eyre & Spottiswood, 1957, tr. fr. Paris, Trévise, 1967, p. 88. Le projet de brûler le Reichstag est placé par Hanfstaengl dans la bouche de Hitler lors de son entrevue avec Seeckt et a déjà été cité à ce propos (*supra*, p. 113). Cf. Edouard Calic, *Le Reichstag brûle !*, Paris, Stock, 1969, p. 65, et tout le chapitre 3, « Le "palais de la honte" voué à la destruction ».

2. Cité par K. Heiden, *Histoire...*, *op. cit.*, p. 288.

puyer sur une majorité, c'est-à-dire qu'il ne gouvernerait pas à coups de décrets avec l'accord du président, comme on le faisait depuis Brüning. Hitler était certes autorisé à dissoudre, mais seulement si le parti immédiatement à gauche de la coalition, le Centre catholique, refusait les portefeuilles qu'il s'était engagé à lui proposer. Or le chanoine Kaas, chef de ce parti, refuse l'entretien qu'il lui demande et se contente d'envoyer un mémorandum posant, à une participation gouvernementale, dix conditions qui tendent à rendre impossible une dictature nazie, mais aussi une restauration monarchique, à laquelle aspiraient beaucoup des ministres non nazis. Hitler n'a plus qu'à répondre, avec leur accord, qu'il vaut mieux ne pas poursuivre des négociations amorcées sous d'aussi mauvais auspices, afin de ne pas aigrir des relations qu'il souhaite bonnes. C'est ainsi que, le 1er février, il obtient de Hindenburg la signature du décret de dissolution. Et pour bien souligner qu'il n'est pas fâché avec le Centre, il s'offre le luxe, dans la proclamation au peuple allemand qui explique les raisons de la dissolution, de faire état de ses « convictions chrétiennes ».

Mais déjà les nazis se servent du plus important des instruments que, dans le compromis du 30 janvier, ils ont obtenus. Au ministère de l'Intérieur de Prusse, Göring nomme sans perdre une heure des « commissaires honoraires » tels que le chef SS Daluege, et ses conseillers personnels Hall et Sommerfeldt. L'avocat de Hitler, Luetgebrune, devient « conseiller juridique » et un nouveau directeur de la police est nommé, Grauert, un nazi de la première heure. A son tour il pratique, à Berlin et ailleurs, une sévère épuration des fonctionnaires qui ont eu des indulgences pour la gauche, sans que les sympathisants des autres partis de droite soient pour autant à l'abri. Cependant, les dirigeants de ces partis sont amadoués par des sinécures décoratives, ainsi Pfundtner, un proche de Hugenberg, nommé secrétaire d'Etat auprès de Göring.

Le 3 février voit Hitler rencontrer les chefs militaires, pour les rassurer et les prendre en main tout à la fois. Il leur annonce de grandes tâches, telle la conquête d'un *Lebensraum* oriental aux contours non précisés, et les dissuade de se mêler de politique.

Le 4, excipant de la campagne électorale et prétendant vouloir agir contre ceux qui pourraient la troubler, on fait signer à Hindenburg un décret « pour la protection du peuple allemand », qui impose la déclaration 48 heures à l'avance des réunions politiques et permet de les interdire si on estime qu'elles pourraient amener des troubles. La police peut même les interrompre, si des personnalités publiques sont injuriées ! Pour le même péché, les journaux peuvent être saisis. Parallèlement, les SA font régner leur propre discipline, allant jusqu'à empêcher de nombreuses réunions du Centre. Dès lors, Papen et Hugenberg protestent auprès de Hindenburg, suscitant le 22 un communiqué de Hitler, qui attribue les violences à des agents provocateurs de gauche et prétend que son ennemi n'est pas le Centre, mais le marxisme. Une manière de justifier et de couvrir les attaques des policiers et des soudards contre les réunions socialistes et communistes... et de mettre en évidence la complicité, à cet égard, de partis qui protestent non pas au nom des libertés, mais de leurs intérêts.

Mais déjà Göring a fait un pas de plus : le 17 février, il donne à ses fonctionnaires l'autorisation de faire usage de leurs armes en dehors de toute légitime défense, notamment pour protéger les membres des milices de droite – SA, SS et Stalhelm – contre toute « apparence d'attitude hostile ». Puis, carrément, le 22, il légalise la coopération entre ces milices et les policiers dans la répression des « troubles communistes ». Leurs membres devront seulement ajouter à leurs uniformes un brassard blanc estampillé. L'une des premières visites de ces escouades mixtes est, le 24, pour le siège berlinois du parti communiste, le « Karl Liebknecht Haus », évacué par la direction du parti depuis plusieurs semaines. Le butin se borne à des documents, dont Göring déclarera, le 28, qu'ils révélaient des projets d'attentats contre des dirigeants nationaux-socialistes et des bâtiments publics. Mais alors... Il était au courant trois jours à l'avance du risque couru par le Reichstag et n'a pas pris la moindre disposition pour le protéger, alors qu'il devait le faire à un double titre, comme président de l'assemblée et comme ministre de l'Intérieur ! Cela suffit à établir qu'il est, sinon coupable, du moins responsable de l'incendie, si on s'en tient à ses déclarations. Bien entendu, elles sont mensongères, et la saisie de plans subversifs dans les locaux désaffectés d'un parti est une affabulation évidente. Il s'ensuit que les politiciens expérimentés de la droite classique qui y ajoutent foi sont soit invraisemblablement naïfs, soit complices de la fraude. Pour ne pas être trop sévère envers leurs capacités cérébrales et celles des gens qui les ont élus ou nommés, on conclura qu'ils sont complices. Pas nécessairement par noirceur d'âme : ils sont pris dans un tourbillon.

S'étant fait rosser depuis le début de la campagne électorale – peut-être pas autant que les « marxistes » mais ils en avaient moins l'habitude –, ils pensent probablement que les nazis ont enfin choisi de frapper à gauche, et que ce n'est pas le moment de décourager d'aussi bonnes dispositions. Après tout, coupables ou non de ce forfait précis, les communistes n'ont que ce qu'ils méritent.

Reste qu'en ayant, à la faveur de sa visite au Karl Liebknecht Haus, commencé à instruire le dossier de cette subversion trois jours avant l'incendie, et en l'abattant comme un atout maître quelques heures après, le ministre de l'Intérieur prussien ne laisse guère de place au hasard. La convergence de ses manœuvres avec l'action d'un isolé serait une preuve quasi scientifique de la validité de la télépathie.

Quelques heures avant le sinistre, un éditorial parisien résume bien l'évolution de la situation allemande, au cours des quatre premières semaines du gouvernement Hitler :

L'idée était qu'il suffisait d'appeler M. Hitler à partager les responsabilités du pouvoir et de l'encadrer solidement de conservateurs (...). Or tout porte à penser que le « Führer » n'est pas disposé à se résigner à ce rôle, qu'il entend agir en maître de l'heure et obliger ses associés conservateurs et nationalistes à se plier à ses volontés. Ce sont ses hommes de confiance qui occupent les postes administratifs les plus importants ; ce sont eux qui disposent de la police. Le chancelier tient seul toute la scène, usant et abusant de tous les moyens de l'Etat pour la propagande de son parti, étouffant systématiquement la voix de ses adversaires [1].

La progression méthodique de la terreur est donc perceptible même à l'étranger. Un stade reste à franchir : la suspension de toutes les libertés, y compris celles des Länder.

Même si Hitler n'entend pas être un chancelier parlementaire, il importe que son parti progresse et que la coalition qu'il forme avec les nationaux-allemands obtienne la majorité des sièges : ce semblant de soutien populaire l'aidera à s'affranchir de la camarilla de Hindenburg. Or les décisions annoncées *moins d'une heure* après le début de l'incendie, par une direction nazie accourue aussitôt sur place, consistent à arrêter les députés communistes... sans pour autant les empêcher de se présenter aux élections. Beaucoup seront donc réélus et invalidés seulement alors, en tant que dangereux terroristes liés à un complot étranger, ce qui permettra à la coalition gouvernementale, disposant à présent d'une courte majorité, d'élargir amplement celle-ci. En cas d'interdiction pure et simple du parti avant le scrutin, l'élection probable de nombreux candidats socialistes en lieu et place des sortants communistes aurait privé le gouvernement de ce bénéfice. L'exploitation de l'incendie du Reichstag est, d'abord, l'œuvre d'experts en arithmétique électorale.

Non moindre est leur sens de la psychologie politique : ici il ne s'agit plus d'améliorer par un artifice comptable leur pourcentage de voix et de sièges, mais d'influencer l'électeur lui-même, en obtenant que l'incendie ne nuise pas au vote nazi, et même l'amplifie. L'atmosphère de drame et de terreur créée ce soir-là fera jouer chez les citoyens de droite un réflexe sécuritaire, les incitant à se rassembler autour du parti du chancelier, qui fait étalage d'une telle résolution contre le péril rouge.

Le décret-loi obtenu de Hindenburg le 28 permet d'arrêter des personnes, de suspendre des journaux ou d'interdire des réunions sans avoir de raison à donner à quiconque. Il confère aussi au gouvernement central le pouvoir de suspendre ou de modifier ceux des Länder, et les applications ne vont pas manquer au cours des semaines suivantes.

Quant aux électeurs communistes, on ménage remarquablement leur amour-propre, en minorant d'emblée la responsabilité du parti allemand dans l'incendie, au profit de celle du Komintern. L'individu arrêté sur place, et aussitôt dénoncé à la presse, est sujet hollandais. La police dit rechercher activement ses complices *étrangers* et finira, le surlendemain des élections, par mettre la main au collet des trois Bulgares précités. Or

---

1. *Le Temps*, 27 février 1933.

l'un des mouchards qui témoigneront contre eux au procès affirmera les avoir suivis depuis plusieurs semaines : le moment de leur arrestation a donc été soigneusement calculé. D'une part il survient au terme d'un suspense habilement mené. D'autre part les nazis, en arrêtant avant les élections d'importants responsables étrangers, sous des accusations mal démontrées, auraient mis en péril la respectabilité qu'ils s'efforçaient d'acquérir, notamment sur le plan diplomatique. Cette arrestation, faite avec précipitation, aurait semblé présager une guerre prochaine entre l'Allemagne et l'URSS, ce qui pouvait déterminer un rapprochement entre l'URSS et la France, pour le plus grand mécontentement des conservateurs raisonnables, soucieux de rétablir le rang de l'Allemagne sans trop provoquer les autres puissances, tant que le pays n'est pas armé.

Après avoir montré que l'incendie du Reichstag s'emboîte parfaitement dans le développement d'un processus répressif, reste à cerner de plus près le rôle de celui qui avait le pouvoir de le commanditer sans se faire prendre. Et d'abord, sa place exacte dans l'appareil hitlérien.

Hermann Göring est bien le Führer bis. L'alter ego[1]. Peut-être depuis ce jour de 1928 où l'ancien dirigeant des SA, qui avait du mal à retrouver son rang dans le parti après quelques années d'exil, soutira de haute lutte à Hitler une place en position éligible sur la liste des candidats au Reichstag. D'après le témoignage, ici peu suspect, de Hanfstaengl qui l'avait accompagné jusqu'aux abords de l'appartement du chef, l'entrevue aurait été orageuse et il aurait déclaré :

> — Vous n'avez pas le droit de traiter ainsi quelqu'un qui a reçu deux balles dans le ventre à la Feldherrnhalle. Ou bien vous m'inscrivez en bonne place sur la liste des candidats au Reichstag, ou bien ce sera désormais la guerre entre nous[2].

Ainsi rappelé à la fraternité du sang versé, Hitler a bien pu céder, mais la suite nous invite à considérer que ce ne fut pas sans contrepartie. Il avait deux solides raisons de se méfier de Göring et de le tenir à l'écart : d'une part c'était un bourgeois, certes utile, mais dangereux à trop mettre en avant dans la direction d'un parti qui se voulait encore plébéien ; d'autre part, il devait avoir perçu ses capacités, et redoutait sans doute en lui un rival. Il n'est pas impossible qu'il ait provoqué sciemment, par des vexations répétées, une telle explication. Ce jour-là ou un autre, antérieur en tout cas à la prise du pouvoir, un marché a dû se conclure : Göring (par-delà Hess, tout aussi fidèle mais plus limité, et maintenu second dans

---

1. Martin Broszat, pourtant l'un des plus chauds supporters de l'Alleintätertheorie, a perçu cette constante et baptise Göring le « Führer en second » (*Der Staat Hitlers*, Munich, DTV, 1970, tr. fr. *L'Etat hitlérien*, Paris, Fayard, 1985, p. 409). Il est vrai qu'il ajoute foi à l'idée de sa disgrâce précoce pendant la guerre.

2. *Op. cit.*, p. 154.

la hiérarchie pour satisfaire les vieux cadres [1]) serait le successeur désigné mais en attendant il était prié de ne pas faire d'ombre. Il ne rongerait cependant pas son frein, et se verrait confier, d'une part d'importantes responsabilités publiques, d'autre part des missions aussi secrètes que délicates.

Dans un moment particulièrement critique, le 25 juillet 1943, alors qu'on redoute en Allemagne la chute de Mussolini, qui est effectivement en train de se produire et pourrait amener l'ennemi d'un bond aux frontières du Reich, Hitler, réfléchissant tout haut devant ses généraux, lève soudain un coin du voile dont il avait jusque-là recouvert ses relations avec Göring. Il le sort comme un lapin de son chapeau, alors qu'il était le chef, entre autres, de la Luftwaffe et que les mécomptes de cette arme, tant dans la protection du territoire allemand que dans les batailles de Dunkerque, d'Angleterre, de Stalingrad et de Tunis, avaient porté un coup sévère à sa réputation. Il parle de l'envoyer à Rome, et justifie cette proposition dans un style répétitif qui reflète à la fois la tension de l'heure, la sincérité d'une conviction maintes fois étayée et peut-être aussi le souci de convaincre des auditeurs étonnés :

> C'est une affaire à voir. Le Reichsmarschall a traversé de très nombreuses crises avec moi. Il garde un sang-froid glacial devant les crises. On ne saurait avoir de meilleur conseiller que le Reichsmarschall en période de crise. En période de crise, le Reichsmarschall agit avec une froide brutalité. J'ai toujours remarqué que, lorsqu'il fallait que ça cède ou que ça craque, il avait une poigne de fer et agissait sans aucun ménagement. Par conséquent, vous n'en trouverez jamais de meilleur ; un meilleur, vous ne l'aurez jamais. Il a traversé avec moi toutes les crises, les crises les plus graves. Toujours, quand les choses tournaient tout à fait mal, il faisait montre d'un sang-froid glacial. Enfin, nous verrons ça [2].

Si Hitler, en ce moment suprême [3], éprouve le besoin de marteler ces vérités devant les chefs de ses forces armées, c'est que les deux hommes ont mis au point des techniques de dissimulation. Ainsi Hitler, sans doute avec son accord, était le premier à railler l'embonpoint de son acolyte, et les consommations luxueuses qui en étaient la source. Il aurait dit, toujours d'après Hanfstaengl, à une date malheureusement mal située : « Remplissez-lui le ventre, et vous le verrez toujours foncer à corps perdu dans la bataille [4]. »

---

1. C'est le 7 décembre 1934 qu'est publié un protocole de succession, partageant celle-ci entre Hess, qui dirigerait le parti, et Göring, l'Etat. On présente ordinairement cette annonce comme une conséquence de la réunion entre les mains de Hitler, après la mort de Hindenburg, des fonctions de président et de chancelier. Effectivement Hitler, qui tenait à ce que son régime lui survécût, devait prendre des dispositions à cet égard et consolider d'avance l'autorité de ses successeurs en ne donnant pas à leurs adversaires l'occasion d'exiger une élection présidentielle (cf. Stefan Martens, *Hermann Göring/« Erster Paladin des Führers und « Zweiter Mann im Reich »*, Paderborn, Schöningh, 1985, p. 33).
2. *Hitlers Lagebesprechungen*, Stuttgart, Deutsche Verlags-Anstalt, 1962, tr. fr. Paris, Albin Michel, 1964, p. 126. L'authenticité de ces propos et le fait qu'ils n'étaient pas destinés à la publication sont hors de doute, vu les conditions de récupération du document (cf. *infra*, p. 387).
3. La citation n'est ici extraite de son contexte que pour y être mieux réinsérée *infra*, p. 396.
4. *Op. cit.*, p. 200.

De cette stratégie destinée à dissimuler le talent du « paladin » et une partie de son activité, les bruits sur sa morphinomanie sont sans doute partie intégrante. Les recherches de Stefan Martens ont montré que ses geôliers américains de Nuremberg n'avaient pas signalé dans leurs rapports une dépendance vis-à-vis de la morphine, mais d'un produit cinq fois moins puissant, la codéine, dont il fut possible de le sevrer rapidement [1]. Certes, la belle forme qu'il afficha au cours du procès des dirigeants nazis coïncidait avec une période d'abstinence forcée, tant en matière d'alimentation que de stimulants. Cependant, si alors il prend la direction des opérations, pour le compte de la fraction des inculpés qui n'a pas renié le nazisme, c'est probablement qu'il était resté jusqu'au bout le plus informé et le plus ardent d'entre eux – en dépit d'une disgrâce de dernière minute sur laquelle, bien entendu, on reviendra.

Et à l'origine ? C'est le premier *Livre brun* qui avait lancé la rumeur de sa toxicomanie. Les services de Münzenberg avaient obtenu à Stockholm la copie d'un certificat de médecin légiste, d'après lequel le capitaine Göring étant morphinomane, et sa femme Karin épileptique, il était impossible de laisser Thomas Kantzow, fils de cette dernière, à sa garde. Voici donc un écrit, théoriquement inspiré par le socialisme scientifique, qui ne dédaigne pas d'invoquer des pièces produites dans un procès de divorce, par l'avocat du mari trompé ! Le certificat est daté du 16 avril 1926. Il y a mieux, sur la même page (64) : une fiche de l'hôpital psychiatrique de Langbro, attestant que Göring y est entré le 1er septembre 1925. Moins de deux ans après ses graves blessures ! Voilà qui renseigne assez mal sur la santé physique et psychique du sujet dix ou quinze ans plus tard.

Ses propres déclarations, à Nuremberg, accréditent l'idée de sa position de second dans l'appareil nazi et de la complicité particulière avec Hitler qu'elle lui conférait. On a en général mis ces propos sur le compte de la vanité... mais en revanche, on lui a fait spontanément confiance quand il disait qu'à la fin ses relations avec le Führer s'étaient refroidies. Or il pouvait le faire pour des raisons tactiques, afin de minorer sa responsabilité et celle du régime dans des décisions criminelles. Eclairés par le contexte qu'on évoque ici, ses propos du 17 mars 1946 sur le duo de pointe du nazisme méritent d'être rappelés, et le fait qu'ils ne sont nuancés d'aucune restriction chronologique, souligné :

> Personne d'autre que moi ne pouvait travailler aussi étroitement avec le Führer, être aussi familiarisé avec ses façons de penser et posséder sur lui une telle influence. C'est pourquoi le Führer et moi seul aurions pu, à la rigueur, conspirer. Il n'est absolument pas question de tierces personnes [2].

---

1. *Hermann Göring*, Paderborn, Schöningh, 1985.
2. Cité par Telford Taylor, *The Anatomy of the Nuremberg Trials*, New York, Knopf, 1992, tr. fr. *Procureur à Nuremberg* ; Paris, Seuil, 1995, p. 350.

La relation de Göring avec Hitler évoque à certains égards celle qu'il avait eue avec Kubizek. Tous deux subissaient de longs monologues, par lesquels Hitler éprouvait ses idées. Cependant, contrairement au livre sincère de Kubizek, le témoignage de Göring à cet égard est peu solide, puisque lui et le Führer prenaient grand soin d'entourer de secret leurs rencontres et qu'elles nous sont connues uniquement par les intermédiaires auxquels le ministre se confiait, à seule fin de les induire en erreur sur les intentions du régime ou d'accréditer l'idée de ses divisions internes. Par exemple, il promenait en 1938-39 l'ambassadeur anglais Henderson, en lui disant tantôt que Hitler parlait sans cesse et qu'on ne pouvait rien lui dire, tantôt qu'il devenait plus accessible et qu'on pouvait peut-être lui faire entendre raison. La tromperie est évidente : il s'agit de souffler le chaud et le froid aux oreilles de l'ambassadeur afin d'obtenir des concessions de l'Angleterre, ou de sonder son état d'esprit. Cependant il y a peut-être une information à retenir sur le déroulement des entretiens : de longs monologues où la politique de Hitler est à la fois créée et exprimée, de brèves interruptions par lesquelles Göring renchérit, nuance ou prolonge, en suggérant des conclusions. Contrairement à Kubizek, Göring n'est pas que le miroir et le cobaye d'un bouillonnement intellectuel. Il est aussi le médium qui va le traduire en dispositions pratiques [1].

Henderson publie au début de 1940 un livre de mémoires pour justifier, en cette « drôle de guerre », la politique d'*appeasement* pratiquée par son gouvernement envers les appétits allemands entre 1933 et 1939. Il montre la plus totale naïveté sur la répartition des rôles entre Göring et Hitler, mais donne cependant des indications précieuses sur le Feldmarschall [2], pour qui l'ancien ambassadeur avoue un faible, fondé sur le fait qu'il se sent du même monde que lui. Il relève que Göring lui-même collectionne les histoires désobligeantes sur son compte, notamment celles qui visent son amour des décorations. Il note qu'il est vaniteux pour les petites choses, et modeste, en revanche, sur le rôle écrasant qu'il joue dans la direction du Reich, attribuant au Führer tous les mérites et toutes les décisions.

Il est vraiment l'homme à tout faire, y compris à prendre les coups. Son image de « satrape jouisseur », entretenue avec la gracieuse coopération des forces de gauche, l'aide non seulement à dissimuler son talent et ses manœuvres, mais en fait le gardien principal de la popularité du Führer. C'est un paratonnerre qui attire sur lui les éventuels mécontentements. Et pas seulement ceux de l'opinion publique, le jour où les choses vont mal. Dans la manœuvre économique, politique ou militaire elle-même, il affecte des mobiles bas, propres à masquer les profits stratégiques escomptés par le duo d'initiés qu'il forme avec son maître.

---

1. Cf. S. Martens, *op. cit.*, et la photo n° 13, inédite, de notre cahier.
2. Titre obtenu en 1938 (cf. *infra*), celui de Reichsmarschall ne lui étant conféré qu'en juillet 1940.

Un préjugé tenace veut que l'acquittement, au procès de Leipzig, des trois Bulgares et d'Ernst Torgler, soit dû au fait que la mise au pas du pays ait été encore incomplète. Toute une littérature y a même vu une courageuse manifestation de résistance. En l'occurrence, elle eût été le fait de la droite conservatrice, car les magistrats professionnels allemands étaient rarement de gauche à l'époque et le président du tribunal, Bünder, avait été membre du parti national-allemand. Mais la gauche n'était pas en reste : elle attribuait la possibilité même des acquittements à l'attitude épique de Dimitrov, et les récits plus ou moins romancés de ses éloquentes contre-attaques étaient colportés par la littérature antifasciste bien au-delà des rangs communistes.

Certes, par la suite, la justice allemande sera de mieux en mieux encadrée et plus aucun tribunal ne se permettra d'innocenter des gens que les plus hauts personnages du régime avaient déclarés criminels. Mais justement : un tel verdict tranche, non seulement avec l'histoire du Troisième Reich, mais avec celle des relations entre gouvernants et juges, sous quelques cieux que ce soit. L'exécutif n'a pas l'habitude de s'en remettre aveuglément au judiciaire, lorsque les questions les plus brûlantes de politique intérieure et extérieure sont en jeu. Le désaccord masque donc probablement une entente. En l'occurrence, le président et le procureur étaient en relation étroite avec Göring, ne faisaient rien sans son accord et ont, jusqu'au bout, tout fait pour conforter la thèse officielle en restreignant la liberté de parole des accusés. Que serait-il advenu de lui si Dimitrov avait été moins courageux ou moins persuasif ? Comment le savoir ? Mais à s'en tenir aux faits, force est de constater que sa belle attitude ne semble pas avoir beaucoup contrarié les nazis, et qu'ils ont eu moins à se plaindre encore des proses colportées contre eux par des millions de militants. C'est qu'ils en avaient écrit une bonne partie.

Par exemple, le premier *Livre brun* déclare que le passeport de van der Lubbe, utilisé par l'accusation pour mettre l'accent sur ses récents périples à travers l'Europe, est un faux. Les auteurs croient en trouver la preuve dans l'*Umlaut* qui transforme son nom en « van der Lübbe » alors que ce signe n'existe pas en hollandais. Le malheur, c'est que le ministère hollandais, consulté, reconnut avoir émis ce passeport, ce dont profitèrent les nazis pour jeter le doute sur la totalité du *Livre brun*, et accuser le Komintern de vouloir à tout prix dissimuler les voyages de van der Lubbe. Ils avaient bien, selon toute vraisemblance, commis un faux, consistant à mettre eux-mêmes l'Umlaut fautif sur le document authentique, et les résistants avaient foncé dans le panneau.

Plus grave encore, pour l'efficacité de la résistance : le livre invente la fable d'une liaison homosexuelle entre van der Lubbe et Röhm, le chef des SA. Le ragot est propre à affaiblir la cohésion des antinazis – ainsi la famille de van der Lubbe et ceux qui connaissent le garçon, notoirement hétérosexuel, ne sauraient cautionner cette prose [1] – et à servir l'adversaire qui, d'une part, se fait un plaisir de démentir et, d'autre part, n'est pas mécontent du discrédit jeté sur les mœurs de Röhm, dont la direction nazie envisage sans doute dès cette époque de se débarrasser (cf. *infra*, ch. 8). On peut subsidiairement se demander s'il était de bonne propagande, de la part du mouvement communiste, puisque van der Lubbe en avait été membre dans un passé proche, de suggérer un lien physique entre communisme et nazisme.

Enfin et peut-être surtout, dans cet acquittement et dans la manière dont l'antifascisme s'en attribue le mérite, les nazis en général et Hitler en particulier trouvent un immense avantage, dont ils tireront d'infinis profits : celui d'apparaître plus faibles qu'ils ne sont, tant sur le plan de l'habileté que sur celui de la résolution et de l'aptitude à tenir un cap. Et la faiblesse dont ils cultiveront le mieux l'apparence, la division entre les principaux dirigeants, s'étale à plaisir pendant cet automne : Göring apparaît comme le grand vaincu du procès de Leipzig, le dragon que Dimitrov a terrassé dans son antre et qui se retrouve éclopé. Au cours de leur fameux face à face, il a semblé perdre son sang-froid lorsqu'aux questions gênantes de l'accusé, il a répondu par des insultes et des menaces. On a fort remarqué la différence lorsque quelques jours plus tard Goebbels s'est tiré du même exercice avec calme et humour. Le bruit va même courir que Göring songe à faire assassiner les trois Bulgares. C'est sans doute pour donner l'impression de débats houleux sur ce sujet qu'ils ne sont libérés qu'au bout de deux mois. Un peu plus tard, Göring perd ostensiblement ses pouvoirs sur la Gestapo, au profit de Himmler [2]. Il va être employé, officiellement, dans des besognes plus techniques, comme l'organisation de l'armée de l'air. Tout cela entretient l'image d'un pachyderme brutal, d'un soudard absolument déplacé dans la direction d'une grande puissance, au point que les nazis eux-mêmes s'en sont rendu compte. Alors que, la suite le prouvera, c'est lui qui monte en grade et devient, plus que jamais, le « plus premier paladin du Führer ». Quant à la « morphinomanie » complaisamment étalée par le *Livre brun*, elle prépare mal ses adversaires à affronter la présence d'esprit et la puissance de travail dont il fera preuve à tous les moments décisifs des années suivantes.

Le 27 février, Hitler dîne chez les Goebbels. Soudain, le maître de maison est appelé au téléphone par Hanfstaengl, dont l'appartement est

---

1. Dans une courte biographie de van der Lubbe, le premier *Livre brun* insiste de manière obsessionnelle sur sa prétendue homosexualité : on en trouve six mentions en dix pages de texte (p. 47, 51, 53, 55, 56, 59).
2. Göring avait créé en Prusse, le 26 avril 1933, la Gestapo (Geheime Staatspolizei), cependant que Himmler, depuis le 3 avril, dirigeait une police politique en Bavière. Les pouvoirs du dernier nommé furent étendus à tous les Länder non prussiens le 24 novembre, puis le 20 avril 1934, à la police politique de Prusse, théoriquement sous l'égide de Göring. Le tout fut unifié le 17 juin 1936 en une Gestapo nationale confiée au seul Himmler. L'édifice sera couronné le 27 septembre 1939 par la création du RSHA (Reichssicherheits-Hamptamt) regroupant toutes les polices ainsi que le SD (Sicherheitsdienst) sous l'autorité de Heydrich.

voisin du Reichstag. Lorsqu'il lui annonce l'incendie, Goebbels croit à une farce et le dit. Hanfstaengl, malade, répond qu'il a fait son devoir en l'avertissant, et retourne se coucher. Goebbels vérifie tout de même l'information et prend conscience qu'elle est exacte. Alors seulement il en parle au Führer, qui lui fait rappeler Hanfstaengl. Ils sautent dans une voiture et se rendent au Reichstag « à cent à l'heure ». Ils y trouvent Göring, qui annonce les premières dispositions prises contre les communistes et avec quelques autres, dont Papen qu'on a fait mander, ils délibèrent sur les décisions à prendre.

Toutes ces informations sont extraites du journal de Goebbels, publié en 1987. Elles sont corroborées par les mémoires de Hanfstaengl, ou plutôt les corroborent, car ce livre est paru en 1957. Si ce n'est que Hanfstaengl, interrogé par Calic, lui a déclaré qu'à son avis Goebbels s'était servi de lui pour faire croire qu'il n'était pas dans le coup, et le Führer non plus. La parution des notes du ministre de la Propagande (qui ne l'était pas encore en février 1933) a donc été un coup dur pour les tenants de la préméditation nazie. Si les adeptes du « pyromane isolé » ont abondamment cité ce passage, ils se sont moins appesantis sur un dialogue de 1941 entre Goebbels et Hitler, révélé par la même source, où le Führer disait qu'on ne savait toujours pas qui avait commandité l'incendie, et qu'il pensait pour sa part que c'était Torgler. Que Hitler n'en fût pas convaincu nuisait en effet quelque peu à la théorie du fou solitaire [1].

Resterait, on l'a vu, l'hypothèse que Goebbels, dans un pays incomplètement contrôlé par les nazis, n'ait pas voulu confier au papier des choses compromettantes et se soit abstenu d'écrire que ses camarades avaient mis le feu alors que c'était la vérité et qu'il la connaissait. En 1941, cependant, l'argument ne vaut plus et le journal raconte sans fard (on en verra des exemples) bien des crimes et bien des ruses. Alors il ne reste qu'une solution [2] : Goebbels n'a jamais rien su des tenants et des aboutissants de l'incendie. Celui ou ceux qui l'ont organisé n'ont éprouvé nul besoin de lui en parler. Sa surprise est égale à celle de Hanfstaengl et, n'en déplaise à ce dernier, c'est sans doute lui qui joue sans le savoir, avec une efficacité décuplée, le rôle du benêt, destiné à faire croire au public que les dirigeants nazis étaient totalement étrangers à l'attentat. Hanfstaengl est alors un nazi marginal. Sa surprise ne démontre rien. Celle de Goebbels, en revanche, est de nature à faire douter beaucoup de naïfs que la direction nazie soit à l'origine du crime.

L'auteur de ce livre a longtemps ignoré la querelle, essentiellement allemande, sur l'incendie. Il avait cependant une préférence instinctive

---

1. Dès 1952, on pouvait lire dans les *Libres propos sur la guerre et la paix* (Paris, Flammarion, 1952, t. 1, p. 154, nuit du 28 au 29 décembre 1941), à propos de Torgler : « Je suis persuadé qu'il a fait brûler le Reichstag, mais je ne puis le prouver. »

2. L'idée parfois avancée que ce journal était écrit dans l'intention d'une publication, et truqué en conséquence, jure avec son côté souvent hésitant ou dubitatif, ainsi dans l'extrait cité de 1941 où Goebbels se demande toujours qui a mis le feu au Reichstag et n'apparaît pas du tout sûr que ce soient les communistes.

pour le souterrain et le commando de SA par rapport au pyromane immigré et solitaire. La lecture des sceptiques, quand il l'a entreprise, l'a longtemps laissé de marbre, tant ils sous-estimaient, non seulement l'intelligence des nazis, mais leur capacité d'action. Mais soudain un déclic s'est produit, à la lecture d'un passage de Mommsen :

> L'idée venue spontanément à Göring de faire inspecter le tunnel, qui avait déjà attiré l'attention des autorités en relation avec un éventuel projet d'attentat communiste, renforça sans doute la conviction des personnes présentes qu'il s'agissait sans doute d'un attentat terroriste bien organisé des communistes, si bien que Göring accueillit les personnalités arrivant sur les lieux par la nouvelle que l'attentat était l'œuvre des communistes. (p. 112)

Ainsi (on le sait par les mémoires du journaliste anglais Sefton Delmer, témoin oculaire), c'est Göring lui-même qui a donné la piste du souterrain, alors qu'elle est présentée presque toujours comme une découverte de la défense, qui aurait causé un tort énorme au ministre-président, géographiquement si bien relié au lieu du crime.

Dès lors, *exit* le commando d'incendiaires ! C'est un fantasme suggéré par Göring, dans le double souci de rendre crédible un coup communiste et d'orienter l'enquête dans une mauvaise direction. S'il avait fait mettre le feu, mais *d'une autre manière*, n'était-il pas de son intérêt de lâcher les limiers sur une piste, qui certes, puisqu'elle menait à ses appartements, le ferait soupçonner (ce qui était, de toute façon, inévitable), mais sur laquelle on ne risquait pas de trouver des preuves ?

Tobias et Mommsen montrent de façon plausible que van der Lubbe peut avoir allumé tous les foyers et que, si l'incendie a pris des proportions gigantesques en quelques minutes, c'est parce qu'il avait enflammé des rideaux dont la combustion, en créant un appel d'air, a produit de grands effets. Ils démolissent en particulier l'argument de l'interview radiophonique où le pompier Gempp faisait état, le jour même, de matériaux inflammables apportés de l'extérieur, en remarquant qu'il n'avait pas alors d'éléments objectifs et répétait des propos (ou suivait des suggestions) de Göring. Mais une chose leur échappe : celui qui depuis six mois présidait le Reichstag, où il siégeait depuis cinq ans, avait eu tout loisir d'en étudier ou d'en faire étudier l'inflammabilité. Si quelqu'un savait où mettre le feu, c'était bien lui. Il ne restait qu'à faire guider van der Lubbe par un agent inconnu qui l'aurait mis en confiance grâce à quelque mot de passe en jouant au gauchiste infiltré dans le personnel du Reichstag. Le fait que le Hollandais ait pris toute l'accusation sur lui s'expliquerait ainsi très bien. Mais aussi (remarque peu souvent faite) sa capacité d'allumer tous les foyers. Tobias et Mommsen admettent la version officielle suivant laquelle van der Lubbe est entré dans le bâtiment environ un quart d'heure avant son embrasement, à la faveur d'une défaillance ponctuelle de la surveillance. Ils en font donc un sportif émérite et Calic se gausse, en remarquant que certes il a pu, lors de la reconstitution, refaire son présumé parcours dans le temps imparti, mais sans s'arrêter nulle part, ce qui à soi seul prouverait que les endroits où il jetait ses allumettes étaient dûment préparés à les recevoir. Or, puisqu'on ne sait rien de son emploi du temps le jour du crime, rien n'établit cet horaire, sinon les allégations du présumé criminel, qui, tout comme son exploit athlétique lors de la reconstitution, pouvaient procéder du simple souci de dissimuler un complice.

Ajoutons un élément trop peu remarqué : la carte communiste trouvée sur lui, d'après les premiers communiqués, milite éloquemment contre la théorie de l'acteur unique. Car si c'est un ancien communiste devenu une sorte d'anarchiste adepte de l'action individuelle, on voit mal quelle nostalgie pourrait l'amener à conserver, et plus encore à porter lors de son passage à l'acte, la carte du parti qu'il a quitté en lui reprochant sa mollesse. Il faut bien qu'on la lui ait glissée dans la poche, ou qu'on mente en disant qu'on l'a trouvée[1] : dans les deux cas, « on » était bien renseigné sur les antécédents de l'acteur, et son unicité devient peu soutenable.

La chaîne des complicités peut donc avoir été très courte. Nous en verrons sous peu bien des exemples. L'art gouvernemental des nazis est fondé sur l'économie de moyens, d'agents et de complices, et sur un recours massif à la manipulation. Ainsi, lorsque Göring épure la police, il se garde d'y promouvoir des fournées de militants sans expérience. Il conserve de bons professionnels, tout en leur faisant craindre le renvoi. Dans l'affaire du Reichstag, il n'attend pas d'eux une enquête ouvertement orientée et des rapports grossièrement truqués. Il se charge lui-même de créer les illusions adéquates.

L'attribution du crime à des révolutionnaires en train de tenter un coup d'Etat a au moins un effet sur l'enquête : elle est rapide. Les policiers ont beau travailler consciencieusement, ils interrogent surtout, outre leur prisonnier hollandais, les gens qui auraient pu par profession se trouver sur son chemin, concierge et gardes en tête. Le reste du personnel a dû être assez peu entendu, de la femme de ménage au président.

Mais les négligences policières explicables par un sentiment artificiel d'urgence, dans lequel l'influence des nazis ne fait, on l'espère, de doute pour personne, ne justifient pas les lacunes des historiens, lesquelles jettent en revanche une lumière cruelle sur les urgences partisanes dont ils se font, en leur temps, les champions[2].

Le but de Hitler et de Göring n'est pas que les nazis soient insoupçonnables, mais bien plutôt que rien ne puisse être prouvé. Un gouvernement surpris à brûler son parlement, cela ferait certes mauvais genre et pourrait provoquer, enfin, un sursaut de la droite non nazie. En revanche, une

---

1. A l'audience, les policiers nieront avoir trouvé cette carte (cf. Konrad Heiden, *Histoire du parti national-socialiste, op. cit.*, p. 339).
2. Cf. *infra*, ch. 15.

opération menée avec un doigté infini, faisant apparaître un coupable unique mais un peu léger pour un travail aussi herculéen, cela fournit, puisque l'homme a été naguère membre du mouvement communiste, le prétexte d'une répression foudroyante contre la gauche et d'une confiscation, qui va s'avérer définitive, des libertés de tous. La rumeur confuse d'un complot gouvernemental, désespérément improuvable, ajoute à l'impression de sauvagerie toute-puissante que le Janus nazi cherche aussi à donner, concurremment à ses côtés honorables et rassurants.

Certes on ne peut conclure radicalement, mais seulement en termes de très forte probabilité et de présomption quasi contraignante : il n'y a aucun espace, dans cette Allemagne en proie à une savante escalade de brutalité, pour l'action d'un fou isolé favorisant par hasard les desseins des nazis. Ils font leurs commissions eux-mêmes, y compris en enrôlant les fous isolés.

CHAPITRE 7

Mise au pas interne et premiers pas diplomatiques

L'incendie du Reichstag fait sur les autres pays une impression désastreuse. Il entraîne une sorte de mise au ban de l'Allemagne... dont Hitler tire un grand parti pour consolider son pouvoir avant de calmer le jeu diplomatique, un résultat dans lequel l'acquittement de Dimitrov n'est pas d'un mince secours.

Le nouveau Reichstag n'a pas de domicile, et Hitler va l'installer dans un lieu symbolique de la considération qu'il lui porte : une salle de spectacle, l'opéra Kroll. Mais pour la séance inaugurale, c'est le sérieux qui prévaut. Car on a réussi à débaucher Hindenburg et à amadouer les chefs militaires, ce qui permet de mettre en scène un touchant tableau d'unité nationale, et de marquer une continuité entre le Troisième Reich et l'empire Hohenzollern par-delà le temps de Weimar, ainsi présenté comme une parenthèse heureusement refermée. L'endroit choisi est l'église protestante de la Garnison à Potsdam, qui est à la Prusse ce que la basilique de Saint-Denis est à la France. Elle abrite notamment le tombeau de Frédéric II. Quant au jour choisi, c'est l'anniversaire de l'inauguration par Bismarck du premier Reichstag impérial, en 1871. La petite ville, ainsi que la capitale voisine, sont pavoisées avec les nouveaux emblèmes nationaux. Le gouvernement vient en effet de jeter aux orties le drapeau républicain et de rétablir le drapeau impérial noir-blanc-rouge, tout en élevant à une égale dignité l'oriflamme nazie rouge, frappée d'une croix gammée sur fond blanc, que Hitler avait dessinée en 1920.

C'est la première grand-messe radiophonique de Goebbels, promu ministre « de l'Information et de la Propagande » le 13 mars, qui dirige une batterie de reporters. Ceux-ci content en direct l'arrivée des personnalités, au premier rang desquelles le fils de Guillaume II. Le Kronprinz, en uniforme militaire, s'assied dans la tribune officielle juste en retrait d'un fauteuil qui restera vide, symbolisant l'empereur exilé en Hollande. La nef est occupée par les députés – seuls les socialistes ayant décliné l'invitation. Soudain Hindenburg fait son entrée, en grand uniforme, coiffé du casque à pointe, aux côtés d'un Hitler en jaquette. Ils parcourent lentement l'allée centrale et, ensemble, saluent les altesses en s'inclinant.

Derrière eux, Göring et Goebbels se contentent d'un signe de la main. Puis le président et le chancelier vont s'asseoir face à face devant l'autel. Après l'intermède du cantique de Leuthen, rappelant la gloire du grand Frédéric, ils prononcent chacun un discours. Hindenburg évoque l'histoire prussienne et la continuité des générations, formant le vœu que l'actuelle vaille les précédentes. Hitler est plus long et plus politique, comme il sied à un premier ministre. Il parle de la guerre mondiale et exempte l'empereur de toute responsabilité dans son déclenchement, non sans rassurer le corps diplomatique, présent au grand complet, par la réaffirmation de son désir de paix. C'est presque en contrebande qu'il fait passer son idéologie, en affirmant d'un ton solennel un programme apparemment banal : « Refaire l'unité des esprits et des volontés du pays, sauvegarder les éternels fondements de notre existence, notre caractère racial et les valeurs qui lui sont propres. » Puis il va s'incliner devant Hindenburg – une image fixée bien entendu sur la pellicule, et reproduite d'innombrables fois.

Un soleil printanier étant de la fête, la parade militaire qui se déroule ensuite devant l'église compromet un peu plus les notables conservateurs, persuadés à cette minute que le torrent nazi est en train de rentrer, grâce à eux, dans un lit de discipline et de respect des traditions. Après la Reichswehr en effet, ce sont les milices qui défilent. En même temps qu'à l'inoffensif Stahlhelm – qui sera quelques semaines plus tard intégré sans phrases dans la SA –, Hindenburg, debout sur une estrade, donne pour la première fois sa bénédiction aux SA et aux SS. L'après-midi voit, à l'opéra Kroll, une séance du Reichstag destinée à élire les présidents et vice-présidents. Göring règle l'affaire par acclamations, en moins de cinq minutes. Les cérémonies s'achèvent par une retraite aux flambeaux à travers Berlin, suivie d'une représentation de gala des *Maîtres chanteurs*.

Moins de deux mois après son installation, le gouvernement nazi s'est donné plus que les moyens constitutionnels d'une dictature totale : une légitimité nationale.

Cette cérémonie du 21 mars est emblématique d'une invention nazie qui constitue la contribution la plus personnelle du Führer à l'histoire politique de l'humanité : la coopération des victimes à leur propre persécution. Il fallait son esprit retors, nourri par l'observation solitaire des hommes avant 1914, débarrassé de tout scrupule par la guerre et la déchéance allemande, pour ériger en une règle sociale dominant toutes les autres ce qui n'était jusque-là qu'une méthode d'appoint pour les autorités de toute nature, policières ou coloniales par exemple. Il y avait d'un côté les dominants, de l'autre les dominés, et entre les deux une zone aux contours flous, mais cependant distincte, de mouchards et de collaborateurs. Hitler dilue ces entités dans tout le corps social.

Certes, tout au long du siècle, les sciences humaines ont enseigné que ce n'était pas si simple, et médité sur l'intériorisation, par chacun, des valeurs qui fondaient son propre asservissement. Mais avec Hitler, ce n'est pas d'intériorisation qu'il s'agit. Chaque Allemand, sauf lui, est à la fois dominant et dominé, bourreau et victime, résistant et collaborateur. Ainsi la droite non nazie et le Centre, rassemblés dans la « communion nationale » de Potsdam, vont deux jours plus tard coopérer à l'élimination de la gauche, mais aussi à leur propre anéantissement, en votant au Reichstag la loi « des pleins pouvoirs », qui prolonge pour quatre ans la situation créée par le décret du 28 février : elle affranchit le gouvernement de tout contrôle de cette même assemblée que le peuple vient d'élire en croyant exercer sa souveraineté. Le Centre aurait pu faire repousser le texte, puisqu'il requérait une majorité des deux tiers, mais, malgré les efforts de Brüning qui exhorte ses pairs à exiger des garanties, le groupe parlementaire se contente de l'assurance verbale que la loi ne servira que « dans un petit nombre de cas », et de la promesse, faite en séance par le ministre Frick et bien entendu fallacieuse, qu'une lettre de Hitler promettant, tout bonnement, « l'abrogation des articles du décret de l'incendie du Reichstag lésant les libertés civiles et politiques » est déjà signée, et expédiée[1]. En paraissant hésiter, délibérer et poser ses conditions, le parti catholique contribue à donner à la journée un caractère apparemment démocratique. Pour consommer l'automutilation, le perspicace Brüning vote lui-même les pleins pouvoirs : la discipline ne fait-elle pas la force des armées ?

Il n'est pas jusqu'aux socialistes qui ne coopèrent, par leur courage même, en siégeant, en faisant par leur porte-parole un noble discours de refus que le Führer lui-même honore d'une réponse indignée et apparemment improvisée[2], enfin en votant contre le texte. Ils ont mis en scène eux-mêmes leur minorité et leur impuissance.

Hitler, à la fin du discours où il présente la loi, s'offre encore le luxe d'un terrible jeu de mots, intelligible de lui seul mais propre à servir ses objectifs, bien au-delà de la mise au pas juridique qui constitue l'ordre du jour. Les députés, dit-il, vont « décider de la guerre ou de la paix ». Le contexte semble limiter la portée du propos à la paix intérieure du Reich et il est bien vrai que cette loi, en donnant libre cours à l'arbitraire, va jouer un rôle essentiel dans l'effacement de toute opposition. Mais, vu que pour le Führer la conduite interne de l'Etat est au service de la politique d'agrandissement territorial, nul doute qu'en parlant de guerre à la fin d'un discours fondamental, en un moment clé, il pensait très fort que cet ultime débat parlementaire allait lui donner les mains libres pour ses agressions, et entendait le suggérer à la nation allemande.

Les études « de terrain » qui depuis peu foisonnent établissent non seulement le désarroi – on s'en doutait – mais l'existence, dans les partis de gauche, de lignes contradictoires qui se neutralisent mutuellement. On a beaucoup dit que, dans les familles, les jeunes avaient dénoncé les vieux ;

---

1. Pour une narration détaillée de ce piteux épisode, cf. Brüning, *op. cit.*, p. 458-459.
2. C'est l'impression des auditeurs ou des lecteurs de journaux, mais en fait l'orateur socialiste, Otto Wels, avait accepté de remettre à l'avance au gouvernement un exemplaire de son discours (cf. J. Fest, *op. cit.*, p. 584-585).

or chez les socialistes, au début, c'est un peu l'inverse. On voit des militants chevronnés, habitués à des décennies d'action légale, adhérer à telle organisation mise en place par les nazis, pensant sauvegarder ainsi des occasions d'agir dans le sens de leurs valeurs. Les jeunes, plus sensibles peut-être aux sarcasmes des communistes, ont davantage tendance à faire des groupes autonomes et clandestins : il arrive qu'ils soient désavoués par leurs aînés d'une manière qui confine à la délation et séjournent, comme pour leur bien, dans les camps de concentration, qui précisément n'ont pas encore un régime très sévère, du moins pas tous, et dont on sort souvent au bout de quelques semaines[1].

Au chapitre de la faillite sociale-démocrate, il faut enfin mentionner les démarches publiques faites par les dirigeants du parti auprès de la Deuxième Internationale, pour se désolidariser de son antinazisme jugé trop sévère. Pour marquer mieux encore ses distances, le groupe socialiste du Reichstag, réduit de moitié par la répression, annule son geste courageux du 23 mars en votant, le 17 mai, la déclaration de politique étrangère du Führer. Voilà des gens qui n'ont pas lu *Mein Kampf*, ou qui du moins ne sont pas en train de le relire pour voir si on ne serait pas en train de l'appliquer. Sans quoi ils sauraient que, lorsque leurs aînés se sont ralliés à la politique belliqueuse de Guillaume II, il aurait fallu, de l'avis de Hitler, profiter de cette correction de trajectoire, non pour les réintégrer dans la communauté nationale, mais pour les anéantir. Reste une dernière hypothèse, guère plus à l'honneur de leur perspicacité : qu'ils jugent Hitler meilleur que Guillaume II et que, par leur vote, ils croient l'ancrer dans cette « politique de paix » dont il se réclame, lors même qu'il exige la prompte abrogation des mesures « discriminatoires » encore en vigueur du moribond traité de Versailles.

Si le parti communiste est le seul à conserver pendant tout le Troisième Reich une existence organisée, c'est sur une base infime et sans cesse menacée d'anéantissement. Ses militants eux-mêmes ont droit, souvent, à une rééducation de quelques semaines et beaucoup se le tiennent pour dit. En attendant une étude souvent désirée et jamais entreprise sur l'entrée d'un certain nombre dans la SA, on peut méditer sur un « propos de table » de Hitler, émis le 2 août 1941. Il compare le comportement de Torgler à celui de Thälmann, le secrétaire général du parti, arrêté peu après l'incendie du Reichstag. L'héroïsme stérile du communiste indomptable, finalement assassiné en 1945 après douze ans de camp, contraste avec la malléabilité, déjà perceptible pendant le procès, du parlementaire,

1. Ainsi, avant l'interdiction des partis, on voit la direction régionale berlinoise épurer le bureau des Jeunesses ouvrières socialistes en lui reprochant son « indiscipline » et son « action illégale ». Le président régional, Franz Künstler, met aux voix la publication nominale, dans ce qui reste de presse « bourgeoise », de l'exclusion des deux principaux dirigeants de l'organisation de jeunesse. La motion est repoussée (manuscrit d'Erich Schmidt, reproduit dans Erich Matthias, *Das Ende der Parteien*, Düsseldorf, Droste, 1960, p. 242-243 – cf. Pierre Ayçoberry, *La société allemande sous le Troisième Reich*, Paris, Seuil, 1998, p. 55). Quant au rôle pédagogique des courts stages en camp de concentration, il n'a encore fait l'objet à ma connaissance d'aucune étude d'ensemble. Parmi les monographies, signalons les ouvrages publiés depuis peu sur la persécution des Témoins de Jéhovah, notamment celui de Guy Canonici, *Les témoins de Jéhovah face à Hitler*, Paris, Albin Michel, 1998, ch. 2 et 3.

qui s'est laissé recruter comme faussaire pour animer, en 1940, la station
« Radio-Humanité[1] ». Cette officine, pendant la campagne de France,
appelait les travailleurs, dans un langage marxiste, à ne pas s'opposer à
l'avance allemande. Le jugement du dictateur, terrible pour toute la
gauche, ne paraît hélas pas totalement délirant :

> Thälmann, c'est le type même de ces médiocres qui ne pouvaient pas agir autre-
> ment qu'ils ne l'ont fait. Il n'est pas aussi intelligent que Torgler, par exemple.
> C'est un homme borné. Aussi j'ai pu laisser courir Torgler tandis que j'ai dû garder
> Thälmann, non par vengeance, mais pour l'empêcher de nuire. Aussitôt que le
> danger sera éliminé en Russie, je le laisserai courir, lui aussi. Je n'ai pas eu besoin
> d'enfermer les sociaux-démocrates. Je n'avais pas à craindre en effet qu'ils trouvas-
> sent à l'étranger une base et des appuis pour s'attaquer à nous.

Ce Hitler-là diffère de celui des débuts : ce n'est pas en 1920, après la
lecture des *Protocoles*, qu'il aurait trouvé que la social-démocratie manquait d'appuis extérieurs. Mais ce n'est pas son idéologie qui a changé,
bien au contraire. C'est le réel, bouleversé par les victoires nazies, précisément à leur apogée en ce début d'août 1941. Hitler s'accorde ce jour-
là un instant de triomphe, à peine prématuré. La victoire totale se profile :
en anéantissant bientôt l'URSS et par voie de conséquence la Troisième
Internationale, après avoir atomisé la Seconde en démontrant son incapacité à aider le parti frère allemand, il aura mis *la planète* au pas et pourra
se permettre de libérer les staliniens survivants, devenus des symboles de
l'impuissance juive.

Il n'est d'ailleurs pas de meilleur exemple de l'habileté de ce pouvoir à
déléguer ses tâches répressives que la manière dont il aborde la « question
juive ». Au début rien ne se passe, sinon des persécutions individuelles
ou des brutalités locales. Puis Goebbels organise, le 1er avril, une journée
de « boycott » des commerçants juifs, présentée comme une réplique à
des appels au boycott des produits allemands lancés à l'étranger par des
organisations juives. Le succès est mitigé, et la propagande le dissimule
à peine.

Des études récentes, principalement israéliennes et américaines, préci-
sent le rôle de Hitler et les dessous diplomatiques de l'affaire. Une
conversation téléphonique, mentionnée le 28 mars dans le journal de
Goebbels (donc probablement du 27), prouve que c'est le Führer qui
arrête la date et le principe, le nouveau ministre de la Propagande n'étant
chargé que des modalités. Dans le même temps, les gouvernements britannique et américain sont approchés et priés de calmer la propagande
« anti-allemande » des Juifs sur leur territoire. De ces approches, orches-
trées par Göring, les intermédiaires sont les propres dirigeants de la
communauté juive allemande, priant leurs homologues anglo-saxons de

---

1. Cf. Ortwin Buchbender et Reinhard Hauschild, *Geheimsender gegen Frankreich*, Herford, Koehlers, 1984, tr. fr. *Radio-Humanité*, Paris, France-Empire, 1986.

modérer leurs transports, exactement comme les sociaux-démocrates le font à la même époque auprès de leur Internationale. Illimité au départ, le boycott se transforme soudain, le 29 mars, sous l'effet des protestations des ministres conservateurs et de Hindenburg, en une sorte de grève de vingt-quatre heures reconductible. Si l'adversaire ne cède pas, il sera repris le 4 avril[1]. Il ne le sera ni ce jour-là ni aucun autre, mais il serait un peu rapide de conclure à son « échec » et de chercher le motif principal de cette renonciation soit dans l'efficacité des protestations de la droite non nazie, soit dans le philosémitisme du consommateur allemand.

En fait, le régime montre la voie, démarre en douceur une persécution sans limite, et rassure en même temps ses victimes, par sa relative « modération ». Il donne l'impression de ne pas savoir où il va et de moduler l'idéologie en fonction des réalités, par exemple économiques. Cependant, cette unique journée de boycott désigne à l'attention les utilisateurs de biens ou de services fournis par des Juifs et fragilise ceux-ci, habituant la planète entière à les considérer d'un œil différent des autres Allemands. La modération apparente de la persécution les pousse à ne pas réagir, surtout de manière collective et organisée, car cela réveillerait l'idéologie du « complot » que les nazis, pour l'instant, semblent avoir remisée au magasin des accessoires préélectoraux. Pour comble, ceux qui se méfient, et ils sont tout de même nombreux, n'ont d'autre ressource que l'émigration et le régime n'y met guère d'obstacles, si ce n'est qu'en partant on doit abandonner ses biens : ceux qui s'y résolvent servent également la politique du Reich. Ne prouvent-ils pas qu'ils ne sont que des sans-patrie, des lâches et des voleurs qui fuient sans demander leur reste ?

Cela dit, on a tort de croire que Hitler a totalement séparé les choses et, après avoir d'abord mis au pas les communistes et les autres opposants politiques réels ou potentiels, n'a pris des mesures générales contre les Juifs qu'à partir des lois de Nuremberg (15 septembre 1935). C'est oublier, en particulier, la loi « sur la restructuration de la fonction publique » du 7 avril 1933, qui prouve que « l'échec » du boycott des professions libérales a été vite compensé par un regain de persécutions contre d'autres personnes, et parfois contre les mêmes. Elle offre une batterie de dispositions permettant de révoquer ou de mettre à la retraite les fonctionnaires recrutés après la date, aussi symbolique qu'inquiétante, du 9 novembre 1918, celle de la « révolution des criminels ». Sont frappés notamment d'une mise à la retraite les « fonctionnaires qui ne sont pas d'origine aryenne », sauf services rendus en temps de guerre *sur le front*, par eux-mêmes ou par un proche, à condition que ce dernier ait été tué. Voilà une disposition en contradiction avec l'essence même du racisme hitlérien, telle que la livrent les textes de 1919-20 cités plus haut : c'est la race qui compte, non les œuvres, et il ne faut surtout pas faire de

---

1. Cf. Saül Friedländer, *L'Allemagne nazie et les Juifs*, New York, Harper & Collins, 1997, tr. fr. Paris, Seuil, 1997, p. 30-33.

sentiment devant les « bons Juifs ». C'est donc un bel exemple de l'assagissement dont les nazis cherchent à créer l'illusion. Cette loi n'a, d'autre part, aucun caractère impératif, puisque aucun délai n'est fixé pour le retrait des fonctions, et que le nombre d'ancêtres « non aryens » requis pour ne pas l'être soi-même est laissé dans le vague : c'est bien un texte d'intimidation et de mise au pas, permettant d'épurer au coup par coup, en fonction des comportements individuels ou des priorités sectorielles : ainsi l'armée sera épurée « racialement » bien avant les autres corps.

Le cas de Siegfried Neumann permet de suivre les méandres de l'application du texte. Ce juriste, d'origine juive, possède depuis 1925, à Berlin, un cabinet réputé de consultation juridique et notariale, et bien des nazis notoires ont recours à ses compétences. Roland Freisler, secrétaire d'Etat à la Justice, estime qu'il relève de la loi sur l'épuration de la fonction publique et le fait radier, comme avocat, du barreau de Berlin, après quoi il lui signifie l'interdiction d'exercer comme notaire. Neumann porte l'affaire devant la justice et obtient gain de cause au bout de trois mois, en ayant dû déclarer sur l'honneur qu'il n'avait jamais défendu de communistes et prouver qu'il avait servi sur le front. Mais il n'est tranquille que pendant quelques semaines. Le 30 septembre, c'est une descente de police qui, toujours au nom de la loi du 7 avril, met fin brutalement à ses activités notariales en confisquant les sceaux sans lesquels il ne peut émettre d'actes. Après quoi, sa clientèle d'avocat se délite d'elle-même. Arrêté pendant la nuit de Cristal (9 novembre 1938) et interné à Oranienbourg, il finira par saisir, en 1939, une occasion d'émigrer en Palestine [1].

Les lois de Nuremberg ne feront que rendre systématiques, en supprimant toute exemption, des dispositions qui, on le voit, s'appliquent déjà sur le terrain, en un mélange inextricable de pseudo-légalité et de voies de fait.

Un acte presque contemporain de Goebbels va avoir plus de suites immédiates que son boycott des entreprises juives : le fameux bûcher de livres qu'il préside le 10 mai à l'université de Berlin. Dès avril, son ministère a mis en circulation des listes d'ouvrages indésirables. Leur destruction publique se répétera de nombreuses fois [2]. Dans la mythologie dangereuse qui présente les nazis comme moins futés qu'ils ne sont, ces crémations figurent en bonne place. Elles sont censées résumer la politique culturelle du régime. On leur associe souvent une apostrophe placée, en ces journées, dans la bouche de Goebbels : « Quand j'entends le mot "culture", je sors mon revolver ! » La phrase est introuvable. Ce qui s'en rapproche le plus est une réplique *de théâtre*, insérée en 1933 dans une pièce intitulée *Schlageter*, due à un écrivain non négligeable mais quelque

---

1. S. Neumann, *Nacht über Deutschland*, Munich, List, 1978.
2. Elle pourra au besoin concerner une catégorie précise d'écrits : ainsi la crémation des brochures des Témoins de Jéhovah, les 21, 23 et 24 août, à Magdebourg et, dans la même période, à Cologne (cf. G. Canonici, *op. cit.*, p. 388).

peu opportuniste, Hanns Johst. Celui qui parle s'appelle Friedrich Tiemann ; il représente, d'une manière transparente, Martin Bormann, qui
depuis 1930 est un proche collaborateur, à la fois, de Hitler, dont il dirige
les finances personnelles, et de Hess, à la tête du parti. Bormann avait
fait, sous Weimar, un an de prison pour avoir coopéré à l'assassinat de
celui qui était censé avoir dénoncé Schlageter, comme saboteur ferroviaire, aux occupants français de la Ruhr. La phrase dite par Tiemann,
« Ici c'est du tir réglé, quand j'entends le mot "culture"... je sors mon
browning », loin de définir une politique culturelle, exprime simplement
la philosophie rustique d'un baroudeur[1]. Quant à Goebbels, loin de n'être
qu'un incendiaire, il fait figure au contraire de nazi modéré, prenant sous
son aile bien des artistes menacés. Ainsi protégera-t-il encore, en juillet,
l'exposition « Trente artistes allemands », incluant des peintres et des
sculpteurs expressionnistes, avant qu'elle ne soit fermée au bout de
quelques jours sur l'ordre de Frick. Sans doute s'agit-il, pour ce nazi
relativement éclairé, de fidélité à soi-même, car il admire depuis longtemps Van Gogh, Nolde et Munch, peu prisés de Hitler et de la plupart
des autres dirigeants nazis[2]. Mais on peut également penser qu'en ce
début de mise au pas le Führer en personne veille à doser les coups, et
exploite les bisbilles entre ses lieutenants pour atomiser la résistance, en
laissant à chaque créateur un espoir, fût-il ténu, de conserver son rang et
ses commandes.

Depuis une trentaine d'années, les recherches pionnières de Lionel
Richard éclairent un autre volet de cette politique culturelle : outre la
répression et les tracasseries, sévit la manipulation. Le chercheur français
passionné par la culture de Weimar montre qu'on ne saurait cantonner la
notion de « littérature nazie » aux auteurs relativement minoritaires qui
ont glorifié dans leurs œuvres le régime ou le Führer, et qu'on doit
l'étendre, avec les nuances qui s'imposent, à l'ensemble de ceux qui n'ont
pas émigré et ont continué à produire, fût-ce seulement au début de la
période. Même si quelques-uns, plus minoritaires encore que les chantres
directs du nazisme, ont eu tôt ou tard maille à partir avec le régime,
tous ont concouru, par leur diversité même, à définir les contours de la
Volksgemeinschaft, de ce qui pour Hitler était allemand, sain, positif.
Ainsi, la barbarie bien réelle du bûcher masque une manœuvre de grande
envergure dont la subtilité n'est pas absente. Encourageant, si besoin était,
l'émigration des réprouvés, elle dessine les contours d'une culture sélective mais pluraliste, qui se prive certes de quelques grands noms mais pas
de tous, et donne, tout en les compromettant, une estampille officielle à

---

1. Cf. Joseph Wulf, *Martin Bormann-Hitlers Schatten*, Gütersloh, Mohn, 1962, tr. fr. Paris, Gallimard, 1963, *Martin Bormann, l'ombre de Hitler*, p. 18.
2. Sur tout ceci, cf. Lionel Richard, *op. cit.*, et Adelin Guyot et Patrick Restellini, *L'art nazi*, Bruxelles, Complexe, 1983,
p. 58.

la grande masse des auteurs, lors même qu'ils n'exaltent ni le sang, ni la patrie, ni la guerre[1].

Enfin, la liste des cérémonies pédagogiques ne serait pas complète sans la mention d'une « récupération » qui donnera des idées, plus tard, à Pétain et à beaucoup d'autres : la transformation du 1er mai, journée internationale de lutte combattue par le patronat, en une « fête du travail » présidée, dans toutes les villes, par les dignitaires nazis et, à Berlin, sur l'aérodrome de Tempelhof, par le Führer en personne. Mais l'arme est à deux coups : le jour même, les syndicats ont décidé de collaborer ; le lendemain, ils sont brusquement interdits, et leurs locaux confisqués. A leur place est institué un « Front du Travail » regroupant salariés et patrons, sous la direction de Robert Ley. Ce sera essentiellement une organisation de propagande, et son rameau le plus connu sera l'association « Kraft durch Freude » (la force par la joie), également dirigée par Ley, qui organisera les loisirs ouvriers avec une efficacité certaine[2].

Ces mesures et ces festivités font partie d'un vaste mouvement baptisé *Gleichsschaltung*. On récuse souvent la traduction « mise au pas », qui pourtant évoque assez fidèlement le terme allemand, sous prétexte qu'en français l'expression a souvent le sens d'une simple coercition : on préfère alors « harmonisation » ou « synchronisation ». De fait, le terme de Gleichsschaltung désigne d'abord deux lois consacrant l'alignement des Länder, dans tous les domaines, sur l'Etat central, promulguées les 31 mars et 7 avril[3]. Mais puisque le terme désigne, par extension, l'ensemble des dispositions qui font marcher le Reich dans un sens indiqué par le Führer, et disparaître toute forme d'opposition organisée, « mise au pas » n'a rien d'un contresens. A condition de garder à l'esprit que Hitler n'est pas une brute ordinaire, qu'il est économe des moyens répressifs et préfère obtenir, par un mélange subtil de crainte, de résignation et de conviction, que les gens prennent d'eux-mêmes le pas voulu.

La politique extérieure est conduite avec autant de prudence et de doigté. Nous avons vu que l'arrestation des trois Bulgares, longtemps après l'incendie du Reichstag mais deux jours après les élections, témoignait sans doute d'un souci de ne pas indisposer les votants par une conduite diplomatique irresponsable. Alors, pour ne pas trop provoquer l'opinion mondiale, on leur intente un procès dont l'impartialité, mise en doute par une bonne partie de la presse, sera « prouvée » de la manière la plus inattendue, par la clémence du verdict. Ils seront ensuite expulsés

---

1. Cf. Lionel Richard, *Nazisme et littérature*, Paris, Maspero, 1971, et *Le nazisme et la culture* Paris, Maspero, 1978, réédition Bruxelles, Complexe, 1988. Voir notamment le début du chapitre 7 de ce dernier livre, qui pose la question sacrilège : « Savoir si, au fond, la "bonne littérature" ne peut pas être, aussi, nazie. »

2. Créée le 27 novembre 1933 (cf. *Daten der Geschichte..., op. cit.*, p. 59).

3. Celle du 7 avril délègue l'autorité du Führer, en dehors de la Prusse où elle s'exerce directement, à onze Statthalter. On les confond souvent avec les Gauleiter, dont le nombre est fixé alors à 32, et qui ont sous leur autorité des Kreisleiter (cf. *Daten der Geschichte..., op. cit.*, p. 52-53).

un an, jour pour jour, après l'incendie, alors que l'acquittement « faute de preuves suffisantes » datait du 23 décembre et l'exécution de van der Lubbe, seul condamné, du 10 janvier. Entre-temps, le procès avait lui-même été converti en dividendes électoraux. Ce respect relatif des formes, conjugué avec une grande fermeté répressive, et avec les premiers pas de la diplomatie hitérienne conduisant à une sortie apparemment justifiée de la Société des Nations (le 14 octobre), sans que les puissances réagissent, explique le succès triomphal du plébiscite du 12 novembre, entérinant entre autres la suppression des partis non nazis, progressivement dissous en juin et juillet[1]. Par la même occasion, le Reichstag élu le 5 mars avait été dissous et une nouvelle assemblée « élue » le 12 novembre, sur des listes uniques. Ces scrutins donnaient à Hitler, même en défalquant largement les fraudes, une large approbation de la nation pour sa politique intérieure, et plus encore pour sa politique étrangère, approuvée officiellement par 95 % des suffrages exprimés[2]. Que de chemin parcouru depuis février ! Non seulement la colonne de flammes du Reichstag a joué le rôle du premier étage d'une fusée, mais les suites politiques et judiciaires de la mise à feu ont, pendant toute une année, scandé les progrès de la mise au pas.

Joachim Fest, l'un des premiers à saisir la cohérence des manœuvres de Hitler en politique extérieure, présente fort bien ses débuts dans ce domaine : faire patte de velours à Genève, signer des traités peu contraignants avec des ennemis présumés (prorogation de l'accord de bon voisinage de 1926 avec l'URSS et de la coopération militaire secrète qu'il instaurait, le 5 mai, concordat avec Pie XI le 8 juillet) puis, après avoir endormi leur méfiance, prendre à contre-pied les puissances par un coup d'éclat de grande valeur symbolique, mais non menaçant à court terme, ce qui rend toute riposte difficile (désertion de la SDN). Cependant, Fest ne fait pas le moindre lien avec l'incendie du Reichstag[3]. De même, lorsqu'il raconte le plébiscite, il oublie le procès qui lui est contemporain. Or, à l'époque, Hitler jouait sur l'« incompréhension » de l'étranger envers l'Allemagne, dont la presse ne dédaignait pas d'évoquer, comme une atteinte à sa souveraineté, la « campagne de dénigrement » orchestrée par les amis de Dimitrov, stipendiés bien sûr par la « juiverie ». On peut en croire un témoin souvent aveugle aux machinations des nazis, mais bon observateur de l'opinion publique, l'ambassadeur français François-Poncet : « Le scepticisme dont témoigne l'étranger est accueilli avec fureur et excite la xénophobie populaire[4]. » En décembre, l'acquittement

---

1. Le parti socialiste le 22 juin, le parti national-allemãnd le 27 (jour où Hugenberg quitte le gouvernement), le Centre le 5 juillet. Le parti nazi est proclamé unique le 14 juillet.

2. La question posée ne distinguait pas les deux domaines mais il est permis de considérer que la participation plus forte, dans les mêmes bureaux de vote, au plébiscite qu'à l'élection, signifie que maints abstentionnistes ont voulu sanctionner la dissolution des partis tout en cautionnant la sortie de la SDN.

3. *Op. cit.*, p. 622-627.

4. *Souvenirs d'une ambassade à Berlin*, Paris, Flammarion, 1946, p. 99.

survient au moment précis où Hitler, après son coup de force diplomatique, cherche à détendre l'atmosphère.

Un exemple encore plus probant, et encore moins connu, du jeu simultané de Hitler sur les claviers intérieur et extérieur se donne à voir dans l'éviction de Hugenberg et l'autodissolution de son parti DNVP, le 27 juin. Lors de la conférence qui siégeait à Londres depuis deux semaines pour débattre de la grave situation économique et financière du monde, le ministre allemand de l'Economie s'était lancé soudain dans une tirade sur la mission qui incombait à son pays de coloniser de vastes territoires en Europe de l'Est. Son collègue Neurath, qui conduisait la délégation, fut très contrarié et en appela au Führer, qui tira parti de l'incident pour démettre Hugenberg, en dépit de sa fameuse promesse du 30 janvier, de conserver tous les ministres nommés avec lui ce jour-là. Trop souvent on dit qu'il l'a purement et simplement violée : ce fait montre qu'il a attendu de disposer d'un solide prétexte [1]. Au point qu'on peut le soupçonner de l'avoir provoqué. N'avait-il pas laissé entendre au ministre qu'il souhaitait que ce langage fût tenu, pour le désapprouver ensuite d'avoir mal choisi les mots ou le moment ? Ou, plus subtilement, l'a-t-il provoqué par sa modération diplomatique, et notamment par son traité de mai avec Staline, au point que le ministre, qui se voulait au départ l'homme fort du cabinet, s'est mis en devoir d'appeler à une politique extérieure plus conforme aux idéaux nationalistes ? La retraite brutale et boudeuse de Hugenberg qui, bien qu'il ait survécu plusieurs années au Reich qu'il avait tant contribué à fonder, ne s'est jamais expliqué sur sa brève carrière ministérielle, laisse l'interrogation en suspens mais donne à penser qu'il avait conscience de s'être fait piéger d'un bout à l'autre, et ne trouvait strictement rien à dire pour sa défense.

Cependant, le départ de Hugenberg, même habilement présenté comme le désaveu d'un politicien agressif envers l'étranger, est de nature à inquiéter les puissances capitalistes, puisqu'il s'agit d'un grand patron. N'est-ce pas le signe avant-coureur de quelque aventure collectiviste inspirée par un Gottfried Feder ? Mais cet effet est largement compensé par la montée en puissance au moins apparente, dans les mêmes semaines, de Hjalmar Schacht, qui a retrouvé dès le 17 mars 1933 son fauteuil de président de la Reichsbank.

Le nazisme va commencer à défier le patronat occidental en gelant ses avoirs sur le sol allemand. Comme il le fait le 9 juin 1933, trois jours avant l'ouverture de la conférence de Londres, cela pose une question : comment ce régime nouveau-né, qui a un besoin vital d'amadouer l'étranger, peut-il se permettre de le frapper à la caisse ? La réponse est : grâce à Schacht et, plus particulièrement, au voyage qu'il a fait aux Etats-Unis le mois précédent, officiellement pour préparer la conférence écono-

---

1. A ceci près qu'il l'avait violée une première fois le 13 mars en faisant entrer Goebbels au gouvernement.

mique. Il annonce tout de go au président Roosevelt que l'Allemagne va cesser de rembourser les intérêts de ses emprunts, et recueille en retour... une exclamation joyeuse : le père du New Deal estime que c'est bien fait pour « les banquiers de Wall Street », qui ont fait des investissements imprudents. Cependant, le lendemain, le voyageur se voit remettre un pli indiquant que le président condamne la suspension des paiements. Mais, pour finir, il est reçu de nouveau à la fin de son séjour et, sans avoir reculé le moins du monde sur la question en litige, s'entend dire qu'il a « fait une excellente impression [1] ». Voilà encore un coup hitlérien terriblement bien ajusté : en se servant d'un pur « technicien » non nazi, promu à la direction de la monnaie allemande une première fois en 1923, par un gouvernement qui venait de faire tirer sur Hitler à Munich, il réussit à faire tolérer par l'Amérique que l'Allemagne s'isole sur le plan financier et à faire passer cela, non pour une préparation à la guerre, mais pour une simple remise en ordre, le temps de réparer les dysfonctionnements liés à la crise et aux réparations. On ne rapproche pas assez cette péripétie du diktat présidentiel américain qui deux mois plus tard, le 3 juillet, met fin aux efforts de coopération contre la crise des délégués de la conférence de Londres. On le rapporte ordinairement à un « égoïsme » et à une « méfiance » envers la France et l'Angleterre. On ne dit pas qu'en fait, s'il se permettait de rompre la solidarité atlantique, c'est qu'il s'appuyait sur l'Allemagne. Cette première « erreur de l'Occident », qui encourage le gouvernement nazi à croire qu'il ne trouvera pas devant ses ambitions un front cohérent, doit déjà beaucoup à l'instrumentalisation discrète, par Hitler, d'un important responsable non nazi. Mais il met aussi, au cours des mêmes semaines et dans les mêmes forums internationaux, ses propres hommes en place.

On ne savait pas grand-chose sur Joachim von Ribbentrop avant la lumineuse synthèse que lui a récemment consacrée Michael Bloch [2]. Sinon qu'il passait, dans ses fonctions officielles d'ambassadeur à Londres puis de ministre des Affaires étrangères, et enfin lors du procès de Nuremberg, pour le plus sot, le plus vaniteux et le plus lâche des dirigeants nazis. Cette première biographie scientifique ne bouleverse pas les impressions antérieures, mais incite à cerner le rôle de Hitler dans le rétrécissement de la personnalité de ce serviteur, l'un des derniers apparus dans son premier cercle.

Avant de rencontrer Hitler en 1932, Ribbentrop était un modèle de réussite sociale et personnelle. Il avait du charme physique et de la prestance, bien que des ennuis de santé, pendant l'adolescence, aient entraîné l'ablation d'un rein. On relevait son manque d'humour, mais après tout,

---

1. H. Schacht, *76 Jahre meines Lebens*, Kindler, Bad Wörishofen, 1953, tr. fr. *Mémoires d'un magicien*, Paris, Amiot-Dumont, 1954, t. 2, p. 62-63.
2. Michael Bloch, *Ribbentrop*, 1992, tr. fr. Paris, Plon, 1996.

si c'est là une qualité appréciée, c'est bien qu'elle est rare, dans les salons comme ailleurs. Issu d'une famille bourgeoise en partie anoblie, il avait acquis sa particule de manière régulière et admise, en se faisant adopter par une parente. Elevé en partie à Metz, ayant résidé au Canada, il en avait profité pour parler couramment le français et l'anglais. Combattant décoré de la guerre mondiale, fort capable au violon et au tennis, ayant fait un mariage à la fois d'amour et d'intérêt, sans dédaigner pour autant les succès galants – mais en y mettant plus de tact et de discrétion qu'un Goebbels –, c'était aussi un gros travailleur et un homme d'affaires efficace, ainsi qu'un mécène ouvert à l'art moderne et nullement antisémite. Politiquement il passait pour un conservateur plutôt éclairé.

Son ralliement au nazisme, dans des conditions mal connues, à un moment imprécis de l'année 1932, porte la marque de l'opportunisme. Ne serait-ce que parce qu'il s'en cache. L'adhésion qu'il donne n'est qu'une des mises de ce brillant joueur, en un temps où tout semble pouvoir basculer. Elle ne l'empêche pas de conserver ses amis juifs. Et elle lui permet de faire le lien entre Hitler et Papen, au moment décisif.

On peut supposer qu'il a d'abord été attiré par Hitler, comme tant d'autres gens de droite, en raison de sa capacité de mobilisation des masses, propre à les détourner du communisme, et qu'ayant vu de près le chef manœuvrer pour s'emparer du pouvoir, il a conçu une admiration définitive pour son génie politique. Son entrée en diplomatie est la suite logique, adaptée à ses compétences géographiques et linguistiques, du rôle d'agent discret du Führer qu'il a joué en janvier sur la scène allemande.

En 1933, il fait de longs séjours à Paris et à Londres. La conférence économique qui se tient en juin et juillet dans cette dernière ville lui permet de nouer de nombreux contacts, alors qu'il n'est pas membre de la délégation, dirigée par Neurath. C'est l'occasion, pour Hitler, de suggérer qu'il y a deux diplomaties allemandes, l'une officielle, lourdement mise en œuvre par le ministre et les fonctionnaires expérimentés de l'*Auswärtiges Amt* (dit encore AA, ou Wilhelmstrasse), l'autre plus spécifiquement nazie et hitlérienne, à la fois plus souple et plus fiable, menée par des émissaires qui ne rendent compte qu'au Führer. Un document du MI 5, le service anglais de contre-espionnage, résume à merveille le message que Hitler adressait au gouvernement de Londres, lors même que ses diplomates disaient le contraire et que lui-même limogeait Hugenberg pour avoir vendu la mèche :

> (...) le régime de Hitler est incompris. Ce qui extérieurement apparaît comme militaire est en fait un simple moyen de concentrer l'énergie du peuple allemand sur la reconstruction interne du pays et la suppression du marxisme. Cela lui prendra de longues et laborieuses années. L'Allemagne ne veut pas la guerre et en reconnaît pleinement la vanité (...). L'Allemagne est en faveur d'un grand empire britannique et d'une solide domination sur l'Inde. Elle souhaiterait une entente solide entre l'Angleterre et l'Allemagne, à laquelle participeraient éventuellement la France et

l'Italie afin de faire face aux agressions japonaises (...). Le problème des colonies allemandes peut être remis à plus tard, pourvu que le pays puisse s'étendre à l'est. A ce propos, on laisse entendre qu'elle profitera de la Russie en cas de... désintégration de l'URSS[1].

Il ne faut point voir là des lubies personnelles de Ribbentrop[2] mais, tout au contraire, une façon très hitlérienne de montrer le bout de l'oreille. Hitler serine aux oreilles des conservateurs de Londres que ses ambitions, rompant avec celles de Guillaume II, ne menacent aucun intérêt anglais. D'où, en particulier, un discours très antijaponais. Il importe aussi d'affirmer hautement le pacifisme germanique, en le justifiant notamment – l'antienne resservira maintes fois – par le temps nécessaire à la réorganisation interne du pays, gangrené de marxisme. Bonne occasion de réaffirmer l'anticommunisme et les ambitions orientales – pour lesquelles on ressert l'offre de *Mein Kampf* d'une renonciation totale aux colonies allemandes, mais en l'édulcorant : plus question d'obtenir l'espace vital par la guerre, on attendra sagement que l'URSS se dissolve. Les points de suspension montrent que l'auteur du rapport n'est pas entièrement dupe... ce qui ne veut pas dire que le diplomate officieux ait raté son effet. Car le pacifisme hitlérien, pour être crédible alors que l'on réarme à tour de bras, doit être assorti de la menace de faire un malheur si besoin est.

---

1. Texte des archives du Foreign Office (rapport de Vernon Kell à Robert Vansittart, 4 décembre 1933, FO 371/16751), publié pour la première fois en 1986, cité par Michael Bloch, *Ribbentrop*, 1992, tr. fr. Paris, Plon, 1996, p. 44.
2. Je me sépare ici de M. Bloch, cf. *infra*, ch. 15.

CHAPITRE 8

La nuit des Longs Couteaux et ses lendemains

(1934)

Le 30 juin 1934, le pouvoir de Hitler se livre à un débordement de fureur meurtrière sans précédent, et sans suite, du moins jusqu'à la guerre.

La nomination de Röhm, en octobre 1930, comme chef d'état-major de la SA fait partie des illogismes apparents du Führer. Il s'était en effet opposé à lui en 1925 sur la conception de cette milice, que Röhm entendait développer comme une annexe de la Reichswehr tandis que Hitler voulait la cantonner dans un rôle politique, consistant à protéger les activités du parti, à démontrer sa force par des défilés grandioses, à contrarier les activités « marxistes » et à attaquer les fiefs de la gauche. On reste perplexe devant les explications de son rappel par la sentimentalité du Führer, qui se serait langui de son compagnon des temps héroïques. La fin expéditive de cette relation suggère d'autres mobiles.

Non seulement il réinstalle un chef qui n'a pas de son commandement la même conception que lui, mais il lui laisse toute liberté pour mettre en œuvre sa manière de voir, et va jusqu'à le nommer ministre, le 1er décembre 1933. Röhm donne à l'institution un développement considérable, alors que ses tâches politiques ne vont pas croissant, du moins après la prise du pouvoir et l'effondrement consécutif des oppositions : tout est dit, pratiquement, en mars, quand Hitler, s'appuyant sur le décret du 28 février avec parfois, comme en Bavière, le concours musclé des SA et des SS, a pris le contrôle des gouvernements locaux [1]. La SA néanmoins recrute, et va compter jusqu'à 1 million 500 000 hommes. Röhm donne à ses unités des noms militaires, évoquant des régiments célèbres. Il prend au sérieux son rôle de chef – même s'il ne l'est que d'état-major.

Au début, la Reichswehr ne voit pas cela d'un mauvais œil. Elle a pris l'habitude, dans les années 20, de relations étroites avec ces milices qu'on appelait « Wehrverbände » et dont le Stahlhelm était la plus importante. Elle avait elle-même en Bavière, on s'en souvient, porté la SA sur les

---

1. Cf. Karl-Dietrich Bracher, *Die deutsche Diktatur*, Cologne, Kiepenheuer & Witsch, 1969, tr. fr. Toulouse, Privat, 1986, p. 279-285.

fonts baptismaux, entre autres pour y caser les demi-soldes des corps francs, sous le contrôle de Röhm, déjà. Rien n'indique que celui-ci ait eu de mauvaises relations avec ses anciens collègues officiers, jusqu'au début de 1934. A telle enseigne que le général von Reichenau, en plein accord avec son ministre Blomberg dont il était l'adjoint, décida en juin 1933 de confier à la SA, exclusivement, les tâches de mobilisation et d'instruction dont l'armée n'était pas encore en mesure de se saisir. C'est de cette décision que découla, en juillet, l'intégration du Stahlhelm dans la milice nazie [1]. En sorte que l'armée et la SA, qui s'étaient officiellement ignorées entre 1925 et 1933, se mirent à coopérer étroitement... Les rôles étaient cependant bien distincts : dès le départ, lors de son discours du 3 février devant les chefs militaires, l'ancien trublion du 1er mai munichois avait garanti à l'armée le « monopole des armes ».

Cette solution était cependant, du point de vue administratif, des plus curieuses. Si on avait visé la seule efficacité, il aurait été loisible de décréter que les SA avaient fait leur temps et de fondre les milices dans un nouvel ensemble, au lieu de conserver l'une d'elles et d'y intégrer les autres. Sans doute aurait-on alors frustré les vieux SA des bénéfices de leur appartenance précoce au parti vainqueur, mais on pouvait compenser la chose par des grades élevés dans la nouvelle institution, au cas par cas. Là, il s'agissait de la promotion collective d'une structure dont, pour d'évidentes raisons de caste, l'entente avec les cadres de l'armée n'avait rien de naturel. Les rapports entre deux chefs berlinois, l'un militaire, Erich von Manstein, l'autre SA, Karl Ernst, sont à cet égard emblématiques. En 1933, Ernst cohabitait harmonieusement avec le prédécesseur de Manstein. Six mois de relations avec Manstein, nommé en décembre chef d'état-major de la région militaire, tendirent les relations à l'extrême et le général, le seul des deux qui ait eu le loisir d'écrire sa version des choses, s'en explique ainsi :

> On aurait peut-être tiré quelque chose de lui s'il avait été plié à temps par une rude éducation, mais, à ce que l'on m'a dit, il était passé en quelques années, probablement en vertu des mérites qu'il avait acquis dans les bagarres électorales, de la condition de garçon d'ascenseur à un rang dont il s'imaginait qu'il correspondait à celui de général de corps d'armée [2].

Il va sans dire qu'en face les jugements allaient aussi bon train, sur les militaires « réactionnaires » incapables de comprendre le peuple. Mais les travaux de Jean Philippon ont aussi montré la diversité des situations. Dans des régions entières, les relations restèrent excellentes. Ce qui déjà contraste avec l'idée reçue d'un conflit inévitable. En revanche, lorsque le 1er décembre il fait entrer Röhm au gouvernement, Hitler contribue à

---

1. Cf. Jean Philippon, *La nuit des Longs Couteaux*, Paris, Colin, 1992, p. 13 à 17.
2. *Ibid.*, p. 28.

attiser la rivalité : cette nouvelle entorse à l'accord de janvier sur la fixité de la composition du ministère ne saurait plaire aux conservateurs.

C'est en février que se fait jour une crise, assez confuse. Röhm essaie, d'une part de faire intégrer une partie de ses officiers dans l'armée, d'autre part d'obtenir une nouvelle définition du rôle des SA, qui prendraient en charge le recrutement et l'instruction militaires. Dans cette discussion interfèrent les négociations internationales sur le « désarmement », où l'Allemagne revendique, soit la réduction à 100 000 hommes des forces françaises, soit l'autorisation de porter son armée de 100 000 à 300 000 hommes. La France s'inquiète alors de ce que deviendrait la SA, qu'elle soupçonne d'être une armée camouflée. Du coup, la milice allemande craint de disparaître, cependant que les militaires redoutent un compromis qui lui ferait la part belle, au détriment de l'armée. Un climat de rivalité, assez passionnel et irrationnel, s'instaure donc. Le 27 février cependant, une convention est adoptée, qui renforce l'autorité de l'armée, entièrement maîtresse, en particulier, de son recrutement : elle peut utiliser la SA comme un réservoir, aussi bien d'hommes de troupe que d'officiers, suivant ses besoins et ses critères.

C'est cette convention dont Röhm va être soupçonné de saboter l'application. En fait, les archives montrent qu'elle fut mise en œuvre sans anicroche dans la plupart des régions, et suscita dans quelques-unes des conflits mineurs. Ce qui donna aux contemporains, comme à certains historiens, l'impression d'un conflit grave, c'est l'attitude du seul Röhm, qui multipliait les petites phrases contre la « caste réactionnaire » des officiers, non sans rencontrer amicalement à plusieurs reprises le chef de l'armée de terre, le général von Fritsch. Dès le 28 février, au lendemain de l'adoption de la convention, il se déchaîna en présence de quelques adjoints. Sa colère n'épargna pas Hitler, qui l'avait « trahi » au profit des réactionnaires, et il articula : « Nous accomplirons notre tâche, avec ou sans lui. » L'un de ses adjoints, Lutze, estima de son devoir d'en faire part à l'intéressé, qui le reçut en tête à tête à Berchtesgaden et trancha : « Laissons mûrir l'affaire. »

Elle mûrit si bien que le conflit devint public en juin. Jusque-là, le bruit s'enflait lentement d'une « seconde révolution », contre les bourgeois épargnés par la première, dont les SA seraient le fer de lance et la caste des officiers le point de mire. Pour nous en tenir à ce qui est rendu public sur le moment, la crise commence, le 4, par un long entretien entre Hitler et Röhm. Il s'ensuit, le 7, une confirmation de la « mise en vacances » de toute la SA du 1er au 31 juillet, déjà annoncée en avril. Le 15 juin, Hitler rencontre pour la première fois Mussolini, à Venise. Le 17, le vice-chancelier von Papen, jusque-là bien discret, fait à l'université de Marburg une tonitruante rentrée politique, en réclamant qu'on « réduise au silence les fanatiques ». Le 21, Goebbels s'en prend violemment aux conservateurs, cependant que des obsèques solennelles, présidées par Hitler, sont faites à Karin Göring, décédée en Suède trois ans plus tôt. Le

23, Hitler se rend à Neudeck chez Hindenburg, où se trouve également le général von Blomberg. Le 24, Hess, dans une allocution radiodiffusée, menace « ceux qui jouent à faire la révolution » alors que Hitler en est le « stratège ». Le 26, Göring, parlant à Hambourg, exclut tout retour à la monarchie et tonne contre les conservateurs, en annonçant : « Quiconque s'oppose à nous devra le payer de sa vie ! »

Voici maintenant le dénouement, tel que le relatent les communiqués officiels : le 30 juin, Hitler, informé que les SA entrent en rébellion, se rend en avion à Munich, où il dégrade et arrête en personne deux dignitaires SA, puis il se rend, à la tête d'un cortège automobile de SS et de policiers, à Wiessee, dans un hôtel où Röhm et plusieurs chefs SA sont descendus en vue de tenir une réunion le lendemain. Dans ce groupe, l'atmosphère est à la conspiration, mais aussi au divertissement, puisque la même version officielle suggère qu'on a trouvé bon nombre de ces personnes adonnées à des accouplements « contre nature » – pour lesquels Röhm avait un penchant notoire. Les pensionnaires SA de l'hôtel sont alors mis en état d'arrestation et beaucoup seront, dans les heures suivantes, exécutés. Röhm lui-même sera abattu dans sa cellule après avoir refusé de se suicider.

Le même jour, d'autres arrestations et d'autres assassinats ont lieu dans diverses villes. A Berlin, les victimes les plus notoires se nomment Schleicher, Strasser (Gregor) et Edgar Jung : ce dernier était un collaborateur de Papen et passait pour l'auteur du discours du 17 juin. Le chef de cabinet du vice-chancelier, Bose, est également abattu, lors de l'assaut de ses bureaux, ainsi qu'un ancien adjoint de Schleicher, le général von Bredow. A Munich, les sicaires tranchent les jours de Kahr, de Ballerstedt et du père Bernhardt Stempfle, qui avait collaboré à *Mein Kampf.* Au nombre des victimes célèbres on trouve enfin le journaliste antinazi Fritz Gerlich.

Dès le surlendemain, Hindenburg publie un communiqué félicitant le chancelier pour « son action déterminée et sa vaillante intervention personnelle, qui **ont** permis d'étouffer la trahison dans l'œuf et de sauver le peuple allemand d'un grand danger[1] ». Le jour suivant, c'est Blomberg qui, au cours d'une réunion du cabinet, exprime ses félicitations, après quoi il publie un ordre du jour enjoignant à l'armée « d'établir de cordiales relations avec les nouvelles troupes SA ». Le 13 juillet enfin, Hitler explique son action devant le Reichstag :

> Si l'on me reproche de n'avoir pas fait appel aux tribunaux réguliers, tout ce que je peux répondre alors c'est ceci : en cet instant j'étais responsable du destin du peuple allemand et je suis devenu par là le juge suprême du peuple allemand.

---

1. Cf. William Shirer, *The Rise and Fall of the Third Reich*, New York, Simon & Schuster, 1960, tr. fr. *Le Troisième Reich*, Paris, Stock, 1961, t. 1, p. 247.

La nuit des Longs Couteaux est d'abord une occasion de parfaire la mise au pas du pays. Les forces qui ont coopéré pendant un an et demi à l'éradication de la gauche sont à présent dans la ligne de mire. Ainsi l'armée : on peut dire que jusque-là elle avait conservé, avec son honorabilité, les prérogatives qui en faisaient contre vents et marées, depuis 1916, un Etat dans l'Etat. En s'abstenant de réagir au meurtre de Schleicher et d'un de ses adjoints, elle met le doigt dans un engrenage criminel. Pire : elle ne s'en rend pas compte et nourrit plutôt un sentiment de triomphe, devant le meurtre expéditif des chefs SA.

Le corps des juges n'abdique pas moins sa dignité que celui des officiers, en tolérant que le pouvoir exécutif s'arroge une fonction punitive sans appel : une loi du 3 juillet légalise en effet les « mesures prises pour la défense de l'Etat » au cours des trois jours précédents, et les plaintes seront systématiquement classées. Quant à la droite politique, frappée en la personne de Jung et d'autres proches collaborateurs de Papen, comme en celle de Schleicher, elle se couche plus encore, lorsque Papen commence à la fin de juillet une carrière d'ambassadeur qui lui fait obligation de justifier la politique hitlérienne, d'abord à Vienne, où les nazis autrichiens viennent d'assassiner son coreligionnaire et ami, le chancelier Dollfuss (cf. *infra*, p. 233), puis, après l'Anschluss et quasiment jusqu'à la fin du régime, à Ankara, où il réussira à empêcher l'entrée en guerre de la Turquie aux côtés des Alliés[1].

On aura enfin remarqué que certains meurtres s'expliquent par des rancunes personnelles. Hitler a la mémoire longue, et veut qu'on le sache. Kahr paye pour le putsch manqué, Ballerstedt pour l'échauffourée de 1921 : ceux qui ont envoyé Hitler en prison subissent, eux, la peine de mort. En Gerlich sont frappés à la fois un ami de Kahr et un journaliste munichois qui a enquêté sur les méthodes nazies, voire sur la vie privée du Führer[2]. Et Stempfle, qui alors était de son côté ? On a dit qu'il avait vu de trop près l'inculture, notamment grammaticale, de Hitler, ou encore qu'il en savait trop sur ses relations avec Geli. Faute de certitudes, nous pouvons en tout cas remarquer que sa mort est un avertissement pour tous ceux qui ont jadis connu le Führer et pourraient être tentés de publier des confidences sur sa vie personnelle. On dit que Hindenburg, au plus bas, appela plusieurs fois Hitler « Votre Majesté » lors de leur dernière entrevue. Cela a dû l'amuser mais non, au regard du sentiment de crainte respectueuse qu'il avait entendu susciter le 30 juin, lui paraître illogique.

Si la qualité des victimes est, à l'usage de différents secteurs de la société allemande, une démonstration de l'autorité du dictateur et de sa résolution, leur nombre fait encore aujourd'hui l'objet d'une fréquente exagération. La presse étrangère les chiffrait volontiers par centaines,

---

1. Seule la rupture des relations diplomatiques turco-allemandes sous la pression des Etats-Unis et de l'Angleterre, en août 1944, mettra fin à la carrière de Papen.
2. Cf. Ron Rosenbaum, *op. cit.*, ch. 9 et *supra*, p. 98, une mise en cause de Gerlich par Hitler.

voire par milliers. En 1957 encore, à Munich où se tenait le procès des assassins survivants, le tribunal retint l'ordre de grandeur de « plus d'un millier [1] ». Hitler lui-même, dans son discours, en avoue 77. Force est de reconnaître qu'en cette occurrence, certes rare, il est infiniment plus près de la vérité que ses dénonciateurs. Les travaux sérieux aboutissent au chiffre de 90 [2].

L'épisode fournit donc l'occasion de redresser une idée reçue, sur le caractère meurtrier de la dictature nazie, indûment comparée sur ce point au stalinisme... alors que celui-ci est incomparablement plus sanguinaire, du moins en temps de paix. Hitler vise ici trois catégories quantitativement importantes : les SA, les conservateurs et les ennemis personnels. En pareil cas, Staline eût fait une hécatombe, pendant plusieurs mois. Or la répression nazie, fort limitée en nombre, l'est aussi dans le temps. Le 1er juillet, un communiqué de la chancellerie, en même temps qu'il annonce l'impunité pour les meurtres du jour et de la veille, précise que la répression cessera à minuit et ne sera pas reprise. En fait, les dernières exécutions auront lieu le 2 dans la soirée [3].

Même si on considère en sus les premières semaines du régime, marquées par des violences sporadiquement meurtrières (ainsi l'assassinat de l'assassin du nazi berlinois Horst Wessel [4]), on constate que les meurtres nazis, avant la guerre, visent moins des groupes que des personnalités symboliques. Sans doute en partie pour des raisons raciales : le précieux sang allemand doit être économisé, ses porteurs mis au pas plutôt qu'exterminés. Mais certainement aussi en raison de la virtuosité du chef, de son autorité sur le corps des SS qui, à partir de ce moment, prend en charge les basses besognes, et de l'aptitude de celui-ci à exécuter une mission des plus précises sans bavure ou presque (on relève quelques erreurs dues à des homonymies).

En effet, cette nuit-là, Hitler coupe une branche morte, ou plutôt, en jardinier avisé, il réoriente le développement de la plante nazie, faisant de la SA un rameau secondaire au profit d'une nouvelle branche maîtresse. C'est quatre semaines plus tard, le 26 juillet, que la SS se sépare complètement de la SA, à laquelle elle était encore théoriquement subordonnée, et que son chef Himmler reçoit le titre de « Reichsführer ». Les généraux se sont donc fait gruger. Le « monopole des armes » a beau être confirmé à l'armée par le discours du 13 juillet, jamais elle n'osera s'insurger contre la prolifération de l'engeance qui, avec sa bénédiction, a ouvert le feu le 30 juin, et qui bientôt, contrairement à la SA, viendra chasser sur ses terres, en formant des régiments et des divisions de « Waffen-SS ». Voilà qui fera de Himmler le quatrième commandant d'arme de la Wehrmacht, aux côtés du général von Fritsch et de ses successeurs

---

1. Cf. W. Shirer, *op. cit.*, t. 1, p. 245.
2. Jean Philippon, *op. cit.*, p. 355.
3. *Ibid.*, p. 353.
4. Cf. J. Fest, *op. cit.*, p. 574.

pour l'armée de terre, des amiraux Raeder puis Dönitz pour la marine et, pour l'armée de l'air, de Göring.

On voit là comme un piège bien huilé qui se referme. Alors, quel crédit accorder aux théories qui veulent que tout, en ces sanglantes journées, n'ait été que réaction panique et improvisation ? La majorité des historiens pense en effet qu'il y avait réellement un risque de « deuxième révolution », que Hitler a « hésité » et qu'il a fini par se résigner à choisir les militaires contre les SA. Là-dessus, l'analyse de Philippon est sans appel : sur le terrain les relations étaient globalement correctes et, si les différences d'éducation étaient sources d'incidents, ils n'ont jamais débouché sur une opposition globale entre l'armée et les SA.

En revanche, il y avait bel et bien des gens qui travaillaient à en créer *l'impression*. Et notamment Röhm, qu'on est surpris de voir ainsi souffler, à partir de février surtout, sur des braises insignifiantes, alors qu'en vieux routier des batailles politiques il devrait bien se rendre compte qu'il n'a aucun moyen de défier Hitler.

Il est temps, à présent, de ne plus raisonner uniquement sur ce qui était connu à l'époque, et de regarder un peu le dessous des cartes, tel que le révèlent divers documents. Pour commencer, revenons-en à cette confidence de Lutze au Führer, au lendemain d'une sortie de Röhm contre lui, et à la réplique de Hitler décidant de « laisser mûrir ». Ce dialogue nous est connu par le journal du dirigeant SA[1]. Rauschning, sans donner de date, conte un déjeuner arrosé où Röhm a fait des confidences analogues[2]. Etant donné les relations étroites que le chef des nazis de Dantzig avait à l'époque avec le Führer, il ne serait pas surprenant qu'il lui ait rapporté la chose, bien que, devenu farouche antinazi, il élude dans son livre ce point délicat. Cependant, il est secondaire. La narration de Lutze est la plus intéressante, surtout par le mot d'ordre du Führer : « laisser mûrir ». Cette réplique a bien l'air de signifier, d'une part que l'information sur l'état d'esprit de Röhm ne le surprend pas, d'autre part que, loin d'aller contre ses plans, la mauvaise humeur du chef SA les sert à merveille.

Nous manquons curieusement de bonnes études sur Röhm. Aucun dignitaire nazi n'a inspiré aussi peu les chercheurs sérieux, et sur ce terrain vague ont poussé bien des mauvaises herbes. La plupart des auteurs font état de sa « vieille camaraderie » avec le Führer, alors que leur cohabitation a été souvent conflictuelle. Trois choses sont certaines : 1) Hitler connaissait bien son Röhm ; 2) celui-ci brillait plus par son allant et ses capacités organisatrices que par sa subtilité manœuvrière ; 3) à chaque époque, on relève dans son comportement vis-à-vis de Hitler une tendance à l'insubordination. C'est un baroudeur borné, mais il croit sans doute qu'il peut influencer le Führer et que celui-ci a besoin de ses avis.

Rien n'était plus aisé pour Hitler que de se présenter à lui comme un

---

1. Cf. J. Philippon, *op. cit.*, p. 418.
2. *Hitler m'a dit*, Paris, Coopération, 1939, p. 176-177.

révolutionnaire à bout de souffle, apeuré par les diktats de la Reichswehr, afin de lui insuffler le désir d'une « seconde révolution ». Le fait que cet état d'esprit du chef d'état-major ne se soit pas traduit, sur le terrain, par des frictions sérieuses avec l'armée tient à la pusillanimité de Röhm lui-même – dont la carrière montre plus de velléités de rébellion, contre l'ordre établi ou la direction nazie, que de Rubicon résolument franchis. Manipulé par Hitler, il finit sa vie comme un soudard en déclin, un gestionnaire qui tue l'ennui dans l'alcool, un raté et un râleur, traînant de surcroît le boulet d'une homosexualité plus à sa place dans le relatif laxisme de Weimar que dans un Etat autoritaire prônant la famille et la fécondité.

Si la lutte des SA contre l'armée n'est qu'un trompe-l'œil, l'inverse est moins sûr. Les chefs militaires ont pu craindre, dans une certaine mesure, cette « deuxième révolution » dont on parlait de plus en plus, de la part d'un mouvement nazi qu'ils connaissaient et comprenaient mal. Ils ont surtout jugé bon de saisir cette occasion, servie sur un plateau par Hitler, de remporter une victoire et de s'assurer dans l'Etat nouveau ce rôle d'arbitres politiques qu'ils avaient si bien préservé sous Weimar, de Seeckt à Schleicher. Hitler a réussi à leur faire lâcher la proie pour l'ombre, servi par le déclin physique de Hindenburg : l'ancien généralissime devenant peu à peu une ombre, le Führer leur a fait croire que l'écrasement de la SA leur permettait de considérer de nouveau l'Etat comme une proie. Cette analyse tourne le dos au préjugé qui veut que Blomberg, et surtout Reichenau, aient été nazis ou au moins fascinés par le nazisme. Le premier est un Junker de la plus belle eau, et le second, s'il n'est pas propriétaire terrien, n'en est sans doute que plus attaché aux préjugés de caste : son monocle est notoire ! Admirant certes la manière dont Hitler se fait obéir des masses, ils ont pensé pouvoir l'utiliser pour instaurer un ordre réactionnaire. Ils sous-estiment la souplesse qui permettra au Führer d'échapper constamment à leurs filets, et sa science du maniement des hommes qui, en lui donnant une pleine intelligence de leurs querelles, lui fournira le moyen de changer les titulaires des principaux commandements chaque fois qu'il aura besoin d'affirmer son autorité.

Ce qu'ils n'ont pas du tout vu venir, c'est le développement de la SS, cet ordre noir qui prend le pas sur la milice brune tout en étant contrôlé de plus près par le Führer. C'est d'abord que Himmler ne ressemble pas à Röhm : Hitler ne lui doit rien et l'a tiré du néant. Il vient, comme Goebbels, de l'entourage de Strasser et a été débauché par le Führer, avec une ostensible générosité, lors de la première disgrâce du pharmacien, en 1926. Fils d'instituteur, c'est un homme du sérail nazi, sans passé militaire. C'est aussi un raciste précoce, façon Rosenberg, mais avec une nuance : si le Balte est avant tout antisémite et anticommuniste, Himmler se passionne pour la théorie des races. Il fera de la SS, entre bien d'autres choses, un laboratoire où on mesure la dimension des crânes et la courbure des nez.

Reste une question, que quelques auteurs ont soulevée : pourquoi Hitler attend-il le 13 juillet pour justifier les massacres dans un grand discours devant le Reichstag ? On dit qu'il aurait connu un moment de flottement, voire de prostration. Son agenda n'en porte guère trace :

— Le 30 juin, sitôt rentré de Wiessee à Munich, il fait à la Maison Brune une allocution devant des militants, puis dicte force communiqués sur les événements. Cependant, à Berlin, sitôt après avoir mis en branle la répression avec Himmler, Göring tient une conférence de presse, où il s'accuse lui-même d'avoir « étendu sa mission », qui consistait seulement à réprimer la SA, pour frapper les conservateurs [1].

— Le 1er juillet, Hitler donne à la chancellerie une garden-party très détendue.

— Le 3 et le 4, il est à Neudeck – un séjour sur lequel nous sommes peu renseignés.

— Le 6, il reçoit un ambassadeur et donne une interview au *New York Herald*.

— Le 6 ou le 7, d'après Papen [2], il envoie à ce dernier Lammers, secrétaire de la chancellerie, pour le convaincre d'accepter le poste d'ambassadeur au Vatican.

— Le 8 et le 10, des discours de Hess appelant les anciens combattants du monde à la paix, puis de Goebbels dénonçant les commentaires de la presse étrangère sur « l'écrasement de la révolte de Röhm » montrent que le régime n'est ni désemparé ni inactif, et il y a fort à parier que Hitler suit ces affaires de près. C'est comme un *crescendo* qui culmine avec son propre discours-fleuve du 13.

Cependant, une anomalie apparaît : l'écart entre les premières informations, notamment celles données par Göring le 30 dans sa conférence de presse, et la version finale.

Le « paladin », lorsqu'il annonce aux journalistes abasourdis la tuerie en cours avec un froid cynisme, commet une étrange inexactitude : il dit que Röhm « n'est plus au nombre des vivants », alors qu'il ne sera supprimé que le lendemain soir. Surtout, il dédouane Hitler du meurtre des personnalités conservatrices qu'il aurait, de son propre chef, ordonné. A une question sur Papen, il répond dédaigneusement que son sort a peu d'intérêt. Quant à Hitler, s'il avait décidé de s'en prendre à Röhm, c'est surtout en raison de ses mœurs, qui non seulement étaient dégoûtantes mais le rendaient peu sûr dans ses fonctions, car il était devenu « l'otage de ses mignons [3] ».

Nous voyons ici le pouvoir nazi dans ses œuvres. Il met à profit une

---

1. Jean Philippon, *op. cit.*, p. 333.
2. *Mémoires, op. cit.*, p. 237.
3. Jean Philippon, *op. cit.*, p. 333.

crise apparente, fomentée par lui-même, entre l'armée et la SA, pour frapper dans une autre direction. Les milieux conservateurs sont, idéologiquement et politiquement, les alliés naturels de la Reichswehr dans cette affaire. En les incluant dans la répression, on donne un goût de cendre au triomphe des officiers et on le limite à son aspect corporatif. Mais en même temps on risque certains remous dans la classe dirigeante, qui aurait applaudi de bon cœur une simple liquidation des chefs SA. Alors on envoie Göring en éclaireur. Si les remous sont trop forts, on pourrait aller jusqu'à le désavouer et le changer de poste. Mais, comme souvent lorsque Hitler manœuvre, la menace suffit. Le fait que Göring prenne le péché sur lui protège efficacement son chef, sans même qu'il soit besoin de le désavouer. Les conservateurs sont déroutés, notamment par le fait que Göring, le plus mondain des chefs nazis, passait pour leur allié, du moins jusqu'au discours de Hambourg.

Quant à la chronologie des exécutions, elle n'est pas moins éloquente : les premières, celles de Munich, frappent des chefs SA locaux, accusés d'avoir organisé une manifestation. Röhm, simplement incarcéré, pourrait à la rigueur s'en tirer avec un blâme, ou une peine de prison. Il pourrait même reprendre du service... si l'armée s'avisait de prendre fait et cause pour les politiciens conservateurs assassinés le 30. Il importe, du moins, qu'elle le craigne. La décision d'abattre Röhm est donc prise le 1er en début d'après-midi, lorsqu'il s'avère que les chefs militaires ne protestent même pas contre les exactions de ce Göring qu'on leur a présenté comme relativement isolé, et passent par profits et pertes les exécutions, entre autres, de Jung et de Schleicher. Mais là nous ne savons pas tout. N'auraient-ils pas négocié la fin des tueries ? Il restait encore un otage de poids : Papen, sur le sort duquel Göring avait refusé toute information, était alors isolé dans sa villa par les SS [1]. Peut-être a-t-on offert son salut aux généraux, en échange de leur absolution pour le reste ?

Le retardement au 13 juillet du discours est donc une mesure de prudence, dictée par l'extrême audace de ce qui a précédé. Tout bien considéré, ce délai n'est pas long et il a été bien employé. Il s'agit de calmer les vibrations d'un système qu'on a fort sollicité, et d'obtenir que le président, l'armée, la justice, les grands groupes d'influence et les familles des victimes se résignent au fait accompli. Hitler peut alors affirmer son triomphe. Profitant à la fois du fait que Hindenburg est vivant et qu'il sombre dans l'inconscience, il se place dans la meilleure position pour lui succéder.

Par ces mises à mort, il montre aux Allemands qui est leur maître. Mais la manœuvre est aussi à usage externe. Certains antinazis, parmi les plus résolus, tombent dans le panneau, en estimant que l'heure des nazis est passée et que le pauvre Hitler a dû se résigner la mort dans l'âme, pour gagner quelque sursis, à sacrifier sa force de frappe « révolutionnaire » au

---

1. Cf. Franz von Papen, *Mémoires, op. cit.*, p. 234.

profit des élites traditionnelles [1]. La rumeur de terribles luttes internes au Reich jette aussi un écran de fumée sur la préparation de sa première grande entreprise extérieure, la tentative d'Anschluss qui aboutit à l'assassinat du chancelier Dollfuss par des nazis autrichiens, le 25 juillet. L'Italie ne cache pas son mécontentement et Mussolini masse ostensiblement des divisions sur le Brenner. Hitler désavoue prestement l'assassinat. S'agit-il d'une fausse manœuvre ? D'un coup de boutoir destiné à tester les réactions ? D'un échec voulu et apparent, consistant à tuer le plus dangereux des antinazis autrichiens pour faire méditer les autres ?

C'est en tout cas l'occasion de faire reprendre immédiatement du service à Papen, qui au lendemain de la nuit des Longs Couteaux s'est décidé à confirmer sa démission du gouvernement, qu'il avait déjà présentée le 17 juin lorsque Goebbels s'était opposé à la diffusion de son discours de Marburg. Hitler avait enfin consenti à l'annonce publique de cette démission, le 17 juillet. Il le convoque à Bayreuth le lendemain du crime de Vienne, le flatte en lui disant qu'il s'agit d'un « second Sarajevo [2] » dont lui seul peut atténuer les conséquences, et finit par obtenir son acceptation, en souscrivant à un certain nombre de conditions. Hitler accepte notamment la rupture officielle des contacts entre nazis allemands et autrichiens : ainsi Papen sauve l'honneur, croyant n'accepter qu'une « mission temporaire », le temps de réparer une « gaffe ».

Le 3 août 1934, William Shirer est en route pour Berlin, où il s'apprête à prendre ses fonctions de correspondant de plusieurs journaux américains, qui en feront jusqu'en 1941 l'un des observateurs les plus avisés du nazisme. Il note avec sagacité dans son journal, en ce lendemain du décès de Hindenburg :

> Hitler a fait ce que personne n'attendait. Il s'est promu à la fois président et chancelier. S'il y avait quelques doutes sur la fidélité de l'armée, ils ont été balayés avant que le corps du vieux maréchal ne soit refroidi. Hitler a fait prêter à l'armée un serment d'obéissance inconditionnel à sa propre personne. Cet homme est vraiment plein de ressources [3].

Justement. Il est trop malin pour se contenter d'accaparer tous les pouvoirs à la force des baïonnettes. Ayant définitivement enterré la démocratie, il lui rend un hommage posthume en se faisant oindre par le peuple, en un plébiscite soigneusement préparé, le 19 août. Le déluge de la propagande débute par les obsèques solennelles du maréchal sur le champ de bataille de Tannenberg, qui lui avait valu ses plus beaux lauriers, et se termine, la veille du vote, par un message radiodiffusé d'Oskar von Hindenburg, assurant que son père voulait que le peuple allemand suivît Hit-

---

1. Cf. par exemple Eugène Dzélépy, *Le vrai « combat » d'Hitler*, Paris, Vogel, 1936.
2. *Mémoires, op. cit.*, p. 246.
3. W. Shirer, *À Berlin*, New York, 1941, tr. fr. Paris, Hachette, 1946, 3 août 1934.

ler. Entre-temps, une interview accordée à Ward Price, célèbre journaliste britannique, a permis au Führer de poser au démocrate.

Ce fut néanmoins le plébiscite le moins réussi : sur 44 millions d'électeurs inscrits, il y eut 2 millions d'abstentions et 4 millions de votes négatifs, surtout dans les quartiers votant précédemment pour le Centre et la gauche. On a dit que ces irréductibles avaient chagriné Hitler [1]. Ne lui ont-ils pas surtout fourni l'occasion, dans son message du lendemain, de jouer les pères généreux et patients en disant qu'il n'aurait de cesse d'obtenir que « le dernier Allemand porte dans son cœur le symbole du Reich comme sa profession de foi » ?

Il y avait traditionnellement à Nuremberg, en août ou en septembre, un « jour du parti [2] ». Il avait effectivement un caractère strictement partisan, y compris en 1933, même si, depuis 1926, il durait plus d'un jour. Les nouveaux régiments de SA venaient consacrer leurs drapeaux en les frottant contre le « drapeau du sang » qui était en tête lors du tragique défilé du 9 novembre 1923. L'édition de 1934 voit pour la première fois la métamorphose de cette liturgie en une exaltation mystique de la nation, regroupée autour de son Führer. Sa préparation semble avoir accaparé les soins de Hitler dans les semaines suivant le plébiscite. Deux artistes, alors reçus par lui, concoururent au succès, Albert Speer et Leni Riefenstahl. L'un eut l'idée de mobiliser des projecteurs de DCA pour faire des « cathédrales de lumière », l'autre fut appelée à les filmer.

Leni Riefenstahl, qui est toujours parmi nous, a écrit sur le tard de longs mémoires autojustificatifs et, par la désinvolture avec laquelle elle traite de son compagnonnage avec les nazis, quelque peu horripilants. Il n'en va pas de même de Speer qui, dès la chute du Reich, n'a eu de cesse de comprendre une fascination qui désormais lui faisait honte, en noircissant des pages et, dès que sa sortie de prison le permit, en publiant des livres, jusqu'à sa mort. Il est l'un des meilleurs témoins de Hitler, non seulement parce que c'est l'un des rares qu'il ait élevés au rang d'ami, mais en raison de sa finesse d'observation et du difficile combat qu'il a mené avec lui-même, au cours du procès de Nuremberg puis de sa captivité, pour cerner l'homme et les rapports qu'il avait eus avec lui. Pour l'historien, plus que ses mémoires, c'est son *Journal de Spandau* qui est intéressant, et surtout les premières pages où, selon sa propre expression, il « défoule » un malaise qu'il avait souvent ressenti sans pouvoir en tirer de conséquences.

En 1995 cependant, il nous a adressé une grande lumière posthume, par le truchement d'une interlocutrice fréquentée pendant ses quatre dernières années, Gitta Sereny, une historienne et journaliste anglaise d'origine

---

1. Ainsi J. Fest, *op. cit.*, p. 680.
2. Un premier « Reichsparteitag » avait eu lieu à Munich le 28 janvier 1923, un second à Weimar les 3 et 4 juillet 1926. A partir de 1927 la manifestation se tient à Nuremberg, mais n'est pas annuelle avant 1933.

hongroise. Spécialiste du génocide des Juifs, celle-ci, à qui Speer avait écrit pour la féliciter d'un de ses livres, gagna sa confiance sans pour autant le ménager et put accéder à l'ample documentation de l'ancien ministre. Interrogeant également son entourage familial et politique, elle en tira un gros livre qui, près de cinq ans après sa parution, n'a pas encore causé dans la vision commune du Troisième Reich les bouleversements qu'il aurait dû et qui va, à présent, nous accompagner jusqu'au bout. Non seulement il éclaire magnifiquement son objet, la fascination exercée par Hitler sur un homme intelligent, capable et courageux, mais, centré sur quelques personnes, il appelle des prolongements concernant le fonctionnement du système. Car l'auteur n'aperçoit pas toujours la sophistication des manœuvres grâce auxquelles Hitler dominait ses collaborateurs.

Parmi les objectifs du congrès de 1934 figurait en bonne place le souci d'éclipser le souvenir de Röhm en démontrant que, privé de ses services, le parti n'en était que plus puissant. Le Gauleiter Wagner fit passer le message en lisant à l'ouverture de la séance du 5 septembre, la première que le Führer honorait de son apparition, une proclamation suivant laquelle

> (...) les incertitudes du XIXe siècle ont fini par cesser. En Allemagne, au cours du prochain millénaire, il n'y aura pas de révolution[1].

La phrase était appelée à une certaine célébrité, moins du fait des nazis que de leurs adversaires qui, dès que le régime eut du plomb dans l'aile, commencèrent à se gausser de la prédiction suivant laquelle il devait durer « mille ans ».

La démonstration est complétée, le 9, lorsque Hitler fait un discours devant 50 000 SA. Il manie la carotte et le bâton, avant de conclure qu'ils ne sont pour rien dans le « complot » de Röhm... et de se faire acclamer. La voie est libre pour la fête de l'Armée qui, le lendemain, voit la première grande démonstration militaire de l'Allemagne d'après-guerre. Hitler invite ensuite les généraux à sa table et leur tient un discours flatteur. Il reconnaît la médiocrité intellectuelle de bien des cadres du parti et la justifie par le fait que la bourgeoisie a boudé son mouvement[2].

On peut considérer que ce premier congrès à grand spectacle ponctue la mainmise de Hitler sur l'Allemagne. Il tient les rênes d'une main ferme, dans tous les domaines, grâce à un subtil dosage de séduction et de brutalité. A présent, il s'agit d'avancer des pions en politique extérieure.

---

1. Cité par John Toland, *Hitler*, *op. cit.*, p. 350.
2. Cf. *ibid.*, p. 351, d'après les notes du général von Weichs.

CHAPITRE 9

Echec et mat en Rhénanie

Au début de 1935, Hitler aborde, après deux ans d'empiétements discrets, une phase nouvelle : la violation ouverte des limites imposées à ses forces armées par le traité de Versailles. Son calendrier est, comme toujours, chargé.

Il fait encore patte de velours en janvier-février : le traité joue alors en sa faveur, puisqu'il a prévu un plébiscite sur le sort de la Sarre. Il avait confié le territoire à la SDN afin qu'elle déléguât son administration à la France pendant quinze ans pour lui permettre d'en exploiter les mines au titre des réparations. Les électeurs ont le choix entre un rattachement définitif, soit à l'Allemagne, soit à la France, et le statu quo, c'est-à-dire une nouvelle période d'administration française provisoire sous l'égide de la SDN.

On reproche souvent au gouvernement français et plus encore à son ministre des Affaires étrangères Pierre Laval d'avoir laissé filer le territoire, sans faire une sérieuse campagne conseillant aux électeurs, en vertu de la domination de l'Allemagne par un pouvoir détestable, de voter pour le statu quo. Ce complice bien connu des nazis leur a livré en pâture les Juifs et les antifascistes qui s'étaient, en grand nombre, réfugiés en Sarre pour rester en terre allemande, et que le départ expéditif des Français après le plébiscite (90 % pour le rattachement à l'Allemagne, le 13 janvier) a laissés sans défense devant la Gestapo.

Il est difficile de poser plus mal un problème. D'abord, en chargeant Laval, on exonère Pierre-Etienne Flandin, son chef de gouvernement. La faiblesse française devant le coup de force en Rhénanie, dont il sera question à la fin de ce chapitre, est imputée, comme de juste, au président du conseil Albert Sarraut et très secondairement à son ministre des Affaires étrangères, dont le nom est à peine cité... et qui n'est autre que Flandin, décidément chanceux. De toute évidence, on projette sur le Laval de 1935 son comportement futur de collaborateur, appelant de ses vœux en juin

1943 la victoire, dans la guerre mondiale, de l'occupant allemand de son pays[1].

S'il est vrai que dans le cas de la Sarre, il a déjà souhaité la victoire de l'Allemagne – sinon publiquement, du moins dans un entretien avec l'ambassadeur allemand, le 7 novembre 1934[2] –, on pourrait au moins lui accorder qu'en ne manifestant aucun zèle pour empêcher la région de redevenir allemande, il a créé les meilleures conditions pour que chacun de ses habitants médite en temps utile sur la nécessité de se réfugier dans un endroit moins exposé.

La question n'était pas d'aborder de manière plus ou moins combative un plébiscite perdu d'avance, mais de l'organiser ou non. La faiblesse devant le nazisme ne réside pas dans le fait qu'on a restitué à un voisin une terre qui lui appartenait. Elle est de n'avoir pas interpellé les puissances et l'opinion sur les violations allemandes du traité de Versailles, qui eussent amplement justifié que la SDN prolongeât unilatéralement le statu quo. Cela, personne ne semble y avoir songé.

C'est qu'il aurait fallu une autre SDN. Celle-ci n'était pas encore démonétisée mais elle était en voie de l'être, en raison de deux manquements à ses principes. Tout d'abord, elle s'était montrée incapable d'une fermeté autre que verbale devant la première modification de frontière commise par une future puissance de l'Axe au moyen d'une agression armée : il s'agit de l'attaque japonaise contre la Chine, en 1931, qui lui avait arraché sa riche province mandchoue, transformée en l'Etat soi-disant indépendant du Mandchoukouo. La société genevoise avait enquêté à loisir et produit en 1933 un rapport sévère pour les Nippons, sans l'assortir de la moindre sanction, y compris lorsque le pays délinquant, défiant plus gravement encore la loi internationale, avait en signe de protestation quitté la SDN. Ce qui, théoriquement, offrait toutes justifications pour monter contre Tokyo une forte expédition multinationale qui eût prestement rétabli l'intégrité du territoire chinois. De la Corée au Koweit, l'après-guerre nous a montré ce qu'il est possible de faire en la matière, avec un peu de résolution.

Mais, outre qu'à l'époque il n'y a pas de superpuissance américaine capable de faciliter les consensus par des pressions plus ou moins amicales, il faut bien dire aussi qu'il y a le racisme tranquille de l'homme blanc, peu prêt à mourir pour Moukden. La Chine est perçue, dans les pays qui comptent, comme sauvage, et le Japon à demi : leurs lointaines querelles n'empêchent pas grand monde de dormir. Le discrédit de la SDN est donc encore tout relatif.

Il s'aggrave quelques semaines plus tard, lorsque Hitler claque la porte

---

1. « Jamais deux sans trois » : dans l'été de 1940, Flandin sera tout aussi favorable à la collaboration que Laval, et le dira tout autant à l'ambassadeur Abetz... mais il échappera une fois de plus à la vindicte de l'histoire, en étant l'homme que Pétain essaiera vainement d'imposer aux Allemands comme son ministre des Affaires étrangères en remplacement de Laval remercié, en décembre 1940 (cf. F. Delpla, *Montoire*, Paris, Albin Michel, 1995).

2. J.-B. Duroselle, *La décadence*, Paris, Imprimerie nationale, 1979, p. 127.

à la fois de la conférence du désarmement et de la Société. Cette fois, c'est un grand pays d'Europe qui défie la loi, et c'est un vaincu de la première guerre mondiale – alors que le Japon figurait parmi ses vainqueurs. La SDN a été créée avant tout pour obliger l'Allemagne à exécuter les traités. En 1919, lors de sa naissance, c'est l'organisation elle-même qui l'excluait de ses rangs en attendant qu'elle ait donné des preuves de soumission à la loi commune, et son admission en 1926, au lendemain du traité de Locarno, avait valeur de brevet de bonne conduite. L'impunité de son retrait est une démonstration quotidienne du déclin de l'institution.

Mais Hitler a, alors, bien calculé son risque. Qui va vouloir mourir pour la SDN ? Il est faux que les réactions des peuples soient à cette époque paralysées par le pacifisme : si la boucherie de 1914-18 obsède les consciences européennes, ce n'est pas pour les rendre indulgentes vis-à-vis d'une Allemagne subitement revancharde. En France, en 1934, Louis Barthou, ministre des Affaires étrangères après le 6 février jusqu'à sa mort à Marseille, en octobre, donne l'exemple d'une attitude ferme et alerte, sur le nouveau danger allemand, son peuple et beaucoup d'autres. En cette période où les Français descendent volontiers dans la rue, on ne voit pas les pacifistes organiser des défilés contre Barthou. Une preuve que le peuple observe l'Allemagne avec inquiétude et se résigne à ce qu'on lui parle un langage menaçant. Mais ce qu'on redoute de sa part, ce qui frapperait les esprits, c'est une agression territoriale. De ce point de vue, la velléité d'Anschluss de juillet 1934 est suivie de près. Le fait que Hitler désavoue les nazis autrichiens, et semble se résigner à l'indépendance de sa patrie d'origine, rassure d'autant plus. Une agression consistant simplement à quitter un club de nations qui n'a guère fait la preuve de son utilité, est certes gravissime sur le plan des principes, mais n'est pas de celles qui mobilisent les foules et permettent de rappeler les conscrits.

Barthou lui-même fait notoirement plus confiance à une diplomatie classique, cherchant contre un pays menaçant à unir, par des traités, ses victimes potentielles, qu'il ne compte sur la SDN, instrument occasionnel de sa panoplie. Ainsi il parraine, en septembre, l'entrée à Genève de l'enfant terrible soviétique qui lui-même, après un an d'expectative, s'est brusquement rallié au traité de Versailles naguère tant dénoncé, et cherche activement des concours contre une menace allemande qui, pour lui, se conjugue présentement avec une menace polonaise. C'est en effet un brusque réchauffement des rapports germano-polonais qui, dans une diplomatie stalinienne aux mobiles rarement explicités, est l'événement le plus propre à expliquer ce tournant : en signant avec le très anticommuniste dictateur Pilsudski, le 26 janvier 1934, un pacte de non-agression, Hitler donne à Staline l'impression qu'il projette un partage du gâteau est-européen avec Varsovie et compte utiliser les Polonais comme un bélier contre l'URSS.

Pour en finir avec la Sarre, notons que Barthou, avant Laval, avait engagé les préparatifs du plébiscite, et n'avait guère, de droite à gauche, été critiqué. C'est donc toute l'élite politique française qui entend démontrer, en faisant preuve de bonne volonté sur ce dossier, qu'elle respecte le droit des peuples et ne nourrit contre l'Allemagne aucune visée annexionniste... en espérant, à titre de revanche, trouver le soutien des autres puissances contre les appétits allemands. La duperie est consommée le 1er mars, quand la Sarre est officiellement rendue à l'Allemagne. L'événement est salué par un discours devant le Reichstag, où le Führer proclame que « la frontière franco-allemande peut être considérée comme fixée définitivement ».

Ayant donc, au début de l'année, joué le jeu du droit, Hitler jette le masque en mars, par petites touches calculées. Un importante visite, celle du ministre britannique des Affaires étrangères John Simon, devait débuter le 5. Hitler la fait reporter, sous le prétexte d'un « rhume », qui ne convainc pas grand monde[1]. En invoquant une raison de santé, Hitler s'interdit de dire que quelque chose, dans l'attitude anglaise, l'a froissé. Cependant, l'annulation du rendez-vous avec les Anglais apparaît sur le moment comme une manifestation de mécontentement devant la publication, le 4 mars, par le gouvernement britannique, d'un « livre blanc sur le réarmement allemand[2] ».

Puis la direction nazie relève le défi de ce « livre blanc » : le 10, interrogé dans le *Daily Mail* par Ward Price, Göring révèle l'existence d'une armée de l'air allemande – chose interdite par le traité de Versailles. Simon est alors interrogé aux Communes sur ses intentions, et répond qu'il compte toujours se rendre en Allemagne, « lorsque M. Hitler sera guéri de son rhume ». Cependant qu'au parlement français, la prolongation du service militaire de un à deux ans est mise aux voix par le général Maurin, ministre de la Guerre, en tirant argument de l'annonce allemande concernant la Luftwaffe. Hitler en profite à son tour pour annoncer, le samedi 16 mars, par le truchement d'une conférence de presse de Goebbels, le rétablissement du service militaire.

Devant ce saut qualitatif dans la violation du traité, la France ne réagit d'abord que par une protestation auprès de la SDN, et Simon vient à Berlin comme si de rien n'était, sans qu'on sache ce qu'il est advenu du coryza dictatorial, le 25 mars. Le Britannique (qu'assiste un de ses futurs successeurs, Anthony Eden, en qualité de ministre délégué à la SDN) déclare au début des entretiens que l'Angleterre, qui n'a que des sentiments pacifiques envers l'Allemagne, s'inquiète cependant, en raison du retrait allemand de la SDN, de l'agitation en Autriche et de « certaines déclarations unilatérales ». Cette manière pudique d'aborder la question

---

1. Cf. W. Shirer, *A Berlin, op. cit.*, entrée du 5 mars 1935.
2. Cf. Charles Bloch, *Le Troisième Reich et le monde*, Paris, Imprimerie nationale, 1986, p. 140.

du service militaire comporte une claire ouverture : mettez les formes, négociez davantage avant de décider, et l'Angleterre sera compréhensive.

Simon en vient ainsi au projet d'un « Locarno de l'Est », qui était à l'époque au centre de bien des conversations. En effet, depuis qu'en 1925 le traité suisse avait paru stabiliser la situation en Europe de l'Ouest, l'Allemagne reconnaissant sans y être cette fois contrainte les principales dispositions frontalières arrêtées à Versailles, y compris sa propre démilitarisation dans la région du Rhin, l'idée cheminait d'un traité symétrique, portant reconnaissance mutuelle de leurs frontières par tous les Etats de l'Est, URSS comprise. L'Angleterre n'était pas très chaude, alors que la France, engagée par des alliances auprès de nombreux Etats d'Europe orientale, avait davantage intérêt à bloquer toute progression allemande à leurs dépens : dans la période récente c'était surtout Barthou qui avait tenté d'obtenir un « Locarno de l'Est ». En reprenant l'idée, Simon vise un double objectif : donner à la France une satisfaction pour compenser la remilitarisation allemande, et fixer un cadre aux ambitions de Hitler. Lequel déjoue le piège en passant pour la première fois un disque qui s'avérera inusable : il voudrait bien un accord, mais dans l'immédiat le comportement d'un pays qui opprime sa minorité allemande s'y oppose. Il aurait pu choisir Dantzig ou les Sudètes, puisque la Pologne et la Tchécoslovaquie devraient être partie prenante dans un éventuel « Locarno de l'Est ». Mais c'eût été à l'encontre de son pacte avec Varsovie, et il n'avait pas encore les moyens de défier Prague. Il choisit la plus petite minorité, dont il réglera finalement le sort en mars 1939 : celle de Klaïpeda, un port lituanien anciennement hanséatique, créé et toujours animé par des marchands allemands, qui l'appelaient Memel. Comme par hasard, des partisans du retour du territoire à l'Allemagne (qui l'avait possédé sans discontinuer au cours des deux derniers siècles et jusqu'en 1919) étaient à ce moment jugés en Lituanie : sitôt que Simon mit sur le tapis le projet de pacte, incluant entre autres ce petit pays, Hitler rappela le fait avec colère. Puis, le lendemain, il exhiba théâtralement, en pleine discussion sur la limitation des armements, un télégramme annonçant la condamnation de ces « patriotes » à des peines de prison. Entre-temps il avait joué sur un autre registre : l'existence d'une Russie soviétique, avec laquelle « jamais l'Allemagne ne signerait un accord », constituait d'après lui un autre obstacle à un Locarno oriental. Quant à la limitation des armements, il s'offre le luxe de réaffirmer son exigence de « parité » tout en faisant en faveur de son visiteur une appréciable exception : sur le plan naval, l'Allemagne ne réclame pas la parité, si ce n'est avec la France et l'Italie, et en conséquence fait à l'Angleterre la proposition d'un accord bilatéral limitant le tonnage de la flotte allemande à 35 % de celui de l'Angleterre.

Quel mois de mars ! Jouant au chat et à la souris avec la puissance dont l'appui lui importe le plus, l'Angleterre, Hitler réussit à la flatter sans faire de paralysantes concessions et en mettant au contraire à profit ses bonnes dispositions pour pousser ses pions le plus vite possible en matière de réarmement.

Admirons un instant le chef-d'œuvre du « rhume ». Hitler s'est avisé, on ne sait trop quand, que la visite du chef de la diplomatie britannique serait plus rentable si elle succédait à l'annonce du service militaire, au lieu de la précéder : le simple maintien du voyage vaudrait absolution. Mais cette annonce avait elle-même besoin du prétexte de la décision française sur les deux ans – une mesure prévisible puisqu'il ne s'agissait pas d'une réplique à la révélation de la Luftwaffe, mais d'une réforme commandée par la baisse de la natalité française (les appelés de 1935 forment la première classe amoindrie par le déficit des naissances dû à la Grande Guerre) et servant simplement à maintenir les effectifs militaires antérieurs (le projet de loi est déposé début mars). Le procès lituanien a pu aussi jouer un rôle dans la révision du calendrier de la visite anglaise et dans la fixation de la nouvelle date. Mais la légèreté du prétexte invoqué, et le peu d'efforts faits pour lui donner consistance, sont aussi une manière de démontrer combien l'Angleterre est désireuse d'un rapprochement, et d'en jouer pour garder les mains libres.

Le fait le plus important est évidemment la conscription. Hitler a annoncé la création de 36 divisions. Il faut aussi remarquer un changement de terminologie : la loi adoptée le 16 mars porte sur la « reconstruction de la Wehrmacht ». C'en est donc fini de la Reichswehr, instituée par les lois du 6 mars 1919 et du 23 mars 1921. Dans ce domaine également, le Troisième Reich renoue spectaculairement avec le Deuxième, fermant la parenthèse de Weimar et bafouant un peu plus le traité de Versailles. Le changement se matérialise le 21 mai par la nomination de Blomberg comme « commandant en chef de la Wehrmacht », en sus de son titre de ministre.

Mais, en ce temps où il n'est pas encore en position subordonnée, un homme déploie une énergie débordante pour mettre le jeu allemand en échec : Pierre Laval, dont on oppose bien légèrement la « complaisance » à la « vigilance » de son prédécesseur Barthou. Au premier semestre de 1935, il va tenter un encerclement diplomatique de l'Allemagne, et va presque réussir.

Le 23 mars, en route vers Berlin, les deux ministres anglais se sont arrêtés à Paris et ont conféré, outre Laval, avec le ministre italien Suvich. Ils ont convenu d'une rencontre au sommet des trois pays, à Stresa. Déjà Laval s'était rendu à Rome du 4 au 6 janvier et avait aplani avec Mussolini tous les différends franco-italiens. On voit communément dans son italophilie une sorte d'excuse : à choisir, il était plus profasciste que pronazi, ce qui est tout de même moins grave. Mais en l'occurrence, ce n'est pas du tout la même chose ! En courtisant Rome, il isole Berlin, et c'est là l'important, à cette époque où Hitler, ayant consolidé sa situation intérieure, commence à défier les grandes puissances, ce qui offre une occasion unique, si on parvient à le faire trébucher, de le déconsidérer aux yeux de ses compatriotes.

Le sommet de Stresa se déroule du 11 au 14 avril, dans un palais des îles Borromées. La déclaration finale est un peu vague, la proposition mussolinienne d'en appeler au conseil de sécurité de la SDN contre la conscription allemande, soutenue par la France, ayant été repoussée par l'Angleterre. Néanmoins elle condamne l'Allemagne pour cette décision « unilatérale ». Et, en elle-même, la réunion au sommet de trois des puissances « locarniennes » pour médire de la quatrième n'est pas, pour la politique du chancelier allemand, un signe de réussite. D'autant plus que finalement les trois pays font ce qu'ils se sont refusés à annoncer : tous trois votent au conseil de la SDN, le 16 avril, en présence de Laval, une résolution, présentée par la France, condamnant l'Allemagne plus nettement que le texte de Stresa. Un comité est chargé d'étudier des sanctions économiques et financières qui seraient, dans l'avenir, imposées à tout Etat, membre ou non de la société, qui « menacerait la paix en répudiant unilatéralement ses obligations internationales [1] ».

En mai, c'est vers Moscou que Laval dirige ses regards et ses pas. Le 2, il signe à Paris, avec l'ambassadeur soviétique Potemkine, un traité d'alliance, négocié depuis des mois, après quoi il est reçu en grande pompe par Staline, du 13 au 15 mai. Il a l'occasion de s'en expliquer, deux jours plus tard... avec Göring. Non qu'il se soit précipité en Allemagne – pays qu'il n'aime guère et, après une brève visite à Brüning en 1931, ne foulera plus avant l'invasion allemande de la zone sud française en 1942. Mais c'est que Pilsudski vient de mourir et que les deux hommes représentent aux obsèques leurs pays respectifs, alors rivaux dans le cœur de la Pologne – la France ayant également délégué le maréchal Pétain. Une curieuse anticipation de certains conciliabules des années 40... mais rien ne laisse alors prévoir que ces personnes pourraient avoir un jour des rapports de collaboration.

Göring obtient un entretien de deux heures avec Laval, au cours duquel il s'enquiert des finalités de l'alliance franco-soviétique. Le Français la présente comme une réplique aux déclarations gallophobes qui se multiplient depuis quelque temps en Allemagne, et au réarmement de ce pays, mais adoucit la pilule en se déclarant partisan d'un rapprochement franco-allemand et en avançant que l'alliance franco-soviétique hâte « indirectement » ce moment, car elle fait retomber l'inquiétude de l'opinion française. Une manière subtile d'indiquer que l'Allemagne aurait tout intérêt à revenir causer dans le cadre de la SDN.

En cette mi-mai 1935, Hitler vit donc l'un de ses moments les plus difficiles. Son isolement diplomatique est extrême et l'impopularité le guette. Mais il peut difficilement faire demi-tour, renoncer à la conscrip-

---

1. Cf. André François-Poncet, *Souvenirs d'une ambassade à Berlin*, Paris, Flammarion, 1946, p. 235.

tion et revenir la tête basse à Genève : son aura y survivrait encore moins. Une seule solution : aller de l'avant.

Le 21 mai, il prononce un discours très attendu. C'est peut-être le plus pacifique de toute sa carrière. Mais ce n'est pas le dernier où il déclare que l'Allemagne, satisfaite, n'a plus rien à désirer... sauf une petite chose. Ici, il s'agit d'une flotte de guerre. Il exprime pour la première fois publiquement son désir d'être autorisé à construire l'équivalent de 35 % des bâtiments britanniques. Au demeurant, il estime que la guerre est toujours une catastrophe puisqu'elle tue « la fine fleur des nations », et se déclare prêt à signer des pactes avec tous ses voisins – l'odieuse Lituanie exceptée.

Londres va mordre à l'hameçon. Plus exactement, car la naïveté n'est pas la caractéristique principale de la politique anglaise, mais bien plutôt le souci de dominer en les opposant les puissances continentales, John Simon va tirer parti de ce discours rassurant pour donner une petite leçon à la France et à l'URSS, coupables de rapprochement non autorisé. Une conférence navale anglo-allemande se réunit à Londres à partir du 4 juin, la délégation allemande étant dirigée par Ribbentrop. Si les délibérations sont secrètes, leur existence est connue. Et le 18, jour du 120e anniversaire, fêté comme il se doit, de Waterloo, éclate comme un coup de tonnerre la nouvelle d'un accord bilatéral, portant autorisation, pour l'Allemagne, de construire des bateaux de guerre dans une limite de 35 % de ceux de la Grande-Bretagne.

Cette extraordinaire traîtrise envers les vainqueurs de 1918 en général et la France en particulier, rompant avec éclat le front de Stresa, passant l'éponge sur la conscription allemande et affaiblissant sinon ridiculisant les protestations contre les violations du traité de Versailles, il est probable, circonstance plutôt aggravante, que Simon et son gouvernement ne l'avaient pas préméditée. Ils se sont trouvés piégés par la tactique de Ribbentrop, convenue sans aucun doute avec Hitler. Les Anglais entendaient seulement préparer une conférence navale beaucoup plus large, incluant la France. Loin de faire cavalier seul, ils jouaient les messieurs bons offices. Eux qui comprenaient si bien les Allemands se proposaient, dans le droit fil de ce qu'ils avaient entrepris depuis 1933, de les amadouer pour les ramener, si possible, dans la SDN, ou au moins pour les associer à des négociations multilatérales sur la limitation des armements. Pendant les discussions préparatoires à la conférence de Londres, ils pensaient que les Allemands la concevaient comme eux, et sans doute ceux-ci n'avaient-ils rien fait pour dissiper cette impression.

Or, dès la première séance, parlant après Simon qui avait mis sur le tapis un grand nombre de questions, Ribbentrop déclara qu'une seule l'intéressait, l'accord sur les 35 %, que pour lui le but de la conférence n'était autre que de le signer et que, faute d'espoir sur ce point, il n'y avait qu'à abréger les travaux[1]. Dès lors, le gouvernement de Sa Majesté avait le choix entre la capitulation et le ridicule. C'est pourquoi la conférence, pourtant limitée à un objet simple, traîna deux semaines.

La France ne connut pas l'humiliation suprême d'apprendre l'accord de Londres par la presse : elle fut informée de son imminence le 7 juin, ainsi que les autres signataires du traité de Washington (1921), à savoir les Etats-Unis et le Japon. Laval, devenu justement président du conseil ce jour-là tout en restant ministre des Affaires étrangères, se contenta d'exprimer, le 17, de « sérieuses réserves[2] », sans même les rendre publiques.

Laval, maquignon rusé, adepte de l'oral et écrivant peu, ne s'est jamais expliqué sur ses choix du deuxième semestre de 1935, qui démentent en partie ceux du premier. Il semble que l'accord de Londres, loin de l'indigner, l'ait assagi. Comme s'il était impressionné par l'égoïsme national dont peut faire preuve l'Angleterre lorsqu'on la contrarie, et se le tenait pour dit, il ne fait plus aucun effort de rapprochement avec l'URSS. Le pacte signé en mai aurait dû être complété par une convention militaire et l'ambassadeur Potemkine réclame en vain l'ouverture d'une négociation. Il n'y a pas la moindre conversation d'état-major, alors que la France en mène, à la même époque, avec l'Angleterre et avec l'Italie. On dirait que, craignant de perdre l'amitié anglaise, elle cherche d'abord à la resserrer, avant de reprendre éventuellement son flirt oriental.

Voilà qui est doublement important : d'une part, l'intervention soviétique dans une guerre contre Hitler nécessitait une minutieuse préparation, aux incidences diplomatiques délicates, puisque l'URSS n'avait pas de frontière commune avec le Reich. D'autre part, en poursuivant au préalable le mirage d'un rapprochement avec l'Angleterre, peu empressée, la France perdait sa marge de manœuvre. Dès lors, tous ses gouvernements, jusqu'au désastre de 1940, vont rechercher en vain les voies d'une action autonome et faire, en définitive, les choix dictés par Londres, qu'ils auraient pourtant voulu éviter ou tempérer. Le premier geste de rébellion, l'armistice de 1940, sera justement le seul qu'il ne fallait pas faire, puisque l'Angleterre, depuis peu dirigée par Churchill, voulait enfin en finir avec le nazisme. On pourra dire à la décharge de Pétain que le long mépris britannique des angoisses françaises devant le danger hitlérien paraissait justifier cette inamicale réplique, si longtemps différée. C'est bien Laval qui, le premier, a précipité la France dans ce piège, dont ni Blum, ni Daladier, ni Reynaud ne vont réussir à l'extraire. Le maintien ferme du droit de la France à rechercher l'alliance soviétique, tranquillement imposé à Londres en faisant suivre son acte injustifiable du 18 juin d'une convention militaire entre Paris et Moscou, était la seule réplique qui pouvait stopper la progression du Troisième Reich.

---

1. Paul Schmidt, *Statist auf diplomatischer Bühne*, tr. fr. *Sur la scène internationale*, Paris, Plon, 1950.
2. *Documents diplomatiques français*, 1re série, t. 11, Paris, Imprimerie nationale, 1982, doc. 83.

En rentrant dans le rang, la France ne nuit pas qu'à elle-même. Il faut se mettre un instant à la place de Staline – qui, s'il gouverne ses peuples d'une façon peu débonnaire, ne s'est pas encore lancé dans les grandes purges. Il s'est mis en frais pour les Occidentaux, jouant le jeu de Genève avec son ministre Litvinov, recevant Laval avec éclat, et il se retrouve le bec dans l'eau. La SDN s'effiloche, la France se met aux abonnés absents, l'Allemagne, toujours aussi anticommuniste, intrigue avec divers petits pays d'Europe centrale, ceux-là même qu'une convention militaire franco-soviétique eût obligés à choisir leur camp. Sans nier le cynisme de Staline, il faut bien voir qu'on lui a, en l'occurrence, balisé le chemin. Devant ces démocraties évanescentes, il ne va pas avoir de scrupules à durcir son régime, en vue de toute éventualité. Lui qui est paranoïaque, il n'aurait pas besoin de l'être pour subodorer, derrière le refus occidental de prendre des mesures efficaces contre l'audace allemande, un désir d'encourager les ambitions du Reich vers l'est – désir évident, pour les historiens d'aujourd'hui, chez les *appeasers* britanniques et plausible dans l'esprit de Laval, qui a sans doute craint de mécontenter son électorat de droite s'il paraissait compter moins sur les conservateurs anglais que sur les hordes bolcheviques pour assurer la sécurité de son pays. Mais pour la Russie le danger est tel, de voir fondre sur elle à l'heure de son choix une Allemagne réarmée, avec la neutralité plus ou moins bienveillante des autres puissances capitalistes, qu'elle doit étudier dès ce moment toutes les solutions, y compris, si elle s'y prête, un rapprochement avec ladite Allemagne.

En regard de ces questions capitales, peu perçues à l'époque (avant tout parce qu'on ne perçoit pas l'habileté du Führer et la cohérence de son jeu), celle qui occupe l'avant-scène pendant le dernier trimestre de 1935 est quelque peu secondaire. Elle ajoute cependant à la débandade des puissances « locarniennes », et de la Société des Nations – et jette dans les bras de Hitler son premier allié.

Mussolini veut l'Ethiopie, qui est alors le dernier pays indépendant d'Afrique et que les Italiens ont vainement essayé de coloniser à la fin du xixe siècle. Le dictateur fasciste, très prudent jusque-là en politique extérieure, est sans doute déjà contaminé par Hitler, qui n'a cessé de le flatter en disant qu'il lui avait ouvert la voie. Peut-être le Duce, piètre idéologue, pour qui le fascisme était avant tout une technique de prise et de conservation du pouvoir, se laisse-t-il aller à croire qu'il a inauguré une ère nouvelle, que la démocratie a partout fait son temps et que s'instaure le règne de la force, dans les relations internationales comme à l'intérieur des pays. La lenteur de la mobilisation européenne contre le péril hitlérien lui donne certainement l'espoir que, lui aussi, il peut avancer ses pions sans trop se gêner, et même que l'honneur, pour un régime qui a toujours exalté la force, le commande.

Il a fait part de ses appétits éthiopiens à Laval, en une conversation secrète, début janvier, et a estimé que la réponse du Français – très probablement évasive – signifiait une absolution. Il négocie alors, tant avec la France qu'avec l'Angleterre, les formes que pourrait prendre sa pénétration en Abyssinie, et ce jusqu'en décembre... alors même qu'il a engagé une action militaire le 2 octobre, et qu'en conséquence la SDN a adopté des sanctions économiques. Mais celles-ci sont purement symboliques, puisqu'elles ne privent l'Italie d'aucun produit militairement utile tel que le pétrole, ni ne lui interdisent l'usage du canal de Suez. La négociation ne cesse que lorsqu'une indiscrétion révèle à la presse le 13 décembre un « plan Laval-Hoare » qui donnerait à Mussolini l'essentiel du territoire éthiopien tout en laissant au Négus, l'empereur local, un morceau de territoire sous protectorat italien. Hoare avait depuis peu succédé à Simon au Foreign Office mais devant le scandale causé par son plan il cède à son tour la place, à Anthony Eden. Laval, mal en point, rendra son tablier un mois plus tard, le 22 janvier, et ne sera plus ministre avant l'Occupation. Mussolini achèvera tranquillement sa conquête mais, pour sortir de son isolement international, se rapprochera progressivement de l'Allemagne et finira par lui laisser les mains libres en Autriche.

Le bilan de 1935, sur le plan international, est, pour Hitler, tout aussi flatteur que celui de 1933-34 sur le plan intérieur. Il a atomisé son opposition, en ne perdant jamais la main. Il pousse les feux de son réarmement, à la fois ouvertement et clandestinement, n'en disant que ce qu'il veut bien en dire, tant pour tester les réactions étrangères que pour asseoir l'autorité de l'Allemagne. A-t-il un moment redouté, lors du voyage de Laval à Moscou, un dangereux isolement diplomatique ? Peut-être. Mais il a aussitôt envoyé Göring sonder Laval et lui représenter le grand tort qu'il avait de s'allier avec des communistes. S'il l'a peut-être ébranlé, c'est le coup de théâtre et de maître de l'accord naval qui a retourné la situation, l'Angleterre cédant à la tentation d'un accord bilatéral, dernière pelletée de terre sur le traité de Versailles, parce qu'elle sous-estimait encore grandement Hitler et parce qu'elle ne voulait pas voir la France profiter d'un effondrement du régime nazi, qui était à craindre si elle ne renflouait pas un peu son prestige.

Le 7 mars 1936, quelques régiments, photographiés par la presse et décrits par la radio, franchissent un pont de Cologne. C'est le début de la remilitarisation de la Rhénanie, que Hitler justifie aussitôt devant le Reichstag en proposant, comme à son habitude, un vaste plan d'accord sur tous les autres points, pour peu qu'on lui accorde celui-là. Il lance l'idée d'une nouvelle zone démilitarisée, cette fois *des deux* côtés de la frontière et promet même, en cas d'accord, le retour de l'Allemagne dans la SDN, pour la première fois envisagé depuis sa sortie. Enfin, il annonce pour le 29 mars un référendum sur « la politique suivie depuis trois ans ». C'est dire s'il est sûr de son fait ! En cas de sérieuse menace de guerre, il serait en effet obligé de reporter son référendum, ou risquerait fort de le perdre, et dans les deux cas il aurait bonne mine... Mais justement, l'annonce du référendum fait partie intégrante du coup de force, et aide à sa réussite : elle montre à quel point il a le sentiment de pouvoir compter sur le peuple allemand. Et il le fait voter, déjà, par le bain de foule qui entoure les soldats, par les prêtres qui les encensent...

Inversement, la conjoncture est admirablement choisie pour que, dans les autres pays, et notamment en France et en Angleterre, l'opinion montre tout autre chose qu'une indignation unanime. Tout d'abord, des deux côtés de la Manche, le prétexte choisi par Hitler, que l'alliance franco-soviétique (ratifiée la veille par le parlement parisien) lui ferait craindre un « encerclement de l'Allemagne », trouve des oreilles compatissantes. Les politiciens de droite qui l'ont négociée et signée vont parfois jusqu'à la désavouer – c'est le cas de Laval, qui appelle les députés à voter contre la ratification, acquise seulement grâce aux voix de l'opposition de gauche. Pour l'Angleterre, point n'est besoin de rappeler son désaveu de cette alliance : à ce sujet le gouvernement conservateur n'est guère contredit par l'électorat, qui vient de lui donner à l'automne une large majorité. Elle soutiendra Churchill plus tard jusqu'aux élections suivantes, qui auront lieu en août 1945, mais pour l'heure le Vieux Lion est loin de la dompter.

L'Angleterre vient de perdre son roi et de saluer l'avènement d'Edouard VIII, admirateur notoire du Troisième Reich. Son gouvernement, empêtré dans une politique de sanctions contre l'Italie, et peu désireux d'une nouvelle pénétration française en Rhénanie, fond d'extase devant la perspective de voir le trublion allemand réintégrer Genève. Churchill lui-même, alors simple député, a désapprouvé l'accord naval essentiellement parce qu'il craignait une résurrection des ambitions maritimes allemandes, et il va en cette année 1936 prôner assidûment une revitalisation de la SDN, de nature selon lui à bloquer l'Allemagne si dans le même temps on se réarme. En France, on est avant tout préoccupé par le scrutin législatif qui va, deux mois plus tard, porter le Front populaire au pouvoir. Aucun parti ne met en avant le danger extérieur car la guerre n'est jamais d'un bon rendement électoral.

A nouveau, pour qu'il y ait des réactions sérieuses, il faudrait que l'opinion soit correctement informée des enjeux. La position franco-britannique, consistant à protester contre la remilitarisation de la Rhénanie tout en explorant, sous le nom de « nouveau Locarno », la voie proposée par Hitler de recherche de nouvelles garanties de paix (non sans déposer une plainte auprès de la SDN qui une fois de plus prend son temps, condamne et n'agit pas), comporte une brassée d'inconvénients qui sont pour Hitler autant de lauriers :

— il se débarrasse du traité de Locarno, plus malaisé à transgresser que celui de Versailles car l'Allemagne l'avait signé librement ;

— ses contreparties sont de simples promesses, qu'il n'est même pas obligé de violer : il n'a qu'à faire traîner en longueur les discussions, pour ne pas se retrouver devant les contraintes d'un « nouveau Locarno » ;

— la démilitarisation permettait aux troupes françaises de se retrouver d'un bond dans la Ruhr. Au contraire, en ayant récupéré la zone, Hitler va aussitôt la fortifier, et surtout dire qu'il le fait (la ligne Siegfried sera loin de valoir la ligne Maginot, et de coûter aussi cher) ;

— fâcheuse pour la défense de la France, la situation l'est plus encore pour ses alliés d'Europe orientale. Si l'Allemagne voulait attaquer la Tchécoslovaquie ou la Pologne, la menace d'une riposte foudroyante de la France sur ses centres vitaux, surtout après le précédent de 1923, était des plus dissuasives. Devant la nouvelle donne, ces petits alliés vont perdre beaucoup de leur confiance en la France et risquent de se demander si, pour sauver les meubles, il ne vaut pas mieux se rapprocher de l'Allemagne. La remarque vaut aussi, bien entendu, pour l'URSS.

Pas un seul journal, ni un seul député, en France comme en Angleterre, ne dresse un tel bilan. Le titre ironique du *Canard enchaîné*, brocardant ceux qui malgé tout s'inquiètent, donne le ton : « L'Allemagne a envahi l'Allemagne. » Une fois encore Hitler a gagné, en ne paraissant rien vouloir d'autre que la maîtrise de son propre territoire.

Il gagne si facilement qu'il est permis de s'interroger sur les doutes qu'il avait pu nourrir à cet égard. Il était aux premières loges pour voir l'affaissement de la volonté de Laval, à propos du pacte avec la Russie, et la vassalisation de la France par l'Angleterre, non seulement sur ce point mais dans l'affaire éthiopienne. Hitler était – on espère désormais en avoir convaincu le lecteur – assez fin pour savoir qu'un tournant avait été pris au milieu de 1935, que la France ne prendrait plus d'initiatives, se laisserait détacher de la Russie et ne se lancerait pas dans l'aventure de réagir au coup rhénan sans un soutien britannique, des plus improbables. En entrant en Rhénanie il enfonce une porte qu'il sait avoir, depuis longtemps, ouverte.

Il faut donc réévaluer à leur juste mesure les velléités de rébellion que nourrissaient alors les généraux. Hitler avait donné l'ordre à ses troupes, si elles rencontraient leurs homologues françaises, de rebrousser chemin et de quitter la zone naguère démilitarisée. Les chefs de l'armée avaient, dans ce cas, l'intention de renverser le dictateur ; l'ambassadeur allemand à Rome, Ulrich von Hassell, le déclara du moins à des diplomates français[1], et les historiens le crurent facilement. La seule chose sûre dans cette affaire, c'est que Hitler avait donné, peut-être pour calmer les inquiétudes de l'armée, l'ordre de revenir au point de départ en cas de mauvaise rencontre. Il est ici dans son personnage d'homme de paix, qu'il va jouer jusqu'au lendemain de Munich, et il ne lui coûte rien de dire, et de prouver par ses ordres, qu'il ne veut pas la guerre. Cela ne veut pas dire que ce scénario avait la moindre chance de s'appliquer. Le poisson français était ferré.

---

1. Cf. Jean Daridan, *Le chemin de la défaite*, Paris, Plon, 1980, prologue.

Plus somnambule que jamais, le peuple allemand approuve à 98 %, sans qu'aucun observateur fasse état de fraudes, la « politique suivie depuis trois ans ». Echec et mat.

CHAPITRE 10

Vers la guerre

Hitler, en mars 1936, n'a pas encore gagné la partie, pour la bonne raison qu'il porte encore, et pour un bon moment, sa défroque de pacifiste : son immense popularité repose sur l'illusion qu'il a donnée de vouloir et de pouvoir atteindre ses objectifs sans guerre. Ce qui ferait de lui un Bismarck attardé ou un Kohl avant la lettre, se contentant d'assurer la souveraineté de l'Allemagne dans ses frontières « Kleindeutsch[1] » et de développer son influence sur le terrain économique. Pour « élargir l'espace », il faudra bien se battre, et il en est le premier conscient. Il lui reste à faire admettre aux Allemands l'inéluctabilité d'un affrontement armé. La pilule sera d'autant mieux tolérée qu'il réussira à rejeter sur d'autres la responsabilité d'une dégradation du climat international.

Pendant deux ans, il n'avance plus et ne demande plus rien. Il se contente, d'une part, de mettre à profit les avancées précédentes, d'autre part de résister aux demandes pressantes de ceux, en particulier britanniques, qui veulent le corseter dans de nouveaux pactes. Il ne leur fait pas, pour autant, mauvais accueil. Car il jouit, le plus longtemps possible, d'une équivoque : depuis sa prise du pouvoir, il a exclusivement contesté les clauses *militaires* du traité de Versailles, en ne réclamant pour l'armée allemande rien d'autre que l'égalité des droits. En ce qui concerne les clauses *territoriales*, il a multiplié les propos et les gestes apaisants, tant sur l'Autriche que sur les Sudètes et sur le corridor de Dantzig. En remilitarisant la Rhénanie, il a atteint officiellement tous ses objectifs. Ne l'at-il pas affirmé le mois précédent au journaliste français Bertrand de Jouvenel qui lui demandait pourquoi, s'il n'avait plus aucun grief envers la France, il faisait rééditer *Mein Kampf* sans rectification ? Sa réponse est d'un cynisme quasiment poétique et, en tout cas, prophétique : « Ma rectification, je l'écris sur le grand livre de l'histoire[2] ! »

Les autres puissances peuvent donc être tentées de croire l'Allemagne satisfaite, et il importe de les ancrer dans cette croyance – pour, le

---

1. Mot apparu au XIXᵉ siècle dans les débats sur l'unité allemande : il y avait à choisir entre une Allemagne sans l'Autriche (Kleindeutsch) et une Allemagne englobant l'empire autrichien avec ses nombreuses nationalités (Grossdeutsch).

2. *Paris-Midi*, 26 février 1936.

moment venu, lever le masque en trois temps, en réclamant l'Autriche, puis les Sudètes, puis Dantzig.

Mais pour mieux faire passer ce changement, il faut aussi le préparer, en tempérant les manifestations de pacifisme. C'est pourquoi le poing frappeur n'est jamais loin de la main tendue. Au milieu des discours les plus iréniques se glissent de petites phrases contre le communisme qui laissent entendre que l'accord qu'on fait semblant de désirer, avec les puissances d'Europe de l'Ouest, exclura toujours la Russie et qu'avec elle, au moins, une explication militaire n'est pas à exclure. Les esquisses de pourparlers avec les démocraties sont elles-mêmes l'occasion de brusques coups de colère, chaque fois qu'il plaît au gouvernement du Reich de juger « blessante » une demande française ou anglaise de garanties.

Cette manière de voir n'est pas encore unanimement admise. On préfère souvent attribuer les oscillations apparentes de la politique extérieure nazie à des jeux de forces économiques ou sociales, ou encore à l'influence de tel ou tel clan[1]. Il y aurait ainsi, dans les années précédant la guerre, un clan Ribbentrop, poussant à un affrontement avec l'Angleterre en ménageant la Russie, et un clan Göring, d'orientation inverse. Pour montrer qu'il s'agit d'une mise en scène, il faut maintenant revenir sur les rapports entre Hitler et Göring et les voir sous un nouvel angle, celui de l'économie. « Hitler a obtenu de grands succès dans la lutte contre le chômage, mais en isolant son pays dans l'autarcie et en créant artificiellement des emplois par la préparation de la guerre » : c'est cette vision classique qu'il nous faut à présent évaluer.

Les choix économiques de l'Allemagne sous le nazisme sont successivement inspirés par Schacht et par Göring. Le premier domine la scène jusqu'au printemps de 1936, puis son étoile pâlit pendant deux ans et s'éteint le 4 février 1938 (date où il quitte officiellement le ministère de l'Economie ; il reste cependant président de la Reichsbank jusqu'en janvier 1939 et ministre sans portefeuille jusqu'en janvier 1943). Entretemps, Göring a pris sa place, mais non ses fonctions. Il n'est ni ministre de l'Economie (poste occupé depuis le 4 février 1938 par Walter Funk), ni président de la Reichsbank (poste récupéré par le même lors du départ de Schacht), mais titulaire de deux fonctions créées sur mesure : commissaire au plan « de quatre ans » et propriétaire d'un « Konzern Hermann Göring ».

De 1933 à 1936 les orientations économiques du régime obéissent à des principes déjà observés dans d'autres domaines : il s'agit à la fois de rassurer les milieux conservateurs et de les compromettre, en engageant le pays d'une manière peu réversible dans la conquête d'un espace vital « déjudaïsé ». Le chômage avait atteint son zénith en 1932 et commencé sa courbe descendante avant la prise du pouvoir : sagement Hitler laisse

---

1. Cf. *infra*, ch. 15, « Intentionnalisme et fonctionnalisme », p. 436 sq.

faire, et les conservateurs en charge des ministères économiques mettent en application des projets de relance de l'emploi élaborés sous Schleicher et Papen. En même temps, par la destruction brutale des structures syndicales, ouvrières mais aussi patronales, et l'intégration de leurs vestiges dans un « Front du Travail » confié au fidèle Robert Ley, le régime se donne dès mai 1933 un puissant levier d'intervention. Si le grand patronat, tout à la joie de voir disparaître la contestation ouvrière, pèche par naïveté et investit sans trop se poser de questions, il n'en va pas tout à fait de même de Hjalmar Schacht, qui est alors impliqué plus directement et, étant admis que c'est une faute, plus coupablement que Krupp ou Thyssen, dans la mise en place d'une économie orientée vers la guerre.

Ayant retrouvé en mars 1933 ses fonctions de directeur de la Reichsbank abandonnées en 1930, il y ajoute le 30 juillet 1934 le ministère de l'Economie, en remplacement de Schmitt, pâle successeur de Hugenberg. Cette nomination, souvent éclipsée dans les livres par l'agonie de Hindenburg, est une des mille preuves de la dextérité avec laquelle Hitler exploitait les situations, en agissant simultanément dans les domaines les plus divers.

Comme nous l'a montré son voyage de 1933 aux Etats-Unis, la politique de Schacht consiste d'abord à empêcher les mouvements de capitaux entre l'Allemagne et l'étranger, bloquant ainsi les investissements importants faits dans le pays avant la crise de 1929, sans les nationaliser toutefois : l'étranger continue à avoir intérêt à la prospérité de l'Allemagne, et la libéralisation des mouvements peut devenir un objet de négociation. Cependant, c'est aussi Schacht qui réoriente à la fois l'appareil productif et le commerce extérieur, en développant les produits de remplacement (les fameux « ersatz ») et en essayant d'équilibrer la balance commerciale avec chaque pays : en d'autres termes, les matières premières sont achetées autant que possible dans les pays qui peuvent, en échange, absorber les produits allemands. Voilà qui habitue le pays à se passer de ce qui lui manque et pallie la carence qui compromettait plus que toute autre sa marge de manœuvre en politique étrangère, celle des devises. Enfin, des mesures financières variées favorisent les industries d'armement, tout en décourageant celles qui sont de peu d'intérêt à cet égard, comme le textile. Il n'est guère étonnant que Schacht ait accepté, le 21 mai 1935, de changer virtuellement le titre de son ministère pour un autre, plus explicite : il deviendrait « ministre plénipotentiaire pour l'économie de guerre », si celle-ci éclatait[1].

Sa disgrâce s'amorce, avons-nous dit, dès 1936. Un peu avant la sienne

---

1. Il s'agit d'une loi secrète émise par Hitler, à l'usage d'un cercle vraisemblablement très étroit, et connue par un document du procès de Nuremberg. On aura remarqué la date : c'est celle du grand discours irénique destiné à arracher la signature de l'accord naval avec l'Angleterre. Cette loi sera de moins en moins mentionnée, et l'implication de Schacht de moins en moins soulignée, au fur et à mesure que le temps passera : seul Bullock (1952, *op. cit.*, p. 327) et Shirer (1960, *op. cit.*, p. 284) sont un peu explicites. En 1969, Broszat se contente d'une courte allusion sans référence (*op. cit.*, p. 434). Sur le traitement de faveur de Schacht par l'historiographie, cf. *infra*, ch. 15.

pâlit l'étoile de Darré : les récoltes de 1934 et 1935 ont été mauvaises, et l'approvisionnement alimentaire du Reich commence à poser de gros problèmes financiers, dont on rend responsable le spécialiste nazi de l'agriculture, qui avait lui aussi succédé à Hugenberg[1]. Voici donc le Führer en position d'arbitre, sur la question des devises. Schacht propose de tempérer l'économie de guerre et de favoriser les exportations. Il trouve, bien entendu, l'oreille de certains patrons, particulièrement ceux du textile, au pain sec depuis trois ans... mais il se fâche avec les généraux car, par voie de conséquence, il conseille de ralentir le réarmement. Voilà Göring, à l'automne 1935, chargé par Hitler d'un arbitrage entre Schacht et Darré, après quoi on voit intervenir Blomberg, qui conseille au Führer de confier à Göring un arbitrage permanent sur les questions de devises. Schacht, qui trouve Göring plus accessible au raisonnement économique que des bureaucrates nazis comme Darré, en vient lui-même à prôner cette solution et c'est avec une touchante unanimité qu'est accueillie, le 4 avril 1936, la nomination de l'ancien maître d'œuvre du putsch de 1923 comme « plénipotentiaire pour l'approvisionnement du Reich en devises et matières premières[2] ».

Dans la dernière semaine d'août, Hitler rédige à Berchtesgaden un *Denkschrift* qui va être diffusé à peu d'exemplaires, pour la bonne raison qu'il annonce carrément le déclenchement d'une guerre quatre ans plus tard, et que le langage officiel est alors tout autre. A part Göring, Blomberg en fut peut-être le seul destinataire. Mais beaucoup d'éléments de ce mémorandum vont tomber dans le domaine public dès le congrès de Nuremberg, le 14 septembre : dans son discours de clôture, le Führer annonce un « plan de quatre ans pour assurer la liberté économique de l'Allemagne », et en confie la direction à Göring.

Celui-ci réunit aussitôt les industriels, pour décider avec eux de leurs fabrications au cours des quatre années à venir. Le secteur de la métallurgie ayant refusé de s'engager sur les chiffres souhaités, en raison notamment de la faible teneur des minerais de fer allemands, Göring va créer tout bonnement, en juin 1937, son propre trust, les *Hermann Göring Werke*, comportant des mines et des aciéries.

Il ajoute ainsi une corde à un arc déjà bien pourvu. Il se révèle décidément, du moins à l'historien, comme un premier ministre occulte, en charge seulement des dossiers vitaux, ou plutôt d'un seul dossier aux multiples facettes, celui de l'accomplissement de la mission donnée par la Providence à son maître. Il a déjà la haute main, officiellement ou non, sur la Prusse, l'Intérieur, la diplomatie et un bon morceau de la Défense nationale, sans parler de la présidence du Reichstag, qui lui offre un certain rôle dans les questions de propagande. Voilà qu'il prend en charge

---

1. Car le magnat cumulait, entre le 30 janvier et le 27 juin 1933, les portefeuilles de l'Economie et de l'Agriculture.
2. Cf. Stefan Martens, *op. cit.*, p. 69.

l'économie, dès lors qu'il s'agit de la mettre au service d'une entrée en guerre rapide.

En regard, Ribbentrop est plutôt pâle, et l'on devrait d'autant moins ajouter foi à l'idée d'une lutte entre les deux hommes qu'ils ont donné au procès de Nuremberg un spectacle conforme à leur répartition des rôles pendant le Troisième Reich. L'ancien négociant, tout en montrant pour le Führer une admiration intacte, justifia petitement sa conduite par le devoir d'obéissance, tandis que Göring endossait son rôle de successeur avec un brio et un courage dignes d'une meilleure cause. Sa performance est comparable jusqu'à un certain point à celle de Dimitrov, éclipsant ses avocats et ridiculisant le tribunal, à ceci près qu'il ne disposait pas, en dehors de l'enceinte, du soutien de millions de manifestants. Cela ne veut pas dire pour autant qu'il était honnête et se refusait les ressources du mensonge, tant par déformation que par omission. Ainsi le seul point commun de son système de défense avec celui du ministre des Affaires étrangères est qu'il nie, contre l'évidence, toute connaissance du génocide des Juifs. De même il se déclare étranger à l'incendie du Reichstag, en plaidant qu'il n'a plus rien à perdre et que s'il avait commis cet acte il le dirait. La liste de ceux qui sont tentés de le croire sur ce point serait longue. Mais, contrairement à ce qu'il affirme, le mobile d'un mensonge est transparent : l'image qu'il cherche à donner est celle d'un Reich honorablement nationaliste et c'est le Göring mondain, proche des milieux conservateurs, qu'il campe devant la postérité.

A côté d'un tel prédateur, la faible envergure de Ribbentrop ressort tout autant du petit nombre des affaires qui lui sont confiées entre 1933 et 1937 que des circonstances de son accession à la tête de la Wilhelmstrasse, le 4 février 1938. Il est d'abord confiné dans la gestion des rapports avec l'Angleterre, où il fait de longs séjours, avant comme après sa nomination d'ambassadeur survenue le 30 octobre 1936. Même par la suite, sous prétexte de faire ses adieux, il tarde à occuper son fauteuil ministériel et, lors de l'Anschluss (12 mars 1938), il est à Londres (qu'il quitte le 14), son prédécesseur Neurath assurant son intérim, tandis que Göring dirige sur le plan diplomatique et militaire l'investissement de l'Autriche.

Si le succès couronne dans l'immense majorité des cas les manœuvres combinées de Göring et de Hitler, il peut leur arriver d'échouer. Ainsi, en février 1937, lorsqu'une petite leçon administrée à Hanfstaengl débouche sur un résultat non souhaité. Toujours chef du bureau de la presse étrangère du parti, il est à présent en froid avec les dirigeants nazis, qui n'osent sans doute pas se débarrasser expéditivement de lui par peur de complications internationales. Alors il est convoqué brusquement à Berlin, et se voit chargé par un aide de camp de Hitler d'une « mission secrète » en Espagne, qu'on lui expliquera dans l'avion qui doit l'emporter. Il est reçu un instant par Göring, qui lui donne comme accompagnateur son plus proche collaborateur, le colonel Bodenschatz. Dans l'avion, on lui explique qu'on va le parachuter dans les lignes républicaines – gage de capture et d'exécution probables. Cependant, lors d'une escale en territoire allemand, il réussit à s'enfuir, et à passer en Suisse. Il semble que ses accompagnateurs se soient amusés d'abord à le terroriser, puis à le laisser fuir, et qu'ils aient sous-estimé sa capacité de leur échapper. Le but de Göring ne paraît pas avoir été son exil, puisqu'il lui envoya force émissaires pour tenter de le faire revenir[1].

Dans l'été de 1936, les Jeux olympiques de Berlin offrent un résumé du jeu de la direction nazie. Les thèmes de la paix, de la fraternité, du sport comme exutoire des tensions internationales sont abondamment développés. Mais la presse et le régime mettent en relief de la manière la plus cocardière les performances, largement supérieures aux attentes, des athlètes allemands, l'excellence de l'organisation, la peu démocratique symbiose du Führer et de son peuple, et les compliments quasi serviles des diplomates étrangers. Ceux-ci, en ne boudant pas leur plaisir, signent un chèque en blanc à ce Reich qui, après avoir piétiné Versailles et Locarno, n'a encore limité sa future expansion par aucun engagement.

Dans le même temps, l'agression du général Franco contre la République espagnole offre une magnifique diversion. La guerre civile qui, à partir du 18 juillet 1936, ravage l'une des grandes puissances des siècles antérieurs, accapare l'attention du monde et permet à Hitler de masquer ses véritables objectifs.

Sans faire la leçon à nos aînés, il importe de critiquer, comme peu adéquats au réel, les concepts de fascisme et d'antifascisme dont ils usaient volontiers à l'époque, notamment en France. Ils n'ont guère pris conscience du cadeau qu'ils faisaient ainsi à Hitler. Ils lui servaient, sur un plateau, l'alliance de Mussolini puis celle de Franco et, plus gravement encore, poussaient vers lui les dictateurs au petit pied d'Europe orientale, comme les Polonais Pilsudski, puis Beck. Au sein de cet ensemble, ils isolaient dangereusement la démocratie tchécoslovaque. Sans séduire pour autant la démocratie américaine, déjà plus attentive à ses intérêts qu'à l'idéologie, quand les deux entraient en concurrence.

Dans le putsch contre la République espagnole, la gauche française voyait l'effet d'un complot pour cerner son pays avec des « fascismes » sur ses trois principales frontières, en relation avec ceux qui, au-dedans, luttaient contre le Front populaire par des moyens occultes, tels les conspirateurs dits de la Cagoule. A droite, les partisans clairsemés d'une aide à la République espagnole agitaient plutôt les souvenirs de l'empire de Charles Quint. Entre les deux, Léon Blum, déchiré entre son cœur de socialiste et sa raison d'homme d'Etat, cherchait avant tout à ne pas se dissocier de l'Angleterre... dont l'establishment vomissait les républicains tout uniment traités de « rouges », à commencer par Churchill, qui ne

---

1. Cf. Hanfstaengl, *op. cit.*, p. 315-331.

rectifie la position qu'au début de 1938... à un moment où les communistes ont pris dans le *Frente popular* une place beaucoup plus grande qu'en 1936. Le beau gâchis !

La droite française était à certains égards plus avisée que la gauche : elle dénonçait le danger *allemand* et concentrait sa méfiance sur Hitler, car elle trouvait plus d'une vertu à Franco et à Mussolini. Mais ses dirigeants ne faisaient preuve d'aucune largeur de vues, à part peut-être Georges Mandel. D'autres esprits préoccupés par le danger allemand, comme Louis Marin ou Paul Reynaud, faisaient leurs petits Brüning, lorsqu'ils estimaient prioritaire le rétablissement des règles libérales mises à mal par les victoires revendicatives de juin. A partir de 1936, l'idéologie (haine du Front populaire à droite, pacifisme à gauche) parasite de plus en plus la prise en compte de l'intérêt national. En Angleterre, Churchill, abstraction faite du cas espagnol, montre bien isolément un chemin inverse.

Mais là encore, il faut se garder de considérer Hitler comme un simple spectateur opportuniste. De ces processus il était aussi un agent. En minant l'intelligentsia française par des sbires comme Abetz et en envoyant Ribbentrop mondaniser à Londres, sans doute, mais surtout en calculant ses propres effets. Le pacifisme serait resté marginal si Hitler n'avait su rendre crédible son prétendu désir de paix. La preuve ? Il fut insignifiant en 1939, lors du déclenchement de la guerre. Parce que le chef allemand avait jeté le masque.

Si on veut saisir le jeu hitlérien en Espagne, c'est d'abord un détour par Vienne qui s'impose.

La question autrichienne avait connu une évolution peu remarquée, le 11 juillet 1936. L'accord signé ce jour-là entre l'Allemagne et l'Autriche marquait un net rapprochement. C'était plus, on s'en doute, un ralliement du petit pays aux thèses du grand que l'inverse : on peut y voir l'un des multiples effets, sur les petits Etats européens, de la passivité des grands devant le coup de force rhénan. En échange d'une renonciation à l'Anschluss que rien ne garantissait en dehors de la signature hitlérienne, l'Autriche s'engageait à se comporter, en politique extérieure, comme un « Etat germanique ». Surtout, l'accord comportait des clauses secrètes, retrouvées après la guerre, suivant lesquelles l'Autriche amnistierait ses prisonniers politiques et confierait à son « opposition nationale » des postes de « responsabilité politique »[1]. Le traité avait été négocié par Papen, et Hitler s'était offert le luxe de le morigéner au téléphone, juste après la signature, pour l'avoir « amené à faire des concessions exagérées ». Ce dernier fait n'est connu que par les mémoires de Papen, dont la plume tremble encore d'indignation devant la volte-face du Führer, qui avait bien entendu suivi de près l'affaire et donné son accord à chaque virgule. Mais Papen proteste comme un fonctionnaire consciencieux, comme un ambassadeur accusé d'initiatives personnelles alors qu'il s'est

---

1. Cf. W. Shirer, *Le Troisième Reich, op. cit.*, p. 324.

strictement conformé aux instructions. Lorsqu'il rédige ses mémoires vers 1950, il n'a pas encore compris qu'il n'était qu'un pion, dans un jeu aux règles pourtant simples, même si les figures étaient souvent compliquées : Hitler était un Janus qui parlait de paix en préparant la guerre et ne signait des accords que pour les violer un jour, ce qui explique fort bien qu'il ait en privé, pour préparer le terrain, blâmé la « modération » de ses négociateurs. Loin d'en prendre conscience, Papen pense encore que le dictateur avait peut-être lui-même, au dernier moment, été retourné par des « éléments extrémistes [1] ». Et comme, quelques jours plus tard, le chancelier lui avait présenté ses excuses, avant de s'afficher avec lui au festival de Bayreuth, voilà que Papen interprète cette nouvelle volte-face comme un heureux effet de sa politique et de celle des « anciens membres des partis modérés » qui approuvaient chaleureusement le traité. Bref, Hitler, au faîte de sa puissance, pouvait encore faire faire ses commissions par d'anciens « membres » qui croyaient par là redonner vie aux cadavres de leurs organisations.

En signant cet accord il fait à l'Italie un signe d'amitié d'une duplicité flagrante, du moins après coup. On se souvient que Mussolini s'était érigé en défenseur de l'indépendance autrichienne, de manière assez agressive envers l'Allemagne, après l'assassinat de Dollfuss. La guerre d'Ethiopie avait rapproché les points de vue et Hitler était pressé de se faire rétribuer le soutien que seule, parmi les grandes puissances, l'Allemagne avait apporté à cette conquête. L'accord du 11 juillet permet à Mussolini d'amorcer, sur la question autrichienne, une courbe rentrante, sans perdre la face et sans mécontenter le Vatican, qui cherche à conserver l'Autriche comme un bastion catholique et que le fascisme italien a besoin de ménager. Ce qui semble se profiler, c'est un Anschluss progressif et respectueux du particularisme autrichien, en matière religieuse notamment. Dès lors, la coopération du fascisme et du nazisme s'affiche de plus en plus. La guerre d'Espagne est son premier banc d'essai.

Autant il est certain que Franco, préparant une rébellion contre le gouvernement de *Frente popular*, avait demandé et obtenu le soutien de Mussolini, autant l'implication de l'Allemagne paraît, d'après les éléments connus, avoir commencé après le coup d'Etat et son relatif échec, qui ne laissait aux insurgés que le Maroc espagnol et quelques régions de la péninsule, parmi les plus rurales. Il paraît acquis que le Führer ne décida d'une aide matérielle que le 25 juillet 1936, date de l'irruption d'un officier franquiste, accompagné de deux agents allemands en poste au Maroc, au festival de Bayreuth [2]. L'aide, aussi secrète que possible, fut essentiellement aérienne et, donc, coordonnée par Göring. Elle sauva peut-être Franco d'un désastre immédiat, en lui permettant de faire passer des troupes à travers le détroit de Gibraltar, mais fut toujours très inférieure

---

1. *Mémoires*, tr. fr. Paris, Flammarion, 1953, p. 262.
2. Cf. Stefan Martens, *op. cit.*, p. 65.

en quantité à l'aide italienne, faite de régiments entiers hâtivement déguisés en « volontaires ».

Si l'Espagne n'eut pas à s'en féliciter, le principal désastre, pour l'Europe, ne fut pas la laborieuse victoire de Franco, mais bien ce qu'on nomma dès cette époque la « farce de la non-intervention ». Car ce processus permit à Hitler, pour la première fois, de prendre rang dans une négociation européenne et d'y jauger ses principaux partenaires.

L'Angleterre avait réussi à refiler le mauvais rôle à la France. Léon Blum ayant eu pour premier réflexe d'honorer les commandes d'armement, dûment payées et sur le point d'être livrées, du gouvernement légal, on lui fit comprendre à Londres, où il se rendait pour d'autres affaires le 23 juillet, que l'Angleterre verrait cette « intervention » d'un mauvais œil. La mort dans l'âme il y renonça, après un dramatique conseil des ministres tenu à Paris le 9 août. Mais dès le 1er août, il s'était dédouané par la proposition, faite à tous les gouvernements concernés, d'un « accord de non-intervention ». Il fut signé en août, notamment par l'URSS et l'Allemagne, l'Italie ayant subordonné son acceptation à la mise en place d'un strict contrôle international. Ce fut justement l'objet de la réunion, à Londres, d'une « commission internationale de la non-intervention », qui tint force séances à partir du 9 septembre 1936. Ni l'Allemagne ni l'Italie n'ayant, en fait, diminué leur concours à Franco, l'URSS reprit sa liberté et ses livraisons de chars sauvèrent le camp républicain à l'automne... ce qui n'était pas pour déplaire à Hitler, dont rien ne démontre qu'il ait jamais souhaité une victoire rapide de Franco.

En attendant, il avait arrimé Mussolini à sa cause, d'une manière qui devait s'avérer définitive. Un voyage à Berlin puis à Berchtesgaden de son gendre Ciano, nouveau ministre italien des Affaires étrangères, du 22 au 25 octobre, scella le rapprochement et l'honneur de lui donner un nom revint à Mussolini qui, le 1er novembre, parla dans un discours de « l'axe Rome-Berlin ».

L'heure était à l'anticommunisme. Depuis un an, l'Allemagne négociait un accord avec le Japon, qui justifiait volontiers ses agressions en Chine par la menace communiste dans ce pays et la présence de l'URSS à ses portes. Les pourparlers, dont Hitler avait informé Ciano, aboutirent le 25 novembre à la signature d'un « pacte anti-Komintern », ouvert à tous les pays qui désiraient y adhérer.

Là encore, ce Hitler qu'on nous donne souvent pour un rustre montre une finesse que les auteurs de ce jugement seraient en droit d'envier. Il se soucie de Rome comme d'une guigne, et de Tokyo guère plus. Son tir est indirect, et vise Londres. L'Angleterre a beaucoup à perdre en Afrique et en Asie si Berlin se met à soutenir les revendications italiennes ou japonaises. Il importe d'en agiter la menace, sans pour autant fermer la porte. C'est pourquoi on fait profession, comme le gouvernement tory, de haïr avant tout le communisme, en Espagne comme en Chine, avec l'espoir d'être autorisé à le combattre en URSS. Et on invite Londres à compléter un « quadrilatère » qui comprend déjà Berlin, Rome et Tokyo. C'est ce qu'on dit ou suggère en 1936 et 1937 à de distingués visiteurs tels lord Londonderry et Arnold Toynbee (février 1936), Lloyd George (septembre 1936), le duc de Windsor (octobre 1937), et enfin lord Edward Halifax, un homme clé du drame qui va éclater, qui rend visite à Hitler et Göring à Berlin les 19 et 20 novembre 1937. Mais à ce moment, les duettistes nazis viennent d'allumer une mèche.

Le 5 novembre 1937, de 16 h 15 à 20 h 30, à la chancellerie du Reich, Hitler réunit le ministre des Affaires étrangères, Neurath, celui de la Guerre, Blomberg, et les chefs des trois armées de terre, de mer et de l'air, soit Fritsch, Raeder et Göring. Le chef de sa maison militaire, le colonel Hossbach, prend des notes, grâce auxquelles l'histoire retiendra son nom.

Le Führer ouvre la séance sur un ton solennel. Il veut exposer ses idées sur « les possibilités et les nécessités de l'évolution de la situation politique extérieure », et indique que s'il vient à mourir on devra considérer cet exposé comme son testament.

D'après lui, l'économie allemande, menacée de diverses pénuries, ne peut les pallier ni par une plus grande participation au commerce mondial, ni par l'autarcie : il en conclut que le pays manque d'espace vital. Passant à des considérations navales et stratégiques, il juge que, du fait de la maîtrise des mers par la Grande-Bretagne, et de sa volonté de conserver ses colonies, l'Allemagne peut difficilement satisfaire ce besoin d'espace par des conquêtes outre-mer.

Il va donc falloir faire la guerre, comme Frédéric le Grand, comme Bismarck, en prenant des risques. D'emblée, une date-limite est fixée, la « période 1943-45 ». La guerre aura lieu au plus tard à ce moment et le Führer, s'il est encore en vie, n'hésitera pas à la déclencher. Mais ce n'est là que le « cas n° 1 ». Il existe deux autres éventualités, qui pourraient rapprocher l'échéance : que la France soit en proie à de graves troubles civils, auquel cas l'Allemagne devrait sans attendre s'emparer de la Tchécoslovaquie (cas n° 2) ; que l'armée française soit trop occupée dans une autre direction pour entraver l'action de l'Allemagne : c'est le cas n° 3, sur lequel dans l'immédiat aucune précision n'est fournie.

Dans les trois cas, il faut conquérir non seulement la Tchécoslovaquie mais l'Autriche, de façon à créer « une frontière commune Allemagne-Hongrie ». La France ne bougera vraisemblablement pas, car elle n'aurait pas le soutien de l'Angleterre. La perspective d'une nouvelle guerre européenne effraierait ce pays, eu égard aux risques de voir alors ses colonies se détacher de lui. L'Allemagne aurait soin de son côté de ne pas provoquer l'intervention anglaise par une violation de la neutralité belge. La rapidité de son action serait déterminante pour empêcher l'intervention de la Pologne et de la Russie – celle-ci devant de surcroît se garder à l'est, contre le Japon.

Suit un développement sur le cas n° 3, étrangement confus – car le reste ne l'est pas. Ce qui risquerait d'occuper l'armée française dans une autre direction, ce serait tout bonnement une guerre contre l'Italie, pour le contrôle des Baléares ! L'Angleterre, pour le coup, se rangerait à ses côtés, et même peut-être l'Espagne si la guerre y était terminée... au profit de Franco. Car l'Italie, qui occupe présentement les Baléares[1], refuserait de les rendre et l'Allemagne l'assisterait, sans pour autant entrer en guerre. Cependant, le Führer dit aussi qu'à son point de vue la guerre d'Espagne est loin de sa fin et peut encore durer trois ans. Mieux : l'Allemagne, qui a intérêt à cette prolongation, devra y aider en réduisant son aide à Franco. Göring, à la fin de la réunion, donne son accord au retrait de l'aide, essentiellement aérienne, envoyée par l'Allemagne aux nationalistes.

Entre-temps, les trois membres non nazis de l'assemblée ont réagi aux propos du Führer, en prônant la prudence. Les deux généraux rappellent « la nécessité pour l'Allemagne de ne pas avoir l'Angleterre et la France comme adversaires » et estiment qu'un engagement contre l'Italie n'empêcherait pas l'armée française d'être, sur la frontière de l'ouest, supérieure à l'allemande. Ils disent aussi grand bien des fortifications tchèques. Quant à Neurath, il exclut l'éventualité d'un conflit franco-italien dans le proche avenir.

Le Führer alors redit qu'il ne croit pas à une réaction anglaise ni à une action de la France seule contre l'Allemagne à propos de la Tchécoslovaquie, et qu'en cas de « mobilisation générale en Europe » au sujet des affaires espagnoles, l'Allemagne devrait fondre sur ce pays. Mais il concède que si les autres puissances déclaraient se désintéresser d'un conflit franco-italien en Espagne, l'Allemagne devrait « commencer par adopter la même attitude ».

Voilà le type même du texte très connu et peu lu. C'est l'une des archives saisies en 1945 que les Alliés ont exploitées le plus promptement, notamment à l'occasion du procès de Nuremberg. Cette préméditation d'une guerre « au plus tard en 1943-45 » était pain bénit pour qui cherchait à démontrer le caractère collectivement criminel de la direction allemande. Du coup, on en est resté à une interprétation étroitement judiciaire, et la présente analyse est l'une des premières qui replacent le texte dans son contexte chronologique et stratégique.

Que cherche Hitler ? A embrigader de plus près, au service des plans nazis, la droite conservatrice ici représentée par les principaux chefs de l'armée, et par celui de la diplomatie.

Le lecteur contemporain ne doit pas craindre de critiquer les juges de Nuremberg, dût-il rencontrer quelque incompréhension et se voir accusé de déplorer la sévérité des peines : il est curieux de lire ici la prémédita-

---

1. Etrange inexactitude : si Majorque voit passer de nombreux bateaux italiens, elle est sous une parfaite souveraineté franquiste, et Minorque est restée républicaine.

tion d'une guerre mondiale. Car il s'agit précisément de rayer de la carte la Tchécoslovaquie et l'Autriche, dans des conditions telles que ni la France, ni l'Angleterre, ni l'URSS ne réagiraient.

Dans les années 60 est apparue une relecture du protocole Hossbach qui s'est qualifiée elle-même de « révisionniste » – un terme usurpé, que je proposerai de remplacer dans tous les cas, s'agissant de la tendance à minorer l'agressivité foncière, sous la façade, du Troisième Reich, par celui de « négationniste ». C'est l'Anglais A.J.P. Taylor qui a ouvert le ban en remarquant, comme nous venons de le faire, que le Führer n'a pas l'air de préméditer une guerre mondiale. Il n'y voit qu'opportunisme : « La seule conclusion solide que l'on puisse en tirer est que Hitler comptait sur un tour imprévu des choses pour assurer le succès de sa politique étrangère[1]. » Ce qui pèche ici, comme dans toute démarche négationniste, c'est un fétichisme des textes, ou plutôt de certains fragments de textes mis en avant pour en éclipser d'autres, qui gêneraient la démonstration. De ce que Hitler, ici, ne dévoile pas ses plans, il est téméraire de déduire qu'il n'en a point.

Leur idée directrice n'a pas varié depuis 1924 : il s'agit d'abaisser la France et de dépecer l'URSS. Hitler ne fait ici aucune référence à ces deux grands objectifs... tout en montrant, sans aucun doute intentionnellement, le bout de l'oreille. Ce qu'il avance pour assurer que l'Allemagne peut agir sans risque contre ses petits voisins est tantôt convaincant (la mollesse de l'Angleterre), tantôt mensonger (l'assurance qu'on ne passera pas par la Belgique pour envahir la France, l'engagement de reporter l'attaque en 1943 si les cas 2 ou 3 ne se réalisent pas), tantôt confus (le scénario des Baléares). L'image qu'il donne à ses généraux est celle d'un brouillon dangereux mais somme toute prudent et accessible à la critique. Il les inquiète, mais pas assez pour qu'ils mettent leur veto à la préparation d'une conquête violente de deux pays : il leur met en quelque sorte le doigt dans l'engrenage, tout en leur donnant l'impression que leur point de vue peut encore être écouté et que le Führer ne sait pas complètement ce qu'il veut. Il les met dans l'état où le nazisme aime mettre ceux dont il se sert : réticents mais dociles, sentant que quelque chose n'est pas clair mais n'arrivant pas à le distinguer, envisageant de se rebeller mais n'arrivant pas à s'y décider.

Il ne lui reste qu'à élargir sa marge de manœuvre, en se débarrassant brutalement, quatre mois plus tard, de ces trois personnes qui ont entériné la guerre, tout en la croyant moins imminente qu'elle n'est et moins étendue qu'elle ne sera, et qui sont tout de même demeurées à leur poste – justifiant bien, au total, les dix années de méditation que le diplomate passera à Spandau, la mort en ayant dispensé les deux généraux.

---

1. *The Origins of the Second World War*, Londres, Hamish Hamilton, 1961, p. 182.

Le 4 février 1938, Hitler appesantit considérablement sa mainmise sur l'Allemagne. Il débarque une bonne partie des non-nazis qui, dans les hautes sphères du gouvernement et de l'administration, lui ont obéi, fût-ce en rechignant, depuis la prise du pouvoir. Il remanie le commandement, la diplomatie, l'économie. Il promeut soit des nazis bon teint (Funk à l'Economie, Ribbentrop aux Affaires étrangères), soit des ambitieux qui acceptent un avancement inespéré, gage de malléabilité (Keitel, Jodl et Brauchitsch dans le haut commandement).

Le propos est clair : c'est un dispositif de guerre qui se met en place. Il faut, aux postes clés, des échines souples. Les milieux conservateurs sont, pour la dernière fois en temps de paix, avertis et mis au pas. L'autorité du chef s'affirme comme jamais : s'il peut se permettre d'afficher à son tableau de chasse, simultanément et par surprise, Blomberg, Fritsch, Neurath et Schacht, et même accessoirement Papen, dont la fin de la mission à Vienne est annoncée par la même occasion, tout le monde n'a qu'à bien se tenir et exécuter son service sans mot dire, sous peine de remplacement immédiat.

Cependant, la manière, une fois de plus, est tortueuse. L'attention des élites, sinon celle du public, est accaparée par la moralité individuelle des deux principaux chefs militaires. Blomberg qui, veuf depuis 1932, vient d'épouser une jeune femme nommée Margarethe Gruhn, avec Hitler et Göring pour témoins, se le voit tout à coup reprocher : la police découvre que l'épouse est une ancienne prostituée, qui avait de surcroît posé, au début des années 30, pour des photos pornographiques. Quant à Fritsch, qui devrait normalement prendre sa succession (Hitler a jusque-là respecté les règles d'avancement du corps militaire), il se voit tout à coup accusé d'homosexualité : un jeune homme l'aurait surpris en 1934 adonné à des attouchements de cette sorte dans une rue sombre de Berlin, et le ferait chanter depuis.

Le journal du colonel Jodl nous donne une chronologie précise :

— le 12 janvier a lieu le mariage de Blomberg, « très surprenant » selon Jodl, qui est son collaborateur au ministère depuis trois ans ; le 25, Göring se rend chez Blomberg ;

— le 26, Keitel confie à Jodl sous le sceau du secret que Blomberg est chassé de son poste, qu'il part en voyage le soir même et que le Führer a interdit qu'on ébruite la nouvelle avant le 30 ;

— ce même 26, en ce qui concerne la succession de Blomberg, Jodl note que le Führer « ne veut pas nommer Göring » et qu'« il ne semble pas être question » de nommer Fritsch[1] ;

— le 27, Hitler convoque Keitel et s'ouvre à lui : il avait d'abord

---

1. C'est le même jour, d'après les mémoires de Keitel, qu'apparaissent les premiers bruits au sujet d'une instruction « sur le point d'être ouverte » contre Fritsch. Les mémoires fort détaillés de Keitel mentionnent qu'il a appris le fait dans l'après-midi, de la bouche de Blomberg lui-même, qui sortait de chez Hitler. Les deux généraux avaient des liens personnels (le fils de Keitel venait d'épouser la fille de Blomberg) qui incitent à considérer de près le témoignage de Keitel (*Generalfeldmarschall Keitel/Verbrecher oder Offizier ?*, documents présentés par Walter Görlitz, Göttingen, Musterschmidt, 1961, tr. fr. *Le maréchal Keitel*, Paris, Fayard, 1963, p. 55).

décidé d'assumer le scandale du mariage de Blomberg « à la face du monde », puis s'était résigné à se séparer de lui le matin du 26, devant l'arrivée de « plus amples nouvelles » sur la jeune personne et « la publicité que ces nouvelles avaient déjà reçue » ; Hitler déclare alors à Keitel qu'il est « son unique conseiller dans les questions de la Wehrmacht » et qu'il veut, avec son aide, en prendre lui-même le commandement ; il veut aussi changer à court terme le commandement de l'armée de terre, et des noms sont évoqués, pour être aussitôt exclus : Schulenburg, Rundstedt, Joachim von Stülpnagel, Reichenau ;

— le 28, cependant, Hitler semble pencher pour ce dernier, mais on prononce aussi les noms de Brauchitsch et de Leeb, qui semblent mieux agréer à Keitel, soucieux d'obtenir que le changement apparaisse comme « un changement de système, et non un simple changement d'hommes sur la base de conflits » ; le même jour, le commandant Schmundt est nommé chef de la maison militaire (Adjutant) du Führer, en remplacement de Hossbach ;

— toujours le 28, le général Beck, chef d'état-major de Fritsch, informe Keitel que les bruits concernant l'épouse de Blomberg « courent sur les toits » : « on dit que ses amies ont adressé des coups de fil aux généraux, depuis des locaux où elles fêtaient la promotion de leur collègue » ; en conséquence, « il faut le forcer à se séparer d'elle ou le rayer de la liste des officiers » ;

— puis Keitel convoque Brauchitsch pour le sonder : il lui demande notamment « s'il est prêt à rapprocher plus étroitement l'armée de terre de l'Etat et de ses idées (Gedankengut) » ainsi qu'à changer « si nécessaire » son chef d'état-major pour une personnalité animée des mêmes dispositions – Brauchitsch agrée les deux points ;

— le 29, on apprend que l'amiral Raeder a envoyé un officier, le capitaine von Wangenheim, à Blomberg, qui se trouve à Rome, pour le convaincre de se séparer de sa femme (Jodl souligne que, cet officier étant sous les ordres de Keitel, Raeder aurait dû consulter celui-ci et ne l'a pas fait) ;

— le 30, Göring voit Keitel et lui dit que « lui aussi est pour Brauchitsch et contre Reichenau » ;

— le 31, Hitler reçoit Brauchitsch en même temps que Rundstedt ;

— le 1er février, en présence de Keitel, Göring interroge Brauchitsch sur sa vie familiale et annonce qu'il va vérifier ses dires ;

— le même jour, une lettre de Blomberg (on ne sait si c'est à Keitel ou à Hitler) raconte que le capitaine von Wangenheim lui a apporté un pistolet et qu'il a refusé d'en faire usage ; Jodl note son désaccord avec la méthode employée, un suicide devant « à tout prix être évité » ;

— le 2 février, Keitel annonce à Jodl que Göring, au cours d'une rencontre avec Brauchitsch, a remis en question sa nomination au motif qu'il se déclarait peu pressé d'opérer des changements de personne, auxquels le Führer tenait ; s'il ne se décide pas, Hitler est décidé à nommer Reichenau ; quant à Wangenheim, il est relevé de ses fonctions ;

— le général Adam révèle à Jodl que le ministre Frank lui a demandé : « Que dites-vous à votre Feldmarschall [le titre porté par Blomberg] ? » et qu'il a répondu : « Ce n'est pas notre Feldmarschall, c'est le vôtre ! » ;

— dans l'après-midi Jodl apprend par Keitel, qui le tient de Lammers (secrétaire inamovible de la chancellerie du Reich, de la prise du pouvoir jusqu'à la fin), que « les soldats » veulent voir Fritsch succéder à Blomberg, que « d'autres forces » veulent Himmler et que Göring s'y oppose ;

— puis il est fait mention, pour la première fois, d'un dossier sur Fritsch, dont Gürtner, ministre de la Justice, a dit au Führer qu'il était solide ; on a vérifié l'emploi du temps de Fritsch : il était bien à Berlin du 5 au 7 janvier 1934, date des faits reprochés ;

— le 3 février, Jodl trouve Keitel « très abattu », car Hitler et Göring penchent de nouveau pour le remplacement de Fritsch par Reichenau : il est « persuadé que cette nomination conduira à une troisième et, de toutes, à la plus grave, crise dans l'armée » ;

— puis le général Thomas rapporte un propos de Schacht, suivant lequel la SS « met tout en œuvre pour discréditer la Wehrmacht » ; or Thomas ignorait tout des affaires en cours, ce qui inspire à Jodl la réflexion que le silence observé par les officiers ne sert à rien : « les nouvelles arrivent à la Wehrmacht de l'extérieur » ;

— enfin, le 3 février à 14 heures, Jodl est informé par Keitel que « la bataille est gagnée » et les changements décidés : Brauchitsch est chef de l'OKH, assisté comme chef d'état-major par Beck – mais on n'est pas sûr de l'acceptation de ce dernier, souhaitée par Keitel, et on tient en réserve, pour le remplacer, le général Halder ;

— au sujet du ministère, il y a encore des ajustements le 4 ; Hitler, comme prévu, supprime ce ministère et se nomme commandant en chef de la Wehrmacht ; Keitel se serait contenté du titre de chef d'état-major, mais Hitler trouve le titre « trop étroit » et le nomme « chef de l'OKW » (Oberkommando der Wehrmacht) ;

— les « changements dans l'Etat » sont finalement annoncés à la radio vers 23 heures, « en leur donnant le sens d'une vigoureuse concentration des forces [1] ».

Voilà bien une crise exemplaire, et ce journal de Jodl est un bon observatoire du fonctionnement du régime. Hitler, Göring et Himmler apparais-

---

1. Ce journal est aujourd'hui à compléter par un nouveau livre de Fritz Tobias qui, plus de trente ans après avoir tenté de faire la lumière sur l'incendie de février 1933, a livré sa version de la crise survenue cinq ans plus tard, aidé par le journaliste Karl-Heinz Janssen (*Der Stürz der Generäle*, Munich, Beck, 1994). On y retrouve son tic consistant à se fier aux documents sans interroger leurs silences, ce qui l'empêche de percevoir la logique d'ensemble des manœuvres nazies. Les auteurs redressent néanmoins beaucoup d'erreurs de détail et mettent fin à beaucoup de flottements. Ainsi par exemple sur le prénom de Mlle Gruhn (souvent appelée « Erna ») ou sa profession : lorsqu'on dit qu'elle était dactylo, on se fie à un bobard de Blomberg voulant faire croire qu'il l'avait connue pendant le service !

sent, du moins à nous qui connaissons le contexte, comme des manipulateurs experts. Le premier, qui ne quitte pas son bureau, joue la comédie des sentiments, et tranche en dernier recours, non sans avoir longuement recueilli les avis et fait mine d'être indécis ; le second se charge des contacts et des sondages, tout en affichant un personnage d'arriviste déplaisant ; le troisième fournit à point nommé des dossiers, et lui aussi semble bouffi d'arrivisme, puisque l'activité des SS paraît viser à salir « l'armée » en général, et non deux cibles précises, et que le bruit court un moment que Himmler est sur les rangs pour le poste de commandant en chef : c'est le coup de 1934 qui recommence et l'on voit que la SS a succédé à la SA, non seulement dans son rôle de milice politique, mais dans celui d'une institution rivale de l'armée. Cependant Göring joue les sauveurs : il profite des circonstances pour redorer son blason aux yeux des militaires, en prenant la défense de leurs intérêts. Au passage il devient bien, sinon le chef de l'armée, du moins son plus haut gradé, puisqu'il est nommé Feldmarschall et qu'il est seul officier d'active à porter ce titre, en raison de la retraite de Blomberg[1]. Néanmoins, plus qu'une mainmise nazie sur les forces armées, qui n'eût pas été alors tolérable, c'est une sorte d'aigle à deux têtes qui se met en place : d'un côté l'OKW, un état-major interarmes assez léger, mais extensible, proche du Führer géographiquement et politiquement, sans être à proprement parler nazi, ni incompétent (si Keitel est souvent subjugué par le Führer, tel n'est pas le cas de Jodl, qui passe souvent pour « la meilleure tête de l'armée allemande[2] ») ; de l'autre, l'OKH (Oberkommando des Heeres), héritier du grand état-major et de ses traditions, que Hitler ne peut ni ne veut tenir dans une discipline étroite, mais infiltrer et corseter.

Il faut, avant d'aller plus loin, présenter brièvement Ludwig Beck. Ce chef d'état-major est, depuis la remilitarisation de la Rhénanie – la seconde des crises dont parle Keitel, la première étant bien entendu celle qui se dénoue par la nuit des Longs Couteaux –, le plus en vue des militaires frondeurs. Il se méfie de l'aventurisme hitlérien et il l'a écrit, en particulier, le 12 novembre, à l'usage de son supérieur Fritsch, dans une longue étude du protocole Hossbach[3]. On y trouve tout ce que n'aime pas Hitler, de l'affirmation de la force militaire française à la nécessité de ménager la Russie en passant par l'idée que le Reich doit augmenter, plutôt que son territoire, sa part dans le commerce mondial. On voit ici que Keitel se démène pour qu'un tel personnage conserve le poste clé qu'il occupe – tout en pensant que c'est une gageure et en lui préparant un

---

1. Ainsi, c'est lui qui transmet à Hitler l'hommage de l'armée en avril 1938 après l'Anschluss – cf. photo n° 42.

2. On a été à Nuremberg, sur ce point, injuste envers lui. J'ai tenté dans la *Ruse nazie* de montrer que sa réelle admiration pour l'intelligence du Führer ne l'empêchait pas d'exercer la sienne et que, lorsqu'il avait besoin d'étayer des décisions militairement discutables, Hitler faisait prioritairement appel à d'autres concours que le sien.

3. Cf. J. Benoist-Méchin, *Histoire de l'armée allemande*, Paris, Albin Michel, 1964, t. 2, p. 40.

successeur. Voilà qui définit clairement l'ordre de ses priorités : d'abord sauvegarder l'unité de l'armée ; ensuite, si une crise et des démissions sont inévitables, en limiter les effets. Il s'efforce donc aussi d'éviter que l'armée se dresse contre le Führer. On ne sait au juste ce qu'il pense de Fritsch, mais on le voit se résigner bien vite à son départ, dès que, le 26, le Führer parle des « changements à court terme ». C'est sans doute que Keitel n'est pas, lui, hostile à la politique annoncée le 5 novembre, qui consiste à prendre à brève échéance des risques pour absorber l'Autriche et les Sudètes. Il est probable que Fritsch a, d'une manière ou d'une autre, laissé entendre au Führer qu'il maintenait le désaccord exprimé ce jour-là, et que Keitel en a su quelque chose ; il aimerait sans doute que Fritsch croie un peu plus dans la capacité de Hitler de conduire l'Allemagne et, à défaut, il se résigne à son départ.

On relèvera encore que Beck, le pur archange de tant de livres sur la Résistance allemande, s'est laissé donner un triste rôle : celui de placer une banderille de plus sur l'infortuné Blomberg, en prêtant l'oreille à de vénales personnes manœuvrées, de toute évidence, par la Gestapo. Les dialogues téléphoniques entre femmes légères et grands généraux – curieusement omis dans l'immense majorité des ouvrages, même les plus pittoresques [1] – paraissent bien être le fruit d'une orchestration : les prostituées des grandes capitales n'ont guère l'habitude de déranger les hauts fonctionnaires par téléphone. Au besoin, la police est là pour les rappeler à une saine réserve : le comportement rapporté suppose, pour le moins, son autorisation, et plus probablement une incitation de sa part. Pareillement, les fuites distillées dans des publics choisis, malgré la consigne de silence donnée aux officiers, sont peu concevables sans une intervention des sbires de Himmler. Si cette crise ne révèle pas plus que les précédentes, chez les dirigeants nazis, des manies sexuelles excentriques, elle illustre comme aucune autre leur art de jouer sur les fantasmes, les phobies, la tartufferie et le voyeurisme des couches dirigeantes. Relevons enfin l'humiliation subie par Raeder, qui non seulement se laisse abuser au point d'inciter Blomberg à se donner la mort, mais voit punir son messager et ne réagit pas.

L'amiral, après dix ans de prison infligés à Nuremberg, a écrit des mémoires intéressants, surtout par leur art de contourner les questions difficiles sans les éluder totalement. Ainsi, en dépit de la publication déjà ancienne du journal de Jodl, il ne souffle mot de la macabre mission par lui confiée au capitaine von Wangenheim, tout en laissant clairement entendre que le mariage de Blomberg l'avait choqué au plus haut point :

> Au début de 1938 se produisit un incident de caractère personnel, de nature à ébranler ma confiance non seulement dans Göring, mais aussi dans l'honnêteté de Hitler. Le maréchal von Blomberg, ayant contracté un mariage fâcheux, se rendit

---

1. Seule exception à ma connaissance avant Janssen et Tobias, *op. cit.* (p. 45-46) : Wheeler-Bennett, *op. cit.*, p. 313.

impossible comme commandant en chef de la Wehrmacht. Je n'ai jamais pu comprendre comment il put croire et même déclarer que son mariage était admissible sous le régime hitlérien, car, en tant que chef suprême des forces militaires, il aurait dû en mesurer la portée avec une aune différente. Pourquoi, au lieu de prendre sa retraite pour se comporter comme il l'entendait, alla-t-il jusqu'à solliciter Hitler de lui servir de témoin ? Cette attitude reste une énigme pour moi. Hitler m'ayant demandé peu après qui me paraissait le plus apte à succéder à Blomberg, je lui nommai sans hésitation le général von Fritsch, alors chef de l'armée.

Suit un long développement sur Fritsch, qu'il n'a jamais cru coupable et qu'il jugeait l'un des plus aptes, avec lui-même, à « maintenir l'armée hors de la politique », et à tenir tête à Göring. Il en revient alors au rôle de celui-ci, et l'accuse d'avoir tiré les ficelles de la crise, sans l'affirmer cependant comme une certitude. Il va jusqu'à nier toute implication de Hitler, lui reprochant seulement d'avoir compris un peu tard les machinations des « organes » et de les avoir couvertes. Au passage, il nous apprend que le Führer, qui affichait décidément beaucoup d'indécision, lui avait également proposé le poste de Blomberg :

> Par la suite, en y réfléchissant, je suis arrivé à la conclusion que Göring, dont le désir de parvenir au commandement suprême de la Wehrmacht était manifeste, avait vu sans déplaisir le mariage de Blomberg, qui interdisait à celui-ci de conserver son poste, et je le soupçonne d'avoir trempé, d'une manière ou d'une autre, dans la machination ourdie pour empêcher Fritsch de lui succéder. Si cette hypothèse est exacte, il n'atteignit cependant pas son but. Hitler le connaissait trop bien pour accepter de placer cet homme ambitieux entre la Wehrmacht et lui. Hitler s'attribua ces fonctions, conformément à la suggestion que lui avait faite Blomberg en prenant congé de lui.
>
> Je me suis félicité aussi, après coup, d'avoir refusé une fois pour toutes l'offre que me fit Hitler de prendre moi-même ce commandement de la Wehrmacht. (...) Je ne suis jamais parvenu à me faire une idée précise du rôle que Hitler joua dans toute cette affaire. J'eus tout d'abord l'impression qu'il n'en tirait pas les fils et n'avait pas démêlé les dessous de la mise en scène, organisée par certains organes du parti. Je garde la conviction qu'il fut extrêmement fâché du mariage du maréchal von Blomberg et de ses conséquences, il m'en parut vraiment affecté ; dans le cas contraire, il n'aurait sûrement pas accepté la pénible situation où le mettait le fait d'avoir été son témoin. Je ne peux non plus imaginer qu'il ait voulu se débarrasser de Fritsch de cette façon. Un mal de gorge dont le général souffrit et qui le conduisit à faire un long séjour en Egypte, pendant l'hiver 1937-38, lui aurait fourni une occasion beaucoup plus favorable (...). Cependant, ces événements firent naître peu à peu en moi des doutes sur l'intégrité de Hitler, car il m'était difficile d'admettre qu'il n'eût pas pénétré la machination au bout d'un certain temps. Mais naturellement je ne possédais aucune base solide pour appuyer ces doutes, ni pour les exprimer d'une manière convaincante [1].

On peut admirer ici les rivalités que le trio de tête du Troisième Reich attise, et qui lui permettent, à la fois, de masquer son talent et de ne pas trop se salir les mains. C'est ainsi que Raeder, après vingt années dont

---

1. Erich Raeder, *Mein Leben*, Tübingen, Schlichtenmayer, 1956-57, tr. fr. *Ma vie*, Paris, France-Empire, 1958, p. 231-236.

dix propices à la réflexion, pense toujours, en bon gradé traditionnel, pis que pendre des « organes » nazis, mais ne peut concevoir que Hitler en ait été le maître absolu. Ni que l'humiliation de Fritsch et, à travers lui, du corps militaire, avait un tout autre intérêt politique qu'une mise à l'écart pour raison de santé.

Göring sert ici, une fois de plus, de paratonnerre à son chef. De son « ambition » il y avait tout à craindre et il pouvait très bien avoir servi de témoin à Blomberg tout en connaissant le passé de sa femme. Hitler non, c'est inconcevable, il a forcément été manœuvré. Tout au plus Raeder conçoit-il des doutes sur son honnêteté dans la phrase suivante : le Führer a bien dû pressentir que son camarade l'avait manipulé, et il se devait de réhabiliter beaucoup plus nettement le corps des officiers. Le récit de l'amiral n'a hélas rien d'invraisemblable : il est représentatif de ces couches dirigeantes qui, voyant leur pouvoir se réduire comme peau de chagrin, se font une raison et n'osent entrer en dissidence.

Himmler a-t-il sciemment, dès le départ, introduit une prostituée dans la vie de Blomberg en calculant ce qui allait s'ensuivre et en plein accord avec Hitler, ou ont-ils découvert cette aubaine après le mariage ? La solution est sans doute à mi-chemin. Si on admet avec Janssen et Tobias (qui ne sont pas pleinement affirmatifs) que la première rencontre des amants maudits a eu lieu vers le début de décembre au cours d'une promenade pédestre du général momentanément privé de cheval, et non dans quelque lieu mal famé, il devient difficile de concevoir que les SS aient tout manigancé. En revanche, cette version leur laisse, jusqu'au mariage, un grand mois pour constater la liaison et agir en conséquence. Mais il est difficile de suivre les auteurs lorsqu'ils estiment que le point de départ du scandale fut la découverte fortuite après le 12 janvier, par un obscur criminologue, d'une ressemblance troublante de la nouvelle Frau von Blomberg avec une créature intégralement photographiée en 1932. Prisonniers de leurs documents, ils négligent de les éclairer par une réflexion sur ceux qui les ont écrits. Or l'espionnage moral des dignitaires, surtout non nazis, du régime, fait partie intégrante du travail de la Gestapo. Quant au Führer, si remonté, dès *Mein Kampf*, contre la presse « juive » à scandale, mais résolu à mettre en pratique les méthodes de l'adversaire pour lui damer le pion, ce n'est pas dans les rangs de l'armée mais dans ceux de la police qu'il eût tout d'abord pratiqué une sévère épuration, si on l'avait laissé être le témoin d'une telle union sans une enquête minutieuse sur les antécédents de la future.

On observera d'ailleurs que cette version prête aux dirigeants nazis infiniment plus de talent que l'hypothèse inverse : quelle performance, si Himmler a appris l'infortune de Blomberg vers le 20 janvier (délai minimum pour que le criminologue retrouve les photos et que ses constatations remontent la filière hiérarchique[1]), improvisé alors son réseau de bavards des deux sexes et suscité dans l'instant, avec la coopération consciente ou non de Hitler et de Göring, un écheveau de chausse-trappes dans le haut commandement ! En tout cas, Jodl nous montre Hitler à l'œuvre, personnellement, en un moment clé : le 26 janvier, c'est bien lui qui se donne le temps de manœuvrer, en ordonnant que la disgrâce de Blomberg ne soit pas ébruitée avant la fin du mois. Ajoutons que cette année est la seule où on ne commémore pas, le 30 janvier, la prise du pouvoir, et que cette carence inexpliquée ne peut qu'alimenter les rumeurs d'une crise gravissime au sommet de l'Etat.

La manœuvre nazie consiste essentiellement à répandre des bruits et à laisser faire les alarmes, les rancunes et les ambitions. N'est-il pas remarquable de voir un chef de la marine fournir à son ministre de la Défense l'arme du suicide car il prend au sérieux le « déshonneur » fabriqué par les nazis ? Il est vrai que Blomberg est isolé, du fait qu'il est longtemps passé pour le cheval de Troie du NSDAP dans le corps militaire. Témoin la réponse faite par un officier à Hans Frank : « Ce n'est pas *notre* Feldmarschall, c'est le vôtre ! » Le rejet massif dont fait l'objet la nomination envisagée de Reichenau à la direction de l'armée de terre procède de cet état d'esprit. C'est sans doute une trace laissée par la nuit des Longs Couteaux : l'armée a accepté de cautionner le crime mais elle en veut sourdement à ceux qui l'y ont poussée ; elle leur reproche, au moins, leur passivité devant les meurtres des généraux von Schleicher et von Bredow. D'autant plus que la contrepartie n'est pas venue : de cette nuit, la masse des officiers attendaient des lendemains plus favorables à leurs prérogatives. Les vexations que les nazis ont imposées depuis à l'armée, comme le développement de la SS, et l'humiliation même que représente cette crise de 1938, sont imputées à crime aux généraux promus en 1933, et donnent au pouvoir les coudées franches pour discréditer une fois de plus l'institution militaire en la frappant à la tête. Bref, on trouve ici un parfait spécimen de l'art nazi de la division : devant cette agression très grave pour lui, pour le pays et pour la planète, le corps militaire allemand est incapable de faire front.

Il finit par le faire, mais à contretemps : l'accusation portée contre Fritsch est vigoureusement contestée par l'intéressé. Il obtient de comparaître devant un « tribunal d'honneur » : on en revient aux bonnes traditions qui veulent que l'armée lave son linge sale en famille. En l'occurrence, le jury est présidé... par Göring, en vertu de son nouveau

---

1. D'après Janssen et Tobias (p. 43-44) le personnage, un nommé Hellmuth Müller, s'est fait connaître en 1950 en écrivant au *Spiegel*. Ce n'est pas l'image de Margarethe qu'il avait en mémoire, mais son nom, et la recherche des photos correspondantes avait été difficile (umständlich und umfangreich). Quand il était arrivé à une certitude, il en avait référé au chef de la police criminelle, le général SS Arthur Nebe. Le tout sans la moindre précision de date. Cependant, la réaction de Nebe, telle qu'il la relate, semble étudiée à l'avance : « Bon sang, camarade Müller, et dire que cette femme a touché la main du Führer ! » On notera au passage que Tobias fait ici crédit à un témoignage postérieur, alors que dans l'affaire du Reichstag il tenait à distance les renseignements de ce type.

grade : il a pour assesseurs Brauchitsch et Raeder[1]. Il se fait un plaisir de reconnaître que le dossier était en fait celui d'un homonyme imparfait, le commandant von Frisch, et de réhabiliter le plaignant... un mois et demi plus tard, sans pour autant qu'on lui restitue son commandement[2].

Le livre de Janssen et Tobias est une charge contre les généraux, et en particulier contre Fritsch. Il répercute une information surgie vers 1980 dans les revues spécialisées : la confirmation de l'authenticité d'une lettre bien compromettante du général, citée à Nuremberg mais mise en doute par les avocats car il s'agissait d'une copie dactylographiée. Il écrivait à une amie le 11 décembre 1938 qu'il y avait « trois combats » à mener, contre les travailleurs, contre l'Eglise catholique « ou plus exactement l'ultramontanisme » et contre les Juifs, ajoutant : « le combat contre les Juifs est le plus difficile. Espérons que tout le monde est au clair sur la nécessité de ce combat[3]. » Mais les développements des auteurs, prenant pour cible leurs nombreux devanciers qui ont fait des nazis les seuls méchants de la fable, sont eux-mêmes aveugles à une réalité que pourtant ils mettent en scène : des esprits à ce point réceptifs à l'idéologie du Troisième Reich sont, pour les manœuvres de ses dirigeants, des instruments on ne peut plus maniables.

On aura remarqué aussi le malin plaisir que prend la clique nazie à mettre en doute la moralité du corps des officiers, au point de prendre désormais, sur l'honorabilité des candidats aux postes de direction, d'humiliantes garanties. L'enquête sur la vie privée de Brauchitsch est une vexation inouïe, qui laisse à penser qu'on n'a pas choisi l'homme au hasard. Il est en effet en instance de divorce et de remariage, le seul obstacle étant le refus de sa femme. Jodl note que Göring lui a demandé d'envoyer son fils pour convaincre l'épouse de consentir, et que celle-ci a fini par écrire « une lettre très digne ». En laissant Göring se mêler aussi grossièrement de sa vie de famille, Brauchitsch se rend vulnérable à de nouveaux coups, au moins jusqu'à son remariage finalement célébré à l'automne[4] ; il est, d'autre part, mal placé pour défendre ses collègues attaqués dans leur vie privée.

Une autre conséquence de cette crise, généralement inaperçue, n'est pas sans importance. Le colonel Hossbach, jusque-là chef de la maison militaire du Führer, qui avait pris les fameuses notes du 5 novembre précédent, est lui aussi remplacé, par le commandant Schmundt. Ce dernier va se voir confier par Hitler des missions de haute responsabilité, par exemple au moment de l'arrêt devant Dunkerque. Mais il n'écrira pas de mémoires ni, que l'on sache, de journal, et quittera la scène aussi discrètement qu'il y est entré, étant l'une des quatre victimes de l'attentat du

---

1. Cf. Raeder, *op. cit.*, p. 233.
2. Le journal de Jodl est inclus dans le tome 28 des documents du procès de Nuremberg ; « le cours satisfaisant du cas Fritsch » est relaté p. 370, à la date du 6 mars.
3. *Op. cit.*, p. 253-254.
4. Cf. W. Shirer, *op. cit.*, p. 349.

20 juillet 1944 : on n'en parlera guère, la grande nouvelle étant que le Führer en a réchappé. Les mémoires de Keitel nous apprennent de quelle étrange manière il est recruté. Hossbach a été renvoyé pour indiscrétion : ayant reçu en confidence l'information sur l'action entreprise contre Fritsch il la lui avait aussitôt apprise. Hitler avait dû se résoudre, le 26 janvier, à recevoir l'intéressé et à le confronter avec l'indicateur qui l'accusait.

> Là-dessus, Hitler explosa avec indignation contre Hossbach. Bien que celui-ci fût son aide de camp personnel, il avait eu le toupet d'avertir Fritsch de ce qu'on lui reprochait et de le mettre en garde. Hossbach avait ainsi trahi sa confiance. Il ne voulait plus le voir et me chargeait de lui trouver sur-le-champ un remplaçant. Comme déjà, quelques mois auparavant, Blomberg m'avait chargé de découvrir un commandant breveté susceptible de remplacer Hossbach au pied levé le cas échéant, j'avais, après y avoir mûrement réfléchi, jeté mon dévolu sur le major Schmundt, que je connaissais (...). Je le proposai donc à Hitler qui l'accepta les yeux fermés, et il prit son service les jours suivants sans aucune enquête ni stage préalable [1]. (...)

Cet extrait de mémoires, qu'il n'y a guère de raisons de mettre en doute, peut être complété par un texte d'archives. Il s'agit d'une note de Schmundt à la suite d'une conversation avec Hitler. Non datée, elle fait référence à un prochain voyage du Führer en Italie, sans aucun doute celui qu'il effectue du 3 au 9 mai 1938. Deux hypothèses sont proposées : soit Mussolini considère « son œuvre comme achevée » ; dans ce cas, « Tchécoslovaquie pour plus tard » et « retour les mains vides ». Soit il a encore des ambitions en Afrique et il a besoin de l'Allemagne : « Retour avec la Tchécoslovaquie en poche [2]. »

Ainsi Schmundt, recruté fin janvier, est déjà, dans les premiers jours de mai, le confident de pensées de la plus haute importance, dissimulées à Keitel. Ce que le chef de l'OKW sait des projets contre la Tchécoslovaquie date du 20 avril : le Führer, dont l'anniversaire vient d'être célébré par une parade militaire à Berlin, lui confie son intention de s'attaquer « tôt ou tard » à la Tchécoslovaquie et le charge d'élaborer des plans. Au moment de rédiger ses mémoires, quelques semaines avant son exécution, Keitel n'a toujours pas compris l'importance, à cet égard, du voyage en Italie. Il est vrai qu'on a mis au centre des débats de Nuremberg un autre « document Schmundt », du 22 avril [3], dont Keitel assure (p. 77) qu'il n'avait pas eu connaissance, et qui contenait les directives stratégiques du Führer pour une occupation de la Tchécoslovaquie.

Cette nomination est donc fort instructive sur la manière dont Hitler jongle avec ses collaborateurs. En paraissant accepter sans la moindre

---

1. *Op. cit.*, p. 58.
2. *ADAP* (*Akten der deutschen auswärtigen Politik*), Baden Baden, Imprimerie nationale, série D, 13 vol., 1950-1970, vol. 2, *Deutschland une die Tschechoslovakei*, doc 133, p. 290. Les passages comportant le mot « retour » sont entre guillemets dans le texte.
3. *Ibid.*, doc. 133, p. 190.

précaution, comme son conseiller militaire le plus immédiat, le candidat proposé par Keitel, il flatte infiniment son nouveau « chef de l'OKW ». Cependant, Keitel avait déjà proposé cette candidature à Blomberg, des mois auparavant, et il ignore tout de l'usage que son supérieur avait fait du renseignement. Il ne se demande même pas pourquoi il lui avait demandé une candidature, en vue d'un remplacement brusque de Hossbach. Il est bien probable que c'était, déjà, à la requête du principal intéressé, c'est-à-dire Hitler. Et non moins plausible que Blomberg lui ait transmis la proposition de Keitel : l'« acceptation immédiate » pourrait bien être, en fait, le fruit de plusieurs mois de mise à l'épreuve de l'impétrant, soit en faisant observer par des agents nazis son comportement, notamment politique, soit en prenant un contact direct avec lui.

Le règlement de l'affaire Fritsch va connaître une progression savamment dosée. Le jugement d'acquittement du tribunal présidé par Göring est rendu le 18 mars. Reste la réhabilitation. D'après Raeder, c'est Fritsch lui-même qui refuse l'idée de reprendre ses fonctions, et interdit à son ami amiral d'intervenir dans ce sens[1]. Finalement, le 13 juin, Hitler, discourant devant les généraux sur l'aérodrome de Barth, leur explique qu'il a commis une « tragique erreur » mais ne peut la réparer en rétablissant Fritsch dans ses fonctions, car il ne peut ni lui demander de lui faire à nouveau confiance, ni se déjuger devant la nation. Finalement, Fritsch est nommé en surnombre le 15 juillet à l'état-major d'un régiment et décédera à son poste pendant la campagne de Pologne.

Il y a bien eu, à l'occasion de tous ces épisodes, des velléités de révolte, de démission, voire de coup d'Etat[2]. Mais ces sursauts tardifs de la conscience étaient étouffés comme flammèches par le nouveau rythme que le Führer imprimait aux événements.

Dès le 12 février, le dictateur met à profit le peu de méfiance des grandes puissances à son égard, induit par sa passivité apparente depuis l'affaire de Rhénanie et renforcé par la crise récente à la tête de son armée.

Tout naturellement, c'est par le rappel de Papen, annoncé le soir du 4 février, que s'ouvre la nouvelle et ultime phase des rapports germano-autrichiens. L'Américain Shirer stigmatise la servilité de cet aristocrate par une formule digne de Beaumarchais : il « n'était pas homme à se formaliser d'un camouflet, pourvu qu'il vînt d'en haut ». C'est ainsi qu'il rend à son maître, s'agissant de l'Autriche, un ultime service. Il se précipite dès le 5 février à Berchtesgaden – « par curiosité », dit-il pour sa défense – et « convainc » Hitler de recevoir Schuschnigg, le successeur de Dollfuss, pour une explication, « avant de recourir à d'autres métho-

---

1. *Op. cit.*, p. 233-34.
2. Exemples et références dans Peter Hoffmann, *Widerstand Staatsreich Attentat*, Zurich, Piper,1979, tr. fr. *La résistance allemande contre Hitler*, Paris, Balland, 1984, p. 65-66.

des ». Le chancelier autrichien était lui-même demandeur, depuis décembre, et n'avait pas reçu de réponse : on retrouvera ce processus dans la genèse de l'entrevue de Montoire entre Hitler et Pétain. L'ambassadeur déchu accepte d'organiser la rencontre et de piloter le visiteur, qui arrive le 12 février, après avoir demandé et obtenu l'assurance que le traité de 1936 (cf. *supra*, p. 257) ne serait pas remis en cause.

Schuschnigg, dans l'application de cet accord, n'avait pas fait de zèle : il avait bien proclamé aussitôt une amnistie, mais tardé à donner aux nazis autrichiens des postes de « responsabilité politique » ; un premier pas cependant avait été la constitution, en janvier 1937, d'un « comité des Sept », composé de représentants des partis d'opposition et chargé d'étudier la participation de celle-ci à la haute administration. Au cours des travaux, une personnalité émergea, l'avocat Seyss-Inquart, qui n'était pas membre du parti nazi mais partisan de son entrée au gouvernement. Schuschnigg finit par en faire un secrétaire d'Etat, à la bruyante insatisfaction des nazis autrichiens qui exigeaient qu'on nommât un des leurs. Cependant, leur chef, Leopold, avait tellement usé de la violence physique et verbale que Hitler lui-même, sur une requête de Papen, le consigna en Allemagne juste avant le dernier acte, en janvier 1938 [1]. La voie était libre pour Seyss-Inquart.

Comme souvent, Hitler, ce 12 février, prend l'adversaire de vitesse. Schuschnigg croyait avoir encore quelque marge de manœuvre. Or son hôte, après une heure de monologues menaçants en tête à tête, lui fait remettre par Ribbentrop, qui étrenne ses fonctions de ministre, un accord de deux pages, à signer le jour même, dont la clause principale est l'attribution à Seyss-Inquart du ministère de l'Intérieur. Le reste est affaire de menaces habilement mises en scène. Au déjeuner, pendant lequel Hitler anime une conversation détendue, apparaissent trois uniformes, ceux de Keitel, de Reichenau et du général d'aviation Sperrle. Puis, pendant que Schuschnigg et son ministre des Affaires étrangères Guido Schmidt se concertent, ils entendent Hitler appeler Keitel en hurlant ; le général racontera plus tard qu'il arriva, s'enquit du motif de la convocation et s'entendit répondre : « Rien, je voulais simplement vous voir ici. »

On dit souvent que Schuschnigg a fini, sous l'action des menaces et de la fatigue, par signer le texte allemand. C'est inexact. Le temps qui sépare la remise du projet de la signature, vers 11 heures du soir, est consacré à des discussions dont le texte sort sensiblement modifié. Une fois de plus, Papen arrondit les angles et se sent très utile. Ce qui ne bouge pas, c'est la nomination de Seyss-Inquart, en dépit de l'argument, ressassé par le chancelier d'Autriche, qu'il ne peut signer une telle clause sans en référer au président Miklas, qui seul nomme les ministres. Mais ici les usages diplomatiques plaident pour Hitler ; puisque les traités n'entrent en vigueur que lorsqu'ils ont été ratifiés par quelque procédure, une fois les

---

1. Cf. F. von Papen, *op. cit.*, p. 274.

négociateurs rentrés dans leur pays, rien ne s'oppose à ce qu'un chancelier, s'il est d'accord, signe, après quoi son président ratifiera ou non. Sous la menace d'une intervention militaire immédiate, Schuschnigg finit par se résigner. Le 15, il signifie à Berlin la ratification du traité et, le 18, l'application de ses clauses concernant les changements politiques et administratifs prévus.

On s'achemine donc vers une réunion prochaine, mais non immédiate, des deux pays, le temps que Seyss-Inquart consolide sa position, quand une dernière initiative de Schuschnigg précipite le dénouement et provoque la première intervention de la Wehrmacht hors de ses frontières : le 9 mars, il annonce pour le dimanche 13 l'organisation d'un plébiscite sur l'indépendance de l'Autriche. Hitler répond par un ultimatum, *via* Seyss-Inquart : celui-ci exige l'ajournement du plébiscite. Schuschnigg cède, dans l'après-midi du 10, mais l'Allemagne pousse son avantage : Göring passe plusieurs coups de fil – vingt-sept au total, d'après un document produit à Nuremberg [1] – à diverses personnalités viennoises, et surtout à Seyss-Inquart. Celui-ci démissionne, entraînant la chute du gouvernement, puis revendique la chancellerie, que Miklas lui refuse. A ce moment, il demande par un télégramme, que Göring a sollicité, l'intervention de l'Allemagne, et Hitler donne à Brauchitsch l'ordre d'envahir le pays au matin du 12 mars.

Après la visite de Schuschnigg à Berchtesgaden, la France avait tenté de réagir : son ministre Delbos avait proposé aux Anglais d'avertir en commun Berlin d'une « opposition résolue » des deux pays à tout « acte de force ». Mais avant d'avoir fait connaître sa réponse, Eden démissionna, étant en désaccord avec Chamberlain, tant sur l'éventualité d'un pacte avec l'Italie que sur la tiède réponse que le premier ministre venait de faire à une offre de bons offices de Roosevelt. Son successeur ne fut autre que Halifax, l'un des principaux tenants de la politique d'*appeasement*, dont les premiers actes ne démentirent pas la réputation : le 25 février, il fit savoir à Delbos qu'il ne convenait pas de menacer l'Allemagne par de « simples paroles » ; la conclusion n'était pas qu'il fallait le faire par des actes, mais qu'il ne fallait pas le faire du tout, afin de ne pas créer chez Schuschnigg « l'espoir d'un secours militaire de la France et de la Grande-Bretagne, qui ne saurait se produire [2] ».

Le dernier acte de Schuschnigg, contre l'avis du président Miklas, est un discours à la radio dans lequel il annonce l'entrée des troupes allemandes et donne l'ordre de ne pas s'y opposer, pour « ne pas verser le sang ». En conséquence, l'agression se transforme vite en un défilé militaire acclamé par une foule enthousiaste – non qu'il n'y ait pas d'opposition, mais elle laisse le terrain aux Autrichiens favorables à l'Anschluss et à ceux qui, partagés entre leur patriotisme allemand et leur foi catho-

---

1. Cf. W. Shirer, *op. cit.*, p. 369.
2. J.-B. Duroselle, *op. cit.*, p. 327.

lique, au nom de laquelle Schuschnigg avait tenté de mobiliser la résistance, prennent le parti de se réjouir devant l'inexorable. Sur les talons des troupes arrive le Sicherheitsdienst, qui va prestement traquer les Juifs et les gens de gauche – Himmler étant pour sa part arrivé à Vienne discrètement dans la nuit du 11 au 12[1]. Dès lors, rien ne s'oppose à ce que Hitler lui-même prenne la tête de ce triomphe improvisé, et il se fait acclamer à Linz dès l'après-midi du 12. Il ne viendra à Vienne que le 13 au soir.

Les archives prouvent que l'action n'avait pas été prévue : Manstein passe cinq heures à élaborer les plans, le 11 ; il les achève à 18 heures[2], et, d'après le journal de Jodl, les ordres sont transmis à 18 h 30. Autre indice : Hitler ne s'était pas assuré de l'attitude de Mussolini et il lui envoie en toute hâte, dans l'après-midi du 10, le prince Philippe de Hesse, porteur d'une lettre invoquant « l'anarchie » censée régner en Autriche et prêtant à ce pays des intentions agressives, pour garantir en conclusion que les intérêts italiens n'ont rien à craindre. Il est donc vraisemblable que l'Anschluss est une surprise pour ses propres auteurs et que la liesse de la foule autrichienne décide Hitler à une annexion immédiate, au lieu d'une fusion graduelle. En témoigne le fait que Wilhelm Stuckart, secrétaire d'Etat au ministère de l'Intérieur, envoyé à Vienne par son ministre Frick pour rédiger un décret d'attribution de la chancellerie autrichienne à Hitler, se voit convoquer par celui-ci à Linz dans l'après-midi du 12, et commander d'urgence un projet d'Anschluss complet[3]. Aussitôt est fixé, pour le 10 avril, un plébiscite en Allemagne et en Autriche, doublé d'un renouvellement du Reichstag : l'un et l'autre seront les derniers.

On ne saurait mettre en doute l'émotion qui a envahi l'ancien étudiant pauvre, revenu en triomphateur dans le pays de son enfance. A Linz, notamment, on l'a vu pleurer abondamment – ce qui n'était pas une ressource ordinaire de sa panoplie de comédien. Pendant la campagne électorale, il répondra à l'accusation d'avoir pris l'Autriche de force en évoquant, là encore avec une émotion non feinte, le « flot d'amour » qui l'a accueilli[4]. En même temps, le SD et la Gestapo prennent en main la population avec beaucoup moins de patience et de doigté que naguère en Allemagne. Autres temps, autres mœurs ? Certes on est plus près de la guerre, et la *Gleichschaltung* est plus urgente. Mais on peut aussi voir là un exemple de la duplicité sentimentale de Hitler : il aime se sentir en communion avec la foule mais ne se laisse pas griser et s'assure, par des moyens coercitifs, que tout le monde marche au pas.

Enfin, le fait que Göring ait pris énergiquement les choses en main, à partir de l'annonce par Schuschnigg d'un plébiscite, a nourri l'idée que

---

1. A 4 heures, en avion, d'après son accompagnateur Walter Schellenberg (cf. son livre *Le chef du contre-espionnage nazi parle*, tr. fr., Paris, Julliard, 1957, p. 44). Suivant la même source, Heydrich arrive dans la journée.
2. Cf. W. Shirer, *op. cit.*, p. 365.
3. *Ibid.*, p. 377.
4. *Ibid.*, p. 379.

l'action du récent Feldmarschall aurait forcé le Führer à sortir de son « indécision ». Pourquoi pas ? Il ne faudrait en tout cas pas le marteler comme une certitude alors que ce n'est qu'une hypothèse, bien délicate à prouver. On retiendra que de toute manière, quel que soit celui qui secoue les autres, le trio majeur du Reich, maître en opérations planifiées, ne se révèle guère moins efficace dans l'improvisation.

Si l'Anschluss a mis une chose en lumière, c'est bien la passivité occidentale. On insiste souvent sur le fait que l'Angleterre était en week-end, et la France sans gouvernement, car celui de Chautemps avait démissionné le 10 mars. Ces circonstances ont plutôt contribué à masquer, légèrement, la passivité, qu'elles ne l'ont causée. A Paris et surtout à Londres on était assez prêt à tenir, comme Hitler, l'Anschluss pour une affaire intérieure allemande.

A part l'Italie, les deux pays dont la réaction inquiète les dirigeants nazis sont l'Angleterre et la Tchécoslovaquie. Justement, Göring, qui donne une grande soirée le 11 mars et honore ses invités de sa présence entre deux coups de téléphone à Seyss-Inquart, entreprend successivement Henderson et Mastny, les ambassadeurs anglais et tchèque. Il leur dit que l'entrée de troupes allemandes en Autriche est une « affaire de famille [1] ». Henderson ne fait aucune difficulté pour le croire. Quant au président tchécoslovaque Benes, il fait dire par Mastny, un peu plus tard, que son pays « ne mobilise pas ».

C'était sans doute un tort. Le brusque effondrement du bastion autrichien découvre en effet, de la manière la plus dangereuse, le territoire tchécoslovaque, jusque-là bien à l'abri des convoitises allemandes derrière ses fortifications des Sudètes, ultramodernes et inspirées de la ligne Maginot française. Justement, cette région est majoritairement peuplée d'Allemands et c'est l'une des entorses du traité de Versailles au « principe des nationalités », que de l'avoir, pour des raisons stratégiques, attribuée à la Tchécoslovaquie. Depuis quelques années, un mouvement pro-allemand s'y développe, dirigé par Konrad Henlein. Il n'est pas spécifiquement nazi et n'apparaît pas lié à Berlin. Ses revendications sont évolutives : par moments il semble viser surtout une autonomie culturelle des germanophones à l'intérieur de la République tchécoslovaque. Hitler adore piloter ce genre d'engin, en maniant le frein ou l'accélérateur suivant les besoins de sa politique.

Ces besoins vont avant tout être définis par les réactions de la France et de l'Angleterre. La première a signé avec la Tchécoslovaquie, au lendemain de la guerre, un traité d'alliance qui l'oblige à la secourir en cas de contestation armée de ses frontières par l'Allemagne. L'Angleterre, qui s'est toujours gardée de signer de tels textes, n'en est pas moins partie prenante de cette crise, en vertu de l'attention qu'elle porte traditionnelle-

---

1. *Ibid.*, p. 376.

ment à « l'équilibre européen » : ce parti pris la pousse, depuis 1933, à rechercher une intégration acceptable de l'Allemagne nazie dans le concert des puissances – ce qui la conduit d'abord et avant tout à empêcher la France de réagir de manière « égoïste » aux violations du traité de Versailles, et donc à se mettre elle-même en avant dans toute négociation européenne sur ce sujet. Une politique vivifiée alors par deux changements récents à la tête du gouvernement. Chamberlain et Halifax, deux chantres de l'*appeasement* jusque-là confinés dans des ministères où ils n'avaient guère à traiter de la question allemande, ont accédé l'un au poste de premier ministre en mai 1937, l'autre au Foreign Office en février 1938.

Ni l'un ni l'autre ne sont des mous, de confus rêveurs ou des traîtres stipendiés par l'Allemagne. Tous deux s'emploient à enfermer Hitler dans de nouveaux devoirs, en échange de concessions limitées au plus juste. Cherchant avant tout à savoir ce qu'il veut, ils privilégient le contact avec lui, soit directement, soit par une chaîne d'intermédiaires la plus courte possible. L'ambassadeur Henderson, tout acquis à leurs idées, et Göring, qui le voit souvent, sont les truchements privilégiés.

C'est le 24 avril que Hitler jette le masque, en inspirant à Henlein un catalogue de revendications peu acceptable par le gouvernement tchécoslovaque, mais non encore sécessionniste. Il est question notamment, dans le discours que le chef sudète prononce ce jour-là à Karlsbad, de délimiter un « territoire allemand des Sudètes » et de n'y admettre aucun fonctionnaire d'une autre ethnie, ce qui serait peu compatible avec la souveraineté de l'Etat tchécoslovaque. C'est suffisant pour provoquer la cacophonie : Paris et surtout Londres poussent Benes aux concessions et celui-ci veut bien en faire, mais se heurte au maximalisme de Henlein et, en attendant, est bien obligé de faire agir sa police contre des manifestants sudètes de plus en plus insolents.

Le 20 mai se produit un incident caractéristique. Devant des bruits insistants de mouvements de troupes allemandes vers ses frontières, le gouvernement tchécoslovaque rappelle une classe de réservistes. La France et l'Angleterre, qui n'ont pas été consultées, réagissent différemment. François-Poncet et son ministre Georges Bonnet appellent les Tchèques à la prudence, mais Neville Henderson fait plusieurs démarches dans le même sens... auprès de Ribbentrop. Cependant, l'Allemagne dément catégoriquement avoir fait mouvoir des troupes, ce qui s'avère exact. Mais la presse occidentale parle d'un « recul de Hitler », ce qui le met en rage, et il ne s'en cache guère, accusant l'Occident d'avoir voulu « humilier l'Allemagne ». Il exploite l'incident, passé à l'histoire sous le nom de « crise de mai », vis-à-vis de ses généraux.

Le « plan vert » d'invasion de la Tchécoslovaquie, élaboré quelques semaines plus tôt, à la suite d'un entretien Hitler-Keitel, excluait une action militaire, sinon par surprise, à la suite d'un « incident (par exemple, l'assassinat du ministre d'Allemagne au cours d'une manifestation anti-allemande [1]) ». Voilà encore un échantillon de l'humour nazi : le texte ne veut pas dire, comme on le croit parfois, que Hitler annonce à Keitel le projet d'un attentat, organisé par l'Allemagne contre l'un de ses fonctionnaires. Simplement il crée un doute : peut-être s'agit-il seulement de l'éventualité d'un meurtre commis par des Tchèques excités ? Le message vise donc, et atteint sans doute, un triple objectif : inquiéter et compromettre Keitel, et à travers lui l'armée, en laissant planer l'idée d'une machiavélique provocation nazie, contre laquelle ni Keitel ni personne n'ose se récrier ; les rassurer ensuite, puisque l'incident n'a pas lieu ; enfin, préparer les esprits à une agression. Une étape nouvelle est franchie après la crise de mai. Le 30 de ce mois, une directive signée du Führer, commandant suprême de la Wehrmacht, débute ainsi : « J'ai pris la décision irrévocable d'écraser la Tchécoslovaquie par une action militaire dans un proche avenir [2]. »

J'ai volontairement insisté sur ces mois qui vont de novembre 1937 à mai 1938, pour passer plus vite sur les suivants, en renvoyant aux histoires générales, car le lancement d'une fusée vers son orbite est la partie la plus délicate de son vol, et la plus intéressante. Si on lit les documents sans recul, on en retire l'impression d'un Führer qui tâtonne, s'énerve et saisit de manière brouillonne les occasions d'avancer ses pions que lui offre la léthargie de gouvernements occidentaux naïfs, incapables de voir le mal. C'est tout le contraire qui apparaît si on cherche les lignes de force du processus. Elles sont terriblement nettes. Hitler, en ferme timonier, mène vers un but unique un grand nombre de chevaux rétifs :

— par la discussion du 5 novembre, il dévoile brutalement son intention d'entreprendre une guerre à son armée et à sa diplomatie, tout en édulcorant ses projets pour les rendre acceptables ;

— ces deux grands corps ainsi conditionnés et enrôlés sont décapités par surprise – une action qui concerne autant la politique intérieure que les domaines diplomatique et militaire, puisqu'elle liquide le compromis de 1933 en consommant la marginalisation de la droite traditionnelle ;

— les velléités de révolte qui s'ensuivent sont canalisées par des faux-semblants : survie artificielle de Neurath pendant quelques semaines à la tête de la diplomatie, recrutement d'un conseiller militaire dévoué corps et âme à Hitler en faisant croire à Keitel que c'est lui qui l'a choisi, feuilleton à rebondissements de l'affaire Fritsch, prolongation des fonctions de Beck sur un siège éjectable... ;

— le premier pas hors des frontières est fait par surprise – et peut-être, pour une fois, surprend-il les nazis eux-mêmes – mais le risque est atténué par le fait qu'il s'agit d'une vieille terre allemande. Son « Anschluss » semble accepté d'avance par les puissances, en dépit d'un sursaut de dernière minute, de la France principalement : elle encourage Schusch-

---

1. *ADAP*, *op. cit.*, doc. 133, p. 190.
2. *Ibid.*, doc. 221, p. 282.

nigg à proposer son plébiscite, contraire aux accords avec Hitler et fournissant à celui-ci un prétexte providentiel pour son intervention ;

— la revendication suivante, vis-à-vis de la Tchécoslovaquie, est préparée par une escalade des instructions données à l'armée, prenant appui sur des prétextes au moins en partie provoqués (ainsi la rumeur des « mouvements de troupes » qui est à l'origine de la crise de mai pourrait bien résulter de fuites allemandes mensongères) ;

— les réactions des pays étrangers, petits et grands, sont suivies de près et prestement exploitées, qu'il s'agisse de leur passivité ou, au contraire, de leurs velléités de résistance, qui fournissent au dictateur autant d'occasions de resserrer les rangs contre l'« hostilité » à laquelle le Reich est en butte ;

— plus que jamais le timonier a deux aides principaux, Göring, qui s'affirme comme le véritable ministre des Affaires étrangères, du moins pour les questions délicates, et Himmler, grand maître de la mise au pas intérieure, y compris dans les nouvelles conquêtes.

Sur cette lancée, le développement de la crise germano-tchécoslovaque suit un cours inexorable. Elle offre l'occasion de renforcer le contrôle nazi sur l'armée, par la démission de Beck, en désaccord de plus en plus ouvert avec les projets d'agression, le 18 août, et son remplacement immédiat par le terne Halder ; une mobilisation allemande d'abord feutrée puis de plus en plus ouverte, à partir d'un décret de Göring sur la conscription civile, le 22 juin[1] ; une pression constante de Hitler sur Henlein, jusqu'à lui faire rompre ses négociations avec les Tchèques, le 7 septembre, avant de le placer, sur le territoire allemand, à la tête d'une légion de volontaires sudètes[2] ; diverses tentatives anglaises de résoudre la crise à l'amiable en ignorant la France, notamment par les entretiens Chamberlain-Hitler de Berchtesgaden le 14 septembre et de Godesberg les 22 et 23 ; deux convocations du président du conseil français, Daladier, à Londres pour recueillir les diktats allemands de la bouche des Anglais (les 18 et 25 septembre) ; et surtout, une extraordinaire progression des exigences hitlériennes.

Alors que jusque-là il ne demandait qu'un règlement du différend à l'intérieur des frontières tchécoslovaques, il utilise la tribune du congrès de Nuremberg – le dernier –, le 12 septembre, pour menacer carrément ce pays d'une guerre, en rappelant longuement la crise de mai et en disant qu'on a eu bien tort de prétendre qu'alors il avait reculé (voilà qui conforte mon hypothèse qu'il avait manigancé cette crise – mais il peut aussi l'avoir seulement exploitée). Le 14, devant Chamberlain, il dévoile sa volonté d'annexer les Sudètes. Comme celui-ci, à Godesberg, lui apporte l'acceptation franco-britannique, assortie de la proposition d'un plébiscite, il exige alors l'annexion immédiate, avant le 1er octobre (soit

---

1. Cf. J.-B. Duroselle, *op. cit.*, p. 345.
2. Cf. J. Fest, *op. cit.*, p. 792.

dix jours plus tard), avec interdiction faite aux Tchèques d'emporter le moindre matériel civil ou militaire, et l'organisation d'un plébiscite après coup.

C'est ce pas dans l'escalade qui détermine ce qu'on appellera la « crise de Munich ». Des deux côtés de la Manche on estime que cette fois c'en est trop et on prend diverses mesures de mobilisation. Hitler marque alors le sommet du *crescendo* par un grand discours au palais des sports de Berlin, le 26. Après s'être rassis, il entend Goebbels prononcer une phrase qui n'a rien d'original, puisqu'elle est dans *Mein Kampf* comme dans maints discours antérieurs, et qu'elle résume à elle seule le nazisme : « Nous sommes sûrs d'une chose : novembre 1918 ne se renouvellera pas ! » D'après Shirer, qui fait de l'événement un reportage radiophonique, Hitler regarde alors son ministre « comme si toute la soirée il avait cherché en vain ces mots » et reprend la parole pour hurler un simple « Ja[1] ! ».

Puis c'est la décrue. De curieux événements ont lieu à Berlin le 27 : on fait défiler une division motorisée à l'heure de la sortie des bureaux, et personne ne l'acclame. Puis, du balcon de la chancellerie, Hitler la passe en revue, et d'après Shirer il n'y a pas 200 spectateurs. Le Führer fait tout en grand, même les contre-démonstrations ! Bon public, le journaliste américain (suivi de nos jours par Fest et maints autres) voit dans ce manque d'enthousiasme une « frappante démonstration contre la guerre ». Soit, mais *qui* démontre ? Une fois de plus, on considère Hitler comme un dictateur d'opérette qui se prend les pieds dans le tapis. Et on voit ici la *cause* de ce qui se passe le lendemain : la planète angoissée apprend avec stupéfaction que Hitler, Chamberlain et Daladier ont accepté la proposition de Mussolini d'une conférence, convoquée à Munich pour le jour suivant.

Cette fois mieux inspiré, Shirer en résume d'avance, dans son journal, la teneur : Hitler « obtiendra les Sudètes sans la guerre, avec quelques jours de retard seulement[2] ». De fait, dans la Maison Brune, saint des saints de la Mecque nazie, Chamberlain et Daladier font preuve devant les deux dictateurs d'un respect quasi religieux et n'esquissent pas le moindre geste pour défendre les intérêts tchèques, dont les représentants, Mastny et le ministre des Affaires étrangères Jan Masaryk, font antichambre dans la pièce voisine. Tout au plus obtiennent-ils que l'invasion, effectivement commencée le 1er, s'étale jusqu'au 10. Le seul gain dont ils puissent se prévaloir auprès de leurs opinions publiques, qui seront peu regardantes, est l'affirmation maintes fois répétée par Hitler qu'il s'agit de sa « dernière revendication en Europe ». Chamberlain surtout s'en délecte, et chacun connaît le film de sa descente d'avion, où il brandit devant la foule enthousiaste un modeste papier paraphé par le chancelier

---

1. Cf. W. Shirer, *A Berlin*, tr. fr. Paris, Hachette, 1946, p. 97-98.
2. *Ibid.*, p. 98, à la date du 28 septembre.

et lui-même, portant engagement que les deux pays se concertent en cas de crise, et faisant état de leur « désir de ne jamais se faire la guerre à l'avenir ».

Si les gouvernants anglais et français ont rengainé, sans se faire prier, leurs velléités belliqueuses, Hitler n'aurait-il pas, pour sa part, également reculé, par rapport à une volonté bien arrêtée de faire la guerre, devant la relative fermeté manifestée par Paris et Londres au lendemain de Godesberg – ainsi que devant le peu d'enthousiasme guerrier de son peuple, ou encore de ses officiers ? Beaucoup le pensent. Ils s'appuient essentiellement sur des déclarations postérieures de l'intéressé. Un an plus tard, recevant ses généraux pour leur dire son intention irrévocable d'en découdre avec la Pologne, il leur exposera sa crainte que l'adversaire ne cède sans combat, en faisant référence à Munich. En 1945 encore, dans des écrits testamentaires, il regrettera de n'être pas entré en guerre en 1938, à cause de la complaisance imprévue de Chamberlain.

Voilà qui sonne bien peu hitlérien. Ajouter foi à ces propos, c'est oublier le style de notre homme, fait d'audace et de prudence tout à la fois. La référence à Munich, en 1939, peut se lire non comme un regret de n'avoir pas fait la guerre, mais comme un avertissement que cette fois, elle aura lieu. Elle suggère que la crise dénouée dans la capitale bavaroise était, en fait, une *répétition générale*. Hitler s'en est, en tout cas, servi pour tester deux grandes inconnues : l'attitude des militaires et des diplomates allemands devant l'imminence d'une guerre, et le sérieux des préparatifs occidentaux en général, britanniques en particulier.

Des généraux et des diplomates allemands ont noué des contacts avec leurs homologues anglais, et préparé un putsch. On ne pose jamais la question du degré d'information de Hitler à cet égard, alors que son cynisme de conspirateur, face à l'amateurisme de fonctionnaires élevés dans le devoir, qui avaient tout ou presque à apprendre de l'illégalité, donne à penser que la Gestapo cernait, au moins en gros, ce qui se tramait. En tout cas, le 26 septembre, au plus fort de la crise, rien ne bouge, et Hitler peut s'en frotter les mains. Des conspirateurs sérieux n'auraient-ils pas, ce soir-là, cerné le palais des sports et pris au piège les 15 000 bonzes qui acclamaient leur Führer ? De même, les signes de préparatifs militaires, chez l'ennemi potentiel, ne sont guère éclatants. Une France et une Angleterre prétendant voler au secours de la Tchécoslovaquie prépareraient, voire entreprendraient, une occupation de la Belgique – chose parfaitement autorisée, s'il s'agit de châtier un agresseur, par le pacte de la SDN ; d'autre part, elles négocieraient avec l'URSS, ainsi qu'avec la Pologne et la Roumanie, pour permettre une arrivée de l'Armée rouge sur le territoire tchécoslovaque – que Benes appelle de ses vœux. Au lieu de cela, on laisse la Belgique annoncer sa neutralité, et la Pologne retrousser ses babines, avant de participer à la curée contre l'Etat tchécoslovaque. De tous ces processus Hitler est un spectateur vivement intéressé, et leurs enseignements ne sont pas de trop pour l'aider à parfaire sa campagne diplomatique et militaire de 1939.

La Tchécoslovaquie amputée avait été « garantie », à Munich, par la France et l'Angleterre, l'Allemagne et l'Italie se déclarant dans l'intention de le faire, mais seulement quand les revendications, à son égard, de la Pologne et de la Hongrie auraient trouvé une solution. C'est chose faite, pour la Pologne, le 2 octobre : elle s'empare, après un ultimatum, de Teschen ; la Hongrie est moins expéditive – il est vrai qu'elle demande plus : un morceau de 12 000 km^2. Elle s'en remet à l'Allemagne qui par un premier « arbitrage de Vienne », le 2 novembre (il y en aura un autre en 1940), lui accorde satisfaction. Cependant, Prague, où Benes a démissionné, remplacé par Hacha, se voit obligé d'accorder une large autonomie à la Slovaquie et à la Ruthénie [1]. Il n'est plus question, à ce moment, de garantie allemande ou italienne.

Il est vrai que le climat international ne tarde pas à se dégrader. Dès le 9 octobre, prenant prétexte du débat des Communes qui a vu une forte minorité s'opposer à la ratification des accords de Munich, Hitler prononce un discours violemment anti-anglais. On assiste alors, pendant quelques semaines, à un curieux chassé-croisé : Londres se rapproche de Rome et Berlin, de Paris. Cela en dépit même d'un grave incident survenu le 7 novembre dans la capitale française : un jeune Juif, Herschel Grynspan, assassine pour venger des membres de sa famille un conseiller d'ambassade allemand. Hitler décide de se venger à son tour et brusquement, dans la nuit du 9 au 10 novembre, des synagogues sont incendiées sur tout le territoire du Reich, des commerces sont saccagés, de nombreux Juifs sont blessés et plus encore arrêtés, qui prennent le chemin de la déportation. Pour payer les « dégâts », la communauté juive est punie de surcroît d'une forte amende. Cette « nuit de Cristal » – allusion aux vitrines brisées – est présentée comme une « vengeance spontanée du peuple allemand » – en fait elle est bien entendu animée par des SA et des SS en civil. Cette première éruption de violence antisémite sur l'ensemble du territoire allemand crée une impression désastreuse à Londres, et surtout à Washington. La manœuvre de Hitler, consistant à s'effacer pour laisser le premier rôle à Goebbels, ne trompe pas, pour une fois, les contemporains et n'abuse que certains des nôtres. Mais Paris, tout à ses espoirs de rapprochement, passe plus vite l'éponge que les capitales anglo-saxonnes et, poursuivant une négociation engagée par François-Poncet quelque temps auparavant (c'était sa dernière action : fin octobre, il a quitté Berlin pour Rome), reçoit Ribbentrop en grande pompe le 6 décembre, pour signer avec lui un accord proche de celui que Chamberlain avait ramené de Munich. L'intangibilité de la frontière franco-alle-

---

1. Cf. M. Steinert, *op. cit.*, p. 357.

mande est réaffirmée. On fait grand bruit de l'absence aux réceptions des ministres français d'origine juive, Mandel et Zay.

Entre-temps, à la Chambre italienne, un discours du ministre des Affaires étrangères Ciano a été interrompu le 30 novembre, au moment où il était question des « justes aspirations de l'Italie », par des manifestants réclamant Nice, la Savoie et la Corse, ce qui n'empêche pas la direction anglaise d'honorer une invitation à Rome, où Chamberlain et Halifax se rendent tous deux, le 11 janvier.

Là encore, Hitler empoche des bénéfices : il démobilise la France, et a bien l'air d'obtenir d'elle les fameuses « mains libres à l'est », puisqu'elle se contente d'un texte sur les frontières de l'ouest. C'est l'époque où croît dans l'Hexagone l'idée du « repli impérial », suivant laquelle le pays n'est plus assez fort pour faire la police en Europe et doit, en s'arrangeant au mieux avec l'Allemagne, se consacrer à ses colonies... et, pour commencer, les défendre contre une Italie soudain menaçante, que l'Angleterre n'a pas l'air de décourager.

Hitler pousse alors, d'une manière qu'on trouve encore souvent inconsidérée, son avantage contre la Tchécoslovaquie. Il provoque, dans la première quinzaine de mars, son éclatement, en encourageant les menées séparatistes du premier ministre slovaque, Mgr Tiso. Hacha lui ayant refusé un drapeau et une armée distincts, il proclame l'indépendance le 14. Sur ce, Hacha se rend à Berlin pour tenter d'y plaider sa cause et Hitler, après l'avoir fait attendre pour le recevoir au milieu de la nuit, brise sa résistance en quelques heures et lui soutire un traité plaçant le pays tchèque « sous la protection » du Reich... après quoi il fait en automobile une course de vitesse pour arriver le premier à Prague et parader au balcon du Hradschin.

Interrogé le jour même aux Communes, Chamberlain joue la prudence : la Tchécoslovaquie s'étant « disloquée d'elle-même », il n'y a pas lieu de faire jouer la garantie prévue à Munich. C'est le surlendemain, ayant pris la mesure des événements et des réactions de l'opinion anglaise, qu'il opère une volte-face et, dans son célèbre discours de Birmingham, annonce que la patience de l'Angleterre est à bout. Au cours des semaines suivantes, il va, avec une certaine frénésie, donner un contenu juridique à son changement d'attitude, en accordant la garantie anglaise à de petits pays qui paraissent menacés par l'Allemagne : la Pologne, la Roumanie et la Grèce.

Hitler a-t-il changé de cap ? A-t-il commis une erreur ? A-t-il été victime d'un soudain retour de sa vraie nature, agressive, après des années où il s'était contraint à parler de paix ? Rien de tout cela ne se vérifie si on considère le point où en était l'application de son programme. Il avait forgé un instrument militaire pour de grandes conquêtes, s'en était assuré le contrôle en domptant des velléités de rébellion, avait fait de grands pas vers une alliance avec l'Italie et *presque* liquidé le traité de Versailles. Il importait à présent que la dernière malfaçon, la plus grossière, celle du corridor de Dantzig, fût corrigée *par la guerre*. Après Munich, en effet, il aurait pu de cent façons obtenir Dantzig par un accord amiable, soit en s'entendant avec les Polonais – qui après leur acte de piraterie de Teschen n'avaient plus grand-chose à lui refuser –, soit en renouvelant le scénario qui avait si bien marché pour les Sudètes, et en obtenant que les grandes puissances fassent pression sur la Pologne pour lui faire lâcher prise. Il aurait suffi, pour cela, de ne pas occuper Prague, d'attendre un peu pour violer les accords de Munich. Mais cette violation a précisément pour fonction de clore l'ère des pactes (du moins avec l'Occident). Obtenir Dantzig par la guerre, c'est le moyen de se lancer, au moment choisi, dans la conquête de l'espace vital.

Certes, il est en échec sur un point : le brusque piétinement d'un accord que Chamberlain considérait comme son chef-d'œuvre n'est pas la façon la plus directe de s'assurer l'alliance anglaise, pensée centrale de *Mein Kampf*. Vu le talent qu'il a déployé jusque-là, notamment dans l'anticipation des réactions des autres, on peut être sûr que Hitler avait prévu le durcissement anglais. Peut-être même le redoutait-il plus net, et se réjouit-il de le voir aussi platonique. Car enfin, il faut se souvenir que l'Angleterre n'a pratiquement pas d'armée de terre, lui permettant, par exemple, de contester une mainmise allemande sur les Balkans. Elle va certes décider la conscription en mai : un service d'un an, pour une classe, sans le moindre rattrapage de l'instruction perdue par ses aînées. A ce rythme, les conscrits allemands, enrôlés depuis 1935, ont le temps de faire le tour de la planète avant de se heurter à une opposition anglaise digne de ce nom. Certes, pour reprendre une formule chère à Winston Churchill, « heureusement il y a l'armée française ». Mais celle-ci, le programme hitlérien prévoit précisément de l'affronter : il y a peut-être un risque à la défier, il n'y a pas d'illogisme.

Ce qui oblige Hitler à changer son programme – très légèrement, comme on va le voir – c'est la tournure de ses rapports avec l'Angleterre. Chamberlain a entrepris de canaliser les ambitions allemandes dans des pactes, pour lesquels il était prêt à payer – surtout aux dépens des autres – un prix élevé. Mais il n'entendait pas aller au-delà, et détestait par-dessus tout la façon qu'avait Hitler de se dire satisfait pour resurgir un peu plus tard avec de nouvelles exigences. Si Halifax s'était trouvé à sa place, peut-être le compromis planétaire proposé dans le livre-programme de Hitler aurait-il pu se conclure. Chamberlain, outré, va pendant un long moment (jusqu'à la fin de mai 1940, cf. *infra*) souhaiter ardemment la chute du Führer – mais non nécessairement du nazisme – et cela rend provisoirement impossible un accord anglo-allemand... tout en ouvrant de nouveaux champs de manœuvre à l'inventif chef germanique.

De mars à septembre se déroule une épreuve de force aux péripéties touffues, mais aux lignes claires. Les principaux partenaires sont les grandes puissances européennes et la Pologne. A l'arrière-plan se signalent sporadiquement les Etats-Unis et le Japon.

Le but de Hitler est des plus nets : il veut sa guerre. Contre la seule Pologne ? Là est le point discuté. La majorité des observateurs penche, encore aujourd'hui, pour la théorie du « bluff ». Hitler, au fond, n'aurait voulu que le corridor et, tout au plus, un morceau supplémentaire de Pologne. Il aurait, par son arrogance et sa manie de fixer des dates-limites (ici, le 1er septembre), gâché ses chances d'empocher son butin avec la bénédiction des Britanniques. S'il s'était montré souple, la France aurait bien été obligée, une fois de plus, de s'aligner, et la guerre serait restée locale. C'est, on l'a vu, la thèse exposée encore dernièrement avec d'autres prémisses – une dictature de Schleicher –, par un spécialiste américain. Hitler aurait vu à tort un bluff dans la fermeté britannique, dont les symptômes étaient pourtant clairs : après la garantie en mars et la conscription en mai, Chamberlain en était venu à un traité d'alliance en bonne et due forme avec la Pologne, le 25 août.

Le mot « bluff » circule dès cette époque, mais on l'applique plutôt à l'attitude allemande, en France comme en Angleterre. C'est l'époque où les diplomates français sont poètes, à moins que ce ne soit l'inverse. Outre Saint-John Perse et Giraudoux, la Carrière compte Paul Claudel, qui écrit le 19 août dans le *Figaro* : « Croquemitaine se dégonflera. » On pense couramment, à Paris et à Londres, que l'Allemagne a besoin qu'on lui montre un peu le bâton, et que cela suffira. C'est qu'on fait grand cas de la rumeur d'une chute du moral outre-Rhin. Les victoires sans guerre avaient chloroformé le peuple allemand, la fermeté occidentale est en train de le réveiller et il va balayer prestement son Führer, s'il s'obstine. C'est pourquoi une autre formule journalistique de l'époque, « Mourir pour Dantzig ? », qui constitue le titre d'un éditorial pacifiste de Marcel Déat, non point à la veille de la guerre mais le 6 mai, ne fait pas recette. L'ancien combattant Daladier, dans sa fermeté apparente, entraîne la masse du peuple qui l'a acclamé après Munich, et jusqu'aux politiciens de droite qui, depuis l'émeute brouillonnement réprimée du 6 février 1934, ne l'appelaient plus que « le fusilleur ». On lui donne carte blanche pour clamer qu'il va fusiller une bonne fois le militarisme allemand, s'il insiste.

Hitler aurait quelque justification à penser que les « démocraties » bluffent. Car si elles multiplient les gestes, elles évitent, tout au long de ces six mois de crise, celui qui pourrait protéger efficacement la Pologne, à savoir une entente avec la Russie soviétique.

Le sujet est délicat et, encore aujourd'hui, explosif... alors que le régime soviétique est mort depuis dix ans et que la Russie elle-même bat de l'aile. Un fait demeure : les camps sibériens, ouverts par le tsar, n'empêchaient aucune alliance ; rouverts par Lénine, et démesurément agrandis par Staline, ils rendent le pays peu fréquentable, quitte à faire la part belle à d'autres adeptes des barbelés. C'est tellement peu conforme au froid réalisme qui a présidé jusque-là, toujours et partout, aux relations internationales, qu'il doit y avoir, derrière le prétexte, une puissante raison.

Elle n'est pas à rechercher, d'abord, dans l'anticommunisme des bourgeoisies anglaise, française ou américaine. Contrairement à la propagande communiste, assez grossière, d'alors, l'existence d'une « patrie du socialisme » ne les obsédait pas, ou plus. Elles avaient tremblé un peu au début des décennies 20 et 30, lorsque les séquelles de la guerre puis la crise économique pouvaient sembler mettre à l'ordre du jour une révolution de grande ampleur. Même ici, il faut relativiser : n'avons-nous pas vu de grands secteurs des classes dominantes allemandes, dont le général von Seeckt offrait un parfait échantillon, s'allier avec le diable en 1922 alors même qu'il était à leur porte, pour les besoins de leurs rivalités avec des puissances capitalistes ? Et si le patronat français, traumatisé par l'occupation d'une partie de ses usines en juin 1936, avait plus tard que ses pareils redouté le grand soir, il s'était sauvé sans guerre ni coup d'Etat, en liquidant le Front populaire avec la coopération de Daladier et de son ministre des Finances, Paul Reynaud. Chacun sait d'autre part que ce n'est pas la France qui menait le jeu. L'affaire espagnole elle-même prenait, pour les possédants, un tour des plus rassurants, avec la victoire de Franco, en mars 1939. Quant à Staline, loin de tout expansionnisme, il est occupé à panser les plaies qu'il a lui-même faites à son armée lors de la purge de 1937, fatale à la moitié des généraux. Au total si l'anticommunisme devient alors un facteur décisif de la formation des camps, c'est qu'il est manié par un chef expert dans l'art d'accommoder les restes.

On a assez reproché aux prolétaires en lutte, et ce n'est pas fini, de vouloir « le beurre et l'argent du beurre ». Alors remarquons que les écrivains anticommunistes ne font pas autre chose, lorsqu'ils veulent à la fois expliquer le pacte germano-soviétique par le cynisme des deux dictateurs, indifférents quand cela les arrange à leur propre idéologie, et par les « convergences » ou la « parenté profonde » des deux systèmes. En vérité, ce qui détermine en dernier ressort la conduite de Staline, comme celle de Chamberlain, de Daladier ou de Roosevelt, c'est une ample et durable sous-estimation des capacités intellectuelles du maître de l'Allemagne. Il n'y a qu'à examiner le vocabulaire de tous ces messieurs. Lorsqu'ils se décident à dénoncer le danger nazi, ils mettent en avant des notions telles que « folie » ou « barbarie », qui rendent mal compte de l'excellence stratégique des coups qu'on est en train de leur porter. Le plus remarquable succès de Hitler, le plus fécond et le plus permanent, est d'avoir, par sa brutalité même, par son incendie du Reichstag et son parti unique, ses nuits des Longs Couteaux et de Cristal, ses SS et ses camps, son antisémitisme et ses bûchers de livres, enraciné l'idée de sa propre stupidité.

A cela se conjugue la faiblesse de l'Allemagne, tantôt fallacieusement suggérée, tantôt bien réelle. Peu importe ! Les autres puissances sont, dans les deux cas, rassurées ; elles pensent qu'il faut faire quelque chose, mais aussi qu'il n'y a pas d'urgence. Espions manipulés et distingués économistes croisent leurs rapports pour dépeindre un pays au bord de la famine et de la banqueroute[1]. Et cela fait faire beaucoup de fautes, non seulement en 1939, mais quasiment jusqu'à la fin de la guerre. Il n'est ni faux ni indifférent que la puissance allemande soit extrêmement vulnérable ; mais les facteurs matériels sont une chose, l'aptitude de celui qui les met en œuvre une autre, et toute analyse sérieuse d'une situation doit absolument tenir compte des deux. L'immense majorité des justes analyses qu'on produit sur les carences de l'Allemagne nazie ne sont pas sérieuses : elles sautent à la conclusion après l'exposé des chiffres sans s'interroger sur les capacités du chef, traitées comme un facteur négligeable.

Il faut enfin considérer les effets de sens contraire, ceux qui conduisent d'autres observateurs, ou parfois les mêmes, à des illusions qui *surestiment* la puissance allemande. C'est particulièrement vrai dans le domaine de l'armement. Les chars et les avions sont, par les services de renseignements des futurs alliés, multipliés au moins par deux, ce qui aggravera considérablement, pour ne prendre qu'un exemple, l'effet de résignation qui conduira la France à l'armistice de 1940. Un effet dans lequel entre une forte composante idéologique. Or la propagande allemande n'y est pas non plus étrangère : puisque c'est, dit-on, le Front populaire qui a désarmé la France, son écrasement par une Allemagne où les ouvriers font joyeusement des semaines de soixante heures (*sic*) est dans l'ordre des choses. Peu avant Munich, le général Vuillemin, commandant en chef de l'aviation française, avait été longuement reçu en Allemagne, du 17 au 21 août 1938. Très impressionné par ce qu'il avait vu et plus encore par les boniments de Göring, il avait rendu, lors de la consultation des généraux par Daladier sur la capacité du pays à entreprendre une guerre, un avis catégoriquement négatif. Il le maintient en août 1939... et Daladier résout le problème en ne le consultant pas.

En résumé, au moment où il vise l'un de ses objectifs les plus difficiles, consistant à limiter la guerre à un seul front, Hitler a réussi à imposer de lui-même et de son pays une image trouble. Ils seraient à la fois dangereux et inoffensifs. Le résultat, comme toujours depuis 1930, c'est que ses futures victimes sont intriguées et circonspectes, mais nullement pressées d'agir... alors qu'il prépare des coups fulgurants.

Il commence dès janvier 1939 une opération de charme en direction des Soviétiques en serrant, lors de la réception du corps diplomatique, la main de l'ambassadeur Merekalov avec une chaleur inaccoutumée. Alors s'engagent de discrètes négociations commerciales, au cours desquelles les partenaires se sondent mutuellement sur la possibilité d'aller « plus loin », c'est-à-dire d'engager des pourparlers politiques.

La partie soviétique montre cependant moins d'empressement que

---

1. Cf. les nombreux exemples donnés par Jean Vanwelkenhuyzen dans *L'agonie de la paix*, Louvain, Duculot, 1989.

l'allemande, surtout à partir de la garantie anglaise à la Pologne : dès le 18 mars, au lendemain du discours de Chamberlain à Birmingham, Litvinov propose une grande négociation entre tous les pays qui ont intérêt à endiguer la puissance allemande. Dans le camp anglais, la balle va être précautionneusement saisie. Des négociations s'ouvrent en avril à Moscou, mais l'Angleterre et la France y sont seulement représentées par leurs ambassadeurs ordinaires, ce qui n'est pas faire montre d'une grande hâte à conclure : la complexité des questions, qui concernent bien d'autres Etats, devrait inciter à envoyer sinon des ministres, du moins des cadres supérieurs de ministère... ce que les Anglais font pendant quelques jours, en juin, avec William Strang. L'existence de négociations parallèles entre l'URSS et l'Allemagne n'a rien alors d'un secret d'Etat. Devant les rumeurs qui vont bon train, l'URSS précise à plusieurs reprises (et, à partir de juin, d'une manière inexacte [1]) qu'aucune négociation politique n'est en cours : on ne préjuge pas de ce qui pourrait advenir. En d'autres termes, la préférence est donnée à l'Occident, avec qui la négociation est notoirement politique, mais Staline n'est pas mécontent de suggérer qu'en cas d'échec il pourrait se tourner d'un autre côté. Il l'a d'ailleurs laissé entendre dans un grand discours, le 10 mars : l'URSS « n'est pas prête à tirer les marrons du feu » pour d'autres puissances.

Il donne le 3 mai un clair signe d'impatience : Litvinov, un diplomate de carrière d'origine juive, peu lié aux autres dirigeants soviétiques, est brusquement remplacé par Molotov, un vieux bolchevik slave, proche de Staline et peu au fait du style diplomatique. Le signal ne passe pas inaperçu et les journaux du monde s'interrogent gravement sur les changements qu'il présage. Aucun, répond Molotov dans son premier discours, et les choses retombent dans leur train-train. Cependant, elles évoluent. L'Angleterre, qui jusque-là refusait toute idée d'un « accord tripartite » avec la France et la Russie, se résout le 24 mai à en accepter le principe, sans justifier ce revirement. Les documents, analysés par J.-B. Duroselle, suggèrent que deux facteurs ont joué : d'une part la crainte que la nomination de Molotov ne présage une entente germano-soviétique, d'autre part le resserrement de l'axe Rome-Berlin par la signature du fameux « pacte d'acier », le 20 mai [2]. La négociation ne change pas de vitesse pour autant : on dirait que Chamberlain et Halifax comptent sur la simple crainte de ce pacte pour faire reculer Hitler, et sont moins pressés que jamais de le signer.

La situation semble évoluer en juillet. Molotov réussit le 8, après maintes difficultés, à faire reconnaître par la France et l'Angleterre le concept d'« agression indirecte ». Si l'URSS n'est pas attaquée, mais qu'un de ses voisins, par exemple l'Estonie, s'allie avec l'Allemagne et

---

1. C'est à la fin de mai que Hitler ordonne à son ambassadeur Schulenburg d'ouvrir une négociation politique, souhaitée par les Soviétiques depuis un entretien Wiezsäcker-Merekalov du 17 avril (cf. Charles Bloch, *op. cit.*, p. 321-23).

2. Cf. J.-B. Duroselle, *op. cit.*, p. 423.

permet à celle-ci d'installer des troupes sur les frontières de l'URSS, celle-ci aura le droit de s'estimer agressée et de réagir militairement, avec le soutien des autres puissances. Mais ce principe n'est alors reconnu que dans le cas des Etats baltes – et encore : l'Angleterre, qui admet le *principe*, ergotera jusqu'au bout sur la *définition* de l'agression indirecte. On voit que ces négociations sont pour l'URSS un parcours du combattant : elle essaie de neutraliser les pays qui se sont détachés de l'empire tsariste au moment de la révolution, aux encouragements des puissances versaillaises qui voyaient là un « cordon sanitaire » entre le bolchevisme et l'Allemagne ; à présent que le cordon risque d'être utilisé par l'Allemagne pour étrangler la Russie, celle-ci monnaye assez logiquement son concours à une guerre en demandant qu'on interdise aux Etats du cordon de se tourner contre elle. Mais une fois que l'Angleterre et la France ont cédé sur les Etats baltes, il reste la Finlande, la Roumanie (qui a pris en 1918 la Bessarabie aux Russes), et surtout la Pologne.

Celle-ci, depuis la mort de Pilsudski, est une dictature sans chef nominal. L'homme fort est le ministre des Affaires étrangères, le colonel Beck. Après le coup rhénan, il s'est beaucoup rapproché de l'Allemagne, qui l'a flatté de diverses espérances et lui a donné, pour l'avoir laissée sans mot dire avaler les Sudètes, le pourboire de Teschen. Quant à l'URSS, qui reste liée à la France par le traité de 1935, elle n'a cessé de souhaiter l'assortir d'une convention militaire, qui d'après elle devait reconnaître aux troupes soviétiques, en accord avec la Pologne, la faculté de passer par son territoire pour aller châtier un agresseur.

En conséquence, ce même 8 juillet où il marque un point sur les Etats baltes, Molotov embraye implicitement sur la question polonaise en demandant, contre tous les usages, que l'accord politique soit précédé par l'élaboration d'une convention militaire. Il s'ensuit que des officiers représentant les forces armées de France et d'Angleterre devraient venir discuter à Moscou avec le maréchal Vorochilov. Paris accepte aussitôt et Londres le 24, tout en précisant qu'il lui faut dix jours pour constituer sa délégation.

Nous voici arrivés aux découvertes présentées dans certains ouvrages antérieurs, auxquels on ne peut que renvoyer après de brefs résumés. On croit encore souvent que Daladier a dit au général Doumenc, chef de la mission militaire française : « Ramenez un accord à tout prix. » Or la formule a été déplacée de la bouche de Bonnet dans celle de Daladier[1], et cette erreur n'est pas sans conséquence : l'écart va en effet croissant entre la politique du président du conseil et celle de son ministre des Affaires étrangères. Mais c'est Daladier qui décide – l'éviction de Bonnet du Quai d'Orsay après deux semaines de guerre, le 13 septembre, le

---

1. Et de surcroît déformée. Le rapport Doumenc, seule source sérieuse, porte : « Il faut rapporter un papier signé. » On peut retenir à la décharge de ceux qui colportent cette inexactitude qu'elle figure dans les mémoires d'un proche de Daladier, Jean Daridan, et d'un proche de Doumenc, le futur général Beaufre. Mais ni l'un ni l'autre n'étaient présents. Cf. F. Delpla, *Les papiers secrets du général Doumenc*, Paris, Orban, 1992, p. 41.

confirmera. Tout ce qu'il dit, lui, à Doumenc, c'est que l'attitude des Soviétiques est ambiguë et que sa mission consiste à la « tirer au clair ». Ajoutons que toute la correspondance de Doumenc est envoyée à Daladier, ministre de la Guerre, et que Bonnet est tenu à l'écart de cette négociation.

Bonnet n'est ni plus soviétophile, ni plus antinazi que Daladier. Il est au contraire, on l'a vu, plus munichois. Le pacifisme et la doctrine du « repli impérial » inspirent sa conduite. Si en 1939 il manifeste plus de fermeté envers Hitler qu'en 1938, c'est seulement en raison de l'évolution des Britanniques, et pour essayer de leur damer le pion : cette fois on risque sérieusement une guerre, et Bonnet n'en veut pas. Il conçoit l'accord avec les Soviétiques, non comme une machine à broyer Hitler (c'est pourquoi il a longtemps combattu l'idée d'un accord militaire trop précis, et ne s'y rallie le 8 juillet que parce qu'il sent les Soviétiques au bord de la rupture), mais comme une « force de dissuasion », suivant l'expression forgée un peu plus tard.

La seule instruction qui compte, donc, c'est celle de Daladier : tirer l'affaire au clair, autrement dit obliger les Soviétiques à choisir leur camp. Le succès sera incontestable ! Il ajoute : « On me rebat les oreilles avec cet accord qui ne marche pas. Beaucoup y prêtent une extrême importance », ce qui veut bien dire que ce n'est pas son cas. Comme tous les dirigeants français depuis l'été de 1935, Daladier épouse étroitement, en temps de crise, l'optique anglaise. Il n'est donc pas pressé de signer. Il a d'ailleurs fait preuve, depuis son retour au ministère en juin 1936, d'un goût très modéré pour l'alliance soviétique, pleinement d'accord en cela avec le général Gamelin, dont le prédécesseur et successeur Weygand, plus à droite dans ses opinions, avait paradoxalement moins d'œillères politiques sur ce chapitre.

Le déroulement de la négociation est à la mesure de ces instructions filandreuses, en dépit des efforts de Doumenc. Car ce général peu connu fait flèche de tout bois pour ramener un accord, essayant de secouer les Anglais et les Polonais, bref, s'avérant un auxiliaire zélé de Vorochilov. Ce n'est pas qu'il admire, bien au contraire, les réalisations soviétiques qu'il entrevoit lors de ses promenades ou soit le moins du monde tenté par la philosophie marxiste. Il n'apparaît pas non plus sur la même longueur d'onde que Bonnet. Car loin d'être contaminé par le pacifisme, cet ancien capitaine de 1914, pionnier mondial de l'adaptation de l'automobile à la guerre, et réciproquement, ne supporte pas de se voir voler la victoire par Hitler et espère bien, en exerçant un commandement élevé que Gamelin lui a promis, mettre un terme aux succès de ce parvenu. Pour cela, il est prêt à payer cher le concours soviétique. Divers indices donnent à penser que, s'il outrepasse les instructions de Daladier et plus encore de Gamelin, il agit en harmonie avec Weygand et avec le second de Gamelin, le général Georges.

Dès le début des discussions moscovites, Vorochilov pose la question du passage de ses troupes à travers la Pologne. Les délégations occidentales, à l'instigation de la britannique, lui suggèrent, conformément aux instructions de Chamberlain, de s'adresser lui-même aux Polonais. La réplique soviétique fuse, après une interruption de séance au cours de laquelle Staline a été probablement consulté : la France étant alliée avec la Pologne et l'Angleterre l'ayant garantie, c'est à elles, puisqu'elles demandent une assistance soviétique contre une éventuelle agression allemande, de décider en accord avec les Polonais du droit de passage des troupes soviétiques.

Cela se passe le 14 août, et déjà la négociation a tourné court. Pour la réamorcer, Doumenc va bombarder Daladier de télégrammes affirmant la légitimité de la demande soviétique, lui demander d'insister pour obtenir l'accord du gouvernement polonais et, finalement, déléguer lui-même à Varsovie un membre de sa mission, Beaufre. Rien n'aboutira, du fait certes de la mauvaise volonté polonaise et anglaise, mais aussi de celle de Daladier. Ici aussi il faut rendre à César : la légende qui veut que Daladier se soit battu pour obtenir un accord vient d'une part de la phrase qui lui est indûment prêtée lors de ses instructions à Doumenc, d'autre part de la projection de l'ardeur du général sur son ministre et chef de gouvernement, alors que ce dernier n'a cessé de le freiner, de lui mentir et de mépriser ses avis.

Pour finir, c'est aux Français qu'il va mentir, dans une occasion solennelle, sept ans plus tard. Il venait, en 1946, d'être réélu député quand le parti communiste, devenu puissant en France entre la Libération et la guerre froide, demanda son invalidation pour indignité nationale, en raison notamment du rôle qu'il avait joué dans l'échec de cette négociation de Moscou. Il se défendit devant l'Assemblée nationale, le 18 juillet, en disant que c'étaient les Soviétiques qui avaient rompu la négociation, pour pouvoir signer leur pacte avec Hitler. Ils auraient pour ce faire posé à Daladier une condition dont ils savaient qu'elle demandait du temps. J'ai retrouvé dans ses archives un télégramme de Léon Noël, ambassadeur de France à Varsovie, annoté de sa main. Il écrit :

> Dès qu'Hitler a tout accepté, Staline conclut brutalement les pourparlers. – Vorochilov a exécuté une consigne alors qu'il savait qu'il nous fallait du temps pour amener Beck à composition.

La formule se retrouve textuellement dans le discours de 1946 et il semble que Daladier ait fait cette mention marginale, à l'encre bleue, en relisant ses archives pour préparer cette allocution. Il le semble d'autant plus que la même encre est utilisée, dans un document voisin, non plus pour commenter mais... pour corriger. Il s'agit d'une note préparatoire à une entrevue avec l'ambassadeur polonais en France, Lukasiewicz, écrite en noir et datée du 23 août. Daladier a l'air de vouloir effectivement faire une grosse colère : il rappelle à la Pologne tout ce que la France a fait pour elle, et l'alerte sur la « grave responsabilité prise par la Pologne en refusant le concours militaire de la Russie ». Or une main a barré le 3 et l'a remplacé par un 1, ce qui antidate de deux jours l'entretien ; elle a d'autre part ajouté, au catalogue de ce qu'on allait dire à Lukasiewicz, une ligne : « Réviser alliance. » Tout cela se retrouve dans le discours de 1946. Or l'entrevue s'est bien passée le 23, et Daladier n'a à aucun moment menacé la Pologne de lui retirer son alliance.

La correction est accusatrice : en 1946, Daladier a honte d'avoir fait pression sur les Polonais seulement le 23, et il éprouve le besoin, non seulement d'antidater cette pression, mais d'en accentuer la fermeté.

Pourquoi antidater au 21 ? Parce que c'est ce soir-là qu'est annoncée, par la radio allemande, la venue de Ribbentrop à Moscou deux jours plus tard, en vue de la signature d'un pacte germano-soviétique de non-agression.

Daladier, en 1946, spécule sur l'ignorance et, effectivement, ses accusateurs ne relèveront pas les libertés qu'il prend avec les faits. Ni que, de toute manière, le 21 c'était déjà bien tard, puisque l'achoppement des négociations sur la question polonaise datait du 14. Tenu le 15, un tel langage aurait-il empêché le pacte germano-soviétique et précipité Hitler du Capitole à la roche Tarpéienne ?

On peut penser en tout cas qu'il lui aurait singulièrement compliqué la tâche. Car les négociations germano-soviétiques sont, depuis le lendemain de la guerre, bien connues grâce à la saisie des archives allemandes et au recueil *Nazi-Soviet Relations* que le département d'Etat s'est fait un plaisir de confectionner à partir d'elles dès le début de la guerre froide. C'est du 26 juillet qu'on peut dater la fin des pourparlers seulement économiques et le début des discussions politiques. Elles ne sont pas aisées. L'Allemagne tend d'emblée un gros appât : un diplomate allemand, dînant à Berlin avec deux collègues soviétiques, leur fait miroiter la garantie par l'Allemagne d'un « développement que rien ne saurait troubler[1] ».

Cependant, le 11 août, Hitler tente un effort suprême, en même temps qu'il prépare l'avenir. Recevant dans le « nid d'aigle » Carl Burckhardt, haut-commissaire de la SDN à Dantzig, il lui délivre un message dont la portée dépasse quelque peu le destin du port hanséatique :

> Tout ce que j'entreprends est dirigé contre la Russie, et si l'Occident est trop bête et trop aveugle pour le comprendre, je serai forcé de m'entendre avec les Russes, de battre l'Occident, et ensuite, après l'avoir vaincu, de me tourner contre l'Union Soviétique avec toutes mes forces rassemblées. J'ai besoin de l'Ukraine, pour que l'on ne puisse plus jamais, comme dans la dernière guerre, nous prendre par la faim[2].

---

1. Cf. J. Fest, *op. cit.*, p. 836.
2. *Meine Danziger Mission*, tr. fr. *Ma mission à Dantzig*, Paris, Fayard, 1961, p. 288.

Pudiquement, le diplomate indique dans ses mémoires qu'il n'a pas inséré ce passage dans le rapport que ses fonctions l'obligeaient à faire au « comité des Trois » (composé des ministres des Affaires étrangères d'Angleterre, de France et de Suède), en raison de son caractète « irréel », mais qu'il en a parlé « quelques jours plus tard », seul à seul, avec Halifax. Quoi qu'il en soit, Hitler a bien l'air d'avoir escompté une réponse puisque c'est le 14 que Ribbentrop propose à Molotov, par l'intermédiaire de l'ambassadeur Schulenburg, « une délimitation des sphères d'intérêt respectives entre la Baltique et la mer Noire », et offre de se rendre à Moscou. On voit que l'Allemagne est pressée. Il y a théoriquement deux possibilités d'expliquer la relative froideur soviétique : soit un jeu destiné à faire monter les enchères, soit une hésitation réelle et un espoir sérieux que l'exigence claire de Vorochilov, faisant plier Londres et Varsovie, aboutisse *in extremis* à un accord avec les Occidentaux. On se doute des présupposés politiciens qui, aujourd'hui encore, conditionnent souvent la réponse. Mais le simple bon sens permet d'autres constatations. Les progrès allemands en Europe centrale font planer sur l'URSS, depuis un an et demi, une menace mortelle. Un conquérant qui a annoncé sa volonté de la détruire s'est mis en marche, et rien ne lui résiste. Quand bien même elle aspirerait à une entente au nom d'un vague cousinage idéologique, d'une commune propension à la terreur ou d'une détestation partagée des bourgeoisies occidentales, est-il concevable de venir à la rencontre de l'agresseur avec des fleurs, s'il y a une autre possibilité ? Est-il rassurant de voir que lui-même vient avec des cadeaux, alors que personne au monde n'a l'intention de vous porter secours si tout à coup il en tire des poignards, et alors qu'il vient, en trois occasions – l'Anschluss, les Sudètes et Prague –, de dévorer des proies à belles dents peu après avoir protesté de son manque d'appétit ?

Des anticommunistes intelligents accorderaient que Staline avait pour l'alliance occidentale une nette préférence, et concentreraient la critique sur ses raisons : ce n'est pas qu'il préférait la démocratie au nazisme, mais parce qu'il n'avait pas d'autre choix, l'amabilité nazie étant trop récente et d'un aloi trop douteux. S'il n'a pas saisi la main des « démocrates », c'est qu'elle n'était pas offerte. Il s'est alors raccroché à ce qu'il a pu, pour éviter la noyade. Très provisoirement.

Il est temps à présent de revenir en Allemagne.

Pour les détails des ruses de Hitler et de Göring lors de la crise qui met fin à l'entre-deux-guerres, on peut se fier au beau livre de Jean Vanwelkenhuyzen sur *L'agonie de la paix* [1]. L'observation minutieuse de son comportement dans la semaine suivant le pacte germano-soviétique prouve que le Führer a résolu d'envahir la Pologne. Si, par exemple, il suspend un ordre d'attaque donné pour le 26 août, c'est évidemment une

---

1. *Op. cit.*, notamment p. 323-332.

réaction au traité anglo-polonais de la veille (et peut-être accessoirement à l'annonce du forfait italien, survenue le même jour), mais ce n'est pas pour autant une reculade ou la marque d'une hésitation. C'est qu'il n'a pas trop de cinq jours, jusqu'au butoir inexorable du 1er septembre qu'il a fixé au printemps, et qu'il respectera, pour adapter son attitude et sa propagande à cette initiative britannique insolite. A présent il ne fait plus aucun doute, aux yeux du monde, que l'Angleterre ne bluffe pas et que, si Hitler entre en Pologne, elle lui déclarera la guerre. C'est à dessein qu'elle a créé un contraste avec son attitude louvoyante de l'année précédente, ou encore de 1914. Chamberlain a reconnu, le 22 août, dans une lettre à Hitler, qu'à la veille de la Grande Guerre les silences du gouvernement de Londres ont pu encourager les boutefeux, et s'est déclaré « résolu à faire en sorte qu'à cette occasion il ne se produise pas un aussi tragique malentendu [1] ». Le « plus jamais de 1914 » d'outre-Manche fait un écho assourdi et dérisoire au « plus jamais de 1918 » d'outre-Rhin.

Mais l'excellent historien belge pousse trop loin, après beaucoup d'autres, la symétrie. Si on espère jusqu'au bout, et même au-delà, à Londres comme à Paris, que Croquemitaine bluffe et se dégonflera, la réciproque est loin d'être vraie. Le penser c'est estimer, une fois de plus, que Hitler progresse d'erreur en erreur.

Sa manœuvre des derniers jours vise deux cibles principales : les Anglais et ses généraux. Ceux-ci ont en effet grande envie d'en découdre avec ceux-là, surtout depuis le pacte germano-soviétique, qui a sans doute fait plus, pour la popularité du Führer auprès de son armée, que tous ses autres succès. Enfin l'hésitation est levée, l'esprit de Rapallo et de Seeckt retrouvé et les tentations anticommunistes surmontées au profit de l'intérêt national : la guerre n'aura lieu que sur un front. Raison de plus pour ne pas l'engager à la légère. Ce n'est pas en une semaine qu'on réoriente l'armée d'une grande puissance. Il faut des plans : il est difficile de contraindre un officier d'état-major allemand à penser autrement. Le triomphe hitlérien ne rend pas plus que les précédents ces officiers nazis, au contraire : ils comprennent moins que jamais la fébrilité du commandant suprême. C'est que, s'ils rêvent d'une revanche sur l'Angleterre, et accessoirement sur la France, ils en mesurent la difficulté.

Pour les décider à marcher, il faut un chiffon rouge et les dirigeants polonais en offrent un excellent. Lorsque, le 22 août, Hitler reçoit ses principaux généraux et amiraux à Berchtesgaden, il leur fait une véritable allocution, avec sa fougue et son talent habituels, mais avec une franchise plutôt au-dessus de la moyenne. Il a l'intention de profiter immédiatement du pacte (dont il est sûr d'obtenir le lendemain la signature) pour écraser la Pologne et la partager avec l'URSS. Sur l'éventualité d'une réaction militaire franco-anglaise, il est loin d'être tout uniment rassurant, et recourt aux poncifs nazis : elle n'est pas nulle, et il faudra alors faire

---

1. Cité par N. Henderson, *op. cit.*, p. 323.

preuve d'une « volonté de fer », moyennant quoi les « hommes qualitativement supérieurs » qu'aligne l'Allemagne triompheront. Quant à la Pologne, elle sera mise dans son tort par un flot de propagande dont peu importe qu'« il soit ou non plausible », puis après son écrasement elle ne sera pas l'objet d'une rectification de frontière, mais d'un « anéantissement des forces vives ».

C'est donc une formation nazie accélérée, tout à fait inédite sous cette forme, à cent lieues par exemple du langage du « protocole Hossbach » pourtant émis en plus petit comité, que subissent les gradés allemands. Hitler fait l'étalage de sa cruauté, de son cynisme, de sa duplicité, et même du docile instrument, soustrait au contrôle de la Wehrmacht, qu'est pour lui la SS, lorsqu'il laisse entendre qu'il a, pour provoquer des incidents de frontière, des moyens obliques que sa propre direction militaire n'a pas à connaître. Enfin, il présente comme inéluctable l'entrée en guerre contre la Pologne, de même qu'il étale sa forfanterie, lorsqu'il indique que sa « seule crainte, c'est qu'au dernier moment un de ces sales cochons » lui « offre encore un plan de médiation[1] ».

Après avoir ainsi soufflé le froid, il est bon de marquer une pause, ne serait-ce que parce que la fièvre monte à nouveau, bien évidemment, chez les officiers. Se débarrasser du fou maintenant que son étrange talent a produit l'aubaine du pacte germano-soviétique, à l'abri duquel des choses sérieuses pourraient s'ébaucher, la tentation est forte. Hitler a donc intérêt, pendant les derniers jours, à faire preuve d'un esprit de haute responsabilité, en prenant au sérieux la menace d'une intervention anglaise et en paraissant tout faire pour la conjurer, cependant qu'il manipule les Polonais pour empêcher une conciliation. D'où le report de l'attaque du 26 au 1er... là encore, en soufflant le chaud et le froid : l'ordre porte qu'en cas de mauvais temps l'attaque aura lieu au plus tard le 2 et que si elle n'a pas lieu ce jour-là, elle sera annulée. Une incertitude propre à désorienter les militaires, qui n'ont plus qu'à faire leur métier en espérant vaguement un miracle. Pendant ce temps, la diplomatie nazie, où Göring joue une fois de plus le premier rôle, dévoile lentement à l'anglaise et à la polonaise un plan de règlement de la question du corridor que Henderson trouve, lorsque enfin, le 31, il peut en voir le texte, *extremely liberal*. En effet, il propose l'organisation à loisir d'un plébiscite puis, quel que soit son résultat, des mesures portuaires et autoroutières permettant à l'Allemagne un accès à la Prusse orientale et à la Pologne un accès à la mer, en toute souveraineté. Mais le 30 est parti un ultimatum, enjoignant à la Pologne d'envoyer dans les 48 heures à Berlin un « plénipotentiaire » chargé de recueillir et de signer ces conditions, alors qu'elle ne les connaît même pas de source allemande. L'offre est calculée pour cabrer l'orgueil de la Pologne, et les précédents de Schuschnigg et de Hacha ont de quoi éveiller sa méfiance : une fois de plus, Hitler joue de sa propre cruauté.

---

1. Cité par J. Toland, *op. cit.*, p. 531.

Varsovie réagit adéquatement : beaucoup de silence, pas de plénipotentiaire, des manifestations chauvines dans tout le pays et particulièrement dans le corridor, non sans y molester quelques Allemands, et pour finir, l'après-midi du 31, une démarche de l'ambassadeur Lipski qui s'enquiert des conditions et finit par les recevoir de Ribbentrop après avoir longtemps fait antichambre. Hitler peut clamer que la démarche ne répond pas à ce qu'il avait demandé et que la Pologne veut la guerre. L'incident de Gleiwitz, monté par Himmler et exécuté par l'un de ses principaux hommes de main, Alfred Naujocks, consistant à faire attaquer par de faux soldats polonais un émetteur allemand de radio, dans la soirée du 31, joue finalement un rôle mineur. L'ordre d'attaquer la Pologne à 4 h 45 est exécuté par la Wehrmacht sans l'ombre d'une hésitation.

Il s'ensuit, non une déclaration de guerre franco-britannique, mais deux jours de confuses palabres où beaucoup de gens s'enferrent en essayant de sauver la face.

Mussolini avait été pris de court par Hitler. Les conversations précédant la signature du « pacte d'acier » n'envisageaient une guerre générale, tout comme le protocole Hossbach, qu'en 1942 au plus tôt. En conséquence, lorsque le 25 août la guerre lui parut peu évitable, le Duce amorça son retrait sur l'Aventin, en présentant à l'Allemagne une liste prohibitive de revendications matérielles. Devant la réponse négative de Berlin, il proclama sa « non-belligérance » : formule contournée et inédite, pour indiquer que l'alliance demeurait, mais ne se traduisait pas pour l'instant par une entrée en guerre. Mais l'Italien mesurait tout le premier la réputation de lâcheté et d'opportunisme sans principe que ce choix risquait de conférer à son régime épris de défilés martiaux. Il va donc faire, sans grande illusion car il connaît son Hitler, quelques efforts pour sauver la paix.

Le 31, Ciano propose une conférence, et récidive le lendemain, en dépit de l'entrée allemande en Pologne. Bonnet saute sur l'occasion, entraînant Daladier. On observe un processus voisin en Angleterre, où Chamberlain tient bon le 1er et paraît céder aux sirènes halifaxiennes le 2, avant de se reprendre le 3. C'est que Hitler, sans fermer la porte à l'idée d'une conférence, a refusé la condition préalable britannique, d'un retrait complet de ses troupes. Dès lors Chamberlain s'impatiente et, sans attendre les Français, présente sa demande de retrait sous la forme d'un ultimatum, expirant le 3 à 11 heures : sans perdre une minute il déclare alors, radiophoniquement, la guerre. Daladier suit en traînant les pieds, à 17 heures.

Albert Speer, dans son repentant *Journal de Spandau*, se remémore ainsi l'atmosphère de Berchtesgaden, au lendemain du pacte germano-soviétique et de l'annonce consécutive, par Hitler, de sa décision ferme d'attaquer la Pologne :

(...) La nuit suivant sa décision de déclencher l'attaque contre la Pologne, fin août 1939, il avait dit sur la terrasse de sa résidence de l'Obersalzberg que l'Allemagne roulerait à l'abîme avec lui si la guerre n'était pas gagnée. « Cette fois le sang coulera à flots » avait-il ajouté. Curieusement, aucun de nous n'en fut rebuté. Par un phénomène lourd de conséquences, nous nous sentions exaltés par des mots tels que « guerre », « destruction », « abîme ». Je me souviens clairement que, lors de ce propos de Hitler, je ne songeai pas à l'incommensurable malheur qu'il signifiait mais à la grandeur historique [1].

Les mémoires parus en 1969 sont à la fois plus prolixes, plus précis sur la chronologie et plus discrets sur l'implication personnelle du témoin. C'est du capitaine von Below qu'il prétend tenir la confidence hitlérienne sur le sang qui allait couler. Plus exact, sans doute, est le rôle qu'ont joué le décor et les éléments. Un curieux phénomène météorologique, mentionné dans la presse, avait illuminé la montagne de Charlemagne. La scène est située le 21 août, non point après l'annonce d'une décision concernant la Pologne, mais après celle de l'accord soviétique pour signer un pacte :

Cette nuit-là, dehors avec Hitler sur la terrasse du Berghof, nous assistâmes émerveillés à un étrange phénomène naturel. Pendant plus d'une heure, une aurore boréale extrêmement vive inonda de lumière rouge l'Untersberg, ce mont entouré de légendes que nous avions en face de nous, tandis que le firmament prenait les couleurs de l'arc-en-ciel. On n'aurait pu rêver mise en scène plus impressionnante pour le dernier acte du *Crépuscule des dieux*. Cette lumière donnait aux mains et aux visages de chacun d'entre nous une teinte irréelle. Ce spectacle nous rendit tous songeurs. S'adressant à l'un de ses aides de camp, Hitler dit tout à coup : « Cela laisse présager beaucoup de sang. Cette fois-ci, cela ne se passera pas sans violence [2]. »

Dans d'autres passages, tout proches de celui-ci, Speer fait droit, au contraire, à la thèse que Hitler aurait été surpris par la déclaration de guerre franco-britannique. Mais il faut remarquer que son information est alors indirecte. Jusqu'à la fin, Hitler lui fait très rarement des confidences politiques ou stratégiques. Quand il rapporte des propos d'autres membres de l'entourage sur ce que Hitler a dit en leur présence, il fait preuve de peu d'esprit critique et s'interroge rarement sur la part du bluff. Tenons-nous en donc à ce qu'il a observé : un Führer aérien et cosmique, dominant la terre et l'histoire en sachant qu'il déchaînait des forces et en se jugeant apte à les maîtriser.

On dit souvent qu'il espérait que, grâce à la surprise du pacte germano-

---

1. *Journal de Spandau*, Francfort/Main, Verlag Ullstein, 1975, tr. fr. Paris, Laffont, 1975, p. 43 (noté le 21 décembre 1946). Le livre de Matthias Schmidt *Albert Speer : das Ende eines Mythos*, Munich, Scherz, 1982, tr. fr. *Albert Speer/La fin d'un mythe*, Paris, Belfond, 1983, utile pour démystifier le cabotinage et les dissimulations de Speer au cours des quinze années qu'il vécut après sa libération, et plein de critiques pertinentes de ses mémoires, sous-estime l'intérêt de ce *Journal de Spandau*.
2. *Au cœur...*, *op. cit.*, p. 231. La mention d'une aurore boréale par le *Völkischer Beobachter* et du nom de Below comme témoin de la confidence figurent en note.

soviétique, la France et l'Angleterre renoncent à secourir la Pologne, comme naguère elles avaient abandonné la Tchécoslovaquie, en s'abstenant de lui déclarer la guerre. Mais rien ne confirme cette thèse. Il semble au contraire avoir escompté la réaction théoriquement agressive et pratiquement passive de l'Occident après sa « trahison » procommuniste et son intrusion en Pologne, même s'il feint la surprise et la colère à cet égard, en particulier pour tromper ses généraux.

Hitler tient *sa* guerre.

CHAPITRE 11

L'écrasement de la France

Hitler réussit haut la main sa première entreprise militaire. La Pologne se révèle un excellent faire-valoir : grâce à son courage, elle résiste assez pour que le vainqueur apparaisse méritant, mais des carences matérielles et politiques l'empêchent de causer de graves dommages à son potentiel militaire. Elle ne réussit qu'à l'affûter en vue d'autres aventures.

L'insuffisance politique se manifeste surtout dans les jours précédant l'attaque de revers de l'URSS, déclenchée le 17 septembre. Rien n'est fait pour y parer, alors que tout aurait dû pousser à la prévoir, à commencer par l'anticommunisme des dirigeants de Varsovie. Eux qui s'étaient abstenus depuis plusieurs années de rechercher une entente avec l'URSS pour faire pièce aux appétits allemands, au motif qu'elle voulait s'emparer d'une partie de leur pays, voilà qu'à la veille de se matérialiser leur crainte apparemment les abandonne, et qu'ils ne mettent en garde ni le peuple, ni l'armée.

Les déclarations du général Anders sont éloquentes à cet égard : ce gradé de haut niveau était persuadé que Varsovie avait noué avec Moscou une entente secrète, permettant aux armées polonaises, en cas de besoin, de se replier sur le territoire soviétique, et il dirigeait de ce côté la retraite de ses troupes – dans le cas contraire, un repli vers la Hongrie ou la Roumanie était également possible, et c'est en Roumanie que se réfugie le gouvernement[1]. L'entrée en Pologne de l'URSS est tardive, du moins aux yeux des Allemands qui la réclamaient avec une insistance croissante, probablement parce que Staline voulait apparaître le moins possible comme un agresseur et faire porter à Hitler la responsabilité de l'écrasement du pays. Pourtant, étant donné la confiance polonaise en la neutralité de l'URSS, sa brusque hostilité fut le facteur le plus net, dans la troisième semaine, d'un effondrement dès lors accéléré.

Pendant ce temps, les Alliés restaient l'arme au pied. Ils compromettaient l'acquis d'une entrée en guerre bien acceptée et d'une mobilisation réussie. D'où le surgissement spontané, dans les masses civiles et militaires où le souvenir de 1914 reste vif, de l'expression : « drôle

---

1. Cf. F. Delpla, *Churchill et les Français*, op. cit., p. 273.

de guerre » – que Roland Dorgelès a, parmi les gens de presse, utilisée le premier. Les historiens l'ont reprise, moyennant une ambiguïté : parfois elle désigne la passivité du front de l'ouest depuis le début, et englobe le mois de septembre ; mais plus souvent elle désigne la période, plus passive encore sur le front franco-allemand, qui s'étend de la fin de la campagne de Pologne (28 septembre) à l'offensive allemande du 10 mai 1940.

A cette passivité, une raison principale : à Paris comme à Londres on espère que l'éclatement même de la guerre crée à Hitler de grandes difficultés politiques. Dans ces conditions, il est tentant d'attendre, au moins quelques jours, avant d'entrer dans le vif du sujet. Si par exemple les généraux allemands, mécontents que le conflit avec la Pologne dégénère en guerre européenne, relançaient leurs plans de putsch, quelle maladresse ce serait, quel soutien apporté au dictateur, de déclencher des hostilités sérieuses, qui retourneraient vers les frontières l'agressivité de ces messieurs ! Voilà comment, en toute bonne conscience, on laisse passer une occasion : même les auteurs les moins portés sur l'histoire-fiction détaillent les coups mortels qu'on pouvait asséner à l'Allemagne pendant tout le mois de septembre, alors qu'elle n'avait que 21 divisions médiocres dans une ligne Siegfried pleine de trous, et pas la moindre aviation pour protéger la Ruhr. A l'inverse, pendant *toute* la période, abstraction faite d'une offensive symbolique en Sarre début septembre, et même lorsque les armées alliées et allemandes sont enfin aux prises en Norvège au mois d'avril, les troupes françaises limitrophes du Reich auront l'interdiction formelle de tirer sur l'ennemi. Drôle de conflit décidément !

Cependant, la lâcheté est plutôt rare dans le commandement allié, et la sclérose intellectuelle n'explique pas tout. Des calculs interviennent, que l'histoire ne va pas confirmer mais qui ne sont pas dépourvus pour autant de rationalité, et qui seuls permettent de *comprendre*.

Si une étude fait cruellement défaut à l'histoire du XXᵉ siècle, c'est bien celle des fantasmes et des manœuvres de la drôle de guerre. Il faudrait un gros livre pour recenser les tentatives de paix et de médiation, les persistantes rumeurs d'un putsch anti-hitlérien, les paris sur un effondrement économique allemand et les plans de combat esquissés malgré tout, dans des azimuts parfois exotiques. Il faudrait surtout ordonner cette matière, trier l'important, dégager la chronologie des tentatives les plus sérieuses et des illusions les plus fatales. En l'état actuel de la recherche, seules deux choses sont bien établies :

1) Beaucoup de gens, dans tous les pays belligérants et dans beaucoup d'Etats neutres, travaillent à arrêter la guerre.

2) Le principal obstacle contre lequel se brisent ces efforts est l'opiniâtreté de Hitler à la poursuivre.

C'est ce dernier point qu'on va ici développer, tout en renvoyant pour le détail à des ouvrages antérieurs, principalement la *Ruse nazie*.

« Plus de Pologne et encore la guerre ? » : un chapitre de *Churchill et les Français* avait reçu ce titre en 1993. Il affirmait que Hitler, lorsqu'il signait le 28 septembre une déclaration commune avec Staline, proclamant la fin de l'Etat polonais et, par voie de conséquence, des raisons de la guerre, souhaitait véritablement une paix immédiate afin de se retourner prochainement contre l'URSS. A preuve, les menées de Göring, notamment lorsque, fin septembre, il faisait dire au capitaine français Stehlin, attaché militaire à Copenhague et venu clandestinement (*sic*) à Hambourg, que la campagne de Pologne était la « première phase d'un plan qui (...) nous conduit dans la direction opposée à celle qui mène à votre pays ». La conversation du 26 septembre entre Hitler, Göring et Dahlerus, semblait, malgré les propos très durs de Hitler contre l'Angleterre, viser plus à impressionner l'ennemi qu'à le froisser, et témoigner elle aussi de l'espoir d'une paix prochaine.

Quelques années de travail supplémentaire ont rendu l'auteur plus sensible à deux réalités : la divergence franco-britannique sur la continuation de la guerre et la complexité de la manœuvre hitlérienne. D'où un affinement – il l'espère, en tout cas – de l'hypothèse initiale.

La pauvre France et son pauvre président du conseil sont visiblement prêts à saisir la perche. Comme lors de l'entrée en guerre, la France est moins belliciste que l'Angleterre en ce début d'octobre où, pour couronner une semaine de manœuvres occultes, Hitler fait officiellement une offre de paix devant le Reichstag, le 6. Après la déclaration germano-soviétique du 28 septembre, Daladier louvoie plusieurs jours sans aucun commentaire agressif et ne se décide à repousser fermement toute idée de paix que le 3 octobre, après une conversation avec Chamberlain : une fois de plus il ne reste qu'à s'aligner. Hitler le sait bien et, s'il fait tenir à Daladier (par l'intermédiaire de Stehlin) un langage plus conciliant qu'à Halifax (par l'intermédiaire de Dahlerus), c'est pour diviser les deux démocraties, dans l'espoir (qui sera comblé par Pétain) que la France finisse par répudier la « gouvernante ». En fait, donc, ce qui compte pour lire dans le jeu de Hitler, c'est le message qu'il adresse aux Anglais, et il est intéressant de le relire de près :

> Aujourd'hui, une haine terrible s'empare graduellement du peuple allemand contre l'Angleterre. Les Anglais sont assez sots pour lancer maintenant des tracts qui révèlent leur totale ignorance de la mentalité des Allemands. Notamment lorsqu'ils s'attaquent à la personne du Führer pour qui le peuple allemand n'éprouve que de la gratitude. Il en résulte dans ce pays un état d'esprit qui rend plus difficile tout accord avec l'Angleterre.

Hitler s'en prend ici, en dépit des apparences, non pas à l'Angleterre, mais à Chamberlain. C'est lui, et non Halifax, qui, faisant une fixation personnelle sur le Führer, inspire les tracts incriminés. Le sens du message est donc : pas de paix pour l'instant, si vous ne vous débarrassez pas de Chamberlain. Et comme sa position est encore solide, cela veut bien dire : pas de paix pour l'instant, mais qui sait, plus tard, après d'autres péripéties... Hitler se donne donc du champ, tout en préparant l'issue finale, une paix signée avec un gouvernement Halifax.

Un élément le confirme : la position de Hitler sur la question qui alors domine bien des conversations, celle de la restauration d'une Pologne indépendante. Beaucoup de conservateurs, dans le monde, sont alors prêts à pardonner ses péchés à l'Allemagne, pour peu qu'elle reconstitue un Etat polonais, même très amoindri. Ainsi, l'ambassadeur italien Guariglia télégraphie à Ciano au début d'octobre qu'en France la « majorité du gouvernement » est prête à signer la paix à cette condition. Il fait peu de doute que les Italiens ont aussitôt partagé la nouvelle avec les Allemands, puisque c'était pour eux un moyen de mettre fin à leur inconfortable « non-belligérance ». Mussolini lui-même, en décembre, va écrire à Hitler une longue missive l'adjurant de renoncer à son flirt avec l'URSS et de reconstituer un Etat polonais. Quant aux Britanniques halifaxiens, ils font savoir à leur manière, oblique, qu'ils attendent de l'Allemagne un geste d'apaisement : le prouve un mystérieux document des archives de Paul Reynaud, faisant état du voyage d'un de ses proches – sans doute Dominique Leca – à Londres, du 26 au 29 septembre. Il y a rencontré « des personnalités britanniques » (des proches de Halifax sans doute, et peut-être aussi Lloyd George) qui ont souhaité que Reynaud et Pétain prennent la tête d'un comité qui réclamerait *à l'Angleterre* la paix !

Hitler, à ces sirènes, fait obstinément la sourde oreille. Il ne fera jamais le moindre pas dans le sens demandé. Parce qu'une reconstitution, même très partielle, de la Pologne, est contraire au programme d'abaissement des Slaves ? Sans doute, mais il y a une raison plus immédiate : ne pas céder là-dessus, alors que cela lui vaudrait un nouveau triomphe, c'est montrer qu'il veut plus, et plus vite. En l'occurrence, qu'il a déjà décidé son offensive à l'ouest, pour éliminer du débat la force militaire française et prendre alors plus largement et plus confortablement son « espace ».

Cette hypothèse est, de loin, celle avec laquelle les faits et documents connus cadrent le mieux. Une fois de plus, le Führer mise sur l'anticommunisme. Faire une offre de paix en proclamant que la Pologne a cessé d'exister et que « cela, ce sont les deux grandes puissances de la région qui le garantissent », n'est pas fait pour faciliter la tâche des Halifax, des Daladier et de tous ceux qui cherchent une sortie honorable. Toujours prêts à se mettre au garde-à-vous devant Hitler au nom de l'anticommunisme, ils ne peuvent précisément pas le faire devant la paire Hitler-Staline. Le leur demander c'est déclencher un réflexe de rage impuissante. Il y a de quoi les rendre non pas vraiment bellicistes, chamberlainiens tout au plus : ils en viennent à penser que tout serait aplani avec un autre chef allemand – s'appelât-il Göring.

Le Feldmarschall est-il allé jusqu'à dire qu'il pouvait, si les Alliés l'aidaient par la modération de leurs demandes, renverser le Führer pour signer une paix mutuellement avantageuse ? Aucun document pour l'ins-

1. Avec Geli Raubal et Goebbels.

2. et 3.
Tournée électorale
en avion
(mars–avril 1932).

3.

Ce cahier est constitué de photos extraites d'albums de propagande
(cf Présentation à la fin de l'ouvrage).

4. Hitler (et Göring) au Clu[ ] de l'Industrie (Düsseldorf, 2[ ] janvier 1932).

5.
Hitler sortant
d'une église : « Un hasard
photographique
se transforme en
symbole ».

7. « Dans les chères montagnes ».

Avec son chien.

Le buveur d'eau.

9.
A son bureau.

10. Visite d'une exploitation agricole.

11. Aux
archives
Nietzsche
de Weimar.

13.

12.13. Avec Gör[i]
pendant les négociations de l'hô[
Kaiserhof (décembre 193[
(photo 12 seule pub[
dans l'album de propagand[

12.

Congrès de Nuremberg, 1935.
(photos 14 à 16)

« L'épée du Reich ».

15. Les attachés militaires
étrangers.

16.
Hitler, Himmler
et un détachement
de SS.

ngrès de Nuremberg, 1936.
hotos 17 à 22)

17.
Avec Rudolf Hess,
écoutant son propre
message introductif.

18. Défilé de travailleurs
armés de pelles.

20.
Défilé des jeunesses hitlériennes, devant
Hitler, et Baldur von Schirach
(au balcon).

19. La «cathédrale de lumière».

21.
Le « drapeau du sang ».

22. Hitler, saluant le corps diplomatique.

23. Le grand salon
du Berghof.

24.
Le cabinet
de travail.

25.
Dirigeants du IIIᵉ Reich
penchés sur un album,
(de gauche à droite: Schacht,
Speer, Hitler, Esser, Funk,
et Rosenberg).

26.
Le Berghof.

27.
Hitler, visitant
son ancienne cellule
de Landsberg.

28. Hitler,
saluant une vieille
femme
en présence
de Speer.

29.

30.

29. 30. À Karinhall, résidence des Göring.

31.
Instructions à Speer,
pour le congrès
de Nuremberg.
(au fond
Martin Bormann).

32.
À Braunau, devant
sa maison natale.

33.
Sur la tombe,
de ses parents.

34.

35. 36. A Berlin après l'Anschluss:
cueil de Göring, fleurs de la jeunesse, acclamations de la foule.

5.

36.

37. Discours à Munich
(2 avril 1938).

38.
Entrée dans
Salzbourg.

39. Construction de l'autoroute
Salzbourg–Vienne : premier coup de pelle.

40. Écoutant le serment
des travailleurs.

41. « Offrande de fleurs dans le Tyrol ».

42.

42. 43.
L'hommage des forces armées présenté par le Feldmarschall Göring. après l'Anschluss.

43.

20 avril 1939: Festivités du cinquantième anniversaire.

44. Inauguration de l'axe est-ouest de Berlin.

45. L'offrande et les vœux de Himmler.

. Le cadeau des forces armées: une maquette de la ligne Siegfried.

47. Les attachés militaires.

48. Photo publiée en France pendant l'Occupation. avec pou
légende :
« L' homme qui gouverne l'Allemagne hitlérienne, il faut avoir assez de
connaissance humaine pour le déceler et de courage pour l'entendre, un
homme exceptionnel, dont l'esprit puise ses idées, non dans les régions glacé
de l'ambitieuse habileté politicienne, mais dans un amour profond et dan
une dicipline de soi-même dont n'ont aucune idée les professionnels de la
rouerie et de la «combine».

(A. de Chateaubriant, *La Gerbe des Forces*

49.
Hitler recevant dans
le wagon de Rethondes
la délégation Française
venant signer l'armistice
(21 juin 1940).

50.
Hitler, devant
le tombeau
de Napoléon
(28 juin 1940).

tant ne l'atteste. Mais les messages relayés par Dahlerus ne sont connus que très partiellement, et surtout grâce à la saisie des archives allemandes, lesquelles n'instruisent que des manœuvres que Hitler daignait faire prendre en note et dont il n'avait pas fait effacer les traces à l'approche de la débâcle. Cependant, il y a beaucoup à déduire de l'idée même, encore si florissante, d'une « tendance anglophile », animée par Göring, dans le gouvernement allemand. Cette idée a pris son essor à l'occasion de la déposition de Dahlerus à Nuremberg. C'est Göring qui l'avait fait citer, pour se défendre du grief d'avoir voulu la guerre : il fut donc interrogé sur ses seules navettes de l'été 1939. Si elles sont beaucoup moins intéressantes et importantes, on va le voir, que celles de l'automne et du printemps suivants, elles ont néanmoins, après la crise de Munich où Göring, déjà, avait joué au pacifiste anglophile, enraciné l'idée qu'il était redevenu, malgré la fin lumineuse du Reichstag et la sombre nuit des Longs Couteaux, le nazi le plus présentable. En conséquence, eût-il, dans ses conciliabules avec les émissaires suédois et français, affirmé une loyauté sans faille envers le Führer, les forces pacifistes alliées pouvaient être fortement tentées de miser sur lui et de spéculer sur son accession à la direction du Reich. Mais puisque sa loyauté, comme le prouve toute cette étude, était vraiment sans faille, il n'y a là rien d'autre qu'une manœuvre de plus *du Führer* pour gagner du temps et préparer des actions foudroyantes en entretenant de fallacieux espoirs.

Tout aurait pu échouer par la grâce d'un ouvrier ébéniste de trente-cinq ans, Johann-Georg Elser. Ayant décidé de tuer le Führer en ne comptant que sur lui-même et ses talents en menuiserie, métallurgie et horlogerie, il réussit à dissimuler dans un pilier de la Bürgerbräukeller, tout près de l'endroit où Hitler prononce tous les ans son discours du 8 novembre, une bombe de forte puissance, qui tue huit personnes... vingt minutes après le départ, exceptionnellement précoce, du cortège dictatorial. Electeur communiste jusqu'en 1933, mais soucieux de revendications matérielles plus que de révolution politique, ce solitaire, méconnu jusqu'aux années 70, a fasciné depuis plus d'un auteur antinazi. Parfois pour des raisons discutables. On se plaît à voir en lui le justicier surgi du peuple, symétrique de l'aventurier sanguinaire qu'a produit le même peuple – Hitler étant issu comme lui-même du bas de l'échelle sociale dans les confins austro-bavarois[1]. On considère moins son être réel que son essence, en insistant sur son insignifiance et sur le vide de son existence, soudain transfigurée et comme rachetée par le projet tyrannicide[2]. Plus

---

1. C'est oublier que Hitler, s'il met en avant, dès les premières lignes de *Mein Kampf*, sa naissance sur la frontière germano-autrichienne, est en fait originaire d'une autre région frontalière, celle qui sépare l'Autriche de la Bohême, à 300 kilomètres de là.

2. Cf. André Bogaert, *Un homme seul contre Hitler*, Paris, Laffont, 1974, ou la préface de Gilles Perrault à l'édition française de ses dépositions devant la Gestapo, présentée par Bénédicte Savoy : *Un attentat contre Hitler*, Solin-Actes Sud, 1998. Le passage sur les motivations du geste d'Elser se trouve aux pages 68 et 69.

juste est le ton de Joseph Peter Stern, qui dans son essai sur Hitler lui consacre quelques pages magistrales, les premières à faire connaître son aventure sans déformation au public français quand le livre fut traduit, en 1985. Loin de toute esthétisation de l'homme quelconque et de toute idéalisation du peuple, il se place sur le terrain de la loi morale : tout homme, même allemand, devait s'opposer comme il le pouvait à Hitler... et ses possibilités n'étaient pas sans limite, même celles d'Elser. La Gestapo en effet semble l'avoir fait plier, lors de ses interrogatoires, en lui faisant regretter son geste, au nom des victimes. N'importe : il avait accepté tous les risques, y compris celui d'être le jouet de manipulateurs plus forts que lui.

Le procès-verbal de ces interrogatoires, effectués à Berlin du 19 au 23 novembre, est notre source principale sur sa personnalité et sur la préparation de l'attentat. Car la police lui pose des questions tatillonnes sur l'ensemble de ses pensées, de ses actes et de ses relations, dans l'espoir évident de découvrir une logique de groupe, aidant à prévenir la réédition d'un aussi fâcheux épisode. Elle en est pour ses frais. Elser, qui nomme beaucoup de gens, affirme qu'il n'a mis personne au courant de son projet et cela doit être vrai, puisque la Gestapo ne semble pas avoir obtenu de ses familiers la moindre indication contraire. Ce qui nous permet d'imaginer la scène pittoresque où Himmler a dû se résoudre à avouer au Führer que les Allemands qui avaient envie de le tuer pouvaient très bien s'entourer d'un secret total, déjouant tous les quadrillages et tous les mouchardages. La portée du geste d'Elser est donc double, et contradictoire. Il a aidé Hitler à survivre, en le poussant à redoubler de précautions et en renforçant sa croyance en une protection divine. Mais il a aussi contribué, plus peut-être que tout autre, à le couper du peuple. Non seulement il n'y aura plus, après cet attentat, de bains de foule et de grands discours en public, sinon devant des notables soigneusement filtrés et fichés, mais Hitler, qui savait lire, a dû prendre comme un coup de poing en pleine face les motivations d'Elser.

Sa conscience syndicale était certes heurtée par la constatation, d'ailleurs peu exacte, d'une baisse des revenus ouvriers sous le Troisième Reich. Pas de quoi tuer un homme, surtout si précisément on analyse les choses dans une optique syndicale. Plus sérieusement, Elser réprouvait les atteintes portées par le régime aux libertés individuelles, familiales et religieuses. Mais surtout, ce qui l'avait décidé à agir, c'étaient les accords de Munich. On dit que ce triomphe diplomatique avait laissé au Führer un goût amer, en raison des acclamations qui montraient à quel point le peuple allemand en général, et bavarois en particulier, était peu pressé de se battre. Mais il y avait pire que ce « lâche soulagement » : le fait qu'un homme de ce peuple ne se soit pas laissé griser, qu'il ait compris dès la crise des Sudètes que Hitler avait déclenché un processus d'agressions à répétition (« j'étais convaincu que l'Allemagne ne s'en tiendrait pas aux accords de Munich, qu'elle continuerait d'imposer ses exigences à certains pays »), senti qu'il était à la source du mal avec *deux*, pas un de plus, de ses conseillers (Göring et Goebbels) et placé ses espoirs, non dans un meurtre individuel, mais dans un attentat qui avait des chances de réduire en bouillie la direction nazie tout entière. Autant est artificiel un parallèle entre Elser le bon et Hitler le mauvais, deux « fils du peuple » ayant choisi des voies morales opposées, autant il est intéressant de se demander si Hitler, qui reparlera souvent de l'épisode, n'a pas été profondément ébranlé par l'analyse de cet Aryen élémentaire, imperméable à ses ruses et hautement perspicace sur la dangerosité de ses lieutenants, et s'il n'a pas été déstabilisé par sa bombe, à distance, autrement que par celle qui devait éclater devant ses pieds, le 20 juillet 1944, apportée par des militaires aristocrates qui l'avaient aveuglément suivi dans le succès et tentaient sur le tard de se désolidariser des échecs.

Cette cuisante déception, qu'on peut déduire des dépositions d'Elser, de l'intérêt que Hitler lui vouait et de ses attentes à l'égard du peuple allemand, est corroborée par le comportement du poseur de bombe en captivité. Car il n'a pas été condamné à mort, mais incarcéré sans jugement dans divers lieux où Hitler conservait des prisonniers de marque, avant d'être assassiné discrètement à la veille de la défaite. Deux de ses camarades d'infortune, le pasteur Bonhoeffer et l'agent anglais Best, ont donné des témoignages concordants sur la manière dont il expliquait son acte. Interné comme communiste au camp de Dachau en 1939, il aurait accepté une proposition de la Gestapo, d'organiser un attentat paraissant viser le Führer. Ce récit tardif était en contradiction totale avec les aveux immédiats, et avec tout ce qu'ont pu dire ses proches, qui confirmait ceux-ci. Aucun internement ne pouvait trouver place dans son emploi du temps minutieusement reconstitué, et la Gestapo n'avait jamais inquiété les simples électeurs communistes, vaguement frottés de syndicalisme. Il est clair qu'Elser s'était prêté, pour prolonger son existence, à une mise en scène qui ne devait pas lui paraître bien nuisible, le privant seulement de la gloire de son acte solitaire, à laquelle il n'attachait sans doute pas une grande importance. Ce qui est moins limpide, ce sont les motivations de la Gestapo. On ne saura peut-être jamais quel procès elle préparait et quel rôle elle voulait qu'Elser y jouât. Il est évident, cependant, qu'elle faisait tout pour discréditer la thèse d'un assassin solitaire, y compris en lui ménageant des rencontres avec des interlocuteurs crédules. C'est que cette théorie était, pour l'homme qui avait fondé toute sa carrière sur le mythe du complot juif mondial, politiquement inacceptable, et sans doute aussi personnellement. Arriver à faire dire à un Bonhoeffer, par un Elser, qu'il était une recrue de la Gestapo, voilà bien l'un des actes nazis les plus odieux, et l'un de ceux qui montrent sous le jour le plus cru l'impasse dans laquelle s'enfonçait ce régime. Avec la touche de comique involontaire qui accompagne souvent le cynisme : pour salir l'acte le plus noble et le plus droit, la Gestapo en vient à se peindre elle-même en organisatrice d'attentats truqués, au risque d'attirer l'attention sur ceux qu'elle cherche à dissimuler, comme l'incendie du Reichstag[1] !

La chronologie des intentions allemandes pendant la drôle de guerre a été souvent racontée. On sait que Hitler a, dès la victoire sur la Pologne, informé ses généraux qu'il voulait au plus vite attaquer le front de l'ouest, que l'annonce ne les a pas enchantés et que l'automne a été, comme l'année précédente, la saison des projets de coup d'Etat. La journée décisive est à cet égard le 5 novembre : l'attaque étant fixée au 12, Brauchitsch et son état-major viennent solennellement expliquer à Hitler qu'elle est impossible tant du point de vue matériel que moral mais, lorsque le chef de l'OKH argue, pour faire bon poids, de mutineries survenues pendant la campagne de Pologne, le Führer tient sa parade. Il exige des détails, notamment sur les condamnations à mort, avec un malin plaisir que le lecteur doit deviner, car les comptes rendus font plutôt état d'une fureur sans borne et d'un débordement d'animosité contre le corps militaire tout entier. Les menaces de coup d'Etat s'effondrent parallèlement au commandant en chef qui, chargé de faire entendre raison au Führer, n'a pu trouver de réplique et a repris le chemin de Zossen « anéanti », suivant tous les témoignages. Pis, Halder, qui avait accepté de prendre la tête de la rébellion, s'affole au lendemain de l'attentat d'Elser, survenu trois jours plus tard, et brûle ses papiers que la Gestapo ne songeait nullement à perquisitionner, ayant vite compris que l'artificier bavarois n'avait aucun lien avec l'armée.

C'est alors que la météorologie entre en scène. L'attaque va être repoussée vingt-neuf fois, pour des raisons atmosphériques. Trop d'auteurs, encore aujourd'hui, s'en contentent, alors que la démarche historique voudrait qu'on jauge, cas par cas, s'il s'agit de raisons ou de prétextes. Disons, pour résumer, que la météo a le dos très, très large. Ce qui apparaît, c'est que, lorsque l'attaque est vraiment déclenchée, le 10 mai, toutes les conditions sont réunies pour un triomphe rapide... y compris un temps presque uniformément beau jusqu'à la fin de juin, et que, hormis le ciel, certaines de ces conditions sont toutes récentes.

La plus décisive concerne le plan de campagne. Halder, sommé d'en faire un, s'était exécuté de mauvaise grâce en octobre et le résultat, une pâle copie du plan Schlieffen de la guerre précédente, reflétait plus la mauvaise volonté que le manque d'imagination. Ce que voyant, Erich von Manstein, devenu le chef d'état-major du groupe d'armées A sous la direction de Gerd von Rundstedt, se mit à bombarder le quartier général de notes impatientes, exigeant une stratégie fondée sur la surprise et, plutôt qu'une manœuvre classique d'enveloppement par la Belgique, une

---

1. Edouard Calic, qui dans son activité de résistant avait été en contact avec des agents qui propageaient la thèse d'un faux attentat, et s'en était fait l'écho en 1965 dans un livre sur Himmler, n'en veut pas démordre et met en doute de manière bien partiale l'authenticité du procès-verbal d'interrogatoire, dans une biographie de Heydrich (*Himmler et son empire*, Paris, Stock, 1965, p. 7 à 17, et *Reinhard Heydrich*, Düsseldorf, Droste, 1982, tr. fr. *Heydrich*, Paris, Laffont, 1985, p. 243-257).

percée à travers les Ardennes, pour couper en deux le dispositif adverse. On fait grand cas d'un déjeuner qui vit, à la mi-février, la rencontre de Hitler et de Manstein : il serait à l'origine de la refonte des plans suivant les vues du général, acquise le 24. Ce n'est pas trop tôt pour une attaque déclenchée le 10 mai, d'autant plus qu'elle était programmée pour le 13 avril et que les complications imprévues de la campagne de Norvège semblent expliquer un report, cette fois ultime, au mois de mai.

Dans la *Ruse*, j'ai soupesé les matériaux réunis depuis les années 50, sur la genèse de ce plan, par divers auteurs (Koeltz et Jacobsen principalement), et conclu que la collusion entre Hitler et Manstein pourrait avoir été fort antérieure. La version traditionnelle est, en tout cas, des plus invraisemblables, et les recherches effectuées pour la présente biographie ne l'ont pas réhabilitée. Hitler a fait du chemin depuis sa rencontre avec Seeckt et il est devenu, au plus tard en 1932 (époque où il détache Blomberg de Schleicher), expert dans le maniement des officiers supérieurs allemands. En février 1938 il a mis en place avec Keitel, Jodl et Schmundt un maître trio, aux rôles bien définis, qui lui permet de s'informer sur l'état d'esprit des militaires et de l'orienter par petites touches. Et on voudrait qu'il ait ignoré pendant trois mois un conflit, sur les choix stratégiques essentiels, entre un Halder et un Manstein ? Le lièvre montre d'ailleurs le bout de l'oreille lorsqu'on nous dit qu'une conversation entre Schmundt et Manstein, fin janvier, fut à l'origine du fameux déjeuner. Il est tout de même des auteurs pour supposer que Schmundt n'avait donné à Hitler aucun détail et qu'il a entièrement découvert les idées de Manstein à la mi-février...

S'il est difficile de reconstituer toutes les étapes, il est du moins certain que l'expression « plan Manstein » doit céder la place à celle de « plan Hitler », pour la forte raison que les idées du général n'ont été que partiellement appliquées, et qu'elles ont servi à Hitler de fusée porteuse pour les siennes.

On donne souvent à l'offensive allemande de Sedan à Dunkerque le nom de *Sichelschnitt* (coup de faucille). L'histoire de cette appellation est instructive. Au départ, on trouve une comparaison de Churchill dans un de ses discours les plus célèbres, celui du 4 juin 1940, rendant compte de l'embarquement de Dunkerque. Il y décrit les armées allemandes coupant de leurs arrières les armées alliées « comme une faux tranchante » (like a sharp scythe). On retrouve l'expression en Allemagne une quinzaine d'années plus tard avec deux glissements révélateurs : la faux est devenue faucille (Sichel), et l'outil est censé avoir été consciemment forgé par l'assaillant qui aurait lui-même préparé, d'après un livre de Jacobsen datant de 1957, un « Sichelschnitt-Plan » (les guillemets sont de l'auteur). La vérité est tout autre, du moins dans les textes : le plan Manstein, que Halder traduit en ordres à partir du 24 février, n'est précis que jusqu'à Sedan, et ne vise pas à l'encerclement de l'ennemi dans la région de Dunkerque, mais à son anéantissement dans des batailles de rencontre.

Tout ce qu'il indique, du point de vue de la direction, est qu'après la percée ardennaise on prendra le chemin de la Basse-Somme. Or celle-ci se trouve à une centaine de kilomètres au sud de Dunkerque. Si donc l'image de la faux, qui suggère un ample mouvement de coupe, est à peu près fidèle aux intentions écrites de l'ennemi, celle de la faucille, évoquant un travail précis et, par sa forme, une idée d'encerclement, représente certes une juste métaphore de ce qui s'est passé, mais, par rapport aux plans, une déformation notable.

Pour montrer que Manstein était mécontent de l'application de ses idées, il n'est que de le lire. Il ne voulait pas envoyer sur la Somme, et encore moins aux abords de Dunkerque, la totalité des troupes de la percée, mais les diviser en deux, une partie fonçant directement vers le cœur de la France. Il reproche à Halder d'avoir, par une prudence maladive, maintenu trop de troupes au nord : alors que l'ennemi était dépassé par les événements, on l'a bêtement laissé se rétablir sur la Somme en donnant l'ordre strict de ne pas franchir ce fleuve (si ce n'est par quelques têtes de pont).

Mais ce que Manstein ne voit pas ou ne veut pas voir, quinze ans plus tard, c'est que Halder lui-même a été très mécontent d'être bloqué sur la Somme ! Il a donc bien fallu que quelqu'un prenne cette décision. Il reste deux candidats : le chef du Hgr[1] A, Rundstedt, et Hitler lui-même. La logique hiérarchique comme les textes d'époque ne permettent guère d'hésitation : Rundstedt est serré de près, au cours de la bataille, par Keitel, qui va souvent le voir avec un petit avion, en début de journée, dans son QG de Charleville, et retourne faire son rapport au Führer, installé à Rodert, dans l'Eifel. Par ailleurs, Hitler a mis à profit la drôle de guerre pour resserrer ses contacts avec le Hgr A. Il a rencontré personnellement à plusieurs reprises Rundstedt, ainsi que le chef du principal groupement blindé, Guderian, et celui de l'infanterie qui s'installe le long de la Somme avec mission de ne pas pousser son avantage, le général Busch. On retrouvera toutes ces personnes près de lui, jusque très tard dans la guerre et on ne les verra, en revanche, mêlées à aucun complot.

Il ne s'agit pas d'un grossier noyautage. Ces généraux que Hitler place à des endroits stratégiques, pour pouvoir donner des ordres par-dessus la tête de Brauchitsch et de Halder, ne sont pas, à l'exception peut-être de Busch, des nazis passionnés. Ils n'ont pas une claire conscience du rôle qu'on leur fait jouer, et encore moins du fait qu'il a été écrit longtemps à l'avance (si on ose dire, car aucun document n'en fait état : il est possible que Hitler n'ait jamais écrit ses plans secrets, ou les ait systématiquement détruits après usage). D'autre part, des trompe-l'œil sont installés, ou laissés en place, un peu partout : ainsi le deuxième commandant, en importance, du Hgr A, le chef de la IVe armée qui regroupe tous les blindés, s'appelle Kluge et se suicidera après le putsch de juillet 1944,

---

1. Abréviation allemande de « groupe d'armées ».

dont il était de longue main un des principaux maîtres d'œuvre. Notons encore que Hitler réussit à se débarrasser discrètement du seul officier qui aurait pu contrarier ses manigances, à savoir Manstein, le père putatif du plan. Il est muté par Halder à la veille même du triomphe de son projet... par promotion, comme toujours en ces cas-là : devenu général de corps d'armée, il doit effectuer un temps de commandement et ne peut plus être chef d'état-major. Son remplaçant, Sodenstern, n'a pas le brio d'un Rundstedt, d'un Guderian ou d'un Busch : c'est un terne exécutant, qui a pour lui d'avoir côtoyé Keitel dans des fonctions antérieures.

Avant de conter l'aboutissement de ce plan Manstein sournoisement détourné, il faut dire un mot de la campagne de Norvège. Ce premier croisement de fer entre l'Allemagne et d'autres grandes puissances, depuis 1918, est mené directement par Hitler, d'une manière trop voyante pour que quiconque le conteste. Lors de la guerre russo-finlandaise (30 novembre-12 mars), les Alliés ont caressé des plans d'aide à la Finlande, comme pour achever de justifier l'expression « drôle de guerre » : on ne combattait pas l'ennemi et on en cherchait un autre... qui paraissait beaucoup plus naturel à une partie des forces politiques de Londres et de Paris. Churchill lui-même avait donné de la voix dans ce sens, mais pour d'impures raisons : il spéculait que pour intervenir en Finlande on serait obligé de prendre pied en Norvège et en Suède, ce qui était un moyen de faire basculer toute la Scandinavie dans le camp allié. Hitler l'avait vu tout aussi bien, s'était fait recommander par Keitel un général, Falkenhorst, l'avait convoqué en février et lui avait demandé de monter une expédition vers le Danemark et la Norvège. Tout fut traité avec Göring et Raeder pour l'aviation et la marine, mais sans la moindre consultation de Brauchitsch en ce qui concerne les troupes terrestres : c'était la première opération de l'OKW, à l'écart de l'OKH.

L'attaque eut lieu par surprise et, malgré la minceur des effectifs engagés, fut assez sanglante de part et d'autre. Risquant sa maigre flotte alors que Guillaume II avait gardé au port ses puissantes escadres, Hitler en perd la moitié. Mais il est passé : ses troupes débarquent dans toutes les régions norvégiennes le 10 avril, et une contre-offensive de la Navy piquée au vif, apportant des contingents franco-britanniques, se solde par de piteux rembarquements, sauf à Narvik, un port inaccessible aux avions allemands, devant lequel on met le siège. C'est que, plus au sud, les Stukas, ces bombardiers en piqué apparus dans la campagne de Pologne, ont fait merveille, contre les troupes et aussi contre les navires. L'exploit stratégique se double d'un coup de maître politique : il déstabilise, outre Chamberlain, son ministre de la Marine Churchill, au profit de Halifax, cependant qu'en France Reynaud, qui vient de remplacer Daladier en clamant que c'était pour faire la guerre plus énergiquement, se retrouve les quatre fers en l'air.

On lit partout, y compris dans mes ouvrages antérieurs [1], que Hitler a montré au cours de cette campagne une grande fragilité nerveuse, entrant en transe à la moindre mauvaise nouvelle, et calmé à grand-peine par les officiers de l'OKW. Or cette belle unanimité doit tout à un document unique, le journal de Jodl, et à présent j'ose franchir un pas : Hitler manipule son entourage militaire en général, et Jodl en particulier. Le témoin est des plus suspects, non en raison de sa malhonnêteté, mais de sa naïveté.

Hitler aurait en particulier été très contrarié de la réussite du débarquement franco-britannique à Narvik, qui menaçait ses propres troupes débarquées quelques jours plus tôt en nombre beaucoup plus restreint sous le commandement du général Dietl. Après une belle résistance, elles devaient finir par évacuer la place le 28 mai devant un assaut commandé par le général français Béthouart : le Führer aurait passé son temps à se ronger les sangs pour Dietl et à proposer pour lui venir en aide les solutions les plus fantaisistes. A maintes reprises il avait prétendu qu'on « ne pouvait pas se permettre un échec ».

Et s'il avait simulé ces paniques, pour favoriser la réussite de l'opération suivante ? C'est difficile à prouver, et peut-être à jamais. Ce qui en revanche est certain c'est que, pour justifier des décisions militairement aberrantes pendant la campagne de France, il utilisera plusieurs fois l'argument qu'on « ne peut se permettre un échec ».

Parmi les remarques récemment faites et qu'on tarde à vulgariser figure l'intoxication par laquelle Hitler a détourné les regards de sa percée de Sedan. Il s'agissait d'attirer en Belgique et même si possible en Hollande l'aile marchante de l'adversaire, en faisant croire qu'on ne visait qu'à conquérir ce qui ne s'appelait pas encore le Benelux. Ainsi Hitler capitalisait le bénéfice de sa mauvaise réputation et de celle de son pays. Il n'était qu'un charognard fondant sur de petits Etats sans défense, Autriche, Tchécoslovaquie, Pologne, Danemark, Norvège... C'était tout ce que pouvait se permettre un pays économiquement faible. Mais gare : cela le renforçait. Ainsi, entre mille autres aveugles de par le monde, les dirigeants militaires français, réunis en avril, voyaient dans l'entrée éventuelle des Allemands en Belgique et/ou en Hollande une tentative quelque peu désespérée de « desserrer le blocus ». A partir de telles prémisses, on jugeait à la fois vital et facile de les arrêter dans les plaines flamandes. Si on laissait faire encore une fois, Hitler allait peut-être prendre une avance irrésistible, en achevant de faire sa pelote avec de petits neutres terrorisés n'ayant plus aucune confiance dans les démocraties, de la Suède à l'Iran en passant par la Suisse et la Grèce. Alors que le comportement de la Belgique, pour ne citer qu'elle, eût amplement justifié qu'on l'aban-

---

1. Jusqu'à la *Ruse nazie* exclue.

donnât provisoirement à son sort pour la délivrer un peu plus tard... ce qui d'ailleurs finit par arriver.

Il n'est pas très intéressant de rappeler à ce sujet des perles de Gamelin ou de Darlan. Celles de Churchill et de De Gaulle sont plus instructives, et leur gloire ne souffrira pas trop qu'on sache qu'il leur est arrivé d'errer, car l'édification des hommes d'aujourd'hui gagne plus à mesurer comment ces deux vainqueurs de Hitler sont devenus eux-mêmes qu'à croire leur antinazisme sorti tout casqué de leur berceau. Tous deux réclament à cor et à cri l'entrée en Belgique, à partir de janvier. C'est l'époque où de Gaulle commet un acte sans précédent et jusqu'ici sans imitateur connu, parmi ceux qui devaient un jour diriger leur pays : ce subalterne bombarde ses quatre-vingts compatriotes civils et militaires les plus haut placés d'un long mémorandum, suivant lequel l'Etat et l'armée sont menés en dépit du bon sens. Il y prône l'offensive en termes géographiquement vagues, mais il est plus précis, par exemple, le 24 mars quand, dans l'entourage de Reynaud, nouveau président du conseil, il conseille de la prendre en Belgique[1]. Churchill, lui, est ministre, et c'est ès qualités qu'il prend une semblable position, tant en janvier qu'en avril, lorsque court le bruit d'une offensive allemande. Ce n'est pas pour s'opposer, ni l'un ni l'autre, quand cette offensive finit par se produire le 10 mai, à ladite entrée, aussitôt décidée par les gouvernements et les états-majors, en fonction de plans arrêtés depuis longtemps.

C'est l'occasion de méditer sur l'opposition allemande. Son bilan, pendant la drôle de guerre, n'est guère reluisant. Elle entretient les Alliés dans l'idée de la faiblesse du régime, voire de son implosion imminente. Elle se porte candidate au pouvoir dans le cadre d'une paix blanche et commence même à mégoter sur les morceaux de Pologne et de Tchécoslovaquie qu'elle entend conserver ! Surtout, peut-être, elle organise des fuites sur l'imminence d'une action allemande en Belgique en ne parlant jamais d'une percée à Sedan. Intoxication maîtrisée d'un bout à l'autre par la Gestapo ? Ou simplement fuite calculée sur l'attaque contre la Belgique, à l'intention de militaires ou de diplomates qu'on sait en contact avec l'Occident (par l'intermédiaire, notamment, du Vatican), en veillant jalousement au secret de la percée ardennaise ? Les carnets de Hassell orientent vers la seconde hypothèse[2].

Sur l'effondrement militaire de la France en 1940, bien des auteurs ont pris pour argent comptant les bobards de l'époque, suscités par la panique et la malveillance, française ou étrangère, xénophobe ou partisane. Pour

---

1. Sur tout ceci, cf. *Churchill et les Français, op. cit.*, ch. 9 : « La drôle de guerre du colonel de Gaulle. »

2. *Die Hassell-Tagebücher 1938-1944*, p. 208-210 : le 15 avril, le diplomate exprime sa crainte que les succès en Norvège poussent le Führer à une invasion « inconsidérée » des Pays-Bas et son espoir que les militaires le renversent avant. Surtout, le 29 avril, il fait état d'une conversation récente avec le général Fromm, qui lui a dit sur le plan de Hitler des choses exactes (après l'entrée en Belgique on compte mettre la France à genoux en deux semaines), tout en prétendant, au grand scepticisme de Hassell, que les Pays-Bas seraient « franchis d'un bond », ce qui dissimule l'itinéraire sedanais, et ne peut qu'encourager les résistants à prévenir les Alliés, pour arrêter dans l'œuf une offensive sans espoir.

ne prendre qu'un exemple, on peut suivre de livre en livre le développement d'une invraisemblable légende, suivant laquelle le château du Muguet, refuge de l'état-major français à Briare pendant quelques jours de juin, n'était relié au monde que par un téléphone non automatique, hors d'usage aux heures des repas pour permettre à la téléphoniste de se restaurer. Tout part du journal du ministre Baudouin, publié en 1948 : le 11 juin, il maugrée contre la dispersion des services gouvernementaux entre différents châteaux, avec des téléphones non automatiques. « Des liaisons téléphoniques directes nous sont promises », ajoute-t-il. L'année suivante, dans les mémoires de Churchill, le tir se précise contre le GQG de Briare : « Le château ne possédait qu'un seul téléphone dans le cabinet de toilette. » Or, en reconstituant son emploi du temps d'après les nombreux témoignages disponibles, on ne voit pas quand son déferlement verbal aurait eu à souffrir de l'absence de ce truchement : il aura puisé à ce sujet, dans Baudouin, un trait pittoresque, combiné peut-être au souvenir d'un poste téléphonique dans une salle d'eau. Mais le bouquet reste à venir : en 1969, dans son gros ouvrage sur la défaite française, William Shirer écrit à propos de l'ensemble des demeures abritant des services civils ou militaires, sans autre référence que le journal de Baudouin, qu'« aucune n'avait plus d'un téléphone » et que « personne n'avait eu l'idée de faire poser quelques lignes supplémentaires, ou d'essayer de modifier les habitudes de l'employée de village qui prenait deux heures pour déjeuner et quittait son service à 18 heures [1] ».

En 1990, le cinquantenaire a vu, enfin, l'historiographie française s'emparer du sujet et entreprendre une estimation plus rigoureuse de ce qui avait défailli. En janvier 1992, l'apparition des papiers Doumenc a fait progresser les connaissances sur la campagne de 1940, plus encore que sur la genèse du pacte germano-soviétique. On a pu reprocher à leur auteur un optimisme excessif. Il était en effet, à son poste de major général qui en faisait le subordonné immédiat de Gamelin puis de Weygand, le seul du haut commandement qui gardât jusqu'au bout son moral et son ardeur, au point d'être tenu à l'écart des conciliabules de ses pairs au sujet de l'armistice. Cependant, s'il est optimiste pour le futur, il ne travestit pas les faits et son *Journal du GQG* est une source de premier ordre sur ce que la direction de l'armée française a su et a tenté pendant cette malheureuse campagne. On y apprend notamment, et de Gaulle l'avait déjà reconnu sans barguigner, que, sous la direction de Doumenc, les services fonctionnaient parfaitement et que, sauf dégâts récemment causés par la bataille, les liaisons étaient fort correctes. Le téléphone unique de Shirer est le type même du préjugé que colporte un étranger prévenu. Tout au plus Doumenc, racontant l'arrivée à Briare, note que « les transmissions, bien que préparées depuis plusieurs semaines, laissent à dési-

---

1. W. **Shirer**, *The Collapse of the Third Republic*, New York, Simon & Schuster, 1969, tr. fr. *La chute de la Troisième République*, Paris, Stock, p. 807.

rer[1] », ce qui signifie sans doute que les unités bousculées par l'avance ennemie sont parfois difficiles à joindre, mais certainement pas qu'on doit passer par une paisible postière rurale !

Le moral de la troupe, et celui des officiers, doit être semblablement revalorisé, dans ses hauts comme dans ses bas. Il a été souvent excellent, et n'a jamais sombré autant qu'on l'a dit[2]. L'adage « malheur aux vaincus » s'est conjugué ici avec l'anti-hitlérisme primaire et avec le fétichisme d'un livre de Marc Bloch, *L'étrange défaite*, qui est loin d'être son meilleur (il est posthume et rien n'indique qu'il l'aurait publié en l'état) et qu'on n'a pas non plus très bien lu.

C'est une France en forme, bien armée, sûre de son droit, que Hitler pulvérise en quelques semaines. Et si Gamelin est, contrairement à l'inusable Doumenc, un héros fatigué de la guerre précédente, ses erreurs ne lui sont pas totalement imputables. Tout autant qu'à son excessive confiance dans ses positions et ses plans, elles tiennent à l'excellence de la surprise hitlérienne, ainsi qu'à la stratégie de Daladier et de Reynaud, fruit elle-même d'un enfermement politique du pays, depuis cinq ans, dans l'étau des volontés britanniques. Si la stratégie n'est pas plus offensive, ce n'est pas d'abord parce que l'armée a peur d'aller de l'avant, mais parce que le gouvernement ne le lui demande pas. De ce point de vue, Gamelin déroge à une vieille tradition qui voulait, pour le meilleur et pour le pire, que le haut commandement parle net au gouvernement de la République, pour ce qui relevait de la sécurité du pays. Depuis 1936, il a noué avec Daladier une relation malsaine, se chargeant de fournir des justifications militaires à la politique de l'exécutif. Nous l'avons vu saboter l'alliance russe, en confortant d'arguties stratégiques les motivations politiciennes de Daladier, à l'inverse des efforts de son prédécesseur Weygand comme de ses subordonnés Georges et Doumenc. Le jeu est le même pendant la drôle de guerre, Gamelin fournissant docilement au gouvernement les plans demandés d'aide à la Finlande ou d'action dans le Caucase, tout en torpillant, dans les conseils de guerre interalliés (dits « conseils suprêmes »), les efforts de Churchill pour passer à un stade plus offensif. Il y a aussi des choix parfaitement communs aux politiques et aux militaires, dictés par un même patriotisme à courte vue, ainsi dans l'évaluation des effectifs britanniques souhaitables sur le continent.

Dieu sait si, au début de l'Occupation, les dirigeants français civils et militaires reprocheront aux Anglais la minceur de leur corps expéditionnaire : dix divisions sur le front au 10 mai 1940, contre 90 françaises. Or les papiers Doumenc m'ont permis de dater ce reproche : il n'apparaît pas avant juin, lorsque les premières semaines de débâcle mettent en lumière le risque beaucoup plus grand encouru par la France, par rapport

---

1. F. Delpla, *Les papiers secrets du général Doumenc*, Paris, Orban, 1992, p. 314.
2. Ici, le travail sur Doumenc n'a fait qu'élargir la brèche ouverte dans les préjugés par Jean-Louis Crémieux-Brilhac dans ses *Français de l'an Quarante*, Paris, Gallimard, 1990.

à sa voisine, et que l'embarquement de Dunkerque est catalogué comme une désertion. Auparavant, dans les conseils suprêmes comme dans les discussions internes à l'armée française (ce n'est donc pas une suggestion du pouvoir), *jamais* la question n'était venue. Le général Georges lui-même, qui échangeait d'aigres notes avec Gamelin sur l'insuffisante garniture de son front « nord-ouest », ne semble pas avoir songé à résoudre le problème par une accélération du recrutement britannique. Laquelle s'était produite pendant la première guerre mondiale, sitôt après l'alerte de la Marne. Les raisons de la différence sont évidentes : le gouvernement et les chefs militaires français ont un tel sentiment de sécurité, du moins sur les frontières de l'Hexagone, qu'ils espèrent bien, si Hitler commet la « folie » d'attaquer, une victoire très majoritairement française – alors qu'en 1918 elle ne l'avait été qu'à moitié, avec les conséquences que l'on sait sur le traité de paix.

Un livre sur Hitler se doit, enfin, de dire un mot de la trop fameuse « cinquième colonne ». L'invention est franquiste : ce sont les réactionnaires espagnols, dirigeant quatre colonnes armées sur Madrid dans l'automne de 1936, qui se targuaient que la ville leur serait livrée par une « cinquième », celle des Madrilènes hostiles à la République. Le fait que Franco n'ait pris Madrid que trois ans plus tard et après la totalité des autres cités ibères n'a pas découragé les perroquets. La cinquième colonne et ses variantes comme le « complot international » rendent trop de services pour faire l'objet d'un regard tant soit peu attentif. Que ce soit à propos de l'Allemagne de 1918, vue par Hitler, ou de la France de 1940, vue par bien des gens.

Le Führer est donc accusé d'avoir entretenu dans les pays qu'il comptait envahir, pendant des années, une avant-garde occulte, destinée à lui faciliter l'invasion. Entendons-nous bien : il ne s'agit ici ni de l'espionnage classique, dont personne ne dit qu'il était plus important d'un côté du Rhin que de l'autre, ni de la vénalité de la presse, évidemment supérieure dans les démocraties, ce qui est la rançon de sa liberté. Il s'agit d'espions d'un type nouveau, assez précisément au courant des plans allemands pour en préparer efficacement l'exécution. Formuler l'idée, c'est en montrer l'absurdité. C'est un pur avatar du mythe d'une Allemagne tout entière solidaire de son Führer, au point qu'il pouvait exposer ses intentions les plus secrètes à des milliers d'individus en se reposant sur leur discrétion, même en cas d'arrestation. Car sinon, que faire des protestations pacifistes sous le masque desquelles il a effectué toutes ses avancées jusqu'à Munich ? La découverte, en septembre 1938, du moindre garde-barrière hollandais chargé d'accueillir une invasion allemande pouvait tout faire capoter. Ainsi donc la logique suffit, et il devrait être inutile de préciser que, sur les milliers de tonnes d'archives à la disposition des chercheurs, pas une n'a pu être invoquée pour établir l'existence d'une « cinquième colonne ». Sauf à étendre indéfiniment le concept, jusqu'à tel militant d'extrême droite qui poussait plus vite que d'autres citoyens son pays à l'armistice ou à la capitulation. Or il faut savoir de quoi on parle : il y a « cinquième colonne » s'il y a entente préalable, pour un geste précis, de ces personnes avec des agents allemands. De ce cas non plus, on n'a pas trouvé d'exemples avérés. On comprend bien pourquoi : Hitler agit en entraînant, en magnétisant, en flattant, en rassurant, en déroutant, en désespérant, plus encore les étrangers que les Allemands. En Allemagne, il peut avoir recours à des méthodes policières obliques. Dans les pays qu'il ne contrôle pas encore, il dépense autrement ses moyens d'action.

J'ai conté ailleurs le curieux contraste entre la marche triomphale des armées allemandes vers l'ouest, une fois détruit, le 14 mai, le verrou de la Meuse, et les querelles permanentes de ceux qui les commandaient. La grande raison en est cette interdiction de pousser au sud de la Somme, que Halder tente à la fois de faire rapporter et de tourner, jusqu'au 17, en se heurtant à l'intransigeance et à la vigilance de Hitler, secondé en particulier par Keitel et par Busch. Je ne peux montrer ici toutes les finesses de son action, par exemple lorsqu'il fait semblant d'arbitrer un conflit entre Guderian et son supérieur Kleist sur la vitesse des blindés, alors que c'est leur direction qui lui importe. Car, contrairement à la théorie qui dit que plus approchait la victoire, moins il y croyait, il est clair qu'il voit déjà au-delà. Comme le laisse entendre Jodl à un officier venu lui demander des comptes sur l'ordre d'arrêt : « La guerre est gagnée, il s'agit maintenant de la terminer[1]. »

Il n'improvise pas, bien entendu, des démarches de paix au lendemain de Sedan, lorsqu'il a militairement l'Europe à ses pieds. Il n'était peut-être pas sûr de percer à Sedan mais il avait posé sur cette case prometteuse la totalité de sa mise.

A preuve, ce que Göring dit à Dahlerus, le 6 mai : « Quand l'armée allemande aura atteint Calais », il conviendra que les Alliés (« les Français », dit la documentation, de source française, mais il est hors de doute que la proposition concerne aussi les Britanniques) fassent la paix rapidement – les conditions seraient alors « généreuses », et ne pourraient que s'aggraver en cas de retard. Le 15, c'est à un autre diplomate suédois, officiel celui-là, le consul Raoul Nordling, en poste à Paris, que Göring fait des déclarations similaires, en précisant que la percée faite la veille à Sedan amènera les troupes allemandes à prendre Calais et Dunkerque avant la fin du mois, et en l'invitant à voir Reynaud au plus vite pour lui dire qu'en cas de demande immédiate d'armistice les conditions allemandes seront « raisonnables ».

Le calcul de Hitler apparaît ici en pleine lumière : son offensive vers l'ouest, loin de démentir son programme, l'exécute à la lettre. Il s'agit bien de mettre hors de combat l'armée française et de s'assurer la bien-

---

1. In Generalmajor Bernhardt von Lossberg, *Im Wehrmachtführungsstab*, Hamburg, Nölke, 1950, p. 81.

veillance britannique, en vue d'entreprises orientales pour lesquelles il aurait désormais les mains libres, que le traité le précise ou non, puisque son existence même consacrerait la déroute de ceux qui avaient prétendu les lui lier.

Ce qui se passe pendant ce temps du côté soviétique n'a rien que de rassurant pour lui. Les clauses secrètes du pacte ont été appliquées par Staline avec une grande prudence. Après avoir pris, et soviétisé au pas de course, sa part de Pologne, il a occupé militairement les pays baltes sans toucher à leur population civile ni à leurs gouvernements « bourgeois », et après l'avoir vaincue il s'est gardé d'occuper la Finlande, se contentant d'avantages frontaliers. Enfin, alors que la Bessarabie lui est attribuée dans cet occulte partage, l'URSS ne l'a même pas encore revendiquée auprès de son possesseur, la Roumanie. Cette relative modération est probablement destinée à ménager les pays occidentaux, au cas où ils sortiraient vainqueurs de leur confrontation avec l'Allemagne. On pourrait alors évacuer sans trop de honte les territoires occupés (à l'exception de l'Est polonais, considéré comme revenant de droit à la Russie, ainsi que le reconnaissait le ministre anglais Curzon en 1919), en arguant qu'ils ne l'avaient été que par précaution, dans l'éventualité d'une attaque allemande. Au lieu de cela, une victoire éclair de l'Allemagne à l'ouest expose dangereusement une Russie fragile, que ses gains, résultant d'une entente mafieuse avec Hitler, ont fâchée avec le monde entier sans pour autant assurer sa sécurité. Ainsi dans les Etats baltes, dont les populations, ayant échappé de justesse à la soviétisation, risquent d'ouvrir en grand les portes aux Allemands. Et que dire de la Finlande, ivre de revanche et qu'on peut croire prête, comme le vérifiera l'avenir proche, à attaquer l'URSS conjointement avec l'Allemagne ? Bref, l'effondrement occidental de ce mois de mai découvre dangereusement une URSS qui, n'ayant disposé que de quelques mois pour s'adapter à de nouvelles limites, elles-mêmes provisoires, n'a plus aucun système cohérent de défense. S'il l'attaquait, en dépit du temps nécessaire au déplacement de ses armées, Hitler pourrait encore lui porter en 1940 des coups sévères, dont aucun allié ne viendrait la protéger. Tant et si bien qu'il n'est pas sûr qu'il ait besoin d'attaquer : en proposant à Staline une réédition du traité de Brest-Litovsk (mars 1918), qui accordait l'Ukraine à l'Allemagne, il ne recevrait pas nécessairement un mauvais accueil. Il pourrait même lui sauver la mise, tout en achevant de le compromettre, s'il lui laissait en pourboire tel ou tel des gains du protocole secret, quitte à le reprendre un peu plus tard.

Dunkerque est donc un grave échec. Non pas en raison du rembarquement britannique, militairement peu décisif, mais de ce qu'il signifie : le rejet de l'offre allemande d'une paix « généreuse ». Ce qui est grave, surtout, c'est la cause de ce rejet : l'émergence, enfin, d'une résistance au nazisme, rageuse, déterminée, fondée sur une parfaite compréhension des ressorts de l'hitlérisme, appuyée sur un pays de haute tradition impérialiste et menée par un homme qui possède beaucoup des qualités de

Hitler, et peut au besoin rivaliser dans l'absence de scrupules, sans avoir les plus handicapants de ses défauts.

Il faut dire à la décharge de ceux qui ont plié devant le nazisme, notamment en 1940, qu'on ne pouvait guère prévoir que l'action d'un politicien bien connu et quelque peu déconsidéré mettrait fin à ce fléau, en polarisant une constellation de forces supérieure à celle que Hitler avait constituée au printemps de cette année-là.

Churchill avait, avant d'accéder à soixante-quatre ans au poste de premier ministre, occupé tous les emplois importants du cabinet britannique, excepté les Affaires étrangères. Mais, en désaccord avec son parti conservateur sur la question de l'Inde, il s'y était marginalisé vers 1930 et, bien que réélu de justesse député en 1935, semblait en préretraite à la veille de la deuxième guerre mondiale. Son talent, ses réussites, son entrain lui valaient une solide popularité mais quelques retentissants échecs comme les Dardanelles en 1915 ou la réévaluation de la livre dix ans plus tard, quelques propos extrêmes notamment contre la révolution russe donnaient à penser qu'il lui manquait, pour faire une grande carrière, la pondération indispensable. Comme son père Randolph, lui-même politicien, avait donné des signes de déséquilibre et manqué sa chance d'être premier ministre, serait-il mort en 1939 que son épitaphe eût été brève : « Tel père, tel fils[1]. »

Il s'était cependant, très tôt, intéressé à Hitler. Et réciproquement : ils avaient failli se rencontrer à Munich, en 1932. Consigné dans ses mémoires en 1948, le fait a été confirmé et précisé dix ans plus tard dans ceux du principal témoin, Hanfstaengl. Celui-ci connaissait bien le fils de Churchill, lui aussi prénommé Randolph, qui lui annonça un jour d'avril 1932, juste avant ou juste après le deuxième tour de l'élection présidentielle[2], que ses parents venaient d'arriver à Munich. Randolph souhaitait une rencontre entre la célébrité montante de la politique allemande et la gloire déclinante des Communes, avec l'accord de son père, semble indiquer le récit. Invité à dîner, Hanfstaengl promit de faire son possible pour amener Hitler.

Les deux versions diffèrent. Selon Churchill, un rendez-vous avait été pris que Hitler n'honora pas, probablement en raison d'un propos qu'il avait tenu lors d'une première soirée passée avec Hanfstaengl. Suivant l'Allemand, tout se serait passé en un seul soir : Hitler, tenté de venir, se serait dérobé sous prétexte qu'il avait du travail et que Churchill était « un francophile enragé » mais Hanfstaengl, devenu entre-temps antinazi, estime qu'il avait surtout peur d'affronter « son égal en politique ». Il aurait tourné autour de l'hôtel, mal rasé, sans se décider à entrer.

---

1. J'emprunte l'idée à Richard Nixon, *Leaders*, New York, Warners, 1982, tr. fr. Paris, Plon, 1984, p. 41.
2. C'est Hanfstaengl qui donne cette date approximative. Churchill est encore plus vague, mais parle de l'été. Quant à son biographe Martin Gilbert, aux datations ordinairement solides, il situe, sans référence, le voyage de Churchill en Allemagne vers le mois d'août 1932 (*Winston Churchill*, t. 5, Londres, Heinemann, 1976, p. 447).

Voici ce qui, d'après Churchill, aurait fait fuir Hitler : ayant entrepris Hanfstaengl sur l'antisémitisme nazi, qu'il ne comprenait pas, il aurait lancé : « Comment peut-on être tenu responsable de sa naissance ? » Hanfstaengl, confirmant que Churchill l'a « attaqué sur le chapitre de l'antisémitisme de Hitler », dit qu'il a essayé de plaider et que Churchill a tranché, provoquant l'hilarité de sa famille devant l'ignorance du vocabulaire turfiste que manifestait l'Allemand : « Dites de ma part à votre patron que l'antisémitisme est peut-être un bon partant, mais que c'est un mauvais cheval de fond [1] ! »

Les deux récits sont sans doute inexacts. Churchill enjolive, Hanfstaengl noircit. Chacun, de surcroît, minore son intérêt pour Hitler. Churchill ne nous convainc pas lorsqu'il dit qu'auparavant il « connaissait mal sa doctrine et sa carrière ». Il serait par hasard allé à l'essentiel ? Il se serait trouvé en Allemagne en 1932, et n'aurait rien lu sur le *challenger* de Hindenburg ? Hanfstaengl n'est pas plus convaincant lorsqu'il sous-entend qu'il a défendu mollement la ligne antisémite. Raison de plus pour remarquer le point où se recoupent les deux témoignages : en 1932, Churchill n'est pas encore antinazi, il est même tenté d'ouvrir un large crédit à Hitler, comme il le fait depuis des années vis-à-vis de Mussolini, mais il achoppe sur l'antisémitisme. Non point politiquement. Il dit textuellement, et c'est lui qui se cite : « Je comprends parfaitement qu'on (...) leur résiste [aux Juifs] s'ils essaient d'accaparer le pouvoir dans un domaine quelconque. » Ce n'est donc pas la vieille antienne contre le Juif « envahissant » qui le rebute, mais le fait de prêter ce péché à quelqu'un dès le berceau, au nom de sa race. Or là est précisément la marque distinctive de l'antisémitisme nazi, celle qui conduit au massacre de masse.

Voilà une anecdote lourde de sens, presque un tournant du xxe siècle. Churchill, que désolent les guerres européennes, qui cherche désespérément une solution, pas trop à gauche, à l'antagonisme anglo-franco-allemand et qui a flairé en Hitler un grand politique, va espérer encore, pendant quelques années, qu'il dépouille son racisme biologique, comme une défroque qui lui aurait simplement permis de piper des voix, et qu'il entre dans la voie de la conciliation internationale. Fait unique, il va constamment associer les deux problèmes, et faire de l'un l'étalon de l'autre. Il n'est donc pas aussi éloigné de l'*appeasement* qu'on pourrait le croire. Des concessions sur l'armement, l'Autriche ou les Sudètes n'ont rien pour le révulser. La différence, c'est qu'il scrute en permanence Hitler, en cherchant à le comprendre, et qu'il finit par se convaincre, peut-être en 1937, que cet égal en patriotisme et en talent politique gâche son destin de grand Allemand, restaurateur de la dignité de son pays, au profit d'une inepte entreprise de remodelage racial.

Le moment décisif survient sans doute le 21 mai 1937. Ayant fait un

---

1. Cf. Hanfstaengl, *op. cit.*, p. 205-206, Churchill, *Mémoires, The Gathering Storm*, Londres, 1948, tr. fr. *D'une guerre à l'autre*, Paris, Plon, 1948, p. 84-85.

article mi-sérieux, mi-ironique, dans lequel il s'en prenait à Ribbentrop, alors ambassadeur à Londres, tout en souhaitant que ses prises de position expriment le désir de « prospérité intérieure » de l'Allemagne et non l'aspiration à des conquêtes, il se voit tout d'un coup invité, probablement avec l'accord de Hitler sinon à son instigation, à rencontrer le diplomate, lui qui n'est alors qu'un député de base. Et là, brusquement, l'Allemagne jette le masque, comme rarement avant 1940 : Ribbentrop explique à Churchill que son pays ne veut pas de colonies, mais seulement un *Lebensraum* formé de la Pologne, de la Biélorussie et de l'Ukraine. On connaît l'épisode par les seuls mémoires de Churchill, mais il indique qu'il a aussitôt déposé au Foreign Office un compte rendu de la conversation. On ignore ce qu'en a fait le ministre, qui à l'époque était Eden et ne souffle mot de l'affaire dans ses propres mémoires [1]. En tout cas, Churchill avait fait état publiquement de cette rencontre à l'époque, sans s'étendre sur son contenu et sans que Ribbentrop démente. Le contenu présenté dans ses mémoires est des plus vraisemblables.

La scène se passe juste avant le couronnement de George VI et Chamberlain s'apprête à succéder à Baldwin. Il n'est pas exclu que Hitler veuille peser sur les changements gouvernementaux qui s'annoncent. Aux ministres Ribbentrop fait connaître la politique, officiellement pacifique, du Reich. A un *outsider* comme Churchill, Hitler fait passer un message différent, d'une part pour qu'il le transmette et que les milieux dirigeants britanniques sachent que l'offre de *Mein Kampf* tient toujours, d'autre part parce que, si on arrivait à convaincre un Churchill, on pourrait espérer faire basculer toute l'Angleterre dans l'acceptation du programme hitlérien.

En 1936, Churchill semble encore attendre beaucoup de la SDN. En 1938, il achève une évolution qui le place à la pointe de l'antifascisme, en prenant parti contre Franco. Dans cette évolution, la conversation avec Ribbentrop a sans doute beaucoup compté. Elle a suscité plus qu'une maturation de la compréhension : elle a investi Churchill comme le champion défié par Hitler, en même temps qu'elle lui a fourni la recette avec laquelle il allait, finalement, remporter la bataille. Puisque Hitler était décidément raciste et, par voie de conséquence, orienté vers l'est, la Grande-Bretagne pouvait le braver même sans grands moyens, car il n'avait que faire de l'envahir.

On connaît ses apostrophes contre Chamberlain au moment de Munich. On les connaît même trop. Elles sont l'arbre qui cache la forêt du grand respect qu'il a manifesté la plupart du temps, pour des raisons tactiques, à son prédécesseur. Après Prague, notamment, il le soutient dans ses velléités anti-hitlériennes, et fait tout pour enfoncer des coins entre lui et Halifax. C'est ainsi qu'il arrive à se faire recruter, près de trente ans après

---

1. Il parle de cette période dans le chapitre 7 de la deuxième partie, sous le titre : « Chamberlain prend la suite des affaires » : *The Eden Memories*, t. 1, Londres, Times Publishing Company, 1963, tr. fr. Paris, Plon, 1964.

une première expérience, comme ministre de la Marine, le 3 septembre 1939. De ce poste, il met tout en œuvre pour faire dégénérer la drôle de guerre en un réel affrontement, mais il est tenu en laisse par les barons de l'*appeasement*, qui à part lui peuplent le cabinet de guerre.

L'affaire de Norvège, on l'a vu, manque de lui être fatale, puisque la défaite anglaise est navale avant tout. On reparle des Dardanelles, et aucun journaliste anglais n'écrit ce que de Gaulle, sans doute renseigné lors d'un passage au cabinet de Paul Reynaud, confie dans une lettre du 8 mai (c'est la première mention de ce nom dans un texte du futur chef des Français libres) : « Les vieux messieurs de Londres (tel Chamberlain) ont empêché Churchill de risquer. » On l'avait en effet contraint de renoncer à une attaque sur Trondheim [1].

Si, lorsque le fiasco norvégien fait tomber Chamberlain lors d'une crise qui s'étire du 7 au 10 mai, Churchill, au lieu de sombrer, se retrouve au commandement, il le doit non pas, comme il le prétendra lui-même pour des raisons de propagande, au salubre réflexe d'une nation qui se ressaisit, mais à une habileté politicienne qu'on ne lui connaissait guère et que, sans doute, la gravité de l'heure et la conscience de sa responsabilité aident à se manifester. Chamberlain n'a pas, comme on l'imprime encore un peu partout, résigné noblement ses fonctions pour laisser place à un plus capable. Il a reçu les critiques comme une immense injustice et s'est accroché au pouvoir tant qu'il a pu puis, se résignant à quitter le premier fauteuil, a exigé le second, celui de « Lord président du conseil », et s'est arrangé pour que son successeur ne soit pas le favori de tous les pronostics, Halifax. Il avait en effet refusé de quitter la présidence du parti conservateur, et le ministre des Affaires étrangères, dans ces conditions, ne voulait pas devenir premier ministre car, étant lord, il n'aurait pu défendre sa politique aux Communes, sur lesquelles son prédécesseur aurait continué à régner. Churchill s'était donc imposé, entre les deux leaders rivaux du parti, comme un tiers utile, leur permettant d'attendre chacun son heure et il les avait rassurés tous deux... notamment en étant toujours seul de son espèce au cabinet de guerre ! Ses amis proches d'alors, Eden, Cooper, Amery, entraient en effet au gouvernement, mais en position seconde puisque, depuis une réforme de Lloyd George en 1916, les ministres ne tenaient plus conseil en temps de guerre, seul un petit nombre d'entre eux formant un « cabinet de guerre », pour favoriser le secret et l'efficacité. Outre Halifax, Chamberlain et Churchill, le nouveau cabinet comptait les travaillistes Attlee et Greenwood. On croit souvent que cela rendait les deux *appeasers* minoritaires mais c'est une illusion. D'une part, les travaillistes n'étaient pas si décidés qu'on le pense à régler militairement, à tout prix, le compte du nazisme (il suffit pour s'en convaincre de se souvenir que, s'ils avaient provoqué la crise en refusant d'entrer dans un gouvernement Chamberlain, ils s'étaient

---

1. Cf. *Churchill et les Français, op. cit.*, p. 460.

déclarés prêts à servir sous Halifax), d'autre part, le rapport des forces instauré par les élections de 1935, désastreuses pour eux, demeurait. Dans une telle structure, s'il voulait décider quelque chose, Churchill devait non seulement convaincre ces deux personnes mais aussi, au moins, Chamberlain.

Le 10 mai, il a donc obtenu la direction du gouvernement, mais non le pouvoir. Dira-t-on qu'il a au moins le pouvoir sur l'armée, en prenant en charge un ministère de la Défense créé pour lui ? Nenni ! Car le comité des chefs d'état-major a de solides traditions d'autonomie, et Winston ne commencera d'asseoir son autorité que lorsqu'il participera à la nomination des généraux. En attendant, Ironside, un proche de Halifax, reste à la tête de l'armée de terre, et dudit comité.

Ce que Churchill a, en définitive, obtenu de plus substantiel, c'est un micro. Il avait déjà, pendant la drôle de guerre, usé et même abusé de la BBC, en abordant, dans des discours assez fréquents, des sujets de politique générale, fort éloignés des attributions de l'Amirauté. Mais cela tenait à la faveur, toujours révocable, de Chamberlain. A présent, non seulement il peut à bon droit parler de tout mais il a pu placer Duff Cooper au ministère de l'Information. Dès le 13 mai, les auditeurs entendent la différence. Au lieu du lénifiant pathos chamberlainien, ils se voient annoncer « du sang, de la peine, des larmes et de la sueur ». Souvent chamboulé dans les citations, l'ordre des mots a pourtant une certaine importance. A deux reprises, un mot exprimant l'effort succède à un mot exprimant le deuil. Il n'y a pas là seulement un homme d'Etat proclamant que le temps des promesses est fini. Il y a un maître du langage, un prosateur qui a longuement travaillé le rythme de la phrase, un créateur d'émotions d'un autre aloi, mais aussi artistiquement étudiées, que celles qu'a soulevées, depuis le début de son parcours, un homme qui se croit au début d'une allée triomphale, lorsqu'à la même heure il crève les défenses de Sedan.

En ce même 13 mai, l'écrivain et futur collaborateur parisien Drieu La Rochelle confie à son journal son sentiment d'une communion sexuelle avec le Führer dont les armées sont en train de submerger celles de son pays [1]. Churchill est aux antipodes d'un tel abandon. Il comprend probablement très vite la gravité de la situation... même s'il ne le dit pas toujours, et même pas souvent. Mais s'il s'efforce de rassurer ses compatriotes, et surtout ses alliés français, qu'il visite le 16 mai, il est plutôt alarmiste dans sa correspondance avec Roosevelt. Il en ressort qu'il veut à tout prix maintenir l'état de guerre, d'une part en poussant la France à résister le plus longtemps possible, d'autre part en obtenant au plus vite un soutien américain... sans négliger les occasions d'enrôler aussi l'URSS. Les délibérations du cabinet de guerre, comme les

---

1. *Journal 1939-1945*, Paris, Gallimard, 1992, p. 196.

dépêches diplomatiques, en cette deuxième quinzaine de mai, voient enfin se dessiner, en réplique aux succès hitlériens, l'esquisse de la coalition qui parviendra à les annuler. Mais ce n'est encore qu'une vue de l'esprit churchillien, fort peu clairement présentée au cabinet et fort mal agréée par lui.

Pour commencer, s'il y a un « miracle de Dunkerque », c'est que la paix ne survienne pas à la fin de mai, pendant l'arrêt des troupes allemandes. Côté français, le procès-verbal du comité de guerre du 25 mai, que Paul Reynaud a tout fait pour dénaturer, puis pour lire de travers, est des plus clairs : il est parfaitement résigné, ainsi que tous les présents dont Pétain, Lebrun, Darlan, Weygand, Campinchi, à une paix prochaine, pourvu qu'elle soit clémente, peut-être après un baroud d'honneur sur la Somme. Aucune de ces personnes ne parle de recruter d'autres alliés, ou de continuer la guerre dans l'empire colonial. Toutes agréent au contraire l'idée suicidaire et sacrificielle de Weygand de concentrer sur la Somme tous les moyens disponibles, y compris ceux de l'Afrique du Nord. Et l'idée complémentaire, émanant du même général (qui semble conquérir ce soir-là, en compensation du pouvoir qu'il perd sur le cours de la bataille, un rôle politique de premier plan), d'envoyer Reynaud à Londres dès le lendemain « expliquer nos difficultés ». Churchill traduit, à l'usage du cabinet : « Il vient nous annoncer que la France va capituler. »

Le seul clivage, au sein des instances civiles et militaires françaises, que révèle cette réunion, tient dans l'opinion émise par deux hommes, Pétain, vice-président du conseil, et Lebrun, président de la République, que la France peut signer la paix toute seule. Les autres estiment qu'il faut obtenir l'accord de l'Angleterre. Il va donc y avoir deux camps : celui de la « France seule », suivant une expression de Charles Maurras qui va inspirer largement la politique de Vichy, et celui de la capitulation conjointe avec l'Angleterre. Très vite, Weygand rejoindra le premier camp, Reynaud restant jusqu'au bout à la tête du second. Lorsqu'il apparaîtra que l'Angleterre refuse, au moins dans l'immédiat, de capituler, un troisième camp se formera, partisan de lier le sort de la France au sien et, donc, de continuer la guerre depuis l'Afrique du Nord. De Gaulle, devenu secrétaire d'Etat le 5 juin, en prendra la tête... et demeurera bien seul. Du moins parmi ceux qui agissent. Beaucoup, et même par moments Reynaud, *parleront* de poursuivre la guerre dans l'empire. Seul de Gaulle posera à cet égard le bon geste : celui de mettre sa personne hors d'atteinte des résignés, en s'envolant pour Londres le 17 juin, peu d'heures après la démission de Reynaud, remplacé par Pétain. Les autres, Mandel, Zay, Mendès France, se laisseront embarquer vers le Maroc sur le *Massilia*, un bateau sous le contrôle de Pétain et de Darlan, qui se muera vite en une prison. Mais quelques beaux parleurs soi-disant partisans de la lutte, comme Reynaud ou encore Herriot, ne quitteront même pas Bordeaux, la dernière capitale, bientôt relayée par Vichy car les Allemands voudront l'occuper.

A Londres, pendant ce temps, Churchill jongle. Avec les faits comme avec ses maigres moyens militaires. Il se garde bien de s'opposer frontalement à Halifax, lequel en prend de plus en plus à son aise et déjà, dans plus d'un domaine, agit en premier ministre. Ainsi lorsqu'à l'insu de Churchill et du cabinet il traite avec des émissaires suédois, ou encore avec l'Italie.

Il reçoit le 25 mai, vers 17 heures, l'ambassadeur italien Bastianini, et lui susurrre tout bonnement, « au nom du gouvernement de Sa Majesté », mais sans jamais en nommer le chef, que le Duce devrait s'entremettre pour organiser une conférence sur un « règlement général des questions européennes ». C'est tout ce que les démocraties occidentales ont trouvé pour répliquer à l'offre hitlérienne de « paix généreuse » et à son vecteur suédois. Paul Reynaud, lui, a tâté quelques jours plus tôt le terrain espagnol, à la grande contrariété de Mussolini, et la France, une fois de plus, rentre dans le rang, ne prenant plus de contacts, fin mai et début juin, qu'avec l'Italie, comme les *appeasers* britanniques. La partie émergée de l'iceberg, dans les discussions de cabinet comme dans la plupart des cartons d'archives et des analyses historiques, c'est qu'on fait des offres à l'Italie pour la détourner d'entrer en guerre. Mais il ne faut pas creuser beaucoup pour découvrir qu'on recherche surtout sa médiation, afin d'éviter un tête-à-tête humiliant et dangereux avec Hitler. De même, les appels à Roosevelt qui commencent à se multiplier ont moins le sens, chez un Halifax ou un Reynaud (comme chez l'ambassadeur anglais à Washington, Lothian, lui-même une figure historique de l'*appeasement*), d'un appel à la rescousse que d'une recherche de médiation, et de garantie pour le « règlement » qui s'annonce. Cette agitation marécageuse est donc bien un nouveau chef-d'œuvre de Hitler. A présent le voilà maître du monde, au sens où tous les dirigeants évoluent dans des directions tracées par lui. Sauf un qui nage à contre-courant, d'une façon qui peut sembler méritoire, mais dont la vanité apparaît totale, même à ses propres yeux. Et c'est cette lucidité qui le sauve.

Lors des discussions du cabinet (connues, sauf quelques pages censurées, depuis 1971, et encore bien peu prises en compte), loin d'affronter de face la vague renaissante de l'*appeasement*, Churchill aborde fréquemment Halifax avec une déférente considération. Ainsi lors de la journée décisive, au moins négativement, du 26 mai. Le chemin de la paix avait toutes chances d'être irréversiblement emprunté ce jour-là et le vicomte Halifax entame la matinée en prenant de moins en moins de gants, que ce soit dans la révélation ou dans la dissimulation. Il informe ses confrères de sa conversation avec Bastianini, de manière presque exacte : il prétend simplement que c'est le visiteur qui a parlé le premier de « règlement général ». Le compte rendu de la conversation sera glissé dans les papiers du cabinet le 10 juin, et personne ne semblera remarquer la forfaiture. A ce quasi-coup d'Etat, Winston réagit avec bonhomie. Il est vrai qu'en taisant l'essentiel, l'initiative de paix présentée comme émanant du gouvernement tout entier, Halifax l'aide à minimiser l'affaire, justifiant la maxime de La Rochefoucauld sur l'hypocrisie, « hommage que le vice rend à la vertu ». Churchill va se révéler maître dans un art très hitlérien, celui d'opposer les personnes et de recruter des alliés temporaires parmi ses adversaires, lors même qu'ils ont beaucoup plus ensemble en commun que lui avec eux. Ce jour-là, il joue Reynaud contre Halifax. Non que le voyageur soit plus résolu à continuer la guerre que le ministre, mais justement : dès l'annonce de sa venue, Churchill le traite de capitulard devant le cabinet, pour faire indirectement honte à Halifax, et rameuter l'orgueil britannique aux dépens de la France.

Dans ce bref résumé de travaux antérieurs, il faut faire une petite place à l'explication de l'ordre d'arrêt[1]. Si Hitler stoppe le 24, à midi trente, son avant-garde parvenue sans encombre à 20 km de Dunkerque, le dernier port possible pour un embarquement des 400 000 soldats français et anglais piégés dans la poche de Belgique, ce n'est ni parce qu'il a soudainement peur pour elle ou se laisse gagner par cette peur qu'éprouverait Rundstedt, ni parce qu'il veut ménager *les Anglais* afin de signer la paix avec eux après l'écrasement de la France. Ces justifications proviennent entièrement de sources nazies paresseusement reproduites. Permettant de dire du mal de Hitler, elles sont censées aider à l'éducation démocratique des jeunes et des moins jeunes.

Non, le chef nazi n'est pas cette boule de nerfs, ni ce parvenu incapable de comprendre le sentiment britannique de l'honneur. Le lecteur l'accordera peut-être plus aisément quand on lui aura rappelé qu'un rôle majeur est joué, dans l'affaire, par Göring, fournissant aux nazis, pour achever de brouiller les pistes, un troisième ordre d'explication : le chef de l'aviation aurait brusquement surgi le 23 mai, par téléphone, au QG du Führer, en exigeant qu'on laisse « finir le travail » dans la poche par la Luftwaffe, « arme nazie », ce qui impliquait l'arrêt des troupes au sol.

Quand on a remarqué avec quel soin Hitler et Göring dissimulaient l'intimité de leurs relations, on ne peut que sourire devant ce dialogue à grand spectacle, rapporté par des témoins harmonieusement répartis entre les deux bouts de la ligne. Une fois encore, à l'abri de son apparence physique, Göring joue les pachydermes incompétents, les frivoles amateurs de décorations et les fanatiques obtus. Et une fois de plus, Hitler joue de ses relations différenciées avec les chefs militaires : par exemple Keitel ne sait pas tout, mais il en sait infiniment plus que Jodl, dont le journal va, là aussi, induire beaucoup de monde en erreur, par une confusion entre sa proximité du Führer et le degré de son information.

Les autres principales marionnettes inconscientes s'appellent Halder et Rundstedt. Au premier, Hitler s'ingénie à faire croire qu'il n'entend rien à la conduite des armées – ce qui lui permet de donner à son désir appa-

---

1. Progressivement affinée entre 1991 et 1997, après avoir été produite, à mon insu, de conserve avec les travaux scandaleusement sous-estimés de John Costello (*Les dix jours qui ont sauvé l'Occident*, Paris, Orban, 1991).

remment absurde de freinage en vue du but les apparences de la sincérité. Le second, au contraire, est traité en complice élu, auquel on dit beaucoup de mal du premier et qu'on encourage à obéir aveuglément à Keitel, même contre les ordres de Halder. Au point qu'il endosse, de mauvaise grâce et avec des limites de temps et de lieu, la responsabilité archivistique de l'ordre d'arrêt. Et cette mauvaise grâce elle-même est pain bénit, pour rapporter l'ordre au bout de 48 heures, quand il s'avère impossible et inutile à maintenir.

Puisque Göring est dans le coup, et que parallèlement il mène une intense action diplomatique – en direction de la Suède et aussi de l'Italie, comme pour renifler ce qu'elle concocte avec les Alliés –, il n'est pas difficile de mettre ceci en relation avec cela. L'arrêt devant Dunkerque, c'est le geste du propriétaire qui a lâché un bouledogue sur le voleur et le retient à quelques centimètres de sa gorge, en attendant qu'il s'avoue vaincu.

Jusque-là, Churchill refusait mordicus, à l'impatience croissante de Halifax, la solution que le général Gort, chef du corps expéditionnaire, proposait depuis le 18 mai, pour échapper à l'encerclement : un repli rapide vers les ports, aux fins d'embarquement. Voilà que tout à coup, dans la soirée du 25, il s'y rallie – tout en remplaçant brutalement, pour des raisons encore obscures, Ironside par son second, le général Dill. Ce qui lui permet de consacrer une bonne part de ses conversations du lendemain avec Reynaud à essayer de lui faire partager ce point de vue.

Dans des archives britanniques dont il n'est point besoin d'être marxiste pour supposer qu'elles ont été soumises à la « critique rongeuse des souris », un point apparaît mal, peut-être sous l'effet de la mauvaise conscience, et il a fallu mettre, avec l'aide de Doumenc, la chose en lumière : si les Anglais, en dépit d'un communiqué péniblement convenu avec Reynaud et dont on ne retrouve aucune trace en France, font cavalier seul pour rallier Dunkerque, sans exposer leurs intentions aux officiers français du voisinage (d'où une impression durable de « lâchage », dont le pétainisme fera ses choux gras), c'est précisément parce que les Français repoussent, pendant trois longues journées (du 26 au 28 mai), toute idée d'embarquement, pour se précipiter vers Dunkerque à partir du 29 et, alors, dénoncer plus que jamais l'égoïsme des Grands-Bretons qui se massent sur tout ce qui flotte sans leur faire la moindre place, et parfois même provoquent, en refusant de les laisser monter, la noyade de soldats français.

Ici, pour la première fois, le travail de Hitler et celui de Churchill coïncident et ils vont, chacun de son côté, engranger les fruits d'une pagaille à laquelle ils ont collaboré.

Si la réussite de Hitler est remarquable lorsqu'il dresse physiquement l'un contre l'autre, dans des scènes d'apocalypse provoquées par sa propre mitraille, deux puissants alliés, le jeu de Churchill est plus paradoxal – mais il résulte simplement de sa marge de manœuvre, alors bien plus étroite, qui l'oblige à mener constamment de front deux politiques opposées, en déplaçant au plus vite l'accent de l'une à l'autre : l'égoïsme britannique et l'alliance française.

Un peu de cynisme, cela ne fait pas de mal, pour rompre avec des années de passivité et d'angélisme officiel. Va donc pour un brusque lâchage de ces Français qui glissent vers la capitulation sans rien tenter de sérieux. Au moins, cela fait parler la poudre allemande, alors qu'elle restait dans les caisses au son des sirènes de paix. Voilà qui permet, en trois jours, de récupérer la main au sein du cabinet : les premiers succès de l'embarquement, conjointement à l'attitude de moins en moins pacifiste de Mussolini, clouent provisoirement le bec de Halifax, le 28 au soir. Chamberlain, entre le marteau et l'enclume, a louvoyé : c'est ce que son successeur pouvait espérer de mieux. Coup de barre vers la France : le 31 mai, un conseil suprême (l'avant-avant-dernier...) se tient à Vincennes et Churchill, placé par Weygand devant le bilan des embarquements, beaucoup plus favorable aux Anglais qu'aux Français, omet diplomatiquement de lui rappeler que deux jours plus tôt il voulait encore s'accrocher à la côte, fond en larmes et jure que l'accès aux navires se fera désormais « bras dessus, bras dessous ».

On ne peut suivre jusqu'au bout cette démarche chaloupée, qui se poursuit jusqu'à l'armistice français, en vigueur le 25 juin, et même bien au-delà, par un jeu de bascule pas toujours clair entre gaullistes et vichystes. Jusqu'au coup de maître que constitue, de la part de Churchill, la nomination de Halifax à Washington en remplacement de Lothian brusquement décédé, à Noël 1940, il n'est pas aisé de démêler dans quelle mesure Winston lui-même est ambigu, et refuse de choisir trop nettement entre Pétain et de Gaulle, et dans quelle mesure Halifax le contraint à ces entrechats.

Ce qui est incontestable en revanche, c'est que Hitler met de l'huile sur tous ces feux. Avant de s'en convaincre au chapitre suivant, notamment par le récit de l'entrevue de Montoire et de ses antécédents diplomatiques, nous pouvons clore celui-ci par l'évocation des trois seules heures de sa vie qu'il ait passées à Paris : elles dévoilent, à qui prend la peine de déchiffrer ses actes, la philosophie de ses rapports avec la France occupée.

Lorsqu'il raconte dans ses mémoires l'excursion matinale du 28 juin 1940 du Führer et d'un petit groupe, depuis le quartier général de Brûly-de-Pesche, vers la capitale française, Speer se gausse du choix des édifices les plus longuement visités – l'Opéra, le Panthéon, les Invalides et le Sacré-Cœur – alors que le Louvre ou le Palais de Justice avec sa Sainte-Chapelle ont été vus en passant. Puis il s'amuse que Hitler ait évoqué avec son guide, le colonel Speidel, l'éventualité d'un grand défilé de la victoire, avant d'y renoncer sous le prétexte d'éventuelles attaques aériennes britanniques. Il le prend en pitié d'avoir dit qu'il aimait Paris après une visite de trois heures. Surtout, il rapporte avec indignation, en tirant aussitôt les conclusions les plus fermes et les plus générales sur une nature « double » du Führer, ce que Hitler lui dit le soir même : qu'il avait envisagé de détruire Paris mais que ce n'était plus nécessaire, vu qu'on allait bâtir un Berlin beaucoup plus beau et qu'une capitale française intacte ne ferait, alors, qu'en rehausser l'éclat[1]. Un peu plus loin (p. 254) Speer rapporte que Hitler avait interdit de dégarnir les collections du Louvre et nuance aussitôt l'impression favorable que cela pourrait donner en indiquant que « cela n'était pas aussi désintéressé qu'il pouvait paraître » car il avait l'intention d'inclure dans le traité de paix la livraison des plus belles pièces.

Ces pages ne sont pas seulement instructives sur le dénigrement mesquin que pratiquent Speer et ses contemporains des années 60-70 et sur le fait qu'ils s'obstinent à railler l'irréalisme du « Reich de mille ans » ou à dénoncer chez ses promoteurs un amour vulgaire de la gloire et du pouvoir. Elles charrient aussi, malgré elles, des informations qui infirment les interprétations de cet acabit. Ainsi le choix des édifices est transparent. Le lecteur nous dispensera de détailler ce que devait représenter, pour celui qui révérait Wagner depuis trente-cinq ans, une visite des recoins de l'Opéra Garnier. Au Panthéon et aux Invalides, il sacrifie à son culte des grands hommes et bien entendu, tout particulièrement, de Napoléon, le prédécesseur. Quant au Sacré-Cœur, l'auteur ne dit pas que Hitler en ait fait l'éloge architectural, alors l'honneur est sauf. Sans doute, puisqu'il s'est arrêté à la tour Eiffel sans y monter, manifeste-t-il par cette station son goût pour la domination qui si volontiers passe par une élévation en altitude. Il médite sur son triomphe, et probablement aussi sur les tâches qui restent à accomplir. Ce 28 juin il espère non sans quelque fondement que Churchill va tomber et l'état de guerre avec lui, et il n'y a rien à redire à ce qu'il ait posé les jalons d'un défilé de la victoire dans la ville où avait été élaboré le traité de 1919, avant d'y renoncer devant le fait que Churchill tenait bon. Le rappel d'une actualité diplomatique aussi palpitante montre accessoirement le peu de sérieux d'une critique de la brièveté de cette excursion, et la pédanterie gratuite d'une énumération des trésors qu'elle a omis.

Hitler, qui s'ingénie depuis 1919 à transposer dans l'univers politique les conceptions esthétiques de Wagner, se donne au contraire à voir ici en pleine action. Il s'entoure d'atmosphères et se gorge d'impressions propices à l'accouchement de ses plans. Entre mille préoccupations, il se demande que faire de cette France depuis trois jours à sa botte, et décide qu'elle sera une pièce de musée, un ornement rétro qui, à l'orée du grand Reich, témoignera d'un passé surpassé. On va la garder intacte, et sou-

---

1. *Op. cit.*, p. 244-45.

mise. Quel dirigeant pourrait mieux la symboliser qu'un Pétain ? On fera tout pour le maintenir en place, mais aussi pour le conserver dans un état de respectueuse mendicité. Ainsi laissera-t-on pendant trois mois sans réponse une demande de rencontre [1].

---

1. Formulée dès le lendemain de l'agression anglaise de Mers el-Kébir (cf. F. Delpla, *Montoire*, Paris, Albin Michel, 1995, *passim*).

CHAPITRE 12

Le retournement vers l'est

Les témoignages abondent sur l'activité artistique de Hitler en pleine guerre. A commencer par ses « propos de table », qui souvent reviennent sur des projets d'aménagement des villes. Berlin et Linz furent successivement les favorites, qui hantaient ses nuits lorsque son esprit s'évadait des opérations militaires. On a voulu voir là une fuite hors des réalités et une compensation fantasmée de la défaite. Ce n'est pas nécessairement faux, mais à coup sûr très incomplet. Car la défaite, s'il n'en exclut jamais le risque, ne commence à se profiler que dans l'été de 1941, lorsque l'avance en Russie se révèle trop lente pour aboutir avant l'hiver à un résultat décisif : cela donne aux Etats-Unis le loisir de pousser leurs préparatifs et d'entrer dans le combat avant qu'il ne cesse, repoussant d'autant l'échéance et la rendant beaucoup plus incertaine. Pendant l'année qui sépare l'armistice français de l'attaque contre la Russie, en revanche, Hitler peut à bon droit être optimiste. Or les cogitations architecturales ne cessent pas pour autant : ainsi il entretenait Speer, « un jour tardif de l'automne 1940 », de plans pour l'allée d'apparat de Berlin[1]. Rien n'autorise à dire que le jaillissement de tels projets ait été plus lent ou plus fourni à tel ou tel moment. Il semble bien avoir été une constante.

L'existence de ces préoccupations dans les moments où la victoire semble à portée de la main nous invite, tout bonnement, à les prendre au pied de la lettre. Imaginons par exemple que Roosevelt ait perdu l'élection du 5 novembre 1940, qu'il ne gagne après tout qu'avec 56 % des voix, après des semaines de sondages fluctuants. Son successeur républicain, Willkie, n'aurait peut-être pas fait aussi bon accueil aux sollicitations financières de Churchill et la City aurait eu un bon argument pour faire cesser la guerre, tout comme en 1956 les attaques du dollar contre la livre ont prestement mis fin à l'expédition franco-britannique de Suez. Alors Hitler aurait réglé son compte d'une manière ou d'une autre à une URSS privée de tout recours, et les travaux de l'allée d'apparat auraient pu commencer. Si on accorde ce point, il n'y a pas de raison d'en refuser un autre : les propos de Hitler suivant lesquels ses tâches politiques lui

---

1. *Journal de Spandau*, Francfort/Main, Verlag Ullstein, 1975, tr. fr. Paris, Laffont, 1975, p. 43 (noté le 18 mars 1947).

pèsent et ses serments que, dès la paix venue, il a l'intention de quitter le pouvoir pour s'occuper des monuments du grand Reich, doivent aussi être pris au sérieux. En définitive, Göring ne mentait pas totalement en laissant entendre à ses interlocuteurs de la drôle de guerre qu'il allait peut-être bientôt prendre le poste de Führer !

Hitler est donc plus que jamais un homme pressé, qui construit sa vie en fonction d'un grand dessein que n'épuisent ni la guerre, ni la politique. Il a hâte de voir l'œuvre achevée, c'est-à-dire le Reich non seulement agrandi et racialement purifié, mais constellé de villes grandioses, reliées par des réseaux de communication aux gabarits inouïs [1]. De quoi occuper le reste de sa vie, qui aurait ainsi été entièrement vouée au remodelage de l'Allemagne.

La durée imprévue de la guerre, puis son tour de plus en plus calamiteux, vont le frustrer de cet accomplissement. Cependant, s'il continue d'en tracer les plans, c'est en raison même de la rigidité de son système. Plus que jamais, la volonté est la valeur suprême. Il est sans illusion sur le sort des armes. Cependant, il vit sans doute longtemps sur l'idée que le sol allemand, au moins, échappera à l'invasion. Il croit jusqu'au bout à la supériorité politique de l'Allemagne, unie autour d'un chef dans l'exaltation de sa race, sur les démocraties ploutocratiques comme sur les masses slaves asservies par la terreur communiste. Et bien entendu il spécule sur la division de ces deux forces, sur la reconnaissance par les Juifs ventripotents de l'Ouest que les Juifs faméliques de l'Est sont une menace commune, contre laquelle l'Allemagne seule peut les protéger. L'idéologie garde toute sa souplesse, en même temps que sa rigidité. Enfin, si Linz prend peu à peu le pas sur Berlin et son architecte désigné, Giesler, sur Speer [2], n'est-ce pas précisément un signe, non de fuite dans l'illusion, mais de réalisme, une paix de compromis se prêtant mal à des édifices triomphaux dans la capitale, mais permettant d'envisager tout de même la promotion d'une cité provinciale ?

Si Hitler a voulu envahir l'Angleterre, il est clair qu'il s'y est très mal pris, et il faudrait expliquer une pareille défaillance, après l'excellence de ses opérations contre la Norvège et la France. Nul ne s'y risque. Dans ces conditions, il convient d'examiner l'hypothèse suivant laquelle il n'a pas voulu envahir ce pays, du moins avant de s'être expliqué avec la Russie. Dès lors, tout concorde.

Si l'offensive de paix d'octobre 1939 n'était qu'un trompe-l'œil, il n'en va pas de même de celle de juillet 1940 et elle suffit à prouver le peu

---

1. Cf. un propos du 27 avril 1942, *Libres propos, op. cit.*, t. 2, p. 86.

2. Seulement en tant qu'architecte, bien entendu, Speer étant comme on sait appelé à de hautes fonctions dans l'Etat : cf. *infra*, p. 379-384. Outre les propos « de table », la promotion de Linz au premier plan des préoccupations architecturales du Führer est attestée par la photo très connue, et souvent raillée, du dictateur penché sur une maquette de la cité danubienne, en février ou mars 1945 (cf. *Douze ans auprès d'Hitler, op. cit.*, p. 64 ; une note d'A. Joachimsthaler, dans *Er war mein Chef, op. cit.*, p. 282, précise que la maquette avait été apportée par Hermann Giesler le 8 février).

d'empressement de son auteur à poursuivre la guerre, du moins sur le front occidental.

Le mois de juillet est militairement peu animé. Ceux qui croient que la bataille d'Angleterre était un véritable affrontement, où chacun engageait toutes les ressources possibles, non seulement sont naïfs devant les discours de Hitler et ceux de Churchill, mais sont peu attentifs aux faits. Ainsi la font-ils débuter en juillet... alors que le calme de ce mois et du début d'août, jusqu'au 13, rappelle plutôt la drôle de guerre. Hitler n'organise-t-il pas le 19 juillet, pour proposer la paix et proférer de terribles menaces en cas de refus, un triomphe à la romaine où il décore ses généraux et qui évoque d'assez loin les austérités d'une veillée d'armes ? Quant à la planification des actions futures, le scénario qui a débouché sur le « plan Manstein » se répète, mais en vue d'un coup dirigé vers l'est[1].

Pour commencer, l'OKH est dessaisie de toute planification. C'est la section « opérations » de l'OKW, dirigée par le général Warlimont, qui dresse les plans d'une invasion des îles Britanniques. Dans ses mémoires, Warlimont, qui se présente comme un partisan acharné de la guerre à l'ouest, remarque que Hitler, Keitel et Jodl ont manifesté pour ses travaux un désintérêt total, en contraste avec l'attention qu'ils ont portée à ses projets antérieurs et postérieurs[2]. De même, l'OKH est chargée de tâches d'entraînement en vue d'un débarquement, ce qui permet aux avions ennemis de repérer une certaine agitation sur les côtes de la Manche et de la mer du Nord, mais avec un manque complet de coordination : rien de comparable aux réunions d'état-major des mois de février et mars, travaillant d'arrache-pied à la mise au point de la surprise de Sedan. Mieux, un débat permanent entre les trois armes, sur le rôle de chacune, se déroule de juin à septembre, et ne débouche sur aucune conclusion. Raeder veut bien transporter des troupes à travers le Pas-de-Calais, mais sous une solide protection aérienne. Göring se fait fort de l'obtenir, ce qui permet à Hitler, comme au moment de Dunkerque, de dessaisir les autres chefs, et de ne rien faire, finalement, puisque comme chacun sait la « bataille d'Angleterre », consistant à essayer de détruire l'aviation par l'aviation, est un échec. Seul Brauchitsch montre, à l'idée de débarquer des hommes, un certain enthousiasme – que Hitler entretient par des dates de « jour J » plusieurs fois repoussées –, mais ce n'est pas son avis qui compte, puisque les préalables aériens et navals ne sont pas réunis.

En revanche, par petites touches, pendant tout le mois de juillet, Hitler habitue les esprits au retournement du gros des forces vers l'est. L'argument est simple, et va servir longtemps : si l'Angleterre continue la guerre alors qu'elle n'a pas les moyens de contester la supériorité allemande sur

---

1. Cf. F. Delpla, *Montoire*, Paris, Albin Michel, 1995, ch. 1.
2. *Im Hauptquartier der deutschen Wehrmacht 1939-1945*, Francfort/Main, Bernard & Graefe, 1962, tr. fr. Bruxelles, Elsevier Séquoia, 1975, p. 82-83.

le continent, c'est qu'elle compte sur d'autres « épées ». La France étant au tapis, seule l'URSS peut désormais espérer vaincre l'Allemagne sur terre : une victoire allemande sur elle est donc le plus court chemin pour décourager l'Angleterre. Le journal de Halder permet de suivre la progression de cette pédagogie et de dater l'exposé complet des conclusions aux commandants de l'OKH : il a lieu le 31 juillet, deux semaines avant les premiers bombardements sur l'Angleterre !

Du coup, comme à l'automne de 1939, l'OKH accouche de plans étriqués [1]. Puisqu'il s'agit de décourager l'Angleterre, ne peut-on se contenter d'une campagne courte, pour reprendre à l'URSS telle ou telle terre qu'elle vient d'occuper ? Hitler laisse venir puis prend position, le 31 juillet, pour une guerre tendant à l'« anéantissement des forces vives » de la puissance soviétique. Là encore, il cause dans les crânes une tempête, génératrice d'irrésolution : les stratèges sont déchirés entre le bon sens qui répudie l'idée d'une guerre sur deux fronts, et le tropisme anticommuniste d'une caste pétrie de préjugés aristocratiques. Mais, contrairement à bien d'autres, cette crise reste latente. Si après la guerre beaucoup de généraux ont déclaré qu'ils avaient été hostiles à cette campagne, leurs protestations auprès du Führer semblent avoir été bien timides, et leurs menées conspiratrices plus rares encore. Le journal de Halder, en particulier, peu avare de critiques envers le Führer, n'en comporte aucune sur le principe de cette opération qui prendra en décembre le nom de « Barbarossa ». Tout au plus, en novembre, conseille-t-il de donner provisoirement la priorité à une action contre les intérêts britanniques en Méditerranée [2].

On aurait tort de croire que Hitler ait négligé dans ses calculs, à aucun moment, la puissance des Etats-Unis. Là-dessus, Saül Friedländer a jeté une lumière relativement précoce [3]. Il s'en préoccupe particulièrement dans l'été et l'automne de 1940. Son jeu consiste en même temps à les menacer et à les ménager. Il ne cesse de protester qu'il n'a aucune ambition extra-européenne et de prophétiser que, si on se mêle de ses affaires, on trouvera à qui parler. Outre les paroles, il multiplie les signes. Le plus frappant est la signature à Berlin, le 27 septembre, du fameux « pacte tripartite » entre l'Allemagne, l'Italie et le Japon.

Les rapports germano-nippons n'ont jamais, jusqu'ici, été très étroits. Il ne faut pas se leurrer, à cet égard, sur le « pacte anti-Komintern » qui unissait, pour la première fois, nos trois signataires de septembre 1940 (l'Allemagne et le Japon l'avaient signé le 25 novembre 1936, et l'Italie s'y était ralliée le 6 novembre 1937). Comme son nom l'indique, il n'était en rien une alliance contre un pays, en l'occurrence l'URSS, mais une simple entente contre un ennemi diffus, cette « internationale communis-

---

1. Cf. M. Steinert, *op. cit.*, p. 429.
2. Franz Halder, *Kriegstagebuch*, Stuttgart, Kohlhammer, 1962, t. 2, p. 160, entrée du 2 novembre 1940. Cf. Paul-Marie de La Gorce, *Une guerre inconnue*, Paris, Flammarion, 1995, p. 234.
3. *Hitler et les Etats-Unis*, Genève, Droz, 1963.

te » qu'alors précisément Staline commençait de mettre en sommeil, et les engagements pris étaient des plus vagues. C'est l'un de ces textes, aimés de Hitler, qui regorgent de principes plus que d'engagements et valent davantage par l'impression qu'ils créent que par la coalition qu'ils nouent.

Le Japon aurait aimé un rapprochement plus étroit. Il justifiait ses prétentions impérialistes en Chine par le désir d'y éradiquer le communisme et aurait volontiers prouvé cette généreuse motivation en portant aussi des coups à l'URSS. Il en prit d'ailleurs l'initiative en 1939, pendant la crise germano-polonaise, en agressant l'Armée rouge sur la frontière sibérienne, sans déclaration de guerre... ce qui lui valut deux lourdes défaites : sur le terrain l'attaque nipponne ne réussit qu'à révéler le talent d'un grand chef de la future guerre, qui n'était pas japonais, le général Joukov, et sur le plan diplomatique, loin de décider Hitler à prendre sa part dans l'assaut de l'URSS après le hors-d'œuvre polonais, elle ne fit que contribuer à le rejeter vers l'ouest après avoir aidé à pousser Staline dans ses bras. Autant dire qu'à Tokyo, pendant la drôle de guerre, l'antigermanisme était grand et, dans les deux capitales, l'encre du pacte anti-Komintern bien pâlie.

L'écrasante victoire sur la France permit à Hitler de regagner le terrain perdu, et de pousser bien au-delà. Elle offrait à Tokyo des tentations nombreuses. L'Indochine française, qui servait au ravitaillement des nationalistes chinois en guerre contre le Japon, pouvait être aisément envahie. A peine moins facilement, on pouvait s'en prendre à la route birmane, contrôlée par une Angleterre que les choix churchilliens obligeaient à concentrer ses forces en Europe. Mais, contrairement à ce qu'un racisme activé par la traîtrise de Pearl Harbor fait encore penser à beaucoup, les Japonais n'étaient pas fous et savaient que pour être durable toute avancée de leur part devait recevoir l'aval de Washington. Ayant récemment mais résolument dépassé l'âge des jonques, ils étaient conscients qu'il faut de l'acier pour faire des bateaux et n'ignoraient même pas qu'en 1938 les Etats-Unis en avaient produit 28 millions de tonnes, en extrayant de leur sol les matières adéquates, tandis qu'eux-mêmes en avaient coulé 6, en se servant d'abord de leurs navires pour acheminer le minerai et d'autres produits qui leur manquaient. Ainsi, une grande partie de leur pétrole était importée du Texas.

Justement, depuis le début de 1939, le président Roosevelt, las de désapprouver platoniquement les agressions japonaises en Chine, s'était lancé dans une politique graduée de sanctions économiques. La plus grave possible était un embargo pétrolier. Dans l'été 1940 on en est loin encore et Tokyo avance prudemment deux pions : il oblige les Anglais à fermer pour trois mois la route birmane, et impose à Vichy l'installation de troupes nipponnes au Tonkin.

Les négociations qui s'ouvrent en juillet avec l'Allemagne sont pareillement prudentes, des deux côtés, personne ne tenant à provoquer trop ouvertement l'Amérique. C'est Hitler qui les accélère brusquement, à partir du 4 septembre, en envoyant un délégué spécial de Ribbentrop auprès du ministre japonais des Affaires étrangères Matsuoka. Ses raisons, qu'il n'a exposées nulle part et sur lesquelles on s'est peu interrogé, tiennent sans doute à la révolution diplomatique qui s'est produite le 2. Churchill a enfin obtenu, après trois mois et demi d'efforts acharnés et de concessions gigantesques, un pas des Etats-Unis vers la guerre, encore bien modeste : il s'agit d'un échange entre cinquante contre-torpilleurs de la guerre précédente et une dizaine de bases stratégiques anglaises dans le Nouveau Monde. Jusque-là, les Etats-Unis vendaient des canons et des avions aux Alliés, et la livraison soudaine de nombreux navires de guerre, même vieux, destinés à couler des sous-marins allemands, constitue une entorse à la neutralité, dont Hitler serait fondé de se formaliser. Il s'en garde, mais le pacte tripartite va être la réponse du berger à la bergère.

Chaque signataire s'engage à porter assistance aux autres, s'ils sont agressés par un pays non encore en guerre. Parmi les grands, il n'y en a plus que deux possibles, les Etats-Unis et l'URSS. Mais celle-ci, liée par un pacte avec l'Allemagne, n'a ni le droit ni, semble-t-il, les moyens de lui chercher noise, tandis que le moment n'est guère propice pour qu'elle règle ses comptes avec le Japon. Il n'y a donc pas de mystère et, partout, les ambassadeurs américains le remarquent avec humeur : le pacte tripartite est dirigé contre leur pays. A quoi on peut leur répondre, et on n'y manque pas, que si le président élu ou réélu le 5 novembre tient les engagements qu'il martèle de discours en discours, il n'y aura pas matière à faire jouer le pacte. Roosevelt est en effet candidat à un troisième mandat, et fait assaut de promesses pacifistes avec Willkie, tout en approuvant comme lui la résistance de l'Angleterre. Le pacte est donc une tentative hitlérienne de stabiliser ce fragile équilibre.

Peu de gens connaissent une circonstance qui a cependant son intérêt : le Japon a fait monter les enchères, et n'a signé qu'au prix d'un amendement exorbitant. Le traité public, qui l'engage à assister militairement l'Allemagne si elle est attaquée, est corrigé par un protocole secret, d'après lequel chaque pays reste maître de sa décision : il a le droit d'apprécier à sa convenance s'il y a ou non agression. Signe que les Japonais connaissent Hitler, et son art de tourner les situations à son avantage. Leur but semble donc de donner un coup de semonce aux Etats-Unis, pour leur faire comprendre que ni l'un, ni l'autre pays ne doit participer à la guerre mondiale. Hitler peut s'en contenter car, à cette date, lui-même ne désire pas autre chose. Cependant il a cédé brusquement, après avoir résisté longtemps à la demande de l'amendement secret, le 24 septembre au soir[1]. Or il se trouve qu'au même moment la poudre parlait en Afrique, et sévèrement. Une escadre anglaise bombardait depuis deux jours la place vichyste de Dakar, qui ripostait sans aménité. Hitler

---

1. Cf. Hosoya Chihiro, « The Tripartite Pact », in *Deterrent Diplomacy*, New York, 1976.

avait de quoi redouter, si l'affaire se prolongeait et se compliquait, par exemple, d'un débarquement britannique au Sénégal, une prochaine intervention des Etats-Unis dans cette pointe de l'Afrique si proche du Brésil et si vitale pour leurs communications – auquel cas l'Allemagne elle-même aurait dû s'y impliquer, à moins de laisser passivement basculer dans l'orbite anglo-saxonne tout l'empire colonial français. Il était précieux pour Hitler, et il a pu juger urgent, d'allumer un contre-feu dans le Pacifique et de faire craindre aux Etats-Unis, encore bien mal armés, une guerre sur deux fronts.

L'épisode suffit à montrer que l'Amérique occupe désormais une bonne partie de ses pensées. Son art de la surprise et de la dissimulation est intact : en même temps que le pacte se négociait discrètement, le ministre espagnol Serrano Suñer était reçu en grande pompe à Berlin et William Shirer avait attribué à cette circonstance la présence de Ciano, venu en fait pour signer le pacte. Il pensait plutôt que c'était l'entrée en guerre de l'Espagne qui se tramait. En quoi il n'avait d'ailleurs pas tort... mais c'était une feinte, et Hitler n'avait pas fini d'en tirer parti.

Le voyage ferroviaire d'octobre, qui voit Hitler, successivement à Montoire, Hendaye, Montoire et Florence, s'entretenir avec Laval, Franco, Pétain et Mussolini, est une nouvelle manœuvre de grande envergure, destinée à entretenir les illusions des autres puissances. L'électeur américain sera incité à se défaire d'un président qui a trop encouragé la ridicule obstination de Churchill, alors que Hitler tient en main l'Europe et y reçoit, sans le forcer, l'hommage de ses vassaux. Molotov, en visite à Berlin le 12 novembre, complétera l'effet, à ceci près que l'élection américaine sera passée... mais des documents récemment découverts indiquent que sa visite était programmée, du côté allemand, pour la fin d'octobre, et l'ambassadeur Abetz l'avait même annoncée au ministre Laval ! On ne sait ce qui a motivé le retard de Staline à répondre mais on peut estimer qu'il a peut-être – en toute inconscience – contribué ce jour-là, plus que tout autre, à sauver la planète. Qui sait en particulier à quel degré une telle accumulation de succès diplomatiques aurait miné le moral britannique ? Mais bien entendu, l'effet d'intoxication le plus important vise l'URSS elle-même. Il s'agit de lui faire croire qu'on veut en faire une alliée, contre l'Angleterre, et non une ennemie. Pour cela on l'invite à tailler des croupières à l'Angleterre dans son empire des Indes, ce qu'elle peut difficilement accepter, et on la trompe en faisant croire, notamment par la visite à Franco, que de son côté l'Allemagne s'apprête à investir la base anglaise de Gibraltar, en prélude à une lutte acharnée pour la Méditerranée et l'Afrique.

L'entretien du 24 octobre à Montoire a été outrageusement déformé, alors que dès 1947 le chercheur américain William Langer avait en main toutes les pièces souhaitables pour comprendre ce qui s'était passé. Il a préféré un interrogatoire tardif de l'interprète Schmidt au compte rendu qu'il avait signé sur le moment. Ledit Schmidt, écrivant ses mémoires en 1949, a totalement inversé les rôles, en peignant un Pétain cassant supplié par un Führer déférent[1]. J'ai montré à quel point cette forgerie avait contaminé les travaux historiques et ne peux que renvoyer à cette mise au point. Elle mérite (la forgerie) de passer à la postérité, comme le meilleur exemple de l'aplomb avec lequel on chargeait la mémoire de Hitler pour blanchir tel ou tel.

Pétain l'implore comme un chômeur : il veut absolument se rendre utile, ou, comme il dit, collaborer (Schmidt invente que Hitler a prononcé le mot le premier). Comme de Gaulle a pris pied en Afrique, arrachant à l'autorité de Vichy l'Afrique équatoriale française, fin août, la modalité de collaboration que Pétain avance, au début de l'entrevue, est un effort militaire pour rejeter les dissidents à la mer. Hitler faisant la sourde oreille, Laval revient à la charge, et met les points sur les i, en expliquant qu'une déclaration de guerre de la France à l'Angleterre heurterait l'opinion publique, alors qu'en faisant parler peu à peu la poudre en Afrique on obtiendrait le même résultat sans choquer le patriotisme français. Hitler continue d'ignorer la proposition. Ce qu'il cherche, lui, c'est une affirmation du principe de la collaboration – pour pouvoir démontrer à l'univers que Vichy est à sa botte, et l'esprit de revanche français complètement maté, à une poignée d'impuissants gaullistes près. Il s'ensuit un bref communiqué, proposé par lui et annoncé le surlendemain, comme la rencontre, à la planète abasourdie : il indique que les deux pays ont convenu d'une « collaboration » dont les modalités restent à définir.

La rencontre d'Hendaye, survenue la veille, s'inscrit dans une manœuvre à la fois complémentaire et différente. Depuis septembre, les signes publics de rapprochement entre Madrid et Berlin se multiplient, dont le moindre n'est pas le remplacement du ministre des Affaires étrangères Beigbeder, presque ouvertement probritannique (mais plus proche de Halifax, *via* son ami Hoare, devenu ambassadeur à Madrid, que de Churchill), par Suñer, de retour d'un long séjour en Allemagne, le 17 octobre. Du côté allemand, il s'agit de faire croire que le rattachement de Gibraltar à l'Angleterre est une anomalie historique qui sera bientôt corrigée. Franco n'est pas ennemi qu'on le croie, ni qu'on le fasse. Une preuve négative en est donnée, une fois de plus, par le traitement infligé au compte rendu de Schmidt. Mais là ce n'est pas lui seul qui s'en charge

---

1. Il ne m'est pas possible de suivre Henri Amouroux qui, répondant à mon livre, fait l'hypothèse que Schmidt a peut-être menti dans le compte rendu, pour plaire à Hitler, tandis que dans ses mémoires il dirait enfin la vérité. D'une part, son travail de rédaction des comptes rendus, qui en faisait un des hommes clés du secrétariat de Hitler lors de ses rencontres internationales, ne consistait pas à écrire des panégyriques mais à transcrire ce qui s'était dit et on ne voit pas ce que lui aurait rapporté une déformation – alors qu'on voit très bien pourquoi, en 1949, il blanchit Pétain en ridiculisant Hitler ; d'autre part, les nombreux recoupements possibles, par exemple avec les archives de Ciano pour les conversations germano-italiennes, témoignent de la rigueur de son travail ; enfin, justement, s'agissant de Montoire, on n'a pas, du côté français, de texte permettant un recoupement ; le seul possible, les notes de Laval, dort dans les archives inaccessibles de son procès : ses avocats, dont le plus jeune a encore dernièrement publié un livre apologétique, les auraient-ils laissés dormir si la délégation française avait magistralement tenu tête à Hitler ? (cf. Henri Amouroux, *Grande histoire des Français sous l'Occupation*, nouvelle édition, t. 2, Paris, Laffont, 1998, p. 58-59).

et il ne s'agit pas, dans un premier temps, de modification, mais d'amputation. On n'a que le début du texte, sans aucune indication sur l'ampleur de la perte et sans aucune mention de sa cause, alors qu'il a été trouvé comme bien d'autres, tous présentés comme complets, en 1945, par les Américains, dans les archives de la Wilhelmstrasse, et publié par eux dès 1948 dans un recueil qui sanctionne l'absolution, par Washington, des péchés du franquisme.

Dans son livre, Schmidt élabore l'année suivante une version qui deviendra canonique, y compris pour la gauche espagnole. Les communistes eux-mêmes cèdent à l'orgueil national et avalent la fable d'un Franco qui, quoique fasciste et parce que espagnol, aurait fièrement bloqué Hitler sur les Pyrénées, en refusant son concours actif ou passif à la conquête du Rocher, tant qu'on ne lui aurait pas accordé des satisfactions matérielles et territoriales à dessein exorbitantes. La vérité, cernée par de récents biographes du Caudillo, est un peu plus prosaïque. S'il reste difficile de savoir ce qui s'est dit à Hendaye, il est hors de doute que, des deux dictateurs, celui qui a le plus envie de Gibraltar n'est pas l'allemand. Franco se conduit effectivement comme un marchand de tapis, mais pour conclure l'affaire, et non pour gagner du temps. Il veut optimiser le gain et minimiser le risque, dans une guerre qu'il juge au moins inévitable, puisque, croit-il, Hitler la désire. La fierté espagnole joue précisément, si on considère le moment historique, à l'inverse de ce qu'on dit. C'est plus tard qu'on pourra glaner quelque gloire en se faisant passer pour un résistant. A présent il n'y aurait que de la honte. L'Espagne subit dans sa chair, depuis le début du XVIIIᵉ siècle, un joug britannique dont Gibraltar est l'écharde et, si la Révolution et l'Empire français l'ont vue applaudir sous cape aux coups que prenait l'Angleterre avant que la brutalité napoléonienne ne l'oblige à choisir l'autre camp, la domination hitlérienne sur l'Europe offre une occasion qu'il serait lâche de ne pas saisir.

Cependant, Churchill joue bien. Imitant le meilleur des ruses hitlériennes, il s'est débarrassé de Hoare comme le Führer de Papen, par une mission diplomatique où ses idées, peu conformes à la politique du gouvernement qu'il représente, font merveille auprès du pays d'accueil. Il sait « vendre » comme personne à Franco la perspective d'une victoire anglaise mâtinée d'*appeasement*, respectueuse des élites conservatrices en Allemagne et peu soucieuse de rétablir la République à Madrid. Cependant il faut choisir et c'est chose faite lors du remplacement de Beigbeder par Suñer. Le ministre, officier de carrière, est congédié au profit d'un civil dont le plus beau titre de gloire, outre celui de beau-frère du chef de l'Etat, est d'avoir hérité la direction de la Phalange de son charismatique fondateur fusillé par les Républicains en pleine jeunesse, José Antonio Primo de Rivera. Sa promotion ministérielle suggère un complet alignement sur le fascisme d'un régime qui tenait plutôt, jusquelà, d'un syndicat des couches dirigeantes menacées par les vents du siècle, et de l'Eglise qui les encourageait à y résister. Plus encore, un épisode signalé par la presse de l'époque et aujourd'hui encore mal éclairci, car le tuteur venu d'Amérique n'a guère, que l'on sache, demandé de comptes et la très démocratique monarchie post-franquiste ne paraît pas pressée d'ouvrir les dossiers : Himmler en personne passe quelques jours à Madrid, à partir du 19 octobre. Le personnage est encore mal connu à l'époque et apparaît sans doute surtout à l'opinion publique comme le bourreau de la Pologne conquise. C'est un metteur au pas et, faute de précision sur le but de sa visite, on peut au moins supputer ce que l'Allemagne attendait de son annonce : l'impression que Hitler voulait superviser, par l'intermédiaire du nouvel homme fort du pays, Suñer, le nettoyage expéditif de ce qui subsistait en Espagne d'influence anglaise. C'est une atmosphère de branle-bas de combat, aux portes de la Méditerranée, que veut créer l'Allemagne en cette fin d'octobre, par les visites de ses dirigeants aux chefs des deux pays riverains, l'Espagne et la France de Vichy. On ne peut pas dire que Franco, non plus que Pétain, contrarie en rien le metteur en scène, et récuse son rôle d'agresseur potentiel des intérêts britanniques.

Cependant, par une des manœuvres les mieux conduites de toute l'histoire, l'orage qui frappait l'Angleterre en août-septembre et paraissait, en octobre, se déplacer vers Gibraltar et l'Afrique noire va, dès la fin de l'année et au premier semestre suivant, toucher des régions plus orientales, des Balkans à la Syrie en passant par l'Egypte, avant d'éclater de toute sa force au-dessus de la Russie.

Des initiatives de Mussolini en seraient, d'après certains, la cause. Effectivement, il attaque l'Egypte en septembre mais ne progresse guère, la Grèce le 28 octobre et se fait repousser, avant de subir en décembre une terrible contre-offensive des troupes britanniques d'Egypte, qui permet aux Anglais bien moins nombreux de faire prisonnière une grande partie de l'armée italienne de Libye, tout en conquérant la moitié orientale de cette colonie, la Cyrénaïque. Ce triomphe, bien utile pour l'aura de Churchill, est consommé en janvier. On comprend que Hitler, après avoir reproché ses imprudences à son allié et l'avoir reçu en ce même mois de janvier, prenne des contre-mesures : il convient d'un plan d'attaque contre la Grèce et de l'envoi en Afrique du Nord d'une division blindée confiée à un spécialiste qui a montré ses talents en France, le général Rommel. Ce sera le fameux Afrika Korps. On met au pas, en les associant au pacte tripartite, la Roumanie, la Hongrie et la Bulgarie, on punit la Yougoslavie par une campagne-éclair après qu'un coup d'Etat pro-anglais lui eut fait reprendre à cet égard sa parole, puis la Grèce est envahie et Rommel passe à l'action. Ce sont de nouveaux lauriers pour la Wehrmacht, notamment lorsqu'à la fin d'avril elle oblige à un coûteux rembarquement les troupes anglaises qui avaient été appelées en Grèce.

Mais on n'a encore rien vu. Hitler prépare pour les trois premières semaines de mai un éblouissant feu d'artifice. Jamais l'expression n'a été plus justifiée. Cela pète de partout, mais l'incendie véritable se prépare dans l'ombre.

Le 1er mai le public américain voit pour la première fois *Citizen Kane*, le premier film d'Orson Welles, surtout célèbre jusque-là pour avoir, comme animateur de radio, tellement bien commenté une invasion de Martiens qu'il avait déclenché une monstrueuse panique. La coïncidence est trop belle pour être plus qu'une coïncidence. Si Hitler va une fois de plus maîtriser la presse mieux que son admirateur Hearst, qui a inspiré le personnage de Kane, et jouer aussi bien que Welles des techniques de suggestion, en particulier du « flash-back », il n'a pas eu le temps de s'en inspirer, car son spectacle à lui commence dès le lendemain.

La première fusée éclate en Irak. Dans cette ancienne colonie anglaise, évacuée en 1930 par les fonctionnaires civils mais non par les troupes britanniques, le premier ministre Rachid Ali el-Gheilani, travaillé depuis plusieurs mois par des agents allemands, franchit le Rubicon : son armée met le siège devant les casernes anglaises. Aussitôt Churchill envoie des renforts, et Hitler envisage d'en faire autant : dès ce 2 mai, Abetz fait savoir à Darlan, qui a succédé à Laval comme vice-président du conseil, qu'il souhaite utiliser les aérodromes de Syrie, un pays sous mandat français, pour un pont aérien destiné à ravitailler l'armée irakienne[1]. L'acceptation suit aussitôt, mais elle reste secrète. Ce qui va lui donner du relief, c'est que, la partie française ayant fait savoir qu'elle souhaitait des compensations, Hitler, au lieu d'ignorer la demande comme il le faisait systématiquement en pareil cas depuis l'armistice, y compris au moment de Montoire, répond par une invitation de Darlan à Berchtesgaden ! Voilà qui fait jaser, en France et dans le monde. Car si les tractations sont en principe secrètes, la presse indique que Darlan rencontre Abetz à Paris, le 3 et le 5 mai, cependant que la même presse, chapitrée par la censure[2], présente très favorablement l'action de Rachid Ali, ainsi que celle du grand muphti de Jérusalem, un sympathisant nazi notoire, réfugié en Irak après avoir été chassé de Palestine par les Anglais. Il appelle ses compatriotes à la « guerre sainte » le 4. Le 6, ce sont les bombardiers allemands qui refont leur apparition, bien raréfiée depuis la fin de l'année précédente, dans le ciel britannique. Dans la journée du 7, les Anglais reprennent l'initiative en Irak – où l'entreprise de Rachid Ali ne fait pas l'unanimité : il se voit bientôt cerné dans Bagdad. Cela n'empêche pas Darlan de partir, le 10 mai, « pour une destination inconnue ».

C'est le 13 qu'on annonce, de source d'abord allemande, qu'il s'est rendu à Berchtesgaden pour causer avec le Führer, et c'est le 14 qu'il

---

1. Cf. Marc Ferro, *Pétain*, Paris, Fayard, 1987, p. 310.
2. Exemples de pressions, et source de la plupart des informations de cette page, dans Pierre Limagne, *Ephémérides de quatre années tragiques*, Lavilledieu, de Candide, 1987.

s'en explique à ses compatriotes[1]. Un bref communiqué leur annonce des « résultats qui se feront bientôt sentir ». Outre la Syrie, la Tunisie est alors un territoire sous contrôle vichyste dont l'utilisation pourrait aider l'Axe à porter des coups aux Anglais. Darlan y accorde secrètement, dès ce moment, des facilités pour le ravitaillement de l'Afrika Korps, par exemple l'utilisation des eaux territoriales pour réduire au minimum la zone de vulnérabilité des transports italiens à la flotte britannique. Pétain, le 15, prononce un discours largement aussi compromettant que celui qui avait suivi Montoire : il y parle de « négociations en cours » qui pourraient permettre à la France de conserver « son rang de puissance européenne et coloniale ». Puisqu'elles sont en cours avec l'Allemagne, on ne peut qu'y voir l'annonce d'une entrée en guerre contre l'Angleterre, dont le salaire serait, au moment du traité de paix, une modération des amputations du territoire métropolitain au profit de l'Allemagne, et une attribution de colonies anglaises pour compenser soit ces dernières, soit d'éventuelles cessions coloniales à l'Espagne ou à l'Italie. De tels bruits avaient été lancés au moment de Montoire et s'étaient même concrétisés par des avances assez précises d'arrangements africains faites par Hitler à Laval, le 22 octobre. La diplomatie vichyste est par ailleurs ostensiblement active du côté espagnol, et Franco procède à d'importants remaniements de personnel, comme à la veille d'une grande échéance.

Tous ces événements donnent à penser que l'Allemagne met les bouchées doubles pour vaincre l'Angleterre en obtenant des succès décisifs sur sa « route des Indes ». Des leurres symétriques sont lancés du côté russe, pour faire croire à une détente. Ainsi le bruit court que l'Allemagne cherche à détourner les ambitions soviétiques de la mer Noire vers le golfe Persique, et que Moscou pourrait coopérer au sauvetage de Rachid Ali... lequel fait annoncer par sa propre radio que des pilotes russes servent dans son aviation. Il est aussi beaucoup question de la Turquie, comme si Papen était à la veille d'obtenir son concours, par exemple pour le transit des renforts vers l'Irak. Le prudent gouvernement d'Ankara ayant toujours soigné ses rapports avec Moscou, personne n'imagine que son éventuel rapprochement avec Berlin puisse se faire sur le dos des Russes : c'est un front antibritannique des trois puissances qui a l'air de s'esquisser.

Nouveau coup de tonnerre le 20 : des parachutistes allemands atterrissent en Crète. Ce refuge du corps expéditionnaire évacué le mois précédent, ce bouclier de l'Egypte, est attaqué, comme l'avait été la Norvège, au mépris de la supériorité navale britannique, et avec le même succès. Les derniers Anglais seront capturés ou chassés le 1er juin. Entre-temps on a appris l'odyssée de deux des plus beaux fleurons de la Kriegsmarine,

---

1. On trouve un compte rendu saisissant de l'impression produite par Hitler sur la délégation dans l'introduction de Jacques Benoist-Méchin à l'édition française du recueil des procès-verbaux de ses conférences militaires : *Hitler parle à ses généraux*, Paris, Albin Michel, 1964.

le cuirassé *Bismarck* et le croiseur lourd *Prinz Eugen*, partis de Gdynia le 18 mai en direction de la mer du Nord. Les Anglais en ont entamé discrètement la poursuite, mais sont bien obligés de publier l'information le 24 quand le plus puissant des poursuivants, le cuirassé *Hood*, est envoyé au fond par le *Bismarck*. Il sera vengé le 27 mai : privé de gouvernail par une heureuse torpille, le cuirassé succombe sous une meute de bateaux plus petits, mais le *Prinz Eugen*, ayant échappé à la vigilance ennemie, gagnera triomphalement Brest, le 1er juin.

Le retour au calme est cependant déjà bien amorcé. Les bombardements sur l'Angleterre ont cessé brusquement le 11 mai. Le gouvernement irakien, que n'ont aidé ni les Turcs, ni les Soviétiques, tombe avec sa capitale le 29. Cependant, au plus fort de l'orage, le 10 mai, s'est produit un événement qui, loin d'être, comme les autres, calculé pour donner l'illusion d'une grande agressivité de l'Allemagne contre la Grande-Bretagne, ressemble plutôt à une tentative de rapprochement : le dauphin de Hitler à la tête du parti nazi s'est brusquement rendu en Ecosse, aux commandes d'un avion.

La littérature sur cet épisode, contrairement à d'autres machinations de l'ère nazie, est abondante. Mais nécessairement approximative, car un puissant pays démocratique tient en haleine le large public que passionne l'affaire, alors qu'il détient à coup sûr dans des dossiers secrets, sinon la totalité des pièces du puzzle, du moins quelques-unes qui en rendraient la reconstitution plus sûre [1].

Ce que nous avons le droit de savoir est rapide à résumer : Hess, qui savait piloter depuis la guerre précédente et s'entraînait régulièrement, s'est embarqué sur un Messerschmitt 110 aux réservoirs spécialement augmentés, sans avoir prévenu personne en Allemagne de ses intentions, du moins personne qui s'en soit vanté. Il se rendait en Ecosse, chez le duc de Hamilton, l'un des chefs du parti conservateur à la chambre des lords et, au cours des années 30, l'un des plus fermes partisans de la politique d'*appeasement*. Il voulait sans doute atterrir sur ses terres, mais les manqua et sauta en parachute – une chose pour laquelle, en revanche, il ne s'était pas entraîné. D'où le repérage rapide de l'épave et du pilote, arrêté avant d'avoir pu rencontrer le duc. Churchill, prévenu, exerça un contrôle vigilant sur l'homme et ses conversations, après quoi il le tint au secret jusqu'à Nuremberg, où il écopa d'une condamnation à vie en ayant, pendant les débats, simulé l'amnésie. Les versions officielles, tant allemande que britannique, lui avaient d'ailleurs donné l'exemple de l'alibi psychiatrique, en expliquant son odyssée par un coup de folie. Finalement, il décéda en 1987, dernier hôte de Spandau où il avait été, après la

---

1. En 1992, le gouvernement britannique a lâché du lest et déclassifié 2 000 documents... à l'exclusion de ceux des services secrets (documents consultables principalement sous les cotes PREM 3/219/7 et FO 1093 : cf. Rainer Schmidt, *Rudolf Hess « Botengang eines Toren ? »*, Düsseldorf, Econ, 1997, p. 32).

sortie de Speer et de Schirach en 1966, le prisonnier le plus surveillé du monde. Les circonstances de son décès ne furent pas des plus claires. Les communiqués de ses gardes, alors américains, sont contradictoires et un rapport d'autopsie publié par la famille sème la perplexité[1].

Puisque l'essentiel demeure caché, il peut être de bonne méthode de commencer par lire les mémoires de Churchill. A défaut de la vérité, ils pourraient nous livrer des indices[2].

Le premier ministre avait d'abord refusé de prendre au téléphone le duc, qui voulait lui annoncer la nouvelle de l'arrivée de Hess, captivé qu'il était, en ce samedi 10 mai, par un film des Marx Brothers. Même une fois au courant de cette « nouvelle sensationnelle », il ne lui a « jamais attaché une bien grande importance ». A croire que lorsqu'aux Communes, le 13 mai, il déclarait que « dans cette affaire il semble que la réalité dépasse la fiction[3] » il faisait allusion, non aux romans d'aventures, mais à la loufoquerie dont l'irruption du fugitif avait troublé la projection. Il nous conte que Hess, « jeune homme au physique agréable », avait été le favori du Führer et, le rencontrant souvent en tête à tête, avait pu mesurer sa haine des communistes. La guerre lui permettant moins de voir son héros, il en aurait éprouvé de la jalousie envers « les généraux, les amiraux et les diplomates » qui l'éclipsaient auprès du maître maintenant que « le temps était à l'action et non plus aux bouffonneries ». Il se serait senti en disgrâce et se serait mis en tête, pour rentrer en faveur, de ramener à lui tout seul la paix entre l'Allemagne et le Royaume-Uni, qui s'entendraient enfin pour combattre ensemble le bolchevisme. Ayant connu Hamilton lors des Jeux olympiques, il s'imaginait pouvoir parvenir par lui jusqu'au roi.

Churchill donne alors le texte d'un long message qu'il avait adressé le 17 mai à Roosevelt, résumant trois interrogatoires menés par des « représentants des Affaires étrangères ». Il en ressort que Hess a tenu, dans la nuit du 11 au 12 mai, un long discours d'allure fort hitlérienne, retraçant l'histoire des rapports anglo-allemands et débouchant sur des propositions précises de paix : l'Allemagne demandait la restitution de ses anciennes colonies et « les mains libres en Europe ». Il situait la Russie en Asie mais précisait qu'elle devrait « satisfaire certaines demandes » de l'Allemagne, tout en niant qu'une attaque fût en préparation. Par ailleurs, il précisait qu'avant toute négociation le gouvernement britannique devait changer. Lors du second entretien, le 14, il exigea que l'Angleterre, cessant d'ennuyer Rachid Ali, quittât l'Irak, et la menaça par ailleurs, en cas de refus de la paix, d'affamer par la guerre sous-marine les îles Britanniques, y compris si elles capitulaient et si la guerre se poursuivait dans l'Empire. Le troisième entretien, le lendemain, n'avait rien apporté de

1. Cf. Wolf Rüdiger Hess, *Mord an Rudolf Hess ? Der geheimnisvolle Tod meines Vaters in Spandau*, Leoni, 1990, annexe.
2. *Mémoires sur la deuxième guerre mondiale*, tr. fr., livre 3, t. 1, *La Russie envahie*, Paris, Plon, 1950, p. 50-55.
3. Cité par John Costello, *op. cit.*, p. 540.

neuf, si ce n'est des propos peu flatteurs envers les Etats-Unis et leur potentiel industriel.

Churchill cite ensuite le rapport d'un médecin, daté du 22 mai, suivant lequel Hess avait été influencé par « son astrologue » Haushofer, qui l'avait vu trois fois en rêve voler vers une destination inconnue, après quoi il lui avait suggéré de rencontrer le duc de Hamilton. La citation se termine néanmoins par l'affirmation que, d'après lui, Hess n'a mis « personne en Allemagne dans la confidence » de son escapade. Churchill indique ensuite que le cabinet a invité John Simon à rencontrer Hess et que l'entretien, qui s'est déroulé le 11 juin, n'a rien donné de plus.

Le mémorialiste conte alors que Staline, lors de son second voyage à Moscou trois ans plus tard, l'a sévèrement interrogé sur cet épisode, où il voyait une conspiration germano-anglaise contre l'URSS menée par les services secrets, sans venir nécessairement à la connaissance du premier ministre anglais. En conclusion, Churchill se déclare « heureux de ne pas porter la moindre responsabilité dans le traitement dont Hess a été et est encore actuellement l'objet » car son cas « relève de la psychiatrie et non de la justice ».

Sautons maintenant à la dernière parution en date, la thèse d'un jeune universitaire allemand, Rainer Schmidt[1]. Peu prolixe sur les suites du raid, il borne pour l'essentiel sa curiosité aux tractations qui l'ont précédé. Pour commencer il pulvérise la théorie, encore très en honneur, suivant laquelle Hess aurait connu une sorte d'éclipse ou de disgrâce. Par ailleurs, la fidélité admirative qu'il vouait à Hitler semble exclure (c'est moi qui l'affirme car Schmidt, ici, est moins net) l'initiative que Churchill lui attribue. On le voit mal préparer une surprise au Führer, dans un domaine aussi fondamental que les rapports anglo-allemands, où il lui reconnaissait de toute évidence un plein droit de choisir les méthodes et les moments. Nier le pouvoir de Hitler pour lui faire plaisir : telle est la logique qu'on prête à celui dont, par ailleurs, on ne met pas en doute la docilité. Faut-il alors qu'il soit bête ! Or ce n'est visiblement pas non plus le cas, comme en témoigne, en particulier, Speer, qui l'a observé de près pendant vingt ans.

Sur le but de la visite, si Churchill ne dit pas tout à Roosevelt, on peut au moins supposer qu'il ne lui ment pas. Voilà qui coupe court à une spéculation très en vogue : Hess serait venu proposer la paix en annonçant la prochaine attaque contre l'URSS. Il la nie, bien entendu. Imaginons seulement la méfiance des Anglais s'il la leur annonçait. Ce ne sont pas choses qu'on dit à un ennemi, fût-ce pour lui proposer de se retourner ensemble contre un autre adversaire, avant d'être sûr qu'il accepte de faire la paix. En revanche, on peut laisser filtrer des demi-vérités : c'est bien le cas de ces « demandes que la Russie devra satisfaire ». L'attaque n'est pas présentée comme imminente, mais comme possible à relative-

---

1. *Rudolf Hess « Botengang eines Toren ? »*, Düsseldorf, Econ, 1997.

ment court terme si, malgré la paix germano-britannique, l'URSS refuse de se confiner dans son « Asie » et de céder l'Ukraine et la Biélorussie (même si Hess n'a pas été aussi précis sur les proies qu'entendait saisir l'Allemagne avec ses « mains libres », Churchill pouvait s'en remettre sur ce point à sa conversation de 1937 avec Ribbentrop, que les événements survenus depuis n'avaient certes pas rendue caduque).

Ceux qui voient dans ce vol un acte individuel font grand cas, pour démontrer que Hess n'avait prévenu personne, du fait que le communiqué allemand sur la folie du voyageur, le 12, avait précédé celui des Britanniques annonçant sobrement son arrivée, le 13 [1]. L'argument est faible : puisque Hess s'est envolé le 10 dans l'après-midi et a sauté en parachute dans la soirée, il apparaît au contraire que le gouvernement allemand a pris tout son temps pour signaler sa disparition. Il pourrait fort bien avoir convenu d'un signe quelconque, par exemple radiophonique, pour indiquer qu'il était parvenu à bon port et restait en liberté. Mais les risques d'interception et d'arrestation étaient tels que, si Hess était envoyé par son gouvernement, celui-ci était bien obligé de se préparer à le désavouer, comme tout agent pris : il est fort possible qu'un délai d'environ 48 heures ait été convenu, à l'expiration duquel, s'il ne donnait pas signe de vie, il serait considéré comme arrêté et sa disparition serait signalée en conséquence par le Reich.

Martin Gilbert, biographe officiel, abondant et souvent décevant de Churchill, a eu accès à bien des sources cachées au commun des mortels, mais non cependant, semble-t-il, au rapport de sir Ivone Kirkpatrick, ce fonctionnaire du Foreign Office qui avait procédé aux interrogatoires et dont Churchill, dans ses mémoires comme dans la lettre à Roosevelt qu'il y cite, préserve l'anonymat, non seulement en taisant son nom, mais en prétendant qu'il y avait plusieurs enquêteurs. Gilbert indique, sans référence d'archives, que ce texte a été remis en tout et pour tout à quatre ministres : outre Churchill et Eden, il s'agissait de Beaverbrook et d'Attlee. Le premier passait alors pour le conservateur le mieux placé pour succéder au premier ministre, et au second, chef du parti travailliste, cette succession était promise en cas de changement de majorité. Cette liste suggère un secret d'Etat [2] de la plus haute importance, tout comme le traitement insolite du prisonnier entre son arrestation et sa mort, voire un peu au-delà. Son propre silence pèse dans le même sens. Il pourrait l'avoir promis aux Anglais pour prix de sa survie, et rester fidèle à sa promesse dans l'espoir d'une libération.

Sans prétendre découvrir le pot aux roses avec les maigres indices qu'on nous octroie, nous pouvons au moins remarquer que si Hess n'avait pas été envoyé par Hitler, on ne voit pas de quel secret d'Etat il eût bien

---

1. Ainsi Charles Bloch, *Le Troisième Reich et le monde*, Paris, Imprimerie nationale, 1986, p. 412.
2. Il doit s'agir d'une synthèse, car des rapports d'interrogatoire, conformes aux résumés de la correspondance Churchill-Roosevelt, figurent parmi les éléments rendus accessibles en 1992 (cf. R. Schmidt, *op. cit*, p. 206-208).

pu charger la conscience britannique. Une telle chape de silence eût été peu justifiée et, bien au contraire, la propagande anglaise, en panne de bonnes nouvelles pendant les trois premières semaines du mois, eût été bien aise de prouver que l'unité du nazisme s'en allait à vau-l'eau[1].

Certes, l'implication du duc de Hamilton était à elle seule bien compromettante et, d'ailleurs, Winston commet un lapsus en forme d'aveu, lorsqu'il prétend que la première personne à l'appeler au sujet de l'affaire fut l'aristocrate. Si ce qu'on nous dit par ailleurs est vrai, à savoir que Hess, arrêté mais non identifié, avait demandé à voir le duc puis, ayant obtenu satisfaction, à lui parler seul à seul, il est assez étonnant que les fonctionnaires en charge du mystérieux pilote aient laissé de telles latitudes à une personne étrangère au dossier sans en référer à l'échelon supérieur, et n'aient pas au minimum mis à profit la conversation particulière pour alerter le ministère de l'Intérieur ou celui de la Défense. Au lieu de se plaindre qu'un pair du royaume ait troublé sa dégustation des gags hollywoodiens, le premier ministre devrait tempêter que ses subordonnés ne l'aient pas fait les premiers.

Cependant, au sein de son elliptique narration, Gilbert ouvre tout de même une piste : le 28 juillet 1941, Desmond Morton, l'un des proches collaborateurs de Churchill, lui rend compte d'une conversation avec Hess ; il a trouvé celui-ci « persuadé que le gouvernement va lui proposer un jour de retourner en Allemagne avec une offre de paix[2] ».

Hess est au secret. Les instructions du premier ministre, communiquées par lui à Eden dès le 13 mai et reproduites dans ses mémoires, stipulent qu'il peut lire des livres mais non des journaux, et qu'il n'a pas droit à la radio. Si donc fin juillet apparaît un tel espoir, c'est qu'il espérait que le cours de la guerre déterminerait le gouvernement anglais à faire la paix. Ce qui suppose que Hitler l'ait affranchi, à la fois sur la date de l'attaque contre l'URSS, et sur son espoir d'en venir à bout rapidement, peut-être dès les premières semaines. Auquel cas, l'Angleterre aurait perdu toutes ses « épées » et, en même temps que le glas du gouvernement Churchill, sonnerait l'heure de la paix générale.

Si maintenant nous essayons de voir le monde avec les yeux de Hitler, le 10 mai, nous voyons plusieurs raisons complémentaires de faire partir la fusée Hess. Il y a d'abord l'éternelle intrigue, par pays neutres interposés, d'Allemands soi-disant opposants avec des lords épris de paix, qui entre dans une phase nouvelle, avec des contacts entre Albrecht Haushofer et le duc de Hamilton. Des bribes de vérité lâchées dans divers mémoires, notamment ceux du duc, ont permis d'établir que Haushofer devait partir le 11 mai pour rencontrer à Lisbonne d'influents émissaires britanniques. D'où l'idée, chez ceux qui voient en Hess un électron libre,

---

1. Elle le claironne, bien entendu (nombreux exemples dans Costello, *op. cit*, p. 545-46), mais est bien en peine d'en convaincre l'opinion et, très vite, se désintéresse du fugitif.

2. Ce que Gilbert dit de l'affaire Hess tient sur l'une des mille pages du sixième volume de sa monumentale biographie, *Finest Hour*, Londres, Heinemann, 1983, réédition Mandarin Paperback's, 1991, p. 1087-88.

que l'aviateur est un brouillon qui a tout fait rater. Il pouvait être, au contraire, un atout maître joué dans l'espoir de convertir en actes, avec l'aide des mauvaises nouvelles qui s'accumulaient, les velléités du duc de s'opposer à l'obstination guerrière de Churchill. Suivant le scénario le plus heureux, donc, Hess serait resté quelque temps clandestin en Angleterre, puis aurait surgi à point nommé lorsque le tour catastrophique des affaires russes aurait achevé de discréditer Churchill et précipité l'ouverture de pourparlers anglo-allemands.

Mais Hitler, nous l'avons vu à maintes reprises, prévoit autant que possible des scénarios de rechange. Un Hess arrêté pouvait aussi servir, par le fait même qu'il était un dirigeant allemand résidant sur le sol britannique. C'est bien ce qui inquiétait Staline. Pour résoudre le problème, Churchill n'avait d'autre solution que de le tuer et le maître du Kremlin ne l'envoya pas dire à Beaverbrook, quand celui-ci lui rendit visite au mois de novembre suivant[1] : la preuve que Churchill gardait Hess en réserve pour une négociation, c'est qu'il ne le faisait pas fusiller. C'est effectivement, dans cette trouble affaire, l'une des rares certitudes. Dès lors le ver était dans le fruit et l'ennemi dans la place[2]. D'une certaine façon, Hitler avait réussi son débarquement.

Dans son grand âge, Churchill a probablement assisté sans plaisir à la ruine de sa version, due au fait que tout le monde, y compris lui-même, avait parlé du duc de Hamilton et que son rôle suscitait de plus en plus de questions. Après la mort de l'ancien premier ministre (1965) et celle du duc (1971), une nouvelle version a vu le jour, celle du piège tendu par les services secrets. Après s'être dessinée dans les mémoires du fils de l'aristocrate, James Douglas-Hamilton[3], elle a trouvé sa pleine expression dans une mince brochure sur papier glacé, vendue en kiosque à Londres en 1994[4]. La couverture montre une canne à pêche en train de prendre une croix gammée. Elle est tenue par des mains gantées, appartenant à un corps que masque un drapeau britannique.

La thèse se concentre sur ce que Churchill s'était ingénié à cacher : les contacts secrets, utilisant le territoire et souvent les citoyens des pays neutres, entre pacifistes britanniques et Allemands plus ou moins antinazis. Ils sont réputés avoir été d'un bout à l'autre, du moins à partir de l'automne de 1940, contrôlés par les services secrets britanniques, tant internes (le MI 5) qu'externes (le MI 6), et ces services, contrairement à ce qu'insinuait Staline, auraient avisé le premier ministre de leurs moindres démarches. Au cœur de ces tractations on trouve, une fois de plus, Samuel Hoare et son ambassade madrilène. Quant à Hamilton, il

---

1. Cf. J. Costello, *op. cit*, p. 570-71.

2. L'expression « le ver est dans le fruit » est employée par la propagande churchillienne pour faire croire que le vol de Hess signifie que la direction nazie commence à se déliter : c'est le *New York Times* qui, dès le 14 mai, la place dans la bouche de Churchill.

3. *Motive for a Mission*, Londres, Macmillan, 1971.

4. John Macblain, *Rudolf Hess/The British Conspiracy*, Jema Publications, 1994.

n'aurait jamais reçu la lettre que Haushofer lui avait écrite en septembre et les agents qui l'avaient interceptée la lui auraient fait connaître, mais seulement en mars. Ils auraient alors essayé d'en faire une « chèvre », pour attirer Hess dans un piège.

La fausseté de cette révision tardive est suggérée d'abord par son anachronisme. C'est vers la fin de la guerre que les Alliés, s'étant mis enfin à l'école de Hitler, échafauderont des montages compliqués à base d'agents qui font semblant de jouer le jeu de l'adversaire. Mais surtout, en auraient-ils eu dès l'automne de 1940 la capacité, c'est le pilotage de l'opération par Churchill qui ne va pas. Tout son être était alors tendu dans la négation de la force, voire de l'existence, des partisans de l'*appeasement*. En jouer comme d'un leurre à seule fin de priver les nazis d'un agent, fût-il l'un des plus élevés dans la hiérarchie, c'eût été, pour un maigre résultat, ruiner cet effort et suggérer aux gouvernements neutres que le bellicisme britannique était une élégante façade pour de secrètes tractations, ce qu'ils n'avaient que trop tendance à penser par eux-mêmes. Quant à Samuel Hoare, rien n'indique qu'à cette date il soit devenu un churchillien enragé et qu'il renie son rôle antérieur d'*appeaser*, tout en continuant à le jouer pour faire prendre ses complices. Il est tout de même plus sûr de supposer qu'il est, tout simplement, lui-même. Et que, si le conflit subsiste au sommet de l'Etat, il traverse aussi les services secrets, en y installant de complexes labyrinthes où Hitler, qui a une certaine pratique, s'oriente peut-être mieux que bien des Anglais.

L'enquête de Rainer Schmidt démontre que Churchill était au courant, avant son arrivée, du vol de Rudolf Hess. Il apparaît ainsi de plus en plus clairement que les dés étaient pipés, et on comprend mieux comment le voyageur a pu déjouer les contrôles. Mais alors... Comment se fait-il qu'on l'ait laissé venir pour, ensuite, le trouver si encombrant et tirer si peu parti du succès de ce traquenard ? La réponse se trouve, une fois encore, dans les limites de la puissance churchillienne à cette date précoce, où la guerre n'a pas pris ses vraies dimensions. Le 7 mai, il a connu sa première alerte parlementaire, sous la forme d'une motion de censure, certes votée seulement par trois députés mais après des critiques acerbes de politiciens d'envergure, notamment Hore-Belisha et surtout Lloyd George, qui avait été l'un des tombeurs de Chamberlain : la Grèce produit des effets voisins de ceux de la Norvège. Sinon qu'à présent l'Angleterre est seule, et qu'un changement de premier ministre signifierait à coup sûr la paix. Si Winston a encore une fois retourné la situation par le verbe, il ne peut pas plus qu'en mai ou juin 1940 prendre de front ceux qui souhaitent connaître les conditions de Hitler. Un Hess veut venir, avec la bénédiction de Hoare, Hamilton, Simon, Lloyd George et bien d'autres ? Il n'a tout simplement pas les moyens de s'y opposer. Que ces personnes soient ou non au courant à l'avance de l'identité de l'émissaire, Hitler tiendrait Churchill à sa merci, en leur faisant savoir qu'il a fait manquer une pareille occasion.

Dans une biographie du chef allemand, on peut se dispenser de fouiller tous les arrière-plans de cette question. On retiendra simplement qu'une fois de plus les spécialistes, dans leur majorité, penchent pour la solution qui exclut Hitler du scénario alors qu'elle est particulièrement invraisemblable, tant en raison de ses liens personnels avec Hess comme avec Albrecht Haushofer [1], que de la place de Hess dans le régime. Pour que la thèse de l'acte individuel tienne debout, il faut absolument que son auteur ait été en disgrâce, or rien ne permet de le supposer un seul instant... excepté son vol et le soin qu'il a pris pour qu'on pût le présenter, le cas échéant, comme un acte isolé. Comme trop souvent, l'unique source est nazie, et le raisonnement tourne en rond.

Au total, le principal indice qui émerge de la brume pourrait être la différence entre la conversation du 11 et celle du 14 : Hess commence par un message de paix, sous-entendant lourdement un transfert vers l'est de la poussée allemande, puis, lors du second entretien, se met à réclamer l'évacuation de l'Irak. Il a l'air de placer le Royaume-Uni devant un choix : soit il coopère, par la signature de la paix, à l'écrasement de la Russie, soit il est écrasé le premier.

J'ai exhumé une ruse grossière mais efficace de Goebbels [2], connue depuis 1947 par les notes de son secrétaire : début juin il fait saisir un article de sa propre main, intitulé « L'exemple de la Crète », qui annonçait l'imminence d'une attaque contre l'Angleterre, en même temps qu'il fait courir le bruit d'une visite de Staline à Berlin. Les Soviétiques eux-mêmes finissent par mordre à l'hameçon, puisque Staline fait savoir qu'il accepte de venir... la veille même de l'attaque ! Il est clair qu'il espérait, par une attitude de plus en plus courbée, retarder l'assaut jusqu'à l'année suivante et détourner une fois de plus la foudre vers l'ouest. Preuve que, contrairement à ce que disent des auteurs parfois fort éloignés du communisme, les dirigeants soviétiques n'avaient pas mieux lu *Mein Kampf* que les Français... ou que du moins, pris dans les filets de la ruse nazie, les uns et les autres pouvaient, en désespoir de cause, se bercer de l'illusion que le monstre avait peut-être oublié son intention de les écraser.

L'attaque est fixée au 22 juin. Sa préparation n'est pas seulement militaire. Dès le 3 mars sont créés les *Einsatzgruppen*, ces unités mobiles du SD destinées à opérer sur les arrières immédiats de l'armée. Elles doivent « extirper l'intelligentsia judéo-bolchevique, de préférence sur le théâtre même des opérations [3] ». En vertu d'une ordonnance de mai, l'administration des zones conquises devait rapidement échapper à l'armée, au profit des SS.

Reste à faire avaler la pilule aux généraux. Au cours des mois précé-

1. Cf. R. Schmidt, *op. cit.*, ch.3.
2. *La ruse nazie, op. cit.*, ch. 12 et annexe 1.
3. Cf. J. Fest, *op. cit.*, p. 916-917.

dant la campagne, Hitler leur a progressivement tenu un langage nouveau. Le 30 mars, il en réunit à la chancellerie plusieurs centaines et caresse avant tout la fibre anticommuniste. L'antisémitisme affleure discrètement, quand les chefs communistes sont traités de « poison de la désintégration ». Le 14 juin, enfin, il réunit les principaux chefs militaires pour une grande allocution où, après avoir rappelé que la guerre à l'est a pour but de faire céder l'Angleterre, il les engage à commettre des atrocités, sans cependant leur donner le fin mot de ses raisons profondes, qui sont d'ordre racial. Il préfère jouer sur leur souci de sécurité. Suivant Keitel :

> Il insista particulièrement sur les résistances qui s'étaient fait jour lors de la pacification des Balkans, à la suite d'un traitement, trop doux à son gré, de la population. Dans la Russie soviétique (...), peut-être aurions-nous à faire des expériences plus cruelles encore. C'était pourquoi faire sentir d'emblée notre main de fer serait la plus sûre manière d'agir[1].

Quant à Halder, déposant à Nuremberg, il se souvenait de la façon dont Hitler avait fait taire les éventuels scrupules juridiques :

> Il expliqua que du moment que les Russes n'étaient pas signataires de la convention de La Haye, les prisonniers de guerre n'avaient pas à être traités conformément aux articles de la convention (...). Il ajouta que les soi-disant commissaires n'avaient pas à être considérés comme des prisonniers de guerre[2].

C'est là une allusion au fameux *Kommissarbefehl*, du 6 juin 1941, qui prescrivait de tuer systématiquement les commissaires politiques soviétiques, en tant qu'« instigateurs de méthodes de combat asiatiques et barbares ».

Ces quelques exemples suffisent à montrer que Hitler, qui espère être à la veille de réaliser ses ambitions les plus hautes, et qui atteint dans ses ordres des sommets de cruauté, n'a rien perdu de son doigté et de son sens de la manipulation.

---

1. *Op. cit.*, p. 176.
2. Cité par W. Churchill, *Mémoires sur la deuxième guerre mondiale*, tr. fr., livre 3, t. 1, *La Russie envahie*, Paris, Plon, 1950, p. 388.

CHAPITRE 13

L'enfoncement en Russie
et la décision du génocide

S'il fallait une preuve de plus que Hess occupait encore, avant son départ, une position majeure, l'ascension de Bormann la fournirait. Ce bureaucrate n'avait jamais fait parler de lui auparavant, pour la simple raison qu'il était le bras droit de Hess et n'avait guère d'autonomie par rapport à lui. Si ensuite, promu aux fonctions du fugitif, il acquiert une puissance considérable, c'est sans doute que ces fonctions n'étaient pas décoratives.

C'est aussi, bien entendu, parce que la campagne de Russie, moins facile qu'espéré, modifie le fonctionnement du régime. Hitler quitte peu ses quartiers généraux – Rastenburg, puis Winnitza, puis à nouveau Rastenburg – et le « secrétaire de la chancellerie du Reich pour les questions du parti [1] », domicilié depuis longtemps sur l'Obersalzberg, dont il dirigeait l'aménagement, devient pour les affaires intérieures une sorte de Führer bis, intermédiaire entre le chef à qui il mâche la besogne et ne soumet que les questions essentielles, et une nuée d'autres bureaucrates, tant dans les ministères que dans les régions.

Il se rend vite indispensable par ses fiches et sa mémoire, mais aussi par son absence de pensée propre. D'où cette idée étrange, mais pour nous infiniment précieuse, de faire prendre en note les « propos de table » de Hitler et notamment les monologues qu'il avait l'habitude de proférer tard dans la nuit. Cela lui donne, a-t-on souvent dit, une arme pour faire marcher droit les contradicteurs, en leur opposant la « volonté du Führer ». Mais ne serait-ce pas aussi, pour son esprit peu spéculatif, une boussole ?

On a beaucoup brodé sur Bormann, en raison de sa position exceptionnelle, de son caractère antipathique à beaucoup et, une fois encore, de la sous-estimation chronique des capacités du Führer, qui conduit à exagérer celles de son entourage. On en fait une « éminence grise », une « âme damnée », un infâme vizir rêvant de succéder au calife et s'employant à

---

1. Un poste créé pour lui dès le 12 mai, le titre de Hess, « représentant du Führer », étant supprimé.

perdre ses rivaux. Un record d'absurdité a été battu quand certains lui ont mis sur le dos l'attentat perpétré le 27 mai 1942, à Prague, contre Heydrich qui y séjournait en qualité de « vice-protecteur de Bohême », concurremment à ses fonctions de chef du RSHA. C'est Walter Schellenberg, le chef du contre-espionnage SS, qui avait fait courir le bruit dans ses mémoires parus en 1956 et, bien que l'Angleterre et la Tchécoslovaquie aient levé le voile depuis longtemps sur la préparation londonienne de cette action de partisans, il a trouvé de l'écho[1].

La transcription des « propos de table » est assurée par un secrétaire nommé Heinrich Heims et en son absence par Henry Picker. Récupérés par François Genoud à la fin de la guerre, les textes seront rapidement édités en français[2], dans une traduction souvent approximative. Les éditions allemandes[3], plus dispersées dans le temps et présentant séparément les contributions de Heims et de Picker, seront préférées. Reste une question : puisque aucune note n'était prise en présence de l'intéressé et que tout le travail était fait de mémoire, était-il au courant ? Christa Schröder est persuadée du contraire mais ses raisons sont faibles et la jalousie y a sa part[4]. Il serait bien surprenant que Bormann ait pris le risque de commettre à l'insu de son chef un acte aussi lourd de conséquences et qu'il en ait fait partager le secret à plusieurs personnes. Il est beaucoup plus vraisemblable que Hitler ait été informé, voire demandeur, mais ait interdit qu'on prenne des notes en sa présence, pour préserver la spontanéité de la conversation.

L'exercice débute le 5 juillet 1941. Certes l'orateur n'est pas entièrement sincère. D'une part, si on admet qu'il sait qu'on prend des notes et que Bormann se réserve de faire connaître, à travers elles, sa pensée à qui de droit, il peut être tenté de prendre la pose. D'autre part, le nom des personnes présentes est souvent relevé et on se rend compte qu'il s'attache à duper ou à impressionner certaines d'entre elles. C'est donc quand les propos sont sans rapport avec les fonctions des auditeurs ni avec la conjoncture politique ou militaire qu'ils sont les plus intéressants, révélant des projets, des obsessions, des phobies, dont on peut essayer de déterminer le caractère permanent ou conjoncturel. C'est une tragédie shakespearienne : le conquérant soliloque alors que chaque jour mine ses éclatants succès de la période antérieure.

Cependant, si on essaie de départager ce qui, dans ces propos, relève

1. Ainsi chez Joseph Wulf, *op. cit.*, p. 150-151. Cf. Walter Schellenberg, *Der Labyrinth*, Cologne, 1956, tr. fr. *Le chef du contre-espionnage nazi parle*, Paris, Julliard, 1957, p. 368-69.

2. A. Hitler, *Libres propos sur la guerre et la paix*, Paris, Flammarion, 1952.

3. Les notes de Heims sont publiées par Werner Jochmann à Hambourg, chez Knaus, en 1980, sous le titre *Monologe im Führerhauptquartier/1941-1944*. On y trouvera p. 10 la récapitulation des nombreuses éditions de celles de Picker. Nous utilisons ici la première qui suive l'ordre chronologique : *Hitlers Tischgespräche im Führerhauptquartier*, Stuttgart, Seewald, 1963. John Lukacs donne dans son *The Hitler of History*, New York, Knopf, 1997, ch. 1, n. 92, une nomenclature complète des notes prises par diverses personnes sur les propos du Führer entre 1941 et 1945.

4. *Er war...*, *op. cit.*, p. 116-117.

de la divagation philosophique générale et ce qui, ayant trait à la conjoncture, trouve une application concrète dans les heures ou les jours suivants, on est frappé par la domination écrasante du second aspect : ces discours ne sont pas une récréation, ils font partie intégrante de l'exercice, par Hitler, de sa tâche gouvernementale et permettent donc de cerner la fonction de Bormann mieux qu'on ne l'a fait jusqu'ici (à l'exception de Philippe Burrin, sous l'angle de la politique antisémite – cf. *infra*, p. 370 sq.) [1]. Nous en verrons bientôt un exemple dans le domaine militaire, avec les considérations sur le bornage des conquêtes vers l'est, qui reflètent étroitement les appréciations du locuteur sur la tournure des opérations. En politique intérieure, il en va exactement de même – une confirmation de plus que, pour le nazisme, les deux domaines ne se distinguent pas.

Avec l'aide du travail de Ian Kershaw sur l'opinion publique en Bavière, nous allons pouvoir repérer des corrélations entre « propos de table » et gestion gouvernementale dans le domaine, que la guerre n'a pas rendu moins vital, des rapports entre le régime et l'Eglise catholique.

Il y a, dans le Land chéri de Hitler, où furent créés un certain nombre des opéras qu'il plaçait plus haut que tout, un Gauleiter dont le nom lui-même est un programme, puisqu'il s'appelle Adolf Wagner. Personne, à ma connaissance, n'a relevé ces homonymies de nom et de prénom, sans doute parce que l'homme n'a rien d'un artiste et que même ceux qui voient en Hitler une simple brute le jugent plus raffiné que son représentant munichois. Ce n'est pas une raison pour croire qu'il agit en *Alleintäter* quand il ordonne de retirer les crucifix des écoles, pour la rentrée scolaire de l'automne 1941. Le décret qui l'impose est, dans l'histoire mondiale de l'enseignement, un modèle de prévoyance, par le délai d'application qu'il laisse aux chefs d'établissement. Signifié le 23 avril, il stipule que les croix et toutes les sortes d'images pieuses devront être remplacées par des « images adaptées au temps présent ». Il suscite des réactions hostiles, tant de la part des subalternes chargés de son application que de l'opinion catholique, qui manifeste son opposition d'une manière souvent énergique. A la mi-août, Wagner essaie de passer en force puis, le 28, édicte un « ordre d'arrêt » strictement secret, suivant lequel on doit geler la situation acquise à cette date, c'est-à-dire ne plus enlever de crucifix mais ne pas en remettre là où on a réussi à les faire enlever. D'où une certaine anarchie car bon nombre de Kreisleiter se mettent à faire du zèle pour démontrer leur autorité, et font brutalement enlever les crucifix alors qu'ils temporisaient, cependant que d'autres, poussés par la base et pensant que le régime a capitulé, laissent remettre en place les symboles religieux [2].

---

1. Ron Rosenbaum (*op. cit.*, p. 160) lit les « propos de table » comme une pure comédie de quelqu'un qui « prend la pose pour la postérité ».
2. Cf. Ian Kershaw, *L'opinion allemande sous le nazisme, op. cit.*, p. 305-307.

Or, dans les monologues que l'on croit volontiers coupés de la conjoncture, que lisons-nous ?

> A la longue, le national-socialisme et la religion ne pourront plus coexister. (nuit du 10 au 11 juillet)
> Dans les régions que nous occupons en Ukraine, le peuple se précipite dans les églises. Je n'y verrais pas de mal si, comme c'est le cas maintenant, de vieux paysans russes continuaient d'y officier. Ça changerait s'il s'agissait de prêtres et ceux-là, nous devons nous demander si nous les laisserons revenir. Selon un rapport que j'ai lu, l'opposition russe croirait avoir trouvé dans le clergé une base de départ pour une action panslaviste. (nuit du 19 au 20 août)
> Pour lui rendre la mort plus facile, l'Eglise tend à l'homme l'appât d'un monde meilleur. Nous nous bornons, nous, à lui demander de façonner dignement sa vie. Il lui suffit pour cela de se conformer aux lois naturelles. Inspirons-nous de ces principes, et nous triompherons à la longue de la religion. (23 septembre)
> Le christianisme est une rébellion contre la loi naturelle, une protestation contre la nature. Poussé à sa logique extrême, le christianisme signifierait la culture systématique du déchet humain. (10 octobre)

Il apparaît que, lors du début triomphal de la campagne de Russie, Hitler est derrière Wagner : ses propos ont l'air d'appeler à une « lutte finale » contre l'Eglise. Le 20 août, il met de l'eau dans son vin. Sa tirade, qui n'exclut pas une consigne plus précise à Bormann lui-même, cadre avec un coup d'arrêt donné le 28 à la campagne antireligieuse en Bavière. Puisque même en Ukraine le retour des prêtres est envisagé (ce qui suggère qu'il fait l'objet au même moment de tractations avec le Vatican), combien plus en Bavière peut-on laisser courir les curés, après leur avoir montré, par une escarmouche, qu'on les tient à l'œil ! Mais il ne faut pas laisser croire à une capitulation : d'où, en septembre, l'idée que la lutte continue, par l'exemple et la persuasion, et, en octobre, la réaffirmation d'une incompatibilité philosophique profonde entre christianisme et nazisme.

Kershaw fait l'hypothèse que les décisions antireligieuses de Wagner résultent d'un mélange d'initiatives personnelles et de directives de Bormann. La lecture attentive des « monologues » invite à tout remonter d'un cran : Wagner ne prend strictement aucune initiative et Bormann en prend, tout au plus, dans les modalités d'application des directives du Führer. C'est bien pour cela qu'il les fait prendre en note. D'ailleurs, cette prose ressemble à tout, sauf à ces interminables monologues nocturnes dont des survivants bâillant d'ennui rétrospectif se sont plaints après la guerre d'avoir été les auditeurs forcés. Ces textes ne sont ni nécessairement nocturnes, ni longs, du moins au début. Ils apparaissent bien plutôt comme une sélection dans la conversation de Hitler, à quelque heure que ce fût, de tout ce qui ressemblait à des instructions. Voilà qui en dit long sur sa collaboration avec Bormann : celui-ci le suit ou le fait suivre comme son ombre, afin d'optimiser le rendement de sa pensée en termes de directives gouvernementales. C'est le cas, du moins, jusqu'à la fin de

1941. On trouve ensuite, par endroits, des passages plus longs et plus narratifs, notés et conservés peut-être dans une autre optique : celle d'une histoire du mouvement, notamment avant la prise du pouvoir. C'est ainsi qu'est pieusement recueillie, dans la nuit du 8 au 9 janvier 1942, la narration des misères que le jeune Hitler faisait subir aux abbés chargés du catéchisme. Cependant, si le luxe des détails suggère qu'on a en vue quelque somme historique complétant *Mein Kampf*, le sujet montre que Hitler n'oublie pas ses objectifs immédiats : il tire quelques flèches de plus dans son combat contre l'Eglise.

L'affaire des crucifix bavarois ne nous renseigne pas seulement sur le fonctionnement de la direction nazie à partir de la campagne de Russie. Elle nous instruit aussi sur sa stratégie. La grossière provocation contre les sentiments religieux d'une province très catholique est loin d'avoir pour seul but de rappeler au parti l'orientation fondamentalement antichrétienne du régime et de le préparer à une accélération de la lutte contre les Eglises en cas de victoire rapide en Russie. Elle joue aussi un rôle mobilisateur envers la population elle-même. On voit en effet les dévots limiter soigneusement leurs critiques à l'« ordre des crucifix ». Ils clament leur soutien à la politique du Führer en général, et protestent avec une vigueur particulière de leur adhésion à sa « croisade » contre l'URSS. L'habileté de Hitler a-t-elle jamais mieux mérité le qualificatif de « diabolique » ?

Elle l'est d'autant plus que, si l'affaire des crucifix est particulière à la Bavière, une autre ne l'est pas, qui remue l'opinion chrétienne et fait l'objet, à peu près au même moment, d'un « ordre d'arrêt » présenté comme émanant du Führer en personne : le meurtre des malades mentaux. Cette « opération T4 » (qui doit son nom au service qui l'animait, sis au 4 Tiergartenstrasse à Berlin) avait été décidée en octobre 1939, confiée au Reichsleiter [1] Philip Bouhler et antidatée au 1er septembre, pour apparaître comme une conséquence naturelle de l'entrée en guerre. Elle consistait à tuer non seulement des malades mentaux, mais d'autres « inaptes » sélectionnés dans les hospices et transférés dans des centres spécialisés. La liste des causes d'inaptitude ayant justifié les meurtres montre, une fois de plus, qu'il ne s'agit pas de décisions bureaucratiques fondées sur des critères précis, mais d'un savant arbitraire, destiné à propager la crainte et la compromission : on y trouve des vieillards, des tuberculeux, des cancéreux, des cardiaques et même des mutilés de guerre. Il s'agit moins d'épurer rationnellement la société (même nazie, elle ne saurait tuer *tous* ses vieillards et encore moins achever systématiquement ses soldats amputés) que de faire admettre que la vie individuelle ne vaut rien et que sa prolongation dépend d'une décision souveraine du corps social, incarné par le Führer et ses représentants. Cependant l'ordre reste secret : on ne

---

1. Ce titre était conféré par Hitler à une poignée de cadres de très haut niveau, recensés dans l'ouvrage de Thierry Feral *Le national-socialisme/Vocabulaire et chronologie*, Paris, L'Harmattan, 1998, p. 104.

sait donc pas qu'il vient du Führer et, dans l'été de 1941, une protestation ecclésiastique se fait jour, chez les protestants comme chez les catholiques. L'épisode le plus célèbre en est un sermon de Mgr von Galen, évêque de Münster, prononcé le 3 août et largement diffusé, de main en main, au cours des semaines suivantes. Le 24 août, *quatre jours* avant l'ordre secret de Wagner d'arrêter la dépose des crucifix, Hitler ordonne tout aussi secrètement de suspendre les opérations d'euthanasie [1].

Dans son étude sur la Bavière, Ian Kershaw a fait progresser l'histoire de cette question, en montrant ce que les protestations avaient parfois d'ambigu : certains demandaient non un arrêt, mais au contraire une codification des mesures d'euthanasie. L'historien anglais n'est pas non plus, contrairement à la plupart de ses devanciers, très tendre pour les Eglises : il souligne que leurs protestations étaient tardives, qu'elles devaient beaucoup à l'indignation des familles chrétiennes concernées et qu'elles cohabitaient volontiers avec une exaltation de la « croisade » vers l'est, spécialement dans le cas de Galen. Cependant il conclut, classiquement, à une « victoire sans équivalent de l'opinion populaire sous le Troisième Reich dans un domaine qui touchait de près au darwinisme social et au credo eugéniste et raciste des nazis [2] ». On aimerait pouvoir le suivre mais hélas cette analyse sous-estime, une fois de plus, l'habileté du pilote. Celui-ci n'a jamais prétendu naviguer loin des récifs et s'ingénie, au contraire, à les frôler. Il a besoin de débusquer l'adversaire, de tester ses réactions. En l'occurrence, il a monté une opération à grand spectacle [3], dans le goût par exemple de la nuit de Cristal, tout en n'apparaissant pas comme son initiateur. L'un des bénéfices est donc de faire croire, une fois encore, que dans sa grande sagesse il modère des subordonnés trop zélés. Mais, si cette opération-là est suspendue, l'absence de toute reculade sur le principe autorise la poursuite discrète de la liquidation des « bouches inutiles », et, bien évidemment, elle se poursuit, notamment dans les camps de concentration. Il faut enfin rapporter ces manœuvres au contexte militaire et diplomatique. Il est possible qu'en cette fin d'août Hitler ait davantage besoin du Vatican et songe à le ménager.

A 5 heures du matin, le 22 juin, l'offensive lancée depuis 3 h 30 a déjà détruit au sol une bonne partie de l'aviation soviétique, lorsque l'ambassadeur Schulenburg remet à Molotov une déclaration de guerre et obtient une réponse, sinon fière, du moins exacte, que la saisie du rapport de l'ambassadeur en 1945 permettra de faire passer à la postérité : « Nous n'avons pas mérité cela. » Et on continue de ne pas le mériter : Staline

---

1. On ne le sait qu'indirectement, par les effets de la décision sur les subordonnés, qui parfois se réfèrent à cet ordre pour justifier l'arrêt des opérations : cf. Ernst Klee, « *Euthanasie* » *im NS-Staat*, Francfort/Main, Fischer, 1983, p. 339-340.
2. *Op. cit.*, p. 304.
3. Kershaw cite plusieurs cas où l'embarquement des victimes dans des bus s'est fait non dans la cour de l'hospice, mais sur la place du village, et il insiste également sur le caractère stéréotypé et quasi provocateur des faire-part aux familles, annonçant à quelques jours d'intervalle le « décès subit » de l'ensemble des passagers de ces véhicules.

est publiquement muet jusqu'au 3 juillet, jour où son allocution, fort peu communiste, stigmatise la barbarie allemande et appelle à la mobilisation patriotique dans des termes peu différents de ceux qu'eût employés un tsar. L'intervalle a été marqué par d'immenses désastres, dus à l'encerclement d'armées entières au moyen de corps blindés, et par un début d'organisation, souvent dû à des initiatives locales. Peu à peu l'Armée rouge se ressaisit, organisant à la fois des lignes de résistance et des mouvements de retraite, précédés de minutieuses destructions et des fameux démontages d'usines qui sont remontées à des centaines de kilomètres. L'attitude du gouvernement soviétique, qui a semblé fort désemparé les premiers jours, explique moins ce ressaisissement que celle du conquérant.

On ne saura jamais ce qui se serait passé s'il s'était grimé en libérateur et l'avait annoncé par un déluge de tracts, et d'émissions radiophoniques, aux soldats avant de les affronter et aux cités avant de les occuper. Mais les Slaves ne reçoivent que des coups et n'ont d'autre choix qu'un raidissement désespéré, y compris ceux qui, par une motivation anticommuniste ou antirusse, étaient prêts à pactiser avec l'envahisseur. Dès le 10 juillet, l'acharnement de la défense de Smolensk témoigne de cette prise de conscience. Puis, progressivement, filtrant à travers une ligne de front mouvante, les nouvelles des mauvais traitements infligés, tant à la population civile qu'aux prisonniers de guerre, aident à renforcer la mobilisation.

Sur le front diplomatique, on trouve un peu le même genre d'expectative que dans l'Etat moscovite. Un Roosevelt aussi bien qu'un de Gaulle restent en arrière de la main et, les premiers jours, laissent leurs subordonnés souhaiter bonne chance aux Soviétiques et annoncer des mesures d'aide. C'est lorsque la défense russe se solidifie, et après le discours de Staline, que le chef des Américains comme celui des Français Libres se prononcent personnellement et déclarent souhaiter la victoire soviétique.

Ils ont été devancés, comme toujours, par Churchill – dont on sait qu'il devait prendre de vitesse son opposition interne. Il prépare dans la journée et prononce dans la soirée du 22 juin l'une des plus importantes allocutions du siècle, ce qui ne l'empêche pas d'être l'une des plus belles. Le vieil anticommuniste exerce sa verve sur le calcul de Hitler, qui croit qu'en s'attaquant à une puissance communiste il aura le soutien des pays hostiles à cette idéologie. Tout en rappelant qu'il y est lui-même hostile, il proclame que le problème n'est pas là, mais dans l'arrogance et la barbarie de l'Allemagne et de son Führer. Celui-ci ne s'y trompera pas et, le 18 février suivant, après avoir médit de lui à de nombreuses reprises, lui décernera avec une rage impuissante un brevet de juiverie qui le ravale au rang d'un simple propagandiste sans scrupules. Belle illustration de l'idée-force du nazisme, qu'il faut combattre le Juif avec ses propres armes :

Churchill est le pire exemple du journaliste corrompu, une véritable putain politique. Lui-même a écrit : « On n'imagine pas tout ce qu'on peut faire dans une guerre avec le mensonge ! » Un être amoral, répugnant ! Je suis convaincu qu'il a déjà préparé sa place là-bas. Ce n'est pas au Canada qu'il ira, il ira aux Etats-Unis. Au Canada, ils le battraient à mort.

L'affaire va bientôt finir, quand ce satané hiver sera passé [1].

Cependant, les notes des employés de Bormann, qui commencent le 5 juillet 1941, témoignent d'abord d'une grande assurance. Ainsi, dans la nuit du 5 au 6, Hitler parle de faire de la Crimée et de la Croatie, au moyen d'un réseau d'autoroutes, des destinations privilégiées du tourisme allemand, de raser Moscou « en tant que centre du bolchevisme » et de fixer la frontière du Reich sur l'Oural. Est-ce à dire qu'il est prêt à laisser la Sibérie au communisme ? Non, car il vise à l'« extermination » du bolchevisme et parle de « repartir de l'avant partout où un nouveau foyer se reformera ».

On appréciera la rupture de ton qui se produit, ou du moins se manifeste, dans la nuit du 11 au 12 :

> Staline est l'une des figures les plus extraordinaires de l'histoire mondiale. Il a débuté comme petit commis, et il n'a jamais cessé d'être un commis. Staline ne doit rien à l'art oratoire. Il gouverne depuis son bureau, grâce à une bureaucratie qui lui obéit au doigt et à l'œil.
>
> Il est frappant que la propagande russe, dans les critiques qu'elle nous adresse, se tienne toujours à l'intérieur de certaines limites. Staline, ce Caucasien rusé, semble prêt à abandonner la Russie d'Europe dans le cas où le fait de ne point s'y résigner lui ferait tout perdre. Qu'on ne dise pas que de l'Oural il pourrait reconquérir l'Europe ! C'est comme si j'étais installé en Slovaquie et que, partant de là, je dusse reconquérir le Reich. C'est cette catastrophe qui causera la perte de l'empire soviétique.

On voit que le chef de guerre n'a pas éclipsé le politicien. Sitôt écartée l'hypothèse d'une victoire immédiate, par effondrement du régime, il évoque ses conditions de paix, comme si déjà il cherchait la sortie.

Le plan « Barbarossa » prévoyait la prise totale de la Russie d'Europe avant l'hiver. Devant la lenteur de l'avance, il faut y renoncer dès le mois d'août et, dès lors, faire des choix. C'est l'occasion d'une première crise entre Hitler et certains de ses généraux, notamment Guderian. Soutenu par Brauchitsch et Halder, ce dernier souhaite un ralentissement des opérations sur les ailes en regroupant les moyens blindés au centre, pour une avance rapide vers Moscou. Hitler, tout au contraire, penche en faveur des ailes. Il veut prendre Leningrad et Kiev. Il l'emporte lors d'une réunion décisive, le 23 août, et le mois de septembre semble lui donner raison. En Ukraine, notamment, 800 000 soldats se trouvent cernés d'un coup, le 16 septembre, et les survivants capitulent le 23, donnant plus de prisonniers qu'on n'en avait capturé depuis le début de la campagne.

---

1. *Monologe...*, *op. cit.*, p. 283.

Cette masse fait rétrospectivement froid dans le dos de ceux qui voulaient foncer sur Moscou, et le prestige militaire de Hitler atteint son zénith.

Plus que jamais, ses considérations géographiques reflètent les oscillations de son moral :

> Il faudra que nous prenions soin d'empêcher que se reconstitue jamais une puissance militaire de ce côté-ci de l'Oural. Car nos voisins de l'Ouest seraient toujours les alliés de nos voisins de l'Est. C'est ainsi que les Français ont fait jadis cause commune avec les Turcs et que maintenant les Anglais agissent de même avec les Soviets. Quand je parle de ce côté-ci de l'Oural, j'entends une ligne située à 200 ou 300 kilomètres à l'est de l'Oural. (27 juillet)
>
> Il n'est pas admissible que la vie des peuples du continent dépende de l'Angleterre. L'Ukraine, puis le bassin de la Volga, seront un jour les greniers de l'Europe. (nuit du 19 au 20 août)
>
> L'opération actuellement en cours, un encerclement dont la tangente mesure près de 1 000 kilomètres, a été considérée par beaucoup comme irréalisable. J'ai dû mettre toute mon autorité dans la balance pour l'imposer. Je note en passant qu'une grande partie de nos succès ont pour origine des « erreurs » que nous aurions eu l'audace de commettre. (17 septembre)
>
> Il est absurde de considérer que la frontière entre les deux mondes que sont l'Europe et l'Asie soit marquée par une chaîne de montagnes peu élevée – et la longue chaîne des monts Oural n'est que cela. On pourrait tout aussi bien décréter que cette frontière est marquée par un des grands fleuves russes. Non, géographiquement, l'Asie pénètre en Europe sans solution de continuité.
>
> La vraie frontière sera celle qui séparera le monde germanique du monde slave. C'est notre devoir de la placer là où nous désirons qu'elle soit. (23 septembre)

Le 27 juillet, devant la consolidation de l'alliance anglo-soviétique, soutenue de plus en plus résolument par les Etats-Unis[1], Hitler entend se battre et imposer sa solution la plus extrême. Un mois plus tard, en raison de la visite de Hopkins à Moscou et surtout de la première rencontre Churchill-Roosevelt débouchant sur la Charte de l'Atlantique (14 août) il a dû en rabattre et se rabattre : sur l'Ukraine. Un « tiens » vaut mieux que deux « tu l'auras ». Quant à Leningrad, c'est plutôt un gage : le général von Leeb reçoit l'ordre de cerner la ville, et l'interdiction d'y pénétrer, sous prétexte de ne pas épuiser ses forces dans le « combat de rues[2] ». La hâte mise, en revanche, à occuper l'Ukraine, et la mise en œuvre, pour ce faire, du dernier grand plan stratégique imposé par le Führer, prouvent à la fois l'entêtement avec lequel il applique *Mein Kampf* et son désir d'une paix rapide. Une dernière citation peut en témoigner :

> Le fleuve de l'avenir, c'est le Danube. Nous le relierons au Dniepr et au Don par la mer Noire. Le pétrole et les céréales couleront vers nous.
>
> On ne construira jamais trop grand le canal du Danube au Main.

---

1. Le bras droit de Roosevelt, Harry Hopkins, est depuis la mi-juillet à Londres, d'où Churchill va réussir, en convainquant le président, à le faire partir pour Moscou – cf. M. Gilbert, *op. cit.*, p. 1142 ; on a annoncé le 26 le départ pour Washington d'une mission soviétique chargée de commander des armements (cf. P. Limagne, *op. cit.*).

2. Cf. P. Masson, *Histoire de l'armée allemande/1939-1945*, Paris, Perrin, 1994, p. 171.

Que s'y ajoute le canal du Danube à l'Oder, et nous aurons ainsi un circuit économique aux proportions inouïes.

L'Europe prendra de l'importance par elle-même. L'Europe, et non plus l'Amérique, deviendra le pays des possibilités illimitées. Les Américains sont intelligents, ils comprendront l'intérêt de participer à cette œuvre. (12 octobre)

La paix ne survient pas, cependant. Parmi tous les pourparlers secrets menés en territoire neutre pendant cette guerre, les contacts germano-soviétiques de 1941 restent, à supposer qu'ils aient eu lieu, les plus secrets. La filière suédoise, ici aussi, est probable. Alexandra Kollontai, le dernier membre de l'entourage de Lénine que Staline conservât, on ne sait trop pourquoi, en vie et en poste, exerçait à Stockholm une ambassade à la fois prestigieuse et fertile en tractations discrètes. On sait qu'elle fut approchée par des sirènes allemandes en 1942 et 1943 [1]. On n'a guère de raisons de penser que les mêmes causes n'aient pas produit les mêmes effets en septembre ou octobre 1941. Il était essentiel pour Hitler de ne pas laisser se solidifier la coalition anglo-américano-soviétique, et de jouer à cet égard son va-tout, du côté russe, avant l'entrée en guerre des Etats-Unis. La mainmise expéditive et écrasante sur l'Ukraine montre ce sur quoi il n'entend pas céder. L'offensive au nord, épargnant Leningrad tout en prenant la ville à la gorge, et la disparition, dans les « monologues », de toute considération sur la frontière de l'Oural suggèrent la monnaie d'échange : si l'URSS tenait à demeurer une puissance balte, on pouvait envisager à cet égard des concessions, voire un retour, dans cette zone, aux stipulations du pacte de 1939, en sacrifiant une fois de plus les Etats baltes.

Ces hypothèses, seulement vérifiables à partir des archives soviétiques, mais que rien dans la documentation connue n'infirme et qui y comblent un vide certain, peuvent éclairer ce qui se passe au même moment entre l'URSS et l'Angleterre. Recevant fin septembre à Moscou Beaverbrook et l'Américain Harriman, Staline fait de gros efforts pour obtenir des assurances sur les frontières de l'Europe orientale après une victoire commune sur l'Allemagne. Comme d'autre part il réclame avec une insistance croissante, depuis l'agression allemande, un « second front » sous la forme d'un débarquement britannique en Europe et que Churchill a dû se résoudre à le lui promettre en sachant bien qu'il ne pourra le réaliser de sitôt, le dictateur russe a en quelque sorte, si l'Allemagne lui fait des ouvertures, les mains aussi libres que dans l'été de 1939. Là-dessus, Roosevelt a été net, par Hopkins interposé, dès juillet : Londres ne doit rien promettre à Moscou en matière de frontières, notamment soviéto-polonaises. C'est une position que Roosevelt lui-même ne pourra maintenir jusqu'à la fin de la guerre : il l'abandonnera de fait à la conférence de Téhéran, en novembre 1943. *A fortiori* Churchill, redoutant plus que

---

1. Cf. Peter Kleist, *Zwischen Hitler und Stalin*, tr. fr. *Entre Hitler et Staline*, Paris, Plon, 1953, p. 198-212.

tout une paix germano-russe avant l'entrée en guerre des Etats-Unis, qui compromettrait à nouveau et peut-être définitivement les chances d'une éradication militaire du nazisme, s'est ingénié, tout en refusant de s'engager au-delà de la Charte du 14 août, de faire traîner les discussions en ne fermant pas la porte d'une « alliance sur les buts de guerre » que Staline réclamait avec une insistance croissante[1].

Ce qui est sûr, c'est que Hitler n'a pas obtenu la paix à l'est en octobre et qu'en conséquence, maniant le bâton à supposer qu'il ait un temps essayé la carotte, il se rallie, un peu tard, à l'idée de foncer sur Moscou.

A la mi-octobre, l'avant-garde n'est plus qu'à 70 kilomètres et les services gouvernementaux, ainsi que le corps diplomatique, sont repliés à Kouybichev, distant de 750 kilomètres vers l'est. Les ambassadeurs s'attendent à un bref exil, non point en raison d'une contre-offensive, mais de l'effondrement définitif de l'Etat soviétique. Cependant Staline demeure au Kremlin et ordonne, le 19 octobre, de défendre pied à pied la capitale menacée de trois côtés.

Le mois de novembre 1941 est, sur le plan militaire et diplomatique, aussi passionnant qu'agité. Et encore, peut-être ne savons-nous pas tout. Churchill tente de pousser à des gestes irréparables contre le Japon un Roosevelt qui ne se laisse pas faire, le rappel de Weygand à Vichy[2] et la fin définitive de son commandement des forces africaines françaises, sur l'ordre des Allemands, attirent une fois de plus l'attention sur l'Afrique du Nord où les Anglais se décident enfin, le 18 novembre, à prendre l'offensive contre un Rommel esseulé par l'attaque allemande contre l'URSS. De son côté, Hitler presse l'assaut contre Moscou, sans doute afin d'obtenir avant l'hiver une victoire symbolique et, pour l'adversaire, démoralisante, contre la Mecque du communisme.

L'affaire échoue de peu. Le « général Hiver » en est la cause principale, sous la forme d'une brusque vague de froid qui paralyse les véhicules motorisés, nuisant certes aux deux camps mais l'assaillant souffre plus que le défenseur de ce genre de handicap. Un réchauffement passager, survenu le 23 novembre, y met le comble en provoquant une importante chute de neige. Elle est sans doute à l'origine de cette réflexion très hitlérienne, faite à Bormann le 19 février suivant, en présence de Speer – l'une des rares fois où Hitler se permet une allusion directe à la gravité de la situation militaire :

> Bormann, vous le savez, de toute ma vie je n'ai aimé la neige. Maintenant je sais pourquoi : j'avais pressenti cela[3] !

---

1. Cf. A. Eden, *The Reckoning*, Londres, Times Publishing Company, 1965, tr. fr. *L'Epreuve de force*, Paris, Plon, 1965, p. 274-275.
2. Il était depuis octobre 1940 à Alger, à titre de représentant du maréchal Pétain pour toute l'Afrique française.
3. *Monologe...*, *op. cit.*, p. 283.

L'offensive atteint son point extrême le 2 décembre : l'avant-garde allemande aperçoit alors les tours du Kremlin. Les Soviétiques trouvent le moyen de contre-attaquer, à partir du 7 – quelques heures après l'agression japonaise contre Pearl Harbor –, et de mettre rapidement en péril toute l'armée allemande. Si Joukov, qui commande dans le secteur de Moscou, rééditait l'exploit de Koutouzov contre Napoléon et faisait reculer en les harcelant les troupes de Bock, rendues très vulnérables par la rapidité de leur avance antérieure, c'est tout le front qui pourrait s'écrouler.

Il s'ensuit quelques jours d'extrême tension entre l'OKH, qui veut ordonner un repli général sur une grande profondeur, et le Führer, assisté de Keitel et de Jodl, qui donne l'ordre à toutes les unités de résister sur place, quitte à se faire encercler. Il fait peu de doute, pour les historiens militaires, que cette option valait mieux que celle de l'OKH. Elle permet de limiter le recul à une centaine de kilomètres dans la région de Moscou, cependant qu'ailleurs la Wehrmacht conserve le terrain conquis.

A la direction des forces armées, la crise a atteint des sommets. Les généraux convaincus d'avoir fait des replis non autorisés sont chassés de l'armée (l'un d'eux, le général von Sponeck, est même condamné à mort), le Führer donne des ordres directs aux groupes d'armées sans s'occuper de Brauchitsch, et celui-ci remet, dès le 7 décembre, sa démission, qui est acceptée le 19 : Hitler prend alors lui-même le commandement de l'armée de terre.

Ceux qui lui dénient à la fois toute compétence militaire et toute qualité humaine prétendent qu'il a été servi par ses défauts. Il aurait pris fortuitement la bonne décision, par orgueil, autoritarisme, souci de contredire une caste militaire détestée et refus de constater l'échec de ses plans contre Moscou. Ainsi, selon un professeur d'Oxford :

> Il est évident que l'insistance avec laquelle Hitler répéta « pas de retraite » à ce moment-là conjura la panique qui se préparait, mais au prix de très lourdes pertes en hommes et en matériel. De plus, il fit preuve envers ses généraux d'une cruauté et d'une violence qu'ils n'avaient jamais connue auparavant[1].

Ce jugement bat des records de partialité. En 1953, tous les coups sont encore permis contre la mémoire du Führer et nul ne songe à demander au professeur par quelle intercession du Saint-Esprit une retraite ordonnée par Brauchitsch aurait sauvé non seulement plus d'hommes mais *de matériel* que la résistance sur place imposée par Hitler, alors que tout le monde sait, et dit quand il s'agit d'autres batailles, qu'une retraite sous la pression de l'ennemi suppose l'abandon de l'armement lourd, sans qu'on ait même toujours le temps de le rendre inutilisable. Mais aussi, pourquoi ménager ce malappris qui, dans les jours fastes, prenait le temps d'expliquer ses désirs à ses généraux et qui, dans une situation d'urgence, fait

---

1. John Wheeler-Bennett, *The Nemesis of Power*, Londres, Macmillan, 1953, tr. fr. *Le drame de l'armée allemande*, Paris, Gallimard, 1955, p. 436.

tout à coup preuve d'une impatience indigne d'un gentleman ? Car l'extrême « violence » dont il est question ne cause guère que des blessures d'amour-propre, puisque seul l'infortuné Sponeck aura à en souffrir dans sa chair : sa sentence de mort est commuée mais il est gardé en prison et sera exécuté, sans nouveau jugement, après l'attentat du 20 juillet 1944 [1].

D'autres reprochent au Führer le fait même d'avoir eu raison. S'il avait eu l'humilité de se fourvoyer dans l'erreur, il aurait en effet été moins orgueilleux :

> Sûr de son infaillibilité, se méfiant comme de la peste de ses généraux à qui il reproche de ne pas adhérer sans réserve au sacro-saint national-socialisme, Hitler prend en main le commandement suprême de l'armée en campagne. L'effet est immédiat : la contre-offensive communiste est stoppée net et la Wehrmacht sauvée du désastre total. La foi du Führer tourne au mysticisme et plus rien ne peut ébranler l'incommensurable confiance qu'il a en lui-même [2].

Il est vrai que Hitler, pour justifier devant Halder sa décision de ne pas remplacer Brauchitsch et de fusionner ses fonctions avec les siennes propres de chef suprême des forces armées, a dit que la tâche du commandant de l'armée de terre était de « faire pénétrer au sein de l'armée l'idée nationale-socialiste » et qu'il « ne connaissait pas de général capable de le faire » comme lui l'entendait. La phrase mérite qu'on s'y arrête et en l'occurrence, contrairement à d'autres circonstances où nous avons vu Hitler tromper Halder, elle sonne assez juste [3]. Mais il ne faut pas la comprendre comme l'expression d'une sorte de fanatisme longtemps contenu, qui tout à coup se libérerait. C'est au contraire, plus que jamais, le froid calculateur qui parle.

Ce qui a sans doute aidé Hitler à prendre sa « bonne décision », c'est le programme nazi d'élargissement de l'espace vital vers l'est. Ce à quoi visaient, au fond, les généraux de l'OKH, c'est à regagner précipitamment des positions plus occidentales, qui auraient permis, comme à certains moments de la première guerre mondiale, de se mettre sur la défensive à l'est pour se retourner contre l'adversaire occidental. Souvenons-nous que Hitler leur a présenté la guerre contre l'URSS, non comme la poursuite du vieux programme de *Mein Kampf*, mais comme un coup indirect contre Londres. Brauchitsch, le 7 décembre, a bien l'air de lui dire, en mettant sa démission dans la balance, que la contre-offensive de Joukov marque l'échec du coup indirect et l'obligation, si on veut poursuivre la guerre, de porter enfin à Londres des coups directs, ne fût-ce que sur la route des Indes, et pour cela de retirer du théâtre soviétique le plus de moyens possibles. La tiédeur de ses convictions nazies devient alors, effectivement, intolérable pour celui qui, d'une part, entend vider en prio-

---

1. *Ibid.*, p. 437.
2. Georges Renoy, *Hitler*, Gembloux, Duculot, 1980, p. 124.
3. Et bien qu'elle ne figure pas dans son journal mais dans son opuscule d'après guerre, *Hitler als Feldherr*, Munich, Dom-Verlag, 1945, p. 45.

rité la querelle avec l'URSS, d'autre part vient de décider le meurtre des Juifs et compte en charger partiellement les forces armées (cf. *infra*). Il n'y a pas là trace, du moins au niveau de la méthode, d'un aveugle fanatisme. Hitler serre un nœud coulant, préparé depuis les années 20, autour des forces armées allemandes, et tire parti au bon moment, pour s'emparer du commandement direct de l'armée afin d'affronter avec une autorité renforcée les difficultés qui s'annoncent, du prestige que lui ont conféré ses succès antérieurs.

Un déluge de bombes et de torpilles s'abat le 7 décembre 1941 sur une base endormie. Il fait sur le moment plus de deux mille victimes, puis allume dans le Pacifique un incendie qui en cause des millions, et s'achève par un double feu nucléaire.

Si on s'en tient à une vision traditionnelle, ce serait le Japon des samouraïs, n'utilisant l'industrie moderne que comme un moyen au service d'un appétit séculaire de domination, qui aurait traîtreusement attaqué Pearl Harbor.

Une analyse plus serrée du phénomène [1] oblige à revenir sur la naissance, au XIXe siècle, de l'impérialisme japonais, et sur sa tardive insertion dans le jeu des puissances. L'élève doué n'a pas seulement assimilé les leçons techniques du capitalisme mais aussi, et aussi vite, ses leçons géopolitiques. Il a essayé de se construire un domaine colonial, d'abord aux dépens de la Chine, en mettant à profit l'éloignement des puissances européennes et en jouant sur leurs rivalités.

Ses milieux dirigeants sont, dès le début, divisés sur le dosage à observer entre modernité et tradition. Mais le clivage passe aussi dans les têtes. Comme tous les dirigeants extra-européens qui ne sont pas de pures créatures de l'Occident, les élites nippones se demandent constamment et anxieusement où faire passer la limite entre l'importation des valeurs libérales, nécessaire au développement comme à la simple existence, et la préservation des particularités nationales. D'où un clivage, aux contours peu nets, entre des bourgeois modernistes, soucieux de préserver la paix avec les grandes puissances et surtout avec les Etats-Unis, et d'autres bourgeois, développant un nationalisme xénophobe.

En 1941, le premier ministre Konoye, plutôt agressif vers 1937, s'est assagi, et tente de tenir le pays hors de la guerre mondiale. Comme le Japon est déjà engagé dans une guerre locale, en Chine, il doit liquider celle-ci au plus vite, par un compromis qu'avaliserait Washington. Konoye se heurte, au sein même de son cabinet, à une tendance belliciste qui penche pour une solution militaire privant la Chine de ses soutiens extérieurs, lesquels proviennent à la fois de la Sibérie soviétique et de la Birmanie anglaise – d'où, pensent ces bellicistes, la nécessité d'une

---

1. Cf. F. Delpla, *Les nouveaux mystères de Pearl Harbor*, inédit. Extraits sur Internet : http ://www. amgot. org/fr. hist. htm.

guerre contre l'une au moins des deux puissances. En espérant, c'est le vœu général, que les Etats-Unis ne s'en mêleront pas. Le clivage politique recoupe une division des chefs militaires : l'armée rechigne à évacuer des territoires chinois, cependant que la marine, plus au fait de l'état d'esprit comme des ressources de l'Amérique du Nord, reste sceptique sur la possibilité d'une guerre contre l'Angleterre ou la Russie, sans l'intervention des Etats-Unis.

Mais une partie de poker peu banale s'est engagée, au début de cette année 1941. Le plus prestigieux des amiraux, Yamamoto, a fait valoir qu'il était impossible de tenir les Etats-Unis hors d'une guerre et que, si les intérêts du Japon en exigeaient une, elle devait commencer par une attaque-surprise contre la flotte de Pearl Harbor, dont la destruction seule pouvait donner le champ libre à une offensive nippone. A son probable étonnement, il reçut l'ordre d'étudier les plans d'une telle attaque. Cela, on le sait depuis longtemps. Mais on présente Yamamoto comme un homme déchiré entre ses convictions pacifistes et sa passion du combat. Or des documents japonais récemment publiés suggèrent qu'il n'a accepté de piloter l'opération que pour la saboter. Témoins les derniers ordres transmis à la flotte d'attaque : cette escadre, la plus forte de toute l'histoire navale, devait faire demi-tour, sans même consulter l'état-major, si elle était repérée, lors de son voyage de onze jours entre les Kouriles et Hawaï, plus de 24 heures avant l'attaque, et livrer bataille dans le cas contraire[1]. Or il était difficile d'imaginer qu'aucune reconnaissance aérienne ne signalerait en dix jours une telle armada, sans parler des rencontres fortuites de navires ou d'avions. Les bellicistes ont accepté un marché de dupes, et les pacifistes un jeu apparemment sans risque.

Dans la surprenante carence des reconnaissances aériennes à partir de Hawaï, les Etats-Unis ont-ils une part de responsabilité, ou faut-il incriminer la seule malchance ? La réponse est moins simple que ne le croient certains adversaires de Roosevelt, qui pensent que le président suivait à la trace la progression des bateaux agresseurs et les a laissés agir, pour soumettre à un électrochoc son opinion publique encore pacifiste. La vérité est à peu près à l'opposé. Il aurait donné cher pour savoir ce qui se tramait. Le repérage d'une force d'attaque, voyageant clandestinement vers une possession américaine alors que se poursuivait à Washington la mission de Nomura et de Kurusu, ambassadeurs extraordinaires, lui aurait permis de hausser le ton et d'obtenir la formation, à Tokyo, d'un gouvernement résolument pacifiste : son objectif était au fond le même que celui de Yamamoto.

La base de Pearl Harbor, comme toutes celles des Etats-Unis dans le Pacifique, a bien été mise en état d'alerte par le chef suprême des armées, le général Marshall, mais à contretemps : en octobre, au lendemain de la démission de Konoye et de son remplacement par le général Tojo, présumé

---

1. *The Pearl Harbor Papers* (Donald Goldstein et Katherine Dillon éds.), Washington, Brassey's, 1993, p. 16.

belliciste ; puis le 27 novembre, après une rupture, qui semblait définitive, des pourparlers avec Nomura. Or, en ces deux occasions, rien ne s'est passé. La première fois, les Japonais sont revenus à la table des négociations avec de nouvelles propositions. Roosevelt a donc, après avoir redouté une attaque, fin novembre, repris espoir au début de décembre, et renoué lui-même certains contacts. Ce qu'il ignorait, c'était précisément que la deuxième fois le Japon, bien décidé à attaquer ou plutôt à jouer, sur la route maritime de Hawaï, le jeu de hasard qu'on a dit, avait besoin d'un délai de onze jours pour acheminer ses forces. Dans une période d'aussi forte tension internationale, personne n'imaginait une attaque-surprise contre un objectif aussi éloigné du Japon que Hawaï, du moins avec des moyens importants. On attendait cela, plutôt, aux Philippines, proches de Taïwan, alors possession du Japon et base notoire d'une grande partie de ses forces. Précisément, l'armée américaine était en train de transférer du matériel de Hawaï vers les Philippines... ce qui explique la concentration, entre les deux archipels, des moyens de reconnaissance aérienne.

La responsabilité américaine dans le coup de Pearl Harbor peut donc se résumer en un mot : le racisme. Certes les dirigeants américains ne l'éprouvent pas, vis-à-vis de leurs homologues japonais, à la manière de Hitler vis-à-vis des Juifs. Il s'agit d'un simple sentiment de supériorité, tant morale qu'intellectuelle ou technique. La Maison-Blanche n'imagi-nait pas que le pays « jaune » tardivement développé fût capable d'autant d'audace et de savoir-faire. Roosevelt et Marshall croyaient le tenir et le maîtriser, aussi bien militairement que diplomatiquement. Le déchiffre-ment, par la machine « Purple », des échanges les plus secrets entre le gouvernement japonais et ses ambassades ajoutait au sentiment de supé-riorité... et de sécurité [1].

En ce qui concerne les relations germano-nippones, nous avons vu qu'elles étaient plutôt fraîches avant le pacte tripartite du 27 septembre 1940. On ne peut pas dire qu'il les ait beaucoup réchauffées. Les ren-contres officielles, qui à défaut de savoir ce qui se trame servent aux opinions publiques de baromètre des relations internationales, sont élo-quentes. Le Japon entretient à Washington, depuis février 1941, un ambassadeur extraordinaire de haut rang, l'amiral Nomura, secondé à par-tir d'octobre par le diplomate de carrière Kurusu. Du côté de l'Axe, les contacts publics du Japon se bornent à une visite de Matsuoka à Berlin, en avril. Or il passe aussi par Moscou, à l'aller comme au retour, et y signe un pacte de non-agression : l'éclatement de la guerre germano-soviétique en juin et la fidélité nippone à ce pacte ne sont pas de nature à faire penser que Berlin et Tokyo ont des objectifs communs.

Si maintenant on considère le dessous des cartes, tel que le révèlent les

---

1. Ajoutons, à l'usage exclusif des esprits les moins sectaires, que la passivité américaine, dans les jours précédant l'attaque et même encore après son début, tant aux Philippines qu'à Hawaï, ressemble à celle de Staline en juin précédent et pourrait bien avoir le même mobile : afin d'encourager les tendances pacifistes chez l'agresseur, on se montre soi-même paisible.

archives allemandes ainsi qu'un document américain, on se rend compte que la froideur cachait de sérieuses divergences et que le Japon est l'un des pays qui ont le plus résisté aux tentatives de Hitler pour les enrôler dans son jeu. Matsuoka avait été averti de manière peu équivoque des intentions allemandes envers l'URSS et fermement prié de ne pas signer au retour, lors de son étape moscovite, le pacte qu'il avait négocié à l'aller, ce dont il s'était naïvement vanté auprès de ses hôtes allemands, eux-mêmes en état de « non-agression » avec l'URSS. Mieux : on se souvient du feu d'artifice que Hitler préparait alors pour le mois de mai, à l'intention de l'Angleterre. Or Matsuoka avait contribué à mouiller la poudre, en refusant la suggestion allemande, pressante, d'attaquer Singapour à la mi-mai. Enfin, en toute logique, dans les heures suivant l'agression du 22 juin, Berlin avait proposé à Tokyo de prendre part à la curée et d'envoyer prestement des troupes en Sibérie. Matsuoka, changeant son fusil d'épaule, était d'accord, mais, en raison de pressions américaines très fermes, le cabinet ne le suivit pas et Konoye le remplaça, le 18 juillet. Le Japon avait définitivement choisi une direction d'expansion au sud, et non en Sibérie comme le voulait Hitler. En désespoir de cause, celui-ci aurait au moins souhaité que le Japon entrât dans la guerre en ayant l'air d'avoir le droit pour lui : il ne peut voir dans Pearl Harbor qu'un chef-d'œuvre de maladresse comparable à ceux de Mussolini.

Quelle mouche le pique, dans ces conditions, de déclarer lui-même la guerre aux Etats-Unis, le 11 décembre, en entraînant à sa suite ledit Mussolini ? Ne voilà-t-il pas encore une « erreur » prouvant, au choix ou ensemble, sa mégalomanie, son nihilisme, son refus des réalités, son goût de l'échec ?

Pour nourrir de telles pensées, il suffit d'oublier le moment historique. Comme le montre la pression faite par les Etats-Unis sur le Japon pour qu'il s'abstienne de frapper la Sibérie, l'attaque allemande contre l'URSS est de toute évidence la goutte qui a fait déborder le vase américain et décidé Roosevelt à la guerre. Il ne voudra plus entendre parler des Allemands avant qu'ils n'aient une bonne fois expié leur agressivité, que le président américain, hostile au militarisme allemand depuis la guerre précédente [1], est loin d'attribuer à la seule personne de Hitler. D'où, sur le plan théorique, la Charte de l'Atlantique et, sur le plan pratique, une extension considérable de la protection des convois britanniques, contre les sous-marins allemands, par la marine de guerre des Etats-Unis. Hitler avait donné des instructions très strictes à l'amiral Raeder pour que ses submersibles, dirigés par le brillant amiral Dönitz, évitent tout incident. Dans le doute, ils devaient plutôt laisser échapper un navire britannique que tirer sur un américain. Mais ce n'est pas une politique qu'on peut maintenir indéfiniment, à moins de renoncer à gêner le ravitaillement des îles Britanniques.

---

1. Cf. Mario Rossi, « Roosevelt et l'Allemagne d'Hitler », in GMCC, n° 189, 1998, p. 135-139.

La guerre entre l'Allemagne et les Etats-Unis était désormais inévitable en cas de prolongation du conflit germano-soviétique et, des deux côtés, les marines devaient recevoir de nouveaux ordres au début de 1942. Alors, autant la déclarer pour ne pas avoir l'air d'abandonner le Japon à son sort, après tout de même un délai de trois jours qu'on peut interpréter soit comme un ultime temps de réflexion soit, plus probablement, comme une marque de mauvaise humeur envers Tokyo.

A ceux qui pensent encore que Hitler a tardé à reconnaître que la guerre tournait au désastre, il faut conseiller la lecture de l'ouvrage, en son temps très novateur, de Philippe Burrin, *Hitler et les Juifs*. L'historien suisse, prolongeant une intuition de l'Américain Arno Mayer, estime que la décision du génocide germe dans l'esprit du Führer en septembre 1941, moment où il constate que sa progression en URSS est trop lente pour en finir avant l'hiver et que dès lors d'immenses difficultés attendent la Wehrmacht. Le massacre des Juifs est donc une vengeance préventive et une compensation magique de la défaite. Certaines mesures préalables, adoptées peu avant ou peu après le début de la campagne à l'est, comme l'ordre de tuer systématiquement les commissaires politiques, présumés « judéo-bolcheviques », ou l'institution des Einsatzgruppen, ou encore une lettre de Göring à Heydrich lui demandant, le 31 juillet, de proposer un plan de « solution d'ensemble de la question juive », ne prouvent pas l'existence d'un projet où l'extermination prendrait définitivement le pas sur l'expulsion ou l'enfermement.

La date et les motivations sont une chose. Mais c'est le fait même que Hitler ait donné l'ordre de tuer tous les Juifs d'Europe qui est, par de nombreux auteurs, contesté. Comme pour la nuit des Longs Couteaux ou la crise Blomberg-Fritsch, on glisse subrepticement de l'absence d'un ordre du grand chef dans les archives à la certitude que les subordonnés ont été livrés à eux-mêmes.

Des historiens dits « fonctionnalistes » décrivent un « processus cumulatif » qui prit de court ses agents, leur mettant sur les bras de plus en plus de Juifs dont il fallait bien faire quelque chose. Ils ont tendance, de surcroît, à faire aux autres la morale : comme leur solution met dans le bain plus d'accusés que celle d'un *Alleintäter* nommé Hitler, elle serait plus propre à faire réfléchir les humains sur ce qu'il convient de faire pour éviter la réédition des génocides.

Ici encore, Hans Mommsen donne le ton. Dans son recueil d'articles de 1991, ceux qui portent sur le génocide seraient presque, pour étayer un propos ici nécessairement condensé, la lecture la plus recommandable. On sera frappé, notamment, par le traitement des rapports entre Hitler et Himmler. Il suffit que le second fasse ou dise une chose pour qu'on y voie une divergence avec le premier, sans égards pour l'hypothèse la plus simple, que le subordonné applique une directive.

On sombre ainsi dans un psychologisme approximatif, esclave des apparences les plus immédiates, qui amène à conclure que Hitler était d'accord avec les mesures de son chef SS, mais après coup, en s'étant fait un peu prier. On attribue donc à Himmler l'initiative d'un acte fondamental et trop peu remarqué, son discours de Posen aux Gauleiter et Reichsleiter le 6 octobre 1943, auquel font écho plusieurs allocutions échelonnées du 16 décembre au 21 juin suivant, devant des cadres civils ou militaires de haut rang. Le propos consiste à les informer de la Solution finale, sans mentionner les chambres à gaz mais en faisant longuement état du massacre des femmes et des enfants et en remarquant qu'il y fallait beaucoup de courage et d'abnégation (cf. *infra*, p. 398). Cet abandon, brusque et systématique, de la discrétion qui prévalait jusque-là, est attribué au seul Himmler, qui aurait déchargé sa conscience tourmentée et commencé « à se distancier intérieurement de Hitler[1] ».

Il faut peut-être cependant affiner l'analyse de Burrin. S'il a raison à la fois contre ceux qui dissolvent la politique de Hitler dans ses effets, et contre d'autres qui déforment *Mein Kampf* en y trouvant une préférence pour le meurtre, plutôt que pour l'exil, comme moyen de purger l'espace allemand, il est peut-être trop absolu à son tour, dans sa solution médiane, et insuffisamment attentif à ce qu'il y a, dans la politique nazie, d'ambiguïté et de savante progression.

Si on suppose que Hitler a entrevu dès septembre l'éventualité de la défaite, pourquoi ne pas lui attribuer la même lucidité en juin, sur les risques de l'entreprise à l'est ? Il y a certes un saut, mais aussi une cohérence, entre les mesures provisoires et partielles de juin-juillet et la « solution » systématique qui se met en place fin 1941-début 1942. La guerre orientale elle-même est un pas dans l'escalade. Il faut prendre au sérieux les déclarations du printemps, suivant lesquelles elle devra être « impitoyable ». C'est qu'outre le risque de la défaite, Hitler considère aussi *celui de la victoire*. Trop rapide et facile, elle risquerait de faire retomber la tension dont il a besoin pour achever l'œuvre, dont la victoire n'est qu'un moyen.

Parmi les innombrables « erreurs » de Hitler figure celle de n'avoir pas su se faire accueillir comme un libérateur par les populations ci-devant soumises à la terreur stalinienne. Dame ! C'eût été peut-être de bonne guerre classique, mais certes pas hitlérienne. Le régime nazi aurait risqué d'étouffer sous ces Biélorusses, ces Ukrainiens, ou même ces Russes, qui se seraient jetés dans ses bras et qu'il n'aurait pas été simple, alors, de replacer sous le joug, et quel joug ! Mieux valait favoriser la mobilisation patriotique de l'ennemi par l'union sacrée du parti communiste et de l'Eglise orthodoxe, que de frayer avec le moindre Slave[2]. L'entreprise orientale est brutale à dessein, pour briser les vieilles lignes de force

---

1. Cf. Hans Mommsen, *op. cit.*, p. 203.
2. Le cas apparemment contraire de l'armée Vlassov est démonstratif de cette règle, puisque l'utilisation de ce général, capturé en juillet 1942, à la tête d'une légion slave anticommuniste, fut tardive, limitée et étroitement contrôlée par les SS (cf. *La Seconde Guerre mondiale*, Paris, Larousse, 1992, article « Vlassov » signé de Jean Mabire).

européennes, au profit du remodelage racial qui est au cœur du programme. Que les Juifs soient, comme les Slaves, des cibles privilégiées de cette violence, que dans la foulée se mettent en place pour eux des structures propres d'extermination, c'est peut-être un processus accéléré par la perspective, en septembre, de lendemains militaires ardus, mais il est inscrit dès le départ dans la logique de la guerre à l'est. D'autre part, lors même qu'il tire les conséquences de sa trop lente avance, Hitler ne jette pas le manche après la cognée et n'est pas déjà, comme quelques formules de Burrin tendraient à le faire croire, adonné à la mise en scène du crépuscule des dieux de 1945 et uniquement soucieux que ce moment de deuil pour l'Allemagne en soit un aussi pour les Juifs. Hitler va vendre chèrement sa peau, et chaque mètre carré de terrain allemand (tout en jouant jusqu'au bout la carte d'un renversement des alliances et d'un regroupement général contre la poussée soviétique), au prix d'une série d'exploits défensifs plus étonnants encore que ses succès offensifs. Ce n'est pas tâche aisée de rester jusqu'au bout, dans le chaos d'une débâcle militaire, le maître absolu d'un peuple qu'on a longtemps drogué de succès faciles, d'abord sans guerre, puis par des campagnes peu meurtrières. Le génocide, son secret nécessairement imparfait et sa révélation graduelle aux élites sont aussi un moyen d'obliger tout le monde à garder le cap, et le pilote, en suggérant que la défaite ne serait pas seulement celle d'une clique, mais déchaînerait la vengeance de l'univers contre tout un peuple.

Philippe Burrin est l'un des premiers historiens qui tirent parti des « propos de table » en étant attentifs à leur date. Mais il omet de relever une contradiction intéressante. Etudiant de près le comportement antisémite de la SS, il en vient à situer une « décision centrale d'extermination » entre la mi-septembre et le début d'octobre, à partir d'un critère : le début de la déportation vers l'est des Juifs des ghettos, qui commence le 16 octobre par l'envoi de premiers trains vers Lodz. Voilà qui nécessite une préparation, dont on trouve les premières traces au début d'octobre. Or la question juive est complètement absente des « propos de table » entre le 10 août et le 15 octobre, et alors elle revient en force, étant abordée quasiment tous les jours où des notes sont prises [1].

---

1. D'une simple allusion, le 15, aux idées juives qui embrouillent les discussions économiques on passe, le 17, à un éloge du maréchal roumain Antonescu, auquel Hitler promet un grand avenir s'il pratique « l'élimination du Juif ». Le lendemain c'est Churchill qui est pour la première fois sur la sellette : il se fait traiter de « pantin de la juiverie qui tire les ficelles ». Le 19, on trouve une courte sortie à la fois contre le christianisme et contre le bolchevisme, reliés par le trait d'union juif. Enfin, le 21, à midi, les vannes s'ouvrent en grand. Saint Paul apparaît comme le Juif qui a corrompu les bases de l'Etat romain, en le « bolchevisant » (*sic*) alors que Jésus, qui n'était pas juif, avait voulu tout autre chose. Son héritier s'appelle Marx et « en éliminant cette peste, nous rendrons à l'humanité un service dont nos soldats ne peuvent se faire une idée ». Curieusement, il n'est pas question des Juifs la nuit suivante, alors que la présence de Himmler est mentionnée : ce qui s'est dit à midi est sans doute jugé assez clair et, pour les détails, les deux hommes ont pu se voir sans témoin. La soirée du 24 est consacrée à la question religieuse et Hitler répudie fermement l'athéisme ; le mot « juif » n'est pas prononcé, mais le concept est visible en transparence dans le « petit professeur bolchevik qui prétend triompher de la Création ». Enfin, le 25, en présence de Himmler et de Heydrich, c'est une véritable déclaration de guerre, résumant de manière saisissante les griefs de Hitler contre les Juifs, et clarifiant à la fois son intention de les tuer et sa propension à le faire en cachette, tout en laissant transpirer une rumeur : « De la tribune du Reichstag j'ai prophétisé à la juiverie que le Juif disparaîtrait d'Europe dans le cas où la guerre ne pourrait être évitée. Cette race de criminels a sur la conscience les deux millions de morts de la guerre mondiale, et maintenant déjà des centaines de milliers. Que personne ne vienne me dire qu'on ne peut pourtant pas les parquer dans les régions marécageuses de l'est ! Qui donc se soucie de nos hommes ? Il n'est pas mauvais d'ailleurs que la rumeur publique nous prête le dessein d'exterminer les Juifs. La terreur est une chose salutaire. »

Rappelons que ces propos sont tenus devant un certain nombre de personnes de l'entourage habituel du Führer, seul le nom des « invités » étant mentionné. Il faut donc voir dans cet exercice, non pas le fond de la pensée de Hitler tel qu'il pouvait se dévoiler devant Himmler ou Heydrich, mais une sorte d'habillage, à l'usage d'un second cercle d'initiés. Ces gens-là ont seulement, pour l'instant, le droit de savoir que pour venger des millions de précieuses vies allemandes, on déporte les Juifs dans des régions insalubres.

Voilà qui confirme la fonction politique des « monologues », ou plutôt de ce que le secrétariat de Bormann en retient, et la répartition des rôles entre ce ministre et Himmler. C'est lorsque Hitler ne parle pas des Juifs que leur sort se noue. Les dirigeants SS sont en train de mettre en place un certain nombre de mécanismes, à partir de l'expérience des premiers massacres commis par les Einsatzgruppen. Puis très vite, une fois la machine lancée, Hitler lui donne son sens. La date à laquelle les différentes personnalités apparaissent initiées n'est pas non plus sans intérêt : Streicher[1] fin octobre, Goebbels et Rosenberg à la mi-novembre, Frank un peu plus tard. C'est en tout cas le 16 décembre que le « gouverneur général » de Pologne informe ses collaborateurs du génocide[2].

Burrin a donc raison d'insister sur les actes du début d'octobre et de mettre en lumière la part, dans la genèse du génocide, de la crainte d'une défaite, d'autant plus que, contrairement à Arno Mayer[3] qui avait le premier repéré le lien entre le génocide et la lenteur de l'avance vers l'est, Burrin évoque de surcroît la Charte de l'Atlantique et tous les autres éléments qui, laissant prévoir la « grande alliance » anglo-américano-soviétique, pouvaient être interprétés par Hitler comme la manifestation d'une nouvelle conspiration juive contre l'Allemagne. Essentielle est à cet égard la phrase de son premier discours public depuis l'entrée en URSS, le 3 octobre, suivant laquelle les Juifs « vont peut-être voir désormais sous un autre jour cette ravissante guerre[4] ». Cependant, Burrin a peut-être trop tendance à confondre la décision et l'exécution et à sous-estimer lui-même la capacité planificatrice de la direction nazie. Ainsi, lorsque Göring commande à Heydrich, le 31 juillet, un plan de « solution d'ensemble de la question juive dans la zone d'influence allemande en Europe », il est dangereux d'exclure que cela désigne un projet d'extermination, en arguant que les mesures contemporaines ne vont pas jusque-là.

---

1. Ne pouvant parler de tout, ce livre n'a pas jusqu'ici croisé Julius Streicher (1885-1946), Gauleiter de Franconie, surtout connu pour avoir été, parmi les dirigeants nazis, l'un des antisémites les plus grossiers (et condamné comme tel à Nuremberg). Il avait fondé en 1923 le journal *Der Stürmer*, spécialisé dans l'attribution aux Juifs de crimes sexuels complaisamment décrits.

2. Cf. P. Burrin, *op. cit.*, p. 148.

3. Auteur d'un ouvrage inclassable et stimulant, qui le premier met en rapport le génocide et la défaite : *Why Did the Heavens not Darken ? The « Final Solution » in History*, New York, Random, 1988, tr. fr. *La « solution finale » dans l'histoire*, Paris, La Découverte, 1990.

4. Cf. P. Burrin, *op. cit.*, p. 166. Le « propos de table » du 25 octobre, cité plus haut (page précédente, note 1), contenait une allusion à ce discours.

Certes, à cette date, on déporte sans tuer, la politique tendant à convaincre les Juifs d'émigrer se poursuit et elle ne cessera que le 23 octobre [1]. Mais, vu le rôle de Göring dans le régime, cette commande de plan ne signifie-t-elle pas qu'un tournant majeur est en train d'être pris en catimini ? On peut en conclure que l'idée d'une extermination chemine dans l'esprit du Führer, et prend une place croissante dans sa panoplie de mesures antijuives, avant d'occuper tout l'horizon quand se précise la perspective d'une guerre longue, à l'issue problématique. Quant à la raison de cette décision finale, c'est sans doute moins un pari sur la défaite ou une crainte de celle-ci que l'occasion, donnée par la durée prévisible de la guerre, d'entreprendre une élimination qui sert à merveille les objectifs du régime.

Expérimenté dans les ghettos et les camps polonais au dernier trimestre de 1941, le massacre systématique de la population juive, en commençant par les invalides dans lesquels sont inclus les enfants, est planifié lors de la conférence de Wannsee, le 20 janvier 1942. Pourquoi si tard ? Parce qu'elle était primitivement convoquée le 9 décembre [2] et qu'en cette période de crise militaire et diplomatique suraiguë les dirigeants nazis avaient sans doute autre chose à faire. Ce pourrait être, si besoin était, un indice que le Führer suit l'affaire de près et entend être disponible pour faire face à ses éventuelles répercussions.

Himmler non plus n'est pas à Wannsee. La séance est présidée par Reinhard Heydrich. Outre Adolf Eichmann, qui rédige le procès-verbal, il y a là des cadres de la SS et des représentants au plus haut niveau, hors celui de ministre, de tous les ministères civils qui vont être mis à contribution dans la rafle et le transport des onze millions de Juifs dont le sort est à l'ordre du jour. Treize personnes en tout, à moins qu'il ne s'agisse que de ceux qui ont pris la parole et qu'il y ait eu en outre dans la salle des muets non recensés. En tout cas, aucun des grands dignitaires du régime, à part Heydrich, ne semble avoir été présent.

Avant d'aller plus loin, je voudrais faire un léger détour par une affaire qui a défrayé la chronique française en 1996. Deux octogénaires jusque-là bien considérés se sont mis au ban de l'opinion majoritaire, le philosophe Roger Garaudy, ancien dirigeant communiste, et l'abbé Pierre, connu pour son action demi-séculaire en faveur des pauvres. L'un a brusquement versé, par un livre auto-édité, dans la négation des chambres à gaz, et l'autre l'a soutenu, en n'exprimant pas clairement les mêmes positions, mais en saluant son « érudition », en produisant de louches attendus sur les forces qui entendaient le bâillonner et en réclamant un « débat sur la Shoah ».

Garaudy reprochait notamment aux historiens qu'il prenait pour cible de mal lire le compte rendu, signé Eichmann, de la conférence de

---

1. *Ibid.*, p. 146.
2. *Ibid.*, p. 148.

Wannsee. Il n'y est pas, en effet, question de chambres à gaz, ni même de meurtre, du moins dans l'immédiat. Les personnes raflées devraient, dit le texte, être dirigées vers des « camps de travail », où certes beaucoup mourraient et dont les survivants devraient faire, dans un avenir mal défini, l'objet d'un « traitement spécial » c'est-à-dire, sans nul doute, d'une exécution. Ce traitement aurait en effet pour but d'éviter que le processus aboutisse à la création, par sélection naturelle, d'une nouvelle race d'élite. Garaudy omettait de constater que ce texte programmait la mort non pas de six (chiffre classique, considéré par lui comme très surévalué), mais de onze millions de personnes de tous âges, en raison de leur appartenance ethnique. Il se gardait, d'autre part, de remarquer un petit mot, des plus symptomatiques : à l'arrivée dans les camps, on devait mettre au travail « les valides ». Et les autres ? Là est, bien entendu, la place des chambres à gaz (et autres moyens d'extermination rapide) et on peut lire ici, indirectement mais en toute clarté, une confirmation des scènes cent fois décrites de brutal triage à la descente des trains, où les enfants étaient arrachés aux mères jugées bonnes pour le travail avec la fallacieuse promesse qu'elles les « retrouveraient au camp ».

Cependant, Garaudy avait raison sur un point : on n'a pas le droit de déduire les chambres à gaz, ou toute forme de meurtre de masse à l'arrivée aux camps, de la simple expression « solution finale », qui ne les implique pas nécessairement, et de dire que cette expression était entre les nazis un « langage convenu », où tout le monde entendait autre chose que l'extermination lente par le travail. Postuler cela, c'est déroger à la rigueur historique, qui exige qu'on avance pour preuve des textes qui vont dans le sens de ce qu'on affirme et non en sens inverse, en prétendant sans l'étayer nullement que leur auteur veut dire le contraire de ce qu'il dit.

Mais il existe un moyen, et à ma connaissance un seul[1], de concilier les aveux et les pudeurs de ce texte : c'est de supposer que l'information des participants à la réunion est différenciée. A coup sûr Heydrich sait de quoi il est question, puisque cette solution finale consistant à mettre les uns au travail, les autres dans des fosses communes et bientôt des crématoires, il la met en œuvre depuis des semaines en Pologne. Probablement les autres cadres SS présents, associés de prêts à cette besogne, en savent autant. Mais ceux des ministères civils n'en ont nul besoin. On leur demande simplement d'arrêter et de transporter. La phrase sur « les valides » leur permet d'en subodorer davantage, aux risques et périls de leur conscience. Mais ils peuvent aussi se persuader que leur coopération ne fait pas d'eux, à coup sûr, des assassins. C'est bien pourquoi, après de nombreux mois de pratique qui leur ont permis de méditer sur tous ces trains revenus vides et de recueillir le flot montant des rumeurs, Himmler

---

1. J'ai mis l'idée en débat dans une lettre aux journaux et aux spécialistes en pleine « affaire Garaudy », le 6 mai 1996. Les échos, lorsqu'il y en a eu, ont été favorables ou agnostiques, mais jamais hostiles.

mettra brutalement les choses au point, le 6 octobre 1943. A Wannsee, il ne s'agissait que de leur mettre le doigt dans l'engrenage. A Posen, on leur révèle cyniquement qu'ils se sont fait piéger et sont passibles du châtiment suprême qu'annonce, au même moment, la propagande ennemie.

L'exemple de Wannsee peut être extrapolé à l'infini. Le crime, dans le Troisième Reich, n'est pas un principe ou un système. C'est une mission précise et datée, donnée à un individu ou à un groupe par le Führer – directement ou à travers une courte chaîne d'intermédiaires. Et le cloisonnement est de règle, comme le montre une réflexion de Speer dans son journal de Spandau, juste après le verdict de Nuremberg. En prison, il croise le docteur Karl Brandt et se remémore que son dernier voyage à Berlin, en avril 1945, avait pour objet, entre autres, de plaider sa grâce auprès de Hitler qui l'avait condamné à mort. Il poursuit :

> J'apprends qu'il est gravement compromis par des expériences pratiquées sur des êtres humains. Nous nous étions souvent rencontrés, nous parlions de Hitler, nous nous moquions de Göring, nous nous indignions du sybaritisme qui entourait Hitler et du comportement de tous les parasites du parti. Jamais il ne m'aurait révélé son activité, pas plus que je ne lui aurais confié que nous travaillions à des fusées prévues pour réduire Londres en gravats et en cendres. Même en évoquant nos propres morts nous ne parlions que de « pertes », devenus maîtres dans l'art d'inventer des euphémismes pour remplacer certains vocables [1].

Une telle coordination dans l'art de taire l'indicible ne peut avoir qu'un auteur et point n'est besoin de s'interroger longuement sur son identité. Seul celui dont l'autorité était reconnue de tous et invoquée à tout propos pouvait, par sa manière de cloisonner l'information, d'ordonner le secret, de manier l'insinuation et le demi-aveu, mener suivant un plan d'ensemble tous ces initiés partiels. Ainsi, parmi les confidences obtenues de Speer par Gitta Sereny en sus de ses mémoires opportunément amnésiques, l'une est de nature à trancher les questions, non seulement de l'initiative de l'Endlösung, mais de sa finalité. La scène se passe « au printemps ou à l'été 1943 » – donc après le tournant, étudié ci-après, de Stalingrad, une époque où la défaite se précise sans être encore certaine. Une conférence avec les militaires vient de se terminer, et on a ouvert les fenêtres. Keitel, Jodl, Warlimont et Below sont encore présents :

> « Hitler s'avança jusqu'à la fenêtre tandis que nous restions derrière lui, dit Speer. Je me rappelle – je ne sais pourquoi – que la pièce était très silencieuse. Et il déclara soudain, devant cette fenêtre, nous tournant le dos : "Messieurs, les ponts sont brûlés derrière nous." Il le dit très calmement, presque indifférent, sans emphase ni grandiloquence. Je sentis un frisson glacé me parcourir l'échine ; je me

---

1. *Journal de Spandau, op. cit.,* p. 40.

souviens très clairement d'avoir eu un terrible pressentiment, l'impression soudaine de quelque chose d'effroyable... Je pense aujourd'hui, continua Speer après quelques instants, qu'il voulait parler de ce qui avait été fait aux Juifs [1]. »

Que le génocide résulte d'une défaite entrevue, soit. Mais loin d'exprimer une résignation à cette triste issue, il procède d'un effort pour y parer. Si on veut dater cette confidence, ce sont les lendemains de la bataille de Koursk (juillet 1943) qui conviennent le mieux. C'était l'offensive de la dernière chance en territoire soviétique, et avant elle Hitler s'interdisait à coup sûr ce genre de propos désabusé. A présent, il n'a plus à opposer aux Russes qu'une stratégie globalement défensive, et il importe que ses officiers, ainsi que Speer, n'en tirent pas des conséquences politiques. L'information sur le génocide commence par ce petit groupe, et va s'épanouir dans le discours de Posen, sans doute postérieur d'assez peu. Il s'agit de rendre complices des cercles de plus en plus larges, afin de maintenir en place jusqu'au bout les dirigeants nazis et leurs objectifs raciaux.

Sur la décision du génocide, j'inclinerai en définitive à faire une distinction moins tranchée que Philippe Burrin entre une phase de refoulement et une phase d'extermination, ainsi qu'entre les « métaphores » des années 20-30 et les actes de 1941-45. Sans verser dans la thèse d'une préméditation du massacre deux décennies à l'avance, j'estime que quand on s'est mis brusquement, en 1919, à traiter des millions de gens de parasites et de bacilles, le fait de les arroser, des années plus tard, avec des substances mortelles ne saurait s'expliquer entièrement par des circonstances contemporaines, le massacre eût-il été prévu de longue date comme une éventualité dans certains cas. Le nazisme est tout entier ordonné vers un remodelage du monde où le meurtre n'est qu'un moyen parmi d'autres, mais indispensable. Dans ce projet, l'ethnie juive est incontestablement la plus visée. Et dans sa réalisation, même sans l'accroc de la résistance soviétique de 1941, la destruction au moins partielle des Juifs d'Europe était nécessaire, à titre de geste fondateur des temps nouveaux. Reste qu'on fait fausse route quand on isole ce point. Les bacilles promis à la destruction chimique étaient aussi, aux yeux d'autres pays comme les Etats-Unis, des êtres humains, et il y avait des profits à tirer de cette erreur. Ils servaient donc également d'otages pour acheter la paix. Le refoulement et le regroupement précédant l'extermination n'étaient pas seulement des ruses et des préparations subreptices de celle-ci, mais aussi une façon de préparer des cartes pour les jouer en fonction

---

1. *Op. cit.*, p. 392.

des circonstances[1]. Cet exemple enseigne qu'avec Hitler, il ne faut pas toujours se croire obligé de trancher entre des interprétations rivales et que, dans son jeu multiforme, souvent elles se complètent.

---

1. Cette analyse nuance celle de Lucy Dawidowicz que Ron Rosenbaum place, comme un Graal, à la fin de sa quête. Le titre de son livre, *La guerre contre les Juifs* (*The War against the Jews*, New York, Holt, 1975), en résume excellemment le propos : foin de l'Allemagne et des deux guerres mondiales, rien n'existe en dehors de la haine meurtrière contre une minorité, et on n'a de cesse de créer les conditions d'un massacre, tout en s'amusant cyniquement de la cécité des victimes et de leurs présumés défenseurs. L'auteur a raison de lire dans les premiers textes politiques de Hitler un désir de meurtre, et elle est la première à le faire en utilisant les ressources de l'explication littéraire. Mais elle ignore résolument le politicien, et sa manière d'articuler en une grande fresque des objectifs multiples.

CHAPITRE 14

L'agonie militaire et les derniers espoirs

En 1942, Albert Speer acquiert de tels pouvoirs que beaucoup le présentent, à l'époque et depuis, comme le « numéro deux » du régime. Il est loin de mériter cet honneur – ou cette indignité. Il serait plutôt la marionnette en chef – et partage ce rôle, si on veut, avec Goebbels. L'un forge les armes de l'esprit, l'autre les armes tout court. Tous deux à une distance abyssale des secrets du Führer – contrairement à Göring, à Himmler et, depuis peu, à Bormann.

Gitta Sereny nous apprend tout d'abord qu'il subit, comme architecte, une véritable disgrâce. Elle y est aidée par la publication, juste avant le début de son enquête (1977), des mémoires d'Hermann Giesler, qui l'a supplanté. On savait qu'il avait été chargé des transformations de Munich en 1939 et de celles de Linz en 1940, mais son livre, plein de rancœur contre Speer, nous aide à mesurer à quel point ces promotions représentaient, pour son rival, une dépossession : c'est Giesler qui, de plus en plus, procurait une détente au Führer en lui soumettant des plans qui le passionnaient [1]. Cependant, la frustration de l'évincé était minime. Il conservait un lien affectif privilégié avec Hitler, car il l'aidait à assouvir non plus sa passion de jeunesse, mais son ambition d'homme mûr : le programme de conquête.

A partir de 1940, Speer se recycle insensiblement. Il demande à mettre ses talents au service de la guerre, et se voit chargé de la construction d'usines d'armement. Il se retrouve progressivement à la tête de plusieurs milliers de personnes, sous le sigle de moins en moins pertinent du GBI, l'inspection des bâtiments du Grand Berlin. Il doutait de ses dons d'architecte, n'ayant embrassé cette carrière que par tradition familiale alors que ses goûts d'enfant le poussaient vers les mathématiques. En revanche tout le monde lui reconnaît, à commencer par lui-même, un talent d'organisateur. G. Sereny pense, et elle a sans doute raison, que Hitler avait « assez finement » senti ses limites comme concepteur de bâtiments. Il n'avait pu qu'être sensible, en revanche, au génie qu'il manifestait pour faire travailler ensemble des milliers de spécialistes.

---

1. Cf. G. Sereny, *op. cit.*, p. 242-44.

Un autre nazi l'avait précédé dans cette voie et s'y était fait apprécier du Führer. Fritz Todt, ingénieur du bâtiment, membre du NSDAP depuis 1923, avait dirigé la construction des autoroutes et de la ligne Siegfried et s'occupait d'édifier le mur de l'Atlantique. Il avait créé pour ces diverses tâches une organisation portant son nom, et, sans cesser de la diriger, était devenu ministre de l'Armement en 1940. Il meurt dans un accident d'avion, le 8 février 1942. Speer, présent ce jour-là au quartier général, y est aussitôt investi, à sa grande surprise, de l'ensemble des fonctions du disparu [1].

L'accident est bizarre. Il a toujours été jugé tel. Mais curieusement, les spéculations ont le plus souvent tourné court [2]. On le doit aux préjugés en vogue sur la direction nazie. Todt était respecté, à la fois pour sa compétence et pour son humilité : tout le contraire d'un intrigant qui se fait des ennemis. Il y aurait bien une piste Göring : le Reichsmarschall n'aurait-il pas pris ombrage des succès de Todt ? Mais c'était pour lui un subordonné docile, dans le cadre du « plan de quatre ans », et sa disparition ne pouvait que faire ressortir les limites de son supérieur. Notons toutefois, et Speer dans ses mémoires ne s'en fait pas faute, que Göring prit la route de Rastenburg dès l'annonce de l'accident en demandant à Hitler de l'attendre avant toute décision, et que le Führer semble s'être dépêché, au contraire, de nommer Speer avant son arrivée. Quant à suspecter Hitler lui-même, on s'en retient semble-t-il au nom de ses liens avec l'un des plus anciens et des plus talentueux nazis, de l'ampleur des tâches qu'il lui avait confiées, de l'admiration qu'il lui vouait et du chagrin qu'il manifesta après son décès. Mais ce qui joue peut-être le plus en sa faveur, comme nous en avons vu de nombreux exemples, c'est la sous-estimation de ses capacités, tant en matière de prévision que de connaissance des hommes.

Un témoignage tranche sur la foule des spéculations, celui du général Hans Baur, le fidèle pilote du dictateur. Après dix ans de captivité en URSS, il fit un livre à la Kubizek, soucieux de consigner des faits plutôt que de juger. Or, arrivé sur les lieux juste après l'accident, il a pu interroger aussitôt les témoins oculaires. Quelques minutes après son décollage, l'appareil revenait vers le terrain et s'apprêtait à atterrir, lorsqu'une flamme bleue sortit de la carlingue avant que l'avion n'explose et ne prenne feu, à une centaine de mètres de la piste. C'est Baur qui dirige la lutte contre l'incendie et que Hitler charge, sitôt qu'il est informé, d'une enquête. La fouille des débris n'a permis aucune conclusion lorsqu'arrive une explication exotique : l'avion de Todt n'était pas l'avion de Todt ; celui-ci, un Heinkel 111, était en réparation à Paris, et l'armée lui en avait

---

1. Speer et Todt se reconnaissaient un précurseur, Rathenau, qui, pendant la guerre précédente, avait stimulé l'économie en s'appuyant sur les industriels et en court-circuitant les fonctionnaires : cf. G. Sereny, *op. cit.*, p. 302-304.

2. Par une évolution parallèle à celle des considérations sur l'incendie du Reichstag, les travaux récents tendent de plus en plus à blanchir Hitler, sans qu'il soit fait état d'éléments nouveaux : cf. Franz Seidler, in *Die braune Elite*, Darmstadt, Wissenschaftliche Buchgesellschaft, 2 vol., 1989 et 1993, t. 1, p. 309, suivi par M. Steinert, *op. cit.*, p. 495.

fourni un autre ; or les avions militaires étaient équipés d'un système d'autodestruction, pour le cas où ils seraient contraints d'atterrir en territoire ennemi. Et Baur, comme un juge d'instruction au vu d'un rapport policier bien ficelé, voit soudain la scène comme s'il avait été présent : Todt avait l'habitude de voyager à l'avant, sur le siège du radio. En prenant la place de celui-ci peu après le décollage, il avait par mégarde actionné le mécanisme de destruction, avec une boucle de ses bottes (*sic*). Mais la mise à feu prenait quelques minutes, pendant lesquelles une odeur de brûlé se répandait. Du coup, le pilote avait tenté, un peu tard, de rebrousser chemin [1].

Ce qui ressort clairement de ce récit, c'est que l'accident et l'enquête se sont produits dans l'entourage immédiat du Führer, là où grouillaient les SS et les créatures prêtes, sans le moindre état d'âme, à des besognes aussi basses que confidentielles. Baur réagit comme beaucoup de nazis naïfs, qui prêtent la main à des comédies tellement énormes qu'elles anesthésient, même des années plus tard, leurs facultés cérébrales, par peur d'une vérité trop accablante.

On se gardera d'une conclusion ferme. On ne se privera pas, en revanche, des ressources du « tout se passe comme si ». La chute de l'avion de Todt ressemble à s'y méprendre au largage du premier étage d'une fusée au profit du second, destiné à monter plus haut. La succession était prête, elle est immédiate... Tout de même, il est peu logique de renoncer à telle collaboration, et par une telle méthode, si le zèle de l'intéressé n'a pas donné des signes d'essoufflement. Or ils sont attestés, et portent sur l'essentiel. Dans ses mémoires, Speer dit avoir croisé un Todt inhabituellement pâle, au sortir d'un entretien avec le Führer, quelques jours avant sa mort. Devant G. Sereny, il est plus disert. Nous apprenons que le moral du ministre de l'Armement, à l'instar de celui d'un Brauchitsch, avait subi une chute vertigineuse lors de la contre-offensive soviétique devant Moscou, à la fin de 1941. La conversation qu'il relate est située le 27 décembre :

> Je suis allé voir Todt dans sa maison près de Berchtesgaden. Etant donné sa situation dans l'Etat, c'était une demeure bien modeste ; lui et sa femme étaient des gens très simples, très tranquilles. Je l'aimais beaucoup. Il était très déprimé ce jour-là. Il venait juste de revenir d'une longue tournée d'inspection en Russie et il me dit à quel point il avait été horrifié par la situation de nos soldats.
>
> Plus tard, j'allais me souvenir de ses paroles et de la profonde tristesse de son expression, lorsqu'il me confia que jamais nous ne pourrions gagner la guerre là-bas. Les soldats russes étaient peut-être primitifs, dit-il, mais beaucoup plus coriaces que nos hommes, tant physiquement que psychologiquement. Je me rappelle avoir essayé de l'encourager. Nos garçons sont de solides gaillards, lui fis-je observer. Il

---

1. Cf. Hans Baur, *Ich flog Mächtige der Erde*, Kempten, Propster, 1956, tr. fr. *J'étais le pilote de Hitler*, Paris, France-Empire, 1957, p. 202-203.

secoua la tête d'une façon qui lui était toute particulière et il me répondit – je crois encore l'entendre : « Vous êtes jeune. Vous avez encore des illusions[1]. »

L'objet de cet entretien est une mission confiée par Todt à Speer, ainsi d'ailleurs, curieusement, qu'à Giesler : les deux architectes sont envoyés dans les territoires soviétiques occupés, afin d'étudier les problèmes de transport et de faire des propositions pour les résoudre. Voilà pourquoi Speer se trouve à point nommé, le 7 février, au quartier général du Führer : il est venu rendre compte d'un séjour en Ukraine, dans un secteur où l'Armée rouge était à l'offensive. On sait par ailleurs que la région avait été, depuis un semestre, l'un des premiers bancs d'essai du génocide. Tout se passe comme si, avant de le nommer, on s'assurait de la fidélité de Speer en l'éclairant sur les réalités, de tous ordres, de la guerre à l'est.

Relevons enfin que Speer devait, le 8 février, profiter de l'avion de son ministre, mais qu'il avait été reçu de manière imprévue par le Führer à minuit, et avait fait savoir à Todt qu'il préférait se reposer quelques heures, quitte à prendre le train.

Ce qui tendrait enfin à rendre Hitler suspect, ce sont les obsèques, un rien trop solennelles. Cette héroïsation au milieu d'une guerre qui est loin d'être gagnée et au son du *Crépuscule des dieux* manque de naturel, comme l'attitude de ce Führer surmené qui s'offre la nuit précédente une longue veille auprès du catafalque, avec un visage ému. Des liturgies beaucoup plus sobres accompagneront les dépouilles des compagnons jus-qu'au bout fidèles, comme Heydrich ou Schmundt. Quant à la dernière phrase du discours, elle est d'une ambiguïté à la limite de l'aveu : « Je considère sa mort comme une contribution du mouvement national-socia-liste au combat de notre peuple pour sa liberté[2]. »

Qu'il ait ou non guidé la main de la Providence, une chose est sûre : Hitler resserre encore son autorité, en remplaçant, dans un domaine vital, un nazi désabusé par un fringant arriviste dont il connaît à la fois le talent, la docilité et la naïveté. Car Speer ne soupçonne rien des louches manœuvres qui pourraient avoir présidé à sa promotion – ou peut-être s'interdit-il le moindre soupçon et préfère-t-il se griser de sa puissance en l'attribuant à son seul mérite. Il va donc se comporter comme une marion-nette inconsciente. Pour galvaniser les capitalistes et leurs ingénieurs, quoi de plus efficace qu'un nazi peu idéologue et féru de technique, per-suadé d'avoir damé le pion à Göring et de lutter pied à pied contre l'in-fluence de Bormann ?

Que Hitler soit ou non coupable, il le laisse presque entendre un an plus tard à Goebbels, qui note dans son journal le 5 février 1943, après avoir reçu le couple Speer à dîner :

---

1. *Op. cit.*, p. 276.
2. Cf. Franz W. Seidler, *Fritz Todt*, Munich, Herbig, 1986, p. 371.

Lui et moi nous entendons extrêmement bien ; il est l'un des rares à réagir favorablement à mes idées et pourra donc m'aider à les réaliser. Et quelles choses stupéfiantes n'a-t-il pas réalisées en si peu de temps ! Si dur que cela soit à admettre, on doit être d'accord avec le Führer quand il dit que, d'une certaine manière, le remplacement de Todt par Speer a été très bénéfique. En dernière analyse, Todt avait trop l'esprit soldat, éternellement au garde-à-vous devant les généraux, ce qui n'est évidemment pas le cas de Speer, civil dans l'âme.

Ainsi, Hitler, lorsqu'au début de 1942 il réorganise son pouvoir, ne donne pas l'impression d'un déclin personnel, et encore moins politique. Il n'inspire certes plus des manœuvres stratégiques d'envergure et, de ce point de vue, l'année va être peu convaincante. Mais la manœuvre consistant à placer Speer sur orbite n'est-elle pas, compte tenu des défis et des moyens de l'heure, un équivalent des exploits militaires antérieurs ? Même en laissant dans le doute la froide résolution qui aurait pu présider à l'effacement de Todt, le simple fait d'avoir tenu en réserve la carte Speer réédite les tours de magie politique des années 30, en faisant croire que les nazis se livrent pieds et poings liés à la bourgeoisie, alors que c'est l'inverse qui se produit.

Speer est en effet un ennemi déclaré de Bormann, qui dirige le parti. Dans ses efforts de rationalisation industrielle il va se heurter souvent aux Gauleiters, et avoir l'impression que Bormann est, auprès de Hitler, leur représentant plus ou moins écouté. Il va, contre lui, rechercher l'alliance de Goebbels et ses mémoires ont mis en lumière un prétendu bras de fer entre le trio Bormann-Lammers-Keitel, d'un côté, et de l'autre la paire Speer-Goebbels, aidée de Funk et de Ley, qui cherchait et obtenait par intermittence l'appui de Göring. Les conjurés visaient à un redoublement de l'effort de guerre passant, notamment, par une cure d'austérité. Les Gauleiters devraient renoncer à leur train de vie, et les masses accepter des sacrifices, consistant notamment en une baisse du niveau de consommation et en une extension du travail féminin.

En laissant les deux groupes s'user l'un contre l'autre, en utilisant Göring pour calmer le jeu au moment où il tourne au pugilat (notamment quand le Reichsmarschall retourne sa veste et fait de grands éloges du parti lors d'une réunion dont les contestataires attendaient beaucoup, le 12 avril 1943[1]), Hitler non seulement apparaît comme un tireur de ficelles au talent intact, mais révèle une ligne politique précise et immuable. Elle consiste :

1) à garder les militaires sous un contrôle étroit, pris en tenaille entre Keitel qu'ils détestent et identifient de plus en plus à Bormann, et Speer qu'ils adorent parce qu'il leur donne les moyens du combat, et parce qu'ils méconnaissent à quel point il reste dépendant du Führer ;

2) à ménager les masses allemandes tout en les compromettant.

Il est notoire que le rationnement de la population autochtone du Reich,

---

1. Cf. A. Speer, *Au cœur...*, *op. cit.*, p. 371-376 et G. Sereny, *op. cit.*, p. 380-83.

pendant la deuxième guerre, fut moins sévère que pendant la première. Une première explication réside dans le traumatisme de 1918 : puisque alors le pays avait eu à souffrir, du moins aux yeux d'un Hitler, à la fois de la révolte des généraux contre Guillaume II et de celle des travailleurs recrus de privations, il devait lui paraître vital d'éliminer ce dernier facteur. Hitler soigne sa classe ouvrière pour qu'elle reste avec lui jusqu'au bout, en ayant apparemment plus à se plaindre des bombardements étrangers que de la politique du régime. Mais l'explication raciale est sans doute plus décisive, et dessine bien l'abîme qui sépare les deux guerres. Les femmes maintenues au foyer, en dépit des besoins de la production, sont disponibles pour élever la race supérieure. Leur travail, et celui que ne font pas les ouvriers, peu accablés d'heures supplémentaires, incombe aux *Untermenschen* et aux vaincus. Par un raffinement dont nous ne connaissons pas assez précisément la genèse pour savoir s'il est dû à Hitler en personne, mais qui est bien dans sa manière, c'est à un Gauleiter, Fritz Sauckel[1], que va être confié le recrutement de la main-d'œuvre étrangère et sa déportation vers les usines du Reich, en dessaisissant partiellement Speer qui souhaitait enrôler les travailleurs au plus près de leur lieu d'habitation, que ce fût dans le Reich ou les pays occupés.

Au lendemain de Pearl Harbor, si Hitler n'a eu d'autre ressource que de déclarer la guerre aux Etats-Unis, il ne l'a pas faite pour autant, sinon dans l'Atlantique. Il ne pouvait guère, dira-t-on, les atteindre ailleurs ? Il pouvait au moins jouer de la subversion en Amérique latine. Il n'aurait guère eu de difficulté à mobiliser là-bas des têtes brûlées d'extrême droite pour menacer les intérêts nord-américains. Il s'en est bien gardé, de même qu'en privilégiant l'adversaire soviétique il cantonne ses meilleures troupes sur un théâtre où elles ne menacent guère les approvisionnements ou le commerce des Etats-Unis. En les attaquant seulement dans l'Atlantique il les invite à se désintéresser de l'issue de la guerre européenne, moyennant quoi ils pourront déployer leur impérialisme sur le reste du globe.

Il savait bien qu'il devait expliquer à son peuple quel sens conservait la continuation de la guerre, face à une coalition, sur le papier, beaucoup plus puissante. L'unique espoir que les sacrifices puissent encore servir à quelque chose résidait dans la fragilité de cette coalition. D'où, pendant près d'un an, la rumeur insistante d'un nouveau pacte germano-soviétique, que Ribbentrop, le spécialiste, aurait remis en chantier[2]. Staline lui-même n'en était pas mécontent et faisait peu d'efforts pour démentir, car c'était un moyen de pression pour obtenir, de la part de ses alliés, une aide plus consistante pour l'immédiat, voire des promesses d'agrandissement

---

1. Il est, plus précisément, Statthalter, mais les deux termes sont souvent confondus.
2. Cf. Charles Bloch, *op. cit.*, p. 493-94.

territorial pour l'après-guerre. Quant à Mussolini, il pressait Hitler, en novembre, de proposer des pourparlers à Staline [1].

Cependant, une première clarification se produit au début de l'été, quand se dessinent les offensives nazies de l'année. Non seulement elles prennent la direction de l'est, mais elles le font de manière spectaculaire puisque, évitant les régions les plus industrielles et les plus peuplées d'URSS, elles prennent pour cible le Caucase, ce qui permet des avancées de plusieurs centaines de kilomètres en quelques semaines. Une manière d'impressionner le public mondial par une démonstration certes de puissance, mais surtout, pour reprendre le mot favori de Hitler, de volonté. Refaire encore une percée de 500 à 1 000 kilomètres dans cette Russie qui a montré l'année précédente sa force et sa ténacité, c'est bien brûler ses vaisseaux et affirmer à la face du monde qu'on entend jouer toute sa mise sur cette case.

Hitler pouvait à coup sûr prévoir certaines conséquences : Staline, aux abois, allait réclamer le « second front » à ses alliés, avec une insistance redoublée, et ceux-ci seraient à la fois heureux et obligés de venir disputer à l'Allemagne, sans grand risque, quelqu'une de ses zones d'influence. On pourrait alors montrer comment le gouvernement nazi concevait la hiérarchie des périls et des objectifs.

Une curieuse déviation se produit entre les mois de juin-juillet, où le Caucase semblait la direction principale, et ceux d'août-septembre, qui voient le gros des forces se porter sur Stalingrad [2], compromettant une offensive caucasienne très bien partie. La Wehrmacht tente de prendre la ville et, maison par maison, n'en conquiert que les cinq sixièmes, le reste, adossé à la Volga, étant aux mains d'une armée soviétique acharnée à défendre son sol. Les assaillants sont commandés par le général Paulus – qui sera fait maréchal par Hitler à la veille de sa capitulation, ce qui n'autorise pas les chroniqueurs à lui donner du *von*, comme quelques-uns le font. Là encore il faut sans doute lire un respect, par des voies détournées, du programme : viser le Caucase, c'était menacer l'URSS dans son approvisionnement pétrolier, mais aussi envoyer des signaux aux autres puissances, notamment au Japon, car l'Allemagne se rapprochait de l'Inde et avait l'air d'inviter les Nippons à faire de même. Mais au fond tout cela n'avait rien d'hitlérien. C'était s'installer dans une guerre longue, et pas spécialement antisoviétique. D'où cette correction qui ramène l'explication principale au cœur de l'URSS. Hitler sait qu'il joue son va-tout et il ne veut pas le jouer n'importe où, contre n'importe qui. Il cherche encore à gagner la guerre mais se doute qu'il a de fortes chances de la perdre et, en livrant à Stalingrad la bataille décisive, à la fois il met en scène sa défaite sur le théâtre choisi par lui, et il se raccroche à l'espoir

---

1. Au lendemain du débarquement allié en Afrique du Nord qui, il est vrai, constituait pour lui une menace beaucoup plus immédiate que les échecs sur la Volga (cf. J. Fest, *op. cit.*, p. 939).
2. Suivant une décision prise le 23 juillet : cf. Philippe Masson, *op. cit.*, p. 208.

que cette fidélité à sa croisade peut lui valoir de nouvelles sympathies, propres à renverser le cours des choses.

L'idée d'une « guerre totale », avant de fournir à Goebbels, le 18 février suivant, le thème de son discours le plus célèbre, est en germe dans certaines décisions et certains discours de l'automne. C'est à la fin de septembre que s'achève la purge sans précédent, et sans suite jusqu'à l'attentat du 20 juillet 1944, qui frappe les officiers supérieurs en cette année 1942. Après Brauchitsch, Rundstedt et Guderian, limogés dans l'hiver pour leur désaccord avec l'« ordre d'immobilisation » devant Moscou, c'est Halder qui cède la place, fin septembre, à Zeitzler, un jeune homme de quarante-sept ans dont le principal mérite semble être de n'avoir, depuis son poste de chef d'état-major sur le front de l'ouest, jamais critiqué les ordres reçus et fait preuve, au contraire, d'un optimisme sans faille. Hitler, qui a remplacé Brauchitsch au commandement de l'armée de terre, prend même un moment la tête d'un groupe d'armées, celui qui investit le Caucase, quand List fait valoir son désaccord avec la réorientation du dispositif au profit de l'assaut vers Stalingrad, le 9 septembre. Jodl, qui a pris la défense de List, subit alors une demi-disgrâce de plusieurs mois.

Il ne faudrait pas croire que la contre-offensive simultanée des armées soviétiques, le 19 novembre, au nord et au sud de Stalingrad, ait été pour les Allemands une surprise totale. L'OKH avait repéré depuis longtemps les troupes qui s'accumulaient derrière la Volga, alerté le commandant en chef sur leur probable objectif d'assiéger les assiégeants et proposé une retraite[1]. Le discours que Hitler prononce, comme chaque année, à Munich, pour commémorer le putsch du 8 novembre, montre bien ce qu'il a en tête quand il s'obstine à tenir la place. On ne sait si les Américains ont fixé leur débarquement nord-africain en tenant compte de cet anniversaire, ni si le discours a été remanié en fonction de cet événement. Toujours est-il qu'il expose sans fard la gravité de la situation, comme pour mieux appeler à la mobilisation suprême :

> Il ne sera plus fait d'offre de paix de notre côté. (...) Un seul principe : vaincre, vaincre, vaincre encore.
> En moi vous avez (...) un adversaire qui ne songe même pas au mot capituler ! Il a toujours été dans mes habitudes, même quand j'étais petit garçon – à cette époque c'était peut-être un défaut, mais en fait, c'est plutôt une vertu – de vouloir avoir le dernier mot. Et tous nos ennemis peuvent être convaincus que si l'Allemagne d'autrefois a déposé les armes à midi moins le quart, c'est un principe chez moi de ne jamais m'arrêter qu'après midi çinq.

L'état d'esprit du Führer au moment de Stalingrad est, enfin, éclairé par un document souvent négligé, le compte rendu sténographique du « grand rapport » du 12 décembre 1942. Les délibérations du QG alle-

---

1. *Ibid.*, p. 227.

mand ont en effet été notées à partir de l'affaire List. Le général, morigéné par Hitler, s'étant réclamé de directives édictées par celui-ci et Jodl lui ayant donné raison, le dictateur a décidé de faire sténographier, désormais, les délibérations, pour la grande joie de l'historien, malheureusement intermittente car seulement certaines pages ont survécu au feu par lequel on a tenté de faire disparaître cette pièce à la veille de la défaite. Le sténogramme du 12 décembre est le seul qui, antérieurement à la capitulation de Paulus, parle de la bataille. Il montre un Hitler sans illusion, parlant presque ironiquement du manque de moyens du côté allemand et de la solidité de l'ennemi. Mais il réitère son refus d'évacuer la place et le justifie pesamment. Ses arguments se ramènent à une idée principale : si on quitte Stalingrad, on ne pourra plus y revenir. Il est longuement question ensuite de l'Afrique du Nord. Tandis que la faiblesse des moyens de secours envoyés à Rommel, menacé de toutes parts (cf. *infra*, p. 390), est passée sous silence, Hitler se répand en sentences générales sur l'usure nerveuse qui ne peut manquer de se produire chez un chef maintenu longtemps en première ligne, pour en conclure que si l'Afrika Korps recule, c'est qu'il n'est plus aussi bien commandé. La discussion s'achève par des informations sur les bombardements britanniques, qui permettent au Führer, à la stupéfaction probable de ses interlocuteurs soudain muets, de dire qu'en la matière toute censure est stupide et qu'il faut informer complètement les populations des dégâts : « Là aussi, dit-il juste avant la clôture de la séance, le principe est qu'il faut éduquer tout le monde à connaître la vérité la plus brutale. Car la vérité la plus brutale, si laide qu'elle soit, est plus facile à supporter qu'un mensonge enjolivé qui ne correspond à rien de réel [1]. »

Ainsi, le Führer profite des circonstances pour franchir un stade dans la nazification des esprits en affirmant plus brutalement que jamais, par la parole et par les actes, le caractère inexpiable de sa querelle avec l'URSS. Mais en même temps il reste lui-même et s'avance masqué, couvrant ses choix aux raisons fondamentalement raciales de laborieuses justifications politiques ou techniques, y compris dans les réunions les plus secrètes.

Une fois encore, l'historien doit prendre ses responsabilités dans le demi-brouillard qui entoure, sans doute pour l'éternité, les motivations intimes du Führer. Soit il fait la grève du diagnostic, se déclare incompétent et se contente de constater que le Führer est tantôt un fin stratège, tantôt un lourdaud impénitent sans qu'aucune loi éclaire ces alternances, soit il s'aperçoit que tous les indices vont dans le même sens, fait confiance à ce fil d'Ariane, se décide à suivre la piste et, en finale, découvre que le même homme, avec les mêmes qualités et les mêmes défauts, poursuit inlassablement le même objectif dans les jours fastes et

---

1. *Hitlers Lagebesprechungen/Die Protokollfragmente seiner militärischen Konferenzen 1942-45*, Stuttgart, Deutsche Verlags-Anstalt, 1962, tr. fr. *Hitler parle à ses généraux*, Paris, Albin Michel, 1964, p. 66.

dans les revers, celui d'élargir la place du Reich sur le globe aux dépens de l'URSS, avec l'accord bienveillant ou forcé des autres puissances, notamment anglo-saxonnes.

Le plus admirable, c'est qu'au même moment un acte de Roosevelt, qui n'avait rien d'imprévisible, vient donner à son nouveau dispositif une providentielle légitimité.

A l'issue de ses conversations de Casablanca avec Churchill, le 24 janvier 1943, le président annonce que les Alliés continueront la lutte jusqu'à la « reddition inconditionnelle » des trois puissances de l'Axe. La formule, détachée de son contexte, servira plus tard d'arme au parti républicain, qui reprochera au président démocrate d'avoir par cette annonce favorisé Staline. En effet, elle contrariait les efforts des Allemands antinazis qui, à la faveur de Stalingrad, remettaient sur le métier leurs sempiternels plans de coup d'Etat. Comment justifier une telle action de sabotage aux yeux de l'opinion allemande, sinon par l'espoir d'abréger la guerre et de couper court à la menace soviétique sur l'Europe centrale, en proposant un compromis aux Alliés de l'Ouest ? L'exigence d'une « capitulation sans conditions », maintenant dans l'ombre la plus opaque le sort futur de l'Allemagne et ne lui laissant aucun droit d'option sur la sauce à laquelle elle allait être mangée, non plus que sur les convives, servait en revanche à merveille la politique hitlérienne de mobilisation dans une « guerre totale ».

Les critiques ne tiennent guère compte de la préhistoire de la formule. Dès la Charte de l'Atlantique (août 1941), les Etats-Unis disaient vouloir concourir, aux côtés de l'Angleterre, à la « destruction finale de la tyrannie nazie ». La déclaration du 24 janvier ne fait qu'apporter une précision technique, conforme à une politique exposée depuis longtemps. Mais la déroute allemande à Stalingrad mettait en question cette politique, et il importait de la réaffirmer d'une façon qui coupât court à toute ambiguïté. Faute de quoi des forces immenses, dans les deux grandes démocraties libérales en guerre contre le nazisme, allaient à coup sûr se lever et réclamer, devant une menace soviétique grandissante, un adoucissement du sort de l'Allemagne. Bientôt, si on laissait faire, l'*appeasement* renaîtrait de ses cendres encore chaudes, ainsi que sa vieille marotte, la recherche d'un compromis avec les Allemands « raisonnables », sans exclure les nazis « modérés ». Il devenait urgent, pour le chef de la plus grande puissance de la coalition, d'indiquer le cap, et d'assimiler implicitement à une trahison toute proposition de demi-mesure. L'intérêt subsidiaire, mais à présent moins pressant, étant d'arrimer définitivement l'URSS à la coalition, ce qui permettait en outre de l'intégrer à un processus de discussion et de poser des bornes à son expansion, désormais admise.

Au total, on est donc fondé à voir dans la bataille de Stalingrad le « tournant de la guerre », à condition d'y intégrer l'annonce faite à Casablanca. L'exigence anglo-américaine d'une capitulation sans conditions, fruit du premier triomphe des armes soviétiques, consolide, pour la durée de la guerre, la Grande Alliance... et le régime hitlérien.

Les mesures prises par Hitler en lieu et place de l'évacuation réclamée ne sont pas du pur théâtre. Göring, consulté par téléphone, a donné son accord pour organiser le pont aérien avec moins d'enthousiasme, semble-t-il, que lors des batailles de Dunkerque ou d'Angleterre[1]. Mauvaise humeur... ou souci, partagé par Hitler, de ne pas faire preuve de trop d'incompétence et de laisser entendre que la défaite menace ? La Luftwaffe va en tout cas mener une vraie bataille, et se faire vaincre tout autant que l'armée de terre, en ne parvenant à acheminer, en moyenne, qu'une centaine de tonnes sur les 500 requises. D'autre part, Hitler jette dans la bataille celui qui passe, à l'époque et depuis, pour son meilleur stratège, Erich von Manstein. Précédemment affecté dans le secteur de Leningrad, il reçoit le commandement d'une nouvelle armée, destinée à briser l'encerclement.

Elle y échoue en décembre, et janvier voit l'horrible agonie de la 6ᵉ armée. Après l'échec des contre-attaques destinées à le dégager, Paulus demande vainement l'autorisation de capituler pour sauver la vie de ses hommes (ainsi que les Soviétiques le lui proposent le 8 janvier en promettant un traitement convenable des prisonniers), et Hitler obstinément refuse, augmentant dans l'esprit de beaucoup sa réputation d'insensibilité, que ce soit à la douleur d'autrui ou aux réalités déplaisantes.

Cette opinion ne tient aucun compte des problèmes qui se posaient alors au commandement allemand. Des troupes engagées beaucoup plus loin, jusque dans le Caucase, étaient en cours de repli et Manstein, nullement désœuvré après l'échec de son offensive, faisait le nécessaire pour permettre leur retraite et pour raccommoder le front. Ce qui ne pouvait se faire qu'avec l'accord du Führer et dément l'absurde réputation qu'on lui fait, souvent en extrapolant le seul exemple de Stalingrad, d'avoir systématiquement empêché, par manque de réalisme, des replis devenus militairement indispensables. Nous avons vu plus haut que le refus d'une retraite dans la région de Moscou, l'hiver précédent, contre l'avis de la plupart des généraux, lui avait évité provisoirement le sort de Napoléon, et que les spécialistes lui ont ultérieurement donné raison. Le même raisonnement doit être appliqué à la résistance de Stalingrad *en janvier*, qui fixe d'importantes troupes soviétiques. Libres de leurs mouvements un mois plus tôt, elles auraient indubitablement fait sur d'autres parties du front des dégâts qui auraient abrégé la guerre[2]. L'injustice du reproche fait ici à Hitler est d'autant plus flagrante qu'on fait généralement un mérite à Churchill d'avoir prolongé la résistance sans espoir des défenseurs de Calais en mai 1940 pour favoriser l'embarquement de Dun-

---

1. Cf. *La ruse nazie, op. cit.*, p. 210-213.
2. Point bien mis en lumière, ainsi que l'accord avec cette analyse des généraux allemands, notamment Manstein, par Philippe Masson, *Histoire de l'armée allemande*, Paris, Perrin, 1994, p. 236.

kerque. La seule obstination critiquable est celle d'*octobre*, quand arrivaient les rapports alarmants sur les concentrations soviétiques. Il est clair que Hitler a dès ce moment, sinon sacrifié, du moins gravement exposé Paulus et ses 220 000 hommes, en dépit des règles de l'art militaire. Mais nous savons depuis un certain temps qu'il n'isole jamais les considérations militaires du tableau d'ensemble qu'il a dans l'esprit.

Quand on étudie la seconde guerre mondiale, il est dangereux de considérer chaque bataille en elle-même, sans mesurer l'influence des autres théâtres. En l'occurrence, il est particulièrement trompeur d'étudier Stalingrad sans examiner ce qui se passe au même moment en Afrique du Nord. Pendant que sur le front de l'est la Wehrmacht piétine et que les périls s'accumulent, Montgomery attaque Rommel à El Alamein le 8 octobre. Contraint à une rapide retraite, le « renard du désert » se voit tout à coup menacé sur ses arrières par le débarquement anglo-américain du 8 novembre sur les côtes algériennes et marocaines, et l'Afrika Korps est menacé d'anéantissement. Certes Hitler réagit vite, envahissant la zone sud française et la Tunisie, mais avec des forces restreintes. Et le pont aérien, nullement discret, organisé vers Stalingrad à partir du 24 entraîne une réduction de l'activité de la Luftwaffe en Méditerranée, au moment où elle serait le plus nécessaire – du moins si on tenait la balance égale entre l'est et l'ouest. Car, en raison des carences croissantes de la marine italienne, la voie aérienne est aussi le principal vecteur du ravitaillement de l'Afrika Korps. Son calvaire, achevé en mai 1943 par la capture de 250 000 soldats dont la moitié sont allemands, fait pendant à celui de la 6e armée et l'ensemble constitue une démonstration pédagogique, assez peu coûteuse en hommes par rapport aux millions qu'arme le Reich, de la bonne volonté anticommuniste de l'Allemagne et de l'illogisme des gouvernements capitalistes occidentaux, aveugles à leur véritable intérêt qui serait de laisser une certaine carrière aux ambitions orientales du Reich.

Ainsi, sans lui prêter une prescience ni une préméditation totales, il est possible de concevoir que Hitler, à la mi-novembre, lorsque la décision d'un repli de l'armée exposée dans Stalingrad devenait urgente, ne s'y est pas opposé par faiblesse de caractère, sous-estimation du danger ou souci de gloriole, mais qu'il est simplement resté fidèle à son programme, et à ses méthodes favorites. Tirant parti des difficultés causées au même instant par la prise en tenaille de l'Afrika Korps, il aurait opté, en repliant celui-ci sans pour autant lui donner les moyens de se sauver, et en maintenant l'avancée téméraire de ses troupes de l'est, pour un double sacrifice, destiné à mobiliser son peuple, prioritairement, contre le péril soviétique, et à convaincre la planète, après avoir cultivé une certaine équivoque, qu'il faisait définitivement ce choix-là.

La défaite de Stalingrad est la seule de cette guerre, et l'une des rares de l'histoire militaire, qui ne soit pas niée ou estompée par la propagande du pays qui la subit. Goebbels la met en scène, au contraire, du moins pendant les derniers jours. Göring, qui prononce le rituel discours du 30 janvier, compare avec grandiloquence les derniers défenseurs encore debout à ceux des Thermopyles. Dès la fin de 1942 les faire-part de deuil envahissent les journaux [1]. Hitler aurait-il donc cherché une défaite mobilisatrice, propre à resserrer son autorité en faisant mesurer au peuple allemand ce que désormais il risquait ? Sans doute en profite-t-il, au passage, pour engranger ce bénéfice, mais le moral du peuple n'était pas, auparavant, tombé si bas qu'il eût été urgent de sacrifier 200 000 hommes pour stimuler l'ardeur des autres. Et puis, encore une fois, il faut rappeler que pour Hitler la nazification du peuple allemand n'est pas une fin en soi et ne fait que concourir à une « mission », celle d'augmenter « l'espace vital ». Comme la bataille de Stalingrad, la mobilisation allemande dans une « guerre totale » est essentiellement à usage externe. Si elle veut encore, sinon gagner la guerre, du moins s'en tirer à son avantage, l'Allemagne doit désormais se poser en avant-garde de la civilisation contre le bolchevisme. Il s'agit de mettre Roosevelt dans son tort et de provoquer chez les anticommunistes du monde entier un réflexe de mauvaise conscience, au spectacle des misères qu'on inflige à cette Allemagne qui sacrifie si noblement sa jeunesse contre le péril commun, en même temps que la bataille et son issue en dévoilent la redoutable ampleur.

Hitler fait lire à la radio, le 27 février, un « message aux Allemands » non équivoque : s'il dénonce toujours les prétentions des Anglo-Saxons à dominer l'Europe, il s'abstient des charges habituelles contre les « ploutocraties » occidentales et accable le seul bolchevisme. Voilà qui ressemble à une offre d'alliance, faite à un ennemi contre un adversaire menaçant pour tous deux. La presse emboîte le pas, en Allemagne comme dans les pays occupés, avec une coordination où il ne serait pas difficile de reconnaître la main de Berlin, si elle n'était pas prise sur le fait dans certains documents qui ont survécu, comme celui-ci qui circulait en Norvège :

> Faire porter tous les éditoriaux et commentaires sur le danger communiste, cesser toute attaque excessive contre la Grande-Bretagne, *souligner les revers allemands* (c'est moi qui souligne) et le caractère grave de la situation. Eviter de parler de la certitude d'une victoire allemande. Rappeler les paroles de Göring selon lesquelles un accord est toujours possible avec des gentlemen mais pas avec les bolcheviks [2].

Si, dans sa phase ascendante, Hitler est trop souvent traité en nabot intellectuel servi par les circonstances, c'est évidemment sous l'influence de la catastrophe finale. Alors dans le récit de cette catastrophe on se gêne encore moins. L'homme qui se maintient jusqu'au bout à la tête d'une armée et d'un pays en déroute ne saurait être un individu coura-

---

1. P. Masson, *op. cit.*, p. 238.
2. Cité par Maxime Mourin, *Les tentatives de paix dans la seconde guerre mondiale*, Paris, Payot, 1949, p. 146-147.

geux, responsable et cohérent. C'est nécessairement un mage réfugié dans ses rêves, que son entourage n'ose plus informer des mauvaises nouvelles par peur de ses colères, et un être délabré, physiquement et intellectuellement. Sur son déclin, l'Allemagne nazie est un vaisseau fantôme dérivant vers un inéluctable naufrage, sans que personne à bord ne maîtrise plus rien. Le gouvernement est un ramassis de Pénélopes qui se crêpent le chignon, chacune détruisant la nuit ce que les autres ont fait le jour, car chacune a sa petite recette pour améliorer le présent ou préserver l'avenir. Les rares actions efficaces ne sauraient être le fait du chef mais seulement de ses lieutenants, et de préférence des plus sympathiques, ceux qui ont su se créer une image présentable après la guerre, comme Speer ou Guderian[1].

Certes, Hitler entretenait l'espoir de la victoire dans ses discours. Mais quel chef d'un pays en guerre a jamais fait autre chose ? Il espérait en ses armes nouvelles, fusées et avions à réaction[2] ? Sans doute, de même qu'il spéculait sur une rupture entre les Alliés de l'Ouest et de l'Est. Mais ni dans un domaine ni dans l'autre on ne le voit jamais prendre ses désirs pour des réalités. Ses décisions, comme celles consistant à interdire – beaucoup moins souvent qu'on ne le dit – des retraites imposées par la situation militaire, ne s'expliquent donc pas par de folles illusions, mais plutôt par l'énergie du désespoir. Sa chance, il la joue jusqu'au bout. Loin d'être uniquement défensive, sa stratégie militaire vise constamment à reprendre l'initiative et sa diplomatie essaie inlassablement d'enfoncer des coins entre l'Est et l'Ouest.

La maîtrise qu'il déploie devant l'imbroglio italien ne donne toujours pas matière à penser qu'il joue plus mal ses atouts.

Le hasard a voulu que les sténographies des délibérations au QG du Führer qui ont échappé au feu soient plus abondantes à l'époque de l'effondrement italien qu'à toute autre et on s'étonne que certaines idéées reçues aient pu subsister après 1962, date de leur publication.

Le 20 mai, une semaine après la perte de la Tunisie, la réception de Konstantin von Neurath, fils de l'ancien ministre, naguère chargé de la liaison entre Rommel et les Affaires étrangères, donne lieu à des considérations très éclairantes, tant sur la finesse avec laquelle Hitler appréhende une situation mouvante que sur son aptitude à prévoir une batterie de solutions, destinées à faire face aux différentes hypothèses. Quiconque lit ce texte perd toute envie d'analyser son comportement en termes d'optimisme ou de pessimisme. C'est un froid réalisme qui, autant qu'aux meilleurs moments des années 30, prévaut.

---

1. Ce dernier, limogé dans l'hiver 1941-42, devient inspecteur des unités blindées le 1er mars 1943 et succède à Zeitzler, au lendemain du 20 juillet 1944, au poste de chef d'état-major de l'armée de terre, avant d'en être écarté pour désaccord avec le Führer le 28 mars 1945.

2. Signalons, sans pouvoir ici la discuter, la thèse du retardement volontaire de la recherche nucléaire par Werner Heisenberg, trompant Hitler à cet égard : cf. Thomas Powers, *Le mystère Heisenberg*, tr. fr., Paris, Albin Michel, 1993.

Hitler s'attend à ce que les Alliés débarquent en Sicile et à ce que Mussolini connaisse par contrecoup, sur le plan politique, de sérieuses difficultés. Elles viendraient du roi, de l'aristocratie, de l'armée et de certains dirigeants fascistes trop tièdes, comme Ciano.

Le dirigeant allemand est en garde contre un excès d'optimisme, puisqu'il reproche ce défaut au commandant en chef des troupes allemandes d'Italie, le maréchal Kesselring – dont il lit d'un œil critique les rapports et qu'il envisage de remplacer par Rommel.

Le débat, auquel participent ponctuellement, outre Hitler et Neurath, Keitel, Hewel, Warlimont et Rommel lui-même, porte essentiellement sur la meilleure localisation des troupes allemandes. Comme personne ne donne cher des chances de résistance de la Sicile, on s'interroge longuement sur la possibilité de replier à temps les soldats allemands qu'on y engagerait. De ce point de vue, d'ailleurs, c'est Kesselring qui aura raison, dans les deux sens de l'expression. Faisant triompher son point de vue puis voyant celui-ci justifié par les événements, il engagera des troupes en Sicile et saura les replier par le détroit de Messine. Voilà qui contribue à expliquer que, comme l'indique le titre de ses mémoires, il sera « soldat jusqu'au dernier jour » en conservant son poste, avant d'être muté en Allemagne à la veille de la défaite, et fera en sorte que l'occupation allemande en Italie du Nord dure quasiment aussi longtemps que le Reich lui-même. Ce qui permettra d'affecter Rommel en France, où il jouera un rôle appréciable dans la préparation des défenses contre le débarquement décisif... et du coup d'Etat manqué du 20 juillet.

Hitler donne au passage quelques échantillons de ses principes, où l'on trouve toujours le même alliage d'astuce, de souplesse et de volonté :

> (...) tous les mémorandums que j'adressais au Duce passaient aussitôt en Angleterre. C'est pourquoi je n'ai plus écrit que des choses qu'il était absolument nécessaire que l'Angleterre connût. (...)
>
> Le fait est que les bacs ne sont pas l'élément décisif. L'élément décisif, c'est la volonté.
>
> (...) Il faut être aux aguets comme une araignée sur sa toile et, Dieu merci, j'ai toujours eu du nez pour toutes choses, de sorte que, la plupart du temps, j'ai flairé tout ce qui pouvait survenir avant que ça se déclenche.
>
> (...) Personne n'a besoin de connaître le pourquoi des choses ; mais toutes les dispositions que vous prendrez, vous ne les prendrez qu'en vous inspirant de ce que vous savez vous-même. Personne n'a besoin de savoir plus qu'il ne lui en faut savoir pour sa tâche. (...) Toute mesure doit être examinée du point de vue suivant : l'idée motrice doit toujours être qu'il nous faut être prudents, afin que s'il venait à se produire un effondrement auquel nous devons nous attendre, nous puissions intervenir et apporter notre aide.

En ce 20 mai 1943, au lendemain de deux grands désastres et moins de deux ans avant sa fin, nous surprenons encore un Hitler en pleine forme, rayonnant d'autorité non seulement sur son entourage habituel mais sur ses subordonnés de passage, civils ou militaires. Il reste un stratège fort capable doublé d'un meneur d'hommes qui sait à la fois écouter et galvaniser : tout le contraire d'un fanatique sentant le sol se dérober et se raccrochant à des chimères. Cet aspect du personnage, certes, existe, mais il sait toujours aussi bien le dissimuler et le neutraliser, pour les besoins mêmes de la cause qu'il chérit, celle d'un Reich agrandi et racialement « pur ».

Le Duce, en revanche, est au bout du rouleau. La perte de l'Afrique du Nord sonne le glas de toutes ses ambitions et, plus grave, il en veut à l'Allemagne. Ses reproches, tels qu'il les exprimera quelques semaines plus tard, juste après sa chute, à l'amiral Maugeri [1], illustrent la distance entre le fascisme et le nazisme. Il reproche à Hitler d'avoir gâché la superbe victoire diplomatique du pacte germano-soviétique. Il se refuse à voir dans l'URSS une menace pour l'Europe et ne regrette pas d'avoir prôné, au moment de Stalingrad, une paix qui lui aurait rendu d'amples territoires (il la prônait d'ailleurs encore à la veille de son congédiement). C'est contre la France et l'Angleterre que l'Axe aurait pu engranger des succès durables, par un débarquement sur les côtes anglaises, un assaut contre Gibraltar, une occupation de l'Egypte... Bref, « Hitler n'a rien compris à l'importance de la Méditerranée »... et Mussolini n'a jamais visé que des conquêtes classiques, avec des objectifs mesurés, excluant les redistributions ethniques qui sont la raison de vivre de son associé.

L'avant-dernier degré de son calvaire, avant sa crucifixion par les Italiens et la fausse résurrection qu'il devra à Hitler, se situe dans une villa proche de la petite ville de Feltre, en Vénétie, le 19 juillet 1943. Les deux dictateurs, venus par avion, s'y retrouvent pour une matinée, suivie d'un déjeuner en tête à tête. Comme les choses tournent mal en Sicile, les conseillers de Mussolini l'ont pressé de demander à Hitler, faute d'un secours suffisant, l'autorisation de traiter avec les Alliés. C'est la situation de Reynaud face à Churchill en mai-juin 1940, à ceci près que la Manche protégeait l'Angleterre d'une invasion immédiate en cas de capitulation de la France. On pouvait aussi espérer à Londres que celle-ci garderait la maîtrise de ses côtes et n'y inviterait pas les Allemands. Alors qu'en 1943 l'existence d'une frontière germano-italienne et la « capitulation sans conditions » permettraient aux Alliés de se retrouver d'emblée aux portes du Reich.

Comme Reynaud le 26 mai, Mussolini ne va pas se résoudre à parler de paix, bien qu'il ait dit à ses collaborateurs qu'il allait le faire, et pour la même raison : il se laisse inhiber par l'éloquence de son interlocuteur. Hitler monologue pendant deux heures, annonçant des armes nouvelles et une reprise de la guerre sous-marine. Il récrimine aussi contre le mauvais moral et la faible valeur combative des Italiens, argument à la fois très humiliant pour le Duce, et coupant court à toute réplique, qui ne ferait que le confirmer.

---

1. Cité par André Brissaud, *Mussolini*, Paris, Perrin, 1983, t. 2, p. 363.

Le monologue est interrompu par l'annonce du déjeuner, sans que Mussolini ait prononcé un seul mot. Lors d'une brève conférence avec ses accompagnateurs, Ambrosio, Bastianini et Alfieri, il déclare : « C'est vite dit, "se séparer de l'Allemagne"... Que ferait Hitler ? Croyez-vous, par hasard, qu'il nous rendrait notre liberté d'action ? »

Hitler tire aussi parti du repas en tête à tête : alors que le matin, devant les diplomates et les généraux, il n'avait fait que répéter que l'Allemagne ne voulait pas engager trop de troupes en Italie parce que celle-ci n'avait pas l'air de vouloir se battre, après le déjeuner Mussolini peut prétendre qu'il a obtenu gain de cause et que l'Allemagne a « fermement promis » d'envoyer des renforts, à condition que les demandes italiennes soient « raisonnables et non pas astronomiques [1] ». Il a décidé de ne rien décider, il laisse aller les choses.

C'est alors que se met en marche, comme un mouvement d'horlogerie, la conspiration si bien prévue par Hitler entre les classes dirigeantes et les fascistes tièdes. Devant la gravité de la situation et les inconvénients de toutes les solutions qui s'offrent, Mussolini n'a plus d'autre ressource que de réunir le « grand conseil fasciste », une structure nommée par lui pour servir de chambre d'enregistrement, et qui soudain se transforme en un petit parlement, mettant le gouvernement en minorité, en vertu d'un accord secret entre la majorité de ses membres et la cour. Mussolini est aussitôt remplacé par le maréchal Badoglio, qui le fait mettre peu après en état d'arrestation, soi-disant pour assurer sa sécurité.

Qu'est-ce donc que Hitler était allé chercher à Feltre ? Sans doute, avant tout, un effet psychologique. L'Allemagne étant accusée de laisser tomber l'Italie, il fallait y parer en donnant ce qu'elle était le mieux à même de donner : la présence et la parole du Führer. Mais comme en bien d'autres occasions, les menaces côtoient de près les promesses. Il y a gros à parier que, lors du déjeuner, Hitler a levé un coin du voile sur les perspectives d'intervention musclée dans la péninsule qui sont au menu de ses discussions d'état-major depuis la chute de la Tunisie. Il est venu aussi, bien sûr, se rendre compte par lui-même de l'état des choses : tout bien pesé, il se résout à des « promesses fermes » et va effectivement envoyer deux divisions en Sicile.

Nous disposons du sténogramme du « rapport » qui suit, dans la soirée du 25 juillet, l'annonce de la chute de Mussolini. L'événement trouve Hitler à la parade. A Jodl qui est d'avis d'attendre « des nouvelles plus précises », il réplique aussitôt en prédisant le comportement du nouveau gouvernement :

> Bien entendu ; seulement, de notre côté, nous devons tout de suite nous mettre à réfléchir. Il y a un point qui n'est pas douteux : ils vont naturellement déclarer,

---

1. Cf. Dino Alfieri, *Deux dictateurs face à face*, Genève, Cheval Ailé, 1948, p. 325.

dans leur traîtrise, qu'ils ne nous lâcheront pas ; c'est évident. Mais c'est de la traîtrise. Car ils nous lâcheront précisément.

Le premier réflexe est de faire marcher sur Rome une division allemande qui se trouve à 60 km, pour arrêter « toute la clique » de ceux qui viennent de renverser le Duce, à commencer par le roi et le prince héritier, sans oublier... le pape.

Puis nous avons le privilège d'assister à une conversation téléphonique avec Göring. Cette fois, elle n'a sans doute rien d'arrangé [1]. Quelques heures plus tôt, Hitler parlait de l'envoyer en Italie, sous le prétexte de célébrer les soixante ans du Duce, échus le 29 juillet, et faisait de lui un vibrant éloge [2]. A présent, il lui demande de venir à la *Wolfsschanze* [3]. C'est chose faite le lendemain. Comme on envisage très sérieusement une occupation immédiate de Rome par l'armée allemande, le Reichsmarschall fait des suggestions pour qu'on y débarque des troupes par voie aérienne, en prétendant qu'elles sont destinées à la Sicile. Himmler également est de la partie. On sent, à la composition de l'assemblée, que la maîtrise de la situation italienne est considérée comme vitale pour le Reich.

Mais une autre séance, malheureusement non conservée en sténogramme et connue seulement par les mémoires de l'intéressé, voit paraître pour la première fois un personnage qui va jouer un certain rôle dans les derniers mois du Reich et même, à certains égards, les symboliser.

Otto Skorzeny est autrichien. Né en 1908, il a adhéré au parti nazi avant l'Anschluss, ce qui ne signifie pas grand-chose, sinon qu'il avait grande envie de voir son pays intégré dans le Reich. Il a terminé ses études d'ingénieur, puis s'est donné avec passion, dès le début de la guerre, à des tâches d'officier, d'abord dans des unités ordinaires. Réformé pour maladie après l'hiver 1941-42 passé devant Moscou, il fait valoir ses compétences techniques à Berlin dans les Waffen SS, sans doute par souci d'efficacité bien plus que d'idéologie, et se voit ainsi recruté, en avril 1943, dans une « unité spéciale » créée pour entreprendre des actions de commando. Il fait ses classes avec une mission en Iran (dont il assure la logistique sans se déplacer lui-même) et des projets chimériques de sabotage industriel au cœur de l'URSS. Soudain, le 26 juillet, il est convoqué au QG de Hitler, et tout bonnement chargé de la délivrance de Mussolini.

Cette délivrance n'a pas eu le caractère facile et quasiment arrangé qu'on lui prête parfois. Badoglio, avait tout fait pour conserver son prisonnier, le transférant trois fois en grand secret, pour finir par l'installer au cœur des Abruzzes, dans un endroit bien isolé par voie de terre, malai-

---

1. Cf. *supra*, p. 326.
2. Cf. *supra*, p. 200. D'après Alfieri (*op. cit.*, p. 352) Mussolini avait souhaité que la visite ne fût pas liée à l'anniversaire et elle était prévue le 27.
3. C'est le surnom du QG oriental de Hitler, près de Rastenburg.

sément accessible par avion ou planeur et défendu par un personnel nombreux.

Cependant il importe, à la lumière de publications récentes, et d'autres plus anciennes mais longtemps méconnues, de relever certains embellissements, qui ne sont d'ailleurs pas sans ajouter au mérite du Führer. La partie la plus difficile du travail a en effet incombé aux militaires, et notamment aux unités du général Student. Ce sont elles qui ont recueilli les renseignements et, lorsque Skorzeny, a monté son fameux raid, l'hôtel était irrémédiablement cerné par des troupes au sol.

Le raid, effectué le 12 septembre, fut donc un exploit technique gratuit et une manœuvre politique. Skorzeny avait soudoyé un général italien dont l'autorité neutralisa les défenseurs estomaqués, un instant après qu'il eut atterri en piqué avec une flottille de planeurs sur un terrain en forte pente. De même, le départ en avion, qui réussit de justesse, était fait pour être filmé – alors qu'un téléphérique en parfait état aurait fourni un moyen moins photogénique mais plus sûr. Student protesta vainement, dans ses mémoires, contre la crédulité générale qui avait accueilli l'« exploit » des SS, et la vérité ne commença à se faire jour que dans un ouvrage italien de 1994 [1]. Hitler n'a donc pas seulement obtenu la délivrance du Duce, propre à rendre plus tolérable son occupation de l'Italie – et à forcer la main du vieux dictateur désabusé, qui ne revendiquait plus que de finir ses jours dans sa villa. Il a également réussi une opération publicitaire d'envergure. Le commando SS est honoré lors d'un meeting monstre à Berlin, et les photos du raid sont généreusement diffusées dans l'Europe occupée.

Par un juste retour des choses Lucie Aubrac, le 21 octobre suivant, assène une belle gifle à Hitler en lui arrachant son époux, et dès que le couple est en sécurité à Londres la France Libre, par la voix de Maurice Schumann, utilise cet extraordinaire fait d'armes, où se combinent l'amour, le patriotisme, la ruse et le cran, pour galvaniser le moral de la Résistance en vue du débarquement. Or certains de ses compatriotes ont eu récemment grand tort d'en douter, et d'ajouter foi à un ouvrage fallacieusement « démystificateur [2] ». Il est à souhaiter que l'émergence de la vérité sur les mises en scène de Hitler et de Skorzeny ne s'accompagne pas d'un scepticisme infondé sur le combat des résistants.

Le Duce récupéré, aussitôt reçu par son sauveur (leur embrassade est filmée et a été souvent montrée), ne peut refuser d'être réinstallé, sous un étroit contrôle allemand, à la tête d'un régime qui n'est plus qu'un avatar du nazisme, la « République de Salo ». S'adressant le 6 octobre à Posen aux Gauleiters et aux Reichsleiters, Himmler tire le plus grand parti de l'épisode :

---

1. Cf. Silvio Bertoldi, I *Tedeschi in Italia*, Milan, Rizzoli, 1994, p. 53-54.

2. Cf., pour le dénigrement fielleux, Gérard Chauvy, *Aubrac Lyon 1943*, Paris, Albin Michel, 1997, pour le dénigrement sophistiqué la « table ronde » publiée par le quotidien *Libération* le 9 juillet 1977 et, pour l'étude historique, tant de l'évasion de 1943 que de la rumeur de 1997, F. Delpla, *Aubrac, les faits et la calomnie*, Pantin, Le Temps des Cerises, 1997.

L'exploit de nos SS et de nos parachutistes a fait sur notre peuple un effet exceptionnel. Je crois que cette opération a été le signal d'un changement de dispositions chez bien des gens [1].

Cette réunion du 6 octobre 1943 est loin d'être seulement consacrée au rétablissement acrobatique de la situation italienne et à la restauration concomitante du moral allemand. Les dirigeants administratifs du Reich et de ses provinces entendent plusieurs discours sur la situation militaire et surtout politique, dont un de Speer. Pour clôturer la journée, le Reichsführer lui-même prend la parole. Il replace tout ce qu'ont entendu les auditeurs dans le cadre de la guerre totale et de la politique raciale, notions qui pour lui n'en font qu'une. Soudain il se lance dans des révélations sur la solution finale. Il ne recule devant aucune lourdeur, aucune répétition, pour capter l'attention des cadres du régime et leur faire comprendre qu'il s'agit d'un secret dont ils seront désormais complices. Si les méthodes sont laissées dans le vague, le caractère exhaustif du meurtre est clairement indiqué. De surcroît, l'étalage des scrupules qu'une telle besogne fait naître *chez l'orateur lui-même* ajoute à la démonstration de son caractère inouï et, au regard de la morale, inexpiable. Himmler fait ici par avance le travail d'un procureur de Nuremberg :

> Je désire vous parler maintenant, dans le cadre de ce cercle des plus restreints, d'une question que vous, mes camarades du parti, avez acceptée depuis longtemps comme allant de soi, mais qui est devenue pour moi le poids le plus lourd de ma vie : la question des Juifs. (...) La petite phrase « les Juifs doivent être exterminés » est facile à prononcer mais ce que l'on exige de ceux qui sont chargés de la mettre en pratique est la chose la plus dure et la plus difficile au monde.
>
> (...) Je vous demande d'écouter ce que je vais vous dire aujourd'hui, mais de ne jamais en parler. Nous sommes, voyez-vous, confrontés à la question : « Que faites-vous des femmes et des enfants ? » Et j'ai décidé, ici aussi, d'adopter une solution sans équivoque. Car je ne trouvais pas justifié d'anéantir – c'est-à-dire de tuer ou de faire tuer – les hommes, tout en laissant grandir les enfants et les petits-enfants pour qu'ils prennent un jour leur revanche sur nos enfants ou nos petits-enfants. Il a fallu prendre la terrible décision de faire disparaître ces gens de la surface de la terre. (...) la différence entre les deux possibilités – devenir sans cœur et ne plus respecter la vie humaine ou devenir moins dur et succomber à la faiblesse ou à la dépression nerveuse... la voie est dramatiquement étroite, entre Charybde et Scylla.
>
> (...)
>
> Je veux en finir, sur la question des Juifs, par ceci : vous êtes maintenant informés, et vous garderez pour vous ce que vous savez. Plus tard, peut-être, nous pourrons envisager d'en parler au peuple allemand. Mais je pense qu'il vaut mieux que ce soit nous, nous tous, qui en portions la responsabilité au nom de notre peuple... la responsabilité de l'organisation, pas seulement de l'idée... et qu'ensuite nous emportions ce secret dans nos tombes.

C'est peu de dire qu'un tel langage, à une telle date, ne peut être tenu

---

1. Heinrich Himmler, *Geheimreden 1933 bis 1945 und andere Ansprachen*, Francfort/Main, Propyläen, 1974, tr. fr. *Discours secrets*, Paris, Gallimard, 1978.

qu'avec l'aval du Führer. Il fait partie intégrante de sa stratégie ; il fait corps avec son écriture, au sens qu'un cinéaste donne à ce mot. S'il est tenu par Himmler, c'est que le fait de l'être par Hitler n'ajouterait rien et lui retirerait, au contraire, de son effet. Himmler est le chef des SS, c'est-à-dire de quelques centaines de milliers d'hommes : ce sont eux qui, par sa bouche, avouent aux cadres civils des régions et du gouvernement qu'ils sont en train de tuer des femmes et des enfants, sur une grande échelle, du simple fait de leur appartenance ethnique, sans leur dissimuler le côté moralement effrayant de la besogne. On remarquera que Himmler, tout comme Göring lors de la nuit des Longs Couteaux, prend sur lui une partie de la décision d'assassinat, et la plus difficile à admettre. Göring s'accusait d'avoir pris l'initiative de tuer de paisibles politiciens conservateurs, Himmler prétend avoir de son propre chef étendu le génocide aux femmes et aux enfants.

Soit les auditeurs réagissent, protestent et démissionnent, soit ils deviennent irrémédiablement complices, alors que si Hitler venait leur expliquer les mêmes choses ils pourraient toujours alléguer qu'ils ont été contraints par un ordre du grand chef. Avec un machiavélisme consommé, le discours fait appel à leur conscience individuelle et les enchaîne d'autant plus sûrement. Ce chef-d'œuvre porte la marque du Führer en personne et il est probable qu'il ait veillé de près à la rédaction de ces passages.

Voilà encore un bel exemple de la parenté, disons même de la gémellité, entre politique intérieure et politique extérieure nazies. A la fin d'une année de grands reculs, et de grandes réussites défensives pour éviter qu'ils ne se transforment en débandade générale, Hitler fait un geste propre à consolider son pouvoir et à faire que, jusqu'au bout, les cadres qu'il a recrutés, sur des critères dont la moralité n'était pas le principal, restent soumis à son autorité, sans que se mette à prévaloir chez eux le souci de survivre en retournant leur veste.

Il ne faut pas prendre au pied de la lettre le vœu que l'information reste dans le cercle étroit des auditeurs du jour. Le voile est levé à l'usage d'un public bien plus vaste, comme en témoignent d'autres discours où les mêmes idées se retrouvent (massacre de femmes et d'enfants nécessité par la protection des générations futures à l'égard d'une vengeance, grande dureté du travail et grand mérite des SS qui le font sans « perdre leur âme », nécessité du secret) : devant des amiraux à Weimar le 16 décembre 1943, des généraux à Sonthofen le 5 mai 1944, puis le 24, puis le 21 juin [1]... Même le débarquement de Normandie, et les offensives soviétiques qui le suivent de près, n'interrompent pas la besogne du chef SS chargé de mettre les élites non nazies, en particulier militaires, au courant de la solution finale. Des recoupements n'ont pu manquer de se faire et on peut être sûr que l'information a circulé, ne fût-ce qu'entre des

---

1. *Ibid.*, p. 140-215.

membres de ces différents auditoires, leur faisant comprendre que le secret était de polichinelle, du moins au niveau des couches dirigeantes, et que celles-ci, faute de protestations, étaient embarquées jusqu'au bout sur le bateau nazi, devînt-il peu à peu un radeau.

Mais à présent il est bon de nous concentrer sur Speer et sur ses rapports avec les autres dirigeants. G. Sereny nous emmène sur des chemins passionnants où il est possible, à partir d'autres données rassemblées dans ce livre, de faire quelques pas de plus qu'elle.

Le ministre de l'Armement, après la guerre, avait pris noblement sa part de responsabilité dans le génocide, au nom de la solidarité gouvernementale, tout en prétendant n'avoir rien su du massacre. Soudain, en 1971, un professeur de Harvard nommé Eric Goldhagen[1] fit paraître un article explosif : Speer mentait, puisqu'il était à Posen le 6 octobre 1943. Personne ne s'en était avisé avant[2] ! Cependant, il avait parlé dans la matinée, le discours de Himmler avait commencé à 19 heures et Speer pouvait très bien avoir quitté la réunion entre-temps... ce qu'il ne se fit pas faute de prétendre. De manière d'ailleurs non catégorique : ce dont il était sûr, c'est qu'il n'avait aucun souvenir du discours. Pour le reste, il se reposait sur des témoignages et des arguments techniques, semblant lui donner un solide alibi. Sa présence était attestée dans la soirée au quartier général du Führer, distant de 600 kilomètres. Aurait-il pu les parcourir en avion après le discours ? Non, car l'aérodrome n'était pas équipé pour les atterrissages de nuit. Il écrit tout cela lui-même en 1978 dans un volume de « controverses » sur sa personne, édité par Adalbert Reif[3].

G. Sereny établit la fragilité de cette construction : Baur, pilote de Hitler, lui a précisé qu'un atterrissage de nuit à Rastenburg était techniquement possible, et qu'il en avait effectué lui-même ; la présence de Speer ce soir-là n'est pas si bien établie ; les deux témoignages qu'il a fait rédiger, après l'article de Goldhagen, émanent de proches qui ont pu vouloir lui rendre service, ou encore se tromper en confondant deux réunions. En évoquant ces questions avec elle, Speer montrait un trouble croissant. Mais surtout : si la direction nazie avait décidé de lâcher brus-

---

1. Le père de Daniel, qui défraya la chronique par un livre sur le génocide au milieu des années 1990 (cf. *infra*, ch. 15).

2. Le discours de Himmler, bien que présent dans la documentation du procès de Nuremberg, n'avait alors attiré l'attention de personne, du moins d'après G. Sereny (*op. cit.*, p. 405-406). Vraiment ? Ne serait-ce pas plutôt qu'il aurait alourdi à l'extrême la tâche du tribunal et obligé les occupants à une épuration bien plus sévère que celle qu'ils envisageaient ? C'est là, en tout cas, l'une des deux plus passionnantes énigmes de Nuremberg, l'autre étant la façon dont Göring a pu se procurer le poison qui lui permit de se soustraire au bourreau.

3. *Albert Speer : Kontroversen um ein deutschen Phänomen*, Munich, Bernard und Graefe, 1978. De surcroît, E. Goldhagen ne brillait pas par la rigueur : il avait inséré une phrase accablante, prenant Speer à témoin comme s'il était présent, dans le discours de Himmler, alors que c'était un commentaire de son cru. Devant le reproche téléphonique que lui en faisait Gitta Sereny, plusieurs années après la parution de l'article, il avait affirmé que c'était une erreur de l'éditeur qu'il « n'avait jamais pu faire corriger », et plaidé de surcroît qu'on pouvait déduire logiquement la phrase ajoutée du reste du discours ! (*op. cit.*, p. 400).

quement le morceau aux cadres provinciaux comme à ceux des ministères, par quel miracle un Speer aurait-il été préservé de l'information ?

Puisqu'il n'en a pas été préservé, il n'a pu qu'y réagir, et il faut voir
sous ce nouvel éclairage les orages qui secouent à la fois son organisme
et ses rapports avec la direction nazie au cours des mois suivants. Déjà
connus par ses déclarations antérieures, ils sont précisés mais non démentis par l'enquête de G. Sereny.

Tout d'abord, il se fait rabrouer pour la première fois par le Führer, le
13 novembre. Il faut avouer qu'il y a de quoi : Hitler voulait tenir coûte
que coûte la ville et la région de Nikopol, que Zeitzler voulait évacuer ;
il y avait là des mines de manganèse, et Hitler en tirait grand argument.
Le général, craignant un « nouveau Stalingrad », s'était adressé en désespoir de cause à Speer, qui lui avait fourni une note disant que les réserves
de manganèse étaient suffisantes. La colère de Hitler, rappelant à Speer
qu'il n'avait pas à correspondre directement avec le chef d'état-major de
l'armée, suffirait à démontrer que la structure de commandement du
Reich n'était pas en cette fin de guerre aussi anarchique qu'on le dit.
Mais surtout, l'incident est révélateur d'une épreuve de force entre Speer
et son ami dictateur. Dès ce moment, le ministre prend ses distances avec
la politique du pire. Sans se prononcer pour des négociations de paix avec
l'adversaire occidental, comme tant de généraux commencent à le faire
sous cape, au moins entend-il éviter les sacrifices inutiles. Il se place
dans une stratégie de survie de l'Allemagne et commence à prendre des
initiatives à cet égard, défiant ouvertement un Führer à qui il reproche
sans doute, dans son for intérieur, de vouloir qu'il ne reste pas de son
pays pierre sur pierre.

De même, à un moment mal précisé de cet automne 1943, il semble
que Hitler et son entourage commencent à circonvenir des cadres de son
ministère et à s'adresser à eux plutôt qu'à lui.

Sur ces entrefaites, il visite pour la deuxième et dernière fois l'univers
concentrationnaire[1]. Les usines de fusées de Pennemünde ayant été
détruites par un bombardement en août, on les avait reconstruites dans un
souterrain du Harz, près de Buchenwald. Le ministère de Speer gérait
uniquement l'aspect financier des choses. Les déportés qui travaillaient là
portaient le nom de code de « commando Dora ». Ils ne sortaient jamais,
travaillant dix-huit heures par jour et se reposant le reste du temps sur
place, dans des alvéoles surpeuplés. Après un rapport d'un médecin du
ministère, Speer insiste pour voir lui-même et visite le chantier le
10 décembre. Horrifié, il ordonne la construction de baraquements à l'extérieur.

Après quoi il tombe malade. Il est hospitalisé le 18 janvier. Une vieille

---

1. Il avait visité le camp de Mauthausen le 30 mars 1943. Il y resta trois quarts d'heure et ne vit qu'une « vitrine » destinée
à tromper les visiteurs sur la condition des prisonniers, d'après sa secrétaire Annemarie Kempf interrogée par Gitta Sereny
(*op. cit.*, p. 390).

inflammation du genou s'est réveillée. Il est extrêmement faible et ses jours semblent en danger. Il est cependant suffisamment conscient pour percevoir les intrigues qui se nouent autour de lui. Le médecin qu'il est allé consulter et qui l'a gardé dans son hôpital, Gebhardt [1], est un ami de Himmler et il se met à craindre qu'il fasse exprès empirer son état, voire l'empoisonne. Lorsqu'il est au plus mal, vraisemblablement dans la nuit du 11 au 12 février, Speer rêve et se voit soudain entouré d'anges, qui le renvoient sur terre en disant : « Ton heure n'est pas encore venue. » Il guérit brusquement et part en convalescence le 18 mars en Autriche, toujours flanqué de l'infâme Gebhardt. C'est lui-même qui l'a invité et il n'ose le congédier, mais le snobe en se faisant soigner par d'autres médecins. Il sent que les intrigues continuent. Voilà qu'apparaît Göring, qui se met lui-même à traiter avec des cadres de son ministère, comme s'il souhaitait élargir son pouvoir dans l'industrie.

Le 19 mars, jour de son anniversaire, il reçoit la visite impromptue de Hitler, qui est dans un château voisin en train de faire pression sur le régent Horthy pour qu'il lui abandonne les Juifs hongrois. Il écrit dans ses mémoires, et dit plus nettement encore à G. Sereny, qu'il a pour la première fois ressenti un dégoût physique du Führer :

> Je me levai lorsqu'il entra dans la pièce. Il vint d'un pas vif vers moi, me tendant la main. Cependant, lorsque je lui tendis la mienne, je fus pris d'une extraordinaire impression d'étrangeté. Bien entendu, cela faisait presque dix semaines que je ne l'avais pas vu, mais ça ne tenait pas à cela. « Mon Dieu, cette tête effrayante, cet affreux gros nez, cette peau rude et blême... Qui est cet homme ? » Et comme ces pensées traversaient en un éclair mon esprit, je fus pris d'une sensation de fatigue comme je n'en avais jamais connu [2].

Ce même jour, Göring lui adresse ses vœux téléphoniques, et souhaite notamment un bon rétablissement à son cœur. Le presque quadragénaire ayant répliqué que l'organe se portait bien, Göring avait trouvé bon d'ajouter que Gebhardt avait probablement voulu lui cacher la vérité.

Le 19 avril, il écrit à Hitler pour critiquer sa décision de faire construire six souterrains immenses pour les usines d'aviation, ce qui à son sens représente un gaspillage de temps et de main-d'œuvre. Dans la soirée, le Führer fait savoir par une secrétaire que « même Speer doit comprendre qu'il existe une chose qui s'appelle la tactique politique ». Dès le lendemain, 20 avril, jour des cinquante-cinq ans du Führer, Speer envoie sa démission... une drôle de façon de rendre à son ami les vœux d'anniversaire du mois précédent ! C'est Göring qui lui téléphone pour l'amadouer. Puis son collaborateur Rohland vient lui dire qu'il doit rester, pour empê-

---

1. L'hôpital, à l'insu de Speer, appartenait à la SS, et Gebhardt y effectuait des expériences sur les humains (cf. G. Sereny, *op. cit.*, p. 418).
2. *Ibid.*, p. 428.

cher Hitler de pratiquer la « terre brûlée ». C'est la première fois qu'il prend conscience de ce risque, dit Speer, qui explique à G. Sereny :

> (...) d'une certaine façon, cela changea soudain mon point de vue. Je ne sais comment l'expliquer mais pour la première fois, je crois, j'ai arrêté de penser à moi pour penser à notre pays, au peuple. Voyez-vous, pendant ces terribles mois de 1943, quand, au cours de mes nombreux voyages, j'étais le témoin de tant de destructions, je n'ai jamais pensé à la population, ni à ce que je lui faisais – pouvez-vous croire cela ? Je ne pensais qu'à mes maudites usines. C'était comme si l'imagination était morte en moi – comprenez-vous ce que je veux dire ? Eh bien, ce jour-là, assis dans le jardin avec Rohland, tandis que défilait sans fin dans le ciel clair, au-dessus de nous, vague après vague, l'aviation alliée que rien n'arrêtait plus, que j'entendais la voix des enfants qui jouaient dans leur coin (...), soudain, pour la première fois depuis des années, j'ai eu la vision brutale de la destruction physique, non pas de bâtiments, mais de tout un peuple.

Finalement, c'est le général Milch [1] qui joue les médiateurs. Il convainc Hitler que la production va s'effondrer si Speer s'en va, et lui demande un mot apaisant pour le ministre, qu'il s'en va visiter. « Dites-lui que je l'aime encore », répond le Führer (dass ich ihn weiter lieb habe). Sitôt que le général a fait la commission, Speer qui, d'après son intervieweuse, n'était jamais vulgaire, répliqua qu'il « pouvait lui baiser le cul » et Milch lui fit observer qu'il « n'était pas de taille » à le dire devant l'intéressé, « même en plaisantant ». Sur ce, Speer pose par écrit les conditions de son retour, sous la forme d'une directive que Hitler, à qui Milch l'a portée aussitôt, signe « sans presque la lire » : il récupère ainsi toute son autorité sur les secteurs disputés, y compris les grands chantiers souterrains, qu'il pourra donc mener à un rythme compatible avec d'autres impératifs.

Le 24, il vient à Berchtesgaden, mais dans sa propre résidence, et s'offre le luxe de repousser la première invitation du Führer, après quoi il reprend ses visites comme aux plus beaux jours, Hitler lui ayant affirmé qu'il approuverait désormais systématiquement ses propositions en matière de construction. Il éprouve, dit-il, un « sentiment de sécurité ». G. Sereny lui fait préciser que celui-ci va bien au-delà de la satisfaction d'une victoire politique, et de l'évanouissement des menaces d'assassinat. C'est de sécurité affective qu'il s'agit, du fait qu'il a retrouvé son équilibre en ayant renoué avec le Führer.

Gitta Sereny lui donne cependant quitus quand il estime avoir vaincu politiquement, et Himmler, et Bormann, et Göring. C'est ici que, forts des éléments rassemblés dans cette étude, nous devons prendre un peu de distance avec son analyse. Est-il concevable de vaincre politiquement ces trois personnages, tout en se réconciliant avec leur Führer ? Plus que

---

1. Il s'agit du bras droit de Göring, portant les titres de secrétaire d'Etat au ministère de l'Air et d'inspecteur général de la Luftwaffe. Cité comme témoin par le défenseur de Göring, il subit à Nuremberg, le 23 février 1946, un pénible contre-interrogatoire de quatre heures (cf. Telford Taylor, *The Anatomy of the Nuremberg Trials*, New York, Knopf, 1992, tr. fr. *Procureur à Nuremberg*, Paris, Seuil, 1995, p. 339-40).

jamais dans cette affaire ils apparaissent comme ses instruments. On peut s'en convaincre en posant une question de bon sens : Himmler aurait-il menacé la vie d'un homme qui avait un lien pareil avec le Führer, sans un ordre exprès de celui-ci ? Au contraire, il pouvait parfaitement se prêter à un jeu de menace, comme Göring l'avait fait en 1937 avec Hanfstaengl, et le refait alors avec ses vœux d'anniversaire peu rassurants.

La guerre est à ce moment dans une sorte de ressac. Chacun fourbit ses armes. Les fronts progressent par coups de boutoir, tant en Russie qu'en Italie ou dans le Pacifique. Les grandes offensives sont pour 1944. La première rencontre de Roosevelt, Churchill et Staline a lieu à Téhéran en novembre, et arrête définitivement l'idée d'un débarquement en Europe de l'Ouest pour le printemps, malgré un ultime combat d'arrière-garde de Churchill qui souhaitait privilégier encore une fois l'axe italien et balkanique. Tout ce que peut faire l'Allemagne pendant ce temps, faute de parvenir à une entente avec l'Ouest contre l'Est, c'est de soigner sa cohésion pour vendre sa peau le plus cher possible et, peut-être, décourager l'assaillant. C'est bien pourquoi Himmler se répand en confidences sur la solution finale. Il y a un risque... comme toujours avec Adolf Hitler. Le dégoût peut l'emporter et certains, au lieu de se résigner à occuper leur poste jusqu'au bout, pourraient se mutiner, voire essayer de tuer le capitaine. C'est ce qui finira par se produire, le 20 juillet. Hitler, qui a très probablement pressenti ce risque, met à coup sûr tout en œuvre pour l'endiguer. N'est-ce pas précisément ce qu'il fait pendant tous ces mois en observant Speer et la crise psychosomatique dans laquelle le plongent les révélations du 6 octobre redoublées par celles de Dora ? Plutôt qu'une lutte de clans autour de ses dépouilles, n'est-il pas plus conforme à la logique du système de penser qu'une savante intoxication est organisée autour de son lit d'hôpital puis de son lieu de convalescence, en faisant alterner la menace et l'apaisement, en lui inspirant des envies de mort et en lui rendant toutes ses dignités au terme d'un combat où il a choisi la vie, c'est-à-dire, en dépit de tout, l'amitié du Führer ?

Voilà qui nous amène à la question de la « terre brûlée ». D'après ce qu'on lit presque partout, le Führer s'est servi de l'Allemagne comme Hercule de son bûcher, il en a fait un simple matériau inflammable de son crépuscule des dieux. Or l'Allemagne a survécu. A ses ruines de 1945 a succédé très vite une montée en puissance qualifiée de « miraculeuse ». Des esprits chagrins pensent que c'était grâce au dollar et ils n'ont peut-être pas entièrement tort. Personne ne dit que c'est grâce à Hitler, *via* Speer. C'est donc qu'il était un grand maladroit... comme lorsqu'il échouait dans la bataille d'Angleterre ou refusait d'évacuer Stalingrad. Sauf qu'ici, la maladresse est encore bien plus énorme. Il n'était pas maître de ce que faisaient les Anglais ou les Soviétiques. Mais Speer, sa créature, n'en était-il pas maître ? Peut-on croire un instant qu'il l'ait laissé désobéir à ses ordres sans être complice de cette désobéissance ?

De cette farce tragique Göring, Himmler et Bormann sont peut-être effectivement, en un sens, un peu les dindons : Speer a bien failli disparaître en leur laissant son empire et rien ne prouve que cela les aurait chagrinés. Là-dessus, on pourra épiloguer sans fin. Ce qui est sûr, en revanche, c'est que Hitler s'est redonné grâce au climat entretenu par ces trois personnes autour de Speer un pouvoir absolu sur ce qui maintenant compte le plus en Allemagne, le maintien d'un minimum d'intendance dans le chaos créé par les bombardements, et bientôt par l'invasion. Plus que jamais il oppose magistralement ses lieutenants et se trouve à la source de toute autorité.

Avant de revenir sur le sujet en narrant les dernières semaines de la guerre, nous trouvons, toujours dans le livre de G. Sereny, ce jalon de novembre 1944 : Speer s'ouvre un soir à Göring de son refus d'appliquer un ordre de Hitler, datant du matin même, suivant lequel les transports ferroviaires doivent être réservés aux convois d'armement, et l'industrie alimentaire démantelée. Göring lui dit qu'il doit obéir, puis lui conseille de passer en Suisse et, devant ses refus, lui dit finalement... qu'il ne le dénoncera pas :

> « Eh bien faites ce que vous devez faire », me dit Göring. « Je n'en dirai mot à personne. Je ne suis pas un informateur. » Je fus vraiment impressionné ; c'était d'une réelle élégance. En dépit de sa terrible dégradation, il avait encore du caractère et du style. Je ne l'ai jamais oublié [1].

G. Sereny ne date pas ces propos. Ils ont été tenus au plus tôt en 1978, date de sa première rencontre avec Speer. Il est remarquable qu'à cette date tardive un homme qui connaissait tant de choses sur le Troisième Reich, avait tant médité sur lui et était, dans la forêt des approximations ambiantes, l'un de ses chroniqueurs les plus précis, pût encore croire que Göring cachait des choses à Hitler, et que celui-ci était coupé du réel au point d'ignorer que ses ordres n'étaient pas obéis. Bref, s'aveugler à ce point sur sa condition de pantin et ne pas prendre conscience que s'il avait pu saboter la politique officielle du Führer, c'était avant tout parce que ce dernier voulait qu'elle ne fût qu'officielle et se traduisît le moins possible dans les faits.

Bien connue dans son déroulement, et dans sa préparation par des manœuvres d'intoxication, du côté allié, la bataille de Normandie est moins aisée à cerner du côté des défenseurs. Leur combativité est en effet parasitée, de bout en bout, par l'esprit de révolte qui couve chez les officiers allemands du front occidental, et les entraîne à voir dans l'envahisseur un allié potentiel autant, sinon plus, qu'un ennemi.

Une énorme surestimation des moyens adverses est à la base des erreurs allemandes dans la conduite de cette bataille. On prête au général

---

1. G. Sereny, *op. cit.*, p. 475.

Eisenhower un effectif de 80 divisions, alors qu'il n'en a que la moitié. Ce calcul incite les services de renseignements de la Wehrmacht à prendre au sérieux les leurres et à croire que le débarquement visera le Pas-de-Calais, puis, au cours de l'exécution, que le débarquement de Normandie en cache un autre, imminent, plus au nord. Mais dans la genèse de cette surestimation d'effectifs, il n'est pas aisé de démêler ce qui relève de l'efficacité des leurres, et ce qui tient au souci de certains conspirateurs de démontrer que la bataille est perdue d'avance[1].

Le mouvement de résistance est animé, depuis 1938, par l'ancien bourgmestre de Leipzig et ancien commissaire du Reich aux prix, Carl Goerdeler. Si certains de ses membres ont pris quelques contacts du côté soviétique, l'ensemble penche nettement pour une offre de services aux Anglo-Américains, afin de contenir la poussée russe en Europe, une fois liquidé le pouvoir de Hitler. Curieuse résistance, qui partage le principal objectif, au moins pour le court terme, de son gouvernement. Progressivement, l'idée se répand, au cours de l'année 1943, que le meilleur moyen d'évincer Hitler est de le tuer. Le colonel von Stauffenberg se charge de l'exécution et fait plusieurs tentatives, mais Hitler est de plus en plus méfiant, se montre de moins en moins, annule de plus en plus de cérémonies.

En mai, un progrès important a lieu, mais il se paye d'une régression partielle : Rommel, chargé de mettre en défense le front de l'ouest et de lutter contre un éventuel débarquement, est gagné à la conjuration par son chef d'état-major, le général Speidel. Mais il ne veut pas entendre parler d'assassinat. Il entend rencontrer le Führer, après l'avoir attiré dans la zone de son commandement, avoir avec lui une conversation franche, et le mettre en état d'arrestation s'il persiste à vouloir se maintenir au pouvoir. Le souci de garder une force mobile dans cette éventualité a, selon certains historiens, joué un rôle dans la parcimonie avec laquelle il manœuvre ses réserves blindées pour faire face au débarquement[2].

Sur un plan strictement militaire, c'est encore Hitler qui a le plus de flair : il déclare le 6 avril que le battage fait autour d'un projet de débarquement dans le Pas-de-Calais lui semble être « du théâtre[3] ». Il dit le 27 mai à un ambassadeur que le débarquement aura lieu « en Normandie ou en Bretagne ». Mais lui-même n'exclut pas un débarquement ultérieur dans le Pas-de-Calais.

La réussite initiale de l'opération commencée le 6 juin tient à un tel ensemble de facteurs qu'il est difficile de décider lesquels ont été décisifs, entre la surprise sur le lieu et le jour, les états d'âme dans le camp allemand et la supériorité matérielle. Mais pour l'essentiel, cette dernière semble

---

1. Cf. Philippe Masson, *op. cit.*, p. 371.
2. Cf. les déclarations du général Speidel citées par P. Masson, *op. cit.*, p. 374.
3. *Ibid.*, p. 370.

avoir été peu résistible. Si la Wehrmacht a sans doute gardé trop de chars au nord de la Seine, ceux qu'on a envoyés vers le front ont souvent été paralysés par l'artillerie de marine, efficace jusqu'à vingt kilomètres à l'intérieur des terres. D'autre part, les concentrations ont été fortement entravées par la maîtrise alliée du ciel, quasiment absolue. Les Allemands ont très efficacement, pendant presque deux mois, confiné la tête de pont. Il n'était sans doute pas en leur pouvoir de l'empêcher de se former.

L'événement donne le coup de fouet décisif à la conjuration. Mais, comme on pouvait s'y attendre, une superbe occasion est manquée par Rommel : le 17 juin Hitler s'entretient avec lui à Margival, près de Soissons... et le met dans sa poche. Il apparaît étonnamment confiant, et ébranle Rommel, qui laisse passer d'autant plus volontiers l'occasion d'agir qu'une visite du Führer est prévue pour le lendemain à son QG de La Roche-Guyon. Mais le dictateur reprend directement et sans explication la route de Berchtesgaden. Il est possible que la conversation avec Rommel l'ait amené à flairer le piège, et même qu'il n'ait annoncé sa visite du lendemain que pour s'en extraire.

Un hasard va débloquer les choses, la nomination de Stauffenberg, le 1er juillet, à l'état-major du général Fromm, chef de l'armée de l'Intérieur : il peut ainsi, à la fois, préparer la prise en main du pays par les conjurés, et fixer le jour de l'attentat, grâce à la possibilité qu'il a de participer aux conférences de situation, à Rastenburg. Il peut y déposer une bombe et quitter la salle sous un prétexte quelconque avant son explosion. Ainsi est fait, le 20 juillet – deux occasions survenues les jours précédents n'ayant pas été mises à profit, semble-t-il parce qu'on attendait que Göring et Himmler fussent présents [1]. L'engin est dans une serviette de cuir, aux pieds du Führer. Quelqu'un le déplace, et le met derrière un pied de table. L'explosion tue quatre officiers, dont Schmundt, mais Hitler, Keitel et Jodl sont quasiment indemnes et le Führer ne change rien à son agenda, qui prévoyait quelques heures plus tard une rencontre avec Mussolini.

Stauffenberg, qui a assisté de loin à l'explosion, est persuadé que le Führer est mort. Il se rend en avion à Berlin, et dirige l'occupation des points stratégiques, ainsi que l'envoi de messages à toutes les autorités civiles et militaires, quand Goebbels retourne la situation. Il reçoit le commandant Remer, l'un des officiers qui, sans être dans la conspiration, sont en train de prendre le contrôle de Berlin par obéissance aux ordres de leurs supérieurs, et le met en contact téléphonique avec le Führer. Le putsch tombe dès lors comme un château de cartes et Stauffenberg est promptement fusillé.

La conjuration s'était suffisamment découverte pour que des listes de

---

1. Cf. Gerhard Ritter, *Carl Goerdeler und die deutsche Widerstandbewegung*, Stuttgart, Deutsche Verlagsanstalt, 1954, tr. fr. *Echec au dictateur*, Paris, Plon, 1956, p. 288.

personnalités promues à de nouvelles fonctions aient commencé à circuler ; d'autres sont trouvées dans un coffre au siège, enfin perquisitionné, de l'OKH : voilà qui permet à une Gestapo jusqu'ici bien peu efficace dans la répression des conspirations un coup de filet presque exhaustif, qui sera suivi pendant des mois de procès et d'exécutions. Le dictateur et son régime, passés au bord du gouffre, s'en trouvent affermis, dans leur pouvoir sinon dans leurs chances de survie.

Gravement blessé lors du mitraillage aérien de sa voiture le 17 juillet, Rommel est rapidement mis en cause. Hitler lui envoie deux messagers qui, le 14 octobre, lui donnent à choisir entre le procès – accompagné de mauvais traitements contre sa famille – et le poison – assorti de funérailles nationales. Il opte pour la deuxième solution, ce qui permet d'attribuer le décès aux suites de ses blessures et de lui faire des obsèques grandioses, au cours desquelles Rundstedt professe que « son cœur appartenait au Führer ». La vérité n'apparaîtra qu'après la guerre. L'épisode, pour sordide qu'il soit, n'en montre pas moins que le régime, après le 20 juillet, ne sombre pas comme on le lit parfois dans la terreur pure et simple, mais qu'il sait encore tromper les foules et faire taire ceux qui se sont détachés de lui, en jouant sur leur vanité, leur patriotisme ou leurs attachements familiaux.

A ce sujet, il faut encore redresser une erreur des plus instructives. On lit fréquemment qu'un certain nombre de comploteurs « du 20 juillet », après avoir été jugés par un tribunal que présidait Roland Freisler, le secrétaire d'Etat à la Justice, ont été exécutés le 8 août de manière particulièrement cruelle, « pendus à des crocs de boucher ». On ajoute parfois qu'ils avaient le torse nu et que les soubresauts de l'agonie faisaient tomber leurs derniers vêtements. Hitler aurait commandité non seulement ce cérémonial, mais son immortalisation par un film, dont il se serait fréquemment repu. Recherchant les traces de cette histoire qui cadrait de moins en moins avec l'idée que je me faisais du personnage, je suis tombé sur *la plus grave carence de références* de tous les bruits sur la vie de Hitler. Parmi les ouvrages de base concernant le Troisième Reich ou son chef, une minorité traite l'affaire par le silence et quelques-uns par le doute, mais sans s'interroger sur l'origine du bobard et sans en tirer de leçons. Le reste, largement majoritaire, le relaie sans invoquer le moindre témoignage d'une personne qui aurait vu le film en question : au mieux, ces ouvrages se citent entre eux. Beaucoup se réfèrent à Wheeler-Bennett, qui doute que les condamnés aient été pendus directement au croc de boucher, mais ajoute foi à l'existence du film, et à sa projection *le soir même* devant Hitler. Au passage, une faute de plus est imputée au régime : d'avoir soigneusement détruit les bobines. « Hitler et Goebbels donnèrent des ordres formels pour que toutes les copies du film soient détruites et ne risquent pas de tomber aux mains des Alliés [1]. »

Le 16 décembre 1944, l'armée allemande surprend encore le monde, et sur le même théâtre qu'en 1940, celui des Ardennes. Elle prend brusquement une attitude offensive qu'on n'attendait plus, après un an et demi de recul : le dernier mouvement offensif important, et malheureux, avait été tenté à Koursk au printemps 1943. Sur un front de 120 kilomètres, la Wehrmacht progresse en quelques jours de manière fulgurante, investit Bastogne et semble menacer Anvers, devenu pour les Alliés un nœud vital de communications. Puis la supériorité matérielle reprend ses droits et les assaillants sont hachés menu, dans les derniers jours de l'année, par des nuées de bombardiers.

Là encore, les interprétations malveillantes ne manquent pas. Quelques-uns soupçonnent Hitler d'avoir visé une nouvelle entente avec Staline, en lui laissant entendre qu'il voulait désormais privilégier l'ennemi de l'ouest. La plupart des critiques fustigent une fois de plus sa mégalomanie et son irréalisme. Pourtant, ses intentions sont connues, par l'exposé qu'il en fit aux généraux concernés, réunis les 11 et 12 décembre à son quartier général, et elles n'ont rien d'utopique. Si le texte, péniblement et incomplètement reconstitué à partir des fragments sauvés du feu, n'est accessible que depuis 1962, en revanche les mémoires de l'un des présents, Skorzeny, en ont livré dès 1950 un résumé qui, sur les passages recoupables, apparaît fidèle.

Si Hitler redit, devant cette trentaine d'officiers, son refus définitif d'une capitulation et sa certitude de la victoire, c'est sans dissimuler la gravité de la situation ni faire des promesses mirobolantes de livraisons d'armes, classiques ou nouvelles. Il étaye essentiellement sa foi en la victoire sur l'espoir de voir éclater la coalition adverse. Il s'agit en l'occurrence de refroidir brutalement l'enthousiasme guerrier des peuples anglais et américain, drogués par l'euphorie des victoires, et de leur faire mesurer les sacrifices que va encore demander l'assaut contre l'Allemagne, en étalant la résolution et les capacités de sursaut de celle-ci.

Le Führer récidive le 28 décembre. Au lendemain de l'échec dans les Ardennes, il ordonne une nouvelle offensive en Alsace, et fait un discours aux chefs des trois corps d'armée engagés. Un texte complémentaire du

---

1. *Op. cit.*, p. 560. Deux familiers de Hitler, Speer et Below, ont dit avoir vu à Rastenburg des photos des exécutions, en niant que Hitler y eût pris quelque intérêt – Speer, il est vrai, quelque peu poussé par Gitta Sereny. Dans son livre, il dit avoir vu vers le 18 août « sur une grande table de cartes dans le bunker de Hitler une pile de photos » dont la première représentait le cadavre pendu du général von Witzleben, puis avoir, le soir même, décliné l'invitation à assister à la projection d'un film... mais avoir quand même observé les personnes qui s'y rendaient, puisqu'il signale qu'il n'y avait parmi elles que des SS et des civils, mais aucun officier de l'armée (*op. cit.*, p. 554). Il ne dit pas que Hitler s'y soit rendu. Cependant, deux ans après la parution du livre, il avait alimenté la légende en disant à John Toland, dans une interview publiée par *Playboy*, que Hitler « aimait ce film et se le faisait passer et repasser ». Il s'en justifia devant G. Sereny en parlant d'une « erreur de traduction » (*op. cit.*, p. 460). Son rival Giesler, dans ses mémoires (*Ein anderer Hitler*, Leoni, Druffel, 1977, p. 318-329), lui reproche longuement cette interview.

précédent. Il tire sans forfanterie un bilan de l'offensive passée, disant qu'elle n'a pas atteint tous ses objectifs mais qu'elle a au moins provoqué « une détente sur l'ensemble du front », ce qui est exact, les Américains ayant dû décommander, en particulier, une offensive en Sarre, fixée au 18 décembre. On sait aussi qu'Eisenhower avait décidé d'évacuer une grande partie de l'Alsace, dont Strasbourg, et que ce fut l'une plus graves épreuves de force entre de Gaulle et ses puissants alliés : il avait même annoncé que si Eisenhower maintenait ses ordres il lui retirerait le commandement des troupes françaises, qui défendraient seules l'Alsace, et lui interdirait même l'usage des ports de l'Hexagone[1]. N'est-ce pas une belle réussite de Hitler et une illustration de son idée que l'offensive des Ardennes avait provoqué une « détente » ?

A présent, dit-il, il faut pousser l'avantage au plus vite : en profitant du fait que l'ennemi a desserré son dispositif en Alsace, on doit pouvoir lui détruire entre trois et cinq divisions. Il faut se dépêcher, en raison de la faiblesse allemande dans le ciel, de profiter d'une période où le temps entrave l'action de l'aviation ennemie ; une autre raison de se hâter est que l'ennemi, ayant reçu les fusées V1 et V2 (que Hitler dénomme ici « nos bombes volantes »), est certainement en train de les copier et pourrait être bientôt en mesure de « presque détruire la Ruhr ». Au total, on peut espérer « apurer la situation ».

Il y a bien ici un peu de méthode Coué. Hitler n'est certainement pas de bonne foi quand il avance que « la situation n'était pas meilleure à la veille de l'offensive de 1940 ». Dans son optimisme, supérieur à celui qu'il affichait lors de la réunion précédente, entre sans doute une part de dissimulation. Il s'agit de tirer tous les fruits de l'offensive des Ardennes, à chaud, de peur que la situation ne se dégrade à nouveau très vite. Si cette interprétation est exacte, loin de se faire des illusions sur la portée militaire du coup asséné dans les Ardennes, il s'en sert pour des fins politiques. Il entend justifier et consolider sa politique de « résistance jusqu'au bout », notamment sur le front de l'ouest. Et il cherche à placer sous les meilleurs auspices le round final de ses rapports avec l'armée.

Il faut en effet mesurer ce que représente, à ce stade, le fait de réunir des officiers dans le QG du Führer où, six mois plus tôt, l'un d'eux avait posé une bombe. Aux militaires américains qui s'efforçaient de reconstituer le texte, certains d'entre eux ont raconté les mesures de sécurité prises : on leur avait ôté leurs revolvers et fait faire des détours à travers la campagne, et au cours même de la réunion ils n'osaient même pas sortir un mouchoir de leur poche, de peur que les SS qui les surveillaient n'y vissent l'amorce d'un geste meurtrier.

Avant de conter les derniers épisodes du drame, il faut dire un mot du corps de son héros principal. La « déchéance physique » de Hitler a fait

---

1. Cf. Philippe Masson, *op. cit.*, p. 441.

l'objet de gloses infinies. Pour certains, il était la proie d'une maladie grave – on cite le plus souvent celle de Parkinson. Pour d'autres, il était littéralement empoisonné par son médecin favori, le docteur Morell, que ses confrères tenaient pour un charlatan et qui lui aurait prescrit des produits dangereux, pris en quantités excessives. L'historien ignare dans le domaine médical s'enquiert : il doit bien y avoir quelque part une synthèse critique des dossiers et des témoignages, à la lumière des connaissances médicales actuelles. Eh bien non. Le sujet a été en vogue jusque dans les années 60, et depuis, le silence règne[1]. Alors l'historien reprend ses droits et constate qu'après avoir cherché fébrilement une explication organique du comportement de Hitler, on y a peu à peu renoncé. La matière, pourtant, est riche : la plupart des médecins qui ont examiné le dictateur ont témoigné, ainsi que beaucoup de ses familiers, et il existe aussi des documents en grand nombre, au premier rang desquels il faut placer les carnets de Morell, saisis par les Américains et publiés par David Irving[2]. Son régime alimentaire est également assez bien connu[3].

Il en ressort que, comme dans les autres domaines, on a projeté toutes sortes de tares, de vices et de traits négatifs sur un individu perçu comme monstrueux. Hitler se nourrissait, se soignait et se reposait comme il conquérait le pouvoir et comme il menait les armées : en dépit du bon sens. On va jusqu'à dire qu'il ne dormait pas, alors que, d'une part, pour ce qui est du sommeil nocturne (ou plutôt matinal, entre la fin de la nuit et midi), personne n'était là pour en témoigner et que, d'autre part, il faisait volontiers l'après-midi un petit somme en public.

A part une jaunisse qui l'aurait tenu au lit une ou deux semaines au début de l'automne 1944[4], il ne semble pas que, pendant toute la durée de son gouvernement, Hitler ait jamais été alité. Si maladie il y avait, elle n'était guère handicapante. Le fameux tremblement du bras peut fort bien avoir été psychosomatique. Ce qu'ont surtout relevé médecins et témoins, c'est un vieillissement rapide : cheveux grisonnants, dos voûté, démarche traînante... Il est certain que Hitler sortait de moins en moins et réduisait sans cesse son activité physique, qui n'avait jamais été intense depuis son entrée en politique. On a comparé sa condition à celle d'un prisonnier : il sortait de ses bunkers une fois par jour, pour aller et venir avec sa chienne dans un espace restreint. Il apparaît qu'il portait sur ses épaules le poids des difficultés qui s'abattaient sur son pays et sur son œuvre. Il l'avoue presque aux officiers réunis le 28 décembre, mais en les avertissant de ne pas escompter, pour autant, une capitulation :

---

1. A l'exception d'un ouvrage superficiel et malveillant : Ernst Günther Schenk, *Patient Hitler*, Düsseldorf, Drose, 1989.
2. David Irving, *Hitler, the Medical Diaries*, Londres, Sigdnick & Jackson, 1983, tr. fr. *Hitler/Les carnets intimes du Dr Morell*, Paris, Acropole, 1984.
3. Cf. W. Maser, *Legende... op. cit.*, ch. 8.
4. Cf. D. Irving, *op. cit.*, p. 210-225.

(...) L'idée de capitulation m'a toujours été inconnue tout au long de mon existence, et je suis un des hommes qui se sont élevés en partant de rien. Pour moi, par conséquent, la situation dans laquelle nous nous trouvons aujourd'hui n'est pas nouvelle. La situation a été autrefois pour moi toute différente, bien pire. Je ne dis cela que pour vous faire mesurer pourquoi je poursuis aujourd'hui mon dessein avec un tel fanatisme et pourquoi rien ne peut me faire fléchir. Je pourrais être bourrelé de soucis tant qu'on voudra, et même être ébranlé dans ma santé par les soucis, que cela ne changerait absolument rien à ma décision de combattre jusqu'à ce que, à la fin des fins, la balance penche tout de même de notre côté [1].

Tout bien pesé, il faut risquer une conclusion qui étonnera peut-être : si le corps de Hitler traduit ses épreuves, il ne le trahit pas, et reste jusqu'au bout, pour son cerveau et son art de la manœuvre, un support convenable.

On a raconté mille fois les dernières semaines du Troisième Reich comme une inexorable débâcle et les efforts de son chef comme une gesticulation de plus en plus coupée du réel. Le résultat final, dû à une supériorité matérielle écrasante, justifie si l'on veut la première assertion, qui n'est qu'une tautologie. Mais l'observation au jour le jour du comportement de Hitler montre d'une part qu'il a bien, comme il l'avait annoncé pendant la bataille de Stalingrad, tout fait pour conjurer le sort et combattre jusqu'à « midi cinq », d'autre part qu'il a tenu le plus grand compte des réalités. Ainsi, lorsqu'à la mi-janvier il réintègre définitivement Berlin et noue avec Goebbels une relation d'une continuité nouvelle, la propagande atteint des sommets de virtuosité, sur une crête des plus étroites. Il s'agit à la fois de favoriser un renversement d'alliances en jouant sur la « barbarie asiatique » dont l'envahisseur de l'Est ne donne que trop d'exemples, et de maintenir la combativité sur tous les fronts en dénigrant l'envahisseur occidental. Pour cette dernière tâche, le « plan Morgenthau » de destruction systématique des mines et des usines allemandes, publié par la presse américaine le 24 septembre précédent, vient tout juste d'épuiser ses effets quand la conférence de Yalta, le 12 février, offre une matière nouvelle. Non seulement les Alliés de l'Ouest abandonnent aux Soviétiques la Pologne pour laquelle ils étaient entrés en guerre, ainsi que la Prusse orientale, berceau de l'Etat allemand, mais ils comptent partager avec l'URSS le territoire même du Reich et y prélever de lourdes réparations, justifiant la continuation, par ses habitants, d'une lutte désespérée. Cependant, cet arrangement peut sans peine être présenté comme immoral et les nazis ont beau jeu d'inventer avant la lettre la thématique de la guerre froide, en espérant que le conflit Est-Ouest éclate assez tôt pour sauver leur régime, voire dégénère tout de suite en un affrontement pour les dépouilles du Reich. Les mouvements des troupes sur le terrain, ainsi que les perpétuels changements dans leur commande-

---

1. *Hitler parle à ses généraux, op. cit.*, p. 301.

ment, apparaissent, vus sous cet angle, non plus comme la rupture inexorable d'une digue, mais comme une tentative perpétuelle de reprendre l'initiative, sur un terrain où le politique et le militaire se mêlent de plus en plus intimement.

Le document le plus fondamental de cette époque n'est pas le plus connu. Il s'agit d'un télégramme du 21 janvier 1945, adressé par le Führer aux généraux en charge des unités, jusqu'à l'échelon de la division inclus. Il leur enjoint de maintenir coûte que coûte la liaison avec l'OKW, en sorte que toute décision opérationnelle, qu'il s'agisse d'offensive ou de retraite, soit visée par lui avant exécution. Le plus intéressant est qu'il prévoit des punitions « draconiennes » non point, comme on le croit communément, pour les mouvements de retraite (puisque précisément il se réserve le pouvoir de les autoriser), mais pour les « tentatives de falsification » de la situation, qu'elles soient intentionnelles ou dues « à la négligence ou à l'étourderie [1] ».

Un autre texte de la même période est très éclairant : celui des quatre monologues qu'il dicte à des secrétaires de Bormann en février et qui, joints à un dernier proféré le 2 avril, seront publiés en 1959 sous le titre de *Testament politique de Hitler* [2]. Il y justifie laborieusement l'ensemble de sa politique. Toute la haine raciale se concentre sur les Juifs, et toute la rancune personnelle sur leur valet Churchill, longuement accusé d'avoir fait avorter la paix, notamment au printemps de 1940. C'est là l'œuvre d'un politicien qui spécule sur l'avenir, sinon le sien, du moins celui de son œuvre, qu'il essaie de préserver du discrédit. C'est aussi, involontairement, un hommage à son principal vainqueur.

Juste après la publication du communiqué de Yalta, l'événement qui retient le plus l'attention est l'ordre donné à Himmler, qui avait été nommé fin janvier au commandement du groupe d'armées de la Vistule, de contre-attaquer les troupes de Joukov qui viennent d'avancer de 500 km depuis le 12 janvier (il était déjà chef de l'armée « de l'Intérieur » depuis le lendemain du putsch manqué, en remplacement de Fromm). Le chef de l'OKH est alors Guderian, nommé lui aussi au lendemain du 20 juillet, à la place de Zeitzler. Ayant tempêté contre la nomination de Himmler le 27 janvier, il se bat, lors de la réunion du 13 février au bunker de la chancellerie, pour lui imposer un chef d'état-major compétent, le général Wenck. La discussion, très tendue, dure des heures, au terme desquelles Hitler cède et dit avec le sourire que Guderian a « remporté une grande victoire ». Mais l'essentiel n'est peut-être pas là : à plusieurs reprises, Hitler a reproché à Guderian d'accuser Himmler de vouloir retarder l'offensive [3]. Il montre ainsi le bout de l'oreille : ce n'est pas pour

---

1. Texte reproduit dans H.R. Trevor-Roper, *Hitlers Weisungen für die Kriegsführung 1939-1945,* Francfort/Main, Bernard & Graefe, 1962, tr. fr. *Hitler/Directives de guerre*, Paris, Arthaud, 1965, p. 235.
2. Publié avec une préface de Trevor-Roper et un commentaire de François-Poncet (Paris, Fayard).
3. Guderian, *Erinnerungen eines Soldaten*, 1951, tr. fr. *Mémoires d'un soldat*, Paris, Plon, 1954, p. 406-408.

rien qu'il avait dépêché Himmler sur le point le plus sensible du front. C'était pour régler à son gré, du moins pour ce qui dépendait de l'Allemagne, l'avance russe. Mais plus que jamais, de ce côté, les objectifs se télescopent. Il faut à la fois maintenir sur place les troupes et les populations, pour faire mesurer à l'Occident capitaliste ce qu'il est en passe de perdre, reculer à bon escient pour faire grandir la menace russe, organiser des replis de populations civiles pour faire vibrer ce qu'on n'appelle pas encore la corde « humanitaire ». C'est l'occasion de dire un mot de la marine de Dönitz – qui a remplacé Raeder le 30 janvier 1943 et s'affirme, comme Keitel, particulièrement docile aux ordres du Führer quels qu'en soient les à-coups. Si la guerre sous-marine est alors à peu près terminée, les bateaux de surface tiennent fermement la Baltique et infligent aux chars soviétiques le traitement que les Panzer allemands ont subi naguère en Normandie. Ainsi peuvent-ils se permettre, après que le Führer eut longtemps refusé l'évacuation de la Courlande, d'y embarquer presque sans pertes les troupes et la population germanique. Même le cercueil de Hindenburg est évacué à temps du monument de Tannenberg[1] !

Lorsque, le 7 mars, le pont de Remagen est pris intact par les Américains il est clair que la débâcle va s'accélérer. Alors se déroule une dernière passe d'armes entre Hitler et Speer.

Hitler donne l'ordre de pratiquer la « terre brûlée », c'est-à-dire de détruire en temps utile tout équipement pouvant servir à l'ennemi. Speer s'efforce d'ôter à cet ordre toute portée pratique, par des procédés divers : exemption de tel type d'usines ou d'installations déclaré vital pour la production de guerre, contacts avec les généraux pour que les combats se déroulent loin des installations les plus précieuses, prise au mot des proclamations volontaristes, suivant lesquelles on va contre-attaquer, pour répliquer que dans ce cas il vaut mieux récupérer des équipements intacts... Un moment de vérité survient cependant : le 29 mars, Speer est convoqué à la chancellerie, au sujet de l'exécution des deux décrets sur la terre brûlée, touchant tous les équipements des régions menacées d'invasion, que Hitler a pris les 19 et 27 mars. Se fondant sur des informations de Bormann, le Führer reproche à Speer de dire aux Gauleiters que la guerre est perdue et qu'il ne faut plus rien détruire. La tirade finit d'une manière plus enjouée : s'il n'avait pas été « son architecte », Speer « aurait eu à subir les conséquences habituelles » en cas de trahison. Il offre aussitôt sa démission, mais Hitler voudrait seulement qu'il se mette « en congé » car « pour un certain nombre de raisons politiques intérieures et extérieures » il ne peut le remplacer. Suit une conversation assez longue, au cours de laquelle Hitler pose une seule condition au maintien de son interlocuteur dans ses fonctions : qu'il veuille bien déclarer que la guerre peut être gagnée, puis « qu'il croit que la guerre peut être gagnée », enfin

---

1. Cf. Philippe Masson, *op. cit.*, p. 454-460.

tout simplement qu'il l'« espère ». Puis il est renvoyé sèchement, avec un délai de 24 heures pour manifester son espérance. Speer retourne alors à la chancellerie et dit simplement : « Mon Führer, je me tiens sans condition derrière vous. » Apparemment ému, Hitler lui tend la main, et Speer ajoute : « Mais cela m'aidera si vous reconfirmez mon autorité pour la réalisation de votre décret du 19 mars. »

Hitler le prie alors de rédiger à cet effet un addendum au décret. Ce texte, que Hitler signe « presque sans discussion », donne au ministre un pouvoir discrétionnaire de détruire ou de ne pas détruire : tout doit être fait sur son ordre, et par ses équipes. Hitler a juste demandé qu'il veille à ce que « tout ce qui est important » soit détruit, et qu'il en dresse ultérieurement la liste. Il n'en fut plus jamais question : Hitler rejoue, apparemment à ses dépens, la comédie de la lettre annoncée le 23 mars 1933 au groupe parlementaire du Zentrum et censée annuler la loi qu'on leur demande, moyennant cette promesse, de voter. Il montre bien qu'il n'est pas dupe lorsqu'il ajoute que « la politique de la terre brûlée avait surtout un sens dans les grands espaces, comme en Russie ».

Gitta Sereny[1] rend compte de ces palinodies par les besoins affectifs des deux amis : ils auraient ressenti la nécessité d'agir ensemble, même lorsque l'un faisait le contraire de ce que souhaitait l'autre. Ce n'est guère convaincant. Il apparaît plutôt que Hitler éprouve le besoin de proclamer la terre brûlée et, tout autant, celui de ne pas la mettre en pratique. Pour qu'il en soit ainsi, il joue avec son art habituel des talents de ses divers lieutenants. Il réussit cette performance, qu'on lui désobéisse sans que cela nuise à son autorité. On aura remarqué que, comme celle de 1944, la crise de 1945 se termine par un décret que Speer rédige et que Hitler signe « presque sans le lire » : peut-on rêver plus bel indice qu'il n'a rien perdu de son talent de manipulateur, au point de connaître comme par télépathie ce que ses marionnettes écrivent ?

Sur le terrain, finalement, il y aura des échecs, que G. Sereny fait reconnaître à Speer alors qu'il était resté bien discret à leur sujet jusquelà. Des « fanatiques » ont réussi, malgré lui, à faire sauter des installations. Parbleu ! S'il y a deux politiques, il faut bien que l'autre aussi trouve à se réaliser. Resterait à faire un bilan précis mais il est incontestable que la Ruhr a été peu détruite, que Speer y est pour beaucoup et que son salut a fort compté dans le relèvement ouest-allemand.

Gitta Sereny résout ensuite ingénieusement une petite énigme. Dans ses livres, Speer relate son dernier entretien avec Hitler, dans l'après-midi du 23 avril, comme une sorte de confession. Il aurait avoué à Hitler qu'il avait depuis des semaines transgressé systématiquement tous ses ordres et avait « empêché toute destruction » ; il l'aurait fait par une impulsion incontrôlée, en sachant que cela pouvait lui valoir une exécution immédiate. Hitler aurait eu un instant les yeux remplis de larmes mais n'aurait

---

1. *Op. cit.*, p. 500.

absolument rien répondu. La journaliste anglaise, dubitative, a finalement découvert qu'il s'agissait d'une broderie du journaliste français Georges Blond, écrivant en 1952, essentiellement à partir des documents de Nuremberg, un livre sur la dernière année du Reich [1]. Speer s'était gaussé de ce récit, dans une lettre du 8 janvier 1953, comme d'une « héroïsation » intempestive. Quinze ans plus tard, dans ses mémoires, il répugnait moins à prendre la pose.

Ainsi, la « terre brûlée » était un leurre et Hitler a consciemment laissé Speer saboter l'application de ses ordres en la matière. Toute autre interprétation jure avec la structure du pouvoir et de l'information au sein du Troisième Reich, où le Führer fut jusqu'à sa mort le mieux informé et le seul réellement puissant. Sans le maintien en état du potentiel allemand, l'objectif essentiel de sa politique, le renversement des alliances, était d'ailleurs inconcevable. Une « terre brûlée » non seulement proclamée, mais effective, démentirait l'offre faite aux Occidentaux de mettre la puissance allemande à leur service. Si cette contradiction ne fait pas peur à certains historiens, comme en témoigne le paragraphe ci-après, dû à Charles Bloch, elle n'aurait pu manquer d'arrêter Hitler :

> On sait que le 19 mars il donna « l'ordre de Néron », à savoir détruire tout le potentiel industriel allemand pour qu'il ne tombât pas entre les mains de l'ennemi. Mais cet ordre fut saboté par Speer. Toutefois Hitler espérait encore, *jusqu'à la veille de sa mort*, une rupture entre les Alliés et une lutte entre les Anglo-Saxons et les Russes. L'Allemagne en deviendrait le premier enjeu et pourrait rester une grande puissance, voire la première, du continent européen [2]. (souligné par moi)

Les deux plus proches complices du Führer, Göring et Himmler, vont finir l'aventure dans la peau de traîtres, publiquement désavoués et chassés de leurs fonctions, respectivement six et deux jours avant sa mort, par celui dont ils étaient depuis quinze ans les plus proches complices.

Le Reichsmarschall, réfugié à Berchtesgaden, a télégraphié le 23, après l'annonce par Hitler de son intention de rester à Berlin et d'y mourir en combattant les Russes, qu'il était prêt à prendre la succession promise, puis qu'il jugeait opportun de le faire immédiatement. Hitler – sous l'influence, dit-on, de Bormann – réagit par un décret lui retirant ses nombreuses fonctions, sans cependant les détailler. On ne se donne pas le ridicule de lui ôter nommément le titre de grand veneur du Reich en un temps où la chasse à l'homme se pratique plus que l'autre... De sa personne, qu'advient-il ? Un télégramme lui explique que sa trahison mérite la mort mais qu'en « considération des services rendus » on lui laisse la vie, s'il consent à démissionner « pour raisons de santé ». Puis il est arrêté par les SS, mais libéré au bout de quelques jours.

Quant à Himmler, les radios alliées annoncent, le 28, qu'il a pris des

---

1. *L'agonie de l'Allemagne*, Paris, Fayard, 1952, p. 306.
2. *Op. cit.*, p. 500.

contacts avec l'ennemi occidental, et proposé une paix séparée, aux dépens des Soviétiques. En signe d'apaisement, il a offert de remettre aussitôt à la Croix-Rouge la gestion des camps de concentration. Il a chargé le comte Bernadotte, diplomate suédois en mission humanitaire, de transmettre ces propositions aux Américains.

La débâcle allemande a le mérite d'augmenter considérablement le volume de nos informations sur le comportement de Hitler. Dans l'espace étroit du bunker, la direction nazie se donne à voir à de nombreux témoins, assaillis plus tard de questions lorsqu'ils ont survécu au déferlement soviétique. Il a cependant fallu attendre Gitta Sereny, encore elle, pour que fût recueilli le souvenir de Rochus Misch, alors responsable du standard téléphonique, sur la réaction de Hitler lorsqu'on vint l'informer des contacts pris entre Himmler et les Américains. Il jouait avec l'un des petits récemment mis au monde par sa chienne Blondi. Le témoin raconte, quarante ans plus tard :

> Il était assis sur le banc, juste à l'extérieur du central téléphonique, un chiot sur les genoux, lorsque Lorenz lui tendit le papier sur lequel il avait griffonné la dépêche radiodiffusée. Le visage de Hitler est devenu blême, presque cendreux. « Mon Dieu, il va s'évanouir », ai-je pensé. Le chiot dégringola par terre – c'est idiot de se souvenir de tels détails, mais j'entends encore le bruit mou qu'il fit en tombant[1].

L'auteur de ce livre, qui avait mis naguère en lumière d'étroites collusions entre Hitler, Himmler et Göring, sentait vaguement qu'il y avait quelque chose à éclaircir dans ces ruptures de dernière minute, mais il était prêt cependant, comme tout le monde, à admettre que dans l'effondrement final tout se déréglait, que les rats quittaient le navire et que ces hommes peu moraux intriguaient chacun pour son compte. Les meilleures choses ont une fin, fussent-elles excellemment criminelles, et il était possible après tout que Göring, après avoir échoué à convaincre son ami Hitler de quitter Berlin, ait tout à coup brûlé d'exercer le rôle de Führer – ne fût-ce que parce qu'il était trop lucide pour ne pas sentir qu'il avait des chances d'être bref – et qu'il ait ruiné vingt ans d'abnégation par un moment d'impatience. Toutefois, la trahison de Himmler était beaucoup plus difficile à admettre.

C'est encore Speer qui m'a mis la puce à l'oreille, tout à fait involontairement. Les interviews de Gitta Sereny donnent au récit qu'il fait de ces journées une grande valeur documentaire, tant par la circonspection de l'enquêtrice que par de nombreux recoupements entre ses déclarations et celles d'autres témoins.

Il séjourne au bunker une huitaine d'heures, dans la nuit du 23 au 24, et assiste à la réception par Hitler du premier télégramme de Göring. Dans le désordre ambiant, il emboîte peu protocolairement le pas à Bormann lorsqu'il le lui porte. Göring veut savoir si le fait que Hitler reste

---

1. *Op. cit.*, p. 539.

dans un Berlin encerclé implique qu'il peut dès à présent exercer par délégation, sur l'ensemble du Reich, le pouvoir qui lui est promis par la loi de succession, adoptée en 1941. Bormann aussitôt s'emporte et crie au coup d'Etat. Mais Hitler, que Speer vient de rencontrer en tête à tête, et qui lui a annoncé sa résolution de se suicider, lui apparaît « apathique » et « résigné ». Il faut pour le sortir de sa torpeur un second télégramme adressé par Göring, non à lui-même, mais à Ribbentrop. Le Reichsmarschall annonce qu'il a donné à Hitler un délai pour lui répondre, expirant le 23 à 22 heures (le texte est daté de 17 h 59) et que « s'il est patent que le Führer a perdu sa liberté d'action » Göring prendra ses fonctions à minuit. C'est alors que Hitler, à la grande satisfaction de Bormann, s'emporte et le destitue. Puis il se met à monologuer. Speer, qui ne soupçonne pas qu'il puisse encore mener une intrigue et jouer un rôle, se remémore certains propos :

> « Je sais que Göring est pourri. Je le sais depuis longtemps, répétait-il. Il a dépravé la Luftwaffe. Il était corrompu. C'est son exemple qui a permis à la corruption de s'installer dans notre Etat. En plus, voilà des années qu'il se droguait à la morphine. Je le sais depuis longtemps. » Ainsi Hitler savait tout et, malgré cela, il n'avait rien entrepris. Brutalement, par un revirement stupéfiant, il retomba dans son apathie. « Et puis après tout, Göring peut bien négocier la capitulation. Si la guerre est perdue, peu importe qui mène les pourparlers. » Son mépris pour le peuple allemand s'exprimait bien là : Göring serait toujours assez bon pour ça. Hitler semblait à bout de forces ; il avait repris exactement le même ton fatigué si significatif de son état ce jour-là. Des années durant il s'était surmené, des années durant il avait, en mobilisant toute son immense volonté, repoussé loin de lui et des autres la certitude croissante de ce dénouement. Maintenant il n'avait plus l'énergie nécessaire pour cacher son état [1].

Cependant, Speer se contredit dès le paragraphe suivant, lorsqu'il commente la réponse de Göring, arrivée une demi-heure après la mise en demeure de Hitler. Il présente sa démission en la motivant par de « sérieux ennuis cardiaques ». Speer voit là l'effet d'un calcul du Führer, qui « comme il l'avait fait si souvent », se débarrassait d'un « collaborateur gênant » en invoquant le « prétexte d'une maladie pour ne pas avoir à le révoquer et diminuer ainsi la foi du peuple allemand en ses dirigeants et en leur unité ». Curieux scrupule, et curieuse constance, pour quelqu'un qui a « abandonné » !

Après d'émouvants adieux à Eva Braun dont il admire la « sérénité presque joyeuse » – il était le seul dirigeant nazi qui l'estimât –, et un froid salut du Führer qui lui dit, aussi platement qu'inexactement, « au revoir », Speer s'envole vers de nouvelles aventures. Sans raison précise et « sans pouvoir l'expliquer », ni dans son livre, ni plus tard à G. Sereny, il éprouve le besoin de s'arrêter chez Himmler... qui alors séjourne dans l'hôpital du docteur Gebhardt, et qui a son bureau dans l'ancienne

---

1. Albert Speer, *Au cœur du IIIe Reich*, Francfort/Main, Propyläen, 1969, tr. fr. Paris, Fayard, 1972, p. 668.

chambre de malade du visiteur. L'ambiance a bien changé : loin de faire mine d'en vouloir à sa vie, le chef SS lui propose un poste dans un gouvernement qu'il est en train de former. Ce que tous les commentateurs oublient, et qu'on ne sait que par Speer, c'est qu'il se plaçait *dans l'hypothèse d'un remplacement de Hitler par Göring*, dont il n'aurait été que le premier ministre. Speer ayant objecté que Göring était destitué,

> « De toute façon, me dit-il d'un ton assuré et avec un sourire entendu, Göring sera le successeur. Nous avons depuis longtemps convenu que je serais son premier ministre. Même sans Hitler, je peux faire de lui le chef de l'Etat... Et vous le connaissez... Bien entendu c'est moi qui déciderai. J'ai déjà pris contact avec diverses personnes que je prendrai dans mon cabinet... Je dois recevoir Keitel tout à l'heure. (...) Sans moi l'Europe ne s'en sortira pas. Elle aura encore besoin de moi comme ministre de la Police pour maintenir l'ordre. Une heure avec Eisenhower et il en sera convaincu ! » (...) Il fit état des contacts qu'il avait pris avec le comte Bernadotte, en prévision d'une remise des camps de concentration à la Croix-Rouge internationale. Je compris alors pourquoi j'avais aperçu, quelques jours auparavant, de nombreux camions de la Croix-Rouge stationnés dans la forêt de Sachsenwald, près de Hambourg. Les premiers temps, ils avaient toujours dit qu'ils liquideraient tous les prisonniers politiques avant le dénouement. Maintenant Himmler cherchait, de son propre chef, un arrangement avec les vainqueurs ; quant à Hitler, il avait depuis longtemps oublié ses résolutions premières, comme mon dernier entretien avec lui l'avait clairement fait ressortir [1].

Cette conversation est du 24 avril dans la journée. Pour comble, le mémorialiste affirme avoir croisé peu après Keitel chez Himmler et lui avoir entendu faire au chef SS, toujours dans son ex-chambre de malade, une déclaration d'allégeance qui aurait, dit-il, écœuré Speer. Il y a entre ces informations et l'annonce radiophonique de la « trahison » de Himmler quatre longues journées... pendant lesquelles il aurait, quasi ouvertement, constitué son ministère !

La chronologie de Speer est solide, son séjour à Berlin les 23 et 24 bien attesté, après quoi il se rend à Hambourg puis auprès de Dönitz, dans le Schleswig-Holstein. On ne voit pas quel intérêt il aurait à inventer une entrevue, compromettante à tous égards, avec Himmler, ni à quel autre moment elle aurait pu se placer. Ici Gitta Sereny a peut-être manqué de flair. Il eût été intéressant de pousser l'ancien ministre dans ses retranchements au sujet de l'impulsion « inexplicable » qui lui fit visiter le chef SS, comme elle l'avait fait avec profit pour d'autres épisodes.

Nous pouvons en tout cas remarquer que le maintien en vie des déportés, fût-ce sous la forme des cruelles « marches de la mort », est expliqué en toute logique par le souci de conserver une monnaie d'échange avec les Alliés, mais que Speer sombre dans l'illogisme et dans l'invraisemblance lorsqu'il prête ce souci au seul Himmler en disant que Hitler, lui, a simplement « oublié » son intention de les anéantir.

---

1. *Ibid.*, p. 673.

Quant à la réaction du Führer en apprenant la « trahison », à son teint terreux et à la chute qui faillit abréger l'existence déjà éphémère du rejeton de Blondi, exécuté avec sa mère le surlendemain, il faut peut-être y voir un trait d'humanité au sein d'un acte qui pourrait se révéler le plus odieux et le plus révélateur.

Les livres précédents traitent l'affaire en quelques lignes. Ainsi le dernier ouvrage d'Allan Bullock :

> Le représentant de Himmler auprès du Führer, Hermann Fegelein, avait déjà été arrêté après qu'on eut découvert qu'il était sorti du bunker dans l'intention apparente de s'échapper discrètement avant la fin. Le fait qu'il fût marié à la sœur d'Eva Braun, Gretl, ne lui fut d'aucune protection. Il fut d'abord soumis à un interrogatoire serré sur ce qu'il savait des relations traîtresses de Himmler puis conduit dans la cour de la chancellerie et fusillé[1].

Les ouvrages qui traitent un peu plus longuement de ce meurtre apparemment marginal accumulent les contradictions. Il est difficile de savoir si le SS-Gruppenführer Fegelein a été arrêté dans sa chambre du bunker ou son domicile berlinois, en uniforme ou en civil, ivre ou à jeun, s'il cherchait à quitter Berlin ou attendait passivement les événements et si, au cas où il se serait apprêté à partir, c'était pour la Suisse avec une maîtresse ou pour la Bavière où Gretl était sur le point d'accoucher. Le rôle d'Eva est aussi des plus flous. Pour les uns elle a imploré sa grâce, pour les autres elle s'est résignée tout de suite et alors, soit elle a pleuré dans son coin, soit elle n'a rien manifesté. Nous ne perdrons pas de temps à débrouiller l'écheveau, puisque ce qui nous intéresse est indubitable : les ennuis du SS ont commencé avant l'annonce de la « trahison » de son chef, et ne concernaient qu'une banale tentative de fuite ; son interrogatoire et son exécution ont eu lieu après, et ont été motivés par sa « complicité » dans cette affaire.

Ce qui est sûr également, c'est que Fegelein n'est pas un sous-fifre, comme en témoigne l'identité de ses témoins de mariage, Himmler et Bormann[2]. Un Gruppenführer SS a rang de général, et ses fonctions d'officier de liaison, dans lesquelles il a succédé à Karl Wolff, quand celui-ci est parti pour l'Italie, en octobre 1943 (cf. *infra*), l'amènent à participer aux réunions d'état-major. Le compte rendu de celle du 27 janvier 1945 le voit intervenir sur tous les sujets.

Il est difficile de supposer que la réaction de Hitler à la nouvelle des ouvertures de Himmler aux Alliés ait été une comédie à l'usage de Lorenz ou de Misch, ou encore de l'aviatrice Hanna Reitsch, autre témoin oculaire, qui dit, elle, que « son teint vira au pourpre » et que « ses traits devinrent presque méconnaissables[3] » ; plus aucune comédie n'est alors

---

1. *Hitler and Staline-Parallèl Lives*, Londres 1991, tr. fr. Paris, Albin Michel et Robert Laffont, 1994, t. 2, p. 352.

2. Une cérémonie médiatisée, dont il reste des films et des photos (cf. Florian Beierl, *Geschichte des Kehlsteins, op. cit.*, p. 126).

3. Cf. W. Shirer, *op. cit*, t. 2, p. 638.

de mise, si elle ne peut sur l'heure atteindre et influencer quelque puissance ennemie et avant tout les Etats-Unis. Au besoin, puisqu'on connaît son attachement à sa chienne et même ses patients efforts pour la faire féconder[1], la chute du chiot suffirait à prouver que Hitler a connu un moment de profonde émotion. Reste à l'interpréter.

On peut exclure d'emblée qu'il s'émeuve des contacts pris par Himmler. Le SS-Reichsführer a vu Bernadotte à quatre reprises, le 12 février, le 2 avril, le 21 et dans la nuit du 23 au 24[2]. L'objet officiel et avouable des entretiens était le sort des prisonniers et des déportés ; en fait, Himmler en faisait un moyen de chantage, pour essayer de fléchir les Alliés de l'Ouest et d'obtenir une paix séparée. Il n'y a aucune raison de supposer qu'il ait caché quelque chose à Hitler, au sujet des trois premières rencontres. Leur existence et leur objet étaient conformes à la politique constante du Führer depuis Stalingrad, elle-même cohérente avec ses orientations fondamentales. Ce qui est moins évident, c'est si, lorsque le 23 il a renouvelé la tentative en son nom propre, en disant que Hitler ne comptait plus et donc en le trahissant apparemment, il le faisait avec son accord. Mais même à supposer que ce fût sans lui, jamais Hitler n'aurait perdu à ce point son sang-froid en l'apprenant *de source ennemie*. Il aurait commencé par vérifier l'information en joignant l'intéressé, ce qui était encore possible par radio. Le fait qu'il ne se précipite pas pour le faire est un symptôme éloquent de la confiance qu'il continue de lui accorder, voire du caractère de parfait instrument que conserve, en cette heure dernière, l'individu placé en 1929 à la tête des SS. Il n'y a pas à s'enquérir de ce que Himmler a pu dire à Bernadotte, Hitler le sait, non seulement parce que dans l'intervalle il a été dûment renseigné, mais parce qu'il lui a préalablement, sur cette matière vitale, écrit son rôle.

Il y a en revanche, dans l'annonce de la trahison de Himmler par la BBC, une raison évidente pour Hitler de s'émouvoir, et peut-être une autre plus cachée. Cette annonce signifie que la négociation a échoué, et ce n'est pas une bonne nouvelle. Mais Hitler pouvait s'y attendre, et sa réaction est disproportionnée. Sauf à supposer qu'il se soit accroché comme un enfant à cet espoir suprême. C'eût été peu conforme à tout ce que nous connaissons à présent de lui ? Sans doute, mais dans sa situation un effondrement nerveux pouvait survenir à tout moment. Or c'est justement l'hypothèse inverse que nous explorons ici, celle d'un Hitler resté lui-même non seulement jusqu'à la fin, mais un peu au-delà. Un calculateur qui donnerait à son cadavre même une efficience, pour aider à la sauvegarde d'une partie de son œuvre et de ses valeurs. Dans ce domaine, la brutale annonce de l'échec de la tentative himmlérienne, sous une forme des plus insultantes, l'oblige à deux mesures qu'il n'osait pas

---

1. Cf. le témoignage de Traudl Junge dans Pierre Galante et Eugène Silanoff, *Les derniers témoins du Bunker*, Paris, Filippacchi, 1989, p. 171.
2. Cf. E. Calic, *Himmler et son empire*, Paris, Stock, 1965, p. 604.

encore prendre : le sacrifice de Fegelein, suivi d'un mariage qui transfigure ce banal épisode en un conflit cornélien de devoirs.

Reprenons : le 22, Hitler annonce à ses collaborateurs son intention irrévocable de rester à Berlin, que Himmler quitte définitivement ; il permet à ses collaborateurs civils de partir, et le conseille à Eva ; elle refuse et il l'embrasse un moment sur la bouche, sans doute pour la première fois en public. Le 23, dans la soirée, Göring est déchu et la nouvelle est assez vite annoncée. Elle parvient aux Américains à peu près en même temps que l'ouverture de Himmler à Bernadotte : ils sont brutalement confrontés à un Reich qui se déchire par le sommet, et placés devant la tentation de sauver des vies humaines (celles des déportés comme celles des combattants) au prix d'une entente avec les puissants personnages qui offrent leurs services, et d'un retournement immédiat contre leurs alliés soviétiques. Le 24 et sans doute aussi les jours suivants, Himmler étale ses ambitions ministérielles, au moins devant un certain nombre de hautes personnalités. Le 27, Fegelein est arrêté. Le 28, les Alliés envoient une gifle magistrale, en publiant l'offre de Himmler. Ils ont bien l'air de dire qu'ils ne croient pas à sa rupture avec Hitler. Il n'y a plus qu'une cartouche à tirer : l'exécution de Fegelein, présenté comme un traître au service de Himmler. Il est tué non pas *malgré* mais *à cause de* son futur lien de parenté avec le Führer, pour prouver aux Alliés que la brouille est réelle.

La suite n'est pas moins éclairante. Dans la nuit du 28 au 29, vers minuit, Hitler épouse Eva Braun. Aucun témoin n'avait entendu parler d'un tel projet. Traudl Junge l'apprend au moment de prendre sous la dictée le « testament privé » qui fait suite au testament public, quelques minutes avant la cérémonie, alors qu'elle s'entretenait souvent familièrement avec Eva : on est amené à se demander si ce mariage ne procédait pas, au moins en partie, d'un désir de donner du poids à l'exécution de Fegelein – l'un et l'autre faisant, peu après, l'objet d'informations publiques. Terrible question à laquelle aucune réponse n'est possible, mais le fait même qu'on puisse la poser suggère que Hitler était devenu capable de tout sacrifier, même ses chères valeurs familiales et sa vie privée qu'il avait tant voulu préserver des interférences politiques, dans un ultime effort en faveur de ce qu'il croyait être l'intérêt de l'Allemagne.

Les termes mêmes du « testament privé » vont dans ce sens, tant ils sonnent faux :

> Alors que je pensais, durant les années de lutte, ne pas pouvoir prendre la responsabilité de me marier, je me suis maintenant décidé, à la fin de ma carrière terrestre, à prendre pour femme la jeune fille qui, après des années d'amitié fidèle, est venue spontanément partager mon sort dans la ville presque complètement encerclée. Selon le désir qu'elle a exprimé, elle entrera dans la mort avec moi en qualité d'épouse. La mort remplacera tout ce dont mon travail au service de mon peuple nous a privés tous deux.

Ce n'est pas le texte en lui-même qui sonne faux, puisqu'il s'inspire d'un thème wagnérien développé notamment dans *Tristan*, l'opéra préféré du signataire. C'est le choix de l'élue. Là encore, Speer et ses témoins sont éloquents. L'architecte estimait certes Eva Braun, mais n'est pas sûr que son terminal époux ait fait de même : il l'a vu lui remettre, au cours d'un dîner, une enveloppe contenant de l'argent, et elle lui a avoué qu'il était coutumier du fait[1]. Une autre fois, en 1943, Speer trouva Eva en larmes et elle lui confia que le Führer lui avait « dit de se trouver quelqu'un d'autre » en expliquant qu'« il était trop occupé, trop plongé dans ses soucis, trop fatigué, et qu'il ne pouvait plus la satisfaire en tant qu'homme ». Peut-on, selon les conventions morales d'alors, humilier plus gravement une femme soumise et fidèle ? Bref, si Eva sans doute aimait Adolf et, à coup sûr, lui avait voué sa vie, rien ne laisse entendre la moindre réciprocité, sinon cette prose ultime, qui n'engageait pas à grand-chose.

S'il est vrai que son mariage n'avait qu'une finalité politique, on peut dire que Hitler, en cette heure dernière de son « combat », est remarquablement fidèle à son serment de combattre le « Juif » par tous les moyens, y compris les plus bas, sous prétexte que l'adversaire n'hésite pas à le faire. Ne l'avons-nous pas entendu, dans son discours fondateur du 13 août 1920, tonner que le Juif était « prêt, quand il s'agissait de ses idéaux, à sacrifier même sa propre famille » ?

Le 29 toujours, pendant la cérémonie, Traudl Junge tape le testament politique que Hitler vient de lui dicter et que Bormann fera parvenir dans l'après-midi à un certain nombre de destinataires, dont celui auquel le texte donne le premier rôle, l'amiral Dönitz. Il commence par nier toute responsabilité dans le déclenchement de la guerre et en accuse longuement les Juifs. Puis il raconte cette guerre, et doit bien reconnaître que son issue est malheureuse. Il parie cependant sur la renaissance de l'Allemagne et du national-socialisme. Ensuite, il forme le nouveau gouvernement du Reich. Sous la présidence de Dönitz, Goebbels devient chancelier et Bormann ministre du Parti. Speer et Ribbentrop ne figurent pas sur la liste, sans qu'aucune explication en soit donnée ni dans le texte, ni à quelque témoin. Plusieurs paragraphes en revanche soulignent et justifient l'exclusion de Göring et de Himmler, notamment celui-ci :

> En plus de leur manque de loyauté envers moi, Göring et Himmler ont attiré sur la nation tout entière une honte ineffaçable, en négociant secrètement avec l'ennemi, à mon insu et contre ma volonté, et aussi en essayant de s'emparer illégalement du pouvoir.

---

1. Cf. G. Sereny, *op. cit.*, p. 200.

Le dernier paragraphe aussi mérite citation :

> Avant tout je recommande au gouvernement et au peuple de garder en vigueur les lois raciales et de résister impitoyablement à cet empoisonneur des nations qu'est le Juif.

Pour conclure toutes ces démarches publiques ou secrètes, il reste un dernier acte à accomplir : le suicide, qui se passe sans cérémonie, Hitler ayant demandé qu'on le laisse seul avec Eva pendant un moment. Elle s'empoisonne et il se tire une balle dans la tête. En application du « testament personnel », l'incinération a lieu immédiatement dans les jardins de la chancellerie mais avec des moyens de fortune, si bien que les corps seront retrouvés et identifiés par les Soviétiques. Toutes les légendes sur une fuite de dernière minute s'enracinent dans la décision de Staline de garder secrète cette découverte, probablement pour éviter qu'il y ait une tombe et qu'elle devienne un lieu de pèlerinage.

Pour interpréter ces événements, le biographe de Hitler aurait grand besoin d'un ouvrage sur les tractations secrètes de la dernière année de guerre, qui n'existe pas plus que l'étude globale sur la drôle de guerre dont notre chapitre 11 déplorait l'absence. John Lukacs, dans un livre récent sur l'historiographie de Hitler, relève qu'il n'y a pas de synthèse sur les efforts de la diplomatie allemande, en 1944 et 1945, pour trouver un compromis avec les Anglo-Saxons et briser leur coalition avec les Soviétiques[1]. *A fortiori*, aucun ouvrage ne replace ces tentatives dans l'ensemble des rapports de forces mondiaux. Les études sont fractionnées, suivant les contrées, les périodes et les problèmes. Or seul un tableau d'ensemble permettrait d'apprécier le jeu allemand, d'y démêler les coups de sonde et les tentatives sérieuses d'armistice, pour comprendre les manigances du Führer et mesurer le degré d'autonomie de ceux qui négocient en son nom ou, parfois, en prétendant qu'il n'est pas au courant. Par exemple, il existe une littérature assez abondante sur les contacts, menés souvent du côté allemand par Eichmann, au sujet des Juifs et d'autres déportés que les Allemands proposaient d'épargner si on satisfaisait certaines demandes[2]. Nous voyons ici, avec les négociations Himmler-Bernadotte, la fin de ce processus, enclenché dès les derniers jours de 1942 en Suisse par l'intermédiaire d'un représentant d'Antonescu d'un côté (il s'agissait de sauver des Juifs roumains) et d'un membre du Congrès juif mondial, de l'autre. Autre exemple : il y eut en Suisse, à partir de février 1945, des pourparlers entre le général SS Karl Wolff, mandaté par Himmler, et Allen Dulles, au sujet d'une capitulation des forces du Reich en Italie. Les Américains appelaient ce dossier « Lever

---

1. *The Hitler of History*, New York, Knopf, 1997, tr. all. *Hitler*, Munich, Luchterhand, 1997, p. 224. Quelques aperçus, sur les tractations de paix des derniers mois de guerre, dans Charles Bloch, *op. cit.*, p. 500-502.
2. Résumé et bibliographie dans Michael Marrus, *The Holocaust in History*, Toronto, Lester, 1987, tr. fr. *L'Holocauste dans l'histoire*, Paris, Flammarion, 1994, p. 253-263.

de soleil » et les Anglais, « Mots croisés ». Cependant les Occidentaux, s'étant mis en devoir d'informer les Soviétiques, s'étaient heurtés à un veto et Truman[1] avait brutalement ordonné à Dulles de rompre le contact, le 20 avril. Mais pendant ce temps, Wolff était en Allemagne et, le 17 et le 18, rencontrait longuement Hitler, qui espérait peut-être que la mort de Roosevelt faciliterait les choses[2]. Il en repartait avec un message ambigu : contrairement à Truman, Hitler n'ordonnait pas de rompre, mais de maintenir sur le terrain une attitude martiale tout en continuant de causer, afin d'obtenir des Américains des « conditions meilleures » que la capitulation pure et simple jusque-là proposée. Il avait clairement montré ce qu'il entendait par là en expliquant à Wolff, le 18, qu'il voulait constituer trois « réduits », en Bavière, à Berlin et dans le Schleswig, et laisser les territoires intermédiaires aux Alliés, dans l'espoir qu'ils viendraient à s'y étriper. Il se donnerait alors au plus offrant et « à celui qui le contacterait le premier ». Les « conditions meilleures » qu'il demandait à Wolff d'obtenir consistaient donc en une alliance contre les Soviétiques. Connues surtout par les mémoires de Dulles et du diplomate Rudolf Rahn[3], qui secondait Wolff, ces tractations confirment la tendance de la direction nazie à se présenter comme divisée entre des intransigeants comme Hitler et des accommodants comme Himmler, non sans laisser entendre que le Führer peut aussi, à l'occasion, se montrer souple. Ce n'est qu'après l'échec de Wolff qu'il se décide, le 22, à annoncer son suicide, ouvrant la voie à la manœuvre de Göring.

Ainsi Hitler, jusqu'au bout, trompe son monde et calcule ses effets. Il a de ses propres mains scindé la direction nazie, si unie sur l'essentiel (l'obéissance absolue à ses ordres, fût-ce les plus insolites), entre un ensemble Goebbels-Bormann, voué à une mort probable[4] et incarnant la fidélité totale, et un ensemble Göring-Himmler jouant la carte de la survie personnelle et, autant que faire se peut, politique. L'insistance même qu'il met, le 29 avril, à les noircir dans son testament, alors qu'il n'a rien fait pour contrecarrer leur action, est visiblement destinée à leur faciliter les choses.

L'auteur de ces lignes est conscient de leur caractère conjectural... et en cela, au moins, il se sent plus prudent que ses devanciers. Lesquels ont accepté comme une évidence à la fois le mariage d'amour au bord du tombeau et l'arrivisme infantile de Göring et de Himmler, qui en plein

---

1. Qui avait succédé à Roosevelt, mort brusquement le 12 avril.

2. A ce propos, la propagande avait évoqué à grands cris la mort de la tsarine Elisabeth, qui en 1762 avait tiré Frédéric II d'un mauvais pas, son successeur se retirant aussitôt de la guerre de Sept Ans. Rien n'indique que Hitler ait cru lui-même à une intervention de la Providence en sa faveur, mais à coup sûr il a scruté avec attention les premiers actes de Truman et guetté les symptômes d'un refroidissement entre l'URSS et les Etats-Unis.

3. Cf. Allen Dulles, *The secret Surrender*, New York, Harper, 1966, tr. fr. Paris, Calmann-Lévy, 1967, notamment p. 213-239, et Rudolf Rahn, *Ruheloses Leben*, Düsseldorf, Diederichs, 1949, tr. fr. Paris, France-Empire, 1980, p. 351-361.

4. Goebbels et Magda se tuent le 1er mai, après avoir administré des piqûres mortelles à leurs six enfants. Rien ne dit que le Führer ait donné préalablement son accord et le testament indique même le contraire : Goebbels aurait dû, comme Bormann, tenter de franchir les lignes soviétiques pour rejoindre Dönitz. Son suicide, proche par l'heure et le lieu de celui du maître aimé, procède, comme celui d'Eva, de la volonté d'éclipser ses rivaux.

désastre ne pensaient qu'à se partager les dépouilles de leur Führer sans voir qu'elles entraient avec lui dans le néant.

Une fois de plus, la répétition n'a frappé personne. Il est vrai que, contrairement à la nuit des Longs Couteaux ou à la crise de février 1938, Himmler et Göring ne paraissent pas agir ensemble. Ils font, cependant, des choses voisines, en des temps très proches.

A présent que l'analyse des relations entre Hitler et Speer nous a prouvé que le premier jouait, sans le dire, la carte de la survie économique de l'Allemagne, nous sommes armés pour constater que les comportements des autres grands barons, Bormann inclus, ont à voir avec une tentative de survie politique. Décidé à quitter la scène, Hitler se dit que peut-être, après tout, sa disparition pourrait changer quelque chose au refus occidental de pactiser avec les nazis. Tout se passe comme s'il rendait leur liberté à deux des plus notoires, afin qu'ils soient en mesure de profiter de tout adoucissement que sa disparition pourrait induire dans le comportement de Truman et surtout, peut-être, de Churchill. Dans cette hypothèse il est possible, sinon probable, que la manœuvre soit décomposée en deux temps : la réaction du Führer au télégramme de Göring (concerté sans doute avec Hitler mais peut-être pas avec Bormann) sert d'appât et crédibilise l'idée d'une rupture avec Hitler des plus hauts dignitaires nazis, que confirment aussitôt les avances de Himmler à Bernadotte. Les Alliés, en publiant l'ouverture du chef SS, ne laissent guère d'autre possibilité que de le désavouer. Ne pas le faire serait jeter la plus crue des lumières sur les tortueuses méthodes du régime : puisqu'il s'est présenté aux Alliés comme brouillé avec Hitler, on ne peut tout de même pas dire qu'il l'a fait sur ordre !

La similitude est également profonde avec l'équipée de Rudolf Hess. Une fois de plus des fidèles entre les fidèles sont jetés dans la balance, pour essayer de conquérir l'assistance de l'Occident contre les Soviétiques.

CHAPITRE 15

Une vie posthume agitée

On a lu dans les pages qui précèdent beaucoup d'affirmations nouvelles ou au moins peu courantes. Si des références documentaires les ont étayées, les allusions aux thèses précédentes ont été réduites au minimum. Le moment est venu de combler cette lacune, et d'esquisser les grandes lignes d'une histoire de l'histoire de Hitler.

Elle a été et reste soumise à des aléas fâcheux pour la sérénité du débat scientifique, du fait que le Führer et son régime sont encore des acteurs vivants de la vie politique, au moins dans les pays développés. Le « passé qui ne passe pas [1] » n'est pas seulement celui des grandes puissances, dont l'affrontement en une seconde guerre mondiale influence toujours les jeux partisans. La Suisse recense la part de sa fortune issue des spoliations racistes et la Suède compte ses malades stérilisés. Le débat serait sans doute plus délicat, mais aussi plus fructueux, s'il portait sur les engagements opportunistes, au profit tantôt d'un camp tantôt de l'autre, des gouvernements soi-disant neutres de Berne et de Stockholm, qui pesaient ainsi dans le combat d'un poids sans commune mesure avec celui de leurs Etats. Les traces d'eugénisme ou d'antisémitisme relevées dans leur législation, qu'elles aient résulté d'un mimétisme moutonnier, d'un alignement servile ou d'une coïncidence, sont peut-être moralement plus condamnables, mais présentent moins d'intérêt historique. Bien entendu, si certaines questions n'ont refait surface que récemment, c'est toute la période écoulée depuis 1945 qui a vu enrôler le nazisme dans des enjeux de pouvoir, au détriment de l'analyse du phénomène et de son agent principal.

> Que fut donc Hitler ?
> Il fut avant tout un monstre de volonté (...).
> Mais, pour conquérir un pays, la volonté seule ne suffit pas. (...)
> Ce fils de petit fonctionnaire était un prodige de mémoire. Il avait un pouvoir extraordinaire de s'assimiler les connaissances les plus diverses et les plus étendues, à la condition que le sujet l'intéressât.

---

1. Selon l'expression d'Ernst Nolte, l'un des Allemands les plus obsédés par le souvenir du Führer, qui produit en lui des effets variables suivant les périodes (cf. *infra*, p. 457).

(...) Hitler, aussi paradoxal que cela paraisse, était aussi un comédien de génie. Roublardise et opportunisme sont peut-être les qualificatifs qui expliquent le mieux le secret de sa réussite. Cet homme qu'aucun obstacle n'effrayait savait très bien le contourner pour éviter un échec. Hitler s'adaptait aux circonstances avec un art consommé. Il usait de tous les registres du mensonge, du bluff, de l'hypocrisie pour arriver à son but. Il jouait ses rôles devant son peuple, ses conseillers, les hommes d'Etat étrangers, sur la scène mondiale, avec une facilité et un bonheur qui trompaient les plus avertis.

Longtemps, il fut le « tireur de ficelles » exclusif de tout ce qui se passait dans le Reich. En lui, tout n'était que calcul et ruse. Jusque dans sa mort, il a tenu compte de la mise en scène.

Hitler, enfin, était doté d'un rayonnement magnétique étrange, d'un sixième sens de primitif, d'une intuition de devin qui furent souvent déterminants. (...)

L'auteur de ces lignes n'est pas célèbre. Ni génial. Ni historien. Ni familier de Hitler. Il a seulement disposé d'un poste d'observation exceptionnel. C'est un résistant français originaire de la Moselle, Albert Zoller, officier dans les forces qui envahissent le Reich en 1945 et chargé d'interroger les prisonniers. Le texte cité introduit le portrait de Hitler qu'il a fait rédiger par sa secrétaire Christa Schröder et publié, en français, en 1949. On retrouve aujourd'hui péniblement ces vérités qui, au moins depuis la fin de la guerre, sont accessibles mais étouffées. Nous allons essayer de comprendre pourquoi.

Tout d'abord, les thèses justes, qui font toute sa place à l'intelligence de Hitler, à sa puissance mystificatrice et à son art de la manœuvre, se meuvent sur une crête étroite et sombrent volontiers dans une inconséquence qui les empêche d'éclipser leurs rivales. Ainsi Zoller poursuit hélas son portrait par un catalogue dont les éléments ne sont pas faux, mais qui, en mettant tout sur le même plan, autorise bien des confusions :

Il n'y avait pas UN Hitler, il y avait des Hitler. Sa personnalité fut un cocktail de mensonge et de vérité, de candeur et de violence, de simplicité et de luxe, de charme et de bestialité, de mystique et de réalisme, d'art et d'horreur.

Hitler n'a rien d'un « cocktail ». Ses contrastes ont une cohérence, qu'il s'agit de mettre au jour, si on ne veut pas s'exposer au reproche de paresse qui lui est si souvent asséné. Plus gravement encore, le texte de Zoller inaugure une manie qui va handicaper pendant de longues années les études hitlériennes, en dépit des matériaux de premier ordre que mettaient au jour la débâcle allemande et la bonne volonté d'innombrables témoins, soucieux de la comprendre. A chaque qualité de Hitler correspond, dit-on, un défaut : de cette vision en apparence équilibrée, on glisse facilement à l'idée que seuls les défauts sont réels et que les prétendues qualités ne sont que trompeurs sortilèges. Cela porte un nom : la démonisation.

Zoller lui-même en offre immédiatement un exemple, lorsqu'il termine son portrait par des considérations sidérales mais, sur le plan de l'agilité intellectuelle, bien peu sidérantes :

> Telle une brillante comète, Hitler était apparu dans la grisaille d'une Allemagne amorphe. Il sut galvaniser l'énergie et les espoirs de son peuple parce qu'il lui parlait la langue qu'il pouvait comprendre et qu'il lui faisait les promesses ardemment attendues.
>
> Mais cette comète, dans sa course orgueilleuse, a voulu braver les constellations et entreprendre sur les lois éternelles du cosmos. Ce fut sa fin...

Ici ce n'est plus Hitler qui réunit on ne sait comment les traits les plus opposés, mais l'Allemagne, ardente et amorphe tout à la fois. Son génial dictateur, qui abusait les chefs d'Etat les plus avertis, a disparu dans quelque oubliette. Reste un minable gourou qui entraîne à sa perte une secte d'illuminés.

C'est ainsi que les observateurs les plus lucides, impressionnés par l'ampleur inouïe des meurtres et du désastre, ont généralement présenté l'entreprise nazie comme vouée à l'échec et rejoint la cohorte de ceux qui n'y voyaient qu'une affaire de bout en bout mal engagée, ne se prolongeant que grâce à une série de hasards et à la complaisance de ses adversaires.

Le livre même que ces lignes introduisent a été reproduit souvent de manière non critique. On manquait ainsi bien des constatations que permet une lecture plus exigeante. Par exemple, l'extrait suivant (p. 194-195) présente des contradictions qui peuvent se résoudre si l'on fait toute sa place à la ruse hitlérienne :

> Vers la fin, Hitler n'avait plus qu'une seule idée : gagner du temps. Au cours des conférences avec ses collaborateurs, il ne parlait plus que de sujets qu'il trouvait intéressants et laissait rarement les autres prendre la parole. Il avait complètement perdu le sens des réalités. Il vivait dans un monde nébuleux, à la poursuite de rêves et de chimères. Il croyait toujours à la victoire avec l'obstination du malade, qui cherche à se convaincre qu'il va guérir en répétant inlassablement cette affirmation.
>
> Cependant, Hitler gardait ce don exceptionnel dont il usait pour maintenir son emprise sur les hésitants. Il affirmait sa foi dans la victoire finale avec une telle assurance que ceux qui l'approchaient continuaient à croire au miracle. Il parlait constamment d'armes nouvelles qui allaient chasser les envahisseurs du continent. Il faisait miroiter qu'après cette guerre terrible, l'Allemagne serait reconstruite plus belle qu'avant.

Le témoin, qui n'assistait pas aux conférences qu'il rapporte, invalide largement son premier paragraphe au moyen de son second. Hitler « maintient son emprise », « affirme sa foi », « fait miroiter », alors que quelques lignes plus haut il se complaisait lui-même dans des chimères. Le potentat déchu, qui réduit son entourage au silence pour pouvoir garder ses illusions, jure avec le manipulateur remontant le moral des dirigeants civils ou militaires : s'il y parvient, il faut croire qu'il reste un chef lucide, notamment en inscrivant à point nommé sur son agenda ceux qui menacent de flancher. En aurait-il la capacité si ses chimériques tirades le convainquaient lui-même ? Mais le jugement de Christa (ou de son nouveau patron, qu'importe ?) est parasité sous nos yeux par sa propension à prêter d'imaginaires faiblesses à un assassin multimillionnairement récidiviste, sans songer que, s'il avait été ce mythomane coupé du réel, il aurait fait des victimes en quantité, au plus, artisanale.

En conséquence, ceux qui sous-estiment les qualités de Hitler sont conduits presque immanquablement à compenser ce vide en prêtant à ses entreprises le concours d'une surnature.

La démonisation et ses ruses

Il est courant de dire, avec une indulgence apitoyée, que d'autres avant soi ont « démonisé » ou « diabolisé » Hitler. Mais, comme si le démon existait ou au moins ses embûches, il n'est pas simple d'échapper à ce piège. Car la démonisation peut être simple, évidente, assumée, ou bien subtile, sophistiquée, voilée, et dans ce cas elle est souvent inconsciente.

Puisque la démonisation, pas plus que son doublet, la diabolisation, sans doute plus courant en français, n'est encore au dictionnaire, il n'est peut-être pas mauvais de la définir. Ou d'essayer. Car le terme est aussi vague et tributaire des critères de chacun que le « mal » dont il est la projection sur une personne, un groupe ou une action. Par-dessus le marché, la religion fait valoir ses droits. Le mot se réfère à un génie surnaturel en action dans l'humain. Métaphore ? Sans doute chez certains auteurs, mais pas chez tous. Au lendemain de la guerre, Friedrich Meinecke et Gerhardt Ritter, deux historiens âgés que les régimes antérieurs au Troisième Reich avaient comblés d'honneurs académiques, ont dressé chacun leur bilan de l'ère hitlérienne. Si le premier y voit une exacerbation de certaines tendances de l'histoire allemande, le second, à l'inverse, l'en exclut. Mais tous deux décrivent Hitler, sans la moindre distance métaphorique, comme un « démon » surgi de l'enfer[1].

Je définirai donc la « démonisation » comme le fait de présenter un individu ou un groupe comme voué au mal, qu'on le regarde comme l'émissaire d'une puissance infernale ou qu'on pense que lui-même se voit ainsi, ou encore sans aucune référence métaphysique. Il faut aussi faire la part de la démonisation partielle : le terme peut s'appliquer à une partie seulement de l'action des personnes ou des groupes. Ainsi Henry Rousso, dans sa préface de la traduction des articles de Mommsen, l'approuve de lutter, à propos de l'incendie du Reichstag et de son attribution aux nazis, contre les « mythologies (...) inutilement diabolisantes[2] ». Cette citation nous invite à nous demander s'il existe une diabolisation

---

1. Cf. F. Meinecke, *Die deutsche Katastrophe*, Wiesbaden, Brockhaus, 1946, p. 93, et G. Ritter, *Die Dämonie der Macht*, Munich, Oldenburg, 1948, *passim*. Ritter applique aussi à Hitler, en expliquant qu'il est plus fort que « Dämonie », le terme de « Satanie » (*ibid.*, p. 158).
2. *Op. cit.*, p. IX.

utile, et pourquoi beaucoup persévèrent, dans cette croyance, quasi diaboliquement.

On a pu suivre, dans le cours de la biographie, la genèse de la démonisation de Hitler, puisqu'elle est quasiment originelle : elle le suit comme son ombre dès qu'il devient un personnage public. Reconnaissons une fois pour toutes qu'il l'a bien cherché, en étant immoral et haineux. Mais ce n'est pas une excuse pour aligner des contrevérités, surtout quand on pratique la discipline historique, dont l'établissement des faits par une méthode rigoureuse se veut l'alpha sinon l'oméga.

Qu'on me permette de commencer par un mot sur la genèse du présent livre. C'est une œuvre collective, en ce sens qu'elle a été soumise, dès ses premiers brouillons, à la critique d'un grand nombre de personnes, de nationalités et de spécialités diverses. Leurs réactions sont elles-mêmes une mine de renseignements sur les formes et l'ampleur de la démonisation – comme sur ses limites et sur la possibilité d'en finir avec elle.

Le fait même de s'intéresser à Hitler suscite fréquemment, suivant les sentiments qu'on vous porte, moquerie, inquiétude ou prise de distances. On s'étonne : que peut-il y avoir encore à découvrir ? Or l'idée qu'on en sait assez sur Hitler est elle-même originelle, et hantait déjà les éditoriaux munichois en 1920. La presse antinazie, de droite et de gauche, entendait certes chasser le démon par la lumière, mais se souciait peu de la qualité de celle-ci. Du moment qu'on disait du mal du mal, cela suffisait. D'où l'irruption rapide du grand-père juif, de la paresse incurable et des dérangements sexuels.

Décembre 1998. Dans un haut lieu de la recherche universitaire, je cause avec un lettré subtil, au sujet des pages ci-jointes sur les rapports entre Nietzsche et Hitler, que cette conversation, au demeurant amicale, ne m'a pas incité à retoucher. Il m'interrompt sans cesse, non seulement dans mes raisonnements, mais dans mes citations des propos de Hitler sur tel ou tel philosophe, lors même qu'il ne les connaissait pas. Cela, dit-il, n'a aucun intérêt, car il ne pouvait rien y comprendre. « C'est comme si nous discutions de l'influence de Rembrandt sur ses toiles. » J'objecte en vain que, précisément, elles étaient alimentaires et qu'il ne les prenait pas au sérieux. On me répond « pègre », « charlatanisme », « démagogie », « brasserie », « brochures », « maladie mentale ». Chacun de ces éléments est vrai. C'est l'ensemble qui pèche, par un tri systématique du pire. On sent ici comme un corporatisme désespéré. Le monde intellectuel n'a *rien* à voir avec cet avorton. Il y a entre eux une série de chicanes et de filtres, représentée ici par la *brochure*, qui forment une barrière étanche. En la personne de cet interlocuteur, la république des lettres préfère renoncer à sa vocation d'institutrice plutôt que d'assumer un cancre.

Heiden, Neumann et Rauschning

Nous avons vu au chapitre 2 des exemples de cette démonisation originelle. Récemment encore, Ron Rosenbaum y a contribué sans en prendre
conscience, en exhumant les articles de la presse bavaroise qui vilipen-
daient Hitler [1], et en les célébrant comme s'ils avaient toujours eu raison,
non seulement dans leur prise de position antinazie, mais dans la moindre
de leurs affirmations. Pour nous convaincre du contraire, nous allons passer au crible l'une des œuvres les plus représentatives de cette littérature,
l'*Histoire du national-socialisme* du journaliste munichois Konrad Heiden, correspondant de la *Frankfurter Allgemeine Zeitung*, qui condense
l'expérience d'un témoin attentif du développement du mouvement,
depuis ses débuts. Le livre, publié en 1932, réédité peu après la prise du
pouvoir et disponible en français dès janvier 1934, a joué un rôle considérable dans la formation de l'image de Hitler.

La première impression est plutôt bonne : dès qu'il apparaît, Hitler est
dit « de grande intelligence ». On étendra le compliment à l'auteur mais
on sera plus circonspect envers ses lecteurs. Car ils ont accordé plus
d'attention aux mots suivants, nettement moins exacts : « mais d'humeur
instable ».

Tout en disant suivre le récit de *Mein Kampf*, Heiden le déforme par
de légers coups de pouce. Ainsi, sur l'emploi manuel dont l'auteur fait
état en racontant sa période viennoise. Nous avons vu qu'il avait duré
tout au plus quelques mois, sans qu'on puisse préciser son intensité ni sa
nature : il dit seulement qu'il était « manœuvre » sur un « chantier ».
Heiden indique, sans répondant aucun, qu'il était « aide-maçon ». Puis
vient l'énormité :

> En 1912, il émigra à Munich. Il se disait dessinateur d'architecture, mais en
> réalité il gagnait sa vie comme peintre en bâtiment [2].

On trouve ici à la fois la reproduction non critique d'une légère inexactitude de Hitler (1912 au lieu de 1913), une menue déformation de sa
prose (nous avons vu Hitler, dans *Mein Kampf*, écrire qu'il gagnait sa vie
comme « petit peintre » – il ne semble donc pas, jusqu'à plus ample
informé, qu'il se soit fait passer pour un commis d'architecte) et une
autre, plutôt fâcheuse quand on prétend combattre un menteur ennemi des
libertés : cette qualification de « peintre en bâtiment », non seulement
absente de la source invoquée mais incompatible avec elle, s'agissant de
la période munichoise, et puisée dans l'air du temps sans le moindre souci

---

1. Soit socialisants comme ceux du *Münchener Post*, soit proches de Kahr comme Fritz Gerlich.
2. *Op. cit.* (1932), p. 17.

de vérification. Au prix, de surcroît, d'une fâcheuse contradiction, puisque Heiden insiste sur la paresse de Hitler et sur son inaptitude à un travail suivi : s'il en était ainsi, le patron qui lui aurait permis de subsister grâce à une activité manuelle minutieuse et astreignante eût été un fameux philanthrope.

Après les débuts de l'homme, Heiden conte ceux du mouvement, et note en fin de chapitre :

> La propagande nationale-socialiste, un mélange d'insultes brutales et d'actes de violence, était créée. (p. 32)

Une autre chose était créée par ce texte et ses pareils : l'assimilation du nazisme à un déferlement pur et simple de brutalité physique et verbale.

De même que Heiden reconnaît d'emblée à Hitler des qualités intellectuelles, de même ses autres atouts, en particulier la ruse, sont çà et là reconnus par les journalistes antinazis. Mais le propre de cette prose, c'est son manque de persévérance dans la vérité – alors qu'elle se vautre dans les erreurs les plus dangereuses, celles qui mènent à la sous-estimation de Hitler et l'aident à masquer la préparation de ses coups, tout en donnant bonne conscience aux politiciens qui croient pouvoir l'utiliser sans risque. En l'occurrence, ci-dessous, nous voyons Heiden lui-même s'opposer à un confrère qui avait perçu la ruse :

> (...) au milieu de l'année 1920, un journal adverse le désigne déjà comme « le provocateur le plus retors » (gerissensten Hetzer). Erreur : c'est seulement le plus appliqué (fleissig). Et, en tout cas, il ne s'embarrasse pas de vaine délicatesse[1]. (p. 39)

La nature ayant horreur du vide, la sous-estimation de Hitler induit une surestimation de ses lieutenants, ou au moins de leur influence. Ainsi, l'orientation antisoviétique de la politique extérieure est tout entière attribuée à Rosenberg, lui-même interprète d'un milieu de « Russes blancs ». Cela conduit à gommer l'originalité du nazisme, assimilé d'un côté aux « Cent-Noirs », les sicaires de feu le tsar, de l'autre aux Chemises noires de Mussolini (p. 45-47).

Au chapitre intitulé « Hitler », on trouve détaillés les lieux communs de la paresse, du manque de « volonté ferme », de l'irritabilité et de l'incapacité à se remettre en question. A côté de justes considérations sur la puissance de sa mémoire, ses facultés intellectuelles font l'objet de dithyrambes qui finissent par fausser le diagnostic. Le cerveau « si bien construit » (p. 64) n'est à l'aise que dans la déduction, non dans l'établissement des faits. Mais ici, plus que les présupposés racistes, Heiden prend

---

1. La traduction française de 1934 (*op. cit.*, p. 36) est ici gravement fautive puisqu'elle rend « fleissig » par « tenace ». Mais elle est aussi plus « heidenienne » ! Car « fleissig », le mot qu'emploient les maîtres pour désigner les élèves appliqués, jure avec l'ensemble du propos, attaché à camper un Hitler paresseux.

surtout pour exemple les « fausses prophéties » sur tel succès qui ne s'est pas produit, du moins à la date annoncée, ou tel fait qui s'est produit en dépit d'un pronostic de Hitler, comme l'évacuation française de la Ruhr à la suite d'une négociation engagée par Stresemann. L'auteur se refuse à faire la part du discours politicien : il préjuge que Hitler croyait ce qu'il disait. Ainsi, pour les besoins de la démonstration, Hitler est tantôt un fieffé menteur, tantôt un idéaliste candide. Ce manque de rigueur est, pour celui que l'on entend combattre, tout bénéfice : d'une part on n'est pas assez en alarme contre ses ruses, d'autre part on alimente l'illusion que son arrivée au pouvoir, réalisant pour une fois une prophétie, résulte d'une fâcheuse coïncidence, et on encourage les gens à croire qu'elle sera automatiquement annulée par quelque erreur de cette belle mécanique cérébrale, saturée de données fausses.

Dans un passage stylistiquement très réussi, Heiden rassure encore à bon compte le public en prétendant qu'au cœur de ses triomphes Hitler est assailli par le sentiment de sa propre faiblesse :

> Mais l'homme qui est sur l'estrade ne discute plus, il livre une bataille. La foule ne voit pas l'ennemi ; elle ne sait pas que ce lutteur renferme l'ennemi en lui-même. Il lutte contre la décomposition de la nation, contre la paresse politique des masses, contre les erreurs coupables des hommes anciennement et actuellement au pouvoir, mais en réalité il lutte, en même temps, contre le marxiste qu'il commença d'être, contre le mauvais élève, contre l'irrésolu qui manque une occasion en 1922 [1], qui se fait battre deux fois en 1923, qui ne s'empare pas du pouvoir en 1930 et le laisse échapper en 1932. Il lutte contre sa propre peur, contre son propre démon, comme un vieil anachorète – il n'est plus question ici d'agitation révolutionnaire, ni de sport oratoire, mais d'exorcisme. (p. 79)

Que Hitler ait été taraudé par des complexes d'infériorité n'est pas niable d'un trait de plume. Mais que ceux-ci se soient nourris du remords obsédant de n'avoir pas, à l'âge de trente-trois ans, dont trois d'expérience politique, tenté de conquérir le gouvernement d'un grand pays, ou d'y avoir échoué l'année suivante, voilà qui ne convainc guère. Quant aux indécisions de 1930 et de 1932 (consécutives, si on comprend bien, aux deux grandes poussées électorales), elles font partie de ces fautes qui ont fait progresser Hitler de marche en marche vers son triomphe, et provoqué l'exil du signataire. On peut, et on doit sans doute, être plus cruel encore : le propos n'est-il pas au fond l'expression involontaire d'un remords de Konrad Heiden, qui n'avait pas envisagé une seconde que l'agitateur de

---

1. Nous n'avons pas parlé, pour ne pas alourdir le propos, de la tentative manquée de 1922. Cette citation oblige à en dire un mot. Il s'agit d'un projet mal coordonné de soulèvement en Bavière, dirigé non par Hitler, mais par un dénommé Pittinger. Ce dernier se dévoila prématurément alors que la Reichswehr, travaillée par Röhm, n'était pas prête, après quoi il s'exila prestement. Hitler n'avait guère de reproches « d'indécision » à se faire : il avait surtout fait trop confiance à Pittinger, et n'était pas en position de le suppléer lors de sa défaillance. Voir là un échec qui l'aurait fait douter de lui est, de la part de Heiden, pure rhétorique, révélant son besoin d'allonger une liste qui, sans cela, lui paraissait trop courte (cf. Heiden, *op. cit.*, p. 106-109, Bullock, *op. cit.*, p. 76-77 et Toland, *op. cit.*, p. 114).

brasserie sur lequel il exerçait sa verve pût gérer avec sang-froid de pareils raz-de-marée électoraux ?

Un autre exilé, Franz Neumann, a joué un rôle considérable dans l'historiographie du nazisme. Il n'est pas journaliste mais avocat, et fait partie de la célèbre « Ecole de Francfort ». Il fait paraître au Canada en 1942 un ouvrage au titre singulier, *Béhémoth*, qui constitue l'une des premières analyses socio-politiques du Troisième Reich. Le titre, fourni par un monstre biblique, permet de comparer l'Allemagne nazie à un gros ectoplasme sans direction véritable, qui crèvera de ses propres contradictions.

On ne saurait mieux résumer l'ouvrage et son propos central que ne l'a fait Theodor Adorno en 1967 :

> (...) il montre que l'Etat national-socialiste, totalement unitaire selon sa propagande, était en réalité pluraliste, en un sens funeste du terme. La volonté politique s'y formait à travers la concurrence sauvage des lobbies sociaux les plus puissants. Le premier, peut-être, Neumann a révélé que le mot d'ordre d'intégration, l'une des pièces maîtresses de l'idéologie fasciste selon Pareto, masque son contraire, à savoir une désintégration de la société en groupes divergents, rassemblés d'une manière extérieure et abstraite par la dictature, sans être capables de réaliser eux-mêmes un accord dans la vie sociale ; ces groupes risquent de faire voler en éclats un Etat dont en même temps ils ne cessent de chanter les louanges. On doit à Neumann la découverte que ce qui se vantait de mettre un terme à la destruction et de « construire », selon la phrase habituelle, était lui-même au plus haut point destructif, non seulement à l'égard de tout ce qui est humain – destruction qui s'est répercutée dans les affaires étrangères – mais de manière immanente, au sein même du système ; il a découvert que le fascisme désintègre ce qu'il prétend sauver [1].

On ne saurait mieux dire que Neumann était un théoricien du *fascisme* exposé, en tant que tel, à ne pas atteindre l'essence du *nazisme*, ni le noyau de sa dangerosité.

Nous pouvons le vérifier à travers un passage de la deuxième édition, publiée en 1944 (p. 514). Neumann, qui a compris qu'on était en train d'exterminer les Juifs, attribue à ce massacre une fonction triple : favoriser l'émergence du totalitarisme par l'extinction de la tradition libérale, expérimenter des méthodes de terreur dirigées contre tous et compromettre la population pour l'empêcher de déserter le camp nazi. C'est assez bien vu, et tout le monde n'a pas la même lucidité. Mais elle reste bien partielle. La place de l'idéologie au cœur du système et des obsessions de son chef est même, ici, quasiment niée.

Si Heiden et Neumann n'ont pas été des chefs d'école, ils ont eu chacun une postérité abondante qu'on peut regrouper sous deux étiquettes : l'intentionnalisme pour Heiden, le fonctionnalisme pour Neumann. Mais avant de les présenter, il faut dire un mot d'un inclassable qui a influencé tout le monde, Hermann Rauschning.

Le président nazi du sénat de Dantzig, dont nous avons vu qu'il avait

---

1. In Franz Neumann, *Behemoth*, Oxford University Press, 1942 puis 1944, tr. fr. *Béhémoth*, Paris, Payot, 1997, annexe 2.

longuement rencontré Hitler, s'est dégoûté assez vite du régime et a profité de ce que sa ville n'était pas encore intégrée au Reich pour s'exiler en 1936. C'est un politicien féru de théorie, qui applique des catégories empruntées à Weber, Sorel, Malaparte ou Pareto. Si Golo Mann, dans la préface d'une réédition de 1964, dit que sa *Révolution du nihilisme* « atteint parfois les sommets de l'écriture politique », c'est sans doute une indulgence née de la proximité. Le lecteur non prévenu se demande plutôt très vite : « Mais comment va-t-il faire pour tenir 380 pages ? » et doute d'y parvenir lui-même, tant l'auteur ressasse une idée unique, présente dès le titre : le nazisme est à la fois révolutionnaire et destructeur. Il omet tout simplement l'attachement de Hitler à l'Allemagne. Il ne s'intéresse pas non plus beaucoup à sa personne, au point qu'on saisit mal pourquoi, deux ans plus tard, il écrira tout un livre pour relater leurs conversations. Sans cesse, lorsqu'il indique qui dirige le régime, Rauschning oscille entre Hitler et une mystérieuse « élite ». Il entonne le requiem d'une bourgeoisie entièrement dépossédée et poussée vers la sortie par une classe nouvelle fort mal définie. Mais celle-ci n'ira pas loin, car son pouvoir n'est fondé que sur une destruction méthodique des traditions et des valeurs.

Pas plus que Hitler n'est un vrai nationaliste, il n'est d'après ce livre un raciste conséquent. Rauschning pose la même question que Churchill en 1932[1] et y répond différemment : pour lui, l'antisémitisme n'a rien d'une conviction profonde et n'est qu'une technique de manipulation des masses[2] (p. 130-131).

Ainsi, selon lui, le nazisme n'est qu'une entreprise de domination. Sa thèse est un retournement pur et simple de la phrase de Hitler sur la victoire des Juifs qui verrait la fin de la vie sur terre, à ceci près que l'original est plus concis. Rauschning combat le nazisme avec ses armes. Son influence sur toutes les écoles et ses rééditions persistantes sont un bon baromètre des limites de la recherche.

Intentionnalisme et fonctionnalisme

Le débat sur le Troisième Reich qui a cours depuis sa chute dans la partie occidentale de l'Allemagne n'a pas contribué autant qu'on aurait pu l'espérer à éclairer la personnalité de son chef. Pour deux raisons.

---

1. Cf. *supra*, p. 320.
2. Il s'en justifie elliptiquement, dans une préface de 1964, en indiquant que lors de la première édition, parue en Suisse en 1938, « ni la "nuit de Cristal" ni les chambres à gaz n'étaient devenues réalité ». C'est postuler qu'avec la connaissance intime qu'il avait de Hitler et de ses monologues, il n'aurait pu imaginer pareille chose. C'est donc faire chorus avec les théories « fonctionnalistes » alors en pleine vigueur, suivant lesquelles le nazisme a pris conscience progressivement de sa propre essence. Cette idée est omniprésente dans *La révolution du nihilisme* qui, ainsi, prend une place de choix, avec *Béhémoth*, dans la préhistoire du fonctionnalisme.

Progressivement on en est venu à disputer moins sur Hitler que sur les interprétations des uns et des autres, et les positions de Broszat, Bracher, Hillgruber ou Nolte sont devenues plus familières, sauf à quelques érudits, que celles du Führer. A tel point que depuis une vingtaine d'années les biographies se sont raréfiées [1], ainsi que les études sur tel moment de la carrière de Hitler ou tel aspect de son action, au profit d'ouvrages, d'ailleurs utiles et souvent suggestifs, qui se donnent pour mission de baliser le maquis des thèses en présence et des publications qui les exposent [2].

La seconde raison tient au débat lui-même : le courant très influent, dont Martin Broszat a été la figure de proue depuis le début des années 60 jusqu'à sa mort survenue en 1989, courant dit « structuraliste » ou « fonctionnaliste », se donnait précisément pour tâche de réviser à la baisse l'influence de Hitler sur sa propre politique en revalorisant celle des différentes forces de la société allemande. Les adversaires de ce courant, baptisés « programmologues » ou « intentionnalistes », donnaient une place centrale au dictateur et à ses intentions, déchiffrées comme un « programme » mais, pour des raisons complexes sur lesquelles on reviendra, ils subissaient l'attraction de leurs adversaires et en venaient même, à quelques exceptions près dont Eberhardt Jäckel est la plus saillante, à négliger les textes hitlériens ou à les lire au premier degré, pour s'adonner à des spéculations hasardeuses.

Les fonctionnalistes se présentent comme les premiers adversaires de la démonisation. Ils sont plutôt de gauche, au sens ouest-allemand du terme. Peu tendres pour la droite weimarienne en général et pour Brüning en particulier, ils sont pleins d'espoirs rétrospectifs en la social-démocratie, tout en trouvant son attitude décevante, notamment en juillet 1932, lors de la destitution du gouvernement prussien. Sur le plan théorique, ils se réclament d'une vision élargie de l'histoire politique, faisant toute sa place à l'économie, à la société et à la culture, comme en France au même moment l'école des Annales en offre un modèle reconnu, ou encore l'histoire dite « des relations internationales » par laquelle Pierre Renouvin entend renouveler la vieille histoire diplomatique en faisant une place de choix aux « forces profondes ». Leur terme fétiche est celui de « processus ». Par une sorte d'*a priori* théorique, ils se condamnent à écrire une histoire au jour le jour, qui échappe à tous ses acteurs. Du coup, lorsque Hitler applique un mot d'ordre qu'il a lui-même édicté dix ou quinze ans plus tôt, il ne pouvait s'agir, en cette lointaine époque, que d'une « métaphore » sans conséquence.

Certes leurs recherches nous donnent des matériaux, car pour étudier l'action d'un chef politique on n'a jamais trop d'éléments sur le compor-

---

1. Souhaitons qu'avec la présente, celle d'Ian Kershaw, en cours de parution et dont on n'a pu utiliser ici que le premier tome (*Hitler 1889-1936*, Londres, Penguin, 1998) marque le début d'un renversement de tendance.
2. Les plus importants sont dus, par ordre chronologique, à Hildebrand, Ayçoberry, Schwok, Schreiber, Kershaw, Lukacs, Rosenbaum. On en trouvera les références dans la bibliographie.

tement de ses administrés. Mais sur l'articulation des deux, ils accumulent les supputations bancales et parfois même les perles – dans lesquelles un Hans Mommsen, moins prudent que Broszat, est précocement passé maître ¬, faute de consentir à voir dans les initiatives du chef une logique à longue portée.

C'est en 1971 que Mommsen, qui avait lancé l'idée sur un mode plus restrictif cinq ans auparavant, commet son affirmation la plus célèbre, suivant laquelle Hitler était « un homme se dérobant aux décisions, souvent hésitant, uniquement soucieux de préserver son prestige et son autorité personnelle, fortement influencé par son entourage du moment, bref, *un dictateur faible*[1] ». La formule a été abondamment commentée. Curieusement, elle est introuvable dans le recueil d'articles de 1991 dont la traduction française, en 1997, a fait mieux connaître l'œuvre de Mommsen au-delà du Rhin. Mais tous les textes, y compris les plus récents[2], en restent imprégnés.

Il est cependant un point sur lequel l'apport théorique des fonctionnalistes est sérieux, la critique du concept de « totalitarisme », volontiers appliqué à l'Allemagne nazie dans les années 50, sous l'influence, en particulier, de Hannah Arendt. Ils font observer qu'il y manque un parti totalitaire, le NSDAP étant une structure évanescente, activée au gré du Führer, qui avait ruiné définitivement, après décembre 1932, les efforts d'organisation de Gregor Strasser[3]. L'Etat restait donc en place, et n'était pas une annexe du parti unique. Le souligner était faire œuvre utile, car beaucoup d'études antérieures accréditaient l'idée, fort éloignée de la réalité, d'un encadrement étroit de la population. Toutefois, cette différence avec le stalinisme est mise non au crédit des nazis, mais à leur passif. Non point que Broszat ou Mommsen voient dans l'URSS un modèle à imiter, mais parce qu'ils considèrent les nazis comme des totalitaires ratés, trop occupés par leurs rivalités, trop paresseux et pas assez compétents pour encadrer un Etat. L'idée que leurs apparentes carences en la matière aient pu résulter, chez Hitler au moins, d'un calcul et d'un art d'imposer son point de vue sur l'essentiel en laissant à d'autres une illusion de liberté dans la gestion de l'accessoire, et en les compromettant par là même, n'effleure pas cette école historique[4].

Quant aux intentionnalistes, ils ne vont eux-mêmes, en général, pas assez loin dans cette voie. Alors que c'eût été leur vocation naturelle ils n'ont produit aucune biographie de Hitler et bien peu de travaux d'ensemble sur sa politique, si on excepte le génocide juif. Contre les structuralistes ils théorisent le rôle éminent de l'individu dans l'histoire et

---

1. Cité par Ian Kershaw, *Qu'est-ce que le nazisme ?*, Paris, Folio-Histoire, 1997. Souligné par moi.
2. Le volume a été remanié et enrichi à l'occasion de la traduction française.
3. Cf. Hans Mommsen, *op. cit.*, p. 49-65.
4. Cela dit, rien n'interdit d'appeler le nazisme un totalitarisme... à condition de souligner à quel point le talent et les objectifs de son chef le différencient de l'incarnation soviétique du phénomène, infiniment plus statique, où le contrôle des personnes et des activités semble être devenu rapidement une fin en soi (cf. *infra*, Conclusion).

effectivement, non seulement Hitler en est un cas-limite, mais il a suscité à travers le monde une personnalisation du pouvoir et l'épanouissement d'une pléiade d'hommes d'Etat qui sans lui auraient fait des carrières plus ternes, voire pas de carrière du tout, comme Churchill, de Gaulle, Roosevelt, Tito ou Franco[1]. Mais dans les travaux pratiques les programmologues sont, plus encore que les structuralistes, des adeptes du temps court : ainsi Hillgruber intitule *La stratégie de Hitler* un livre qui certes fait le lien entre ses écrits de jeunesse et son action, mais celle-ci n'est étudiée que sur un an !

Les programmologues sont particulièrement enclins à la démonisation. Pour eux tout résulte d'une volonté *mauvaise*. Loin de moi l'idée que c'est faux et qu'elle est bonne. Mais ce jugement moral paralyse la lucidité et abrège le moment où on observe le phénomène pour en prendre la mesure. Un peu comme si un physicien étudiant en 1939 la structure de l'atome se laissait inhiber par la perspective des destructions massives, au point de renoncer à comprendre.

Seul peut-être Trevor-Roper[2] ose voir en face le talent de Hitler... mais il écrit peu, donnant des clés qu'il ne se décide pas à utiliser. Du coup, les fonctionnalistes peuvent déployer leur érudition sur les connexions secondaires.

Ce n'est pas sans raison que les controverses sur le nazisme en général, et la guerre qu'il a déclenchée en particulier, touchent souvent à la question de l'accès aux archives. Contrairement à ce qu'on dit souvent, il est encore, dans tous les pays, non seulement jalonné d'incommodités mais clairement incomplet[3]. Cela place l'historien « du temps présent », c'est-à-dire du dernier siècle, devant un redoutable dilemme. Par profession, il entend se distinguer du journaliste et privilégier le « document d'époque ». Mais ce faisant, il rend les armes aux censeurs et cautionne leur tri de ce qui est communicable. Il risque donc de pécher plus gravement contre la science que l'essayiste non diplômé, mais néanmoins rigoureux, qui cherche son chemin au travers des bruits, des témoignages oraux et bien entendu, lui aussi, des textes. Là est sans doute l'explication principale, à la fois de la vogue du fonctionnalisme, et de ses limites heuristiques. Faute de tout savoir sur les manœuvres des grands, on peut du moins atteindre les réactions des petits. On en vient à dire que ceci est plus important que cela, et à se trouver très démocrate. Le vécu des masses n'est-il pas plus digne d'attention que les calculs des puissants ?

---

1. Sa dernière biographe, Andrée Bachoud, voit dans sa « médiocrité » l'explication essentielle de la réussite de Franco. L'un des arguments principaux est que, dans son grand âge, il s'abrutissait de télévision. C'est, à mon sens, tomber dans le même piège que les fonctionnalistes et tous ceux qui sous-estiment Hitler, plaçant l'essentiel de sa valeur dans l'« attente charismatique » de ses ouailles (*Franco*, Fayard, 1997, Conclusion).

2. A partir des années 60. Le premier écrit sur Hitler de ce spécialiste de Cromwell, *The Last Days of Hitler* (New York, Macmillan, 1947, tr. fr. *Les derniers jours de Hitler*, Paris, Calmann-Lévy, 1947), est une enquête encore solide sur bien des points, mais sa vision du régime et de son chef ne tranche guère sur la démonisation moyenne de l'époque.

3. Il faut mettre à part le cas de l'Allemagne. L'accès des archives y est aussi libre que possible, mais les Américains comme les Soviétiques, puis les Russes, ont pratiqué un tri dans ce qu'ils lui ont restitué.

C'est oublier le sens même du mot « savoir », qui ne consiste pas à privilégier des objets sympathiques, mais à embrasser la totalité d'un phénomène.

L'une et l'autre tendance ont montré, dans la compréhension de Hitler, des blocages comparables. Leur point commun est une sommaire métaphysique du « mal ». Les intentionnalistes, même les plus sérieux – je pense à Eberhardt Jäckel –, concentrent le mal sur un petit groupe de personnes. Les fonctionnalistes, même s'ils s'en défendent, mettent en cause l'Allemagne entière et lorsqu'ils rendent hommage à ses résistants, c'est comme à une exception confirmant la règle. Il a fallu attendre les années 80 pour que des non-historiens, spécialisés dans l'art ou la littérature, comme Joseph Peter Stern ou Peter Reichel, ouvrent des voies nouvelles en insistant sur l'insidieuse séduction du nazisme. Mais ils n'en étudiaient les effets qu'en Allemagne. Restait à en saisir la portée mondiale.

Après cette présentation générale des écoles, et avant de dessiner le mouvement actuel, il faut à présent revenir sur quelques détails controversés de la biographie.

Les origines

On s'est peut-être demandé pourquoi le premier chapitre s'attardait peu sur le père inconnu d'Aloïs Hitler. C'est que, jusqu'à plus ample informé, la question n'a jamais passionné que les antinazis. Rien n'atteste que Hitler s'en soit lui-même beaucoup soucié.

La supposition que cet aïeul ait été juif, agitée dès les années 20 par des publicistes hostiles, a reçu un début de consistance lorsque Hans Frank, nazi de la première heure, jugé à Nuremberg pour ses crimes commis en Pologne et converti au catholicisme, a raconté, puis écrit dans ses mémoires, que Hitler, troublé par ces rumeurs, l'avait chargé en 1930 d'une enquête. Il avait conclu à la paternité possible d'un Juif de Graz nommé Frankenberger, chez qui Maria Anna avait été servante, ou de son fils. Cependant, il est curieux que la conclusion ne soit pas plus ferme, puisqu'il est fait état de sommes précises payées pour la pension alimentaire, de nombreuses lettres retrouvées et d'autres documents encore. Il est vrai que rien de tel n'a jamais été produit.

Les mobiles des semeurs de bruits sont clairs : vers 1930 les antinazis voulaient déstabiliser Hitler, psychiquement et politiquement. En 1946, Frank et les prêtres qui le conseillent ne sont peut-être pas envahis de scrupules quand il s'agit de discréditer l'ancienne idole, et d'estomper autant que possible le rôle du catholicisme autrichien dans la genèse des crimes nazis. Cependant on n'a pas, par ailleurs, le moindre indice que

Maria Anna ait été domestique ni qu'elle ait jamais quitté la région de Spital. Tout ce qu'on peut dire, c'est que l'origine juive de ce grand-père est fort improbable, mais pas absolument impossible[1].

Pour expliquer la vogue du fantasme du « grand-père juif », Rosenbaum met en lumière la propension d'une foule bigarrée d'auteurs à vouloir que « les Juifs » soient à l'origine de leur propre génocide, ou même, de préférence, un seul d'entre eux. Il en donne une foule d'exemples convaincants, dont nous verrons quelques-uns[2].

La cuisine de Jetzinger

Si l'antinazisme des années 20 est à l'origine d'une bonne part des erreurs sur Hitler, l'après-guerre n'a pas été en reste. Témoin l'Autrichien Hans Jetzinger, qui s'est acharné au-delà de tout bon sens contre le livre de Kubizek.

Dans son ouvrage sur la jeunesse de Hitler publié en 1956[3], il monte en épingle les écarts les plus minimes entre la mémoire de l'auteur et la réalité attestée par d'autres sources, allant jusqu'à se servir de contradictions entre le livre et les déclarations que son auteur lui avait faites en confiance, lors des nombreux entretiens qu'il lui avait accordés. Je renverrai à mon dernier ouvrage le lecteur curieux des ravages que peut produire auprès d'un public crédule le discrédit jeté sur les témoignages des acteurs au moyen de documents sélectionnés[4]. Après avoir frappé d'estoc et de taille, le preux se fait apothicaire, et évalue à 90 % les « contes » que contient le livre.

Dans ce genre de critique, l'astuce de la présentation pallie souvent la faiblesse du raisonnement. Par exemple, la mémoire de Kubizek est plus incertaine sur la période de Linz que sur celle de Vienne, et on comprend pourquoi : les deux jeunes gens se rencontrent à l'opéra vers la Toussaint 1904, d'après le mémorialiste, et ils commencent à discuter des spectacles, tout en ne sachant rien l'un de l'autre et en n'en voulant rien savoir. Dans ces conditions, il ne serait pas étonnant que Kubizek ait ignoré, avant que Jetzinger ne l'en instruise, le séjour de Hitler à Steyr (à environ une heure de train de Linz), jusqu'en juin 1905, date de son déménagement à Linz. Hitler pouvait venir en train à l'opéra et rien n'autorise Jetzinger à écrire, comme il le fait, que la rencontre n'a pu avoir lieu avant « l'hiver 1905-1906 » (p. 137). En revanche, pour la période viennoise, où les deux garçons logeaient dans la même chambre, Jetzinger

---

1. R. Rosenbaum, *Explaining Hitler*, New York, Random, 1998, tr. fr. *Pourquoi Hitler ?*, Paris, Lattès, 1998, p. 94.
2. Nous en avons déjà croisé un : celui du roman d'Ernst Weiss *Der Augenzeuge*, écrit en 1939, qui situe l'origine de l'antisémitisme hitlérien dans une défaillance de son promoteur en présence d'une prostituée juive (cf. *supra*, p. 53).
3. *Hitlers Jugend/Phantasien, Lügen und die Wahreit*, Vienne, Europa.
4. Cf. F. Delpla, *Aubrac/Les faits et la calomnie*, Pantin, Le Temps des Cerises, 1997.

ne trouve rien à redire de ce type, mais qu'à cela ne tienne : il a mis durablement le lecteur sous l'impression que Kubizek brodait.

On peut juger de sa mauvaise foi dans l'extrait suivant :

> (...) Kubizek écrit : « Si un jour je n'étais pas au rendez-vous fixé, il venait me chercher aussitôt à l'atelier. » Ce n'était possible qu'à partir de juin 1905, puisque le dimanche Kubizek n'était pas à l'atelier, et qu'en semaine Adolf ne pouvait être qu'à Steyr, même si on admet qu'il venait le dimanche à Linz, ce qui, étant donné la discipline scolaire d'alors, n'aurait pu arriver que rarement. (p. 140)

Puisque Kubizek ne date pas ces visites à l'atelier, elles ont pu survenir à partir de juin 1905 sans que la relation ait nécessairement débuté à ce moment-là. Quant à la « discipline scolaire d'alors », pour raréfier (mais non supprimer) les occasions de rencontre entre les deux jeunes gens, elle supposerait que Hitler ait été interne ; or il logeait en ville, et pouvait donc parfaitement venir à l'opéra un jour de semaine.

Une rencontre des deux garçons dès novembre 1904 est d'autant plus vraisemblable que pendant un temps indéterminé, d'après le livre, ils n'ont fait que causer des spectacles en s'abstenant de se présenter plus avant. Il est possible qu'ils aient attendu pour le faire une période de vacances scolaires. Dans son souci obsessionnel de prouver que la relation Hitler-Kubizek a duré deux ans et non quatre, c'est Jetzinger qui, avec la bonne conscience des fanatiques, torture les faits et les textes.

Cet adepte de l'hypercriticisme ne cache pas ses motivations : puisque Hitler était un monstre, tout ce qui tend à l'humaniser doit être combattu avec la dernière énergie. Il présente fallacieusement le livre de Kubizek comme une « tentative de réhabilitation ». L'un de ses axiomes, dont il fait un titre de chapitre, est que Hitler a mené « une vie sans amour ». Il ne faut donc pas qu'il ait aimé Kubizek, ni non plus Stephanie. Or c'est Jetzinger qui dans les années 50, grâce aux indications de Kubizek, a retrouvé cette personne, et fini par lui faire reconnaître, après une période où elle niait totalement avoir eu un soupirant de cette sorte, qu'elle avait jadis reçu « une lettre écrite dans un style désordonné » où un jeune homme promettait de la demander en mariage quand il serait un peintre reconnu. Mais, loin de s'avouer battu et de saluer la convergence entre le souvenir de Sancho et celui de Dulcinée, Jetzinger tire parti du fait que Stephanie n'avait, d'après elle, pas pris conscience, avant cette lettre, de l'existence de son soupirant, pour nier les quelques signes d'intérêt que, d'après Kubizek, elle lui avait montrés. Il choisit la parole de Stephanie contre celle de Kubizek, d'autant moins logiquement qu'il vient de montrer qu'elle avait du mal à reconnaître la vérité.

Il exploite aussi un bref contact entre l'ancien ami du Führer et la Gestapo. Elle l'avait interrogé en 1939, et alors il « n'avait pas été capable d'écrire » plus de quelques feuillets. De là à dire qu'il a inventé, entre 1939 et 1953, tout le reste, il y a un fossé que l'auteur enjambe allègrement. Il n'a décidément jamais rencontré de gens pudiques, ni de personnes moins loquaces lorsqu'un policier les interroge que lorsqu'elles s'expriment spontanément.

Le résultat ne s'est pas fait attendre : ceux qui écrivent après 1956 tiennent bien entendu compte de Kubizek, car il est difficile d'ignorer un témoin aussi bien placé quand on traite d'une période aussi obscure, mais ils le font de manière peu rigoureuse, en privilégiant les traits négatifs ou en corrigeant ses informations par des sources beaucoup moins directes. C'est ainsi que Maser suit les brisées de Jetzinger en faisant grief à Kubizek de ses relations avec la Gestapo. Il va même plus loin, en affirmant qu'il y a eu une véritable collaboration, et une altération des souvenirs du témoin par les soucis propagandistes du régime. Mais ses preuves se retournent contre lui. Il cite un rapport de 1938, d'après lequel on s'aperçoit, en écoutant Kubizek, que « toute la grandeur du Führer, pour nous inconcevable, existait déjà dans sa jeunesse [1] ». Cet enthousiasme prouve que le régime a caressé l'idée d'utiliser ce témoin, mais non qu'il ait accepté, pour lui plaire, de confirmer des choses qui ne cadraient pas avec ses souvenirs. Bien au contraire : si ces contacts n'ont débouché sur aucune publication, c'est qu'il n'a pas dû apparaître très malléable. Là gît peut-être la raison de la brièveté de sa déposition de 1939, qui chagrine tant Jetzinger [2].

Comme de juste, les points sur lesquels on croit le plus volontiers Kubizek sont les plus contestables : la date à laquelle Hitler est devenu antisémite [3], ou encore la précocité de sa vocation politique.

La vocation politique

En 1933 l'ami d'adolescence éprouve le besoin d'envoyer au nouveau chancelier ses vœux de réussite et celui-ci répond six mois plus tard, en prétendant qu'il a reçu « des millions » de lettres et qu'on vient seulement de lui remettre celle-là. Ce n'est pas très flatteur pour son secrétariat ! La médiocrité même de l'excuse – qui semble avoir échappé au destinataire – semble indiquer qu'au contraire on a pris la missive très au sérieux et confié à quelque espion une enquête, pour savoir si l'ami ne risquait pas de faire de ce statut un usage déplaisant. Sans doute rassuré par des rap-

---

1. *Frühgeschichte des NSDAP*, Francfort/Main, Athenäum, 1965, tr. fr. Paris, Fayard, 1967, p. 42.

2. Brigitte Hamann (*op. cit.*, p. 77-85) apporte, à partir des archives de Jetzinger, une grande clarté sur les rapports des deux hommes, montrant notamment que l'information n'a pas été à sens unique : Kubizek a utilisé des documents fournis par Jetzinger, leurs rapports ayant commencé au plus tard en 1949. Néanmoins, elle montre qu'on doit, en cas de désaccord, donner le plus souvent raison à Kubizek, et que la plupart des historiens ont fait l'inverse parce que Jetzinger était « politiquement du bon côté ».

3. Cf. *supra*, p. 39-41.

ports montrant que le musicien[1] ne faisait pas de politique et restait discret sur leurs anciennes relations, Hitler avait répondu chaleureusement, en évoquant le bon temps et en invitant Kubizek à venir le voir.

C'est par lui que nous connaissons la scène de l'été 1939, qui voit l'ami rencontré au promenoir de Linz raconter devant Winifred Wagner, à l'invitation de Hitler, la nuit qui avait suivi la découverte de *Rienzi*. Il narre l'épisode en ayant l'air de penser que Hitler avait déjà, vers l'âge de 17 ans, la prescience d'un destin national.

Il est permis de ne pas être aussi naïf que le brave virtuose. Que Hitler ait, cette nuit-là, rêvé d'être un « tribun du peuple » – le titre qu'avait porté Rienzi –, ne veut pas dire qu'il en ait poursuivi avec continuité le dessein. Ce qui est sûr, c'est qu'au mois d'août 1939, à la veille de se lancer dans la guerre, le maître de l'Allemagne a éprouvé le besoin de retremper sa résolution, et de l'enraciner dans des souvenirs propres à renforcer sa croyance en sa « mission », le tout sous le haut patronage de Wagner.

Ce qui est en cause ici, c'est la fameuse « cristallisation » des idées de Hitler. On a tendance à l'antidater. Le record a même été abaissé récemment, par l'Australien Kim Cornish, dans un essai au demeurant stimulant, *Wittgenstein contre Hitler*. Partant du fait, découvert depuis une dizaine d'années, que le philosophe et le dictateur avaient usé en même temps, pendant l'année scolaire 1903-1904, leur fond de culotte sur les bancs de la Realschule de Linz[2], il leur prête à tous deux une précocité supérieure à celle de Rimbaud pour faire de Hitler, à 14 ans, un disciple déviationniste de Wittgenstein. Au passage, comme le futur logicien était de famille juive convertie, voilà une nouvelle illustration de la thèse de Rosenbaum sur la manie fréquente de placer *un* Juif à l'origine du massacre de son peuple.

Indépendamment de cette motivation, les raisons qui poussent à antidater la conversion de Hitler à ses idées fondamentales sont transparentes. Plus elle était précoce et plus on va pouvoir l'attribuer à des influences vulgaires et mal assimilées – la littérature antisémite des kiosques de Vienne, voire de Linz, ayant ici une place de choix. De là à dire qu'elles étaient innées, donc infernales, la distance est courte, et elle est franchie subrepticement par un bon nombre d'auteurs, qui ne situent même pas cette conversion. Ainsi, entre cent exemples, l'un des essayistes les plus estimés, Sebastian Haffner, tout en notant un changement dans la personnalité de Hitler à l'automne de *1919*, le trouve « plus apparent que réel », et écrit qu'après comme avant il n'était qu'un raté (Versager), « certes de grand style[3] ». Ceux qui voient le principal basculement de sa personnalité après la première guerre mondiale ont été longtemps minoritaires.

---

1. La première guerre mondiale a brisé sa prometteuse carrière et il est devenu secrétaire de mairie d'une petite ville, où il a monté un orchestre amateur.
2. Mais pas dans la même classe et à deux niveaux de distance, Hitler ayant un an de retard et Wittgenstein un an d'avance.
3. *Anmerkungen zu Hitler*, Munich, Kindler, 1978, p. 8. Cf. *infra* l'analyse de ce livre, p. 490-491.

Mais quelques-uns, à mon avis, poussent trop loin en l'attribuant aux traumatismes que constituèrent, en avril 1919, les cruautés de la dictature rouge à Munich[1] ou même, en septembre 1931, le suicide de Geli.

Maser, en lecteur conséquent de *Mein Kampf*, est au début des années 60 l'un des premiers qui situent ce basculement en novembre 1918, mais il l'explique, sans plus de précisions, par le choc de la défaite et de la révolution républicaine concomitante. C'est là rendre compte de l'individuel par le collectif et renoncer à savoir pourquoi les mêmes conditions, subies par des millions d'hommes, n'ont produit que chez celui-là un certain nombre d'effets.

La seule narration précise et convaincante de sa conversion a été, comme on l'a dit plus haut, faite en 1976 par Rudolph Binion. Sa découverte de la cure hypnotique du docteur Forster à Pasewalk reste bien méconnue. Cependant, il a contribué lui-même à l'occulter.

Dans son livre, il en tire des déductions bien hasardeuses sur ce qui se produit alors dans la tête de Hitler. Sans doute le sermon de l'hypnotiseur rencontre-t-il chez lui un *terrain*. Mais il est peu rigoureux de récupérer des éléments biographiques dont on vient de démontrer qu'ils n'avaient en rien conféré au jeune homme une personnalité destructrice, comme la mort de la mère malgré les douloureux traitements d'un Juif, pour dire qu'alors, comme d'un coup de baguette magique, ils connaissent une « reviviscence » et viennent susciter en lui une haine meurtrière. Il attribue donc au Juif Bloch, après beaucoup, le rôle de déclencheur du massacre des siens, illustrant lui aussi la règle dégagée plus tard par Rosenbaum.

Ce dernier, qui est journaliste et dont une bonne part du livre est faite d'entretiens avec des spécialistes du nazisme, a rencontré Binion, mais leur conversation n'est guère éclairante. Ils ont parlé uniquement de ce qui à mon avis est accessoire, le docteur Bloch et son traitement. Il est vrai qu'aux Etats-Unis le débat s'est focalisé là-dessus, sous l'influence d'un nommé John Kafka, médecin et fils adoptif de Bloch, tous deux étant apparentés à l'écrivain ! Le pieux héritier harcèle Binion en clamant que Bloch n'était ni un expérimentateur sadique, ni le responsable de l'« Holocauste ». Il ressort de l'entretien que Binion lui-même se défend sur ce terrain et a laissé marginaliser sa découverte indiscutable, celle des circonstances médicales de la « vision » de Pasewalk.

Esotérisme ?

Les ouvrages qui attribuent un grand rôle à la société dite « de Thulé » (Thule-Gesellschaft) dans la genèse du nazisme ne sont pas les plus anciens. Ils prennent place dans une période bien précise : les années 60-

---

1. C'est la thèse de Lukacs lui-même.

70. Parmi les grandes biographies de Hitler, ce sont celles de Fest (1973) et de Toland (1976) qui lui consacrent le plus d'attention. Chez M. Steinert (1991) et plus encore Kershaw (1998), l'intérêt retombe. Parallèlement, c'est entre 1960 et 1976 que fleurissent les livres qui font de Hitler et de certains de ses lieutenants de « grands initiés » en relation organique avec des sociétés secrètes [1]. Ils manient l'analogie plus que l'analyse et se trompent fréquemment sur ce qui est vérifiable.

Cette littérature dérive d'une source commune : le *Matin des magiciens* de Jacques Bergier et Louis Pauwels, un best-seller de 1960. Il présente le nazisme comme « une nouveauté formidable » et comme « le moment où l'esprit de magie s'est emparé du progrès matériel ». C'est à la fois vrai et ambigu. Que Hitler ait emprunté à la magie, tant pour charmer les foules que pour articuler son idéologie, est indéniable ; qu'il ait eu recours à des croyances ésotériques pour s'aider à y croire lui-même, plausible. Placer le débat sur ce terrain marquait, en 1960, un progrès dans la compréhension du personnage et de son environnement. De là à penser que le ressort essentiel du nazisme réside en ces occultes parages, il y a un pas que les auteurs et leurs épigones ont imprudemment franchi.

L'ésotérisme contemporain trouve sa source dans la réaction antiscientiste de la fin du XIXe siècle. Des théories se sont alors développées, qui renouaient avec de vieux mythes en mettant des moyens modernes à leur service. Des mages synthétisaient des traditions diverses, de l'île de Pâques au Tibet en passant par les Andes. Ils y relevaient la trace d'une surhumanité détruite par quelque cataclysme. L'Autrichien Hörbiger (1860-1931) était l'un d'eux et il aurait inspiré les dirigeants nazis. Il aurait fait partie d'une confrérie occulte, dont Hitler aurait été un valet plus qu'un membre à part entière. Pauwels et consorts traitent volontiers de malades mentaux ce genre de personnages, mais n'en croient pas moins à la réalité de leurs manipulations : l'Allemagne aurait connu pendant quelques années une « civilisation sans rapport avec la nôtre [2] ».

Au terme d'un livre démontrant que Hitler cachait son jeu et compartimentait son existence, on est mal placé pour certifier qu'il n'avait aucun contact de ce genre. On peut cependant affirmer que c'est hautement improbable. Que cela ne lui ressemble pas.

A partir de sa sortie de prison, lorsqu'il devient son propre maître, tout montre qu'il n'en a pas un autre, caché. Il mène souverainement sa barque et les à-coups de sa navigation relèvent uniquement de son art de la surprise. Ainsi la nuit des Longs Couteaux, que les ésotéristes expliquent par les exigences des maîtres secrets, pressés de remplacer la tourbe grossière des SA par l'ordre sacré des SS, relève plus simplement d'une stratégie de mise au pas de l'armée, par le sacrifice apparent de la force de frappe nazie.

---

1. Cf. la bibliographie donnée par Olivier Dard, *La Synarchie*, Paris, Perrin, 1998, p. 256, n. 198.
2. *Le matin des magiciens*, Paris, Gallimard, 1960, p. 404.

Presque toutes les citations censées établir ces liens occultes n'émanent pas de Hitler, mais de ses subordonnés comme Hess, Rosenberg et surtout Himmler, ou encore de ses mentors, comme Eckart ou Haushofer. Certes, les mages, les astrologues, les occultistes et leur clientèle grouillaient dans les hautes sphères nazies. Pour autant, Hitler était-il, sur ce plan aussi, le Führer ? Ou encore, version ésotérique du « dictateur faible », aurait-il été la marionnette d'un Haushofer ou d'un Hörbiger ? Les seuls propos d'allure ésotérique placés dans sa bouche le sont par Rauschning, et seulement dans son deuxième livre. Nous avons vu que, dans *La révolution du nihilisme*, il s'intéressait peu à Hitler et imputait les menées nazies tantôt au Führer, tantôt à une « élite » mal définie. Dans *Hitler m'a dit*, paru deux ans plus tard et pendant la guerre, il prétend que Hitler en personne l'a entretenu d'une « mutation » en cours, aboutissant à une séparation entre un « homme dieu » et un « animal-masse ». Cependant le phénomène est présenté comme naturel, il est tout au plus aidé par les efforts d'une « politique biologique » et ni dans les propos entre guillemets, ni dans les gloses abondantes de Rauschning, le surnaturel n'affleure véritablement. La seule fois où Hitler dit qu'il a rencontré un être puissant, étranger à la condition humaine, son auditeur a l'air de penser que tout se passait dans sa tête :

> « L'homme nouveau vit au milieu de nous. Il est là », s'écria Hitler d'un ton triomphant. « Cela vous suffit-il ? Je vais vous dire un secret. J'ai vu l'homme nouveau. Il est intrépide et cruel. J'ai eu peur devant lui. »
>
> En prononçant ces mots étranges, Hitler tremblait d'une ardeur extatique. Il me revint à l'esprit un passage de notre poète allemand Stefan George, la vision de Maximin. Hitler avait-il eu aussi sa vision [1] ?

C'est en isolant le propos du commentaire qui le suit qu'on fait de Hitler un « initié » ou, du moins, un homme se croyant en relation avec l'au-delà. En fait, même chez Rauschning, il apparaît épris, avant tout, d'action et de réalités tangibles.

Pour André Brissaud, qui prolonge les intuitions de Bergier et de Pauwels, il était au départ une créature de la société de Thulé, qui a échappé à ses créateurs [2]. C'est possible, encore que peu démontrable en l'état actuel des sources. On peut dire tout aussi bien, et on ne s'en est pas privé, qu'il est une créature de Mayr ou de Drexler, un instrument finalement indocile de la Reichswehr ou du DAP [3]. En vérité, nous ne savons pas très bien qui manipulait qui, à Munich, au lendemain de la République des Conseils. Ce qui est en revanche certain, et que ne dit pas Brissaud, c'est que Hitler a échappé à l'ésotérisme lui-même.

Quelles qu'aient pu être ses croyances, ses buts sont clairs et, de part

---

1. H. Rauschning, *op. cit.*, p. 274.
2. *Hitler et l'Ordre noir*, Paris, Perrin, 1969, notamment p. 91-92.
3. Pour Konrad Heiden, décidément peu rigoureux, il était tout à la fois (*op. cit.*, ch. 1, « Triple origine »).

en part, politiques. Ce n'est pas un Graal qu'il cherche ou une Gnose qu'il poursuit, mais un agrandissement durable des frontières allemandes. Et lorsqu'il échappe à ses créateurs, ce n'est pas, comme semble le penser Brissaud, pour fonder sa propre secte, plus radicale que celle de Thulé, voire plus satanique. C'est en faisant de la mystique, dont cette société faisait une fin, un simple instrument.

Un livre de 1994 aurait pu clore ce débat, si sa diffusion n'était pas quasi ésotérique : celui de Detlev Rose qui, enfin, étudie en historien la société de Thulé[1]. L'ouvrage, qui mérite plus que tout autre le qualificatif de « démystificateur », établit ce qu'on pouvait déjà pressentir au vu, par exemple, des rapports mouvementés entre le parti nazi et le *Völkischer Beobachter* : l'entente entre ces gens et Hitler n'avait rien de naturel, et n'a jamais été étroite. Même les cinq nazis de premier plan qui ont indubitablement fréquenté les réunions de la société, Eckart, Feder, Rosenberg, Hess et Frank, y étaient assez marginaux en raison, notamment, de son ambiance aristocratique, qui déplaisait à la plupart d'entre eux. Sebottendorf était d'ailleurs un noble autoproclamé et ses mémoires qui, parus à Munich en 1934 sous le titre *Bevor Hitler kam*, ont amorcé la légende d'un nazisme issu de ses œuvres, doivent eux-mêmes beaucoup à la vanité : il est visiblement fort aise de s'arroger un rôle prépondérant dans la formation du dictateur. Quant à ce dernier, qui aurait eu les moyens d'empêcher cette publication si elle l'avait dérangé, il n'est peut-être pas mécontent qu'elle l'aide à se faire passer pour une créature des milieux conservateurs et à masquer le talent avec lequel, dès cette époque reculée, il s'était soustrait à leur joug.

Ainsi Thulé a, dans l'histoire de Hitler, une importance anecdotique, comme Drexler et le DAP – qui en sont d'ailleurs, très probablement, une émanation. C'est un journaliste membre de la société, Karl Harrer, qui avait en effet pris contact avec Drexler pour fonder un parti. Mais précisément Harrer fut le premier dirigeant victime d'un ostracisme de Hitler, qui l'amena à quitter le parti dès le 5 janvier 1920[2]. Ces gens ne furent que ses premiers marchepieds. Si la Thule-Gesellschaft n'avait pas existé, il se serait abouché avec d'autres spécimens de la faune nationaliste munichoise, et cela n'eût pas changé grand-chose.

Dans toute l'Europe non soviétique, au début des années 20, les groupes ésotériques fleurissaient. On adhérait volontiers à des sociétés bienfaisantes, censées en combattre de malfaisantes. La vogue des *Protocoles* s'explique par ce climat. Il favorise aussi le succès parisien de Ferdinand Ossendowski, un aventurier qui avait, lors de la Révolution russe de 1905, fondé une république sibérienne, et avait tenté de récidiver après celle de 1917, avant d'être traqué par les bolcheviks et de leur échapper à travers l'Asie centrale. Il en tira un ouvrage bien vendu et encore récem-

---

1. *Die Thule-Gesellschaft*, Tübingen, Grabert.
2. *Ibid.*, p. 151.

ment édité, *Bêtes, hommes et dieux*. Lors de son lancement, en juillet 1924, les très sérieuses *Nouvelles littéraires* avaient organisé une « table ronde » en présence, notamment, du jeune ésotériste René Guénon. L'auteur avait été interrogé par le savant René Grousset sur la visite qu'il disait avoir faite au royaume d'« Agarthi », dirigé par le « roi du monde[1] ».

L'épisode vient d'être rappelé dans un excellent livre d'histoire de l'irrationnel, portant sur un rameau mythologique ultérieur, la légende française de la « Synarchie », qui a pris son essor sous l'Occupation[2]. Il s'agit d'un prétendu complot international, parent de celui que mettent en scène les *Protocoles*, quoique moins exclusivement sémitique. L'auteur met au jour un lien direct entre les divagations d'Ossendowski, complaisamment répercutées par un journal français qui passait pour sensé, et le fantasme du « mouvement synarchique d'Empire » qui envahit la presse vichyste dans l'été de 1941 et laisse encore aujourd'hui des traces dans des cerveaux parisiens diversement orientés. Du même ordre eût été la postérité des cérémonies initiatiques de la société de Thulé, si un Hitler ne s'était rapidement dégagé de son emprise pour développer son propre mouvement, obsédé par le monde réel et pressé de le changer. Comme l'a dit Rauschning dans une de ses meilleures formules, Hitler « prend au pied de la lettre ce qui pour d'autres n'est qu'une tentation de l'esprit[3] ». On notera enfin que le nom du « savant » autrichien Hörbiger apparaît deux fois dans les « propos de table » et que Hitler considère ses théories comme des hypothèses intéressantes, sans plus[4].

La preuve que Hitler n'est pas prisonnier de quelque personnage ou groupe occulte, on la trouve chez Himmler. La nuit des Longs Couteaux en fait le préposé aux aspects sombres et secrets du nazisme. Il régit les cérémonies, du moins les plus discrètes, les fondements « scientifiques » de l'idéologie et une fraction importante des réalisations pratiques. L'Ahnenerbe, une branche de la SS créée le 1er juillet 1935, dont l'homme fort est Wolfram Sievers, s'occupe à la fois d'archéologie et de médecine, de mythologie et de collections de squelettes, récoltées dans les camps. Elle tend à regrouper les preuves de la supériorité « aryenne » depuis la plus haute antiquité et à la pérenniser par l'adoption de mesures eugénistes. Il semble que, outre l'organisation de la SS comme un ordre à mi-chemin entre les Teutoniques et les Jésuites, l'Ahnenerbe (littéralement : « l'héritage des ancêtres ») soit pour beaucoup dans la réputation faite à Himmler d'en avoir fait une chasse gardée, soumise à ses lubies et contrôlée d'assez loin par le Führer.

---

1. On se souvient qu'Agarttha était le nom du royaume mythique d'Asie centrale où les survivants de Thulé étaient censés avoir trouvé refuge (cf. *supra*, ch. 2, p. 63).
2. Olivier Dard, *La Synarchie*, Paris, Perrin, 1998.
3. *Hitler m'a dit, op. cit.*, Introduction.
4. Cf. W. Jochmann, *op. cit.*, p. 233 et 287, nuits du 25 au 26 janvier et du 21 au 22 février 1942.

On ne saurait ici lever complètement le mystère. Que croyaient vraiment Hitler et Himmler ? Le second était-il un pur robot, faisant ce qu'on lui demandait au point de n'avoir pas le loisir de croire lui-même à quoi que ce fût, ou au contraire un fou, adhérant à des mythes historico-raciaux que le Führer aurait, pour sa part, considérés avec distance et maniés comme des attrape-nigauds, ou encore l'un de ces chefs de clans qui se disputaient autour de lui et faisaient tour à tour prévaloir leur point de vue ? Le secret, ici, gêne considérablement le travail historique. Le contraste est vif entre la masse des archives politiques, diplomatiques et militaires tombée aux mains des vainqueurs, et le peu de documentation qui subsiste sur les liens entre la SS et le Führer. Mais en soi, cela constitue déjà un élément d'information. Si les archives des ministères sont saisies, c'est que leur destruction aurait gêné la marche des services. En revanche, on a en temps utile, au sein de la SS, envisagé la possibilité de la défaite et pratiqué les destructions nécessaires pour que l'ennemi n'y pût rien comprendre. Il faut dire qu'il n'a guère fait d'efforts. La SS reste un trou noir de la recherche, comme en témoigne la prépondérance des ouvrages frottés de magie.

Dans un article important sur lequel on reviendra, Jean Stengers juge que Hitler et Himmler travaillaient main dans la main sur la question juive, mais divergeaient sur d'autres aspects de l'idéologie et de la pratique racistes [1]. Ainsi Himmler aurait eu le souci obsédant de récupérer, pendant l'enfance, des éléments « racialement sains » au milieu des populations slaves alors que Hitler, qui aimait passionnément l'Allemagne (Stengers est l'un des premiers auteurs qui le disent aussi nettement), était à cet égard beaucoup plus méfiant. A l'appui il cite le « propos de table » le plus dialoguant, celui du 5 avril 1942, où on voit Himmler vanter ses enlèvements d'enfants et Hitler répliquer que « toutes ces tentatives de germanisation » ne lui « disent pas grand-chose ». A bien lire le texte, Hitler donne très largement raison au Reichsführer, et il est possible que cette passagère réserve résulte d'une présentation biaisée des notes par Bormann, heureux d'égratigner un concurrent. Mais le plus instructif n'est pas là : c'est le ton humble avec lequel Himmler vient s'assurer qu'il est bien « dans la ligne ». Il n'apparaît nullement comme un idéologue, tout au plus comme un praticien qui vient soumettre, à celui qui conçoit la théorie, les recettes par lesquelles il l'applique. Il y a cependant quelques cas où Hitler se gausse d'une position prise par Himmler, d'une manière qui semble bien établir qu'il tenait en piètre estime son niveau intellectuel et celui de la SS. Ainsi le 27 février 1942 :

> J'ai expliqué à Himmler que, si j'avais été un empereur du Saint Empire, je l'eusse mis en disgrâce. Je comprends fort bien les empereurs qui ne furent pas tentés par la

---

1. « Hitler et la pensée raciale », *Revue belge de philosophie et d'histoire*, n° 75 (1997).

conquête de l'Est. Ces espaces ne comportaient pas de routes, pas de moyens de chauffage. L'hiver y durait toute l'année. C'est facile à dire : « Le sang et la terre. » C'était précisément à l'Ouest qu'on trouvait alors les terres fertiles. (...)

A supposer que l'expansion à l'Ouest eût été poursuivie avec logique, nous aurions un grand empire germanique qui s'étendrait du Danemark à la Loire – et l'Angleterre n'eût pas pris l'importance qui est la sienne aujourd'hui.

Voici un texte bien éclairant. Hitler avoue que l'expansion vers l'est est un choix géopolitique bien plus que racial, et qu'un Himmler est trop borné pour le comprendre. Il est traité, sans doute à la grande joie de Bormann, comme un idiot utile, qui prend l'idéologie au pied de la lettre et, par son travail, lui donne vie, mais qui a bien besoin d'un Führer au-dessus de lui.

Aussi démonstrative est la rivalité qui opposait à Himmler et aux SS, dans l'ancienne Pologne, le gouverneur Hans Frank, et qui vient d'être mise en lumière par Edouard Conte [1]. Il s'agit précisément de germanisation : Frank veut la faire en douceur et en profondeur, l'espace d'une génération. Himmler est à la fois plus pressé et plus restrictif : il estime à 5 % les sujets aryens de nationalité polonaise, et veut sans tarder, soit les récupérer, soit les tuer. Le désaccord est surtout politique : Frank est plus soucieux de bonne administration et d'impérialisme intelligent. Il accuse la brutalité des SS non seulement d'alimenter les maquis, mais de nuire à une activité économique dont le Reich a pourtant grand besoin. Cependant, les SS ne pratiquent pas un génocide indifférencié : ils utilisent notamment les Ukrainiens contre les Polonais, dans des zones où les deux populations sont mélangées, et arrivent ainsi à défendre contre la résistance polonaise, au moyen de milices ukrainiennes, des régions de colonisation allemande ! Le pauvre Frank, avec sa culture de juriste même revue et corrigée par sa formation nazie, n'est effectivement pas l'homme de la situation. Mais Himmler, sans doute, non plus. Des questions aussi complexes, où se mêlent le court et le long terme, le remodelage ethnique, les nécessités économiques et les urgences stratégiques, relèvent probablement du Führer en personne. Mais bien évidemment, comme vecteur de sa pensée, le docile instrument SS est plus adéquat que la machine administrative, même truffée de vieux nazis. L'historien détaille un exemple, celui de l'arrondissement de Zamosc, où au second semestre de 1942 Himmler en personne dirige, contre l'avis de Frank, une opération d'évacuation et de repeuplement, puis ordonne à un autre endroit, dans l'été de 1943, l'opération « Werwolf » (loup-garou [2]), un ratissage brutal qui permet de mettre en œuvre les principes de sélection évoqués plus haut : des enfants polonais estimés « nordiques » sont transplantés vers l'ouest dans des familles allemandes, tandis que leurs parents sont exterminés en tant

---

1. Edouard Conte et Cornelia Essner, *La quête de la race*, Paris, Hachette, 1995, ch. 7, notamment p. 321-326.

2. A ne pas confondre avec l'organisation du même nom que les nazis, vers la fin de la guerre, tentaient d'implanter sur le sol allemand pour harceler les troupes alliées (cf. Hermann Weiss, in Benz et al., *Enzyklopädie des Nationalsozialismus*, Stuttgart, Klett-Cotta, 1997, p. 802-804).

que dangereux résistants potentiels. Mais il ne faut sans doute pas voir là de stériles rivalités bureaucratiques : Frank aussi a une fonction, non moins importante que celle de Himmler et non moins nazie, celle de présenter un visage plus avenant, qui tant qu'il est en place (et il y reste jusqu'au bout) brouille les cartes et freine l'engagement des populations dans la résistance. Là aussi, il semble que Himmler ne maîtrise rien et Hitler, tout.

Les SS sont bornés. Ils favorisent, tant par leur recrutement que par les sélections qu'ils opèrent, la fameuse race « nordique », grande, blonde et aux yeux bleus, que Himmler n'incarne pas mieux que Hitler. Tous deux se consolent (même s'ils n'abordent jamais ce point en ce qui les concerne) en faisant remarquer qu'il y a, à côté du type physique, un « type racial moral nordique » et que le fait de le présenter, même dans un corps peu conforme, suffit à désigner l'appartenance à la race supérieure [1]. Hitler homme politique ne peut se permettre de dénigrer les « nombreuses composantes » du peuple allemand, il fait même parfois publiquement l'éloge de sa diversité, en disant qu'elle explique la variété de ses domaines d'excellence. Mais, comme il le dit le 26 mai 1944 à Berchtesgaden devant des officiers sortant d'un cours de formation politique assuré par des SS, le rôle de « l'élément racial nordique » est « décisif dans la conduite de l'Etat [2] ». Il le met donc subrepticement en place, par une intrusion de plus en plus grande de la SS dans l'Etat.

Ces considérations permettent aussi de mieux cerner les rapports entre Hitler et Rosenberg, un esprit assurément plus enclin que le sien aux spéculations ésotériques. Il le marginalisait constamment, au point de ne lui attribuer aucune fonction dans le Reich, excepté, pendant la guerre, un commissariat aux territoires de l'est, ne lui donnant guère d'autorité que sur les pays baltes. Hitler prétendait n'avoir lu que « superficiellement » le *Mythe du XXᵉ siècle* [3]. C'est probablement une ruse, banale chez les politiciens, nazis ou non, qui veulent éviter de prendre position. Rosenberg exerce une fonction, celle du nazi pur et dur, porteur d'une mystique intolérante. Hitler, en gardant ses distances, donne de l'espoir à bien d'autres tendances et notamment au christianisme, dont Rosenberg est l'ennemi professionnel. Ces distances, jusqu'au bout maintenues, font apparaître Hitler comme un chef politique pour qui l'idéologie n'est qu'une servante. Ce qui ne veut pas dire qu'il soit, comme Mussolini, un simple opportuniste. Car l'idéologie, si elle devient l'esclave de la tactique au moment de la *réalisation*, joue un maître rôle dans la *conception* des objectifs et des principes.

Au total, avec l'Etat dans une main, les SS dans l'autre, et des chevau-

---

1. Lumineuses explications là-dessus dans Stengers, *loc. cit.*, p. 433-434.

2. Cité par J. Stengers, *loc. cit.*, p. 433.

3. Le 11 avril 1942 (*Libres propos...*, *op. cit.*, t. 2, p. 63). Hitler dit également ce jour-là qu'il a « refusé expressément », à la parution du livre, de lui donner un statut de « doctrine officielle ».

chements de plus en plus fréquents entre les deux, jusqu'à une mainmise totale de la SS sur l'Etat si les Américains avaient accepté son offre de services au lendemain du suicide de Hitler, celui-ci assure jusqu'au bout sa prise, en même temps qu'il saisit toute occasion de remodeler « racialement » l'Allemagne.

Le grand repoussoir

L'auteur de *Wittgenstein contre Hitler* connaît beaucoup mieux le premier que le second. Dans un essai vieux d'une vingtaine d'années[1], où il développe la comparaison entre Wagner et Hitler, Eric Eugène montre la même limite : à la différence du compositeur le dictateur aurait été, écrit-il, mû par l'arrivisme et le goût de la destruction, ce qui est assez faux, et en tout cas incomplet. De ces exemples, venant après bien d'autres, nous pouvons à présent tirer une loi générale : les études sur « Hitler et X » ou sur « Y et le nazisme » pèchent le plus souvent par une connaissance dissymétrique des deux termes de la comparaison, au profit de celui qui n'est pas Hitler ou le nazisme. Certes il n'est pas possible de tout connaître. Mais l'ennuyeux, chez beaucoup de ceux qui opposent quelque personnalité ou quelque tendance à Hitler ou au nazisme sans bien connaître ces derniers, c'est qu'ils ne semblent pas conscients de cette carence, ou, s'ils la reconnaissent, de sa nocivité. Cela porte un nom : le manichéisme. Hitler *est* le mal, cela ne souffre pas la discussion, ni ne requiert un examen détaillé. Il est vrai que parmi les rares qui contestent cette approche beaucoup ont tendance à le réhabiliter, se plaçant eux-mêmes dans une opposition tranchée entre le bien et le mal. Ce dont il s'agit précisément de sortir, non pas en vertu de quelque opportunité politique, mais de la fonction même de l'historien.

Un livre récent, dû à la plume d'un aristocrate allemand converti au libéralisme et destiné à rassurer le monde sur les ambitions de l'Allemagne réunifiée, comporte une idée intéressante et, dans sa radicalité, assez neuve : on a tort de faire un vif reproche à Heidegger ou à Carl Schmitt de l'« opportunisme » qui les a fait se rallier un temps au nazisme, l'essentiel étant que dans sa phase ascendante ils ne lui ont nullement rendu les armes. Ainsi, « chez Martin Heidegger notre intérêt critique devrait porter plus sur son ouvrage *Sein und Zeit* (1927) que sur son discours aux recteurs d'université de 1933[2] ». Mais précisément ! Il n'y a pas une essence du nazisme, séparable de ce qui l'entoure. Pour employer brièvement sa propre rhétorique, il vit en parasite chez les gens

---

1. *Les idées politiques de Richard Wagner et leur influence sur l'idéologie allemande (1870-1945)*, Paris, Les Publications universitaires, 1978.
2. Christian von Krockow, *Die Deutschen in ihrem Jahrhundert*, Hambourg, Rowohlt, 1990, tr. fr. Paris, Hachette, 1990, p. 349.

comme dans les cultures et se repaît de ce qui n'est pas lui, avant comme après la prise du pouvoir. D'où la stérilité du manichéisme : il s'attaque au fantôme introuvable du nazisme « en soi » et ne le repère jamais dans les esprits qu'il manipule, dans les constellations qu'il réussit à polariser. Renvoyant, pour le cas de Heidegger, au livre de Victor Farias et au torrent de répliques qu'il a suscité[1], je me contenterai de rappeler ici les positions de Carl Schmitt à la fin de la république de Weimar, récemment analysées par Olivier Beaud[2]. Il prend certes vigoureusement parti contre Hitler, en prônant une transformation autoritaire de la constitution qui couperait l'herbe sous le pied des nazis, et paraît taillée sur mesure pour Schleicher. Ses conférences de novembre 1932, où il appelle de ses vœux un coup d'Etat, donnent une caution intellectuelle aux propositions faites par Schleicher à Hindenburg en janvier : proclamation de l'état d'urgence et dissolution des partis nazi et communiste. Ravi de se voir servir sur un plateau une mise en cause aussi autorisée de la démocratie, Hitler empoche la mise idéologique en substituant, par des manœuvres autour de Hindenburg, son nom à celui du général. Mieux : il se présente comme plus démocrate que lui, puisqu'il se met en frais pour constituer une coalition parlementaire, ne proclame que le 28 février l'équivalent d'un état d'urgence et attend encore quelques mois pour dissoudre officiellement le parti communiste. Du coup, on n'a guère le droit de taxer d'opportunisme l'attitude de Schmitt après le 30 janvier. Ce sont plutôt les applaudissements sportifs d'un connaisseur, qui propose modestement ses services à celui qui vient de lui donner une leçon d'étranglement de la démocratie.

Un autre cas, celui de Karl Haushofer, plus tragique car l'homme n'a pas fait d'aussi vieux os, montre les risques pris par les idéologues qui ont cru pouvoir contrôler, voire amender Hitler. Il va nous permettre d'aborder les controverses ouvertes par les prises de position d'Ernst Nolte.

La mise au point du programme

Dans les années 60, deux historiens ont sorti les idées de Hitler en matière de politique extérieure de l'ombre, voire de la négation, où on les tenait à la suite des pamphlets d'Hermann Rauschning : l'Anglais Hugh Trevor-Roper et l'Allemand Eberhardt Jäckel. Le premier en montre la cohérence, et insiste sur l'intelligence avec laquelle elles ont été mises en œuvre. Le second s'attache à en décrire la genèse et les variantes. Son disciple Axel Kuhn a complété l'ouvrage en 1970, par des précisions sur

---

1. *Heidegger et le nazisme*, Paris, Verdier, 1987 ; Philippe Lacoue-Labarthe, *La fiction du politique*, Paris, Bourgois, 1987 ; F. Fédier, *Heidegger : anatomie d'un scandale*, Paris, Laffont, 1988 ; Berndt Martin (éd.), *Martin Heidegger und das Dritte Reich*, Darmstadt, Wissenschaftliche Buchgesellschaft, 1989, etc.
2. *Les derniers jours de Weimar/Carl Schmitt face à l'avènement du nazisme*, Paris, Descartes, 1997.

le stade ultime de leur mise au point, lors de la rédaction de *Mein Kampf*. Tous deux ont ensuite uni leurs efforts pour publier, en 1980, un gros livre rassemblant tous les écrits connus de Hitler avant *Mein Kampf* : démarche exemplaire de pionniers qui font bénéficier l'ensemble de la communauté scientifique des documents qui ont fondé leurs trouvailles.

Analysant le premier tome de *Mein Kampf*, celui que Hitler a écrit en prison avec l'assistance de Rudolf Hess, Kuhn a constaté que l'idée d'une alliance avec l'Angleterre contre la Russie était nouvelle. On l'aurait vainement cherchée dans les discours des années 1920-23, comme dans ceux que Hitler avait tenus lors de son procès.

Kuhn remarque qu'en prison il avait découvert la « géopolitique », une discipline fondée, et enseignée à Munich à cette époque, par Karl Haushofer, qui comptait Rudolf Hess parmi ses auditeurs. Auparavant, à la fin du XIXᵉ siècle, le géographe allemand Ratzel avait créé la « géographie politique », à laquelle Haushofer devait beaucoup. C'est à Ratzel que Hitler emprunte le concept d'« espace vital », et Haushofer s'est vanté d'avoir lui-même apporté son livre *Géographie politique* (1897) à la prison [1].

Cependant, Kuhn ne considère pas que l'apport de la géopolitique ait été décisif dans le choix, par Hitler, d'une expansion vers l'est plutôt que d'une revanche sur les puissances atlantiques. Pour lui, il y a eu une simple « maturation » de la pensée, un aboutissement logique des tendances qui, depuis des années, faisaient de Hitler un admirateur de l'empire britannique et un contempteur de la révolution russe.

Mais, comme dans le cas de Nietzsche, ce raisonnement se fonde trop sur les différences objectives entre les auteurs, et ne prend pas suffisamment en compte la manière dont Hitler s'emparait des travaux d'autrui. Et comme dans le cas de Schmitt, de Heidegger et de cent autres, le point de vue moral parasite la connaissance. Certes Schmitt, Heidegger et Haushofer ne sont pas aussi méchants que Hitler, et s'il n'avait pas existé ils n'auraient pas déclenché à sa place la deuxième guerre mondiale, ni exterminé les Juifs d'Europe. Ils n'en jouaient pas moins avec le feu et, tour à tour, l'alimentaient. En l'occurrence, Haushofer a fourni des concepts, s'est lamenté plusieurs fois en privé de leur détournement, a enseigné et publié en Allemagne pendant tout le Troisième Reich, est sorti libre de ses interrogatoires à Nuremberg, surtout grâce à l'assassinat par les nazis de son fils Albrecht, lui aussi géopoliticien, à la suite du complot du 20 juillet 1944, et a fini par se suicider avec son épouse, demi-juive, en 1946. Trajectoire exemplaire d'un intellectuel manipulé qui peut-être, plus que d'autres, a pris conscience après la guerre de son apport au nazisme et ne l'a pas supporté. C'est cet instrument qui nous intéresse ici.

---

1. Auprès des Américains, en août 1945 (cf. Michel Korinman, *Quand l'Allemagne pensait le monde*, Paris, Fayard, 1990, p. 274).

Qu'y a-t-il donc dans cette *Géographie politique* de 1897, dont il tenait à lester la culture du Führer ? Essentiellement une contribution aux débats de l'époque. En cette fin de siècle, les milieux dirigeants allemands, assoiffés d'expansion maritime et coloniale, se demandaient par quel bout prendre la question. Ratzel prônait un impérialisme cohérent, attentif à l'utilité économique et stratégique des territoires qu'on allait essayer d'acquérir, et soucieux de mettre cette utilité en balance avec les jalousies et les rivalités qu'on allait s'attirer. Ainsi conseillait-il de renoncer à occuper des positions dans le Pacifique, tant pour ménager les Etats-Unis que pour s'attirer les bonnes grâces de la Chine et du Japon : on a, d'une formule heureuse, qualifié le ratzélisme de « tiers-mondisme de droite[1] ». « N'oublions pas que l'Allemagne est en Europe » : cette antienne de son livre n'a pas dû échapper à Hitler. Il a cependant gravement déformé la pensée du maître qui, distinguant les impérialismes maritimes et « terriens », disait qu'au xxᵉ siècle toute puissance mondiale devrait réunir les deux aspects. Hitler tire de cette lecture l'idée caricaturale d'une Allemagne qui désintéressera les autres puissances, avant tout l'Angleterre et les Etats-Unis, en n'ayant aucune ambition sur mer, pour se faire en Europe un espace qui en termes de « géographie politique » n'a rien de vital : il procède d'une renonciation à l'expansion capitaliste moderne, fondée sur la production de masse vendue au loin, qui est au cœur de la réflexion ratzélienne. Une carence compensée, dans *Mein Kampf*, par la conquête brutale d'espaces d'un seul tenant, présumés sous-exploités et, aussi bien en quantité qu'en qualité, sous-peuplés.

Haushofer n'aurait pas dû se faire d'illusions : il était bien placé pour mesurer d'emblée le détournement opéré par Hitler et la manière dont son esprit torturait les concepts pour légitimer par de prestigieux parrainages des projets d'une cruauté inouïe. Ses plaidoyers de 1945 invoquent l'injustice de Versailles : la science aurait bien été obligée, entre les deux guerres, de « ne pas être neutre », devant les injustices commises envers l'Allemagne et les efforts faits pour y remédier. Sans doute aussi peut-on supposer, en considérant son activité universitaire sous le Troisième Reich, qu'il espérait grâce à ses connaissances et à son aura infléchir les choix du régime : ainsi fera-t-il de grands éloges « géopolitiques » du pacte germano-soviétique de 1939 et on ne peut certes pas l'accuser d'avoir couvert de son autorité scientifique l'attaque contre l'URSS[2]. Ce qui n'enlève rien à sa responsabilité principale, d'avoir en admirant publiquement Hitler contribué à le mettre sur orbite et à lui faire acquérir un pouvoir sans limites, dont le projet n'était point dissimulé dans *Mein Kampf* et qui lui donnait quelque liberté de ne pas suivre jusqu'au bout les avis des professeurs.

Ernst Nolte est un héritier conséquent de cette droite allemande qui

---

1. *Ibid.*, p. 75.
2. Sur tout ceci, cf. *ibid.*, ch. XIII et *Epilogue*.

dans les années de Weimar et au-delà, pour des raisons patriotiques et anticommunistes mêlées, ne croyait pas devoir rejeter les nazis dans les ténèbres extérieures. Il donna le signal de la fameuse « querelle des historiens » en 1986 par un article dans la *Frankfurter Allgemeine Zeitung*, intitulé « Un passé qui ne veut pas passer ». Il voudrait que les Allemands relèvent la tête et cessent de battre leur coulpe au sujet du nazisme. Il le trouve certes haïssable mais compréhensible (verstehbar [1]). Car la révolution russe et son Goulag ne justifient pas, mais expliquent Auschwitz. Les Soviétiques avaient commis un « crime asiatique », et les nazis se seraient considérés comme « les victimes potentielles ou réelles » d'un semblable crime. En somme, ce serait la position géographique de l'Allemagne, toute proche des horreurs est-européennes, qui serait la cause du nazisme.

Les réponses à Nolte ont été nombreuses et diverses [2]. Les matériaux ici dégagés permettent de lui donner tort, largement. La révolution russe n'empêche pas les Allemands de dormir. Ils sentent au contraire assez vite qu'elle les place en position d'arbitres dans toute l'Europe orientale, poussant les Hongrois, les Baltes et bien d'autres à rechercher leur protection, cependant que les Soviétiques eux-mêmes, dès Rapallo (1922), se montrent conciliants. Hitler, pour sa part, ne tourne que progressivement son attention vers le bolchevisme et le considère d'abord comme un affaiblissement : c'est un symbole parmi cent autres de la nocivité juive. Aucun de ses propos ne suggère qu'il ait vu dans l'URSS, entre 1917 et 1923, une menace. Le discours antisémite d'août 1920 en offre un bon exemple. Les « Juifs » au pouvoir en Russie ont détruit l'État et, s'ils entreprennent de le restaurer, c'est en recourant à d'anciens officiers du tsar : il est difficile de lire ici le moindre affolement devant une menace « asiatique ». Et même, par la suite, lorsqu'il déclare craindre ce pays, rien ne prouve que Hitler soit sincère. En 1924, lors de l'élaboration définitive de ses plans de conquête, le bolchevisme devient surtout un prétexte d'agression et d'annexion, combiné avec un nouveau venu, le racisme antislave.

L'incendie du Reichstag

Tout en rappelant que le nazisme ne faisait aucune distinction entre la politique intérieure et la politique extérieure, il faut à présent, pour la clarté de l'exposé, distinguer les deux domaines en étudiant les débats qui ont cours sur le comportement de la direction nazie, de la prise du pouvoir à la guerre.

---

1. Dans une lettre à François Furet, il distingue « vestehbar » et « verständlich », ce dernier terme comportant seul une nuance d'excuse (F. Furet et E. Nolte, *Fascisme et communisme*, Paris, Plon, 1998, p. 31).
2. Cf. E. Husson, *Une culpabilité ordinaire ?*, Paris, Guibert, 1997, p. 119-134.

Sur l'incendie du Reichstag, on se doute que les partisans les plus farouches de l'« acteur unique » se recrutent dans la mouvance fonctionnaliste. Il faut être un Mommsen ou un Broszat, ou être sous leur influence directe, pour sauter du manque de données sur une éventuelle complicité à la certitude altière qu'il n'y en a pas eu, et pour tirer de l'absence de preuve la preuve de l'absence. La répression contre les communistes se ferait donc dans l'improvisation la plus totale. Son immédiateté, qui n'exclut pas un grand discernement dans le choix des victimes et le dosage des coups, offre la démonstration la plus claire de l'impasse où s'enferment ceux qui dénient à Hitler la capacité de planifier ses actions. Ils sont obligés de lui attribuer en échange des capacités surhumaines de réaction immédiate et de programmation instantanée. Ils réduisent la créativité nazie à une série discontinue de « big bang ».

Il peut arriver qu'ils en prennent conscience et rectifient la position. Dans ce cas, ils diront que les nazis préparaient bien des mesures contre les communistes mais ne savaient comment les mettre en œuvre. Van der Lubbe leur aurait offert sur un plateau le prétexte désespérément cherché. C'est combiner la théorie du hasard et le providentialisme[1].

Plus frappante encore, car moins attendue, est la frilosité des adversaires habituels du fonctionnalisme. S'ils ne s'alignent pas tous sur l'*Alleintätertheorie*, beaucoup sombrent dans un agnosticisme qui débouche sur un quasi-silence, à propos d'un épisode pourtant, suivant un mot apparu un peu plus tard, « incontournable ». Ainsi Karl-Dietrich Bracher, dans son gros livre sur *La dictature nazie*, se permet de dire que le 28 février 1933 elle accentue sa mainmise sur le pays, sans indiquer à la faveur de quelle insigne péripétie. Plus curieusement encore, Joachim Fest écrit que le travail de l'historien ne consiste qu'à constater le parti que les nazis ont tiré de l'événement et que « seuls les criminalistes peuvent avoir l'ambition de découvrir l'incendiaire[2] ». L'historien américain Fritz Stern, Juif émigré d'Allemagne en 1938 à l'âge de douze ans, et généralement conscient des capacités intellectuelles de Hitler, rend les armes à l'« acteur unique » en 1984 : « Hitler improvisa alors brillamment[3]. » Quant au jeune Rainer Zitelmann, lassé des querelles à son avis de plus en plus byzantines de ses aînés, il va jusqu'à parler, ce qui sonne bizarrement à des oreilles françaises, du « point de détail consistant à se demander si le feu a été mis au Reichstag le 27 février 1933 par un acteur isolé[4] ». Enfin, un ouvrage français récent et intéressant, qui « entend éclairer le processus de conquête des masses et du pouvoir », traite la

---

1. Cf. Norbert Frei, *op. cit.*, p. 80.

2. *Hitler*, Francfort/Main, Ullstein, 1973, tr. fr. Paris, Gallimard, 1973, t. 2, p. 19.

3. Conférence sur « le national-socialisme comme tentation », in *Dreams and Delusions*, 1987, tr. fr. *Rêves et illusions*, Paris, Albin Michel, 1989, p. 230.

4. In Bracher, Funke et Jacobsen (éd.), *Deutschland 1933-1945*, Bonn, Bundeszentrale für politische Bildung, 1992, p. 500.

question par un silence total, sautant à pieds joints de la prise du pouvoir à la loi du 23 mars[1].

Tobias et Mommsen, après avoir établi la possibilité technique que van der Lubbe ait mis le feu tout seul, ne se penchent guère sur ses mobiles : ils restent prisonniers de la thèse, d'une vraisemblance toute relative, suivant laquelle il voulait allumer à lui seul non seulement un brasier, mais une révolution. Ils ne s'interrogent ni sur le choix du Reichstag comme objectif, ni sur la manière dont l'incendiaire a pu y pénétrer et s'y diriger. Ils ignorent superbement, bien qu'elles leur aient été rappelées par Calic, les fulminations de *Mein Kampf*, non seulement contre l'institution, mais contre le bâtiment[2], et le fait que sa crémation avait été prophétisée par Hitler lors de sa fameuse conversation de 1923 avec Seeckt – du moins d'après le livre publié en 1957 par Hanfstaengl[3].

Il faut tout de même, en définitive, leur rendre hommage, comme à deux travailleurs qui échafaudent des constructions discutables à partir de fondements documentaires solides – et qui n'ont pas peur d'en débattre, même si leur ton laisse à désirer. Ils dissipent le fantasme du commando SA avec ses gros sabots, son souterrain et ses bidons. En revanche, le comité de Luxembourg a le mérite de démontrer la prise en main de van der Lubbe par un groupe gauchiste probablement infiltré et la nécessité d'une complicité policière pour qu'il reste en liberté après ses trois incendies du 25 février.

Mommsen va jusqu'à écrire que l'épuration de la police berlinoise, ce jour-là, « vient tout juste de commencer ». Le rythme de sa prise en main par les nazis lui échappe. De même, le fait qu'elle ne consiste pas seulement à épurer, mais aussi et surtout à contrôler, en plaçant aux postes clés des hommes sûrs, en sorte qu'il y a dans cette police, comme il va y avoir progressivement dans toutes les sphères de l'Etat nazi, deux races bien distinctes : les créatures de Hitler qui tiennent les commandes, et les professionnels qui exercent leur métier quasiment comme avant.

L'« acteur unique » est lui-même une énigme, plus intéressante et plus compliquée que celle du Reichstag. En 1960, il n'y avait aucune raison de mettre en doute l'évidence jusque-là admise, que les nazis fraîchement arrivés au pouvoir n'avaient laissé à personne le soin de créer l'occasion qui allait leur permettre de rendre celui-ci absolu. La nationalité et la position politique des pionniers de cette révision invitent à y voir une retombée de la guerre froide : si le camp communiste n'avait pas martelé la thèse inverse, et ne l'avait pas fait avec des arguments peu subtils, notamment en RDA, Tobias et Mommsen se seraient vraisemblablement occupés d'autre chose. Mais l'audience de cette théorie, inversement proportionnelle à sa solidité, et sa longévité, ainsi que sa congruence avec le

---

1. Enrique Leon et Jean-Paul Scott, *Le nazisme des origines à 1945*, Paris, Colin, 1997.
2. Cf. E. Calic, *Le Reichstag brûle, op. cit.*, p. 62.
3. Cf. *supra*, p. 112-113.

point de vue fonctionnaliste sur l'histoire du nazisme, invitent à pousser plus loin l'analyse. Il est clair que Mommsen ne cherche pas à dédouaner les nazis – à cet égard, notamment lors des procès réciproquement intentés, certains membres du comité de Luxembourg ont dérapé dans l'insulte[1]. En revanche, qu'il le veuille ou non, Mommsen tend à absoudre la droite traditionnelle, les Papen et les Hugenberg, et même le Zentrum. En effet, si le Reichstag a pris feu par le hasard d'une « lubbie » individuelle, ces gens sont beaucoup plus excusables, soit lorsqu'ils ont, dans leurs fauteuils ministériels, avalisé les mesures autoritaires du 28 février, soit lorsque, comme le Zentrum, ils ont librement voté le 23 mars leur prolongation pour quatre ans.

Le prouvent les mémoires mêmes de Papen. On y trouve l'embryon des idées que Tobias allait développer dix ans plus tard, voire de toute la démarche fonctionnaliste : Papen avait cru jusqu'au lendemain de la guerre que l'incendie était une œuvre collective, puis le doute avait été mis dans son esprit par un policier nommé Heisig, qui en qualité de fonctionnaire de permanence au ministère prussien de l'Intérieur, avait pénétré dans le Reichstag sitôt après l'alerte, et était convaincu que van der Lubbe était un pyromane isolé, « plein de rancœur contre la société ». Papen écrit ensuite, comme si dès lors l'inexistence des complices de van der Lubbe était suffisamment prouvée :

> Sur cet acte purement criminel, les nazis échafaudèrent une énorme affaire politique, destinée à briser la puissance communiste[2].

Au-delà des élites traditionnelles, c'est toute l'Allemagne qui est invitée, aux dépens d'un infortuné Batave, à reprendre une meilleure opinion d'elle-même. Les nazis n'étaient pas si intelligents, si calculateurs, ils ont été favorisés par les circonstances, voilà l'antienne qu'on nous sert constamment, de l'enfance de Hitler à son suicide : on dévalorise ses talents d'homme d'Etat pour en faire un excité brouillon servi par une chance insolite. Mommsen, loin d'un Fritz Stern qui au moins trouve que Hitler « improvisa brillamment » après l'incendie, va ainsi jusqu'à écrire (p. 176) :

> Hitler n'avait aucun moyen de savoir qu'il gagnerait un pouvoir illimité sans se battre, à la première tentative. En réponse au prétendu signal d'une résistance communiste totale, il joue tous ses jetons comme un mauvais joueur de roulette, et il gagne.

Cette négation de la capacité qu'avait Hitler d'anticiper les réactions de ses adversaires, ou leur absence de réaction, permet d'insinuer en ces tumultueuses années 60 que l'Allemagne a dû sa déchéance à un jeune,

---

1. Cf. Ulrich von Ehl, « Die Kontroverse um den Reichstagsbrand », VjfZ, 1968, p. 259-280.
2. Franz von Papen, *Mémoires*, Munich, List, 1952, tr. fr. Paris, Flammarion, 1953, p. 199.

à un gauchiste, à un étranger, à un vagabond, à un fou, et de l'aider à tourner la page[1].

Le malheur veut que, quand on tourne de force les pages, elles reviennent obstinément en place – et c'est bien pourquoi, quarante ans après les premiers écrits de Tobias et malgré leur immense succès, l'affaire du Reichstag n'apparaît toujours pas tranchée.

Alors mieux vaudrait prendre la mesure des capacités des nazis et excuser l'Allemagne par un autre biais : de quelle démocratie peut-on jurer qu'elle aurait repoussé une attaque aussi bien montée ?

Finalement, qu'est-ce qui est le plus honteux ? D'avoir été surpris en état de somnolence par des assaillants très organisés, ou d'avoir livré presque sans combat la place à des malfaiteurs maladroits, nerveux, constamment réduits à improviser ? C'est cette dernière hypothèse qui ouvre la porte aux théories suivant lesquelles les Allemands étaient dans leur masse des assassins antisémites, ou un troupeau veule ne rêvant que d'être dompté.

Justice pour Goldhagen !

Le plus grand danger qui menace l'amateur de bons livres d'histoire, catégorie dans laquelle on devrait pouvoir ranger les historiens, ce sont les mauvaises critiques. Il nous arrive à tous de lire des articles, et parfois de nombreux articles, avant d'avoir le temps ou l'occasion d'ouvrir les livres dont ils traitent. Nous sommes ainsi détournés d'un grand nombre d'entre eux par les recensions péjoratives, et nous négligeons des trésors, décourageons des talents et cultivons nos préjugés alors que des inconnus les ont depuis longtemps battus en brèche.

La précieuse profession de journaliste est exposée, comme les autres, à se laisser submerger par les urgences et à courir au plus pressé. C'est ainsi que, tandis que beaucoup de bons livres ne sont même pas mentionnés, d'autres font l'objet de reproches infondés, qui ont rarement pour cause un manque total de talent et bien plus souvent une carence dans la lecture. Et lorsqu'il s'agit d'un livre anglo-saxon traduit avec un certain délai, ce qui en France n'est pas une absolue rareté, le risque n'est pas nul de trouver, sous la plume de commentateurs aussi débordés qu'anglophones, des articles fondés avant tout sur la réputation qu'avait acquise l'ouvrage lors de sa première sortie.

Le livre de Daniel Goldhagen *Les bourreaux volontaires de Hitler* est ainsi arrivé, en janvier 1997, précédé d'une réputation qui a contribué à

---

1. Cette vision fataliste de l'incendie du Reichstag offre une similitude frappante avec l'une des dernières interventions d'Eberhardt Jäckel, assimilant la prise du pouvoir de janvier 1933 à un « Tchernobyl de l'histoire » (*Weimar ou de la démocratie en Allemagne*, Asnières, PIA, 1994, p. 345).

retarder sa lecture par l'auteur de ces lignes, au profit de valeurs mieux cotées. Lorsque enfin il l'a abordé, il n'a pas été totalement séduit, mais passablement surpris. Il s'attendait à plus de négligence, d'amateurisme et de superficialité. Goldhagen, loin de se limiter à un corpus documentaire étroit et hâtivement interprété, a des lectures étendues et lui, en général, connaît les thèses qu'il conteste. Notamment celles des fonctionnalistes, qui sont sa cible favorite.

On ne saurait lui donner tort lorsqu'il brocarde leur tic consistant à juger « métaphoriques » les prophéties de Hitler sur l'anéantissement des Juifs dans les années 20 et 30. Ni lorsqu'il se fâche quand on dit que les acteurs du génocide ne faisaient qu'obéir à des ordres, et exige qu'on étudie de plus près la part, dans leur obéissance, de la conviction que les Juifs étaient une engeance nuisible. Bref, il est bien aussi consciencieux que ses confrères, qu'il s'agisse des fonctionnalistes ou des intentionnalistes, dont il représente une variété extrême, puisqu'il fait déborder l'intention, du cercle dirigeant dans lequel habituellement on la cantonne, sur la société allemande dans son ensemble.

C'est là, bien entendu, que le bât blesse, sur le point qui nous intéresse, c'est-à-dire les visées et les actes de Hitler. Il le présente comme un maniaque de l'extermination, qui voulait purger des Juifs la terre entière. Ce qui le ramène à la vision sommaire, héritée de Rauschning, d'un candidat ubuesque à la domination mondiale. Cette conviction, encore largement partagée, n'est pas ce qu'on lui reproche le plus, mais bien le corollaire qu'il en tire, à savoir que les Allemands dans leur masse se sont senti pousser de grandes dents, en se faisant les instruments zélés de ce programme et du meurtre systématique des Juifs qui en était partie intégrante, « dès que les conditions en furent créées ». Encore dans sa préface à l'édition allemande, où il montre, même s'il ne le dit pas, qu'il a mis de l'eau dans son vin et tiré profit du débat suscité par l'édition américaine, il écrit que « la plupart des Allemands des années 30 étaient antisémites ».

Les torrents de boue déversés sur cet auteur, allant jusqu'au reproche de faire fortune grâce au martyre de ses coreligionnaires, relèvent de ce qu'on appelle, depuis 1968, le « racisme antijeunes ». Nous avons affaire à un débutant fasciné par ce qu'il découvre, et ses outrances appellent, de la part de ses aînés, un humour fraternel plutôt qu'une vertueuse indignation, dont l'ampleur trahit un refus de se laisser remettre en question par des objections pertinentes. A cet égard, l'outrance même est une bénédiction : elle aide ceux qui ont un point de vue nuancé à le préciser[1]. Ce qui manque à Goldhagen, c'est une vision fine de la mise au pas. Il reproche judicieusement à nombre de ses devanciers de lire des hésitations, des repentirs et des jeux d'influences dans le fait que Hitler épargne long-

---

[1]. C'est le cas d'Edouard Husson, auteur en 1997 d'un remarquable essai sur le livre de Goldhagen et le débat qu'il a suscité en Allemagne : *Une culpabilité ordinaire ?*, Paris, Guibert.

temps la vie des Juifs sous sa domination. Lui pense qu'il brûlait de les tuer et s'en retenait avec peine, en attendant les fameuses « conditions », lesquelles consistaient simplement en un accroissement de sa puissance militaire qui augmenterait sa liberté d'action. Ce qu'il ne voit pas, c'est la manipulation multiforme des esprits, ceux des Juifs d'Allemagne et d'ailleurs, des Allemands et des étrangers, des chefs d'Etats et d'Eglises, tous intoxiqués à des degrés et dans des sens divers. Ce qui est certain, c'est que Hitler cachait en partie ses intentions exterminatrices, pour jouer sur le pacifisme et le besoin de sécurité des uns et des autres, et que d'autre part elles n'étaient pas, jusqu'au bout, exclusives d'autres calculs qui requéraient des Juifs vivants, par exemple pour servir d'otages.

La nuit des Longs Couteaux

Est-il raisonnable de faire, de la participation de Himmler à la genèse et à la mise en œuvre de la nuit des Longs Couteaux, l'effet d'une ambition individuelle et collective, en opposant aux appétits de Röhm et de ses SA l'arrivisme des SS et de leur chef ? Cette thèse récurrente a, hélas, été poussée à ses dernières conséquences dans le travail récent, et à bien des égards pionnier, de Jean Philippon. Il développe plus que quiconque la théorie d'une collusion entre Himmler et Göring pour circonvenir le Führer en le montant contre Röhm. Le jour des obsèques de Karin, ils auraient organisé un faux attentat contre la voiture de Himmler pour commencer à faire croire à Hitler que les SA « passaient à l'action ». Mieux, ils auraient eux-mêmes été intoxiqués, au sujet de Röhm et de ses « préparatifs de putsch », par les généraux von Blomberg et von Reichenau !

Toutes les « preuves » sont bonnes pour accréditer la thèse que Hitler aurait hésité à sacrifier son vieux camarade et ne s'y serait résolu qu'à son plus grand regret. Le « retard » de son discours du 13 juillet s'expliquerait par le temps qu'il lui aurait fallu pour se remettre, et pour dominer des événements imprévus.

> Il resta quelque temps désemparé et eut les plus grandes difficultés à oublier les meurtres de Röhm et de Strasser. Il est impossible en tout cas d'expliquer autrement le silence qu'il garda pendant plus de dix jours et qui était contraire à toutes les règles de la psychologie et de la propagande [1].

Ces lignes sont de Joachim Fest. Se prendrait-il à la fois pour Freud et pour Goebbels ? S'il s'en tenait à son travail d'historien, il serait peut-être plus attentif à la chronologie. Pour un être déchiré qui a dû se résoudre, dans l'improvisation la plus totale, à livrer au bourreau de vieux

---

1. J. Fest, *op. cit.*, tr. fr., t. 2, p. 107.

amis, Hitler ne manque pas, entre le 1er et le 13 juillet, d'occupations prenantes, dont l'énumération (cf. *supra*, p. 231) ne laisse guère de place à une période d'hébétude et de lente récupération.

La genèse de cette nuit des Longs Couteaux n'a pas été mieux analysée par Norbert Frei, un jeune disciple de Broszat[1], en 1987[2]. Il prend, lui, au sérieux le bruit de la préparation par les SA d'une « seconde révolution » et constate une période léthargique non plus, comme Fest, après l'événement, mais avant : Hitler, hésitant, aurait laissé filer les choses, puis se serait décidé brusquement à frapper Röhm. Ainsi aurait-il consacré son vol vers Munich, dans la nuit du 29 au 30, à s'auto-intoxiquer en se répétant que Röhm était un traître !

Signalons encore que, Hitler ayant rencontré Gustav Krupp au vu et au su de la presse le 28 juin, veille de la nuit fatale, probablement pour corroborer l'idée que le massacre marquait un rapprochement du régime avec les vieilles élites, divers auteurs y ont vu la confirmation qu'il n'était pas libre de ses actes, l'économiste marxiste Charles Bettelheim allant jusqu'à écrire qu'il était allé prendre « ses ordres » auprès du sidérurgiste[3] !

La nuit des Longs Couteaux a un air de famille avec l'incendie du Reichstag. Ceux qui écrivent que les deux événements n'ont « aucun lien[4] » nient l'évidence, au moins pour leurs suites : si disparates qu'en puissent être les causes, l'incendie et la tuerie procurent au régime des bénéfices d'une frappante analogie. L'opinion conservatrice, rassurée sur la capacité des nazis de faire régner l'ordre, leur concède de nouvelles prérogatives. En l'occurrence, c'est l'armée qui devient un pilier du régime, en dépit de ses objectifs militairement aventuristes, qu'il lui a largement avoués. L'enjeu immédiat est la succession de Hindenburg : c'est en récompense du coup porté à la SA que les forces armées allemandes ne font aucune difficulté, un mois plus tard, pour que Hitler remplace leur ancien commandant en chef à la tête de l'Etat, et font prêter à tous leurs officiers un serment personnel de fidélité au Führer. Enfin, le meurtre d'un récent ministre de la Reichswehr, Schleicher, tué à son domicile avec son épouse, et de son ancien collaborateur, le général von Bredow, n'a pas suscité chez son successeur Blomberg l'ombre d'une réaction. De même, la mise au pas de l'appareil judiciaire franchit un stade important, puisque tout à coup l'exécutif s'arroge une fonction puni-

---

1. Sur ce point, la littérature fonctionnaliste est hétérogène et Mommsen, comme souvent, plus extrémiste que Broszat. Celui-ci (*op. cit.*, p. 321) prête à Hitler une volonté arrêtée d'« émasculer la SA » cependant que Mommsen, se ralliant aux vues de Heinz Höhne (*Mordsache Röhm*, Hambourg, 1984), prétend qu'il ne s'y est décidé que « tardivement » et « sous la pression massive de la SS » (*op. cit.*, p. 78).

2. Norbert Frei, *Der Führerstaat*, Munich, Deutscher Taschenbuch, 1987, tr. fr. augmentée, *L'Etat hitlérien et la société allemande*, Paris, Seuil, 1994.

3. Cité par Pierre Ayçoberry *La question nazie, op. cit.*, p. 166. Hitler séjourne dans les usines Krupp pendant une heure environ, visite des ateliers comprise, ce qui laisse peu de place pour un entretien sur la « crise de la SA » avec le maître des lieux et donne à penser qu'il voulait surtout se faire photographier en sa compagnie (références de journaux dans Philippon, *op. cit.*, p. 230).

4. Ainsi Jean Philippon, *op. cit.*, p. 422.

tive sans contrôle. Ici, c'est le très savant juriste Carl Schmitt qui donne le ton, à l'instar de Blomberg vis-à-vis des officiers. Il écrit dans un article célèbre (mais on sait moins qu'il l'a encore fait rééditer dans un recueil en *1940*) :

> Le vrai chef se double toujours d'un juge. C'est de l'infaillibilité inhérente au chef qu'émane son infaillibilité en tant que juge. (...) En vérité, l'action conduite par notre Führer a été l'expression authentique de sa compétence juridictionnelle[1].

Il y a sans doute, en règle générale, un risque à postuler que celui à qui profite le crime l'a commis ou commandité. Mais en l'occurrence on est dans une dictature très personnelle. Nul ne doute que les assassins sont Göring et Himmler. Ils font partie des tout premiers dirigeants du régime. Le risque est bien réduit d'estimer qu'ils ont agi en concertation avec le chef.

A l'appui, on peut citer un « propos de table » trop négligé :

> En ce qui me concerne, j'ai toujours appliqué avec succès ce vieux principe de politique que si l'étranger commet une grossière erreur d'appréciation sur notre compte, il faut se garder de rectifier – sauf dans le cas, bien entendu, où cette erreur nous causerait un préjudice tangible. Après la prise du pouvoir, lorsque je m'attaquai au problème du réarmement, je devais normalement m'attendre à des contremesures de la part des puissances occidentales. Les ragots qui circulèrent à ce moment-là sur de prétendues dissensions entre la SA et la Reichswehr m'aidèrent à manœuvrer. L'ambassadeur de France, François-Poncet, était à l'affût de ces bruits et les enregistrait avec avidité. Plus on lui en racontait, plus il insistait dans ses rapports au Quai d'Orsay sur le fait qu'une intervention militaire de la France serait parfaitement superflue, puisque le conflit entre la SA et la Reichswehr allait se traduire par une lutte à mort.
>
> Après le putsch de Röhm, François-Poncet présenta la situation à Paris comme si les Allemands commençaient à s'entre-tuer comme au Moyen Age, donnant ainsi à la France la possibilité de tirer les marrons du feu. De la sorte, le putsch de Röhm nous rendit un grand service, retardant l'intervention de la France, par conséquent celle de l'Angleterre aussi, et la rendant donc impossible – car entre-temps notre réarmement avait suffisamment progressé[2].

Nous ne suivrons pas le conseil de l'orateur, qu'il faut « se garder de rectifier ». Ce texte comporte une invraisemblance : que Hitler ait assisté en spectateur à l'auto-intoxication de l'Occident. Dictant là une version officielle de son plus grand succès, le réarmement sans guerre à la barbe des vainqueurs, il prend la pose du combattant toujours à l'affût des failles adverses, et se garde de révéler ses stratagèmes. Mais il les fait entrevoir à qui sait lire, par une contradiction : le « putsch de Röhm » est présenté comme une réalité, alors que le conflit entre la SA et la Reichswehr serait un mythe.

---

1. Cité par Thierry Féral, *Justice et nazisme*, Paris, L'Harmattan, 1997, p. 66.
2. *Op. cit.*, propos du 1ᵉʳ juillet 1942.

La fable de la « légalité »

« Hitler est parvenu légalement au pouvoir. » « Le vote du 23 mars 1933 légalise pour quatre ans sa dictature. » Il est rare de trouver dans la littérature spécialisée ce genre de proposition, sous une forme aussi abrupte. Les historiens de toutes tendances sont sensibles aux tricheries permanentes des nazis et préfèrent en général parler de « pseudo-légalité ». Cependant, ces idées font encore florès dans les manuels, les journaux ou les livres de non-spécialistes. C'est probablement, au moins en partie, parce que les spécialistes ne sont pas assez nets.

La légalité de la dictature hitlérienne est, dès le départ, plus que contestable. Ceux qui affirment le contraire font bon marché à la fois du détournement permanent, entre 1930 et 1933, de l'article 48, et du gangstérisme immédiat des nazis. Le pays, rompu aux expédients juridiques et débattant sans fin du remplacement ou de l'aménagement d'une constitution bafouée, voit tout à coup un gang mettre la main sur le pouvoir et en appliquer les règles seulement quand il y trouve son compte. Ainsi le ministère, ostensiblement composé pour faire croire que Hitler n'était pas le maître, ne fut guère invité à débattre de sa propre politique, et, sur l'essentiel, n'eut jamais qu'à entériner des faits accomplis.

Le rythme imposé par les nazis dès le 30 janvier, par exemple lorsque avec la complicité, consciente ou non, de Meissner, ils obligent Hugenberg à ravaler ses objections sur la dissolution, ouvre la voie à tout le reste. Ainsi, cette fameuse loi du 23 mars regorge de garanties. Elle ne vaut qu'autant que le gouvernement conserve sa composition : elle est donc théoriquement abolie le 27 juin, lors de la démission de Hugenberg. Mais qui y pense encore ? Et devant quelle instance eût-il fallu protester ? Par ailleurs, les « pleins pouvoirs » qu'elle institue excluent celui de supprimer la présidence de la République ou les assemblées. Or, avant même qu'il raye la présidence d'un trait de plume à la mort de Hindenburg, Hitler avait supprimé le Reichsrat, le 14 février 1934. Enfin, on se souvient que cette loi était votée pour quatre ans. Or elle fut reconduite pour la même durée en 1937 par un Reichstag entre-temps élu sur liste unique, puis pour deux ans en 1941 et *sine die* en 1943[1]. Ce qui témoigne à la fois d'un souci prolongé des formes, et du plus dictatorial cynisme.

Le mythe de la « légalité » dénature gravement les choses. Il ne met pas Hitler à sa vraie place. Il montre le jeu plus ouvert qu'il n'était. Il estompe les responsabilités de ceux qui ont cru à ce mythe et n'ont pas résisté, tant en Allemagne que dans le reste du monde, à l'époque où

---

i. Cf. Horst Möller, « Structures de pouvoir et transformation des élites politiques », in *Etat et société en Allemagne sous le IIIe Reich*, Asnières PIA, 1997, p. 33.

précisément le processus était réversible, pour peu qu'un enfant dît que le roi était nu.

La politique extérieure : l'exemple de Hjalmar Schacht

Nous avons analysé les principaux actes diplomatiques du Führer comme un enchaînement très maîtrisé, et étroitement coordonné avec la mise au pas interne, ainsi qu'avec le réarmement. Cette manière de voir n'a pas encore un plein droit de cité. Elle été en butte, en Allemagne, à une véritable guerre, où bien des coups étaient et restent permis. Les fonctionnalistes s'obstinent à voir dans les nazis des excités à vue basse, ayant déchaîné des forces qu'ils contrôlaient mal et poussés à une « fuite en avant ». Ainsi, un tournant vers la guerre serait pris en 1936, principalement parce que ces parvenus n'entendaient rien à la gestion économique et n'avaient plus, pour éviter la faillite, d'autre solution que de faire des canons et d'élargir l'espace vital.

Les fonctionnalistes, pour qui les actes du régime remplissent au jour le jour des fonctions dictées par les nécessités contemporaines, se sont heurtés aux programmologues, pour qui ils résultent d'un dessein formé longtemps à l'avance. Le lecteur aura compris de quel côté le présent livre se range. Mais il explore un champ un peu différent de celui des programmologues allemands, qui ont surtout analysé la politique extérieure et ont négligé le genre biographique. Cela ne les a pas aidés à mettre de l'ordre dans la confusion apparente qui régnait au sommet de l'Etat et dont les fonctionnalistes faisaient leurs choux gras, attribuant les décisions à l'influence de tel ou tel clan. Il y aurait ainsi, dans les quelques années précédant la guerre, un clan Ribbentrop, poussant à attaquer l'Angleterre en ménageant la Russie, et un clan Göring, d'orientation inverse. Même chez la plupart des programmologues, ils passent pour de véritables antagonistes, concourant chacun à la réalisation du programme par des voies différentes et offrant à Hitler une certaine liberté d'option [1].

Si le premier en date des programmologues, Andreas Hillgruber, auteur d'un fameux *Hitlers Strategie* en 1965, ne commet pas cette erreur, il tombe dans quelques autres. Il est le premier à dire que la politique extérieure de Hitler a suivi un « plan par étapes » (Stufenplan) mais ruine lui-même cet excellent concept par un usage peu rigoureux. Les étapes définies sont en effet non seulement le réarmement, la division de la France et de l'Angleterre et la conquête d'un espace vital à l'est, ce que nos chapitres 6 à 10 confirment tout à fait, mais, ensuite, l'extermination des

---

1. Par exemple, Hildebrand estime que quatre organismes mettent en œuvre chacun leur politique étrangère : le « bureau Ribbentrop », le « service Rosenberg », « certains bureaux SS » et le ministère de la Propagande (*Das Dritte Reich*, Munich, Oldenburg, 1979, tr. fr. Munich, Saur, 1985, p. 25).

Juifs et la guerre euro-américaine, pour déboucher sur la « domination mondiale ». Puisqu'il n'est nullement établi que l'extermination ait fait l'objet d'un plan inséré à une place précise parmi les objectifs de politique extérieure, et puisque le rêve d'une hégémonie allemande mondiale, découlant d'une victoire sur les Etats-Unis, n'est attesté que par de rares réflexions du Führer, considérées de manière non critique, beaucoup plus que par ses actes, il est quasiment miraculeux que le concept de « plan par étapes » se soit tout de même frayé un chemin. Il ne le doit qu'au fait qu'il est très opérationnel pour les années 1933-41. Mais ici aussi, Hillgruber se montre mauvais praticien de sa théorie.

Pour lui, en effet, la situation de septembre 1939 contrevient gravement au programme. Hitler aurait voulu attaquer la France et non la Pologne, avec laquelle il aurait recherché vainement une entente. C'est donc l'Angleterre, par sa garantie de mars, qui aurait tout faussé, en encourageant Beck à refuser toute concession.

Hillgruber et son disciple le plus connu, Klaus Hildebrand, ont deux grands mérites. D'abord, ils affirment que Hitler n'a jamais voulu envahir l'Angleterre, et n'a jamais renoncé à s'en prendre à la Russie. Ensuite, ils expliquent ces options, non par l'amour du capitalisme et la haine du communisme, mais par la politique raciale. Ils ont tenu ces positions contre de forts vents contraires, venus d'horizons variés. Mais il semble que cet effort les ait épuisés. Ils ont consumé beaucoup d'énergie à se défendre contre les reproches d'apriorisme et d'hyperrationalisation[1], au point que Hillgruber a toujours pris soin d'écrire « programme » entre guillemets, et de préciser que Hitler avait pris beaucoup de décisions sous l'empire de la nécessité du moment.

Loin de tempérer utilement les positions, ce débat souvent passionnel, dont les protagonistes s'envoyaient volontiers à la figure leur comportement ou celui de leurs proches avant 1945[2], a donc rendu les programmologues trop frileux. Le programme existait bel et bien, et il était suivi de près. L'historien qui le constate n'a pas à en rougir : ce ne sont pas ses neurones qui plient le réel suivant leurs conceptions, ce sont ceux de Hitler qui l'ont fait autrefois... en tirant parti de la piètre estime dans laquelle on les tenait, comme d'imposants vestiges en témoignent sous nos yeux.

Pour achever cette démonstration, on va maintenant présenter une synthèse, qui aurait malaisément trouvé place dans le récit chronologique, sur un cas individuel, celui du docteur Schacht, dont la « défaite » de 1936 sert aux fonctionnalistes de preuve massue d'une absence de programme, un défi que n'ont pas relevé les programmologues.

Le « magicien des finances » a été acquitté à Nuremberg, ainsi que

---

1. Ce dernier trait adressé, comme de juste, par Hans Mommsen (cf. R. Schwok, *op. cit.*, p. 102).
2. Cf. René Schwok, *Interprétations de la politique étrangère de Hitler*, Paris, PUF, 1987, ch. 2/4 « Le poids du passé ».

Papen et Fritzsche. Une liste lourde de sens. On peut dissocier le cas de Hans Fritzsche : ancien directeur de la radio au ministère de la Propagande, il était là en lieu et place de Goebbels, sur l'instance des Soviétiques, et sa relaxe montre le souci du tribunal de punir des gens qui avaient pris des initiatives[1]. Tous les accusés nazis ayant plaidé qu'ils n'avaient fait qu'obéir aux ordres, celui-là seul a été cru. Avec lui, c'est la société allemande qui est acquittée[2]. Il en va de même pour Schacht et Papen. Sauf qu'eux plaident qu'ils ont désobéi et se sont conduits d'un bout à l'autre comme des résistants qui « sauvaient ce qui pouvait l'être ». Leur défense est parente de celle qui, l'année précédente, n'avait pas empêché les condamnations capitales, quoique inégalement suivies d'effet, de Pétain et de Laval.

A l'inverse des juges, les historiens ont malmené Papen, ce clérical dont les responsabilités dans l'avènement du nazisme, doublées d'une pontifiante prétention, offraient une cible facile. Ils ont épargné bien davantage l'homme de talent qu'était Schacht. Le moment n'est-il pas venu de réviser ce verdict, non pour accabler un individu, mais pour prendre la mesure du talent de Hitler et des risques pris par ceux qui voulaient jouer au plus fin[3] ?

Ce grand aryen blond au prénom de Viking n'est pas, de naissance, un grand bourgeois. Sa famille n'était pas pauvre, mais besogneuse. On y trouve des pasteurs, des médecins de campagne et des enseignants. Sa mère était cependant une demoiselle von Egger, descendante d'un ministre danois lettré, contemporain et correspondant de Goethe. Le couple se forme dans le Schleswig au début des années 1860, juste avant la conquête de ce duché par Bismarck. Ne voulant pas devenir allemand[4], il rate son insertion aux Etats-Unis et retourne au bercail en 1876 : le patriotisme de Hjalmar, né en 1877 et fier de souligner qu'il a été conçu dans le Nouveau Monde, n'est pas plus atavique que sa fortune. De même, son inclination pour les questions économiques, qui se dessine lentement au fil d'études éclectiques. Mais ce n'est pas du dilettantisme : il a tout du « gagneur », qui a des revanches à prendre et comprend vite que cela passe par des choix nets, que n'ont pu ou voulu faire ses ancêtres assis entre deux classes, deux pays et deux continents. C'est, comme Hitler, Rosenberg et tant d'autres dirigeants de l'Allemagne nazie, ou comme le Corse Napoléon et le Géorgien Staline, un homme issu des

---

1. Cf. Telford Taylor, *The Anatomy of the Nuremberg Trials*, New York, Knopf, 1992, tr. fr. *Procureur à Nuremberg*, Paris, Seuil, 1995, notamment p. 580-81.

2. Du moins sur l'essentiel, car les acquittés ont fait ensuite l'objet de « procès de dénazification » où ils risquaient des peines de prison et de privations de droits – effet probable des tiraillements, dans l'administration américaine, entre les partisans de l'indulgence envers l'Allemagne et ceux de la sévérité.

3. Les délibérations nurembergeoises, enfin racontées en 1992 par Telford Taylor, montrent que le jury s'était arrêté un temps à l'idée d'une peine d'emprisonnement pour Schacht, en raison de « sa grave imprudence » (*op. cit.*, p. 580).

4. Du moins c'est l'interprétation du dernier biographe, John Weitz, qui supplée au mutisme des mémoires de Schacht sur les causes de cet exil (*76 Jahre meines Lebens*, Bad Wörishofen 1953, tr. fr. *Mémoires d'un magicien*, Paris, Amiot-Dumont, 1954, t. 1, p. 22 ; cf. J. Weitz, *Hitler's Banker*, Boston, Little, Brown & C°, 1997, tr. all. *Hitlers Bankier/Hjalmar Schacht*, Munich, Europa, 1998, p. 19).

marges, qui va se faire une place en visant le centre. C'est aussi une personnalité riche d'influences, ouverte au monde et à la modernité. N'oublions pas non plus sa date de naissance : il a douze ans de plus que Hitler, ce qui aggrave le danger de se croire en tout supérieur à lui.

L'utilisation d'un tel collaborateur fait partie des grandes réussites du Führer. Il exploite au maximum sa réputation de « sauveur du mark » pour rétablir la « confiance » indispensable au fonctionnement du capitalisme – dont l'absence avait pesé lourd dans le destin des cabinets précédents. Puis il orchestre peu à peu une rupture.

De son côté, Schacht est un technocrate vaniteux, qui se laisse sans doute aller à croire que les pas vers le surarmement et l'autarcie [1], qu'il a faits pour restaurer la marge de manœuvre de l'Allemagne, sont réversibles. Dans son esprit, sans doute, ils n'ont d'autre but que d'aider le pays à se faire respecter et à obtenir les menues rectifications de frontières orientales que presque tous ses habitants sont d'accord pour convoiter.

Le plaidoyer serré et brillant de ses mémoires l'accable, quand on quitte le point de vue moralisateur de la recherche des « justes » parmi les « méchants ». Le principe qui lui fait refuser toute circonstance atténuante à Göring se retourne contre lui :

> (...) A la barre des témoins, il fit preuve d'une intelligence et d'un esprit de repartie qui surclassaient à tel point ses accusateurs, et il garda extérieurement un maintien si impérieux que les membres du ministère public eux-mêmes ne laissèrent pas d'en être influencés.
>
> Pourtant, cette attitude impressionnante ne parvenait pas à faire oublier que Göring avait commis une foule d'exactions, des meurtres, des brigandages, des vols et bien d'autres forfaits. En raison de ses origines bourgeoises et des bonnes dispositions dont il était doué primitivement, j'ai toujours tenu Göring pour *le pire* des accusés.

L'autodéfense de Schacht est fondée sur un moralisme formel. Il n'a pas commis de forfaits répertoriables dans une nomenclature classique. Son acquittement résulte du fait qu'il n'a pas non plus été convaincu des crimes définis rétroactivement à Nuremberg, que ce soit « contre l'humanité » ou « contre la paix ». Mais dans ces deux cas, on peut discuter.

On trouve chez lui un robuste antisémitisme, d'une nature assez particulière. Il est fier d'avoir fait, dans son cursus universitaire en zig-zag, des études d'hébreu, et note ironiquement que ce n'était pas inutile pour faire carrière dans la finance. Mais de cette familiarité, rare chez un « nordique », il conclut à une incompatibilité. Il en vient à écrire, dans ses mémoires mêmes, des passages sur l'invasion des lettres et du journalisme allemands par une « culture étrangère » qui pourraient figurer dans *Mein Kampf*, même s'il ne relie pas cette invasion à un complot mondial. Sur

---

1. On trouve fréquemment l'affirmation curieuse que l'autarcie ne commencerait qu'en 1936, après le déclin de l'étoile de Schacht : cf. S. Berstein et P. Milza, *Dictionnaire historique des fascismes et du nazisme*, Bruxelles, Complexe, 1992, p. 94.

le plan pratique, il se vante à juste titre d'avoir, dans ses fonctions officielles, refusé toute discrimination envers les Juifs. Mais justement : pendant des années, il ne convient pas à Hitler de désorganiser l'économie par une « aryanisation » qui aurait, de surcroît, déplu à l'extérieur, et il n'entreprendra de le faire qu'en 1938, après la disgrâce de Schacht, accélérant le mouvement au lendemain des accords de Munich[1].

Son acrobatique défense fait grand cas des mauvais exemples que donnaient à Schacht, sur le plan intérieur, les sociaux-démocrates défaits sans combat et, à l'étranger, les *appeasers* de tout poil qui faisaient des courbettes à Hitler pendant que lui-même et d'autres courageux résistants multipliaient les avertissements. Mais qu'en était-il de leur conduite ? Schacht, qui a rejoint le ministère à la date tardive et bien compromettante du 30 juillet 1934, prétend l'avoir fait en pleine conscience de son caractère criminel et dans l'unique ambition d'en annihiler les effets sur le seul terrain encore disponible : puisque précisément on était en dictature, la seule opposition concevable était d'entrer au gouvernement ! Le raisonnement figure en toutes lettres dans son livre (cf. *infra*).

L'historien est obligé de le retoucher. La carrière ministérielle de Schacht résulte plus qu'il ne veut bien le dire d'affinités politiques : à la haine du traité de Versailles, à l'antisémitisme et à l'anticommunisme, convergences évidentes, s'ajoutait sans doute une hostilité de technocrate envers la démocratie. Il faut faire aussi la part de l'arrivisme. Cependant, globalement, le plaidoyer sonne juste et il est vrai que Schacht a toujours pris ses distances avec le régime. Non seulement il n'a pas adhéré au parti[2], mais on l'a peu vu à Nuremberg ou à Berchtesgaden. Il prétend avoir été l'un des premiers qui aient prôné l'assassinat du dictateur, et avoir pris contact à ce sujet avec des généraux. Les preuves manquent, les démentis aussi et on peut admettre ses dires sous bénéfice d'inventaire.

Sa défense est très éclairante sur la fonction... du fonctionnalisme. Pour tenir, elle postule que tout n'était pas joué en 1933, parce que Hitler aurait été, non pas un maniaque appliquant un plan secret mais, au moins en partie, un hésitant influençable. Cependant, Schacht est trop intelligent et a trop pénétré le système pour croire une telle chose, du moins après la guerre. Quelques épisodes, racontés par lui-même, sont de nature à révéler ce qu'il avait en tête, et comment Hitler a longtemps retourné à son profit les coups qui étaient faits pour l'abattre ou le dompter.

Nous avons vu avec quelle suffisance et quelle innocence (compte tenu du rôle que lui fait jouer Hitler) il raconte son voyage de mai 1933 aux Etats-Unis, capital pour diviser les démocraties occidentales sur la conduite à tenir face au nazisme nouveau-né. Non loin de ces pages, le mémorialiste commet un lapsus révélateur, sinon de son carriérisme, du

---

1. Cf. S. Friedländer, *L'Allemagne nazie et les Juifs, op. cit.*, p. 258-259.

2. Toutefois il fut obligé de reconnaître à Nuremberg qu'il avait, comme tous les ministres, reçu en 1937 la « svastika d'or » et l'avait portée, et qu'il avait versé tous les ans, de 1937 à 1942, une contribution de 1 000 marks à la trésorerie du parti (cf. T. Taylor, *op. cit.*, p. 405).

moins de son goût du pouvoir et de la relativité de sa foi en la démocratie : « par une loi du 9 juin 1933, j'instituai une caisse de conversion... » (p. 68). Oubliant que Hitler a accaparé le 23 mars la totalité du pouvoir législatif, il s'en arroge en pensée une partie. Rien ne peut suggérer plus clairement qu'il se considérait comme une espèce de monarque financier absolu, et ne voyait aucun inconvénient à ce que la combustion du Reichstag par les nazis[1] ait permis à Hitler de donner force de loi, en les signant, aux textes qu'il préparait en la matière.

Faire de Schacht le patron, non plus seulement de la banque nationale, mais de toute l'économie allemande, peu avant de se proclamer successeur de Hindenburg, peu de semaines après la nuit des Longs Couteaux et de jours après l'assassinat de Dollfuss, voilà qui n'est pas d'un mince secours pour tempérer l'impression fâcheuse qu'ont pu créer ces événements. Puisqu'on a affaire à des puissances capitalistes sensibles au rôle de l'argent dans la politique, leur montrer que leur ami Schacht détient plus que jamais le nerf de la guerre est une bonne façon de leur faire croire que celle-ci n'adviendra pas. Là encore, les mémoires de l'intéressé fourmillent de détails involontairement édifiants.

Tout d'abord, il nous indique (p. 65) que son prédécesseur Kurt Schmitt, au moment de succéder à Hugenberg, « s'était empressé de revêtir l'uniforme SS et de se ranger ainsi en apparence parmi les bonzes nazis, bien que ses conceptions économiques fussent tout à fait libérales ». Ainsi, l'arrivée de Schacht au gouvernement est un recul apparent, non seulement du parti nazi, mais des SS. Tout comme la « victoire » de l'armée sur la SA, elle concourt à masquer la montée en puissance de Hitler. Par ces deux manœuvres, il tempère habilement son triomphe, en semant l'illusion que les milieux conservateurs maintiennent de fortes positions.

Un jour non précisé, il demande à Schacht, en présence du ministre des Finances Schwerin von Krosigk, ce qu'il ferait s'il était ministre de l'Economie, et le président de la Reichsbank répond qu'il chercherait à équilibrer les échanges avec chaque pays – ce qui est fort éloigné du libéralisme, et proche de la doctrine nazie de l'autarcie. Après quoi, le 27 juillet 1934, il se rend à Bayreuth, à l'invitation du Führer. Nous savons que Papen y avait été pareillement convié. Ils font antichambre ensemble ! Papen, reçu le premier, déclare à sa sortie qu'il a accepté l'ambassade de Vienne. Puis la proposition faite à Schacht de succéder à Schmitt est acceptée par lui sans discussion. Il demande toutefois s'il aura à « s'occuper de la question juive », et se contente d'une réponse partielle : « Dans le domaine économique, les Juifs pourront exercer la même activité que par le passé. » Les assurances de Hitler ne portent que sur le maintien des Juifs à la tête de leurs entreprises : le cas de la fonction

---

1. Lui-même, dans son livre, l'attribue à Goebbels *en restant parfaitement muet sur ce qu'il a pensé à l'époque* (*op. cit.*, t. 2, p. 52).

publique est donc passé sous silence, du moins dans le récit autojustificatif d'après-guerre. On voit que l'exclusion des Juifs du service de l'Etat, entamée par une loi de 1933 avant d'être parachevée par une autre en 1935, n'est pas pour Schacht une cause de fâcherie. Soulignons encore, ce qu'il ne fait pas dans ses souvenirs, qu'il avait laissé à Hitler le choix de la date, puisqu'il déclare lui avoir donné un « accord de principe ». Il se prête docilement à la manœuvre qui fera de sa nomination, aux yeux de l'opinion, un contrepoids à l'accaparement par le Führer de tous les pouvoirs, le 2 août.

Ses raisons d'accepter cette nomination, telles qu'il les résume dans son livre, sont aussi vraisemblables que dérisoires :

> Existait-il encore un moyen de *limiter* ou de combattre les *abus* de l'autorité gouvernementale et du parti ? Une seule possibilité s'offrait encore : essayer de l'intérieur, en se servant des pouvoirs mêmes du gouvernement, de combattre les *excès* du système et de ramener la politique allemande dans les voies de l'ordre. Ministre de l'Economie, je pourrais agir dans ce sens beaucoup plus efficacement qu'à la présidence de la Reichsbank. (p. 73) (souligné par moi)

Ici, le plaideur est trahi par son vocabulaire : il n'a jamais voulu s'en prendre au système, mais à ses « abus ».

En 1936-37, notre homme joue encore un rôle diplomatique capital, non plus cette fois en direction des Etats-Unis mais, principalement, de la France et de l'Angleterre. Il apparaît en effet, au sein de la direction allemande, comme le champion d'un impérialisme colonial, tranchant avec l'appétit traditionnel des nazis pour un *Lebensraum* oriental. Cette perspective intéresse, on l'a vu, les hommes politiques occidentaux. La manœuvre se développe plus particulièrement en direction de Léon Blum, c'est-à-dire d'un politicien pacifique et pondéré, qui était sans doute le mieux placé pour faire basculer l'Occident dans un antinazisme définitif, à la tête d'une France qui aurait retrouvé son union de 1914 avant même le conflit, en intégrant la classe ouvrière à l'effort national grâce à d'amples concessions sociales. A la fin d'août 1936, Schacht effectue à Paris une visite remarquée. Dans ses entretiens avec Blum il agite l'appât d'une Allemagne qui se contenterait de la restitution de quelques territoires coloniaux.

Nous avons le compte rendu de leur conversation du 28[1] : on voit Blum multiplier à la fois les ouvertures et les avertissements. Il explore sérieusement la voie d'un apaisement du Reich par l'offre de colonies. Il doit être entendu que ce ne serait pas aux dépens de l'URSS et qu'elle serait associée aux décisions. On sent que Blum est sur ses gardes et qu'il a peur de se faire manipuler... mais on voit qu'il s'avance tout de même. Schacht est amical mais, sur le fond, très évasif. Il est d'accord avec Blum, mais qui sait ce que va penser le Führer ?

---

1. *Documents diplomatiques français 1932-1939*, 2ᵉ série, t. 3, Paris, Imprimerie nationale, 1966, p. 307-311.

Ce que nous pouvons constater, avec le recul, c'est que celui-ci, pour sa part, ne cherche nullement une entente, mais seulement un gain de temps, et une aggravation du discrédit de la France.

Le chef socialiste est apparu plus circonspect que la moyenne des politiciens français de 1933 à 1939. Néanmoins, il consent à examiner les choses, à en parler aux Anglais... en sorte qu'il ne prend pas, à ce moment crucial, en dénonçant les manœuvres dilatoires et en exigeant de l'Allemagne un comportement cohérent, notamment vis-à-vis de l'URSS, la ferme attitude qui aurait pu contraindre à la fois ses concitoyens et les anciens alliés de 1914-18 à marcher du même pas. Finalement, en octobre, Schacht dit à François-Poncet que son crédit auprès du Führer est en baisse, puis Eden s'offre le luxe de blâmer l'attitude laxiste du gouvernement français[1].

On se souvient que Schacht, pendant la même période, s'évertue, pour couper l'herbe sous les pieds de Darré, à faire nommer Göring « responsable des devises », après quoi il se fait évincer de la préparation du « plan de quatre ans ». Va-t-il claquer la porte après ce camouflet ? On est frappé, au contraire, par le caractère discret, feutré et progressif de sa rupture avec le régime. On ne peut pas dire qu'une fois détrompé sur la possibilité de le réformer il ait mis un grand zèle à lui retirer l'honorabilité et la réputation de sagesse que le « sauveur du mark », par sa collaboration et par les distances mêmes qu'il prenait avec les pompes nazies, lui avait conférées.

Tout d'abord il accepte la cohabitation avec Göring, tant que celui-ci n'empiète pas sur ses compétences. C'est chose faite, estime-t-il, à la fin de juillet 1937 et Schacht lui suggère par lettre, le 5 août, de prendre en charge le ministère. Même alors, il ne faut pas se hâter de dire qu'il prépare sa retraite : ne croit-il pas au contraire effrayer le pouvoir nazi et l'amener à composition en menaçant de le priver de ses services ?

Hitler le reçoit longuement au Berghof le 11 août, et semble vouloir le convaincre d'accepter un compromis avec Göring. Il finit par lui dire qu'il l'aime ! Il le persuade de reprendre la discussion avec Göring, et lui promet, au cas où elle n'aboutirait pas, d'accepter sa démission deux mois plus tard. Schacht cesse finalement ses fonctions au ministère le 26 novembre 1937, soit plus d'un an après l'adoption du plan de quatre ans et plusieurs mois après la création du trust de Göring. C'est ce dernier qui assure « l'intérim », avant que, le 4 février 1938, Funk ne soit nommé. Dans l'intervalle Hitler, qui a accepté la démission[2], ne l'a pas rendue publique. Pour l'opinion, la chute de Schacht coïncide donc avec celles de Neurath et de Blomberg. Mais ce n'est encore qu'une demi-chute.

L'avant-dernière passe d'armes a lieu en janvier 1939. Le 7, un

---

1. Sur tout ceci, cf. F. Delpla, « Léon Blum face à l'Allemagne nazie », in *Avenirs et avant-gardes/Mélanges Madeleine Rebérioux*, Paris, La Découverte, 1999.
2. *Mémoires..., op. cit.*, t. 2, p. 136.

mémoire de la Reichsbank contre le rythme du réarmement, signé des huit membres de son directoire, est remis à Hitler. Le 20, il reçoit Schacht pour lui annoncer qu'il met fin à ses fonctions. Il paraît très en colère. Schacht entendra dire qu'un communiqué sévère pour lui était en préparation. Il pense qu'ensuite Hitler a « réfléchi à la manière dont il justifierait devant le public » son départ. Finalement, le texte, « considérablement édulcoré », annonce que le Führer « continuera à recourir » à ses conseils. C'est dans le même esprit qu'il lui aurait conservé ses fonctions, purement honorifiques, de ministre d'Etat.

On aura reconnu un scénario familier : Hitler joue de son propre extrémisme et de celui de ses partisans, pour faire croire qu'il recule alors qu'il avance. En l'occurrence il brûle ses vaisseaux, rompant avec l'éthique financière de Schacht pour le dernier coup de collier de sa préparation à la guerre, et ne comptant plus que sur le butin de la victoire pour rétablir les comptes... tout en réussissant à éviter une rupture publique avec le « magicien » et en continuant à se couvrir, fût-ce partiellement, de son prestige. La seule question, bien secondaire, est de savoir si et quand Schacht a pris conscience de la manipulation.

Dès lors, il aurait cultivé son jardin, tout en y recevant force conspirateurs. Il n'a pu s'empêcher cependant d'être présent à la réception très médiatisée du Führer par ses ministres, après la campagne de France. Il a été convaincu à Nuremberg d'avoir dit publiquement du bien de lui jusqu'en 1942 – et de cela il omet, dans ses mémoires, de se vanter comme de se justifier[1]. S'il est possible qu'il ait trempé dans la préparation du 20 juillet, par des conversations tout au plus, c'est surtout par des lettres aux autorités que sa résistance s'est manifestée. Il écrit à Hitler en septembre 1941 pour le conjurer d'arrêter la guerre à l'apogée de ses succès militaires, en février 1942 pour protester contre l'interdiction faite aux ministres eux-mêmes d'écouter les radios étrangères, à Göring en novembre pour dénoncer l'enrôlement des garçons de quinze ans dans la surveillance anti-aérienne. C'est cette lettre qui lui vaut enfin son expulsion du gouvernement, le 21 janvier 1943 – et une dernière fois, par là même, il le sert, puisque ce départ semble fait pour illustrer l'entrée dans la « guerre totale » qui va suivre la chute prochaine de Stalingrad. Mais en août, encore, il fait demander à Hitler *via* Lammers s'il est intéressé par ses vues sur la situation, et reçoit une réponse négative. Drôle de conspirateur, décidément ! Il est finalement arrêté le 22 juillet 1944 et subit, dans les prisons et les camps, une incarcération de dureté variable, et des interrogatoires peu musclés.

C'est le type même du conservateur manipulé, jetable après usage, à ceci près qu'alors il continue à se commettre avec le régime. Sur ce plan, il rend des points à Papen. Mais, de tous les serviteurs non nazis du Troisième Reich, il est celui qui possédait le plus gros capital personnel

---

1. T. Taylor, *op. cit.*, p. 406-407.

de talent, de réputation et de relations. Sans le créditer de l'antinazisme clair, constant et radical qu'il s'est attribué, on peut lui accorder qu'il a servi le régime avec l'intention tenace de l'infléchir et de l'assagir. Il faut en conclure qu'il fut une de ses plus grandes dupes, de l'envergure, par exemple, d'un Chamberlain.

Les années de guerre

L'étude des actes de Hitler entre 1939 et 1945 montre que la logique, certes bien spéciale, qu'il a imprimée aux événements depuis sa prise du pouvoir ne cesse de s'appliquer. Il convient donc là encore de redresser quelques idées reçues.

Les fonctionnalistes perdent ici toute acuité, voire tout souci, d'analyse. Du moins sur le rôle de Hitler. Eux qui ne voient déjà dans les années antérieures qu'anarchie et « polycratie », et pensent que le régime entre en guerre quasiment à reculons, « pour des raisons de politique intérieure[1] », ils diagnostiquent ensuite un déchaînement progressif d'ambitions personnelles et de passions idéologiques. Mommsen le résume ainsi avec, dès la première ligne, une abrupte contradiction :

> A mesure qu'ils perdaient tout sens des réalités et pressentaient la catastrophe militaire qui allait mettre fin au Troisième Reich, Hitler et ses lieutenants les plus proches en revinrent de plus en plus à leurs objectifs initiaux les plus utopiques et les plus fanatiques et cessèrent de prendre en considération leurs alliés, les pays neutres et les possibles représailles des adversaires. (...) Plus le présent s'assombrissait dans un grand Reich germanique en décomposition, et plus Hitler et ses proches s'enivraient d'espérances radicales prétendument brisées par des compromis fallacieux, et plus ils rêvaient au moment chimérique où ce combat vital, au terme encore imprévisible, s'achèverait par le triomphe de l'Allemagne et par une consécration « pure » du national-socialisme[2].

On ne saurait rêver meilleure illustration du fait que ce courant, qui se veut laïque et démystificateur, atteint lui-même à l'occasion des sommets de démonisation : il prend pour un bateau ivre, en proie à une escalade de cruauté gratuite, un bâtiment qui certes prend l'eau, mais reste fermement tenu par l'équipage. Cependant, pour montrer qu'on ne nourrit aucune animosité contre lui, on va maintenant mettre en valeur la manière lumineuse dont, dans un autre passage du même article, Mommsen explique le maintien, jusqu'au bout, d'une structure centralisée :

> Les responsabilités étant systématiquement escamotées, personne n'étant à même – à l'exception peut-être de Martin Bormann, « éminence grise » du système nazi

---

1. Martin Broszat, *op. cit.*, p. 444.
2. *Op. cit.*, p. 88.

dans sa phase de décomposition – de conserver un regard global, et toute la pensée politique étant obsédée par un fétichisme technocratique du détail, les protestations et les résistances contre des décisions politiques et militaires erronées ne s'exprimèrent qu'exceptionnellement. Plus important encore, dans un tel climat, les protestations contre les violences et les crimes ne trouvèrent aucun écho, à supposer qu'elles aient pu s'exprimer. L'accoutumance progressive à la violation systématique du droit suscita une résignation morne et une indifférence frivole, bien avant que le régime n'ait mis en marche sa politique d'extermination de la population juive d'Europe, des Slaves et des ressortissants d'autres minorités dites inférieures, et qu'il ne l'ait portée à une perfection cynique après le début de la campagne de Russie. (p. 85-86)

On a rarement aussi bien décrit l'irresponsabilité ambiante, qui explique la participation d'une large part de la population aux meurtres de masse. Pour que ce propos soit entièrement pertinent, il suffirait d'une part que le passage sur Bormann soit plus affirmatif, d'autre part que son rôle soit relié à celui de Hitler, qui donnait les directives, et à ceux de Göring et de Himmler, qui les co-exécutaient.

Les travaux de cette école ont été féconds, sans doute, mais il importe de préciser en quoi. Spécialisés dans l'étude des processus de décision du Troisième Reich, les fonctionnalistes ont souvent décrit avec bonheur leur anarchie apparente, et la propension de bureaucraties rivales, aux frontières de compétences mal définies, à prendre des décisions contradictoires pour se soumettre finalement aux arbitrages du Führer. Mais la fécondité de ces études ne se révèle qu'au prix d'une révolution qui replace au centre du processus la pensée de Hitler, à la fois fixe et labile, et sa vigilante attention. Sa prétendue indécision n'est attestée par aucun exemple certain. S'il laisse aller les choses, c'est au sens propre, et il ne faut pas y mettre un jugement de valeur. Soit il les laisse mûrir, en misant sur une convergence d'effets à une date donnée, soit il trompe simplement le monde, y compris souvent ses propres lieutenants, sur des intentions bien arrêtées, pour obtenir un effet de surprise. Sans toujours se priver des vertus de l'improvisation.

Un rêve de domination mondiale ?

L'ambition finale qu'aurait eue Hitler de dominer le monde est une des questions qu'on traite avec le plus de désinvolture. On devrait pourtant lui accorder une attention prioritaire, si on la prend au sérieux. L'immense majorité des auteurs qui abordent le sujet pensent, ou n'excluent pas, que Hitler nourrissait de tels rêves. Une petite minorité essaye de le démontrer. Personne n'y parvient, et pour cause.

L'élément de preuve le plus éloquent se trouve dans l'avant-dernier paragraphe de *Mein Kampf* :

> Un Etat qui, à une époque de contamination des races, veille jalousement à la conservation des meilleurs éléments de la sienne, doit devenir un jour le maître de la terre.

Voilà qui est clair, en effet, mais devrait susciter la méfiance, au moins des fonctionnalistes. Eh quoi, ici, par exception, Hitler définirait un programme, au lieu d'éructer une « métaphore » ?

Eh bien précisément, c'en est une. Comme le suggère le paragraphe suivant, et ultime :

> Que nos partisans ne l'oublient jamais, si, en un jour d'inquiétude, ils en viennent à mettre en regard les chances de succès et la grandeur des sacrifices que le parti exige d'eux.

Nous sommes en 1926, au début de la reconstruction du mouvement après le séisme de 1923. Le prophète, sorti de prison avec une idéologie affermie, sait où il va, mais il a encore un petit nombre de disciples. Il ne coûte rien de leur donner le moral par l'affirmation d'un objectif grandiose. On peut aussi se demander si cette phrase ne vise pas également à éviter qu'un jour les nazis ne se reposent sur les résultats acquis, et à permettre au chef de décider, comme bon lui semble, de nouvelles étapes dans la domination et l'agression. Ce serait donc, à la fois, un coup de clairon et un procédé pour garder les mains libres.

En tout état de cause, l'affirmation tranche avec le reste du livre et avec les autres phrases « programmatiques » de Hitler, en ce sens qu'elle n'est absolument pas suivie d'effet, et qu'elle s'oppose, sur le plan logique, à tout cet ensemble.

Le reste du programme consiste précisément à désintéresser l'Angleterre et les Etats-Unis en répudiant toute idée de domination mondiale, et d'abord en renonçant à une flotte de guerre capable de défier les leurs.

Les autres propos du Führer qui vont dans le sens d'un plan de conquête universel, lorsqu'ils sont publics ou rapportés par des témoins dignes de confiance, sont beaucoup moins nets. Ils sont, d'autre part, toujours explicables par une conjoncture précise. Ils surgissent en pleine guerre. Ils ont alors une double fonction. A l'intérieur, on veut donner le moral à ceux qui souhaitent une expansion vers l'ouest, par exemple à la marine, en lui faisant croire qu'elle n'est pas une arme sacrifiée et qu'elle a un grand avenir. Mais surtout, vis-à-vis des Anglo-Saxons, il est vital de brandir des menaces. Hitler est sans doute le premier conscient que, s'il claironnait trop sa résolution de chercher l'espace vital uniquement à l'est, il ôterait aux puissances atlantiques des motifs de conclure la paix, du moins tant que l'URSS poursuit la lutte. Elles auraient en effet moins à perdre dans le maintien de l'état de guerre que dans l'accroissement d'un Reich maître de l'Ukraine. Hitler est donc condamné à un jeu subtil : il doit menacer les Anglo-Saxons d'un retournement de son agressivité contre eux – c'est aussi la fonction des fuites sur les projets de paix séparée germano-soviétique, notamment au premier semestre de 1942. Du bombardement de l'Angleterre à la percée des Ardennes en passant par la guerre sous-marine et les coups de boutoir de l'Afrika Korps, Hitler doit susciter, par une agressivité habilement dosée, un désir de paix.

Ce dosage même démontre la cohérence et la continuité d'un objectif de politique extérieure limité à l'agrandissement du territoire vers l'est. C'est bien un nouveau partage, et non un accaparement du gâteau, qui se profile.

Si maintenant nous considérons l'historiographie, nous trouvons jusque vers 1960 une domination mondiale : celle de la croyance au rêve hitlérien de celle-ci. Puis elle commence à être battue en brèche, par des gens comme Trevor-Roper ou Jäckel, mais de manière peu pugnace, en insistant plus sur le *Lebensraum* oriental que sur son oubli par les auteurs précédents, et en ne disant pas clairement que cette ambition est exclusive de celle d'une domination mondiale. Nous avons vu qu'au contraire certains programmologues, comme Hillgruber, résolvent la contradiction en prétendant que la conquête mondiale était la suite logique de l'accroissement oriental et en assurant, malgré l'absence de preuve, que tel était bien le « programme ».

L'immense majorité des spécialistes restent en retrait de ces audaces, mais l'ambition nazie d'un règne planétaire devient une espèce d'Arlésienne, qu'on évoque en passant sans l'affirmer ni la nier. Ainsi le livre de l'universitaire californien Norman Rich *Les buts de guerre de Hitler*, dont le titre semble présager une dissertation sur le sujet, l'écarte d'une pichenette : « La conquête de la Russie devait être le premier pas. Ce qui serait demandé ensuite par les Allemands devait être laissé aux générations suivantes[1]. » Il est difficile d'être plus ambigu. Or il s'agit d'un ouvrage de grande qualité, démontrant par le menu que Hitler a privilégié l'expansion orientale. Son incapacité à conclure fermement qu'il faisait là aux Anglo-Saxons une offre tentante, apte à stabiliser pour un bon moment le jeu des puissances dans un nouvel équilibre fondé sur l'abaissement de la France et le dépècement de l'URSS, ne laisse pas d'intriguer.

Cet agnosticisme, laissant la part belle aux audacieux qui affirment sans preuve, est étrangement parent de celui qu'on applique à une question infiniment plus étroite : le contenu du pantalon dictatorial.

La vie mouvementée d'un cadavre

Que Hitler ait été anormal sur le plan physique est un fantasme que beaucoup de ses adversaires se sont empressés de prendre pour une

---

1. *Hitler's War Aims*, New York, Norton, 1973, p. 10.

réalité[1]. C'est sans doute pourquoi Kubizek précise, au sortir d'interrogatoires où on avait probablement cherché à lui faire admettre l'inverse, que Hitler était « absolument normal sur le plan physique et sexuel ». Non seulement il n'a pas été cru mais une théorie qui prive Hitler d'un testicule, et fait de cette absence une explication majeure de son comportement, a pris son essor en 1968 lorsque les autorités soviétiques ont enfin admis avoir disposé de son cadavre, en laissant publier un livre de l'historien Lew Besymenski. Il reproduisait un rapport d'autopsie, suivant lequel on avait en vain cherché la glande reproductrice gauche[2]. Un historien allemand a cru pouvoir évacuer la question par l'ironie : « Notre compréhension du national-socialisme dépend-elle vraiment de la réponse à la question de savoir si Hitler n'avait qu'un seul testicule ? (...) Qui sait, le Führer en avait peut-être trois, et les choses ne lui étaient pas facilitées pour autant[3]. » Mais puisque de telles théories ont trouvé preneur, il n'est pas inutile de scruter leur base objective.

Si soucieux que soit l'historien d'écarter les passions qui rendent certaines sources systématiquement suspectes, ainsi en Occident les sources soviétiques, il doit reconnaître qu'ici la méfiance est particulièrement de mise. D'une part, la littérature inspirée par Moscou ne répugnait pas à charger les dirigeants nazis de tares imaginaires : la morphinomanie de Göring en est un bon exemple, détaillé plus haut. D'autre part, le document que publie Besymenski ne comporte pas la conclusion catégorique qu'il en tire alors que, sous tous les cieux, les médecins légistes se doivent de mentionner dans un rapport d'autopsie les « signes particuliers » pouvant éclairer les enquêtes de leurs commanditaires : en d'autres termes, le document est sollicité.

La description du cadavre incomplètement brûlé indique fort logiquement que les « parties dures » surtout sont conservées, et les « parties molles » souvent absentes. Or on peut supposer qu'elles étaient d'autant plus vouées à disparaître que rien de « dur » ne les protégeait, ce qui est le cas par excellence de la région génitale masculine – beaucoup de ses porteurs vous le diront. Puisqu'on n'a cherché qu'une glande, il faut croire que l'autre répondait à l'appel : elle serait donc capable à elle seule, si on s'en réfère à l'injure populaire, de témoigner non seulement que le Führer en avait, mais que la consistance de l'objet excluait tout manque de virilité.

---

1. Un bon exemple se trouve dans le faux journal d'Eva Braun publié au lendemain de la guerre (tr. fr. *Le journal intime d'Eva Braun*, Paris, Cheval Ailé, 1948), introduit par un mystérieux Douglas Lawrence Hewlett. Le texte attribué à Eva parle fréquemment d'une particularité physique de son amant et l'introduction précise qu'il s'agit d'un phimosis (sur l'inauthenticité et le procès subséquent, cf. Nerin Gun, *op. cit.*, p. 84-85). Quant aux assertions sur l'impuissance du dictateur, elles défient tout recensement (cf., *supra*, p. 53, le roman d'Ernst Weiss, et les insinuations de Hanfstaengl, p. 107-108).
2. Tr. fr. *La mort d'Adolf Hitler*, Paris, Plon, 1968. La possibilité d'une autopsie résulte du fait que la crémation avait été incomplète, et que les cadavres de Hitler et d'Eva avaient finalement été enterrés dans le jardin de la chancellerie.
3. Hans-Ulrich Wehler, « Psychoanalysis and History », *Social Research*, n° 47, 1980, p. 531.

On lit dans la traduction française réalisée à partir d'un original allemand, seul diffusé en Occident :

> (...) Le membre viril est carbonisé. Dans le scrotum, roussi mais préservé, on n'a trouvé que le testicule de droite. L'autre n'a pas été découvert dans le canal inguinal.

Il n'en est plus question jusqu'à la conclusion, où on trouve ce petit paragraphe :

> c) Le testicule gauche n'a été trouvé ni dans le scrotum, ni dans le cordon séminal à l'intérieur du canal inguinal, ni dans le petit bassin [1].

Voilà qui est parfaitement agnostique : le rapport *ne conclut pas* à la monorchidie (une malformation qui prive intégralement le sujet d'un testicule) et exclut absolument une cryptorchidie (le fait, relativement fréquent et aisément curable, qu'un testicule ne soit pas descendu au cours de la petite enfance). Mais cela jure avec la logique : si le scrotum est simplement roussi, la glande absente ne peut avoir disparu à la faveur de l'incinération. Il y aurait matière à conclure *catégoriquement* : une malformation congénitale aurait privé le Führer d'un testicule.

La clé se trouve dans la version allemande :

> (...) Das Geschlechtsglied ist angekohlt. Im Hodensack, der angekohlt, aber erhalten ist, wurde nur der rechte Hoden gefunden. Im Leistenkanal konnte der linke Hoden nicht gefunden werden.

Ainsi, par une curieuse exception à une règle de base de l'art du traducteur, le même mot, employé dans le même contexte, est traduit différemment : « carbonisé » devient « roussi ». En remontant de la version française à la version allemande, on passe d'une brûlure superficielle à une combustion avancée. Dans cet amas de carbone, il ne devait pas être évident de distinguer la peau et de conclure si elle était ou non intégralement présente, sans une déchirure qui aurait pu permettre à l'objet des recherches de se fondre dans la glèbe du jardin de la chancellerie berlinoise. La déformation du mot « erhalten » est moindre, mais va dans le même sens : il est étrange qu'il soit traduit par « préservé », ce qui suggère que le scrotum serait intact (un mot qu'on trouve d'ailleurs dans maints commentaires français qui citent le passage, à la place de ce « préservé »). Le mot allemand veut dire seulement « conservé », ce qui signifie que l'objet est présent, mais qu'on ne se prononce pas sur ses manques ou ses altérations. « Erhalten » est d'ailleurs fréquemment accompagné d'un « gut » ou d'un « schlecht », pour préciser ce point.

Au reçu d'un tel texte, les autorités soviétiques ont pu soit juger la

---

1. *Op. cit.*, p. 142.

question inintéressante, ce qui est peu probable, soit demander un examen minutieux de cette enveloppe génitale en piteux état, auquel cas un rapport complémentaire existe, que Besymenski dissimule – ou qu'on lui a dissimulé : dans les deux hypothèses on peut penser qu'il ne contenait toujours pas un diagnostic ferme de monorchidie. Cependant le narrateur conclut, lui, de manière catégorique et bien sotte à la fois. Il fait appel, une fois de plus, à une autorité médicale : le professeur Krajewski, membre de l'équipe qui avait examiné le cadavre. Mais on peut remarquer que c'est lui, l'historien, qui parle de la monorchidie comme d'un fait acquis, alors que l'homme de l'art ne fait ici que répondre d'une façon générale à une question saugrenue :

> Je lui parlai aussi d'une particularité remarquée lors de la dissection du corps de Hitler : l'absence d'un testicule. En médecine, ce défaut s'appelle « monorchisme ». Cette anomalie est assez fréquente et, en règle générale, vient de naissance. Les hommes qui en sont affectés peuvent mener une vie sexuelle normale. Ne provenait-elle pas d'une maladie ? demandai-je. Himmler aurait déclaré à son médecin, Kersten, que Hitler aurait eu la syphilis dans sa jeunesse. D'après le professeur Krajewski, il n'existe aucun rapport entre le monorchisme et la syphilis[1].

Certains zélateurs de ce que Bullock, dans un entretien avec Rosenbaum, appelle avec une dérision non exempte d'un certain trouble « l'histoire de la couille unique », croient consolider leur position en faisant remarquer que le soldat Hitler n'ayant pas subi pendant la première guerre de blessure génitale, l'absence devait être originelle[2]. Il faudrait savoir : ou bien l'état de conservation du cadavre permettait de l'affirmer, ou bien il ne le permettait pas, et on est en droit de rechercher l'explication du manque non seulement dans la première guerre mais dans la seconde, c'est-à-dire, tout simplement, dans l'incinération.

Ajoutons qu'outre Kubizek, la totalité des médecins[3] qui ont témoigné ont omis toute mention sur ce point ou confirmé la « normalité » des organes sexuels[4].

---

1. *Op. cit.*, p. 153.
2. Cf. Ron Rosenbaum, *op. cit.*, p. 268.
3. Cf. les interrogatoires par l'armée américaine du Dr. Morell et d'autres médecins, in W. Maser, *Legende...*, *op. cit.*, tr. fr., p. 314. Rosenbaum (*op. cit.*, p. 266) a retrouvé Gertrud Kurth, qui en 1943 était allée avec le psychanalyste Walter Langer visiter le docteur Bloch. Il leur avait certifié avoir examiné les organes sexuels de Hitler et les avoir trouvés « absolument normaux ».
4. Il n'est pas possible d'accorder le moindre crédit au bruit suivant lequel un professeur Kielleuthner, urologue à Munich, aurait été consulté par Hitler pour monorchidie vers l'âge de vingt ans. Ronald Hayman y ajoute foi, mais l'accrédite au moyen d'une référence fausse (*op. cit.*, p. 219) : il cite le livre de Henriette von Schirach *Frauen um Hitler* (Munich, Herbig, 1983), p. 152 et suivantes, comme s'il y avait là un gros dossier sur l'affaire. Or on n'y trouve pas même une allusion. Il est question de Kielleuthner, en revanche, dans le livre de Christa Schröder, *Er war mein Chef*, Munich, Langen Müller, 1985, p. 152-153. Elle tient d'Henriette que le professeur lui a emprunté un livre sur des Munichois célèbres et le lui a rendu en ayant souligné au crayon les noms des personnes qui avaient eu recours à ses services, dont Hitler. Elle lui avait demandé pour quelle affection il l'avait soigné, et il avait répondu : « Hitler n'avait qu'un testicule, mais je n'avais pas pu l'aider, parce qu'il était déjà trop âgé. » Puis C. Schröder ajoute que la chose « devait s'être passée quand il avait entre vingt et trente ans ». Le témoignage est donc doublement indirect. Il a transité par deux femmes qui ont eu des rapports amicaux avec Hitler, puis lui sont devenues très hostiles. Par ailleurs, les dates sont des plus imprécises, non seulement celle de la consultation présumable, mais celles des confidences faites par le praticien, puis par Henriette. L'auteur fait état ailleurs (p. 194) d'une conversation avec elle en 1978. Serait-ce alors qu'elle lui aurait fait cette confidence ? Ce serait dix ans après le livre de Besymenski... Du même ordre est la fiabilité d'une lettre publiée le 21 décembre 1971 par *Die Zeit*, dont fait grand cas Robert Waite : son auteur, officier pendant la première guerre, avait brutalement retrouvé la mémoire d'une consultation de dépistage antivénérien qui lui avait appris la monorchidie du caporal Hitler (cf. R. Waite, *The psychopathic God : Adolf Hitler*, New York, Basic Books, 1977, p. 152).

Théoriquement, le doute est permis. Car après tout une telle infirmité n'est pas décelable à la simple vue du corps dénudé, mais seulement lors d'un rapport sexuel ou d'un examen médical spécifique. Dès lors, toutes les conjectures sont possibles sur le retentissement psychologique d'une éventuelle malformation, y compris l'hypothèse qu'un médecin intelligent ait pu rassurer son détenteur en lui disant qu'elle n'avait aucune incidence sur sa virilité.

Mais en l'occurrence, le doute est, simplement, celui qu'on peut éprouver à l'égard de tout et de tous. Comment savoir sans me déplacer si les pieds invisibles de la table sur laquelle j'écris sont, comme ceux qui sont visibles, au nombre de deux, et non d'un ou de trois ? Selon toute vraisemblance ils sont deux. Comme les parties du Führer.

Ce qui est palpable, en revanche, c'est la naissance et le développement d'un mythe. Déjà les soldats britanniques, parmi leurs martiaux refrains, en avaient un qui disposait que « Hitler has only got one ball » – Hitler n'a qu'une couille –, ce qui, comparé à l'estimation moyenne de la virilité adverse dans ce genre de folklore, est plutôt magnanime[1]. En 1968, l'URSS depuis peu brejnévienne fait paraître un livre qui liquide un mensonge stalinien gênant, suivant lequel on n'avait pas trouvé le cadavre. Pour que l'attention du public occidental ne se focalise pas trop sur cette supercherie, on agrémente la révélation de détails propres à émoustiller les gazettes. La partie sexuelle de la manipulation n'est d'ailleurs ni la seule, ni la principale. La grande révélation du livre, maintes fois répétée, est que le Führer n'est pas mort d'une balle dans la tête, mais s'est empoisonné, les restes d'une ampoule de cyanure ayant été retrouvés dans sa denture. Voilà qui ne démontre rien, puisque par ailleurs on dit que la boîte cranienne a disparu et qu'elle seule aurait pu prouver l'inexactitude des dires des nombreux témoins (présents, il est vrai, dans les pièces voisines) qui avaient fait état d'un coup de feu. Ainsi, le vainqueur de la guerre à l'est voulait mettre en doute la masculinité du chef vaincu non point d'abord sur le plan physique mais sur le plan moral, l'auto-administration d'une balle passant pour plus courageuse que celle d'une dose de poison. Mais peu de gens en Occident se sont appesantis sur ce cyanure[2], et la prétendue anomalie sexuelle a occupé le devant de la scène, avec les broderies qu'on a dites, comblant sans doute au-delà de leurs espérances le vœu des Soviétiques de détourner l'attention de leurs mensonges de 1945.

---

1. Cité par R. Waite, *The Psychopathic God/Adolf Hitler*, New York, Basic Books. 1977, p. 150.

2. Parmi les rares exceptions, le préfacier allemand, Karl-Heinz Janssen, qui, en revanche, évite prudemment le terrain du testicule unique ; son homologue français, Alain Decaux, tout aussi muet sur cette question, met en doute l'absence d'un coup de feu donné par Hitler lui-même.

L'histoire psychanalytique

A peu près en même temps que son corps, l'âme du Führer fit, vers 1970, l'objet d'une attention renouvelée. Une floraison de recherches inspirées par la psychanalyse vit alors le jour. Saül Friedländer publia coup sur coup un livre sur l'antisémitisme nazi, d'inspiration psychanalytique, puis un ouvrage théorique sur l'application de la psychanalyse à l'histoire, puisant dans l'aventure hitlérienne une bonne partie de ses exemples[1]. C'est aussi l'époque où le rapport commandé par le gouvernement américain, en 1943, au psychanalyste Walter Langer, fut enfin publié. C'est donc par ce travail, chronologiquement antérieur sinon publiquement pionnier, que nous commencerons.

C'est une œuvre typiquement américaine, pour le meilleur et pour le pire. L'auteur, un simple particulier, écrit un jour au colonel Donovan, chargé de l'action psychologique à l'étranger, qu'à son avis ladite action aurait tout à gagner d'être conseillée par des psychanalystes... et il est aussitôt convoqué par l'officier, qui ne tarde pas à lui donner du travail. Le voilà bientôt embauché dans l'OSS[2], créé entre-temps sous la direction du colonel, qui deviendra la CIA au retour de la paix. C'est un esprit quelque peu scientiste, un saint-simonien du XXᵉ siècle, persuadé que la science peut permettre de tout dominer, même l'irrationnel. C'est aussi un patriote pétri de bonne conscience et persuadé d'œuvrer pour le bien en permettant à son pays de rendre des points à tous les autres, en matière de manipulation des esprits.

Lorsqu'il est chargé de dresser, en quelques mois, le « profil psychologique » de Hitler – preuve que son gouvernement n'y avait pas songé plus tôt, et voyait là désormais une carence – il sait que son travail n'aura pas la même valeur que s'il avait eu le chef allemand sur son divan, mais pense cependant arriver à un résultat solide. Les « perversions » dûment diagnostiquées s'accompagnent en effet, d'après lui, d'un certain nombre de symptômes et si Hitler, aux dires des personnes qui l'ont connu de près, les présente, on pourra lui attribuer en toute certitude la perversion correspondante.

Le résultat est à la fois impressionnant et dérisoire. Langer prophétise avec deux ans d'avance que le suicide est l'issue « la plus probable » de l'aventure hitlérienne, ne se trompant que sur le lieu, qu'il situe à Berchtesgaden et plus précisément sur le « nid d'aigle ». Il trie la plupart du temps les données avec un art consommé du recoupement. Il pressent même, ayant eu accès à des informations sur le Dr Forster, l'importance

---

1. *L'antisémitisme nazi*, Paris, Seuil, 1971, et *Histoire et psychanalyse*, Paris, Seuil, 1975.
2. Office of Strategic Services, créé par Roosevelt en remplacement de l'Office of the Coordinator of Information en juillet 1942.

du séjour à Pasewalk. Mais, s'agissant de ce qu'il estime l'essentiel, à savoir la perversion, il a la main moins heureuse : il se rallie à la thèse suivant laquelle Hitler aimait être humilié par les femmes et souillé par leurs excréments. Il rend largement justice à son intelligence manœuvrière – sans pourtant nommer aucun de ses lieutenants et donc sans percevoir son habileté à leur répartir des rôles. Cependant, pour rendre compte de la lenteur de certains processus, il ajoute foi à la thèse de l'indécision et, finalement, annonce les fonctionnalistes qui ne verront dans le chef nazi qu'un improvisateur fébrile. Notre homme serait double et ses deux parties sont dénommées respectivement « Hitler » et « le Führer ». Le premier serait faible, c'est-à-dire féminin, indécis, perdu. Le second prendrait le relais dans deux cas : lors des discours, quand au bout de quelques minutes il a « senti » la salle, et au cœur de sa solitude, lorsqu'il entend la « voix » qui lui souffle des solutions aux situations complexes ; mais alors, dès que le cours des choses dément ses prévisions, le Führer redeviendrait instantanément un pauvre Hitler désemparé. Bref, ce serait un fou qui se prend pour Napoléon sans l'être... mais l'auteur ne pose pas la question de la santé mentale de Napoléon et des autres conquérants, ignorant si chacun d'eux ne suivait pas un modèle historique ou mythique. Bref, tout en étant alerté contre ce danger, Langer n'évite pas la diabolisation. Il confond volontiers morale et diagnostic.

Le livre est postfacé par Robert Waite, qui reprend lui-même le flambeau et produit en 1977 *The psychopathic God : Adolf Hitler*[1]. Il s'en prend joyeusement aux historiens de diverses écoles qui capitulent devant la difficulté d'expliquer l'irrationnel, et en particulier l'antisémitisme de Hitler. Il ne se contente pas d'être en garde contre la diabolisation, il fait d'elle son ennemi principal. Mais au profit d'approximations mal étayées sur les traumatismes d'enfance et de jeunesse du sujet, qui n'ont même pas les excuses de l'état de guerre et de l'urgence militaire que pouvait invoquer Langer. Ainsi s'appuie-t-il sur le grand-père juif et le testicule unique comme sur des évidences. Le diable est tout bonnement laïcisé en inconscient, ce qui montre la persistance du souci de condamner, en forçant les faits plutôt que de les laisser parler... c'est-à-dire de la diabolisation.

Il en va de même, avec d'autres prémisses, de la plus récente tentative, signée d'Alice Miller[2]. Il s'agit d'une féministe doublée d'une pédagogue anti-autoritaire. Pour elle, Hitler est avant tout un enfant battu. Elle traque dans les œuvres des biographes la sous-estimation des châtiments corporels infligés par son père, ou de leurs conséquences. Un sociologue français, Pierre-Yves Gaudard, dans un essai sur la manière dont les courants politiques allemands d'après-guerre ont abordé le passé nazi, indique qu'une partie du mouvement féministe s'est ingéniée à en rejeter l'entière

---

1. New York, Basic Books.
2. *Am Anfang war Erziehung*, Francfort/Main, Suhrkamp, 1980, tr. fr. *C'est pour ton bien*, Paris, Aubier, 1984.

responsabilité sur les hommes. Il ne cite pas Alice Miller, mais ce diagnostic sur l'enfance de Hitler s'intègre parfaitement dans son analyse[1].

Elle s'indigne que les récits sur la violence d'Aloïs Hitler se soient raréfiés, après avoir été assez nombreux. Tout en donnant aux historiens des leçons de rigueur, elle n'admet pas qu'ils se corrigent en se ralliant à des sources sur l'enfance du dictateur qu'ils estiment plus solides, si elles ne présentent pas un Hitler encore plus maltraité. Ainsi fait-elle grand cas des biographies des années 30, estimant qu'elles sont « plus proches des faits » et qu'au cas où ils auraient été déformés « de nombreuses personnes vivantes auraient pu démentir », sans mettre ces justes considérations en balance avec d'autres qui plaident en sens inverse : ce sont des instruments de combat forgés par des militants exilés.

Sur un point, cependant, elle semble apporter du nouveau. Hitler avait une tante, Johanna, qui vivait au foyer familial et décéda en 1911 à l'âge de 47 ans[2]. On la présente comme « bossue » et « simple d'esprit ». Les biographes la mentionnent, au mieux, en passant, alors que son existence pourrait avoir eu deux conséquences décisives. Elle a pu contribuer aux intentions meurtrières de Hitler envers les handicapés, que nous avons vu s'étaler dès le premier tome de *Mein Kampf*. Elle aurait pu, en outre, alimenter ses phobies sur la « dégénérescence ». Là aussi, cependant, la rigueur fait défaut et la méthode consiste plus à rechercher des analogies dans le passé qu'à expliquer par quel processus il a engendré l'avenir. Car on sait fort peu de choses sur Johanna, et le peu qu'on sait ne va pas dans le sens indiqué. Si sa disgrâce physique semble indiscutable, son état mental est moins aisé à cerner et la psychanalyste appuie son abrupt diagnostic de « schizophrénie » sur le seul témoignage, très postérieur, d'une domestique qui avait fui la maison parce qu'elle ne supportait plus le caractère de cette « cinglée de bossue ». Mais surtout, Johanna avait fait d'Adolf son légataire, alors qu'elle avait d'autres neveux, ce qui semble indiquer qu'il ne l'ait pas fuie ou méprisée[3]. En somme, nous n'avons aucun moyen de savoir si Hitler, en décidant juste après la déclaration de guerre le meurtre des handicapés mentaux, réglait un vieux compte avec les peurs de son enfance ou sacrifiait au contraire « héroïquement », pour le bien du peuple, des sentiments affectueux qu'il aurait éprouvés pour sa parente.

La littérature psychanalytique n'a pas été vaine : elle a habitué les esprits à scruter les propos et les conduites de Hitler, notamment avant son entrée en politique, en rompant au moins en partie avec la manière traditionnelle consistant soit à s'en gausser – « s'afficher végétarien alors qu'on fait couler tant de sang... » –, soit à les dévaloriser systématique-

---

1. *Le fardeau de la mémoire*, Paris, Plon, 1997, ch. 11.
2. Cf. W. Maser, *Legende...*, *op. cit.*, p. 46.
3. Cf. *Ibid.*, *op. cit.*, p. 40.

ment : le rêve d'être artiste n'étant que « paresse » devant l'effort scolaire, « fuite » devant le réel, etc. En faisant preuve d'un peu plus d'imagination, en combinant des causalités un peu moins simplistes, on a au moins repéré des correspondances et posé des questions pertinentes : son antitabagisme a-t-il quelque chose à voir avec le fait que, chez sa mère, les pipes du père restaient accrochées bien en vue après son décès et servaient à invoquer le défunt[1] ? Que pouvait bien signifier symboliquement la célèbre moustache carrée[2] ? Mais cette littérature a elle-même engendré des vues à l'emporte-pièce, en transposant hâtivement sa propre quincaillerie conceptuelle : l'amour de la mère serait un Œdipe mal résolu, le refus de la viande un refoulement de la sexualité[3]... En tout cas, dans ses conclusions, elle se révèle pour l'instant des plus stériles. Elle dégage des épisodes enfantins qui pourraient annoncer des tendances de l'adulte, mais sans indiquer quand et comment ils produisent leurs effets. Citons encore l'un des plus intéressants et des plus prudents, Helm Stierlin, qui, à partir d'une pratique de thérapeute familial, montre que Hitler s'est conduit toute sa vie en « délégué de ses parents ». Soit ! Mais c'est là, d'après l'auteur lui-même, la chose du monde la mieux partagée et, par rapport à la banalité du destin de ses géniteurs, l'extrême singularité du sien n'est en rien éclairée par les « messages » reçus d'eux[4].

Ces recherches s'appesantissent fort peu sur les horreurs de la première guerre mondiale, or c'est là qu'on les attend. Ce sont elles qui ont installé la haine dans une personnalité qui ne rêvait que de construire. Des phobies d'enfance ont sans doute facilité l'émergence de ces dispositions nouvelles. Lesquelles et par quelles voies, c'est ce qui reste opaque.

La bombe Speer et ses retombées « esthétiques »

En même temps que les psychanalystes, d'autres penseurs travaillaient dans les années 70 sur la personnalité du Führer. L'impulsion, dans les deux cas, devait beaucoup à la libération de Speer (1966) et à la publication de ses mémoires (1969)[5]. Grâce à ce livre, on consentait enfin, timidement, à voir en lui un artiste. Le fringant sexagénaire, dont le génie organisateur passait pour avoir prolongé la dernière guerre, réussissait là où, vingt ans plus tôt, le violoneux Kubizek, à la carrière brisée par la précédente, n'avait récolté que sarcasmes. Nous avons déjà mentionné

---

1. L'information vient de Kubizek, *op. cit.*, p. 51.
2 Cf. Jacques Brosse, *Hitler avant Hitler*, Paris, Fayard, 1972, p. 98-99.
3. Cf. par exemple Jacques Brosse, *op. cit.*, p. 88 et 102.
4. Helm Stierlin, *Adolf Hitler/Familiengeschichte*, Francfort/Main, Suhrkamp, 1975, tr. fr. *Adolf Hitler/Etude psychologique*, Paris, PUF, 1980.
5. Plusieurs auteurs des livres précités d'histoire psychanalytique se réclament d'un contact, au moins épistolaire, avec Speer.

son influence sur Joachim Fest, le premier vrai biographe. Rien ne l'illustre mieux que la différence entre son grand livre de 1973 et la galerie de portraits des dirigeants nazis qu'il avait publiée en 1964[1]. Celui qu'alors il dressait de Speer résumait l'impression donnée à Nuremberg par un accusé qui jouait sa peau : il se voyait reprocher son insensibilité de technocrate, fréquentant les hautes sphères nazies sans être capable de penser à autre chose qu'à ses dossiers, sauf quand il avait désobéi au dernier moment pour « sauver l'Allemagne » – ce qui lui avait valu de se sauver lui-même, au prix d'une peine qui brisait sa vie professionnelle. Le monde a donc appris avec surprise, en 1969, que sa motivation était tout autre et ses dossiers industriels, à la limite, indifférents : il avait aimé le Führer, et communié avec lui dans des activités artistiques.

« Je suis venu trop tard dans un monde trop vieux... » Speer aussi est venu bien tard, et son apport a encore du mal à modifier les canons fixés par des myriades de travaux insensibles à la dimension esthétique du régime. Curieusement d'ailleurs, le pionnier des temps nouveaux, Joseph Peter Stern, dans son essai de 1975 *Hitler/Le Führer et le peuple*, traîne une vision dépassée de Speer, ne voyant en lui qu'un apôtre de la « technologie » et dans son livre qu'un développement des informations qu'il avait données à Nuremberg[2].

Ce qui permet cependant d'inscrire Stern dans la postérité de Speer, c'est l'abondance de ses citations de Maser qui, lui, a lu Speer de près. C'est en le démarquant que Stern écrit (p. 43) :

> Ses connaissances en histoire (...), son savoir en matière d'architecture, ses lectures de la littérature de guerre, tout cela est plus poussé que ses biographes antérieurs ne l'avaient supposé, et il ne puisait pas uniquement ses connaissances dans de vulgaires brochures ou journaux.

Professeur de littérature, Stern s'attache avant tout aux effets du verbe hitlérien. Cela le rend plus attentif aux structures des manipulations qu'à leurs motivations affectives. Sa compréhension de Hitler ne dépasse pas celle de Rauschning et préfigure celle de Goldhagen : il le voit animé d'une pure « passion destructrice ». Il s'en serait donné à cœur joie lorsqu'il était au faîte de sa puissance militaire, et le récit de l'extermination des Juifs sert au volume, loin de toute règle rhétorique, d'abrupte conclusion.

Cependant, Stern innove lorsqu'il installe la notion de « kitsch » au centre de son analyse. Le terme, nous dit le Robert, apparaît... en Bavière, vers 1870. Il dérive du verbe « kitschen », signifiant « rénover ». Importé en Angleterre dès 1926, il désigne l'usage, en matière de vêtement ou de décoration, d'éléments démodés, jugés « de mauvais goût » par la culture dominante et « valorisés dans leur utilisation seconde ». Cette dernière

---

1. *Das Gesicht des Dritten Reiches*, Munich, Piper, 1964, tr. fr. *Les maîtres du IIIe Reich*, Paris, Grasset, 1965.
2. Tr. fr. Paris, Flammarion, 1985, rééd. poche 1995, p. 117.

notation est plutôt démentie par les exemples, tous péjoratifs, que donne le grand dictionnaire. Le kitsch n'est pas tellement valorisant et le mauvais goût lui colle à la peau. Telle est bien l'acception que lui donne Stern : la rhétorique nazie, aussi bien que le décor dans lequel volontiers elle se déploie, relèvent d'un art faux, grand consommateur de symboles passéistes destinés à créer artificiellement une atmosphère de communion. Comme par hasard, Stern est aussi l'un des rares, à son époque, qui évaluent correctement le statut de précurseurs involontaires de Schopenhauer et de Nietzsche. Hitler aurait fait un usage « non métaphorique » des métaphores du dernier nommé (p. 106-110). Cependant, Stern ne retient de l'influence de Schopenhauer que la théorie de la volonté, et ne songe pas que Hitler lui avait aussi emprunté la métaphysique de l'immanence. Ainsi prend-il au sérieux les invocations de Hitler au « Tout-Puissant » – à l'instar d'un essai un peu antérieur de l'Autrichien Friedrich Heer, qui insiste sur son imprégnation catholique [1] – et pense-t-il qu'il satisfaisait chez les Allemands des « besoins religieux ».

Un essai bref et ambitieux de Saül Friedländer, *Reflets du nazisme*, tire en 1982 un bilan de ce qu'il appelle un « nouveau discours ». Il évite presque complètement la confrontation avec ses collègues universitaires et, de tous ceux qu'on peut classer historiens, n'aborde un peu longuement que Fest... cependant qu'il répudie en quelques mots l'histoire psychanalytique, y compris celle que naguère il signait [2]. Donnant aussi une grande place à Speer, il s'attache surtout à des œuvres littéraires ou cinématographiques. Il constate que Hitler n'est plus le Mal absolu dont on ne parle que pour le dénoncer et que le nazisme devient un sujet de fiction très à la mode [3]. Il s'en inquiète sans s'en indigner, voyant là une pente fatale sur laquelle il entend cependant poser des garde-fous. Et s'il se détourne de l'histoire psychanalytique, c'est au profit d'une sorte d'analyse collective et culturelle : il voit à présent dans le nazisme la rencontre de deux courants jusqu'ici bien séparés de la culture occidentale, « l'appel à l'embrasement universel » des sectes millénaristes, et la « soumission au pouvoir établi » (p. 136). L'« attrait pour l'apocalypse » serait, pour la première fois, pris en charge par un gouvernement stable. L'analyse, qui fait un grand usage du mot « kitsch », rejoint celle de Stern tout en la complétant : le nazisme, c'est la destruction ; le professeur de littérature traque dans son fonctionnement les pièges esthétiques permettant de conduire vers l'abîme des masses aveuglées et l'historien inventorie dans sa postérité les jeux sulfureux d'artistes fascinés par le néant.

---

1. *Der Glaube des Adolf Hitler*, Munich, Bechtle, 1968, tr. fr. *Autopsie d'Adolf Hitler*, Paris, Stock, 1971.
2. Paris, Seuil, 1982, p. 121.
3. Du côté de la littérature, l'analyse repose essentiellement sur le *Roi des Aulnes* de Michel Tournier (1970) et *Le transport de A.H.* de George Steiner (tr. fr., 1981). Sur le plan cinématographique, il est surtout question de *Lacombe Lucien* (1975), des *Damnés* de Visconti (1970) et des œuvres de Hans-Jürgen Syberberg.

Sebastian Haffner ou la quintessence

Sebastian Haffner (1907-1998) est un journaliste antinazi que l'exil a momentanément anglicisé : c'est à titre de correspondant de l'*Observer* qu'il est revenu en Allemagne dans les années 50, avant de trouver sa place dans la presse de RFA, à partir de 1961. Après plusieurs essais sur l'histoire allemande, c'est en 1978 qu'il livre sa vision du nazisme et surtout de son chef, par ses *Remarques sur Hitler*. Cette synthèse, appréciée du public et des spécialistes, est la plus courte. Sans doute aussi la meilleure : celle qui tient ensemble le plus d'aspects du personnage, en les éclairant par les plus fondamentaux de ses propos. C'est aussi un bel objet d'histoire, dévoilant les acquis et les impasses de l'hitlérologie au moment de sa parution.

Haffner s'étend à peu près autant sur les côtés positifs et négatifs du personnage, tout en concluant à la domination et au triomphe des seconds. Son Hitler est un génie politique et militaire, qui a de ses mains gâché son œuvre. Mais si sa vie est divisée en quatre parties fondamentalement distinctes – trente ans d'obscure médiocrité, dix de ratages, dix de réussites éclatantes, cinq de gâchis et de destruction –, l'unité du personnage est aussi nettement affirmée que sa dualité. Le fin mot de l'aventure est la médiocrité de son héros. Ses succès ne sont obtenus que sur des moribonds – Weimar, la SDN, la France. C'est donc un charognard : si ses victoires s'expliquent par un sûr instinct politique, c'est celui « non de l'aigle, mais du vautour ». Ce qui suffit à le distinguer radicalement des grands Allemands, épris de durée et de continuité, que sont Luther, Frédéric ou Bismarck, bref à l'éliminer radicalement de l'histoire allemande. Et l'auteur de gloser, d'autant plus lourdement que le reste de l'ouvrage ne comporte guère de répétitions, sur la volonté qu'il prête à Hitler de « détruire l'Allemagne ».

Par là, Haffner mérite une critique qu'à ma connaissance personne ne lui a faite – les recensions défavorables lui reprochant surtout le ton trop laudateur de ses passages sur les « réalisations [1] ». Il affirme en dépit d'informations contraires nombreuses et accessibles que Hitler ne préparait pas sa succession. Le comparant en particulier à Napoléon, Lénine et Mao, il note que tous trois s'étaient souciés de la transmission de leur héritage et il passe sous silence les dispositions prises dans le même sens par Hitler. Il nie même farouchement qu'il y en ait eu... Cet ennemi déclaré des fonctionnalistes leur fait le cadeau de pousser au paroxysme l'idée que le nazisme était un « hitlérisme » et que rien d'autre en Alle-

---

1. Ainsi dans une lettre ouverte, parue en août 1978 dans *Merkur* et publiée en annexe de la traduction française, de l'ancien déporté Jean Améry, qui, poussant à l'extrême la distinction spécieuse entre « devoir d'histoire » et « devoir de mémoire », déclare sans ambages : « Je pense que votre objectivité vient trop tôt. (...) Aussi longtemps que le temps n'a pas mené à bien son travail niveleur d'entropie historique, Hitler doit demeurer l'incarnation mythique du mal » (*op. cit.*, p. 274-275).

magne ne comptait, sinon la paralysie générale du sens critique devant les fameuses « réalisations ». Il pousse également à l'extrême, voire à l'absurde, l'idée que Hitler était double. Ainsi, l'antisémitisme serait une « bosse » cohabitant avec son sens politique comme un hostile voisin de palier.

En d'autres termes, lorsqu'il livre la quintessence de ses pensées sur le dictateur qui a scellé son destin, Haffner se conduit en digne contemporain de Stern et du dernier Friedländer : il concède que Hitler *réalise*, mais à peine l'a-t-il écrit qu'il s'empresse de préciser, sans l'expliquer, qu'il détruit d'une main ce qu'il a construit de l'autre. Si sa vie est une alternance de succès et de revers, les uns sont inscrits dans les autres, et si Haffner ne fait aucune allusion à l'histoire psychanalytique dont les hautes eaux sont contemporaines de son essai, la fascination de la mort et de la destruction est en filigrane presque à chaque page. Elle n'affleure guère qu'au chapitre sur le génocide : Hitler est assimilé à un *serial killer* : ses propos de table étaient pleins d'entrain à partir de 1942, en dépit des mauvaises nouvelles du front, parce que celui qui les proférait « pouvait désormais cultiver le plaisir du meurtrier qui abandonne toute retenue, tenant sa victime et pouvant en faire tout ce qu'il veut » (p. 221).

On peut introduire ici, en contrepoint, le renouvellement des travaux sur le génocide des Juifs initié dans la seconde moitié des années 80 par Arno Mayer et Philippe Burrin. Revenant sur l'acte que Stern, Friedländer et Haffner considèrent comme la démonstration d'un goût du néant, ils en montrent, sinon la rationalité, du moins l'insertion dans un processus dont le but était non pas la mort, mais la victoire. Peut-être cette mise en lumière d'une ambition positive était-elle nécessaire pour permettre à un nouveau venu, Peter Reichel, de tirer pleinement parti d'une réflexion sur les aspects esthétiques du nazisme en dépassant les fulgurances de ces trois pionniers, prisonnières d'une vision réductrice des talents, des idées et des passions du metteur en scène, un peu comme l'avaient été en 1932 celles de Niekisch[1].

L'apport de Mayer et de Burrin déborde la question du génocide. Ils appellent à un dépassement de la querelle entre intentionnalistes et fonctionnalistes et joignent le geste à la parole, en faisant du nazisme la rencontre d'une volonté et d'un terrain. C'est aussi le cas d'un autre spécialiste de l'extermination, Christopher Browning, qui se présente comme un « fonctionnaliste modéré[2] ». Mais le grand prophète et le principal metteur en actes de cette ambition est un Anglais venu de l'histoire médiévale, Ian Kershaw[3].

Après ses recherches sur la Bavière au sein d'une équipe inspirée par

---

1. Cf. *supra*, p. 185-187.
2. *Ordinary Men. Reserve Police Battalion 101 and the Final Solution in Poland*, New York, 1992.
3. A cet égard il prend place dans une étrange série d'historiens britanniques qui étudient le nazisme après d'autres questions fort éloignées : il rejoint Bullok, venu de l'Antiquité grecque, et Trevor-Roper, spécialiste de l'époque moderne.

Broszat, il s'est mis à écrire sur le nazisme en général et sur Hitler en particulier, devenant d'une part l'un des plus brillants ordonnateurs du maquis des thèses et des publications, d'autre part un portraitiste de Hitler sensible à ses talents. Si ses ouvrages des années 80 sont mal dégagés du cocon fonctionnaliste, son incursion inattendue dans le genre biographique est moins un reniement qu'il n'y paraît : c'est plutôt un passage à la limite, une tentative extrême de vérifier la validité de l'hypothèse qui fait de Hitler l'interprète d'une « attente charismatique » de son peuple.

Pour achever ce survol des décennies précédant la nôtre, il faut signaler le travail atypique, divulgué pour la première fois lors d'un colloque en 1980, des philosophes Philippe Lacoue-Labarthe et Jean-Luc Nancy, publié en 1991 sous le titre *Le mythe nazi*. Tout en se réclamant de Syberberg, l'œuvre tranche par une lecture exceptionnellement aiguë de *Mein Kampf*, concluant que le nazisme est une tentative tout à fait sérieuse et rationnelle d'incarner le mythe aryen :

> On pourrait peut-être définir l'hitlérisme comme l'exploitation lucide – mais pas nécessairement cynique, car elle-même convaincue – de la disponibilité des masses modernes au mythe. La manipulation des masses n'est pas seulement une technique : elle est aussi une fin si, en dernière instance, c'est le mythe lui-même qui manipule les masses, et se réalise en elles. (p. 70)

Les auteurs rattachent le nazisme à la tradition philosophique allemande qui, disent-ils, n'en finit pas de régler des comptes avec la Grèce et son traitement du mythe[1]. Ils se défendent d'être des historiens et diagnostiquent brièvement que ceux-ci sont mal outillés :

> (...) Nous ne proposons pas ici une interprétation de l'histoire comme telle. Notre temps est sans doute encore dépourvu des moyens d'avancer, dans ce domaine, des interprétations qui ne soient plus contaminées par la pensée mythique ou mythifiante. (p. 29-30)

Aucun historien ne semble s'être cabré devant ce défi.

Les années 90

La décennie qui s'achève a vu la recherche allemande marquer le pas. Les ténors de la période précédente ont disparu ou se font discrets, et lorsqu'ils sortent de leur réserve pour assaillir Goldhagen nous avons vu qu'ils ne sont pas au mieux de leur forme. La génération qui prend la relève semble chercher encore ses marques. Elle entend dépasser la que-

---

1. Ils omettent curieusement de citer Schopenhauer.

relle de l'intentionnalisme et du fonctionnalisme par une théorie de la « modernisation » qui n'est pas très moderne, étant issue elle-même des travaux de Dahrendorf (1965) et de Schoenbaum (1968)[1].

A partir de l'idée juste, rompant heureusement avec des schémas simplistes, que Hitler avait concouru à la modernisation de la société allemande et frayé les voies de l'Etat-providence, tant par la démonétisation des anciennes élites que par quelques mesures sociales, cette théorie a fini par déboucher sur une querelle stérile. Mommsen, en particulier, a croisé le fer contre les tenants de la « modernisation[2] » en leur reprochant de revaloriser Hitler, ce qui, s'agissant en particulier de Rainer Zitelmann, n'était pas entièrement immérité. Reste que la modernisation était bien réelle, et que l'anathème jeté sur ce concept en raison des « récupérations » qu'il permettait offre un nouvel exemple d'effacement du souci scientifique devant le besoin militant. Mommsen est plus convaincant lorsqu'il passe aux travaux pratiques et, dans un livre de 1996 sur l'usine Volkswagen, épingle Ferdinand Porsche et d'autres technocrates « modernisateurs » pour avoir puisé sans vergogne dans la main-d'œuvre concentrationnaire. Mais lui-même ne semble guère troublé par le fait que des concepts de base du fonctionnalisme comme celui de « processus cumulatif » soient récupérés par les tenants de la « modernisation[3] ».

En dehors de ce débat piégé, la double impulsion de la « querelle des historiens » et de la réunification, qui, l'une et l'autre, ont relancé les spéculations sur la permanence des « vieux démons », déplace l'attention de l'étude du nazisme vers celle de son image et de son retentissement dans les mentalités allemandes. Les avancées de la recherche se rencontrent davantage dans les revues et les colloques que dans les livres, et portent sur des points particuliers. Quelques pays prennent le relais, dont, enfin, la France. Avant d'en dire un mot, il faut donc présenter le livre du sociologue de l'art Peter Reichel sur *La fascination du nazisme* (1991) qui, bien qu'il n'aborde que certains aspects du Troisième Reich, n'en est pas moins la dernière synthèse marquante à son sujet. A la fois puissante et originale, elle est grosse d'aperçus nouveaux sur la personnalité et le jeu du dictateur.

Ce livre dense parle peu de Hitler mais beaucoup de ce qu'il a fait, en l'attribuant trop souvent à une entité collective ou à des exécutants dont il surestime l'autonomie, comme Rosenberg et surtout Goebbels. En voici le passage clé :

---

1. Ralf Dahrendorf, *Gesellschaft und Demokratie in Deutschland*, Munich, 1965, et David Schoenbaum, *Hitler's Social Revolution*, New York, 1966, tr. fr. *La révolution brune*, Paris, Laffont, 1979.

2. Notamment dans l'ouvrage collectif *Nationalsozialismus und Modernisierung* (Michael Prinz et Rainer Zitelmann éd)., Darmstadt, 1991.

3. Comme Zitelmann dans l'ouvrage cité, mais aussi Karlheinz Weissmann, *Der Weg in den Abgrund*, Berlin Propyläen, 1995.

> Le régime national-socialiste a (...) dépassé la société de classes, au moins dans la mesure où il a été contraint de donner à d'importantes fractions de la population – il y est sans doute parvenu dans une large mesure – l'illusion qu'il abandonnait le chaos de la société de classes bourgeoise à l'époque moderne en faveur d'un nouvel ordre, « plus élevé », celui de la « communauté du peuple » allemande. La violence et la belle apparence sont ainsi devenues les traits caractéristiques fondamentaux de la pratique fasciste du pouvoir. La terreur et l'esthétique ont remplacé la politique. (p. 81)

L'auteur brosse ensuite l'œuvre idéologique et culturelle du régime, en montrant pour la première fois la cohérence profonde qui unissait les discours du Führer et son culte avec des discours et des pratiques portant apparemment sur d'autres domaines, qu'il s'agisse de la presse, de la radio, du cinéma, du sport, des SS, de la condition ouvrière, des autoroutes, de l'architecture ou des arts. L'un des leitmotivs est que, contrairement à ce qu'on croit d'ordinaire, la propagande est plus souvent subtile, voire invisible, que tonitruante et grossière.

Les concepts centraux de « belle apparence » et d'« esthétisation de la politique » sont empruntés à Walter Benjamin. Outre cet exilé qui se suicide de lassitude en septembre 1940 devant les tracasseries qui s'opposent à sa sortie de France par les Pyrénées, Reichel cite abondamment les artistes et publicistes allemands de gauche, souvent juifs, des années 20 et 30, en particulier ceux de l'Ecole de Francfort, ainsi qu'Ernst Bloch et Bertolt Brecht. Ces vaincus ont compris bien des choses mais ils avaient à surmonter, pour analyser leur vainqueur, deux handicaps. D'une part, comme le dit Reichel, ils avaient apporté leur contribution à la catastrophe. Même si Hitler vomissait le Berlin « enjuivé » et « obscène » des années 20, et tout particulièrement ses théâtres et ses cabarets, il a bien profité de la dérision envers la bourgeoisie qui s'y donnait libre cours... y compris pour rassurer le moment venu, par un grand coup de balai, ladite bourgeoisie. Les exilés étaient au moins vaguement conscients d'avoir fait là une table rase, sur laquelle d'autres avaient mis leur couvert. Ce qu'ils n'ont pas vu du tout – à l'exclusion, par éclairs, de Thomas Mann, surtout dans *Bruder Hitler* (1939) – et que Reichel, faute d'attention à la personne de Hitler, ne fait qu'entrevoir[1], c'est qu'en pourfendant joyeusement, comme de nombreux intellectuels de la même génération en France et ailleurs, la culture bourgeoise qui avait conduit au massacre de 1914-18, ils n'avaient point été si sots et si irresponsables qu'il ne l'ont craint eux-mêmes (sentiment qui pesa sans doute dans la décision de ceux qui se suicidèrent) mais simplement trop obnubilés par les personnages du devant de la scène, comme Hindenburg ou Hugenberg, et largement insensibles au talent de Hitler. Cela, Brecht, pour qui l'ascen-

---

1. « Hitler se considérait, on le sait, comme un architecte contrarié. Pour lui, la frontière entre l'œuvre d'art et la politique était floue. Cet homme qui avait reçu une éducation catholique, qui avait été marqué par la situation d'exception de la première guerre mondiale et était inspiré par Wagner, ce politicien inspiré et artiste concevait la politique comme une œuvre d'art totale » (p. 397). Ces lignes excellentes apparaissent à dix pages de la fin. Cependant, la dimension de la ruse y manque.

sion de Hitler était « résistible[1] » et le Troisième Reich, seulement « grand-peur et misère », est probablement mort, en 1956, sans l'avoir compris.

Brecht est, avec Neumann, Dimitrov, Benjamin, Ernst Bloch et quelques autres, membre d'une grande famille dite « marxiste ». Cette énumération montre que la postérité de Marx s'est aussi allègrement divisée sur Hitler que sur tout autre sujet. On la classe ordinairement en deux catégories : d'un côté, les grossiers et les sectaires, pour qui le « primat de l'économie » interdit de voir en Hitler autre chose que le « valet du capital » ; de l'autre, les indépendants, les dissidents ou les audacieux qui combinent la causalité économique avec d'autres[2]. Pour ceux-là, la référence majeure est le *Dix-huit brumaire de Louis Bonaparte*, où Marx lui-même, en 1850, s'affranchissait du schématisme de son *Manifeste* de 1848 pour montrer que la bourgeoisie aux abois pouvait, dans certaines conditions, déléguer le pouvoir à des aventuriers. Au XXᵉ siècle, nul n'a produit un effort comparable pour adapter et enrichir la théorie devant le défi de l'hitlérisme, qui est à l'évidence autre chose qu'un « bonapartisme ». Sans pouvoir faire plus ici qu'esquisser un débat qui demanderait un autre livre, il convient de faire une remarque trop souvent négligée : le marxisme est, du vivant de son fondateur, un messianisme à court terme, fondé sur l'idée, caricaturale dans le *Manifeste* puis nuancée, mais non abandonnée, que le pouvoir de la bourgeoisie sera très éphémère en raison de son incapacité à justifier sa domination. L'hitlérisme eût été une magnifique occasion (qui pourrait encore être saisie) de montrer qu'elle était à la fois pleine de ressources morales et idéologiques, que, malgré Octobre 1917, la guerre mondiale n'était peut-être pas à cet égard une bonne affaire pour les prolétaires, enfin que les peurs et les contradictions du siècle, et son incapacité même à ouvrir des voies révolutionnaires, redonnaient une carrière inattendue à l'influence politique des individus.

L'Américain John Lukacs, après un premier livre en 1976 sur le début de la deuxième guerre mondiale, a abordé la question hitlérienne en 1990 avec un essai au titre révolutionnaire, *Le duel Churchill-Hitler, 10 mai-31 juillet 1940*[3]. Enfin quelqu'un cernait un moment clé, en installant le décor et en privilégiant les personnages qu'il fallait. Clair et enlevé, l'ouvrage connut le succès, mais il n'est pas sûr que sa nouveauté ait été pleinement perçue. Il répétait toutefois une vieille erreur, que Hitler ait eu des ambitions atlantiques et n'ait attaqué l'URSS qu'en désespoir de cause, lorsqu'il eut constaté son impuissance à envahir l'Angleterre. Lukacs s'est cependant concentré, ensuite, sur Hitler, et a considérable-

---

1. Elle l'était certes, mais pas si on la réduisait à la mainmise d'un clan mafieux sur le pouvoir, à la manière de Brecht dans *La résistible ascension d'Arturo Ui* (1941).
2. Cf. Pierre Ayçoberry, *La question nazie, op. cit.*, ch. 4.
3. *The Duel/10 May-31 July 1940 : The eighty-day struggle between Churchill and Hitler*, New York, Houghton, 1990, tr. fr. *Le duel Churchill-Hitler, 10 mai-31 juillet 1940*, Paris, Laffont, 1992.

ment affiné son regard, mais il n'a pour l'instant publié qu'un ouvrage sur les ouvrages, où la présentation des autres est habile et pénétrante, mais où ses propres analyses laissent un goût d'inachevé.

L'une des directions les plus prometteuses de la recherche actuelle est sans doute l'approfondissement de l'analyse du racisme. Elle ose enfin rompre avec l'*horresco* qui, depuis le début, paralysait le regard. C'est un livre franco-allemand, écrit par un couple séjournant à Berlin, qui a sur ce point brisé la glace[1].

La recherche française, donc, a pris son envol, plus du côté des germanistes que des historiens. A Asnières, Bordeaux, Rouen, Toulouse, d'actives équipes organisent des colloques et publient des ouvrages collectifs. Certains de leurs animateurs figurent parmi les relecteurs les plus aigus de ce livre.

Avant d'en venir à une présentation critique de mes propres travaux, je voudrais conclure cette rapide revue en mesurant l'apport de Ron Rosenbaum, dont le livre a été l'événement fondamental de l'hitlérologie en 1998, et l'un des plus importants depuis l'apparition de l'agitateur munichois. Il n'est pas historien et ne prétend pas l'être, mais il est suffisamment fin et rigoureux pour étalonner, le plus souvent avec une remarquable justesse, les travaux antérieurs, afin d'estimer dans quelle mesure ils répondent à son interrogation fondamentale : Hitler faisait-il le mal consciemment ou non ? Il visite, en touriste intelligent, à la fois les livres, les auteurs et les « lieux de mémoire ». S'il est trop indulgent pour les journalistes de l'époque, il sait repérer dans les livres les tentations des militants bien intentionnés, y compris Konrad Heiden, qui noircissent le tableau pour faciliter la mobilisation. Il dégage comme personne avant lui le ressort de plusieurs milliers d'ouvrages : « croire qu'un secret honteux ait été au cœur de la psychologie hitlérienne » (p. 273), une manie dont la recherche du « Juif originaire », mise aussi en lumière par ce livre, n'est qu'un des nombreux avatars.

Ce démolisseur, aussi compréhensif pour les personnes qu'impitoyable pour les approximations de leurs raisonnements, est moins convaincant lorsqu'il tente d'y substituer les siens. Ayant ingénieusement réparti les analyses du phénomène nazi suivant des critères empruntés à la physique contemporaine, les uns adeptes des « variables cachées » des particules déviantes, les autres de la théorie des quanta qui nie la prévisibilité des déviations, il se rallie « par défaut » (p. 600) à la première catégorie. Pour des raisons, en définitive, plus morales qu'intellectuelles : si on dit que

---

1. Edouard Conte et Cornelia Essner, *La quête de la race*, Paris, Hachette, 1995. Cf. aussi l'article précité de Jean Stengers, « Hitler et la pensée raciale », in *Revue belge de philosophie et d'histoire*, n° 75 (1997), p. 413 à 441. Ces deux études mettent l'accent sur un théoricien très célèbre de l'entre-deux-guerres, Hans F.K. Günther, à la fois inlassable théoricien de la supériorité nordique et critique impitoyable, à cet égard, de l'Allemagne en laquelle il voyait un mélange assez inextricable de quatre races principales. Tout en adhérant, assez tardivement, au parti nazi, il y était resté marginal et n'avait guère été honoré par le régime. Les auteurs montrent qu'il avait inspiré à la fois à Hitler une grande prudence sur la question de la race allemande, et à Himmler le désir éperdu d'y renforcer la composante « nordique ».

la « particule » Hitler n'était pas programmée pour être « déviante », ses fautes retombent sur les facteurs censés l'avoir fait dévier, et la responsabilité se perd. Les derniers mots du livre répudient « ces excuses explicatives qui permettent à Hitler de s'échapper et de jouir, en une victoire posthume, d'un dernier ricanement » (p. 602).

Cette idée d'un Hitler « ricanant », il l'a trouvée chez l'auteur de *La guerre contre les Juifs* (1975), Lucy Dawidowicz, une intentionnaliste aussi extrême que plus tard Goldhagen, mais prêtant au seul Hitler l'intention de tuer les Juifs. Le fin mot de Rosenbaum c'est, en définitive, la diabolisation assumée. Il donne raison à son dernier interlocuteur, Milton Himmelfarb, qui se gausse ainsi de ceux qui dénoncent la diabolisation : veulent-ils dire « que c'était un type banal et qu'on lui a mis une queue et des cornes ? » En six cents pages il a tourné autour d'un secret, s'en approchant plus que quiconque sans oser entrer : Hitler aimait l'Allemagne à sa manière, et à la folie.

Mes propres travaux touchant par un biais ou un autre au nazisme ont commencé à paraître en 1992. Partis du trésor des papiers Doumenc, ils ont, pour compléter l'observation de la France et de son armée, scruté d'abord l'allié britannique, et mis en lumière la grande solitude de Churchill face aux *appeasers*, un sujet qui demeure aujourd'hui parfaitement tabou. Il y a bien eu, autour de 1990, quelques productions dites « révisionnistes », accusant le premier ministre anglais d'avoir, en repoussant les offres de paix de Hitler, stupidement favorisé Staline : il eût été si simple de laisser s'expliquer les deux « totalitarismes » et de n'intervenir que quand ils se seraient bien usés l'un l'autre[1] ! A ce cynisme de café du commerce, à ces propos halifaxiens qui n'osent même pas dire leur nom et à ces vœux rétrospectifs calqués sur ceux de Hitler, sans peut-être que s'en doutent des auteurs plus attentifs aux « maladresses winstoniennes » qu'au jeu nazi, personne n'avait répondu autrement que par un intégrisme à courte vue, mettant l'histoire au chômage par la reproduction de la propagande de guerre : ces propositions de paix étaient un piège, puisque Hitler visait la domination mondiale.

Cet intégrisme ne rendait pas seulement opaque l'histoire anglaise, en nuisant même à la réputation de Churchill, puisque des actions comme le massacre des marins français à Mers el-Kébir[2] apparaissaient comme le fruit de la brouillonnerie ou du souci d'effacer un concurrent naval, voire du sadisme, et non comme des démonstrations urgentes du bellicisme

---

1. Cf. en particulier John Charmley, *Churchill/The End of Glory/A political Biography*, Londres, Hodder & Stoughton, 1993.

2. Dans la rade d'Oran, le 3 juillet 1940, une partie de la flotte française, en cours de désarmement pour se conformer à l'armistice, fut soudain visitée par une escadre anglaise et sommée, soit d'appareiller pour reprendre la guerre ou pour être désarmée aux Antilles, soit de se saborder. Après quelques heures de vaines palabres, l'amiral anglais ouvrit le feu contre sa volonté et sur l'ordre pressant de Churchill. Pour l'explication de cet ordre par le conflit Churchill-Halifax, cf. également *Montoire*, *op. cit.*, ch. 7.

anglais et de l'autorité de son champion, face aux menées pacifistes de Halifax. Ce refus de considérer les faits les plus patents, de lire les archives les plus accessibles et d'aborder avec un minimum de finesse les mémoires souvent transparents du Vieux Lion, obscurcissait également la geste qui avait permis à la France de s'élever, par lentes étapes, à la hauteur du défi hitlérien et de la réponse churchillienne. Les grands médias de la planète, se voudraient-ils les moins conformistes, laissent au très distingué *Figaro*, encore à l'heure où ceci est écrit, le privilège d'avoir levé un coin du voile sur les retards et les brouillons de l'appel du 18 juin 1940 [1]. Encore le quotidien n'a-t-il abordé le sujet qu'en 1990, et n'a-t-il pas esquissé la moindre explication, laissant les pétainistes insinuer que, si de Gaulle avait caché ses brouillons, c'est que ce jour-là il était « moins résolu » qu'il n'a voulu le faire croire ensuite, alors que c'est tout bonnement la crise du cabinet britannique qui lui a fait modifier et, brièvement, défigurer son texte, et qu'il était tenu sur ce chapitre à une diplomatique réserve (fût-il, de son côté, volontiers preneur d'une simplification pédagogique).

Concernant Hitler, les livres de 1992 et 1993 ont donc établi qu'il *savait s'arrêter* et qu'il était prêt en 1940 à épargner non seulement l'Angleterre mais la France, pour obtenir une paix rapide qui lui eût permis de reprendre de manière peu « résistible » sa marche vers l'est. Un livre sur la rencontre de Montoire, qui n'avait fait l'objet d'aucune publication spécifique, a établi que les velléités allemandes d'attaque en Méditerranée de l'automne 1940 étaient calculées pour dissimuler l'intention de Hitler d'attaquer l'URSS. Puis, stimulé par une polémique [2], l'auteur a repris le dossier de l'arrêt devant Dunkerque et approfondi l'idée, déjà esquissée dans *Montoire*, que Hitler trompait ses généraux. C'est alors, aussi, que le rôle de Göring a pris toute sa dimension, et qu'est apparu le soin que Hitler et lui mettaient à le masquer. D'où le titre : *La ruse nazie*.

Aucune observation de ces quatre livres sur les faits et gestes de Hitler ne semble aujourd'hui caduque, mais ses motivations apparaissent plus complexes. On s'était surtout attaché à réviser son portrait classique en « joueur de poker », et à montrer qu'il était un « joueur d'échecs » opérant avec autant de coups d'avance, au moins, que Bismarck [3]. La lecture de Binion a enrichi la perspective, ainsi que l'approfondissement du substrat

---

1. Dans son édition du 14 juillet 1990. Pour résumer brièvement le chapitre 16 de *Churchill et les Français*, de Gaulle soumet aux Anglais une première mouture, repoussée à midi par le cabinet britannique, puis une seconde, contre laquelle Halifax livre bataille, et enfin une troisième, qui passe à la radio à 22 heures, mais dont le début est remarquablement indulgent envers Pétain et ses tentatives d'armistice. Dans la nuit, cependant, de Gaulle réussit à lui substituer un texte plus sévère, à peu près celui qu'il publiera, à l'usage des journaux anglais du 19 : j'ai proposé l'hypothèse qu'il s'agissait de la reprise de la version antérieure. Ces tribulations sont la cause probable de la disparition de l'enregistrement, qui arrangeait beaucoup de monde. Cependant, le texte précis de l'émission est connu par une écoute des services secrets suisses.

2. Jean Vanwelkenhuyzen, *Miracle à Dunkerque*, Bruxelles, Racine, 1994.

3. Tout en restant marqué, dans le premier ouvrage, par la vision classique (*Les papiers secrets*, *op. cit.*, p. 374 ; erreur constatée dans *La ruse nazie*, *op. cit.*, p. 165).

philosophique. Ce qui donne à Hitler son étonnante sûreté, ce n'est pas seulement la conviction de dominer intellectuellement ses adversaires, mais aussi le postulat intensément vécu d'une « mission », et le sentiment que son action rejoint une certaine âme de l'univers.

De ce point de vue, c'est peut-être le mimétisme de Hitler envers Wagner[1] qui offre les plus belles perspectives d'approfondissement, non seulement des livres antérieurs mais même de celui-ci. Le déchiffrement du Troisième Reich comme une « œuvre d'art totale » n'en est qu'à ses débuts, car il invite à mettre en rapport des myriades de détails connus mais négligés et qui soudain prennent sens, au hasard d'une relecture. Témoin la visite de Hitler à Paris qui, à partir d'une lecture affinée des mémoires de Speer, a permis au chapitre 11 du présent livre d'enrichir l'analyse des prémisses de Montoire.

Voilà qui incite à couronner cette étude en analysant les rapports de Hitler avec les esprits qui dominaient la culture allemande pendant ses années de formation. Sujet vierge, sur lequel l'ouvrage de Cornish est quasiment le premier, à part quelques gloses sur Nietzsche dont nous avons déjà rencontré l'écho (cf. *supra*, p. 129-130).

Le rapport à Nietzsche

Yves Guéneau, dans sa communication publiée en 1992[2], a rappelé que les deux hommes différaient du tout au tout sur la question juive. C'est aussi le cas sur la question allemande. « Cosmopolite », Nietzsche détestait son contemporain Bismarck et l'impérialisme prussien auquel le Chancelier de Fer avait ouvert une étonnante carrière, retardant selon lui l'unification de l'Europe. On connaît aussi la rupture qui en 1879 a creusé un abîme entre Nietzsche et Wagner, après des années d'admiration réciproque suivies d'échanges polémiques de plus en plus aigres. Cela précisé, qui n'est pas rien, les similitudes entre Nietzsche et Hitler sont au moins aussi frappantes que leurs différences. Outre leur mépris déjà évoqué de la morale chrétienne, tous deux admirent la Grèce antique, exaltent les vertus chevaleresques, détestent la « ploutocratie », placent dans leur panthéon Frédéric II et Napoléon, prônent un système éducatif élitiste dans lequel les meilleurs maîtres doivent être réservés aux meilleurs élèves, dénoncent la gratuité aussi bien dans l'art que dans le savoir et la recherche scientifique (toutes ces activités devant, selon Nietzsche, renvoyer à l'aristocrate « l'image idéalisée de sa propre réalité »), et condamnent volontiers l'individualisme.

Mais c'est en transgressant pour eux-mêmes ce dernier commandement

---

1. Pressenti dans la *Ruse nazie* (p. 158).
2. In « *La révolution conservatrice* » dans l'Allemagne de Weimar, Paris, Kimé, p. 284-85.

qu'il se ressemblent sans doute le plus. Ces deux ego hypertrophiés se prennent pour des génies rédempteurs, chargés de sortir l'humanité d'une gravissime impasse. Il s'ensuit une certaine parenté entre leurs modes de vie. Ils tiennent les humains à distance, ainsi que les contingences matérielles, au profit d'un dialogue avec l'absolu... ce dont, bien sûr, on fait grief à Hitler, « dilettante », « incapable d'aimer », voire carrément « impuissant », alors qu'on fait grand mérite à Nietzsche de s'être sacrifié pour accéder aux lumières essentielles. Il n'est pas jusqu'à des éclairs de lucidité et d'autodérision qui ne les rapprochent. Nietzsche se demande, à la veille de son effondrement, s'il n'est pas « un pitre ». Hitler est un comédien permanent, qui joue au moins autant à être Hitler qu'il ne l'est. Il lui arrive même de parler de sa folie... une seule fois, dans une carte pleine d'humour à Kubizek qui vient de lui annoncer qu'il va porter des lunettes : « Tu seras aveugle et moi fou, quel malheur [1] ! »

C'est un lieu commun de dire que Hegel, autre philosophe allemand important du XIXe siècle, a une postérité de droite et une autre de gauche, et qu'il a engendré aussi bien le marxisme que l'Etat bourgeois autoritaire [2]. Alors pourquoi pas Nietzsche ? L'hitlérisme est un prolongement de son œuvre, en même temps qu'il en marque la limite. C'est un raccourci, un précipité, une tentative de mettre au monde, en y surajoutant la formule magique de l'antisémitisme, les intuitions du professeur qui s'est coupé des hommes et n'a nui qu'à lui-même. Au reste, les nietzschéens sont des héritiers bien abusifs quand ils prétendent interdire qu'on classe la postérité de leur héros. En l'occurrence, il ne s'agit nullement de repérer chez Nietzsche les germes du nazisme, mais de dépister chez Hitler des échos de Nietzsche, et d'en mesurer l'ampleur.

Dans les dernières pages de sa communication, voulant achever sa démonstration de la quasi-absence de ces échos, Yves Guéneau la ruine tout à coup. Il décrit par le menu la *Nietzsche-Bewegung* [3], un mouvement de grande envergure organisé par les nazis à partir de la fin de 1933, en collaboration avec l'université qu'ils sont en train de mettre au pas, pour faire de Nietzsche la principale référence intellectuelle du régime. Le travail de rapprochement entre la philosophie nietzschéenne et l'idéologie nationale-socialiste est fait avec un soin et un respect des textes qu'on ne rencontre pas toujours chez ceux qui glosent sur leurs différences. Celles-ci ne sont pas niées et il ne s'agit pas d'une annexion pure et simple mais, plus subtilement, d'une entreprise visant, par une lecture « dynamique », à démontrer que le nazisme « accomplit » les ambitions du philosophe. Elle est lancée par Rosenberg, dans le *Beobachter*, le 8 décembre. Elisabeth, la sœur de Nietzsche et l'organisatrice de son culte (fort controver-

---

1. *Op. cit.*, p. 229. La lettre est du 20 avril 1908.

2. On a d'ailleurs pu affirmer de manière convaincante que Hitler devait quelque chose à Hegel, même s'il s'en défendait, pour sa conception de l'Etat (cf. Jacques Brosse, *Hitler avant Hitler*, Paris, Fayard, 1972, p. 232-233) ou du rôle des grands hommes (cf. W. Shirer, *op. cit.*, t. 1, p. 126-127).

3. L'expression est forgée après coup, par l'historien des idées H. Langreder (cf. Y. Guéneau, *op. cit*, p. 279).

sée à cet égard chez ses admirateurs), est mise à contribution par le Führer en personne, qui lui rend plusieurs visites, accepte la canne du prophète en cadeau et se fait tirer le portrait à côté de son buste. Il offrira enfin à Mussolini, en 1943, pour son soixantième anniversaire, une édition complète spécialement préparée.

Guéneau explique cet engouement subit par des considérations assez compliquées. Rosenberg aurait voulu damer le pion aux idéologues nietzschéens de la Révolution conservatrice, qui se posaient en guides spirituels du nouveau régime. Il aurait été heureux de trouver à celui-ci une caution prestigieuse. Mais il faudrait aussi considérer le rôle d'Alfred Bäumler, un universitaire spécialiste de Nietzsche, plutôt antinazi lorsqu'il lui avait consacré un grand essai en 1931, rallié au parti nazi au printemps de 1933 et soudain désireux de faire du zèle. Il en aurait été récompensé par une grande influence dans l'attribution des chaires universitaires : l'engouement pour Nietzsche sous le Troisième Reich tiendrait pour une bonne part aux dadas d'un mandarin bureaucrate.

Eliminons d'abord cette dernière hypothèse. Dans le parti nazi, ce ne sont pas les ralliés de dernière heure, sarcastiquement traités de « tombés en mars » (Märzgefallene [1]), qui font la loi. Certes, l'hypothèse d'un rôle majeur de Rosenberg ne saurait être écartée de la même manière... mais Guéneau nous donne une raison de le faire, et des plus décisives : l'idéologue balte, écrit-il, a avoué publiquement, après avoir lancé la *Nietzsche-Bewegung*, qu'il regrettait de n'avoir pas lu Nietzsche de plus près avant de publier en 1930 son *Mythe du XXᵉ siècle*. Il est donc peu vraisemblable qu'il ait été à l'initiative, trois ans plus tard, d'un mouvement aussi ample et structuré de récupération. Inversement, notre dernier suspect, Adolf Hitler, pouvait seul décider de marier brusquement et audacieusement les deux corpus et on ne voit pas qui, sinon lui-même, avait qualité et autorité pour en souligner les convergences et les différences. Ce qui suppose, surtout si on considère le peu de loisirs qu'il avait pour prendre connaissance d'une œuvre passablement compliquée, qu'il ait été familier depuis longtemps avec elle.

L'historien est tenu de respecter le silence que Hitler a observé sur cette question et de ne pas faire parler trop catégoriquement les rares indices. En voici un, cependant, négligé par Guéneau : la première visite de Hitler à la sœur de Nietzsche a lieu non pas après la prise du pouvoir mais avant, en février 1932, au cours d'une manifestation mondaine d'extrême droite : la première, à Weimar, d'une pièce sur Napoléon signée de Mussolini [2]. Il se présente dans sa loge avec un gros bouquet de roses

---

1. Allusion aux élections du 5 mars 1933 qui consolident le pouvoir nazi et précipitent les ralliements opportunistes. C'est la réutilisation ironique d'une expression qui désignait les victimes des émeutes de mars 1848.
2. *Campo di Maggio*, intitulée en allemand *Hundert Tage*. Cf. H.F. Peters, *Zarthoustra's Sister*, New York, Crown Publishers, 1977, tr. fr. *Nietzsche et sa sœur Elisabeth*, Paris, Mercure de France, 1978, p. 310-311. Quant à la visite au cours de laquelle Hitler se fait photographier près du buste de Nietzsche, elle est aussi antérieure à la prise du pouvoir puisque le cliché figure dans un album de propagande en 1932 (notre photo nº 11).

rouges. Elle retient de lui surtout « son regard qui est fascinant et qui vous transperce ». Politiquement elle est un peu gênée, car dans la campagne présidentielle elle soutient Hindenburg. Elle s'en tire en disant à un de ses familiers qu'elle voit en Hitler plus un chef religieux qu'un leader politique. Une réserve qu'elle abandonnera dès la prise du pouvoir, glorifiant dans une lettre du 17 février 1933 « notre magnifique chancelier Adolf Hitler ».

Celui-ci, de son côté, s'était servi d'elle à Weimar pour accéder aux journalistes italiens qui l'assiégeaient. Il cherchait à les persuader, et Mussolini à travers eux, qu'il ne voulait pas annexer l'Autriche, Vienne n'ayant rien d'une « ville allemande ». Cependant on aurait probablement tort de penser qu'Elisabeth jouait le rôle d'un simple truchement, permettant au candidat Hitler d'adresser un gros mensonge à Mussolini. Il faut voir là au contraire un exemple de sa capacité de courir plusieurs lièvres à la fois, et de son art, maintes fois démontré, de mêler les symboles. Il créait, ce soir-là, une harmonie et un jeu de résonances entre lui-même, Nietzsche, Mussolini, Napoléon et la culture allemande dont Weimar était le haut lieu.

Autre indice d'une antériorité du nietzschéisme de Hitler sur celui de Rosenberg : la remise de la canne du philosophe au chancelier par la sœur de Nietzsche a lieu, comme en témoigne un reportage du *Beobachter*, le 3 novembre 1933, soit un bon mois avant que Rosenberg n'y lance sa campagne. Celui-ci apparaît donc comme l'idéologue de service qui prend le relais d'une impulsion donnée par le grand chef. Pour se persuader du contraire, Guéneau ne date pas les visites de Hitler à Elisabeth. Quant au livre du philosophe et historien des idées Arno Münster, *Nietzsche et le nazisme*, s'il donne cette dernière date, il brille plus, après tant d'autres cas analogues, par la connaissance du premier terme de la comparaison que du second : on y lit que Rosenberg était « le principal idéologue » du mouvement [1].

Il n'est pas indifférent non plus qu'Elisabeth ait vécu en bonne intelligence avec la famille Wagner. Les deux grands rivaux de la fin du siècle apparaissaient réconciliés sous les auspices du nationalisme allemand, ce qui ne pouvait déplaire à un dictateur qui empruntait à l'un sa philosophie, ravalée en justification utilitaire du racisme, à l'autre ses mythes mobilisateurs et son art de les donner en spectacle.

Cependant, la confidence récente de Leni Riefenstahl que Kim Cornish a relevée et développée [2] va nous permettre de préciser l'apport d'Arthur Schopenhauer (1788-1860).

---

1. Paris, Kimé, 1995, p. 13. Un livre recommandable par ses vues pénétrantes sur les rapports, à la fois avec Nietzsche et avec le nazisme, d'un grand nombre d'intellectuels dont Bataille, Lukacs, Horkheimer, Adorno, Habermas, Deleuze et Heidegger.
2. Cornish (Kimberley), *The Jew of Linz*, Londres, Century Books, 1998, tr. fr. *Wittgenstein contre Hitler*, Paris, PUF, 1998, ch. 3. Pour la citation des mémoires de L. Riefenstahl, cf. *supra*, p. 63.

La place de Schopenhauer

En Cornish, il faut saluer une belle audace de défricheur, mais son propos essentiel n'est guère convaincant, puisqu'il fait dériver le nazisme tout entier de conversations lycéennes entre Hitler et Wittgenstein, âgés tous deux d'une quinzaine d'années et déjà habités par leurs préoccupations d'adultes. Les philosophes ont dénoncé une lecture fautive de Wittgenstein. Les historiens, avant tout, mettent en cause la démarche : incapable de résister à l'émerveillement d'une coïncidence (deux futures célébrités dans la même école), l'auteur arrête l'histoire et fait tout découler de ce hasard. Cornish, ne pouvant concevoir que les deux jeunes gens ne se soient jamais parlé ou n'aient eu que des échanges banals, veut passionnément qu'un écolier juif mentionné dans *Mein Kampf* pour avoir été mis en quarantaine en raison de son indiscrétion ait été Wittgenstein, et qu'il ait eu néanmoins de longues discussions philosophiques avec Hitler. Celui-ci ne serait qu'un mauvais élève, réduisant la « non-propriété privée de l'esprit », concept central du jeune Wittgenstein, à la négation de la personne au profit de la race. L'antagonisme se serait poursuivi secrètement jusqu'à la fin du nazisme. Hitler aurait regretté à mots couverts leur rupture dans un discours de 1938, au moment de l'Anschluss. C'est pur contresens : Hitler s'en prend aux « chercheurs de vérité » et Cornish entend « les philosophes » alors qu'il s'agit des journalistes anti-nazis fouillant sa vie privée.

Le point de vue historique, au contraire, invite à ne pas s'appesantir sur les coïncidences, pour concentrer le regard sur les filiations. Si Hitler est mal placé pour être un disciple schismatique de Wittgenstein, en revanche leurs points communs s'expliquent très bien par l'influence de Schopenhauer : la « non-propriété privée » dérive de la « volonté », thème central du système schopenhauérien, dont Hitler a fait le ressort de sa pensée comme de son action. Ce qui amène Cornish à creuser les rapports entre Hitler et Schopenhauer : c'est par là, sans doute, qu'il méritera de figurer parmi ceux qui ont fait progresser la « question nazie ».

On se souvient que, d'après Leni Riefenstahl, Hitler préférait de beaucoup Schopenhauer à Nietzsche, sur le plan philosophique[1]. Voilà de quoi satisfaire les nietzschéens soucieux de distinguer leur penseur favori de ses thuriféraires nazis. Hitler aimait Nietzsche pour des raisons esthétiques mais avait du mal à le suivre et préférait la « clarté » de Schopenhauer. Il est vrai que celui-ci est, dans toute l'histoire de la philosophie, l'un des penseurs les plus satisfaits d'eux-mêmes : il développe sans fin les intuitions de son premier livre, *Le monde comme volonté et représentation* (1818). Nietzsche est l'un des plus inquiets, il

---

1. *Mémoires*, tr. fr., p. 239, cf. *supra*, p. 63.

est sans cesse en train d'essayer de préciser sa pensée, ce qui ne va pas sans obscurités ni contradictions. Ce que Hitler appréciait chez Schopenhauer n'est guère mystérieux : il est le chantre des pouvoirs de l'esprit et Cornish attire l'attention sur son goût, peu remarqué par les glossateurs précédents, pour l'occultisme et la magie. Il était, d'autre part, fort intéressé par l'hindouisme et le bouddhisme, et c'est probablement chez lui que Hitler a trouvé l'idée que le christianisme devait plus à cette tradition « aryenne » qu'au judaïsme. Mais on sait aussi que le bouddhisme accorde, contrairement au nazisme, une grande place à la compassion, et méprise la réussite terrestre, ce qui est vrai aussi, du moins théoriquement, de Schopenhauer... et assez peu de Hitler.

Force est donc de préciser ce qu'il entend par « son maître » : il n'en est certes pas l'esclave ! Schopenhauer est, parmi les penseurs allemands du XIXe siècle, l'un des plus radicalement pessimistes ; or Hitler, proche au moins en cela des Lumières et aussi de Hegel, affirmait nettement sa croyance en un progrès, comme nous l'a montré sa conversation de 1930 avec Otto Strasser. Chez tous il prend et il laisse. Schopenhauer est l'autorité qui garantit le noyau de la croyance nazie qu'on peut transformer durablement le réel par l'action de la volonté. On peut dire que tout, sous la plume de Hitler, dégénère, et qu'il défigure les auteurs qu'il affirme lui être les plus chers. Mais il ne faut pas en rester là, et il importe de reconnaître que ce système fait de bric et de broc, mis en œuvre d'une manière on ne peut plus conséquente, s'est révélé d'une efficacité pratique sans précédent.

Le 1er février 1933, dans la déclaration gouvernementale qui accompagne l'annonce de la dissolution du Reichstag, Hitler proclame à l'intention, notamment, du Vatican que le christianisme sera protégé par le nouveau régime, en tant que « base de toute morale ». On peut sans doute voir là un écho de Schopenhauer, tout autant qu'une déformation significative, et encore une hypocrisie flagrante. Le philosophe développe, dans sa brochure sur le *Fondement de la morale* (1841), l'idée que ce fondement ne découle pas de l'expérience et qu'il est donc de nature métaphysique : c'est la pitié, avatar de la fameuse « volonté »... et elle se retrouve dans la charité chrétienne. On peut donc, sans perdre le fil de la théorie nazie, rendre hommage à Jésus et mimer une génuflexion devant Rome... tout en nourrissant le projet de remiser un jour ces meubles inutiles, vecteurs de la pensée « aryenne » parmi d'autres, plus essentiels et moins ambigus.

Là-dessus, le témoignage de Christa Schröder est éclairant. D'abord par un fait anecdotique : cette jeune personne, qui lisait les philosophes à ses moments perdus, eut un jour la surprise de retrouver mot pour mot, dans une tirade que le Führer était en train de proférer comme étant de son cru, une page de Schopenhauer qu'elle avait lue récemment, et elle eut l'audace de lui en faire la remarque. Il reconnut les faits et expliqua : « Chaque homme ne contribue à l'ensemble des sciences que pour une part infime » (p. 43-44). Le capitaine Zoller n'a malheureusement pas jugé utile de faire préciser la date de l'anecdote, ni le contenu du passage, et le livre *Er war mein Chef*, écrit dans les années 80, ne revient pas sur la question. Cependant les paragraphes ci-après, où la secrétaire traite de la philosophie du Führer, pourraient bien traduire à la fois l'influence de Schopenhauer et la liberté que son disciple prenait avec ses conceptions :

> Hitler rejetait tous les concepts philosophiques qui ne s'appuyaient pas sur le matérialisme intégral. Il proclamait que le rôle de l'homme finit avec la mort et se permettait les jeux de mots les plus ordinaires lorsqu'on parlait de la survivance dans un au-delà meilleur. Je me suis souvent demandé par qui, dans ces conditions, il pouvait se sentir appelé à remplir une mission sur terre. De même, je n'ai jamais compris pourquoi il terminait régulièrement ses grands discours par une invocation au Tout-Puissant. Je suis persuadée que s'il agissait ainsi, c'était uniquement pour s'assurer les sympathies de la population chrétienne du Reich. Là encore, il jouait une comédie affreuse.
>
> Chaque fois que la conversation traitait de la vie spirituelle, il s'élevait en termes cyniques contre le christianisme, dont il combattait les dogmes avec une violence ordurière. Sa conviction se résumait dans cette phrase qu'il a souvent répétée : « Le christianisme a retardé le monde de deux mille ans dans son développement naturel. L'humanité a été scandaleusement exploitée et privée de ses droits les plus absolus. La foi dans un meilleur au-delà a détaché l'homme des réalités terrestres et des devoirs qu'il contracte envers l'humanité dès sa naissance. » (p. 211-212)

Quand on lit ces lignes, on se prend à rêver de vainqueurs du nazisme plus avisés, qui eussent entrepris de le comprendre non moins que de le détruire. Ils auraient fait écrire Christa Schröder sous la férule, non d'un brave capitaine, mais d'un collège de savants, pour analyser au plus près le mécanisme mental du cataclysme en tirant parti du fait providentiel que la secrétaire s'adonnait à la philosophie. En l'occurrence, on lui eût fait remarquer que la référence au matérialisme était des plus malheureuses. Ce n'est point la matière que Hitler révère, mais la nature. Il est plausible qu'il ait été exempt de toute croyance en un au-delà transcendant et n'ait jamais invoqué le « Tout-Puissant » que par démagogie. Mais c'est précisément parce que, comme Schopenhauer, s'il rejette la transcendance, il tient à la métaphysique. Comme lui, il refuse le matérialisme en postulant l'existence d'une « volonté » immanente à toute chose.

De tous ses propos rapportés, le plus éclairant sur ses convictions religieuses est émis au cours de la conversation du milieu des années 20 où il présentait à Hans Frank son séjour en prison comme une « université aux frais de l'Etat[1] ». Il précisait en effet que l'université en question était exempte de la « prétentieuse intellectualisation des professeurs » et ajoutait : « Quoi qu'il en soit, vouloir vaut mieux que savoir. Si Dieu s'était contenté de "savoir" le monde et ne l'avait pas aussi "voulu", nous serions encore au chaos[2]. »

---

1. Cf. *supra*, p. 64.
2. Cf. H. Frank, *op. cit.*, p. 47.

Les citations des livres de mémoires, rédigés après la chute du Reich, ne sont pas des plus sûres. Elles sont tout de même, en l'occurrence, bonnes à prendre, car elles convergent sans que Christa et Frank, séparément livrés à des interrogateurs alliés, aient pu se concerter. Aussi nous permettrons-nous d'y associer, pour une fois, un propos rapporté par le peu complaisant Rauschning. Son livre de 1940, destiné notamment à dégoûter les chrétiens du nazisme, l'assimilait à un « paganisme ». Peut-être par souci de le dévaloriser intellectuellement, il ne rapporte pas de propos élogieux de Hitler sur Schopenhauer, mais l'extrait suivant paraît bien refléter un moment où Hitler démarquait de près, comme plus tard devant Christa Schröder, son philosophe favori :

> (...) Y a-t-il quelque chose qui fasse éprouver plus de bonheur qu'une réunion nationale-socialiste dans laquelle tout le monde vibre à l'unisson, orateurs et auditeurs ? Voilà ce que j'appelle le bonheur de la communauté. C'est un bonheur que, seules, les premières communautés chrétiennes ont pu ressentir avec la même intensité. Eux aussi, ces chrétiens, sacrifiaient leur bien-être particulier au bonheur supérieur de la chrétienté. Si nous arrivons à nous identifier à notre grande révolution (...) nous cultiverons notre inébranlable volonté de révolutionner le monde, dans une mesure inconnue auparavant dans l'histoire. C'est dans cette volonté obstinée que nous puisons notre bonheur secret, cette joie que nous goûtons à contempler autour de nous la foule inconsciente de ce que nous faisons d'elle[1].

Les points communs entre Hitler et Schopenhauer sont encore bien plus impressionnants qu'entre Hitler et Nietzsche. Ainsi, dans un passage des *Fondements de la morale* où Schopenhauer, s'opposant à Kant, justifie le mensonge. Ces lignes rendent compte de la pudeur de Hitler sur sa vie privée, de manière plus tangible que la phobie d'un sang contaminé par le grand-père inconnu ou le souci de taire un érotisme déviant. Et même, par la métaphore du jardin truffé de pièges, ce passage trouve écho dans l'ensemble de sa politique intérieure et extérieure :

> (...) Puisque je peux, sans injustice donc de plein droit, repousser la violence par la violence, je peux de même, si la force me fait défaut, ou ne me semble pas aussi bien de mise, recourir à la ruse. Donc, dans le cas où j'ai le droit d'en appeler à la force, j'ai le droit d'en appeler au mensonge également : ainsi contre des brigands, contre des malfaiteurs de n'importe quelle espèce ; et de les attirer ainsi dans un piège. (...)
> Mais en réalité le *droit de mentir* (souligné par l'auteur) va plus loin encore : ce droit m'appartient contre toute question que je n'ai pas autorisée, et qui concerne ma personne ou celle des miens : une telle question est indiscrète ; ce n'est pas seulement en y répondant, c'est même en l'écartant avec un « je n'ai rien à dire », formule déjà suffisante pour éveiller le soupçon, que je m'exposerais à un danger. Le mensonge dans de tels cas est l'arme défensive légitime, contre une curiosité dont les motifs d'ordinaire ne sont pas bienveillants. Car si j'ai le droit, quand je devine chez autrui des intentions méchantes, un projet de m'attaquer par la force, de me prémunir d'avance, et aux risques et périls de l'agresseur, par la force ; si

---

1. *Hitler m'a dit, op. cit.*, p. 218.

j'ai le droit, par mesure préventive, de garnir de pointes aiguës le mur de mon jardin, de lâcher la nuit dans ma cour des chiens méchants, même à l'occasion d'y disposer des chausse-trappes et des fusils qui partent seuls, sans que le malfaiteur qui entre ait à s'en prendre qu'à lui-même des suites funestes de ces mesures ; de même aussi ai-je le droit de tenir secret par tous les moyens ce qui, connu, donnerait prise à autrui sur moi ; et j'en ai d'autant plus de raison que je dois m'attendre plus à la malveillance des autres (...).

Je peux donc sans injustice, pourvu que je m'attende à être attaqué par ruse, opposer la ruse à la ruse[1].

Ce n'est pas seulement la justification du mensonge que Hitler a pu trouver ici, mais aussi celle d'un ego aristocratique, se croyant infiniment supérieur à la foule. Car enfin, quelle instance peut trancher qu'on a raison de « s'attendre à être attaqué par ruse » et de s'affranchir des règles morales, sinon le sujet lui-même ? Dans la pensée et l'action de Hitler, l'écho le plus remarquable de l'éthique schopenhauérienne est bien le discours de Posen, moral et « humain » de part en part, et en même temps fabuleusement égocentrique. Par Himmler interposé, il exprime en toute clarté que le meurtre des femmes et des enfants est une chose mauvaise, qui fait courir à ses agents un risque d'inhumanité, mais que justifie l'attaque « par ruse » des Juifs contre toute humanité. Une prémisse qui n'est jamais interrogée, qui est comme un donné brut, comme une « volonté » mauvaise. L'intuition principale de Schopenhauer, qui le différencie de Kant, maître par ailleurs révéré, est en effet que la « chose en soi », inconnaissable, du maître de Königsberg, s'identifie à la volonté. Celle-ci se constate et ne s'explique pas. On trouve une logique similaire dans l'idée hitlérienne que les *Protocoles des Sages de Sion* ne peuvent être qu'authentiques, puisqu'ils correspondent si bien à ce qui se passe.

La patience du lecteur ami de Schopenhauer, ou simplement intéressé par sa pensée, étant probablement à bout, il est temps de lui faire une concession : Hitler n'avait pas seulement l'habitude de présenter Schopenhauer comme l'un des plus grand esprits de tous les temps[2], il pouvait aussi marquer sa distance avec lui. On se souvient qu'au détour d'un « propos de table » de mai 1944, il condamnait son pessimisme[3]. D'après Rauschning, et on le croit volontiers, il se serait démarqué de la pitié. Seule la formulation surprend : Hitler s'en serait pris à « l'évangile néo-chrétien de Schopenhauer[4] ».

Rosenberg est plus explicite. Le *Mythe du XXᵉ siècle* comporte, outre de nombreuses allusions à Schopenhauer, une dissertation d'une vingtaine

---

1. *Le fondement de la morale*, III, 17, tr. Auguste Burdeau, Paris, Livre de Poche, 1991, p. 168-175.

2. Des quatre mentions de son nom dans les « propos de table », les trois premières surgissent quand Hitler veut opposer un cerveau remarquable, soit au monde animal, soit au reste de l'humanité : Adolf Hitler, *Monologe im Führer-Hauptquartier*, Hambourg, Knaus, 1980, p. 105, 107, 314. Dans la deuxième occurrence, il est en compagnie de Kant et de Nietzsche, mais cité le premier.

3. Cf. *supra*, p. 64.

4. *Hitler m'a dit*, *op. cit.*, p. 256.

de pages sur sa philosophie[1]. L'auteur lui reproche de n'avoir pas été un homme d'action et attribue cette carence à une confusion entre la volonté et l'instinct. Ce sont deux principes en lutte, et tout ce qui est grand résulte d'une victoire de la volonté sur l'instinct. Schopenhauer a visé par moments, mais n'a pas atteint cet idéal, car il a sombré dans une sorte de passivité asiatique :

> (...) Les reprises désespérées vers les hauteurs finissent toujours par une chute dans le néant. Mais pourtant le Schopenhauer non hindou avoua aussi que le plus haut qu'un homme puisse atteindre était « une existence héroïque ». On ne peut trouver une plus belle profession de foi nordique. Et c'est pourquoi Arthur Schopenhauer est aussi des nôtres. (p. 318)

Il n'est pas simple d'estimer dans quelle mesure cette prose reflète les vues de Hitler, et dans quelle mesure il se contente de laisser son parti la diffuser, comme une vulgarisation adaptée à ce qu'il estime être le degré de compréhension des masses. Toujours est-il que lorsqu'en 1944, dans le « propos de table » déjà cité (cf. *supra*, p. 64), il s'exprime lui-même, enfin, sur le sujet, il est infiniment plus respectueux : n'en déplaise aux esthètes nietzschéens que Leni Riefenstahl a rassurés à trop bon compte, l'auteur de *Par-delà le bien et le mal* était aussi essentiel à la métaphysique nazie que Kant et Schopenhauer. Il était nécessaire pour « surmonter » le pessimisme et canaliser la « volonté » dans une direction présumée progressiste, sans recourir aux services de l'horrible Hegel... tout en concevant la philosophie elle-même de la manière la plus hégélienne qui fût, comme une succession d'obstacles qu'il s'agit de surmonter (überwinden).

Un livre récent éclaire ainsi le rapport de Nietzsche à Schopenhauer :

> (...) Si Nietzsche, contre Schopenhauer, appelle à approuver la volonté, il se réfère à une volonté qu'il a auparavant transformée en un jeu esthétique. La « volonté de puissance » nietzschéenne « cligne de l'œil » : elle est elle-même son propre spectateur, installé à une distance d'elle-même qui suffit pour qu'elle puisse se réjouir d'elle-même.

C'est Rüdiger Safranski qui écrit ceci en 1987, dans une importante biographie de Schopenhauer. On voit qu'il considère pour sa part Nietzsche comme moins rigoureux, sur le point même où sans doute Hitler estime que le cadet « surmonte » utilement l'aîné. Schopenhauer, en effet, constate la volonté, sans l'approuver. Il consacre de longs développements à la « négation de la volonté », à laquelle, en revanche, il accorde une valeur positive, retrouvant l'intuition bouddhiste (c'est exactement ce que lui reproche Rosenberg dans l'extrait ci-dessus.) Loin d'être connotée positivement, la volonté, chez Schopenhauer, est souffrance, et il prêche

---

1. P. 300 à 320 de la traduction française parue chez Avalon, à Paris, en 1986.

une sorte de sagesse du moindre mal, consistant à brider le désir pour n'être pas déçu, comme à éviter les discussions pour ne pas passer sa vie dans l'affrontement. Attitudes, en vérité, peu nazies.

Mais à présent, il nous faut critiquer cette biographie comme un livre imparfait sur Hitler. C'est qu'il n'en souffle mot lorsqu'il détaille la postérité du philosophe. Il le fait notamment à propos des idées de Schopenhauer sur l'art, qu'il oppose à celles de Hegel et de « toute une tradition antérieure et postérieure » :

> (...) Selon cette tradition, c'est le conceptuel qui tient le rang le plus élevé, chez Schopenhauer c'est l'intuition. Selon cette tradition l'art – quelque considération qu'on lui porte – n'est en fin de compte qu'une expression inauthentique de la vérité. Au contraire, chez Schopenhauer, ce sont les concepts qui ne sont qu'une expression inauthentique de la vérité ; et c'est l'art qui en est plus proche. C'est aussi la raison pour laquelle, en tant qu'il fut *le* philosophe de l'artiste, Schopenhauer a pu avoir une influence sur Richard Wagner, Thomas Mann, Marcel Proust, Franz Kafka, Samuel Beckett et jusqu'à Wolfgang Hildesheimer. (277)

Que l'art soit, plus que la science, une expression authentique de la vérité, voilà qui nous amène au cœur de la *Weltanschauung* hitlérienne. Lisons encore un peu Schopenhauer :

> [L'art] arrache l'objet de sa contemplation au courant fugitif des phénomènes ; il le possède isolé devant lui ; et cet objet particulier, qui n'était dans le courant des phénomènes qu'une partie insignifiante et fugitive, devient pour l'art le représentant du tout, l'équivalent de cette pluralité infinie qui remplit le temps et l'espace. L'art s'en tient par suite à cet objet particulier ; il arrête la roue du temps, les relations disparaissent pour lui ; ce n'est que l'essentiel, ce n'est que l'Idée qui constitue son objet.

Hitler architecte ne rêve que d'allées triomphales et de salles de réunion gigantesques, abritant les symboles d'un « Reich de 1 000 ans ». Hitler homme politique veut rassembler son peuple et le fondre en une âme commune. Hitler orateur saisit cette âme et la fait exister, au moins dans la foule éphémère de ses rassemblements. Tout cela ne converge-t-il pas avec la fonction schopenhauérienne de l'art, d'« arrêter le temps », étant bien entendu que le philosophe ne songeait nullement à des applications politiques et qu'il a fallu pour y parvenir mélanger sans rigueur son apport à celui de Nietzsche ?

Si maintenant nous relisons un passage célèbre de *Mein Kampf*, la narration du meeting du 24 février 1920[1], qui clôt le premier tome, nous croyons toucher une application, déformée mais bien reconnaissable, de la théorie schopenhauérienne de l'art comme de celle de la volonté :

> De quart d'heure en quart d'heure, les interruptions étaient de plus en plus domi-

---

1. Cf *supra*, p. 73.

nées par les approbations. Lorsque enfin j'exposai à la foule, point par point, les 25 propositions et que je la priai de prononcer elle-même son jugement, tous ces points furent approuvés au milieu d'un enthousiasme toujours croissant, à l'unanimité, et encore, et toujours, à l'unanimité, et quand le dernier point eut ainsi atteint le cœur de la masse j'avais devant moi une salle pleine d'hommes unis par une conviction nouvelle, une nouvelle foi, une nouvelle volonté.

Au bout de quatre heures environ, la salle commença à se vider, la foule entassée reflua vers la porte comme une rivière aux eaux lentes et tous ces hommes se serraient et se bousculaient les uns contre les autres. Et je sentis alors qu'allaient se répandre au loin, parmi le peuple allemand, les principes d'un mouvement qu'on ne pourrait plus désormais condamner à l'oubli.

Un brasier était allumé : dans sa flamme ardente se forgerait un jour le glaive qui rendra au Siegfried allemand sa liberté et à la nation allemande, la vie.

Sous mes yeux, le relèvement se mettait en marche. Et je voyais en même temps la déesse de la vengeance inexorable se dresser contre le parjure du 9 novembre 1918.

La salle se vida lentement.

Le mouvement suivit son cours. (p. 367-368)

On peut voir dans ce passage, et on y voit ordinairement, un chapelet de métaphores vulgaires, répétitives et autosuggestives, dicté à Rudolf Hess au fond d'une prison par un obsédé brouillon qui ne savait pas écrire mais seulement parler, et par un acteur sifflé ressassant ses anciens succès. Ce qu'on propose au contraire, tout au long de ce livre, c'est de faire accéder le texte hitlérien à la dignité du mythe, tel qu'en ses moindres variantes les structuralistes (au sens français...) le décortiquent pour faire surgir des notions essentielles sur le fonctionnement des sociétés.

Aux yeux de Hitler, peu importe le succès ou l'échec, du moins pour fonder la conviction. Dans sa cellule de Landsberg, comme dans Berlin assiégé ou lors des plus vibrants rassemblements de Nuremberg, c'est la même volonté qui est à l'œuvre. Elle est d'ordre élémentaire. C'est de l'eau, du feu, du fer. Du mouvement. Là où Schopenhauer prenait une pose de spectateur intéressé mais résigné, Hitler prétend que l'homme peut modifier son destin en mobilisant des forces telluriques. Il voit la floraison, extraordinaire en effet, de la pensée allemande au XIXe siècle, comme une préface tâtonnante à la vérité que, prophète armé, il apporte. Pour compenser en un génial raccourci les « 2 000 ans » que le christianisme a fait perdre.

Voilà qui permet de préciser son rapport à Wagner.

Wagner défiguré ?

L'éventuelle parenté de Wagner et de Hitler a été tout récemment éclairée par deux livres. L'un d'Eric Eugène sur *Wagner et Gobineau* [1]. L'autre

---

1. Paris, Cherche-Midi, 1998.

où le propre arrière-petit-fils du musicien, Gottfried Wagner, renie avec fougue son héritage en dénonçant la complaisance de sa famille envers le nazisme[1].

Eugène montre que le père français du racisme moderne a, au cours des trois dernières années de son existence (1816-1882), assidûment fréquenté la famille Wagner, et eu avec Richard de longs échanges, qui ont débouché sur un constat de désaccord. Il fut ainsi sa « dernière tentation », mais Wagner y résista énergiquement, et son argumentaire, fondé sur l'unité du genre humain, peut encore servir pour combattre les racistes d'aujourd'hui[2]. Cependant, il fut réintroduit à Bayreuth après la mort du maître (1883), notamment par son gendre Houston Stewart Chamberlain.

Né en 1855 dans une famille anglaise aristocratique, ce dernier ne passa dans son pays que ses trois premières années, ayant été ensuite élevé en France et s'étant installé, après son mariage avec une Allemande (1878) dans diverses villes germaniques. Passionné par Wagner depuis 1882, il rencontre Cosima en 1888 et publie deux ouvrages sur le musicien, devenus classiques, avant d'exprimer ses propres idées en 1899 dans *Les fondements du XIXᵉ siècle*. Vis-à-vis de Gobineau il n'avoue pas facilement sa dette. En fait, montre subtilement Eric Eugène, il l'utilise moyennant un renversement... dans le sens de l'optimisme. Le Français se voulait aristocrate et glorifiait dans les « Germains » une noblesse en voie d'extinction. L'Allemand d'adoption pense qu'on peut toujours « améliorer » une race et se fait le chantre, dans les quinze années précédant la guerre mondiale, du destin de son nouveau peuple. Il épouse une fille de Wagner, Eva, en 1908 et réside désormais à Bayreuth jusqu'à sa mort (1927). On se souvient de l'accueil qu'il fait à Hitler peu avant le putsch de 1923 et du patronage que depuis lors il accorde au NSDAP.

Cet audacieux captateur d'héritage offre aux wagnériens non nazis une porte de sortie, qu'Eric Eugène ouvre en grand et que Gottfried Wagner tente avec rage de refermer. Cosima, Chamberlain et Winifred jouent, pour les apôtres de Wagner, le même rôle qu'Elisabeth, veuve Forster, pour ceux de Nietzsche, celui des héritiers un peu simplets qui, seuls, ont donné à une œuvre géniale une portée politicienne et à une pensée noble une interprétation criminogène. Ne serait-il pas plus simple, et en tout cas plus historique, de négliger carrément les épigones, si précisément on les juge médiocres, pour se concentrer sur ce que les créateurs ont vraiment fait et dit, de manière à leur restituer toute leur humanité – et à prendre conscience de la nôtre ? Eugène est intéressant quand il montre Wagner *en tentation* devant Gobineau, et beaucoup moins quand il conclut qu'il a vaincu totalement dans cette épreuve, qu'il se retrouve intégralement du bon côté et que son seul défaut, hélas héréditaire, était d'épouser n'importe qui. Certes, pour faire dériver le wagnérisme vers un racisme cocar-

---

1. *Wen nicht mit dem Wolf heult*, Cologne, Kiepenheuer, 1997, tr. fr. *L'héritage Wagner*, Paris, NiL, 1998.
2. C'est du moins l'opinion de Serge Klarsfeld, dans sa préface.

dier, avant de l'agréger, dans ses dernières années, au nazisme en pleine éclosion, Chamberlain déploya un zèle infatigable, et Winifred offrit, pour parachever l'opération lorsqu'elle dirigea le festival après la mort, en 1930, de son époux Siegfried, une caution des plus précieuses. Cela n'empêche pas Wagner, comme Hitler, d'avoir ses propres responsabilités.

Le nazisme est une synthèse, artificielle et logiquement fautive, mais puissante, des principales innovations intellectuelles du XIXe siècle allemand, surtout en sa deuxième moitié, quand l'influence de Schopenhauer domine. Mais ce philosophe est trop gangrené de compassion. On se contentera de lui emprunter la volonté. On se sert de Nietzsche pour donner à cette volonté une valeur positive. Mais contre Nietzsche, pourfendeur d'illusions, on joue Wagner, l'artiste qui crée l'illusion. On fera seulement descendre celle-ci de la scène à la réalité, la volonté se chargeant de créer les conditions matérielles de cette transmutation. Dans la phase descendante, tandis que s'éloignent les triomphes un instant frôlés, la volonté réoccupe progressivement tout l'horizon, et sa permanence garantit l'éternité du projet [1].

---

1. Au moment de mettre sous presse, je reçois communication d'un ouvrage daté d'octobre 1933, d'une diffusion vraisemblablement très restreinte, *Hitler par lui-même d'après son livre « Mein Kampf ».* Signé de Ch. Appuhn, conservateur à la bibliothèque de la Guerre, publié par l'obscure « Bibliothèque documentaire Jacques Haumont », l'ouvrage, fort peu laudateur, n'évite pas la polémique grossière, ainsi lorsque, p. 35, démarquant plus les publicistes du genre Heiden qu'il ne lit Hitler, il écrit que « si nous le comprenons bien » il était, lors de son premier séjour à Munich, peintre en bâtiment. Cependant, le livre se termine sur une phrase aussi remarquable que fâcheusement peu remarquée. Elle peut servir à ce chapitre de digne conclusion, montrant qu'il n'est jamais ni trop tôt, ni trop tard pour bien lire : « Si loin de lui que nous nous sentions, cependant, nous devons lui tenir compte de son mépris des avantages matériels que tant d'hommes cherchent à retirer de leur participation aux affaires publiques, et nous saluerons en lui un réel courage mis au service d'un grand amour. » Pour ma part, je n'écrirais pas qu'il faut *lui* en tenir compte, mais que, pour décider de la conduite à tenir devant un tel phénomène, il est de première urgence de tenir compte de son étrangeté et de ne pas le rapporter à des normes politiciennes vulgaires.

Conclusion

Comme Ludolf Herbst l'a fait récemment remarquer [1], ni l'intentionnalisme ni le fonctionnalisme ne constituent une théorie globale, propre à expliquer le phénomène nazi, et les tentatives d'en produire une sont encore dans l'enfance, ayant elles-mêmes été longtemps corsetées dans des préoccupations militantes à court terme. Elles amenaient journalistes et hommes politiques à expliquer l'emprise de Hitler sur l'Allemagne, soit par la théorie du totalitarisme, soit par celle du fascisme, et, après les affrontements des années 30, la guerre froide a distribué géographiquement les rôles : à l'Ouest on prenait plaisir à souligner les convergences entre nazisme et communisme, cependant qu'à l'Est on développait sans fin la célèbre formule de Dimitrov au congrès du Komintern en 1935, de la « dictature terroriste ouverte des éléments les plus chauvins et les plus réactionnaires du capital financier ». La chute du Mur encourage à remiser ces lourdes armures, mais on ne sait guère par quoi les remplacer.

Herbst combine la théorie de l'impérialisme et celle du chaos. Il y aurait en Allemagne, comme au Japon, un impérialisme en quête de matières premières et de débouchés, avec une avidité redoublée par les frustrations nées de la première guerre mondiale, puis de la crise. Au Japon, le phénomène prendrait un tour chaotique du fait de structures étatiques faibles, permettant à l'armée et à la marine, en conflit permanent, d'enrôler progressivement les rouages de la société sans être en mesure d'en contrôler les conséquences. En Allemagne, la cause du chaos, la « petite modification initiale (...) gonflée par une répétition, une itération continue », serait la suppression de la légalité par Hitler, enclenchant des « processus chaotiques qui obéissent au principe de la croissance exponentielle ».

Cette théorisation toute neuve, dont il faut saluer le projet, prête le flanc à la critique. La théorie du chaos est un mixte du « dictateur faible » et du « fou nihiliste ». Elle néglige non seulement la maîtrise avec laquelle Hitler ourdissait sa toile, mais la capacité de la planète à tolérer

---

1. « Guerre et chaos/A propos de diverses interprétations du IIIe Reich », in *Etat et société en Allemagne sous le IIIe Reich*, Asnières, PIA, 1997.

pour un bon moment, n'eût été le sursaut churchillien, un Reich agrandi et *judenrein*.

Ce qu'il y a surtout de curieux dans ce recours au « chaos », c'est le présupposé que les faits sociaux sont naturellement ordonnés, et que le chaos doit être expliqué. Les sciences enseignent plutôt qu'il est originel ! C'est donc l'extrême fragilité des processus démocratiques, en Allemagne et ailleurs, qui doit être au principe de l'explication. La vie est inquiétante, particulièrement pour la créature humaine. Religions et idéologies sont là pour donner du sens – un sens totalitaire dans l'immense majorité des sociétés, jusqu'aujourd'hui. Hors de la croyance commune, point de salut. Le feu purificateur des bûchers n'est jamais loin. Depuis la Renaissance s'imposent peu à peu d'autres normes, tout d'abord en Europe, mais les libérations engendrent une angoisse redoublée et les violences se déchaînent, comme en France au XVIᵉ siècle, en Allemagne pendant la guerre de Trente Ans, ou dans les futurs Etats-Unis avec la chasse aux sorcières. Le socle du nazisme est là. Exclure, hiérarchiser, homogénéiser sont les trois volets d'un projet qui n'a d'autre originalité que sa mise en œuvre, au service d'un projet d'agrandissement territorial, par un idéologue obtus doublé d'un homme d'action pragmatique.

Les historiens et chroniqueurs du nazisme peuvent se ranger en cinq catégories principales :

— ceux qui pensent que Hitler est maître du jeu, mais n'est qu'un opportuniste sans principes (Heiden, Meinecke, Wheeler-Bennett, Bullock – celui de 1953) ;

— ceux qui pensent que Hitler est maître du jeu, et agit sous l'inspiration d'une « mission » rendant compte de la plupart de ses actes, soit directement, soit, au cas où les actes paraissent inférieurs ou infidèles à la mission, par une lenteur ou des détours tactiques (Trevor-Roper, Hillgruber, Jäckel, Reichel) ;

— ceux qui pensent qu'il n'y a pas de maître du jeu, et que Hitler pare au plus pressé pour canaliser des forces qui lui échappent (Neumann, Broszat, Mommsen, Frei, Herbst et dans une mesure décroissante mais encore large, Kershaw ou Burrin) ;

— ceux qui pensent avant tout que Hitler n'est pas maître de lui, soit la plupart des psychiatres ou psycho-historiens (Binion, Langer, Waite ou encore le Friedländer d'avant 1982) ;

— enfin les adeptes de la « fascination de la destruction » (Rauschning, Bullock et Friedländer dernière manière, Pauwels et les « ésotéristes », Lukacs, J.P. Stern, Lucy Dawidowicz, Rosenbaum), qui lui reconnaissent une certaine liberté dans sa manière de s'astreindre à faire le mal.

Ce qui manque peut-être le plus, c'est une synthèse. Certes il faut critiquer ce que les différentes approches ont de réducteur, et qui amène à des formulations clairement fausses. Mais il ne faudrait pas condamner ce qui, dans les livres sérieux, procède d'un effort non dépourvu de finesse et d'esprit innovant, pour comprendre un peu mieux les mécanismes d'un bouleversement sans précédent. Je serais tenté de dire qu'avec Hitler, presque tout est vrai. Le bon portrait sera celui qui synthétisera le plus d'aspects à première vue contradictoires. Il faut cependant un principe d'ordre, qui mette certains facteurs au commandement.

L'objet Hitler est composite. Mais l'inventaire de ses éléments ne suffit pas à le décrire. Divin avant d'être diabolique, il intègre avant tout la quintessence de l'esprit religieux. On peut même dire qu'il en synthétise la variante naturaliste et la variante monothéiste : la croyance qui est au principe de toutes les autres et de tous les actes, c'est la force de la volonté, capable de faire plier la matière. Cette volonté est avant tout la sienne, et il en vient, au début des années 30, à se prendre réellement pour Dieu : ne règle-t-il pas, au nom d'un dessein qu'il ne partage complètement avec personne, le cours entier des affaires mondiales, même et surtout lorsque se mettent en branle les forces qui vont le broyer ? Toutes les erreurs à son sujet proviennent de l'incapacité à concevoir Hitler comme un esprit autonome, dominant les influences d'une manière originale et terriblement efficace, précisément parce qu'il s'affranchit rationnellement des limites de la raison et, mettant en branle un processus inédit que lui seul règle, réussit à retarder longtemps les démentis de l'expérience.

« Ein Volk, ein Reich, ein Führer. » Il est facile de constater que le slogan est répugnant. Il n'est guère plus difficile de se rendre compte qu'il est contradictoire, étant entaché d'une nostalgie irréaliste de la pureté et du rêve inaccessible d'une adéquation entre les frontières des Etats et celles des peuples. Mais il faut, semble-t-il, un désintéressement scientifique encore bien rare pour remarquer que les contradictions ont été longtemps résolues de manière satisfaisante, par la prééminence du troisième terme. Puisqu'il y a un Führer, c'est lui qui décide qui est allemand, qui est juif et quels territoires doit englober l'espace vital, le tout dans une dynamique sans repos ni réflexion – excepté la sienne.

Ainsi, au terme de ce livre, je risquerai une synthèse, à la fois des tentatives historiographiques précédentes et des différents aspects du personnage. Les cinq catégories dégagées peuvent, si on considère la chronologie, se ramener à trois attitudes successivement dominantes – certains ayant accompagné le mouvement en passant d'une catégorie à une autre, tels Bullock et Friedländer.

De 1945 jusque vers 1970, Hitler est regardé comme un destructeur ; de 1970 au début des années 90, sous l'influence principalement de Speer, il est vu conjointement comme un destructeur et un constructeur [1] ; aujour-

---

1. Le fonctionnalisme aiderait à la transition entre la première et la deuxième phase : il ruine l'image du « génie de la destruction », mettant à sa place un apprenti sorcier dépassé et, à l'occasion, un peu constructeur.

d'hui, on est en train de se rendre compte qu'il était uniquement un constructeur.

On se récriera peut-être. Mais parler d'une construction n'implique pas qu'elle soit belle ou bonne. Il suffit qu'elle tienne debout. Il ne s'agit pas non plus de nier les destructions, mais de dire qu'elles n'étaient qu'un préalable à la construction, comme un architecte détruit les immeubles antérieurs ou élimine des matériaux lorsqu'il creuse ses fondations. Je veux dire que Hitler ne prend aucun plaisir à détruire. On le sait, au fond, depuis toujours, puisque précisément on en rajoute, lorsqu'on exagère son amour de la guerre, lorsqu'on monte en épingle une confidence unique pour prétendre qu'enfant il martyrisait plus que d'autres les animaux, ou lorsqu'on invente les supplices raffinés qu'il aurait fait subir à ses ennemis du 20 juillet et le film sur ce sujet dont il se serait longuement repu.

Dans cette image d'une construction se trouve aussi, sans doute, le secret de son attitude envers les Juifs. Eux, il veut certes les détruire – c'est même, si on y réfléchit bien, la seule race vouée à ce sort même quand elle habite en dehors des territoires convoités. C'est aussi la seule qui soit exclue de l'espèce humaine. Les Noirs, les Jaunes, les Slaves, les Arabes sont inférieurs aux Aryens, mais ils ne sont jamais animalisés ou chosifiés, ils ont le droit de vivre s'ils n'ont pas l'infortune d'encombrer l'espace vital et on peut passer des compromis avec eux. Le crime des Juifs, c'est d'empêcher l'édification du grand Reich. C'est même ainsi, de plus en plus, que Hitler les définit. Ils n'ont guère, au fond, d'existence réelle, même si le bâtisseur Hitler en a providentiellement quelques millions en son pouvoir pour marquer, par leur destruction, son territoire, et compromettre ses ouvriers. Est juif, en dernière analyse, ce qui gêne la construction. Si Hitler prend rarement parti dans les savantes disputes de ses lieutenants sur la définition de la race maudite, ce n'est pas qu'il soit « faible », c'est qu'il est tout à son œuvre. Il n'a aucune passion pour la destruction du Juif en elle-même. Ainsi, à la fin, recherche-t-il obstinément un compromis avec Roosevelt, qu'il a tant et plus judaïsé [1]. A la seconde où il céderait, l'hôte de la Maison-Blanche retrouverait *ipso facto* sa pureté aryenne. Ce serait le signe infaillible que dans le grand corps des Etats-Unis le poison est en train d'être surmonté par l'organisme.

Il faut donc particulièrement se garder de la tentation, fréquente étant donné la complexité du personnage, de le déclarer « double ». Il ne l'est que virtuellement : une autre biographie était possible, celle d'un mélomane wagnérien gagnant sa vie comme architecte. Il n'aurait peut-être rien construit de bien original, conquérant sa reconnaissance un peu tard et reportant ses ambitions sur les enfants qu'il souhaitait, et pouvait probablement, engendrer. Il y renonce jour après jour pour entrer et se maintenir en religion. Son dieu est l'Allemagne, suivant le serment qu'il a fait,

---

1. « (...) Dans les familles métissées il surgit de temps en temps dans la lignée un Juif intégral. La meilleure preuve de la vérité de ce point de vue est apportée par Roosevelt » (« propos de table » du 1er juillet 1942).

lors du séjour à Pasewalk, à ses frères d'armes décédés. Il en vient à incarner lui-même cette Allemagne, mais c'est tout de même en sa faveur, et pour qu'elle vive, qu'il s'immole. L'entreprise était folle, sans nul doute, dans le projet comme dans les moyens, mais elle a longtemps collectionné les succès et a bien failli aboutir à un résultat durable. Son espérance de vie n'eût pas été de mille ans, mais on frémit à l'idée des crises qui eussent été nécessaires pour le remettre en cause, si la paix était survenue au printemps ou à l'été de 1940.

Au moment de conclure, l'historien mesure sa responsabilité... pour peu que son ouvrage connaisse une certaine diffusion. Ce n'est point par souci de contrition qu'il rappellera une fois encore qu'il a longtemps partagé, et propagé, bon nombre des erreurs qu'il débusque. C'est pour dire qu'il comprend d'avance ses contradicteurs et tenter de faire appel à leur propre compréhension.

Le nazisme est une sale affaire. Le monde a, pour s'en débarrasser, utilisé des médications draconiennes. La démocratie en lutte a souvent violé ses principes, et elle continue de le faire quand elle préserve des secrets, en dépit de la disparition, vieille de plusieurs décennies, de ceux qui étaient en charge des responsabilités. En dépit même de la fin, depuis dix ans, de la guerre froide, génératrice de silences et de déformations car aucun des deux « grands » ne souhaitait un inventaire trop précis des ruses nazies auxquelles il s'était laissé prendre. De ces silences maintenus résulte un malaise, propice aux demi-vérités des ouvrages à sensation.

Il fallait faire un saut. On espère l'avoir réussi. En présentant un Hitler humain, avec des qualités et des défauts en sus de sa folie et de ses crimes, loin d'estomper ces derniers on leur donne, au contraire, tout leur relief. En considérant son humilité, son amour sincère de l'Allemagne, telle du moins qu'il la voyait, et son absence de carriérisme, on comprend non seulement pourquoi il damait le pion à des chefs d'Etat en apparence mieux préparés à leur rôle, mais on met le doigt sur un des principaux défis que la démocratie affronte encore quotidiennement. Son fonctionnement ordinaire aboutissant à des compromis boiteux entre des intérêts nombreux (même s'ils ne sont pas tous dominants), une place reste à la démagogie. Des simplificateurs surgissent périodiquement, polarisant une partie de la masse contre un bouc émissaire facile à identifier et à injurier. S'ils peuvent s'autoriser d'un patriotisme bafoué, ils deviennent de sérieux candidats au pouvoir. Comme ils négligent nombre de problèmes, ils sont également très vulnérables et ne sont réellement dangereux que si leurs vociférations cachent une grande intelligence. Avec Hitler, cette condition a été remplie d'une manière jusqu'ici inédite – parce que son intelligence lui permettait de se dédoubler en permanence pour calculer ses effets, en se mettant à la place de ceux qu'il bernait.

Refuser d'analyser de telles personnalités sous prétexte qu'elles incarnent « le mal » et que la description de leurs procédés risquerait de les valoriser, c'est le meilleur moyen de pérenniser leur charme.

> Dans ce cas, la seule ressource était la lutte, la lutte avec toutes les armes que peuvent fournir l'esprit humain, l'intelligence et la volonté, quel que dût être d'ailleurs celui des deux adversaires en faveur duquel le sort ferait pencher la balance.

Il faut en revenir à cette phrase de *Mein Kampf*, qui résume la posture adoptée en 1919 par un ancien combattant de trente ans. Elle est à la source, non seulement d'un « combat » poursuivi contre vents et marées pendant un quart de siècle, mais également, *via* Churchill, d'une partie des méthodes adoptées pour vaincre dans ce combat et surtout, de manière plus regrettable, pour le raconter. D'un bout à l'autre, c'est le manichéisme qui a fait la loi, « quel que dût être d'ailleurs celui des deux adversaires en faveur duquel » penchaient les commentateurs. Il est temps de sortir du cercle magique dans lequel Hitler nous a enfermés et de laïciser l'histoire en distinguant radicalement le rôle, majeur, des fantasmes au nom desquels les humains justifient leurs actions, de la réalité de celles-ci. Pour répondre à la question de Ron Rosenbaum, Hitler faisait « le mal » à la fois consciemment et inconsciemment, il avait diaboliquement compris les petitesses humaines et en jouait au nom d'une mission patriotique et raciale qu'il se croyait assignée par une Providence. Il était joueur mais certainement pas « ricanant », il se prenait terriblement au sérieux. Sans cette richesse de registres, qui a durablement dérouté les observateurs, il n'aurait fait qu'une brève carrière.

Alors que s'approche le moment de mettre un terme à ce travail, un important magazine français d'histoire publie un gros dossier sur Hitler, faisant appel à quelques-uns des plus éminents spécialistes. Un éditorial anonyme charrie encore le « peintre raté », modernise le « vagabond viennois » en « ancien SDF » et bat un nouveau record dans la négation de ses qualités en parlant d'« un homme comme un autre », avant de virer sur l'aile en indiquant qu'un pareil destin « ne peut échoir à n'importe qui » et de reconnaître au personnage « quelques qualités de médium » ainsi qu'un art de la « mythologie simplificatrice ». Le ton est donné, et les spécialistes, tout en combattant à l'occasion quelques clichés (ainsi le « peintre raté »), éprouvent le besoin de tenir l'objet à distance et d'encadrer comme policièrement ses qualités par de massifs défauts. On en reste au second stade, celui qui a eu son âge d'or dans les années 70-80, lorsqu'on voyait dans Hitler, à la fois et contradictoirement, un constructeur et un destructeur, comme si on avait peur de favoriser une résurgence du nazisme en le présentant dans sa logique.

La leçon commune de cet éditorial et du présent ouvrage, c'est que les études hitlériennes n'en sont qu'à leur début. L'abandon d'un point de vue moralisateur se révèle d'une extraordinaire fécondité. Il n'implique nullement l'indifférence morale de l'auteur ou du lecteur, mais à chacun son métier : celui de l'historien n'est que de chercher comment les choses se sont passées. Lui refuser, au nom des victimes, le droit de comprendre, c'est usurper la parole desdites victimes d'une manière bien peu démocratique. Si Hitler est en enfer, les censeurs, même bardés des meilleures intentions, sont en grand danger de l'avoir pour voisin de chaudron.

Le terme de « totalitarisme », mis à la mode pendant la guerre froide pour attiser la peur du communisme en l'identifiant au moins partiellement au nazisme, est, de ce point de vue, doublement fautif. D'une part, le communisme, dans son incarnation stalinienne, a toujours ignoré la subtilité, le doigté, la progressivité et les disparités dont a fait preuve, du début à la fin, la répression nazie, et s'est avéré, en temps de paix, infiniment plus sanguinaire. D'autre part, puisque précisément il laissait en liberté nombre d'opposants ou d'indifférents et maintenait beaucoup d'institutions antérieures, tout en les coiffant d'un Führer omnipotent et calculateur, alliant le génie du comédien à celui du metteur en scène, le nazisme est un totalitarisme infiniment plus inquiétant et dégradant qu'un régime bêtement meurtrier, pratiquant la terreur contre ceux qui réfléchissent pour pouvoir s'en dispenser.

Prétendre que dans la chancellerie berlinoise on redoutait les humeurs du chef et craignait en permanence pour sa vie, comme au Kremlin de 1936 à 1953, est une erreur lourde de conséquences. Elle est d'ailleurs peu compatible avec le climat d'anarchie et de rivalités de boutiques décrit par d'autres auteurs, et parfois par les mêmes, tant il est encore loisible d'être peu rigoureux, pourvu qu'on montre patte blanche en pratiquant le dénigrement. La vérité, c'est que Hitler dominait de haut son monde, avec l'aide principalement de Göring, de Himmler et, successivement, de Hess et de Bormann. Ce qui frappe, ce n'est pas le chaos des ambitions individuelles, mais l'ordre infiniment complexe imposé par un cerveau unique au moyen d'une personnalité magnétique, et le nombre de talents d'un dévouement sans faille qu'elle a su rassembler, pour l'essentiel jusqu'au bout – à la seule exception du haut commandement, souvent renouvelé, de l'armée de terre –, quelles que soient les distances prises après coup par les survivants.

« Je suis une force qui va. »

La phrase d'Hernani s'applique mieux que toute autre à la carrière que ce livre vient de résumer. Hitler est une concrétion extraordinaire d'énergie humaine. Les créateurs de sa trempe, d'ordinaire, ne nuisent qu'à eux-mêmes, ou au plus à un entourage immédiat, brûlant leur puissance dans une œuvre artistique ou scientifique. L'histoire offre certes quelques autres exemples de créateurs politiques qui, à partir d'une ambition ou d'une conviction personnelle, ont modifié le destin de millions d'hommes. Cependant, ils s'inscrivent dans un mouvement général, dans un certain « sens de l'histoire », qu'il s'agisse par exemple d'Alexandre, César, Napoléon ou Marx. Ceux-là aussi n'ont guère d'ascendants, mais ils ont une postérité. Une part de leur œuvre est reniée ou délaissée par des successeurs de moindre envergure, mais une autre subsiste. Ce trait s'applique, mieux encore, aux fondateurs de religions. Déformée, affadie, adaptée à des temps moins messianiques que ceux des origines, leur prédication s'inscrit dans la durée.

Hitler est, et restera sans doute, un phénomène unique. L'origine infernale que communément on lui prête s'explique par son allure de comète isolée, qui a visité la Terre comme par hasard et aurait très bien pu ne pas le faire. Et le caractère hautement improbable de son ascension et de son maintien de douze années à la tête d'un grand pays interdit, du moins c'est ce qui se dégage de la présente étude, d'en faire porter à ce pays la responsabilité. Ce qui ne veut pas dire, bien au contraire, qu'il ne fallait pas le dénazifier. Il le fallait parce que c'était possible, et c'était possible parce que le nazisme n'avait rien d'essentiellement allemand.

La démocratie est fragile, quoi d'étonnant, dans des pays qui étaient féodaux il y a une pincée de siècles ? Des forces travaillent en permanence à préserver ou à rétablir tout ce qui peut figer la structure sociale, et à maintenir ou à remettre le grand nombre au service d'une élite étroite. Hitler s'est abondamment servi de ces forces – tout en les violant et en les poussant finalement à l'attentat du 20 juillet – mais il a aussi flatté quelques aspirations de gauche. C'est un manipulateur, et son aventure n'a rien à nous dire sur la qualité politique ou morale des valeurs dont il jouait, toutes les fois qu'il lui plaisait de dissimuler les siennes et ce système raciste d'une cohérence sans précédent qui, repéré au début par le seul Churchill, l'a finalement conduit à une fin aussi désastreuse que courageusement assumée.

L'humanité sera un peu plus mûre quand elle sera capable de regarder son Hitler en face. Sa sortie de scène apocalyptique ayant été immédiatement suivie de la révélation de ses plus grands crimes, il n'a conservé aucun admirateur, du moins avoué et influent, et n'aura probablement jamais de successeur – ne serait-ce que parce que sa chute a coïncidé avec l'émergence des Etats-Unis comme superpuissance mondiale, interdisant la naissance d'une nouvelle dictature expansionniste, et qu'un Hitler ne saurait apparaître aux Etats-Unis, car il ne pourrait ni exploiter le ressentiment d'une défaite, ni accroître sa puissance en cultivant l'apparence de sa faiblesse. Est-ce à dire que la leçon ne vaut pas d'être méditée ? Non, car des traits partiels de Hitler peuvent se retrouver et se sont retrouvés, emprunts conscients ou non, dans bien des conjonctures politiques. La manipulation de l'opinion grâce à des effets calculés, à des références aux idéologies les plus opposées, à des rôles qu'on distribue aux compagnons, voire aux adversaires, pour flatter les aspirations les plus contradictoires, et à une passivité apparente masquant la préparation

Conclusion

d'actions brutales au service d'objectifs inavoués, le tout avec un sens aigu du décor et du cérémonial, voilà une méthode politique portée par Hitler à une perfection inégalée, mais dont l'étude peut éclairer le comportement de maint épigone moins doué.

Remerciements

Même limitée aux amis de l'auteur et à ceux de l'histoire, la liste serait longue des fées qui se sont penchées sur cette œuvre au long cours et l'ont secourue dans des passes délicates. Que soient plus particulièrement remerciés les personnels des bibliothèques et des dépôts d'archives visités, avec une mention spéciale pour l'Institut historique allemand de Paris, son spécialiste du nazisme Stefan Martens et ses bibliothécaires mués au besoin en intrépides internautes, Jean-Louis Couvert et Wolfram Käberich. Que soient honorés l'Education nationale et son enseignement secondaire plus houspillé que jamais : la condition d'enseignant de lycée fournit pour ce genre de travail un cadre des plus stimulants, tant par la curiosité des élèves que par les intérêts multiples du corps professoral. Ne pouvant citer tout le monde, je remercierai Vincent Duruel pour ses lumières philosophiques, ainsi que Hiltrut Morlans et François Janin pour leurs compétences linguistiques – la version française du discours de 1920 doit beaucoup au second. Sur l'aspect psychanalytique du sujet, Marie-Christine Bruyère m'a aidé de ses suggestions et de sa documentation. Pour la relecture du manuscrit, je n'aurais pu sans dommage me priver des remarques de Madeleine Rebérioux, Gilbert Bloch, Mario Rossi, Gilbert Badia, Henri-Christian Giraud, Stefan Martens, Roger Maria, Philippe Masson, Lucie et Raymond Aubrac, fidèles au poste depuis de longues années et rejoints cette fois-ci, au moins pour certaines parties du texte, par Jacques Delarue, Pierre Ayçoberry, Hubert Hanoun, Louis Dupeux, Alain Ruiz, John Lukacs, Paul Gaujac et enfin, tard venus mais particulièrement précieux, Edouard Husson et Lionel Richard. Merci aussi, pour leurs aides plus ponctuelles, à Alfred Grosser, Ian Kershaw, Gilbert Merlio, Françoise Knopper, Jean-Paul Picaper, F. Gutschi, Jean-François Hamel et Eberhardt Jäckel. D'autres personnes m'ont aidé à cerner Hitler sans qu'il fût nécessairement question de lui, ainsi les déportés, ou enfants de déportés, qui ont visité mon établissement scolaire : Eva Tichauer, Liliane Lelaidier-Marton et Samuel Braun. Je tiens aussi à exprimer ma gratitude, mais on comprendra que ce soit de manière anonyme, à quelques cerbères, séquestrant des archives ou prétendant se mettre en travers des recherches pour sauver indûment des réputations : leurs réactions m'ont éclairé, tant sur ce qu'il était intéressant de creuser que sur des formulations prêtant à confusion. Je terminerai par une pensée pour Laure Adler, qui fut à l'origine du projet et l'a efficacement servi.

OUVRAGES CITÉS

ADAP (*Akten der deutschen auswärtigen Politik*), Baden Baden, Imprimerie nationale, série D, 13 vol., 1950-1970.

Albert Speer : Kontroversen um ein deutschen Phänomen, Munich, Bernard und Graefe, 1978.

ALFIERI (Dino), *Deux dictateurs face à face*, Genève, Cheval Ailé, 1948.

AMOUROUX (Henri), *Grande histoire des Français sous l'Occupation*, nouvelle édition, t. 2, Paris, Laffont, 1998.

APPUHN (Charles), *Hitler par lui-même d'après son livre « Mein Kampf »*, Paris, Bibliothèque documentaire Jacques Haumont, 1933.

Avenirs et avant-gardes/Mélanges Madeleine Rebérioux, Paris, La Découverte, 1999.

AYÇOBERRY (Pierre), *La question nazie*, Paris, Seuil, 1979 – *La société allemande sous le Troisième Reich*, Paris, Seuil, 1998.

BACHOUD (Andrée), *Franco*, Paris, Fayard, 1997.

BADIA (Gilbert), *Le Reichstag brûle !*, Paris, Messidor, 1983.

BAUR (Hans), *Ich flog Mächtige der Erde*, Kempten, Propster, 1956, tr. fr. *J'étais le pilote de Hitler*, Paris, France-Empire, 1957.

BEAUD (Olivier), *Les derniers jours de Weimar/Carl Schmitt face à l'avènement du nazisme*, Paris, Descartes, 1997.

BEIERL (Florian), *Geschichte des Kehlsteins*, Berchtesgaden, Plenk, 1998.

BENOIST-MÉCHIN (Jacques), *Histoire de l'armée allemande*, Paris, Laffont, 1964.

BENZ (Wolfgang), GRAML (Hermann) et WEISS (Hermann) (dir). *Enzyklopädie des National-sozialismus*, Stuttgart, Klett-Cotta, 1997.

BERSTEIN (Serge) et MILZA (Pierre), *Dictionnaire historique des fascismes et du nazisme*, Bruxelles, Complexe, 1992.

BERTOLDI (Silvio), *I Tedeschi in Italia*, Milan, Rizzoli, 1994.

BESYMENSKI (Lew), *La mort d'Adolf Hitler*, Paris, Plon, 1968.

BINION (Rudolph), *Hitler among the Germans*, New York, Elsevier, 1976, tr. fr. *Hitler et l'Allemagne*, Paris, Points Hors-ligne, 1994.

BLANCPAIN (Marc), *Guillaume II*, Paris, Perrin, 1998.

BLOCH (Charles), *Le Troisième Reich et le monde*, Paris, Imprimerie nationale, 1986.

BLOND (Georges), *L'agonie de l'Allemagne*, Paris, Fayard, 1952.

BOGAERT (André), *Un homme seul contre Hitler*, Paris, Laffont, 1974.

BONNIN (Georges), *Le putsch de Hitler*, Les Sables-d'Olonne, Georges Bonnin, 1966.

BRACHER (Karl Dietrich), FUNKE (Manfred) et JACOBSEN (Hans-Adolf) (éd)., *Deutschland 1933-1945*, Bonn, Bundeszentrale für politische Bildung, 1992 — *Die deutsche Diktatur*, Cologne, Kiepenheuer & Witsch, 1969, tr. fr. Toulouse, Privat, 1986.

BRISSAUD (André), *Hitler et l'Ordre noir*, Paris, Perrin, 1969 – *Mussolini*, Paris, Perrin, 1983.

BROSSE (Jacques), *Hitler avant Hitler*, Paris, Fayard, 1972.

BROSZAT (Martin), *Der Staat Hitlers*, Munich, DTV, 1970, tr. fr. *L'Etat hitlérien*, Paris, Fayard, 1985.

BROWNING (Christopher), *Ordinary Men. Reserve Police Battalion 101 and the Final Solution in Poland*, New York, 1992.

BRÜNING (Heinrich), *Memoiren (1918-1934)*, Stuttgart, Deutsche Verlags-Anstalt, 1970, tr. fr. *Mémoires*, Paris, Gallimard, 1974.

BUCHBENDER (Ortwin) et HAUSCHILD (Reinhard), *Geheimsender gegen Frankreich*, Herford, Koehlers, 1984, tr. fr. *Radio-Humanité*, Paris, France-Empire, 1986.

BULLOCK (Alan), *Hitler*, Londres, Odhams, 1952, 2ᵉ éd. 1962, tr. fr. Verviers, Marabout, 1963 – *Hitler and Staline-Parallel Lives*, Londres 1991, tr. fr. *Hitler-Staline/Vies parallèles*, Paris, Albin Michel et Robert Laffont, 1994.

BURCKHARDT (Carl), *Meine Danziger Mission*, tr. fr. *Ma mission à Dantzig*, Paris, Fayard, 1961.

BURRIN (Philippe), *Hitler et les Juifs*, Paris, Seuil, 1989.

CALIC (Edouard), *Himmler et son empire*, Paris, Stock, 1965 – *Le Reichstag brûle !*, Paris, Stock, 1969 – *Reinhard Heydrich*, Düsseldorf, Droste, 1982, tr. fr. *Heydrich*, Paris, Laffont, 1985.

CANONICI (Guy), *Les témoins de Jéhovah face à Hitler*, Paris, Albin Michel, 1998.

CHARMLEY (John), *Churchill/The End of Glory/A political Biography*, Londres, Hodder & Stoughton, 1993.

CHAUSSY (Ulrich) et Püschner (Christoph), *Nachbar Hitler*, Berlin, Links, 1995.

CHAUVY (Gérard), *Aubrac Lyon 1943*, Paris, Albin Michel, 1997.

CHURCHILL (Winston), *Mémoires, The Gathering Storm*, Londres, 1948, tr. fr. *D'une guerre à l'autre*, Paris, Plon, 1948.

CONTE (Edouard) et ESSNER (Cornelia), *La quête de la race*, Paris, Hachette, 1995.

CORNISH (Kimberley), *The Jew of Linz*, Londres, Century Books, 1998, tr. fr. *Wittgenstein contre Hitler*, Paris, PUF, 1998.

COSTELLO (John) *Les dix jours qui ont sauvé l'Occident*, Paris, Orban, 1991.

CRÉMIEUX-BRILHAC (Jean-Louis), *Les Français de l'an Quarante*, Paris, Gallimard, 1990.

DAHRENDORF (Ralf), *Gesellschaft und Demokratie in Deutschland*, Munich, 1965.

DARD (Olivier), *La Synarchie*, Paris, Perrin, 1998.

DARIDAN (Jean), *Le chemin de la défaite*, Paris, Plon, 1980.

DAWIDOWICZ (Lucy), *The War against the Jews*, New York, Holt, 1975.

DELPLA (François), *Les papiers secrets du général Doumenc*, Paris, Orban, 1992 – *Churchill et les Français*, préface de Guy Pedroncini, Paris, Plon, 1993 – *Montoire*, préface de Philippe Masson, Paris, Albin Michel, 1995 – *La ruse nazie*, Paris, France-Empire, 1997 – *Aubrac, les faits et la calomnie*, Pantin, Le Temps des Cerises, 1997 – *Les nouveaux mystères de Pearl Harbor*, inédit (extraits sur Internet : http ://www. amgot. org/fr. hist. htm).

Der Reichstagsbrand (Walter Hofer, Edouard Calic, Christopher Graf, Friedrich Zipfel, éd)., Berlin, Arani, 2 vol., 1972-1978 ; rééd. Fribourg, Ahriman, 1992.

DEUERLEIN (Ernst), *Der Aufstieg des NSDAP in Augenzeugenberichten*, Düsseldorf, Rauch, 1968, rééd. Munich, Deutscher Taschenbuch Verlag, 1974.

Die braune Elite, Darmstadt, Wissenschaftliche Buchgesellschaft, 2 vol., 1989 et 1993.

Die Hassell-Tagebücher1938-1944, Berlin, Jobst, 1988.

Die Tagebücher von Joseph Goebbels, Munich, Saur, 15 vol., 1987-1995.

DIETRICH (Otto), *Mit Hitler in die macht*, Munich, Eher, 1934 – *Zwölf Jahre mit Hitler*, Munich, Isar, 1955, tr. fr. *Hitler démasqué*, Paris, Grasset, 1955.

Documenti diplomatici italiani, série 7, vol. 1, 1953.

Documents diplomatiques français 1932-1939, 2ᵉ série, t. 3, Paris, Imprimerie nationale, 1966.

Documents diplomatiques français, 1ʳᵉ série, t. 11, Paris, Imprimerie nationale, 1982.

DOMARUS (Max), *Hitler/Reden und Proklamationen*, Munich, Süddeutscher Verlag, t. 1, 1962.

DOUGLAS-HAMILTON (James), *Motive for a Mission*, Londres, Macmillan, 1971.

DRIEU LA ROCHELLE (Pierre), *Journal 1939-1945*, Paris, Gallimard, 1992.

DULLES (Allen), *The secret Surrender*, New York, Harper, 1966, tr. fr. *Les secrets d'une reddition*, Paris, Calmann-Lévy, 1967.

DUPEUX (Louis, éd)., « *La révolution conservatrice* » *dans l'Allemagne de Weimar*, Paris, Kimé, 1992.

DUPRAY (Micheline), *Roland Dorgelès/Un siècle de vie littéraire française*, Paris, Renaissance, 1986, p. 69-75.

Ouvrages cités

DUROSELLE (Jean-Baptiste), *La décadence*, Paris, Imprimerie nationale, 1979.

DZÉLÉPY (Eugène), *Le vrai « combat » d'Hitler*, Paris, Vogel, 1936.

EDEN (Anthony), *The Eden Memories*, t. 1, *Facing the Dictators*, Londres, Times Publishing Company, 1963, tr. fr. *Face aux dictateurs*, Paris, Plon, 1964, t. 3, *The Reckoning*, Londres, Times Publishing Company, 1965, tr. fr. *L'Epreuve de force*, Paris, Plon, 1965.

Etat et société en Allemagne sous le IIIe Reich, Asnières, PIA, 1997.

EUGÈNE (Eric), *Les idées politiques de Richard Wagner et leur influence sur l'idéologie allemande (1870-1945)*, Paris, Les Publications universitaires, 1978 – *Wagner et Gobineau*, Paris, Cherche-Midi, 1998.

FARIAS (Victor), *Heidegger et le nazisme*, Paris, Verdier, 1987.

FÉRAL (Thierry), *Justice et nazisme*, Paris, L'Harmattan, 1997 – *Le national-socialisme/Vocabulaire et chronologie*, Paris, L'Harmattan, 1998.

FERRO (Marc), *Pétain*, Paris, Fayard, 1987.

FEST (Joachim), *Das Gesicht des Dritten Reiches*, Munich, Piper, 1964, tr. fr. *Les maîtres du IIIe Reich*, Paris, Grasset, 1965 – *Hitler*, Francfort/Main, Ullstein, 1973, rééd. 1996, tr. fr. Paris, Gallimard, 1973.

FIELD (Geoffrey), *Evangelist of Race*, New York, 1981.

FRANÇOIS-PONCET (André), *Souvenirs d'une ambassade à Berlin*, Paris, Flammarion, 1946.

FRANK (Hans), *Im Angesicht des Galgens*, Munich, Beck, 1953.

FREI (Norbert), *Der Führerstaat*, Munich, Deutscher Taschenbuch, 1987, tr. fr. augmentée, *L'Etat hitlérien et la société allemande*, Paris, Seuil, 1994.

FRIEDLÄNDER (Saül), *Hitler et les Etats-Unis*, Genève, Droz, 1963 – *L'antisémitisme nazi*, Paris, Seuil, 1971 – *Histoire et psychanalyse*, Paris, Seuil, 1975 – *Reflets du nazisme*, Paris, Seuil, 1982 – *L'Allemagne nazie et les Juifs,* t. 1, New York, Harper & Collins, 1997, tr. fr. Paris, Seuil, 1997.

FURET (François) et NOLTE (Ernst), *Fascisme et communisme*, Paris, Plon, 1998.

GALANTE (Pierre) et SILANOFF (Eugène), *Les derniers témoins du Bunker*, Paris, Filippacchi, 1989.

GAUDARD (Pierre-Yves), *Le fardeau de la mémoire*, Paris, Plon, 1997.

GIESLER (Hermann), *Ein anderer Hitler*, Leoni, Druffel, 1977.

GILBERT (Martin), *Winston Churchill*, t. 5, Londres, Heinemann, 1976, t. 6, *Finest Hour*, Londres, Heinemann, 1983, réédition Mandarin Paperback's, 1991.

GISEVIUS (Hans-Bernd), *Bis zum bitteren Ende*, Zurich, tr. fr. *Jusqu'à la lie*, Lausanne, Payot, 1947.

GORIELY (Georges) *Hitler prend le pouvoir*, Bruxelles, Complexe, 1985.

GOUGEON (Jacques-Pierre), *La social-démocratie allemande*, Paris, Aubier, 1996.

GRAF (Oskar Maria), *Gelächter von aussen aus meinem Leben 1918-1933*, Munich, 1966.

GRITSCHNEDER (Otto), *Bewährungsfrist für den Terroristen Adolf H.*, Munich, Beck, 1990.

GUDERIAN (Heinz), *Erinnerungen eines Soldaten*, Neckargemünd, 1950, tr. fr. *Mémoires d'un soldat*, Paris, Plon, 1954.

GUN (Nerin), *Eva Braun-Hitler : Leben und Schicksal*, New York, 1968, tr. fr. *L'amour maudit d'Hitler et d'Eva Braun*, Paris, Laffont, 1968.

GUYOT (Adelin) et RESTELLINI (Patrick), *L'art nazi*, Bruxelles, Complexe, 1983.

HAFFNER (Sebastian), *Anmerkungen zu Hitler*, Munich, Kindler, 1978, tr fr., *Remarques sur Hitler*, Paris, Grasset, 1979.

HALDER (Franz), *Kriegstagebuch*, Stuttgart, Kohlhammer, 1962. – *Hitler als Feldherr*, Munich, Dom-Verlag, 1945.

HAMANN (Brigitte), *Hitlers Wien*, Munich, Piper, 1996.

HANFSTAENGL (Ernst), *The Missing Years*, Londres, Eyre & Spottiswood, 1957, tr. fr. *Hitler : les années obscures*, Paris, Trévise, 1967.

HAYMAN (Ronald), *Hitler & Geli*, Londres, Bloomsbury, 1997, tr. fr. *Hitler et Geli*, Paris, Plon, 1998.

HEER (Friedrich), *Der Glaube des Adolf Hitler*, Munich, Bechtle, 1968, tr. fr. *Autopsie d'Adolf Hitler*, Paris, Stock, 1971.

HEIBER (Helmut) (éd.), *Hitlers Lagesbesprechungen*, Stuttgart, Deutsche Verlags-Anstalt, 1962, tr. fr. *Hitler parle à ses généraux*, Paris, Albin Michel, 1964.

Hitler

HEIDEN (Konrad), *Geschichte des Nationalsozialismus*, Berlin, Rowohlt, 1932, 2ᵉ éd. 1933, tr. fr. *Histoire du national-socialisme 1919-1934*, Paris, Stock, 1934 – *Hitler*, Zurich, 1936 – *La jeunesse d'Adolf Hitler*, Paris, Grasset, 1940 – *Der Fuehrer*, Londres, Houghton, 1944.

HENDERSON (Neville), *Deux ans avec Hitler*, tr. fr., Paris, Flammarion, 1940.

HESS (Wolf Rüdiger), *Mord an Rudolf Hess ? Der geheimnisvolle Tod meines Vaters in Spandau*, Leoni, 1990.

HILDEBRAND (Klaus), *Das Dritte Reich*, Munich, Oldenburg, 1979, tr. fr. Munich, Saur, 1985.

HILLGRUBER (Andreas), *Hitlers Strategie*, Francfort/Main, Bernard & Graefe, 1965.

HIMMLER (Heinrich), *Geheimreden 1933 bis 1945 und andere Ansprachen*, Francfort/Main, Propyläen, 1974, tr. fr. *Discours secrets*, Paris, Gallimard, 1978.

HITLER (Adolf), *Mein Kampf*, Munich, Zentralverlag des NSDAP, 1940, tr. fr. Paris, Nouvelles Editions Latines, sans date – *Libres propos sur la guerre et la paix*, Paris, Flammarion, 1952 – *Testament politique*, Paris, Fayard, 1959 – *Reden, Schriften, Anordnungen/februar 1925 bis januar 1933*, Munich, Saur, 1992.

Hitler, Paris, Chronique, 1997.

HOFFMANN (Peter), *Widerstand Staatsreich Attentat*, Zurich, Piper,1979, tr. fr. *La résistance allemande contre Hitler*, Paris, Balland, 1984.

HUSSON (Edouard), *Une culpabilité ordinaire ?,* Paris, Guibert, 1997 – « La controverse Goldhagen en France », in *Francia*, 1998, p. 143-161.

IRVING (David), *Hitler, the Medical Diaries*, Londres, Sigdnick & Jackson, 1983, tr. fr. *Hitler/Les carnets intimes du Dr Morell*, Paris, Acropole, 1984.

JÄCKEL (Eberhardt), *Hitlers Weltanschauung*, Tübingen, Rainer Wunderlich, 1969, tr. fr. *Hitler idéologue*, Paris, Calmann-Lévy, 1973 – *Hitler/Sämtliche Aufzeichnungen 1905-1924*, Stuttgart, Deutsche Verlags-Anhalt, 1980.

JANIAUD-LUST (Colette), *Nikos Kakantzaki*, Paris, Maspero, 1970.

JANSSEN (Karl-Heinz) et TOBIAS (Fritz), *Der Stürz der Generäle*, Munich, Beck, 1994.

JETZINGER (Franz), *Hitlers Jugend/Phantasien, Lügen und die Wahreit*, Vienne, Europa, 1956.

JOACHIMSTHALER (Anton), *Korrektur einer Biographie*, Munich, Herbig, 1989.

JOCHMANN (Werner) (éd)., *Monologe im Führerhauptquartier*, Hambourg, Knaus, 1980.

KEITEL (Wilhelm), *Generalfeldmarschall Keitel/Verbrecher oder Offizier ?,* documents présentés par Walter Görlitz, Göttingen, Musterschmidt, 1961, tr. fr. *Le maréchal Keitel*, Paris, Fayard, 1963.

KERSHAW (Ian), *Popular Opinion and Political Dissent in the Third Reich. Bavaria 1933-1945*, Oxford University Press, 1983, tr. fr. *L'opinion allemande sous le nazisme*, Paris, CNRS, 1995 – *Hitler : A Profile in Power*, Londres, 1991, tr. fr. *Hitler/Essai sur le charisme en politique*, Paris, Gallimard, 1995 – *The Nazi Dictatorship*, Londres, Arnold, 1985, 1989 et 1993, tr. fr. augmentée *Qu'est-ce que le nazisme ?,* Paris, Folio-Histoire, 1997 – *Hitler 1889-1936*, Londres, Penguin, 1998.

KLEE (Ernst), « *Euthanasie* » *im NS-Staat*, Francfort/Main, Fischer, 1983.

KLEIST (Peter), *Zwischen Hitler und Stalin*, tr. fr. *Entre Hitler et Staline*, Paris, Plon, 1953.

KORINMANN (Michel), *Quand l'Allemagne pensait le monde*, Paris, Fayard, 1990.

KREBS (Albert), *Tendenzen und Gestalte der NSDAP*, Stuttgart, Deutsche Verlags-Anstalt, 1959.

KREBS (Gilbert) et SCHNEILIN (Gérard) (dir)., *Weimar ou de la démocratie en Allemagne*, Asnières, PIA, 1994.

KROCKOW (Christian von), *Die Deutschen in ihrem Jahrhundert*, Hambourg, Rowohlt, 1990, tr. fr. Paris, Hachette, 1990.

KUBIZEK (August), *Adolf Hitler mein Jugendfreund*, Graz, L. Stocker, 1953, tr. fr. *Hitler mon ami d'enfance*, Paris, Gallimard, 1954.

KUHN (Axel), *Hitlers ausspolitisches Programm*, Stuttgart, Klett, 1970.

LA GORCE (Paul-Marie de), *Une guerre inconnue*, Paris, Flammarion, 1995.

LACOUE-LABARTHE (Philippe) et NANCY (Jean-Luc), *Le mythe nazi*, La Tour d'Aigues, Aube, 1991

— *La fiction du politique*, Paris, Bourgois, 1987.

Ouvrages cités

LAMBERT (Marc) *Un peintre nommé Hitler*, Paris, France-Empire, 1986.

LEON (Enrique) et SCOTT (Jean-Paul), *Le nazisme des origines à 1945*, Paris, Colin, 1997.

LIMAGNE (Pierre), *Ephémérides de quatre années tragiques*, Lavilledieu, de Candide, 1987.

LOSSBERG (Generalmajor Bernhardt von), *Im Wehrmachtführungsstab*, Hamburg, Nölke, 1950.

LUKACS (John), *The Duel/10 May-31 July 1940 : The eighty-day struggle between Churchill and Hitler*, New York, Houghton, 1990, tr. fr. *Le duel Churchill-Hitler, 10 mai-31 juillet 1940*, Paris, Laffont, 1992 – *The Hitler of History*, New York, Knopf, 1997, tr. all. *Hitler*, Munich, Luchterhand, 1997.

MACBLAIN (John), *Rudolf Hess/The British Conspiracy*, Jema Publications, 1994.

MARRUS (Michael), *The Holocaust in History*, Toronto, Lester, 1987, tr. fr. *L'Holocauste dans l'histoire*, Paris, Flammarion, 1994.

MARTENS (Stefan), *Hermann Göring/« Erster Paladin des Führers » und « Zweiter Mann im Reich »*, Paderborn, Schöningh, 1985, p. 33.

MARTIN (Berndt, éd.), *Martin Heidegger und das Dritte Reich*, Darmstadt, Wissenschaftliche Buchgesellschaft, 1989.

MASER (Werner), *Frühgeschichte des NSDAP*, Francfort/Main, Athenäum, 1965, tr. fr. *Naissance du parti national-socialiste*, Paris, Fayard, 1967 – *Legende Mythos Wirklichkeit*, Munich, Bechtle, 1971, tr. fr. *Prénom : Adolf, Nom : Hitler*, Paris, Plon, 1973.

MASSON (Philippe), *Histoire de l'armée allemande/1939-1945*, Paris, Perrin, 1994.

MASSON (Philippe) (dir.), *La Seconde Guerre mondiale*, Paris, Larousse, 1992.

MATTER (Jean), *Wagner et Hitler*, Lausanne, L'Age d'homme, 1977, p. 53-54.

MATTHIAS (Erich), *Das Ende der Parteien*, Düsseldorf, Droste, 1960.

MAYER (Arno), *Why Did the Heavens not Darken ? The « Final Solution » in History*, New York, Random, 1988, tr. fr. *La « solution finale » dans l'histoire*, Paris, La Découverte, 1990.

MEINECKE (Friedrich), *Die deutsche Katastrophe*, Wiesbaden, Brockhaus, 1946.

MILLER (Alice), *Am Anfang war Erziehung*, Francfort/Main, Suhrkamp, 1980, tr. fr. *C'est pour ton bien*, Paris, Aubier, 1984.

MOMMSEN (Hans), *Der NS und die deutsche Gesellschaft*, Hambourg, Reinbek, 1991, tr. fr *Le national-socialisme et la société allemande*, Paris, Maison des Sciences de l'homme, 1997.

MOURIN (Maxime), *Les tentatives de paix dans la seconde guerre mondiale*, Paris, Payot, 1949.

MÜLLER (Karl-Alexander von), *Mars und Venus/Erinnerungen 1914-1919*, Stuttgart, Kilpper, 1954.

München und seine Bauten nach 1912, Munich, Bruckmann, 1984.

MÜNSTER (Arno), *Nietzsche et le nazisme*, Paris, Kimé, 1995.

NEUMANN (Franz), *Behemoth*, Oxford University Press, 1942 puis 1944, tr. fr. *Béhémoth*, Paris, Payot, 1997.

NEUMANN (Siegfried), *Nacht über Deutschland*, Munich, List, 1978.

NIXON (Richard), *Leaders*, New York, Warners, 1982, tr. fr. Paris, Plon, 1984.

NOLTE (Ernst), *Der Faschismus in seiner Epoche*, Munich, Piper, 1963, tr. fr. Paris, Julliard, 1970.

PAPEN (Franz von), *Mémoires*, Munich, List, 1952, tr. fr. Paris, Flammarion, 1953.

PAUWELS (Louis) et BERGIER (Jacques) *Le matin des magiciens*, Paris, Gallimard, 1960.

PETERS (H.F.), *Zarthoustra's Sister*, New York, Crown Publishers, 1977, tr. fr. *Nietzsche et sa sœur Elisabeth*, Paris, Mercure de France, 1978.

PEUKERT (Detlev), *Die Weimarer Republik*, Francfort/Main, Suhrkamp, 1987, tr. fr. Paris, Aubier, 1995.

PHILIPPON (Jean), *La nuit des Longs Couteaux*, Paris, Colin, 1992.

PICKER (Henry), *Hitlers Tischgespräche im Führerhauptquartier*, Stuttgart, Seewald, 1963.

POWERS (Thomas), *Le mystère Heisenberg*, tr. fr., Paris, Albin Michel, 1993.

PRINZ (Michael) et ZITELMANN (Rainer) (éd.), *Nationalsozialismus und Modernisierung*, Darmstadt, 1991.

Hitler

RAEDER (Erich), *Mein Leben*, Tübingen, Schlichtenmayer, 1956-57, tr. fr. *Ma vie*, Paris, France-Empire, 1958.

RAHN (Rudolf), *Ruheloses Leben*, Düsseldorf, Diederichs, 1949, tr. fr. Paris, France-Empire, 1980.

RAUSCHNING (Hermann), *Die Revolution des Nihilismus*, Zurich, 1938, tr. fr. *La révolution du nihilisme*, Paris, Gallimard, 1939 – *Hitler m'a dit*, tr. fr. Paris, Coopération, 1939, p. 255.

RENOY (Georges), *Hitler*, Gembloux, Duculot, 1980.

RICH (Norman), *Hitler's War Aims*, New York, Norton, 1973.

RICHARD (Lionel), *Le nazisme et la culture*, Paris, Maspero, 1978.

RIEFENSTAHL (Leni), *Memoiren*, Munich, Knaus, 1987, tr. fr. *Mémoires*, Paris, Grasset, 1997.

RITTER (Gerhard), *Die Dämonie der Macht*, Munich, Oldenburg, 1948. – *Carl Goerdeler und die deutsche Widerstandbewegung*, Stuttgart, Deutsche Verlagsanstalt, 1954, tr. tr. *Echec au dictateur*, Paris, Plon, 1956.

RÖDER (Andreas), *Stresemanns Erbe : Julius Curtius und die Aussenpolitik 1929-1931*, Paderborn, Schöningh, 1996.

ROSE (Detlev), *Die Thule-Gesellschaft*, Tübingen, Grabert, 1994.

ROSENBAUM (Ron), *Explaining Hitler*, New York, Random House, 1998, tr. fr. *Pourquoi Hitler ?*, Paris, Lattès, 1998.

SAFRANSKI (Rüdiger), *Schopenhauer und die wilden Jahre der Philosophie*, Munich, Hanser, 1987, tr. fr. *Schopenhauer et les années folles de la philosophie*, Paris, PUF, 1990.

SANS (Edouard), *Schopenhauer*, Paris, PUF, 1990, p. 78.

SAVOY (Bénédicte, éd). *Un attentat contre Hitler*, Solin-Actes Sud, 1998.

SCHACHT (Hjalmar), *76 Jahre meines Lebens*, Kindler, Bad Wörishofen, 1953, tr. fr. *Mémoires d'un magicien*, Paris, Amiot-Dumont, 1954.

SCHELLENBERG (Walter), *Der Labyrinth*, Cologne, 1956, tr. fr. *Le chef du contre-espionnage nazi parle*, tr. fr., Paris, Julliard, 1957.

SCHENK (Ernst von), *Testament nazi/Mémoires d'Alfred Rosenberg*, tr. fr. Paris, Trois Collines, 1948.

SCHENK (Ernst Günther), *Patient Hitler*, Dusseldorf, Drose, 1989.

SCHIRACH (Henriette von), *Frauen um Hitler*, Munich, Herbig, 1983.

SCHMIDT (Matthias), *Albert Speer : das Ende eines Mythos*, Munich, Scherz, 1982, tr. fr. *Albert Speer/La fin d'un mythe*, Paris, Belfond, 1983.

SCHMIDT (Paul), *Statist auf diplomatischer Bühne*, tr. fr. *Sur la scène internationale*, Paris, Plon, 1950.

SCHMIDT (Rainer), *Rudolf Hess « Botengang eines Toren ? »*, Düsseldorf, Econ, 1997.

SCHOENBAUM (David), *Hitler's Social Revolution*, New York, 1966, tr. fr. *La révolution brune*, Paris, Laffont, 1979.

SCHOLZ (Dieter-David), *Richard Wagners Antisemitismus*, Würzburg, Königshausen & Neumann, 1993.

SCHREIBER (Gerhard), *Hitler, Interpretationen 1923-1983*, Darmstadt, Wissenschaftliche Buchgesellschaft, 1984.

SCHRÖDER (Christa) (Albert Zoller, éd.), *Douze ans auprès d'Hitler*, Paris, Julliard, 1949 – *Er war mein Chef*, Munich, Joachimsthaler, 1985.

SCHWOK (René), *Interprétations de la politique étrangère de Hitler*, Paris, PUF, 1987.

SEIDLER (Franz W.), *Fritz Todt*, Munich, Herbig, 1986.

SHIRER (William), *A Berlin Diary*, New York, Knopf, 1941, tr. fr. *A Berlin*, Paris, Hachette, 1946 – *The Rise and Fall of the Third Reich*, New York, Simon & Schuster, 1960, tr. fr. *Le Troisième Reich*, Paris, Stock, 1961 – *The Collapse of the Third Republic*, New York, Simon & Schuster, 1969, tr. fr. *La chute de la Troisième République*, Paris, Stock, 1971.

SIGMUND (Anna Maria), *Die Frauen der Nazis*, Vienne, Ueberreuter, 1998.

SOISSON (Pierre), *Allemagne, réveille-toi !*, Paris, Productions de Paris, 1969.

SPEER (Albert), *Erinnerungen*, Berlin, Propyläen, 1969, tr. fr. *Au cœur du Troisième Reich*, Paris, Fayard, 1971 – *Journal de Spandau*, Francfort/Main, Verlag Ullstein, 1975, tr. fr. Paris, Laffont, 1975.

STEINERT (Marlis), *Hitler*, Paris, Fayard, 1991.

Ouvrages cités

STERN (Fritz), *Dreams and Delusions*, Londres, Weidenfeld, 1988, tr. fr. *Rêves et illusions*, Paris, Albin Michel, 1989.

STERN (Joseph Peter), *Hitler/Le Führer et son peuple*, tr. fr. Paris, Flammarion, 1985, rééd. poche 1995, p. 117.

STIERLIN (Helm), *Adolf Hitler/Familiengeschichte*, Francfort/M, Suhrkamp, 1975, tr. fr. *Adolf Hitler/Etude psychologique*, Paris, PUF, 1980.

STRASSER (Otto) et ALEXANDROV (Viktor), *Le Front noir contre Hitler*, Paris, Marabout, 1966.

TAGUIEFF (Pierre-André), *Les Protocoles des Sages de Sion*, Paris, Berg, 1992.

TAYLOR (A.J.P.), *The Origins of the Second World War*, Londres, Hamish Hamilton, 1961.

TAYLOR (Telford), *The Anatomy of the Nuremberg Trials*, New York, Knopf, 1992, tr. fr. *Procureur à Nuremberg*, Paris, Seuil, 1995.

The Pearl Harbor Papers (Donald Goldstein et Katherine Dillon éd.), Washington, Brassey's, 1993.

THYSSEN (Fritz), *I paid Hitler*, New York, Farrar, 1941.

TOBIAS (Fritz), *Der Reichstagsbrand*, Rastatt, Grote, 1962.

TOLAND (John), *Adolf Hitler*, New York, Doubleday, 1976, tr. fr. *Hitler*, Paris, Laffont, 1977.

TREVOR-ROPER (Hugh R.), *The Last Days of Hitler*, New York, Macmillan, 1947, tr. fr. *Les derniers jours de Hitler*, Paris, Calmann-Lévy, 1947 – *Hitlers Weisungen für die Kriegsführung 1939-1945*, Francfort/Main, Bernard & Graefe, 1962, tr. fr. *Hitler/Directives de guerre*, Paris, Arthaud, 1965.

TURNER (Henry Ashby Jr), *Hitler janvier 1933*, Addison-Wesley, Reading, Massachusetts, 1996, tr. fr. Paris, Calmann-Lévy, 1997.

VALLOTTON (Henry), *Bismarck et Hitler*, Paris, La Table Ronde, 1954.

VANWELKENHUYZEN (Jean) *L'agonie de la paix*, Louvain, Duculot, 1989 – *Miracle à Dunkerque*, Bruxelles, Racine, 1994.

VOLZ (Hans), *Daten der Geschichte des NSDAP*, Berlin, Ploetz, 1939.

WAGNER (Friedlind), *The Royal Family of Bayreuth*, Londres, Eyre & Spottiswood, 1948.

WAGNER (Gottfried), *Wen nicht mit dem Wolf heult*, Cologne, Kiepenheuer, 1997, tr. fr *L'héritage Wagner*, Paris, NiL, 1998.

WAITE (Robert), *The psychopathic God : Adolf Hitler*, New York, Basic Books, 1977.

WARLIMONT (Walter), *Im Hauptquartier der deutschen Wehrmacht 1939-1945*, Francfort/Main, Bernard & Graefe, 1962, tr. fr. Bruxelles, Elsevier Séquoia, 1975.

WEISS (Hermann) (dir)., *Biographisches Lexicon zum Dritten Reich*, Francfort/Main, Fischer, 1998.

WEISSMANN (Karlheinz), *Der Weg in den Abgrund*, Berlin, Propyläen, 1995.

WEITZ (John), *Hitler's Banker*, Boston, Little, Brown & C°, 1997, tr. all. Munich, Europa Verlag, 1998.

WHEELER-BENNETT (John), *The Nemesis of Power*, Londres, Macmillan, 1953, tr. fr. *Le drame de l'armée allemande*, Paris, Gallimard, 1955.

WULF (Joseph), *Martin Bormann-Hitlers Schatten*, Gütersloh, Mohn, 1962, tr. fr., *Martin Bormann, l'ombre de Hitler*, Paris, Gallimard, 1963.

NB — Aucune sélection qualitative n'a présidé à l'établissement de cette liste, dont l'ambition se borne à éclairer les renvois.

TERMES ALLEMANDS

Alleintäter : acteur unique
Einsatzgruppen : groupes spéciaux
Endlösung : solution finale
Entfernung : éloignement
Führer : guide
Gleichsschaltung : mise au pas
Lebensraum : espace vital
Stellvertreter : lieutenant ou suppléant
Vernichtung : anéantissement
Weltanschauung : conception du monde

SIGLES

ADAP : *Akten der deutschen auswärtigen Politik* (titre français : *Archives secrètes de la Wilhelmstrasse*)
DAP : Deutsche Arbeiterpartei (parti des travailleurs allemands)
DNVP : Deutsche nationaleVolkspartei (parti national-populiste allemand)
DVP : Deutsche Volkspartei (parti populiste allemand)
GMCC : revue *Guerres mondiales et conflits contemporains*
NSDAP : Nationalsozialistische Deutsche Arbeiterpartei (parti national-socialiste allemand)
OKH : Oberkommando des Heeres (commandement suprême de l'armée de terre)
OKW : Oberkommando der Wehrmacht (commandement suprême des forces armées)
RSHA : Reichssicherheits-Hauptamt (service central de sécurité du Reich)
SA : Sturmabteilung (division d'assaut)
SD : Sicherheitsdienst (service de renseignements du parti national-socialiste)
SPD : Sozialistische Partei Deutschlands (parti socialiste allemand)
SS : Schutzstaffeln (escadrons de protection)
VjfZ : revue *Vierteljahrshefte für Zeitgeschichte*

Index

PRÉSENTATION DU CAHIER PHOTOGRAPHIQUE HORS-TEXTE

Toutes les photographies sont signées de Heinrich Hoffmann. On n'a pas cherché par ce cahier à présenter de l'inédit, mais à montrer, dans l'ordre chronologique, l'image que le mouvement et le régime nazis voulaient donner d'eux-mêmes. Sauf quelques exceptions mentionnées ci-après[1] ces clichés ont donc été publiés et diffusés dans des cahiers à bon marché, dont voici la liste :

1) *Hitler über Deutschland*, 1932 ;
2) *Hitler wie ihn keiner kennt*, 1932 ;
3) *Parteitag der Freiheit*, 1935 ;
4) *Parteitag der Ehre*, 1936 ;
5) *Abseits vom Alltag*, 1937 ;
6) *Hitler in seiner Heimat*, 1938 ;
7) *Hitler baut Grossdeutschland*, 1938 ;
8) *Ein Volk ehrt seinem Führer*, 1939 ;
9) *Un chef et son peuple*, sans date.

Les photos représentent :

*Hors cahiers

1 – Hitler, Geli Raubal et Goebbels attablés (sans date).

*Cahier n° 1 (*Hitler au-dessus de l'Allemagne* : tournée électorale en avion)

2 et 3 – Hitler et son avion. Clichés du fonds Hoffmann correspondant approximativement à ceux publiés dans l'album avec la légende : « Le D 1720, dominant de haut les nuages, emporte le Führer tranquillement et sûrement d'une foule de dizaines de milliers de spectateurs vers une autre de centaines de milliers et lui permet d'être le même jour à l'est et à l'ouest. »

*Cahier n° 2 (*Hitler inconnu*)

4 – Hitler et le patronat (il s'agit de sa visite à Düsseldorf en janvier 1932, cf. ch. 5). Titre : « Les Führer de l'industrie. »
5 – Hitler à la porte d'une église, une croix placée loin derrière lui paraissant le couron-

---

1. Certaines sont dues au fait que la photo originale n'a pu être retrouvée dans le fonds de la Staatsbibliothek de Munich : dans ce cas nous reproduisons, en l'indiquant, une photo prise sur les mêmes lieux et quasiment au même moment. Les autres exceptions concernent respectivement une photo de Hitler avec Geli Raubal (absente des albums de propagande, tous postérieurs à son décès) (n° 1) et un cliché de Hitler avec Göring, en 1932 (n° 13), plus éloquent sur leurs manières d'être respectives et leurs rapports que celui qui a été retenu pour l'album (n° 12).

ner. Titre : « Un hasard photographique se transforme en symbole. » Légende : « Adolf Hitler, le prétendu hérétique, quittant l'église de la Marine à Wilhelmshaven. »

6 – Hitler et son chien (couverture du cahier, reprise à l'intérieur avec la légende : « Des êtres méchants, voulant l'atteindre dans sa vie intime, ont empoisonné son chien. Ainsi procède la bassesse contre un être bon »).

7 – Hitler et un enfant devant la maison d'Obersalzberg. Légende : « De temps en temps, le Führer gagne pour quelques heures ou quelques jours sa "villa" des montagnes bavaroises, une petite maison de bois louée par sa sœur. Il trouve là un ressourcement intérieur et des forces pour de nouvelles tâches. »

8 – La sobriété de Hitler. Légende : « Des menteurs marxistes présentent Hitler aux travailleurs comme un amateur de festins, de mousseux et de jolies femmes. En réalité, il ne boit jamais une goutte d'alcool ! (Hitler est aussi un non-fumeur) »

9 – Hitler à la Maison Brune, dans son cabinet de travail. Titre : « Il n'arrive rien dans ce mouvement sans que je le veuille. »

10 – Visite d'une exploitation agricole. Légende : « Le Führer se renseigne sur la situation de l'économie rurale dans l'Allemagne du Nord. Son père ayant, après avoir pris sa retraite de fonctionnaire, acquis une petite ferme, Hitler est depuis son enfance familiarisé avec cette profession. »

11 – Hitler aux archives Nietzsche. Légende : « Le Führer à côté du buste du philosophe allemand, dont les idées ont engendré deux grands mouvements populaires : le national-socialisme allemand et le fascisme italien. »

12 et 13 – Hitler et Göring, à l'hôtel Kaiserhof de Berlin. La légende indique que la photo est prise pendant des négociations : probablement avec le cabinet Brüning en décembre 1931 au sujet de l'élection présidentielle de 1932 (cf. ch. 5 et mémoires de Brüning, *op. cit.*, p. 333).

*Cahier n° 3 (congrès de Nuremberg, 1935)

14 – Hitler et Göring tenant ensemble l'« épée du Reich » (dans l'album, le cadrage élimine tous les autres personnages ; on l'a étendu ici pour faire figurer Hess et Streicher, immédiatement derrière le Führer).

15 – Les attachés militaires des puissances étrangères saluant, sous une forêt de saluts nazis.

16 – Hitler et Himmler passant des SS en revue. Légende : « Le front de la fidélité. »

*Cahier n° 4 (congrès de Nuremberg, 1936)

17 – Hitler et Hess écoutant la proclamation du premier nommé à l'ouverture du congrès, lue par le Gauleiter Adolf Wagner.

18 – Défilé d'ouvriers armés de pelles. Légende : « Nous sommes les soldats du travail. »

19 – La « cathédrale de lumière » conçue par Albert Speer. Légende : « Notre cathédrale. »

20 – Défilé des Jeunesses hitlériennes devant le Führer de l'Allemagne et le leur (Baldur von Schirach).

21 – Hitler devant le « drapeau du sang ».

22 – Hitler saluant le corps diplomatique.

Présentation du cahier photographique hors-texte

*Cahier n° 5 (*A l'écart de la vie quotidienne*)

23 – Le grand salon du Berghof.
24 – Le « cabinet de travail du Führer ».
25 – Dirigeants nazis penchés sur un album (Hitler, Speer, Esser, Funk, Rosenberg ; Schacht, supprimé au cadrage pour des raisons peut-être pas seulement techniques, est ici rétabli) (cliché du fonds Hoffmann correspondant approximativement à celui publié dans l'album).
26 – Le Berghof sur fond de montagnes.
27 – Hitler visitant son ancienne cellule de Landsberg.
28 – Hitler serrant la main d'une vieille femme, en présence de Speer.
29 – Hitler et Göring à Karinhall.
30 – Hitler et Göring à Karinhall avec la seconde femme de Göring, née Emmy Sonnemann.
31 – Hitler griffonnant des instructions à Speer en vue du congrès de Nuremberg (Légende : « Travaux préparatoires pour le Jour du Parti »).

*Cahier n° 6 (*Le Führer dans sa patrie*)

32 – Hitler devant sa maison natale.
33 – Hitler sur la tombe de ses parents.
34 – De retour à Berlin après sa tournée en Autriche, Hitler est accueilli par Göring.
35 – A cette occasion, une représentante des Jeunesses le fleurit.
36 – Cérémonies du 18 mars 1938 à Berlin pour fêter l'Anschluss : Hitler et Göring saluant la foule.

*Cahier n° 7 (*Hitler bâtit la Grande Allemagne* : tournée de propagande après l'Anschluss)

37 – Discours de Hitler à Munich le 2 avril 1938. Légende : « J'ai accompli la tâche. 75 millions l'ont voulu ! »
38 – « Entrée du Führer dans la magnifique Salzbourg. »
39 – Hitler donnant le premier coup de pelle de l'autoroute Salzbourg-Vienne. Légende : « L'Anschluss procure du travail et du pain. Le Führer lui-même entame la tâche. »
40 – Sur le même chantier, le Führer « écoute le serment des travailleurs ».
41 – Le train, la montagne, les fleurs, la femme... (Légende : « offrande de fleurs dans le Tyrol »)
42 – En conclusion des festivités de l'Anschluss, Hitler « reçoit les chefs de l'armée, au nom desquels parle Göring ».
43 – « Dialogue cordial : le Feldmarschall Hermann Göring présente ses plus profonds vœux de bonheur. »

*Cahier n° 8 (*Un peuple honore son Führer* : cérémonies berlinoises à l'occasion de son cinquantième anniversaire)

44 – Hitler inaugure l'axe Est-Ouest de Berlin.
45 – Les vœux de Himmler et de Sepp Dietrich, « Kommandeur der Leibstandarte » (la garde personnelle).

46 – Hitler et les chefs militaires contemplant le cadeau de l'armée : une maquette de la ligne Siegfried.

47 – Les attachés militaires anglais, français et russe assistant aux festivités d'anniversaire.

*Cahier n° 9 (*Un chef et son peuple*, publié en France pendant l'occupation de ce pays)*

48 – Hitler sur fond de montagnes. Pour toute légende, une citation du livre d'Alphonse de Chateaubriant *La Gerbe des Forces* (1937) : « L'homme qui gouverne l'Allemagne hitlérienne, il faut avoir assez de connaissance humaine pour le déceler et de courage pour l'entendre, un homme exceptionnel, dont l'esprit puise ses idées, non dans les régions glacées de l'ambitieuse habileté politicienne, mais dans un amour profond et dans une discipline de soi-même dont n'ont aucune idée les professionnels de la rouerie et de la "combine". »

49 – Hitler ouvrant les négociations d'armistice dans le wagon de Rethondes.

50 – Hitler devant le tombeau de Napoléon.

Photos 1 à 50 : © Bayerische Staatsbibliothek Münchens.

Achevé d'imprimer le 24 septembre 1999
sur presse Cameron
*par **Bussière Camedan Imprimeries***
à Saint-Amand-Montrond (Cher)
pour le compte des éditions Grasset
61, rue des Saints-Pères, 75006 Paris

N° d'Édition : 11261. N° d'Impression : 994024/4.
Dépôt légal : octobre 1999.

Imprimé en France

ISBN 2-246-57041-7